Droit international de l'environnement et droit malien

Collection « Études africaines »

dirigée par Denis Pryen et son équipe

Forte de plus de mille titres publiés à ce jour, la collection « Études africaines » fait peau neuve. Elle présentera toujours les essais généraux qui ont fait son succès, mais se déclinera désormais également par séries thématiques : droit, économie, politique, sociologie, etc.

Dernières parutions

Samba NDIAYE, *Conditions de vie des populations dans la ville de Dakar*, 2023.
Angélus TSONGO MAFIKIRI (dir.), *Le développement local à l'épreuve de l'informel. Le cas de la région de Butembo en RDC*, 2023.
Eric Olivier Sébastien DIBAS-FRANCK (dir.), *La construction maritime au Congo. Hommage au ministre Martin Parfait Aimé Coussoud-Mavoungou*, 2023.
Souleymane DOUMBIA, *Le Sahel, de l'indépendantisme au terrorisme islamiste*, 2023.
Cédric ONDAYE-EBAUH, *Comprendre les enjeux bancaires en Afrique centrale. Prospectives économiques des temps présents*, 2023.
Chrysostome CIJIKA KAYOMBO, *L'éducation des adultes en Afrique*, 2023.
Chrysostome CIJIKA KAYOMBO, *Alphabétisation et développement en Afrique*, 2023.
Patrick MILABYO KYAMUSUGULWA, *Gouvernance locale et reconstruction communautaire. L'est de la R.D. Congo*, 2023.
Ari GOUNONGBÉ, *L'individu collectif, Ubuntu au quotidien et en clinique psychologique*, 2023.
Jérôme OLLANDET, *La France et le Congo-Brazzaville, Histoire d'une marche singulière*, 2023.
Hans Peter HAHN, Alain Joseph SISSAO, Amado KABORÉ et Kathrin KNODEL (dir.), *L'avenir des ONG en Afrique de l'Ouest*, 2023.

Abdoulaye ABOUBACRINE

Droit international de l'environnement et droit malien

Vers un droit africain harmonisé de l'environnement

Avant-propos de Séverine NADAUD
Préface de Ibrahima LY

L'Harmattan

5-7, rue de l'École polytechnique, 75005 Paris

www.harmattan.fr

ISBN : 978-2-14-034335-3
EAN : 9782140343353

À mes parents
À mon épouse
À nos enfants

REMERCIEMENTS

Madame Séverine NADAUD est Maître de Conférences HDR et Doyen de la Faculté de Droit et des Sciences Économiques de l'Université de Limoges. Elle y a dirigé mes travaux de thèse et a permis que soit réalisé un rêve : dispenser des enseignements dans une des plus prestigieuses universités de France.

Les observations des Professeurs Michel PRIEUR de l'Université de Limoges (France), Ibrahima LY de l'Université Cheick Anta DIOP de Dakar (Sénégal), Hubert DELZANGLES de l'Université de Bordeaux (France), Moussa DJIRÉ de l'Université des Sciences Juridiques et Politiques de Bamako (Mali) et du chargé de Recherche, Olivier BARRIERE de l'Institut de Recherche pour le Développement de Montpellier (France) ont permis d'améliorer ce travail.

Monsieur Frédéric PIRAULT et Madame Jeanne-Louise DESCHAMPS sont deux amis rencontrés à l'Université de Limoges. Ils font partie de ces éclairantes rencontres qu'occasionne la recherche scientifique.

Que tous ceux qui ont fourni un effort quelconque dans le cadre de l'écriture de cet ouvrage soient sincèrement remerciés.

LISTE DES PRINCIPALES ABRÉVIATIONS

ABN : Agence du Bassin du Niger
AEDD : Agence de l'Environnement et du Développement Durable
AGCC : Alliance Globale contre le Changement Climatique au Mali
AHJUCAF : Association des Hautes Juridictions de Cassation ayant en partage l'usage du Français
AMDH : Association Malienne des Droits de l'Homme
ANGESEM : Agence Nationale de Gestion des Stations d'Épuration du Mali
APDF : Association pour le Progrès et la Défense des Droits des Femmes maliennes
Al. : Alinéa
Art. : Article
Ass. Plén. : Assemblée Plénière
BVG : Bureau du Vérificateur Général
c. : Contre
Cass. Ass. Plén. : Cour de cassation, Assemblée plénière
Cour ADHP : Cour Africaine des Droits de l'Homme et des Peuples
Cour AJDH : Cour Africaine de Justice et des Droits de l'Homme
CAM : Cour d'Appel de Mopti
C.C. : Conseil Constitutionnel
DICE : Droit International et Comparé de l'Environnement
CDI : Commission du Droit international
C.E. : Conseil d'État
CEDEAO : Communauté Économique des États de l'Afrique de l'Ouest
CEDH : Cour Européenne des Droits de l'Homme
Cf : se reporter à
Ch. Réun. Chambres Réunies
CIDH : Cour Interaméricaine des Droits de l'Homme
CILSS : Comité permanent Inter États de Lutte contre la Sécheresse au Sahel
CMDT : Compagnie Malienne de Développement des Textiles
CMLN : Comité Militaire de Libération Nationale
CNE : Conseil National de l'Environnement
COP : Conférence des Parties
Coord. : Sous la coordination de
CPJI : Cour Permanente de Justice Internationale
CRDP : Centre Régional de Documentation Pédagogique
CSLP : Cadre Stratégique de Lutte contre la Pauvreté
CSCRP : Cadre Stratégique pour la Croissance et la Réduction de la Pauvreté
CSM : Cour Suprême du Mali
CTSP : Comité de Transition pour le Salut du Peuple
DE : Droit de l'Environnement
DIE : Droit International de l'Environnement
DIN : Delta Intérieur du fleuve Niger
Dir. : Sous la direction de
DNACPN : Direction Nationale de l'Assainissement et du Contrôle des Pollutions et des Nuisances
DNP : Direction Nationale de la Population
Ed. : Edition
etc. : *et cetera* ou *et cætera* (il y a le reste)
Et alii : Et autres
FAO : Organisation des Nations Unies pour l'Alimentation et l'Agriculture
FEM : Fonds pour l'Environnement Mondial
FIDH : Fédération Internationale pour les Droits de l'Homme
GEDEFOR : Gestion Décentralisée des Forêts

GIE : Groupement d'Intérêt Économique
Ibid. : *Ibidem* (au même endroit)
Id.: Idem (même chose)
Infra : Voir plus en bas
JORF : Journal Officiel de la République Française
JORM : Journal Officiel de la République du Mali
JORS : Journal Officiel de la République Soudanaise
LERPDES : Laboratoire d'Études et de Recherches en Politique, Droit de l'Environnement et de la Santé
LGDJ : Librairie Générale de Droit et de Jurisprudence
MINUSMA : Mission Multidimensionnelle Intégrée des Nations Unies pour la Stabilisation au Mali
NEPAD : Nouveau Partenariat Pour le Développement en Afrique
OHADA : Organisation pour l'Harmonisation en Afrique du Droit des Affaires
OHDEA : Organisation pour l'Harmonisation du Droit de l'Environnement en Afrique
OMVS : Organisation pour la mise en Valeur du fleuve Sénégal
ONG : Organisation Non Gouvernementale
Op. cit. : Œuvre précédemment citée
p. Page
PG-RM : Présidence du Gouvernement de la République du Mali
P.G.P.-R.M : Présidence du Gouvernement Provisoire de la République du Mali
PGRN-CC : Projet de Gestion des Ressources Naturelles dans un contexte de Changements Climatiques
P-RM : Présidence de la République du Mali
PM-RM : Premier Ministre de la République du Mali
PT-RM : Présidence de la Transition de la République du Mali
PNUD : Programme des Nations Unies pour le Développement
PNUE : Organisation des Nations Unies pour l'Environnement
PUAM : Presses Universitaires d'Aix-Marseille
PUF : Presses Universitaires de France
PULIM : Presses Universitaires de Limoges
pp. : Pages
RBDI : Revue Belge de Droit International
RCADI : Recueil des Cours de l'Académie de Droit International de La Haye
RGDIP : Revue Générale de Droit International Public
RJE : Revue Juridique de l'Environnement
s. : suivants
SECO ONG : Secrétariat de Concertation des Organisations Non Gouvernementales
SEMOS-SA : Société des Mines d'Or de Sadiola
STP/CIGQE : Secrétariat Technique Permanent du Cadre Institutionnel de Gestion des Questions Environnementales
Supra : Voir plus haut
UA : Union Africaine
UEMOA : Union Économique et Monétaire Ouest- Africaine
UICN : Union Internationale pour la Conservation de la Nature
V. : Voir

AVANT-PROPOS

« Le droit international de l'environnement fertilise le droit international classique. Celui-ci paraissait un droit aride, à l'image de la froideur des États dont il régit les rapports ; celui-là lui apporte l'humus de la nature sur lequel germent de nouveaux principes. Comme le droit international des droits de l'homme, le droit international de l'environnement remet l'humanité au cœur du droit international, puisque la préservation de l'environnement se fait au nom des générations présentes et futures. » (KAMTO Maurice, « Les nouveaux principes du droit international de l'environnement », R.J.E. 1-1993, page 11). Telles étaient les premières phrases très inspirantes d'un article écrit par le Professeur Maurice KAMTO et paru à une époque où le droit international de l'environnement était encore au début de son développement. C'est en lisant ces mots que j'ai pour la première fois compris pourquoi ma formation de juriste internationaliste en droits de l'homme m'avait tout naturellement mis sur le chemin du droit international de l'environnement.

Lorsque j'ai été recrutée comme maître de conférences, en 2008, à l'Université de Limoges, j'ai eu l'immense chance de rejoindre la dynamique équipe du Centre de Recherches Interdisciplinaires en Droit de l'Environnement, de l'Aménagement et de l'Urbanisme (C.R.I.D.E.A.U.) qui était dirigée, à l'époque, par les Professeurs Michel PRIEUR et Gérard MONEDIAIRE, éminents spécialistes reconnus tant à l'échelle nationale qu'internationale. C'est au sein de cette famille bienveillante que je me suis spécialisée au fil des années en droit international de l'environnement, travaillant plus particulièrement sur les liens unissant protection des droits de l'Homme et protection de l'environnement. M'ayant accordé toute leur confiance, j'ai ensuite repris en 2014 la direction du Master 2 de « Droit international et comparé de l'environnement », diplôme qui avait été longtemps dirigé par mon collègue Jean-Marc LAVIEILLE, auteur du manuel de « Droit international de l'environnement » paru chez Ellipses.

C'est cette formation menée en partenariat avec l'Agence Universitaire pour la Francophonie, particulièrement exigeante car se déroulant entièrement à distance, que Monsieur Abdoulaye ABOUBACRINE avait choisi de suivre au cours de l'année universitaire 2010/2011. Il avait ainsi réalisé un mémoire de recherche qui portait sur « La protection des cours d'eau et de leur biodiversité par le droit international de l'environnement : cas du fleuve Niger », sous la direction de Jean-Marc LAVIEILLE, qui avait déjà pu apprécier ses qualités de jeune chercheur. Après l'obtention de son Master 2, il a d'abord enseigné comme vacataire puis comme assistant à la Faculté de droit privé de l'Université des sciences juridiques et politiques de Bamako. Ce n'est qu'en

2016, alors que je venais d'obtenir mon habilitation à diriger des recherches à l'Université de Limoges, qu'il est entré en contact avec moi pour me demander de diriger seule ses travaux de thèse. Ce qui m'avait frappé lors de notre première rencontre, c'est sa force de caractère et sa très grande détermination à finaliser sa thèse le plus rapidement possible. Le présent ouvrage est sans conteste le fruit du travail acharné réalisé par Abdoulaye ABOUBACRINE pendant les quatre années qu'il a passées à Limoges au sein du C.R.I.D.E.A.U. En ma qualité de directrice de thèse, je suis donc particulièrement fière qu'il puisse aujourd'hui publier ses travaux pour les faire connaître au plus grand nombre et qu'il puisse à son tour un jour passer le flambeau à d'autres futurs chercheurs.

Le lecteur appréciera cet ouvrage, accessible tant au spécialiste qu'au simple profane, et qui prouve, au-delà des grandes qualités d'écriture de l'auteur, sa capacité à exprimer une réflexion juridique d'une grande richesse sur un sujet crucial pour le juriste internationaliste de l'environnement, celui de l'interdépendance des droits international et national, qui pousse l'auteur, par-delà les constats, à faire des propositions audacieuses qui inspireront peut-être sur le terrain les législateurs ou décideurs politiques du continent africain ou de tout autre continent.

Séverine NADAUD, Maître de conférences HDR en droit public,
Faculté de Droit et des Sciences Économiques, Université de Limoges

PRÉFACE

L'ouvrage de Monsieur Abdoulaye ABOUBACRINE consacré à l'influence du droit international de l'environnement sur le droit malien est la démonstration que l'élan du « multilatéralisme environnemental » des années 1970-1990 n'est pas épuisé. Les menaces écologiques, auxquelles notre planète fait face, sont toujours là et bien réelles. Leur persistance nécessite que le combat de leur éradication se poursuive. Le rôle du droit, dans ce combat, n'est plus à démontrer. Il s'agit plutôt de lui faire mieux assurer ce rôle. Comment ? Mieux encadrer l'interdépendance et la complémentarité des droits international et national de l'environnement est la solution proposée par ce livre. Les développements qu'il contient sont particulièrement intéressants, à ce titre, non seulement pour l'exemple malien mais aussi pour les autres pays africains abordés comme éléments de comparaison.

Le constat fait par Monsieur Abdoulaye ABOUBACRINE est le suivant : malgré l'importante mobilisation du droit international de l'environnement et des droits nationaux pour obtenir une protection efficace de notre planète, le résultat est encore mitigé. Les nombreux écrits sur l'état de l'environnement dans les différents pays et l'observation le prouvent suffisamment.

Il s'agit d'une contribution à l'émergence d'un droit africain harmonisé de l'environnement, à travers l'exemple malien. La question principale est donc de savoir si l'analyse de l'influence du droit international de l'environnement sur le droit malien peut servir à expérimenter cette émergence. L'auteur donne la réponse en s'appuyant sur les écrits d'illustres devanciers qui retraçaient avec pertinence, il y a bientôt trente ans, les réalités communes à tous les pays du continent. Ce livre constitue donc une des toutes premières expériences de conceptualisation d'un droit africain harmonisé de l'environnement. Le cas malien est un premier exemple qui concerne l'influence du droit international de l'environnement sur le droit interne d'un État. Toutefois, l'existence d'un droit africain harmonisé de l'environnement doit obéir à d'autres conditions parmi lesquelles la prise en compte des règles de droit communautaire (directives, règlements communautaires, actes additionnels) de l'UEMOA, de la CEDEAO ou de l'Union Africaine. Cette exigence est abordée par l'auteur qui estime qu'il s'agit justement d'outils à mobiliser pour réussir cette harmonisation.

L'auteur propose une codification des normes environnementales, secteur par secteur, dans le cadre d'une organisation exclusivement dédiée à la protection juridique et judiciaire de l'environnement à l'échelle du continent. Cette organisation pourrait s'appeler Organisation pour l'Harmonisation du Droit de l'Environnement en Afrique (OHDEA). Il s'agit là d'une proposition ambitieuse, novatrice et très importante. L'OHDEA est conçue par l'auteur selon le modèle de l'OHADA. Un projet de traité portant création de l'OHDEA et un protocole portant création d'une Cour de justice sont fournis en annexe.

En réalité, l'intégration des normes d'origine externe en droit interne est source de complexité. Cela est particulièrement vrai pour les pays africains dans lesquels le droit traditionnel reste vivace et où la protection de l'environnement attend une véritable « révolution culturelle ». L'auteur en est bien conscient. C'est la raison pour laquelle il invite le législateur national *lato sensu* à la prudence et au tact. Car, l'intégration, non contrôlée, d'instruments internationaux environnementaux, nombreux et hétérogènes, dans le droit interne est une source « de déstabilisation et d'incertitude ». Il exhorte, de même, les décideurs à mettre en cohérence les politiques et les normes juridiques qui permettent de les mettre en œuvre et d'épargner les administrations environnementales d'une instabilité chronique qui est source de régression.

Regrettant le mutisme de la jurisprudence malienne, l'auteur s'inscrit dans le cadre d'un activisme judiciaire en vue de donner plus de vitalité au droit de l'environnement. À ce titre, l'idée d'une Cour de justice est également intéressante comme élément de réflexion. L'auteur propose que la Cour veille à l'interprétation uniforme des textes de l'OHDEA par les juridictions des États membres. Conscient des réticences des juridictions africaines et des gouvernements africains à accepter les interprétations des cours africaines (cas de la Cour de justice de la CEDEAO et la Cour africaine des Droits de l'Homme et des Peuples, notamment vis-à-vis des décisions prises par les États membres), l'auteur invite les décideurs politiques à comprendre qu'ils ont, vis-à-vis de leurs concitoyens et du continent, un devoir de cohérence et de continuité.

L'insécurité récurrente et l'instabilité institutionnelle chronique, que connaît le Mali depuis un certain temps, ne s'accommodent pas avec une protection efficace de l'environnement. Ces deux écueils ont un impact certain sur l'impérieuse nécessité de ne pas compromettre la possibilité pour les générations futures de satisfaire leurs propres besoins. Les décideurs politiques sont donc fortement interpellés.

En vue de remédier au déficit de défense de l'environnement devant les tribunaux par les associations environnementales de droit malien, l'auteur propose de reconnaître à celui-là le statut de sujet afin qu'il puisse, lui-même, défendre ses droits. Cette solution qui est en vigueur dans beaucoup de pays (Équateur - art. 71 à 74 de la constitution, Bolivie - art. 127 à 129 de la constitution, Colombie - Cour constitutionnelle, 10 nov. 2016, Costa Rica - art. 29 de la loi sur la juridictionnelle constitutionnelle n° 7135 du 11 oct. 1989-) est défendue par l'américain Christopher STONE depuis les années 1970. Est-elle possible en droit malien ? L'auteur le pense.

Le lecteur lira avec intérêt un ouvrage bien rédigé qui contribue grandement à la construction et à l'harmonisation du droit de l'environnement en Afrique.

Ibrahima LY
Professeur des Universités
Agrégé de Droit Public et de Science Politique
Directeur du Laboratoire LERPDES,
Université Cheikh Anta Diop de Dakar

INTRODUCTION

« (...) *III- De la préservation de la nature*
Article 37 : Fakombè est désigné chef des chasseurs. Il est chargé de préserver la brousse et ses habitants pour le bonheur de tous.
Article 38 : Avant de mettre le feu à la brousse, ne regardez pas à terre, levez la tête en direction de la cime des arbres.
Article 39 : Les animaux domestiques doivent être attachés au moment des cultures et libérés après les récoltes. Le chien, le chat, le canard et la volaille ne sont pas soumis à cette mesure.(...) »

Extrait de la Charte de *Kurukanfuga*[1]
édictée en 1236 de notre ère

1. Cet extrait de la Charte de *Kurukanfuga* prouve bien que la réglementation des rapports entre l'homme et la nature ou ses ressources, sur le territoire du Mali actuel[2], ne date ni de la colonisation ni du développement des relations juridiques internationales. Mais, les droits issus de la colonisation et du développement des relations juridiques internationales sur l'environnement ont, sans doute, exercé et exercent encore une influence sur l'évolution et l'orientation actuelle de cette réglementation. C'est sur cette question, celle de l'influence des règles juridiques internationales relatives à la protection de la nature, des ressources naturelles et à l'amélioration du cadre de vie sur le droit malien ayant le même objet, que porte cette étude.

En effet, la quête effrénée d'effectivité et d'efficacité des normes environnementales, partout dans le monde, malgré ses succès, conserve tout son sens. Sandrine MALJEAN-DUBOIS a même averti qu'il s'agit d'une quête sans fin

---

[1] La Charte de *Kurukanfuga* ou Charte du *Manden, Manden sigikan*, proclamée à *Kurukanfuga* (actuel cercle de Kangaba en République du Mali), « s'entend comme l'ensemble des règles d'éthique et de conduite adoptées lors de l'investiture de Soundiata KEÏTA, roi du *Manden*, à la suite de sa victoire à la bataille de Kirina en 1235 » sur Soumangourou KANTÉ, roi du Sosso (v. Djibril Tamsir NIANE, *Soundiata ou l'épopée mandingue*, Paris, Présence africaine, 1960). Cette Charte a été inscrite sur la liste représentative du patrimoine culturel immatériel de l'humanité par la Conférence de l'UNESCO tenue à Abu-Dhabi (Émirats arabes unis) du 26 au 29 septembre 2009. Elle a été classée dans le patrimoine culturel immatériel du Mali par le décret n° 2011-238/P-RM du 12 mai 2011 (v. JORM n° 25 du 24 juin 2011, p. 970). Le texte de cette Charte est consultable sur le site de l'Assemblée nationale du Mali (http://assemblee-nationale.ml/charte-de-kourou-kan-fouga).

[2] Ses frontières actuelles sont celles héritées de la colonisation. Mais, le *Manden* primitif (empire du Mali -1230-1545) s'étendait sur des territoires occupés par les États actuels du Burkina Faso, de la Côte d'Ivoire, de la Gambie, de la Guinée, de la Guinée Bissau, du Mali, de la Mauritanie, du Niger et du Sénégal (v. Francis SIMONIS, *L'Afrique soudanaise au Moyen âge, Le temps des grands empires-Ghana, Mali, Songhaï-*, CRDP de l'académie d'Aix-Marseille, 2010, pp. 52-53).

car, précise-t-elle, « *par essence, l'effectivité intégrale est et demeure inatteignable* »[1]. Mais, à défaut d'une « effectivité intégrale », il y a lieu de constamment travailler à « (…) *réduire l'écart entre un appareil normatif foisonnant et son emprise modeste sur le comportement réel des destinataires des normes* »[2]. Ce qui signifie que nul n'est légitimé à s'interroger sur ce qu'il y a encore à découvrir après tant d'études consacrées à ce sujet. Le juriste s'oblige à n'exclure de son champ de recherche aucune question dont la réponse peut permettre à son objet d'étude de gagner en perfection. Dans cette optique, le présent ouvrage, dans le contexte particulier du Mali, s'interroge sur l'influence du droit international de l'environnement sur le droit de l'environnement de ce pays.

Avant d'exposer la façon dont un tel travail est entrepris et ce qu'il faut en attendre, il sied d'envisager la notion d'« influence » telle qu'elle apparaît dans la langue française et dans la doctrine juridique.

Le mot « influence » n'est pas un terme juridique. Il ne figure dans les dictionnaires juridiques les plus connus[3] qu'associé aux mots « trafic » et « zone » pour former les expressions « trafic d'influence » et « zone d'influence ». Le *Dictionnaire juridique*, sous la direction de Catherine PUIGELIER[4], un des rares dictionnaires juridiques employant le mot, « isolément », lui donne le même sens que le *Dictionnaire de l'Académie française* et les autres dictionnaires de la langue française[5]. Le dictionnaire des termes administratifs[6] ne contient que le verbe « influer ». Mais, un verbe à partir duquel est formé le substantif « influence »[7].

2. Le mot « influence » a pourtant, plusieurs fois, suscité des analyses dans bien des domaines de la science du droit et est donc bien présent dans la litté-

---

[1] Sandrine MALJEAN-DUBOIS, *La quête d'effectivité du droit international de l'environnement,* in Delphine MISONNE (coord.), *À quoi sert le droit de l'environnement ? Réalité et spécificité de son apport au droit et à la société*, Bruxelles, Bruylant, 2018, p. 270.

[2] Maurice KAMTO, *Rapport introductif général* in *La mise en œuvre nationale du droit international de l'environnement dans les pays francophones*, Limoges, PULIM, 2001, p. 10.

[3] Il ne figure, isolement, ni dans le *Lexique des termes juridiques*, sous la direction de Serge GUINCHARD et Thierry DEBARD, ni dans le *Dictionnaire de la culture juridique*, sous la direction de Stéphane RIALS, ni dans le *Vocabulaire juridique,* sous la direction de Gérard CORNU, ni dans le *Dictionnaire du vocabulaire juridique*, sous la direction de Rémy CABRILLAC.

[4] Catherine PUGELIER (dir.) *Dictionnaire juridique*, Bruxelles, Bruylant, 3ème édition, 2020, p. 606.

[5] V. *infra*, n° 4.

[6] Ministère français de la Fonction publique, de la réforme de l'État, *Lexique administratif,* 2ème édition, 2004 (https://www.modernisation.gouv.fr/sites/default/files/fichiers-attaches/lexique.pdf).

[7] V. *infra*, n° 4.

rature juridique. De nombreux travaux sont consacrés à l'étude de l' « influence » d'une discipline juridique[1], d'une institution[2], d'un ordre juridique[3] ou d'un système juridique[4] sur un autre. Il convient, dès lors, de l'envisager tel qu'il apparaît dans les dictionnaires de la littérature française.

3. Selon le *Dictionnaire de l'Académie française* et le *Dictionnaire historique de la langue française,* sous la direction d'Alain REY, le mot est emprunté du latin médiéval *influentia* qui signifie l' « *action attribuée aux astres sur la destinée des hommes* »[5]. Mais, c'est surtout son étymologie qui permet de mieux cerner le sens.

Le mot *in-flu-en-ce* vient du verbe fluer, du latin *fluere* qui signifie « couler ». Le préfixe « in » signifiant en latin « en » ou « dans » sera ajouté au mot latin *fluere* pour donner *influere*, en français influer qui signifie *couler dans*[6], se glisser, pénétrer, « *avoir de l'effet sur, (...) entrainer, exercer, faire changer* »[7]. Le verbe influer permet de former le substantif influence qui veut dire *influer sur*, c'est-à-dire « *exercer son action sur..., peser sur, faire pression sur, etc.* ». Partant de là, Le Petit Robert de la langue française et Le Petit Larousse illustré définissent l'influence comme l'« (...) *action qu'exerce une chose, un phénomène, une situation sur quelqu'un ou sur quelque chose* »[8]. Cette action est exercée en vue d'obtenir un résultat, de modifier donc la chose

---

[1] Carole HERNANDEZ-ZAKINE, *Influence du droit de l'environnement sur le droit rural*, Thèse de droit, Université Paris I-Panthéon-Sorbonne, juillet 1997 ; Guillaume ROUSSET, *L'influence du droit de la consommation sur le droit de la santé*, Thèse de droit, Université Jean Moulin Lyon 3, octobre 2007 ; Nathalie SAUPHANOR, *L'influence du droit de la consommation sur le système juridique*, Paris, LGDJ, 2000 ; Loïc LEVOYER, *L'influence du droit communautaire sur le pouvoir financier du parlement français*, Paris, LGDJ, 2002 ; Bernard BOULOC, *L'influence du droit communautaire sur le droit pénal interne*, in Mélanges offerts à Georges Levasseur, Droit pénal, droit européen, Litec, 1992, etc..

[2] Marie-Laure TREGUIER, *L'influence du Conseil d'État sur le Conseil constitutionnel : principes généraux du droit et principes de valeur constitutionnelle*, droit, Univ. de Nice, 1992.

[3] Zhouxi ZHANG, *L'influence du droit français sur le droit chinois des sûretés mobilières*, Thèse de droit, Université de Perpignan, décembre 2016 ; Coffi Dieudonné ASSOUVI, *L'influence du droit international des changements climatiques sur le droit de l'environnement de l'Union européenne*, Thèse de droit, Université de Limoges, septembre 2018 ; Michel PRIEUR, *L'influence des conventions internationales sur le droit interne de l'environnement, Actes de la réunion constitutive du comité sur l'environnement de l'AHJUCAF*, Juin 2008, Porto Novo, Bénin. p. 392. ffhal-00499293f ; Bokina BOKOLOMBE, *L'influence du modèle français sur les codifications congolaises : cas du droit des personnes et de la famille*, Thèse de droit, Université de Montpellier I, décembre 2013, etc..

[4] Elisabeth GRIMAUX, *L'influence du droit anglo-américain sur les valeurs mobilières émises par les sociétés anonymes en droit français*, Paris, Litec, 2005.

[5] *Dictionnaire de l'Académie française*, 9ème édition, t. 2, 2000 ((https://www.dictionnaire-academie.fr/article/A9A2246); v. aussi, le *Dictionnaire Français-latin*, sous la direction de Georges EDON, p. 945.

[6] V. *Le Petit dictionnaire de la langue française*, 2015, p. 1327.

[7] Henri BERTAUD DU CHAZAUD, *Dictionnaire de synonymes, mots de sens voisin et contraires*, Quarto Gallimard, 2003, p. 1004.

[8] *Ibid.* V. aussi *Le Petit Larousse illustré*, 2016, p. 616.

sur laquelle l'action est exercée[1]. Elle est « *le plus souvent graduelle et continue* »[2].

4. Selon *Le dictionnaire des synonymes et des contraires* et dans *Dire et écrire le droit en français correct*[3], le mot « influence » est synonyme de « effet », « impulsion », « répercussion » et de « incidence ». Beaucoup d'auteurs comme François RIGAUX, Paul FORIERS, Denis RICHARD ou Sanwé Médard KIENOU, lui ont d'ailleurs préféré le synonyme « incidence »[4]. Le verbe *influencer* signifie « *soumettre à son influence* »[5] c'est-à-dire agir sur. L'adjectif *influent* signifie « *qui a de l'influence, du prestige, du crédit* »[6], important, puissant. Parler, par exemple, de « *L'influence internationale du droit français* »[7], c'est reconnaître que ce droit a « (…) *marqué de son empreinte de nombreux ordres juridiques étrangers et* (…) *a contribué à la formation du droit international et des organisations internationales, où la présence de juristes français a souvent orienté l'évolution des institutions, tout comme en droit européen* »[8].

5. Partant de ces précisions et de cet exemple, il est possible de définir *l'influence du droit international de l'environnement sur le droit malien de l'environnement* comme *l'action* qu'exerce le droit international de l'environnement sur les règles maliennes ayant principalement pour objet la réglementation du cadre de vie et la sauvegarde de la nature et de ses ressources. En effet, plusieurs exemples montrent que certaines disciplines juridiques orientent l'évolution d'autres en modifiant leur contenu[9]. Ce phénomène se rencontre tant entre différentes disciplines juridiques d'une même branche du droit d'un

---

[1] *Le nouveau Petit Robert de la langue française*, 2009, p. 1328.
[2] V. *Dictionnaire culturel en langue française*, sous la direction d'Alain REY, Le Robert, 2005.
[3] Michèle LENOBLE-PINSON et Paul MARTENS, *Dire et écrire le droit en français correct*, Bruxelles, Bruylant, 2ème édition, 2019, p. 371.
[4] François RIGAUX, *Les incidences des conventions internationales sur le droit civil, Revue Belge de Droit International*, 1966-1, p. 279 ; Paul FORIERS, *L'incidence des conventions internationales sur le droit commercial*, Revue Belge de Droit International, 1966-1, p. 283 ; Sanwé Médard KIENOU, *L'incidence du droit régional africain sur le droit constitutionnel des États francophones d'Afrique de l'Ouest*, Revue française de droit constitutionnel, 2017/2 n° 110, pp. 413-36 ; Denis RICHARD, *Les incidences du droit communautaire sur le statut juridique et fiscal des sociétés*, thèse, Droit, Université de Nice, 1996.
[5] V. *Le Petit Robert de la langue française*, *op. cit.*, p. 1328.
[6] *Ibid.*
[7] Jacobo Rios RODRIGUEZ, *L'influence internationale du droit français*, Paris, Connaissances et Savoirs, 2008.
[8] *Ibid.*
[9] V. Michel PRIEUR, *droit de l'environnement, droit durable*, Bruxelles, Bruylant, 2014, p. 350 ; v. aussi Guillaume ROUSSET, *op. cit.*, p. 17).

même pays[1] qu'entre disciplines des deux branches du droit[2] ou entre disciplines juridiques de pays différents[3] ou relevant d'ordres juridiques différents[4].
Dans le sillon des travaux juridiques dont il a été question précédemment et dans la mouvance de cette quête permanente d'application effective du droit de l'environnement au Mali, il n'est pas inutile de s'arrêter, un moment, sur la nature des rapports entre le droit international de l'environnement et le droit malien de l'environnement en la questionnant.

6. En effet, le droit international appelle régulièrement des analyses, soit en termes d'efficacité, au regard de sa réception par les droits internes, soit en termes de divergences ou de convergences, dans ses rapports avec ceux-ci. Des auteurs comme Heinrich TRIEPEL ont envisagé ces rapports dans leur globalité[5]. Par rapport donc au sujet qui nous occupe, il s'avère intéressant de savoir si le droit international de l'environnement rayonne de façon bénéfique sur le droit malien de l'environnement ou, si au contraire, il heurte sa cohérence et l'empêche d'être effectif.

7. Ce questionnement est au cœur d'un paradoxe qui a conduit certains juristes de l'environnement à s'interroger sur l'utilité même de leur propre objet d'étude. Parmi les nombreux exemples possibles, l'on peut retenir deux.
En 1998, Alexandre Charles KISS, le « *plus illustre internationaliste du droit de l'environnement* »[6], en préfaçant un livre collectif consacré à l'effectivité du droit international de l'environnement[7], commençait par s'interroger : « *À quoi sert le droit international de l'environnement* ? »[8].
Vingt ans après cette interrogation d'Alexandre Charles KISS, est publié un autre ouvrage collectif écrit en l'honneur du Professeur François OST dont le

---

[1] Michel PRIEUR, *droit de l'environnement, droit durable, op. cit.*, p. 35 et Marie-Laure TREGUIER, *op. cit.*.
[2] Le droit constitutionnel sur le droit pénal.
[3] Le droit constitutionnel français sur le droit constitutionnel malien.
[4] V. Jean-Pierre MARGUENAUD (dir.), CEDH et droit privé *: L'influence de la jurisprudence de la Cour européenne des droits de l'homme sur le droit privé français*, Mission de recherche droit et justice, La Documentation française, 2001; Anne DEBET, *L'influence de la Convention européenne des droits de l'homme sur le droit civil*, Dalloz, coll. Nouvelle bibliothèque de thèses, 2002 ; Hélène AUBRY, *L'influence du droit communautaire sur le droit français des contrats*, PUAM, 2002 ; Bernard BOULOC, *op. cit.*; Pierre-Gabriel JOBIN, *L'influence de la doctrine française sur le droit civil québécois : le rapprochement et l'éloignement de deux continents*, in Revue internationale de droit comparé, vol. 44, n° 2, avril-juin, 1992, pp. 381- 408.
[5] Heinrich TRIEPEL, *Les rapports entre le droit interne et le droit international* in *Recueil des cours/ Académie de droit international de la Haye*, 1923, tome1, p. 84.
[6] Michel PRIEUR, *Droit de l'environnement, droit durable, op. cit.*, p. 350.
[7] Claude IMPERIALI (dir.), *L'effectivité du droit international de l'environnement, contrôle de la mise en œuvre des conventions internationales*, Paris, Economica, 1998.
[8] Alexandre Charles KISS, *Préface* in Claude IMPERIALI (dir.), *op. cit.*, p. 3.

titre est ainsi libellé : *« À quoi sert le droit de l'environnement ? Réalité et spécificité de son apport au droit et à la société »*[1].
Ce paradoxe est résumé ainsi qu'il suit: « (...) *alors que d'un côté le droit de l'environnement n'a jamais été aussi développé et sophistiqué, de l'autre, la dégradation de l'environnement n'a jamais été aussi forte* »[2]. Même si le droit ne dit que ce qui doit être et non ce que l'on fera, ce constat met clairement en évidence l'existence de difficultés à faire produire les effets attendus de cet important corps de règles. Cette situation qui interpelle le juriste, en questionnant l'utilité de son objet d'étude, l'oblige à comprendre « (...) *pourquoi l'ineffectivité domine et rechercher les moyens de renforcer l'effectivité* »[3]. C'est dans cette quête de connaissance des difficultés d'efficacité de son objet d'étude qu'il lui est apparu utile d'orienter son regard vers les rapports entre le droit international de l'environnement et le droit national de l'environnement, ici le droit malien de l'environnement. Il peut en être ainsi, car les normes internationales d'environnement sont essentiellement mises en œuvre par le truchement du droit national qui en assure la réception et la transcription. Il est donc possible que des raisons de l'ineffectivité et de l'inefficacité des normes environnementales au Mali soient trouvées du côté de l'articulation de ces normes avec celles du droit international de l'environnement.

8. Cette articulation des normes environnementales doit tenir compte d'une évidence: « (...) *la formation des États* (africains) *et leur indépendance n'ont pas donné lieu à la construction d'un droit, mais à la superposition d'une régulation étatique sur des contextes locaux préexistants et ordonnancés juridiquement* »[4]. Le pluralisme juridique, qui en est la conséquence, est accentué par l'existence d'une diversité des règles coutumières de gestion des ressources de l'environnement[5] et leur variabilité d'une zone géographique à une

---

[1] Delphine MISONNE (coord.), *op. cit.*

[2] Julien BETAILLE, *Droit de l'environnement, instrument de transformation : tentative d'approche dialectique,* in Delphine MISONNE (Coord.), *op. cit.*, p. 55. V. aussi Sandrine MALJEAN-DUBOIS, *Les organes de contrôle du respect des dispositions internationales dans le champ de l'environnement* in *Acteurs et outils du droit de l'environnement*, sous la direction de Benoît JADOT, CEDRE, p. 249.

[3] Sandrine MALJEAN-DUBOIS, *La quête d'effectivité du droit international de l'environnement* in Delphine MISONNE (Coord.), *op. cit.*, p. 254.

[4] Olivier BARRIERE, *De l'émergence d'un droit africain de l'environnement face au pluralisme juridique* in Chirstoph EBERHARD et Géneviève VERNICOS, *La quête anthropologique du droit : autour de la démarche d'Etienne Le ROY*, Paris, Karthala, 2006, p. 148.

[5] Le décret n° 77-203/PG-RM du 08 novembre 1977 *déterminant les conditions de nomination et les attributions des chefs des circonscriptions et des chefs de villages et de fraction nomade*, modifié, reconnaît aux chefs traditionnels les missions de « maintien de la tranquillité et de l'ordre publics », de veiller « à la propreté et à la salubrité » des villages et campements ; v. JORM n° 533 du 1er décembre 1977, p. 2451. Avant la colonisation, ce sont eux qui géraient exclusivement les forêts, la faune et son habitat. C'est la raison pour laquelle la Convention d'Alger de 1968 sur la conservation de la nature et des ressources naturelles, modifiée en 2003 à Maputo, les consacre (v. art. XVII) ; v. aussi les art. 37 à 39 de la Charte de *Kurukanfuga.*

autre[1]. À cette difficulté, il convient d'ajouter d'autres qui sont à trouver dans le droit de l'environnement lui-même : l'abondance de ses règles, leur diversité, leur technicité. Cette réalité, Sandrine MALJEAN-DUBOIS a su parfaitement résumer la conséquence : « (...) *plus la norme est ambitieuse, moins elle a finalement de chances d'être effective* »[2]. L'ambition du droit de l'environnement se mesure, en effet, à la majesté de son objet. C'est pourquoi, il n'est pas difficile de comprendre, du moins en ce qui concerne l'Afrique, le caractère paradoxal du droit de l'environnement[3] relevé par certains auteurs avec pertinence mais, souvent, avec exagération[4]. Car, que veut-on en réalité ? Que le droit de l'environnement change radicalement et tout de suite la société, compte tenu de la gravité des menaces écologiques ; des menaces écologiques qui, comme l'a rappelé Mireille DELMAS-MARTY, ont « (...) *toujours accompagné l'humanisation* »[5].

9. Le défi environnemental actuel est énorme, mais l'observation et les nombreux écrits sur l'état de l'environnement, montrent que dans bien des pays, au Mali notamment, il faut encore du temps pour que le droit de l'environnement trouve véritablement sa voie. Il faut encore du temps, car malgré les nombreux et importants acquis : constitutionnalisation de l'environnement[6], du droit à un environnement sain[7], proclamation du développement durable[8], etc., l'univers normatif du droit de l'environnement[9], tant étatique qu'international, reste encore éloigné de la vie concrète de la majorité des populations[10]

---

[1] Pour plus de détails sur cette partie, voir Abdoulaye ABOUBACRINE, *L'influence du droit international de l'environnement sur le droit malien de l'environnement : une contribution à l'émergence d'un droit africain harmonisé de l'environnement*, Thèse, droit, Université de Limoges, 2021, p. 23.

[2] Sandrine MALJEAN-DUBOIS, *La quête d'effectivité du droit international de l'environnement* in Delphine MISONNE (Coord.), *op. cit.*, p. 264. La norme effective est celle « *qui est appliquée réellement* », v. Gérard CORNU (dir.), *Vocabulaire juridique*, Paris, PUF, 12è éd., 2018, p. 388.

[3] Julien BETAILLE, *Droit de l'environnement, instrument de transformation : tentative d'approche dialectique*, *op. cit.*, p. 55.

[4] Jean-Marc LAVIEILLE, Hubert DELZANGLES, Catherine LE BRIS, *Droit international de l'environnement*, Ellipses, 4ème éd., 2018, p. 20).

[5] Mireille DELMAS-MARTY, *Perspectives ouvertes par le droit de l'environnement*, RJE, spécial 2014, vol 39, p. 8.

[6] Au Mali, l'environnement a été constitutionnalisé dès 1991 : « *Le peuple malien réaffirme (...) son attachement à la protection et à la promotion de l'environnement* ». V. préambule de l'acte fondamental n° 01 CTSP du 31 mars 1991, publié au JORM n° 8 du 30 avril 1991, p. 279.

[7] V. art. 15 de la Constitution de 1992 : « *Toute personne a droit à un environnement sain.* ».

[8] Dès 1991, l'article 3 du décret *fixant les attributions du ministre du développement rural et de l'environnement* précisait que celui-ci est chargé, en matière de préservation de l'environnement, « (...) *de maitriser les effets négatifs de l'activité économique, industrielle, minière et sociale* ». Le développement durable sera associé à ce ministère en 2015.

[9] Maurice KAMTO, *Rapport introductif général* in *La mise en œuvre nationale du droit international de l'environnement dans les pays francophones*, *op. cit.*, p. 10.

[10] *Ibid.*

et, paradoxalement, de la plupart des juristes chargés de lui donner effet. Nos recherches ont permis de révéler que beaucoup de juges maliens ignorent l'existence de certains textes importants sur l'environnement. Au nombre de ces importants textes, il est possible de retenir la loi de 2012 sur le bien-être animal[1] ou le décret n° 99-189/P-RM du 05 juillet 1999 *portant Institution de la Procédure d'étude d'impact sur l'environnement*[2]. Au moment où la Revue africaine de droit de l'environnement consacre sa parution n° 5 au thème de « *La protection de l'environnement par les juridictions africaines : avancées nationales et régionales* »[3], la question de la place du juge malien, dans ce combat, demeure posée.

10. C'est dans ce contexte d'incertitude sur l'avenir du droit malien de l'environnement qu'il convient d'examiner la nature de ses rapports avec le droit international de l'environnement. Il s'agit de rapports d'interactions, souvent de domination et de complémentarité, nécessaires à l'efficacité des deux outils juridiques. L'unité d'objet du droit international de l'environnement et du droit malien de l'environnement qui rend leur influence réciproque nécessaire et attendue doit normalement faciliter l'examen de leurs rapports, mais la réalité concrète permet de se rendre à l'évidence que lesdits rapports sont souvent complexes[4].

11. Le droit international de l'environnement et le droit malien de l'environnement ont, malgré la différence de leurs sources, le même objet : l'environnement, c'est-à-dire « (...) *l'espace où vivent les êtres humains et dont dépend la qualité de leur vie et de leur santé, y compris pour les générations à venir* »[5]. Qu'il soit donc national ou international, le droit de l'environnement étudie les règles relatives à la protection de la nature, des ressources naturelles et à l'amélioration du cadre de vie. Il se définit à la fois « *par son objet* »[6] et selon « *sa finalité* »[7]. Le droit international de l'environnement essaie d'apporter des réponses globales aux atteintes à l'environnement[8] et le droit malien

---

[1] Publiée au JORM n° 9 du 02 mars 2012, p. 324.

[2] Publié au JORM n° 20 du 20 août 1999, pp. 770-773 abrogé par le décret n° 03-594/P-RM du 31 décembre 2003 *relatif à l'étude d'impact sur l'environnement*, publié au JORM n° 05 du 20 février 2004, pp. 185-190. Ce décret sera à son tour remplacé par celui du 26 juin 2008, publié au JORM n° 31 du 1er août 2008, pp. 1204-1209, modifié par le décret n° 09-318/P-RM du 26 juin 2009, publié au JORM n° 30 du 24 juillet 2009, pp. 1177-1178.

[3] Revue africaine de droit de l'environnement, n° 05, 2020.

[4] Cette complexité s'explique par l'existence « *à tous les niveaux normatifs, de règles ayant pour objet la protection de l'environnement* » (v. Julien BETAILLE, *Droit de l'environnement, instrument de transformation : tentative d'approche dialectique, op.cit.*, p. 55).

[5] CIJ, Avis sur la licéité de la menace ou de l'emploi de l'arme nucléaire, 8 juillet 1996.

[6] Adeline MEYNIER, *Réflexions sur les concepts en droit de l'environnement*, thèse soutenue en 2017 à l'Université Jean Moulin, Lyon 3, p. 37.

[7] V. Michel PRIEUR, *Droit de l'environnement, op. cit.*, p. 18.

[8] « *Il vise la totalité des États, la totalité des espèces et la totalité des éléments constitutifs du milieu de vie.* »

de l'environnement tente de résoudre les mêmes problèmes, mais au niveau des limites territoriales du Mali. Cette unité d'objet oblige ces deux outils juridiques à ne pas s'ignorer mais, au contraire, à mieux collaborer.

12. En effet, la protection de l'environnement au Mali s'insère harmonieusement dans la protection de l'environnement mondial. À ce titre, la collaboration entre le droit international de l'environnement et le droit malien de l'environnement, instruments privilégiés de cette protection, doit être savamment organisée et l'apport du premier au second clairement identifié. Est-ce le cas aujourd'hui ? La réponse à cette interrogation et à bien d'autres, qui seront examinées plus loin, constitue des défis que cet ouvrage s'impose de relever. En raison de l'inexistence de frontières en matière d'environnement, le droit international, facteur de coopération et de dialogue, s'en est saisi en vue de favoriser le renforcement d'une solidarité de but [1] entre les différentes législations nationales de protection de l'environnement. Ce dialogue doit pouvoir aussi permettre de contribuer à la protection de l'environnement global.

13. S'il est un point sur lequel il y a accord unanime, c'est bien l'inexistence de frontières spatiales et temporelles en matière d'environnement. Cette inexistence de frontières fait de l'environnement un bien commun à toutes les générations, présentes et futures. C'est au nom de la protection de ce bien commun que le droit international de l'environnement cherche à maintenir une solidarité de but entre les droits nationaux qui ont pour objet l'environnement. L'instauration d'un dialogue entre le droit malien de l'environnement et le droit international de l'environnement s'inscrit dans le cadre du renforcement de cette solidarité. Ce rôle du droit international de l'environnement est un de ses principaux fondements, ainsi que nous le rappelle le Principe 24 de la Déclaration de Stockholm de 1972 sur l'environnement : « *Les questions internationales se rapportant à la protection et à l'amélioration de l'environnement devraient être abordées dans un esprit de coopération par tous les pays, grands ou petits, sur un pied d'égalité. Une coopération par voie d'accords multilatéraux ou bilatéraux ou par d'autres moyens appropriés est indispensable pour limiter efficacement, prévenir, réduire et éliminer les atteintes à l'environnement résultant d'activités exercées dans tous les domaines, et ce dans le respect de la souveraineté et des intérêts de tous les États* ».

14. Le droit international de l'environnement, c'est-à-dire l'ensemble des règles juridiques internationales qui ont pour objet la protection de l'environnement, est constitué principalement par le droit conventionnel. La difficulté à établir une ligne de démarcation nette entre le droit conventionnel, le droit

---

[1] Paul FORIERS, *op. cit.*, p. 283.

coutumier international[1] et les normes d'origine jurisprudentielle[2], en raison de la reprise fréquente de beaucoup de règles coutumières et d'origine jurisprudentielle dans de nombreux textes, impose de préciser que le présent travail, en parlant de droit international de l'environnement, fait principalement allusion au droit issu des conventions internationales relatives à l'environnement, qu'elles soient bilatérales ou multilatérales, sous régionales, régionales ou universelles, générales ou spécifiques. Cela n'exclut pas, toutefois, que soient sollicitées, çà et là, la coutume internationale et surtout la jurisprudence sans laquelle le droit de l'environnement sera toujours considéré comme « dormant ». L'influence du droit international de l'environnement sur le droit malien de l'environnement peut s'exercer aussi à la faveur de l'interprétation des textes et de leur application par le juge malien.

Le recours aux autres sources du droit international de l'environnement permet ainsi de mettre en lumière leur influence, si minime soit-elle, sur le droit malien de l'environnement. Le rôle de la doctrine environnementale (ouvrages, articles de revues, thèses, mémoires) comme source d'inspiration pour les juges et les rédacteurs des textes[3], tant nationaux qu'internationaux, ne peut non plus être négligé. La rédaction d'un projet de convention relative au statut des déplacés environnementaux, « *imaginé par des universitaires de Limoges* »[4], la consécration juridique du principe de non-régression dans de nombreux pays[5], pour ne prendre que ces deux exemples, sont bien une parfaite illustration de ce que les écrits doctrinaux permettent le développement du droit international de l'environnement en constituant une importante source de réflexion. Ce sont aussi ces théoriciens du droit de l'environnement, les

---

[1] Par exemple, une règle du droit coutumier international consiste pour les États à informer les autres des catastrophes écologiques qui peuvent les menacer. Elle est formulée dans les Principes 17 et 18 de la Déclaration de Rio 1992 et dans de nombreux textes obligatoires, en particulier sur les relations entre pays voisins. Aussi, le fait pour les États d'agir conformément à des textes non obligatoires (comme les Déclarations de Stockholm et de Rio) et de manière régulière peut conduire à la création d'un droit coutumier, de sorte que ces sources du droit international de l'environnement (traités et coutumes) se trouvent imbriquées les unes dans les autres.

[2] L'exemple le plus éloquent est la règle d'origine jurisprudentielle selon laquelle, « *aucun État n'a le droit d'user de son territoire ou d'en permettre l'usage de manière que des fumées provoquent un préjudice sur le territoire d'un autre État ou portent atteinte aux propriétés des personnes qui s'y trouvent* » (v. Tribunal arbitral, sentence arbitrale du 11 mars 1941, affaire de la Fonderie de Trail, NU, Recueil des sentences arbitrales, vol. III, p. 1938). La règle est reprise depuis dans de nombreux textes : Déclaration de Stockholm sur l'environnement (Principe 21), Déclaration de Rio de 1992 sur l'environnement et le développement (Principe 2), Avis consultatif de la CIJ sur la licéité de la menace ou de l'emploi d'armes nucléaires du 08 juillet 1996 (§ 29), etc..

[3] A l'occasion notamment des reformes législatives et réglementaires.

[4] V. Jean-Marc LAVIEILLE, Hubert DELZANGLES, Catherine LE BRIS, *op.cit.*, p. 9.

[5] « *La doctrine en droit de l'environnement* » est le thème que la RJE, n° spécial, 2016 a consacré à la célébration de ses 40 ans.

enseignants principalement[1], qui forment, au cours d'ateliers ou séminaires, les conseillers juridiques des départements ministériels et les parlementaires chargés d'élaborer ou d'adopter les textes environnementaux et les juges chargés de leur application. Cet important rôle de la doctrine ne peut être ignoré. En réalité, l'importance, si considérable soit-elle, d'une source du droit, ne permet pas d'exclure l'existence et l'influence des autres.

Le droit international de l'environnement n'est pas non plus constitué que des textes ou instruments dans lesquels on peut trouver les règles juridiques. Il désigne aussi les institutions qui créent ces règles juridiques. De sorte qu'il paraît impossible de parler de droit international de l'environnement sans évoquer ces institutions. Leur apport au droit malien de l'environnement est d'ailleurs considérable.

15. Le droit international de l'environnement ne cherche pas à remplacer le droit malien en l'intégrant. Il cherche à le compléter en le renforçant. Il vise donc une meilleure protection de l'environnement au Mali. Ce but est-il atteignable dans un contexte de pluralisme juridique très accentué ? La réponse à une telle interrogation doit être trouvée dans la manière dont est animé le dialogue entre le droit international de l'environnement et le droit malien de l'environnement, un dialogue censé contribuer à une meilleure protection de l'environnement.

16. L'action du droit malien de l'environnement se limite-t-elle uniquement au cadre national ou, au contraire, tient-elle compte aussi de l'intérêt général de l'humanité ? Le droit international de l'environnement vient rappeler que « *L'environnement est le domaine dans lequel le traditionnel concept de souveraineté des États se heurte à une incontournable réalité : la globalité des phénomènes naturels* (…) »[2]. Cette responsabilité commune des États montre que les délégations gouvernementales du Mali, en participant à la rédaction des textes internationaux sur l'environnement, contribuent à faire évoluer ce droit. De même, l'inscription de la Charte de *Kurukanfuga* sur la liste représentative du patrimoine culturel immatériel de l'humanité par la Conférence de l'UNESCO tenue à Abu-Dhabi (Émirats arabes unis) du 26 au 29 septembre 2009 est une preuve supplémentaire que le droit international n'ignore pas non plus l'existence et la pertinence des légitimités traditionnelles africaines. Quel est donc le but poursuivi par le droit malien de l'environnement en réceptionnant les normes internationales relatives à l'environnement ?

---

[1] Alexandre Charles KISS, *Introduction au droit international de l'environnement*, cours UNITAR, 2ème édition, 2006, p. 44).

[2] Jean-Jacques GUILLET, Rapport d'information n° 1669, sur « *L'environnement, nouveau champ d'action de la diplomatie française* », AN, Commission des affaires étrangères, 13 mai 2009, p. 5.

Avant de répondre à une telle interrogation et de mettre en évidence les spécificités du droit malien de l'environnement, il est utile de présenter d'abord le Mali, champ principal de la recherche.

17. Le Mali est un vaste pays continental[1] situé au cœur de l'Afrique de l'Ouest. Berceau de grands empires[2] et ancienne colonie française[3], il est devenu indépendant le 22 septembre 1960[4]. Il est limité au Nord par l'Algérie, à l'Est par le Niger et le Burkina Faso, au Sud par la Guinée et la Côte d'Ivoire, à l'Ouest par le Sénégal et la Mauritanie. Ses frontières actuelles sont celles héritées de la colonisation qui a commencé au début des années 1880. État unitaire décentralisé, à régime semi présidentiel, de tradition civiliste, il couvre une superficie de 1 241 238 Km^2, soit presque deux fois la superficie de la France (643 801 Km^2), avec une population estimée en 2017 à 18,9 millions d'habitants[5]. Cette population est répartie, depuis la loi n° 2012-017 du 02 mars *portant création de circonscriptions administratives en République du Mali*[6], sur les territoires de dix-neuf régions administratives (v. annexe 1) et un District. Son économie repose essentiellement sur le secteur primaire (agriculture, élevage et pêche) qui occupe 80 % de la population active[7]. L'analphabétisme frappait 66% de cette population en 2017[8].

18. Les problématiques environnementales au Mali concernent essentiellement l'insalubrité, la dégradation du cadre de vie, la pollution de l'air et des eaux, la détérioration du couvert végétal et des sols, la pénurie d'eau, la perte de la biodiversité, etc.. Ces différents problèmes, il convient de le reconnaître,

---

[1] Il n'a aucun débouché sur la mer. Les distances qui le séparent des différents ports des pays qui l'entourent sont les suivantes : « 980 Km (Conakry), 1225 Km (Abidjan) et 1228 Km (Dakar), 1 967 Km (Lomé), 1 973 Km (Téman), 2096 Km (Cotonou) et 1 430 Km (Nouakchott) » ; source : Cellule de Planification et de la Statistique du ministère des Transports du Mali.

[2] Empire du Ghana (Vème - XIème siècle), Empire du Mali (XIème XVIIème siècle), Empire Songhaï (XIIème - XVIème siècle), etc. (v. Francis SIMONIS, *L'Afrique soudanaise au Moyen âge, Le temps des grands empires (Ghana, Mali, Songhaï)*, CRDP de l'académie d'Aix-Marseille, 2010.

[3] 1892-1960.

[4] V. loi n° 60-35 du 22 septembre 1960 *portant proclamation de la République indépendante du Mali*, publiée au JORM spécial n° 65 du 29 septembre 1960, p. 2 et décret n° 60 P.G.P.-R.M. du 28 septembre 1960 *portant promulgation et publication de la loi n° 60-35 du 22 septembre 1960 portant proclamation de la République indépendante du Mali*, publié in *ibid*, p.1.

[5] La population est à majorité rurale (73%). Conformément à la loi n° 98-020 du 09 mars 1998 régissant le recensement général de la population et de l'habitat (v. JORM n° 11 du 15 juin 1998, p. 414), le 5ème recensement est organisé en 2020. Il a effectivement démarré en avril 2020 mais, les derniers chiffres officiels aujourd'hui disponibles sont ceux du recensement de 2009 (v. le site l'Institut national de la statistique : https://www.instat-mali.org/laravel-filemanager/files/shares/act/avis-recrutement-controleurs-capi-rgph5_act.pdf).

[6] V. JORM n° 10 du 09 mars 2012, p. 364.

[7] V. Rapport national 2009 sur l'état de l'environnement au Mali, éd. d'octobre 2010, p. I.

[8] V. Rapport national 2017 sur l'état de l'environnement au Mali, éd. de décembre 2018, p. 15.

font l'objet d'une attention des autorités nationales[1] qui, en vue de leur résolution globale et coordonnée, ont adopté dès août 1998 le document de politique nationale de protection de l'environnement[2], actualisé en décembre 2019[3]. Ces difficultés sont accentuées par une double crise sécuritaire et institutionnelle (depuis 2012). Cette double crise sécuritaire et institutionnelle, qui découle de la prise du contrôle du nord du pays par des groupes indépendantistes[4] ainsi que par des groupes terroristes, affecte l'ensemble du territoire. Elle empêche le Mali de faire correctement respecter ses lois et les conventions internationales qu'il a ratifiées dans le domaine de l'environnement, au moins dans les zones où règne encore l'insécurité. Cette réalité qui engendre un recul regrettable de l'état de l'environnement et du droit qui a pour objet de l'améliorer, a d'autres conséquences. La qualité de l'eau et de l'air est davantage affectée. Le repli des administrations chargées des questions d'environnement des zones de conflits vers des zones relativement plus sécurisées et le départ de certains partenaires du pays suspendent diverses actions en faveur de l'environnement et sonnent le glas de nombreux projets de développement. La faune sauvage, composée de plusieurs espèces protégées[5], n'est pas épargnée par ce mouvement de migration des zones de prédilection vers des endroits où les conditions de vie sont moins bonnes. Les installations de fixation des dunes se dégradent, occasionnant l'ensablement rapide du fleuve

---

[1] Même si la part du ministère de l'Environnement dans le budget national a rarement atteint 1% : 0,98% en 2007 ; 0,49% en 2008 ; 0,93% en 2009 ; 0,71% en 2011 ; 0,86% en 2016; 0,80% en 2017 ; 1,25% en 2018 (sources, lois de finances exercices des différentes années ; v. aussi rapport national 2014 sur l'état de l'environnement au Mali, p. 105).

[2] L'élaboration de ce document a été beaucoup influencée par le Sommet de la terre de Rio 1992.

[3] V. Décret n° 2019-0954/P-RM du 05 décembre 2019 *portant approbation de la politique nationale de la protection de l'environnement (PNPE)*, publié au JORM n° 43 du 13 décembre 2019, p. 1709.

[4] L'unité nationale est constamment ébranlée par des revendications indépendantistes depuis des décennies. Les différents conflits armés qui en sont découlés ont donné lieu à plusieurs accords de paix. On peut citer l'*Accord sur la cessation des hostilités* entre le Gouvernement de la République du Mali d'une part et le Mouvement Populaire de l'Azawad et le Front Islamique Arabe d'autre part, signé à Tamanrasset le 06 janvier 1991 ; le *Pacte national* signé entre le Gouvernement de la République du Mali et les différents mouvements armés le 11 avril 1992 à Bamako, promulgué par le décret n° 92-121P/CTSP du 11 avril 1992, publié au JORM spécial n° 3 du 11 avril 1992 ; l'*Accord pour la restauration de la paix, de la sécurité et du développement dans la région de Kidal* signé à Alger le 04 juillet 2006 entre le Gouvernement de la République du Mali et l'Alliance Démocratique pour le Changement ; l'*Accord préliminaire à l'élection présidentielle et aux pourparlers exclusifs de paix au Mali* signé entre le Gouvernement d'union nationale de transition de la République du Mali et la Coordination du Mouvement National de l'Azawad et du Haut Conseil pour l'Unité de l'Azawad à Ouagadougou le 18 juin 2013 ; l'*Accord pour la paix et la réconciliation au Mali issu du processus d'Alger* signé à Bamako les 15 mai et 20 juin 2015 entre le Gouvernement de la République du Mali et la Coordination des Mouvements de l'Azawad.

[5] V. JORM n° 35 du 27 août 2010, p. 1364 ; JORM n° 35 du 27 août 2010, p. 1365 ; JORM n° 21 du 15 novembre 1995, p. 813 ; JORM n° 21 du 15 novembre 1995, p. 813 ; JORM n° 21 du 15 novembre 1995, p. 813 ; JORM n° 21 du 15 novembre 1995, p. 814.

Niger et des lacs avec des conséquences graves pour la biodiversité aquatique et lacustre. La déforestation s'accélère avec toutes ses conséquences sur les écosystèmes. Les projets d'atténuation des changements climatiques sont souvent abandonnés. Le plus spectaculaire est l'utilisation des éléments de l'environnement comme armes de combat : déboisement et creusement de trous pour construire des retranchements ou des cachettes, utilisation de mines antipersonnel qui sont des facteurs terribles de pollution et d'insécurité environnementale. La crise institutionnelle a eu comme implications, entre autres, la succession de onze (11) titulaires à la tête du ministère de l'Environnement[1] en seulement une décennie[2] avec des conséquences sous-jacentes comme le changement perpétuel des personnels techniques chargés des questions d'environnement.

Les crises, sécuritaire et institutionnelle, interviennent dans un contexte où les pressions sur la nature et ses ressources sont déjà très fortes[3] et où le cadre de vie des populations est plus affecté que jamais. Le règlement, non définitif, de ces crises a nécessité une mobilisation importante de la communauté internationale aux côtés du Mali. Cela s'est traduit par la création de la Mission Multidimensionnelle Intégrée des Nations Unies pour la Stabilisation au Mali (MINUSMA)[4]. À cette occasion, le Conseil de sécurité, priait « *le Secrétaire général d'étudier les effets sur l'environnement des activités menées par la MINUSMA en exécution des tâches qui lui sont prescrites et, à ce sujet, invite cette dernière à maîtriser ces effets, selon qu'il convient et conformément aux résolutions de l'Assemblée générale et règles et règlements de l'Organisation applicables* (…) »[5].

Quoique conjoncturelle, la crise sanitaire liée à la pandémie de la covid-19 dont le « caractère extraordinaire » a été reconnu par le décret n° 2021-0100/PT-RM du 18 février 2021 et qui vient rappeler la nécessité du respect des normes relatives au cadre de vie, n'a épargné aucun pays ou presque dans le monde. C'est dans ce contexte de crises multidimensionnelles profondes, avec des conséquences incommensurables sur l'environnement et ses ressources, qu'est rédigé le présent travail dont l'objet est d'appréhender les spécificités de l'apport du droit international de l'environnement au droit malien.

---

[1] V. *infra*, n° 529.
[2] De 2012 à 2021. V. *ibid.*
[3] V. les différents rapports sur l'état de l'environnement au Mali de 2003 à 2017.
[4] V. la Résolution 2100 du 25 avril 2013 du Conseil de sécurité, adoptée à sa 6952ème séance en vertu du Chapitre VII de la Charte des Nations Unies (www.minusma.unimissions.org).
[5] V. point 32 de la Résolution 2100 (2013). À la demande du Gouvernement de la République du Mali, la Résolution 2690 (2023) du Conseil de sécurité a décidé de mettre fin au mandat de la MINUSMA à compter du 30 juin 2023. Ce retrait devrait être effectif à la date du 31 décembre 2023.

19. Le droit malien de l'environnement prend racine dans une pluralité de sources. Nous avons d'abord le droit généré par l'État ou droit étatique, largement inspiré par le droit de l'ancien[1] colonisateur[2], les pratiques coutumières de gestion des ressources de l'environnement ensuite et enfin le droit international de l'environnement. Le droit étatique est fondé sur des textes législatifs et réglementaires sectoriels, disparates et épars relatifs aux forêts, aux eaux, à la pêche, à la chasse, à l'agriculture, au cadre de vie, à la santé... Ces différents textes législatifs[3] et réglementaires ont été compilés en un recueil[4], non exhaustif, publié en deux éditions, en 2007 et en 2009.

20. Dès après l'indépendance en 1960, le pays s'est doté de divers textes législatifs qu'il fait appeler Codes : un Code forestier[5], un Code de la pêche[6], un Code de la chasse et de conservation de la faune et de son habitat[7] et un Code

---

[1] Pour Albert BOURGI, « *Décolonisation ne signifie pas rupture : si la France s'est avérée impuissante à arrêter le processus d'émancipation politique, elle s'est employée à en contrôler soigneusement l'évolution en liant étroitement les notions d'indépendance et de coopération. Les accords conclus entre la France et ses anciennes colonies, par leur diversité comme par leur contenu, ont permis à l'ancienne métropole de prolonger, dans un cadre juridique différent, l'exercice d'une influence privilégiée* » in *Encyclopédie juridique de l'Afrique*, tome 2, p. 207.

[2] Il n'est pas inutile de citer à ce titre Pierre-François GONIDEC pour qui « *les droits africains ne présentent aucune originalité car ils ont reçu l'empreinte des très monotones et très papivores systèmes européens* » (v. *Note sur le droit des conventions internationales en Afrique*, in Annuaire français de droit international, 1965, 11, p. 866).

[3] Le premier texte législatif, au Mali, qui évoque dans son intitulé l'environnement est la loi n° 91-047 du 23 février 1991 *relative à la protection de l'environnement et du cadre de vie* (JORM n° 06 du 30 mars 1991, p. 214), abrogée par la loi n° 01-020 du 30 mai 2001 *relative aux pollutions et aux nuisances* (JORM n° 17 du 20 juin 2001, p. 646), elle-même remplacée par la loi n° 2021-032 du 24 mai 2021 (JORM n° 16 du 28 mai 2021, p. 607) ayant le même objet. On remarque d'ailleurs la disparition du mot environnement à l'abrogation.

[4] Recueil compilé par le Comité National de Pilotage du Projet Partenariat pour le Développement du Droit et des Institutions de Gestion de l'Environnement en Afrique (PADELIA) créé par l'arrêté n° 06-2354 du 17 octobre 2006, v. JORM n° 37 du 12 septembre 2008, p. 1467.

[5] V. Loi n° 68-008 du 17 février 1968 *portant Code forestier*, publié au JORM n° 273 du 1er avril 1968, p. 187, abrogée par la loi n° 86-042 du 24 mars 1986, publiée au JORM n° 783 du 1er avril 1986, p. 9 elle-même abrogée par la loi n° 95-004 du 18 janvier 1995 *fixant les conditions de gestion des ressources forestières*, publiée au JORM n° 4 du 28 février 1995, pp. 125-131, abrogée par la loi n° 2010-028 du 12 juillet 2010 *déterminant les principes fondamentaux relatifs à la gestion des ressources du domaine forestier national*, publiée au JORM n° 32 du 06 août 2010, pp. 1244-1262.

[6] V. loi n° 86-044 du 24 mars 1986 *portant Code de la pêche*, publiée au JORM n° 783 du 1er avril 1986 p. 22, abrogée par la loi n° 95-032 du 22 mars 1995 *fixant les conditions de gestion de la pêche et de la pisciculture*, publiée au JORM n° 09 du 15 mai 1995, pp. 324-327, puis par la loi n° 2014-062 du 29 décembre 2014 *déterminant les principes et les conditions de gestion de la pêche et de l'aquaculture*, publiée au JORM n° 01 du 02 janvier 2015, pp. 04-20.

[7] V. loi n° 86-043 du 24 mars 1986 *portant Code de chasse et de conservation de la faune et de son habitat*, publiée au JORM n° 783 du 1er avril 1986, p. 15, abrogée par la loi n° 95-004 du 18 janvier 1995 *fixant les conditions de gestion des ressources forestières*, publiée au JORM

de l'eau[1]. En 1988, a été créé pour la première fois, au Mali, un ministère chargé de l'Environnement[2]. Il s'agit du ministère de l'Environnement et de l'Élevage, confié à Morifing KONÉ, numéro 15 d'un gouvernement de 17 membres. Cela a permis de prendre en compte la gestion du cadre de vie. Car avant cette date, la protection de l'environnement urbain n'était vraisemblablement pas une préoccupation des autorités puisque tous les gouvernements précédents orientaient leurs actions vers la protection des ressources naturelles. Ceci n'est pas surprenant car, même au niveau international la faune et la flore étaient les premières préoccupations du droit de l'environnement[3], à travers notamment la Convention de Londres relative à la conservation de la faune et de la flore à l'état naturel de novembre 1933 qui s'appliquait justement à l'Afrique coloniale[4]. Mais, positivons notre analyse. « *Il n'y a d'environnement qu'en fonction d'un environné et l'environné, c'est l'homme* »[5]. Celui-ci « (…) *n'est pas détachable de la nature* »[6], il part d'elle, comme l'a reconnu la chambre criminelle de la Cour de cassation française dans l'affaire du naufrage du bateau Erika : « (…) *la nature fait partie de l'homme, comme il en fait partie* (…) »[7]. « *Une des premières victoires de la cause environnementale* (…) », ajoute Jacqueline MORAND-DEVILLER, « (…) *est d'avoir révélé combien homme et nature sont inséparables et complices* »[8]. La défense des ressources naturelles, éléments du patrimoine commun des êtres humains, est d'ailleurs faite au profit de l'homme, qu'il soit en campagne ou en ville[9]. La protection de la biodiversité des Eaux et des Forêts, par exemple, intéresse directement l'homme qui se nourrit des produits de la pêche, de la cueillette et de la chasse.

21. Des rapports périodiques sont publiés sur l'état de l'environnement au Mali depuis 2003[10]. Il ressort de tous ces rapports les mêmes constats : pressions sur les ressources se traduisant par la perte de la biodiversité, l'érosion

---

n° 04 du 28 février 1995, p. 125, puis par la loi n° 2018-036 du 27 juin 2018 *fixant les principes de gestion de la faune et de son habitat*, publiée au JORM n° 31 du 24 août 2018, p. 1222.

[1] Loi n° 02-006 du 31 janvier 2002 *portant Code de l'eau*, publiée au JORM n° 04 du 10 février 2002, p. 124.

[2] V. le décret n° 88-152/P-RM du 06 juin 1988 *portant composition du Gouvernement*, publié dans *Les Gouvernements de la République du Mali de l'indépendance à 1992 de* Boubacar Nantégué MALLÉ, pp. 72-73, Archives Nationales du Mali.

[3] Le droit de l'environnement est d'abord perçu comme « un droit de la nature ».

[4] Ce n'est qu'à partir des années 1950, avec la pollution des mers, que des traités commenceront à s'intéresser au cadre de vie.

[5] Jean RIVERO, Préface de la thèse de Francis CABALLERO, *Essai sur la notion juridique de nuisance*, Paris, LGDJ, 1981, p. viii.

[6] Éric NAIM-GESBERT, *Droit général de l'environnement*, Paris, LexisNexis, 2011, p. 5.

[7] Cass. Crim., 25 septembre 2012, 10-82.938 (*Société Total et autres C. Office français de la fondation pour l'éducation à l'environnement et autres*).

[8] Jacqueline MORAND-DEVILLER, *Droit de l'environnement*, Paris, PUF, 2011, p. 5.

[9] *Id.*

[10] En 2003, 2005, 2007, 2009, 2011, 2014 et 2017. L'édition 2020 était en cours d'élaboration, au moment où nous écrivions ces lignes.

et l'appauvrissement des sols, la baisse de la productivité des écosystèmes, l'augmentation de la concentration des gaz à effet de serre, l'ensablement des fleuves et lacs, la dégradation continue du cadre de vie, etc.. Les réponses à ces problèmes, à savoir l'adoption de textes désuets[1] et la floraison d'institutions très instables[2], sont loin d'être probantes et idoines.

22. Le droit malien de l'environnement, comme indiqué précédemment, n'est pas constitué que du droit étatique. Il convient de compter avec les règles coutumières de gestion des ressources de l'environnement. La coutume est, en effet, une part importante du droit national. Olivier BARRIERE, un juriste européen ayant fait des recherches de terrain au Mali, résume si parfaitement cette réalité : « *Ce second aspect du droit, situé hors du champ de la légalité, définit* (…) *un véritable espace de légitimité. Ce dernier dépasse les manières de faire pour intégrer les modèles culturels d'être et de faire. C'est dans cet espace là que se trouve le droit vivant, adapté aux réalités locales* (…) »[3]. Conscient d'ailleurs de son incapacité à imposer le droit étatique face aux résistances des pratiques coutumières dans beaucoup de domaines[4], le pouvoir central s'est résolu à les légaliser[5]. Ces pratiques cessent donc d'être « hors de la légalité » pour devenir de sources officielles du droit s'imposant au juge[6] tout comme la loi *stricto sensu.* Le recours aux conventions locales qui ont pour objet « (…) *la gestion durable des ressources naturelles et la gestion des conflits qui y sont liés* »[7], le transfert de compétences de l'État aux collectivités

---

[1] Même si, « juridiquement, la désuétude n'entraîne pas en tant que telle l'annulation d'une règle de droit qui peut, après une longue période de non-application, être redécouverte par ses destinataires » (François RANGEON, *Réflexions sur l'effectivité du droit,* in *les usages sociaux du droit*, Centre universitaire de recherches administratives et politiques de Picardie, PUF, 1989, p. 130).

[2] L'instabilité institutionnelle est caractéristique de la régression du droit malien de l'environnement. À titre d'exemple : « *De 2012 à 2014, le département en charge de l'environnement a enregistré la succession de six (6) ministres et presqu'autant de secrétaires généraux. Cette instabilité a affecté aussi certaines structures techniques telles que la DNACPN et la DNEF qui ont enregistré respectivement la succession de 3 et 2 directeurs nationaux dans le même intervalle de temps* » ; v. rapport national 2014 sur l'état de l'environnement au Mali, p. 88.

[3] Olivier BARRIERE, *De l'émergence d'un droit africain de l'environnement face au pluralisme juridique*, *op. cit.*, p. 151.

[4] V. notamment CADHP, 11 mai 2018, req. n° 046/2016, *APDF et IHRDA c. République du Mali.*

[5] C'est le cas en matière foncière où « *les droits coutumiers exercés collectivement ou individuellement sur les terres non immatriculées sont confirmés* (…) » ; v. art. 43 à 46 du Code domanial et foncier, publié au JORM n° 11 du 20 avril 2000, p. 402 ; etc..

[6] La violation de la coutume est d'ailleurs un cas d'ouverture à pourvoi selon l'article 88 de la loi n° 2016-046 du 23 septembre 2016 *portant loi organique fixant l'organisation, les règles de fonctionnement de la Cour suprême et la procédure suivie devant elle.*

[7] Moussa DJIRÉ, *Les conventions locales au Mali, Outils de gestion durable des ressources naturelles*, étude réalisée en octobre 2003 à Bamako, p. 32. Ces conventions ont souvent permis la régénération des forêts et la reconstitution de la biodiversité (exemple des forêts de *Dentaka* et d'*Akka-Goun* dans le cercle de Youwarou dans la région de Mopti) et « *sont considérées*

locales[1] ou la création de brigades villageoises d'appui au contrôle de l'exploitation forestière répondent à cet impératif. Et comme l'on peut s'y attendre, c'est véritablement sur ce terrain-là que se situe la complexité des rapports entre le droit international de l'environnement et le droit malien de l'environnement.

Le droit malien de l'environnement, en allant au contact du droit international de l'environnement, se trouve confronté à un « assaut » de normes issues de conventions bilatérales, sous régionales, régionales, universelles, générales et spéciales. Ces différentes normes d'origine externe et les normes maliennes « (...) *se mélangent, se superposent, se complètent, se renforcent, se concurrencent ou se neutralisent* »[2]. Il en résulte donc des conséquences certaines sur le droit existant. Ces conséquences méritent d'être identifiées.

23. L'objet du présent travail, il n'est pas inutile de le rappeler, est l'étude de *l'influence du droit international de l'environnement sur le droit malien de l'environnement.* Il a été défini précédemment comme « *l'action qu'exerce le droit international de l'environnement sur les règles maliennes ayant principalement pour objet la réglementation du cadre de vie et la sauvegarde de la nature et de ses ressources* ». L'évocation de l'influence du droit international de l'environnement sur le droit malien de l'environnement sous-entend déjà que le droit international de l'environnement exerce une certaine action sur le droit malien de l'environnement. C'est cette action, son étendue et ses limites que le présent travail cherche à identifier et à apprécier.

24. En ce qui concerne la pertinence d'une publication sur *l'influence du droit international de l'environnement sur le droit malien de l'environnement*, il convient de faire remarquer que malgré l'importante mobilisation des deux outils juridiques pour obtenir une protection efficace de l'environnement au Mali, le constat est que cette problématique demeure entière. L'observation et les différents écrits sur l'état de l'environnement au Mali permettent de le

---

comme plus efficaces que les lois et règlements officiels », p. 9 (v. aussi Moussa DJIRE et Abdel Kader DICKO, *Les conventions locales face aux enjeux de la décentralisation au Mali*, Paris, Karthala, 2007).

[1] V. le décret n° 2018-0079/P-RM du 29 janvier 2018 *fixant le détail des compétences transférées de l'État aux collectivités territoriales en matière de gestion des ressources forestières et fauniques*, publié au JORM n° 07 du 16 février 2018, p. 288 et décret n° 2014-0572/P-RM du 22 juillet 2014 *fixant le détail des compétences transférées de l'État aux collectivités territoriales dans le domaine de l'assainissement et la lutte contre les pollutions et nuisances*, publié au JORM n° 36 du 05 septembre 2014, p. 1423.

[2] Jean-Marc SOREL, *Le destin des normes internationales en droit interne : Perspectives européennes*, p. 247 ; http://www.oas.org/es/sla/ddi/docs/publicaciones_digital_XXIV_curso_derecho_internacional_1997_Jean-Marc_Sorel.pdf

prouver[1]. Il est, au contraire, observé, paradoxalement[2], une dégradation de plus en plus accrue de l'environnement. Ce constat interpelle le juriste quant à la pertinence de son objet d'étude à demeurer un instrument privilégié de sauvegarde de notre planète. Il est conscient que les difficultés liées à l'effectivité des normes environnementales ne sont pas que juridiques[3], mais il se sent interpellé par celles-ci. Pour aider donc à résoudre ces difficultés, il lui semble utile de questionner les rapports entre des outils juridiques largement mobilisés pour la protection de l'environnement au Mali. C'est pourquoi, compte tenu de la persistance du problème et du nécessaire dialogue entre le droit international de l'environnement et le droit malien de l'environnement, il est devenu utile de soumettre à l'analyse juridique le résultat induit par ce dialogue. Est-il le ou un des problèmes ? Est-il bien mené ? Quelle (s) solution (s) juridique (s) faut-il préconiser ? Une multitude de questionnements qui trouvent leur légitimité dans la pertinence de l'objet des deux outils juridiques. L'idée du choix du titre de ce livre résulte de ce constat.

25. La plus-value d'une telle réflexion est qu'elle permet de proposer un schéma qui conduit à la mise au point d'une initiative nouvelle d'appropriation effective, par les différents acteurs, des textes environnementaux, gage premier de leur efficacité. Ceci passe par une meilleure articulation du droit malien de l'environnement avec le droit international de l'environnement dans un contexte de pluralisme juridique très accentué. Cette étude trouve donc sa légitimité dans le souci du juriste d'aider à améliorer l'efficacité de son objet d'étude au Mali et en Afrique. Le sous-titre du thème : *contribution à l'émergence d'un droit africain harmonisé de l'environnement* répond à ce vœu.

26. Le droit international de l'environnement est déjà un facteur d'harmonisation. Il convient donc, au niveau africain, de faire disparaître tout ce qui peut empêcher cette harmonisation, sans aller, pour un départ, jusqu'à l'unification. Il ne s'agit d'ailleurs là que d'une question de logique. Car, si l'environnement nous fait entrer à la fois dans « *un espace sans frontière et dans un temps sans limite* »[4], l'on ne saurait comprendre comment le droit qui a pour objet de le protéger peut-il avoir des limites spatiales. L'utilité d'une telle initiative pour le droit malien est, entre autres, de combler beaucoup de ses lacunes comme

---

[1] V. notamment les rapports 2003, 2005, 2007, 2009, 2011, 2014, 2017 sur l'état de l'environnement au Mali.

[2] V. Alexandre Charles KISS, *Préface* in Claude IMPERIALI (dir.), *op. cit.*, p. 3 ; Maurice KAMTO, *Rapport introductif général* in Michel PRIEUR (dir.) *op. cit.*, p. 10 ; Sandrine MALJEAN-DUBOIS, *La quête d'effectivité du droit international de l'environnement* in Delphine MISONNE (coord.), *op. cit.*, p. 264 ; Julien BETAILLE, *Droit de l'environnement, instrument de transformation : tentative d'approche dialectique, op. cit.*, p. 55.

[3] Ce serait prendre une partie du problème pour sa totalité.

[4] Mireille DELMAS-MARTY, *Libertés et sûreté dans un monde dangereux*, Paris, Seuil, 2010, p. 187.

l'absence d'un Code unique de l'environnement et de jurisprudence environnementale. Ce travail ambitionne ainsi de renforcer la doctrine et d'aider à consolider les bases d'un édifice en construction : le droit africain de l'environnement[1], mais surtout de « réveiller » le droit de l'environnement en Afrique. Car, si le droit de l'environnement ne peut pas assurer à lui seul la protection de l'environnement, l'environnement ne pourra pas être protégé sans lui[2]. D'où l'utilité d'une meilleure articulation des outils mobilisés pour sa protection.

27. Si « (…) *tout ordre juridique doit résoudre un problème essentiel* »[3], le droit malien, en réceptionnant les normes environnementales d'origine externe, cherche bien à résoudre le problème de la protection de l'environnement du Mali et de contribuer ainsi à la protection de l'environnement mondial. Mais, pour y parvenir[4], il ne suffit pas seulement pour le Mali de signer des textes de protection de l'environnement ni même de mettre en place des structures environnementales pour séduire des partenaires ou de participer régulièrement à des rencontres sur l'environnement. Il est indispensable que la législation qui transpose ce droit international soit suivie d'effet. Cet effet ne saurait être obtenu par le simple fait de la transposition des normes internationales relatives à l'environnement en droit interne, mais il convient que la législation qui transpose ces normes environnementales s'entende avec le droit qu'elle reçoit. Car, à défaut, les normes transposées resteront en l'état pour finalement tomber en désuétude. L'« entente » entre les normes internationales d'environnement transposées et les réalités du pays constitue une des nombreuses conditions de leur effectivité. C'est la raison pour laquelle, il convient que le législateur national, *lato sensu,* ne s'enferme pas seulement dans une logique de ratification des textes internationaux relatives à l'environnement. L'accent doit être davantage mis sur le « *rôle culturel du droit* » car, comme le fait remarquer Émile DURKHEIM, « *C'est dans les entrailles mêmes de la société que le droit s'élabore, et le législateur ne fait que consacrer un travail qui s'est fait sans lui* »[5]. C'est pourquoi, il est important d'insister sur la nécessité d'une étude d'impacts juridiques et sociaux préalable à toute transposition d'une norme environnementale d'origine externe.

28. La méthode exégétique, mais aussi l'observation, permettent, en interprétant et en expliquant les textes juridiques, d'en déceler les forces et les limites.

---

[1] Selon Michel PRIEUR « *le droit africain de l'environnement est bien un droit à venir* » *in* Maurice KAMTO, *Droit de l'environnement en Afrique*, *op. cit.*, p. 3.

[2] V. Jean-Marc LAVIEILLE, Hubert DELZANGLES, Catherine LE BRIS, *op. cit.*, p. 380.

[3] Michel VIRALLY, *Le droit international en devenir*, Paris, Graduate Institute Publications, 1990, p. 95.

[4] V. *infra*, Partie 2.

[5] Émile DURKHEIM, Faculté de Bordeaux, *Cours de Science sociale*, *Leçon d'ouverture in* Revue internationale de l'enseignement, tome 15, janvier-juin, 1888, p. 47.

De tout ce qui précède, le regret qui s'impose à nous est le mutisme de la jurisprudence environnementale au Mali. Ce mutisme est le meilleur indicateur de l'absence de vitalité du droit de l'environnement dans ce pays. Il convient, tout de même, de positiver l'analyse car, même si le chemin à parcourir reste long en matière d'application des textes environnementaux au Mali, des avancées ont été obtenues. Il convient d'en tenir compte et de continuer le combat juridique de leur amélioration.

29. L'influence du droit international de l'environnement sur le droit malien de l'environnement, c'est-à-dire l'objet de ce livre, a été précédemment définie comme « *l'action qu'exerce le droit international de l'environnement sur les règles maliennes ayant principalement pour objet la réglementation du cadre de vie et la sauvegarde de la nature et de ses ressources* ». Partant de cette définition, il convient :

> *d'une part, d'identifier le résultat induit par le contact entre le droit international de l'environnement et le droit malien de l'environnement et, d'autre part, de considérer ce qu'aurait été le droit malien de l'environnement s'il n'avait pas réceptionné les normes internationales d'environnement.*

30. En effet, la question de *l'influence du droit international de l'environnement sur le droit malien de l'environnement* se pose bien « *en termes de résultats* »[1] du contact entre ces deux outils juridiques. Ce sont ces résultats qui permettent d'apprécier l'utilité de leur interaction et d'appréhender les spécificités de l'apport du premier au second. Une autre façon qui permet de mieux cerner les spécificités de cet apport est de chercher à savoir où serait-on juridiquement au Mali si le droit de ce pays n'avait pas réceptionné les normes du droit international de l'environnement.

31. Moussa Etienne TOURÉ, l'auteur qui a mis en avant cette problématique, n'en a pas fait l'objet spécifique de son étude puisqu'il ne l'envisage que de façon furtive dans ses hypothèses de recherche et limite celle-ci au droit des changements climatiques[2] . L'objectif général de sa recherche étant « (...) *d'analyser le processus d'intégration des normes internationales dans l'ordonnancement juridique interne du Mali, mais aussi d'identifier les forces et les limites de la mise en œuvre des textes internationaux* »[3] en lien avec les changements climatiques.

---

[1] Michel PRIEUR, *Droit de l'environnement, droit durable*, *op. cit.*, p. 247.

[2] Moussa Etienne TOURÉ, *Mise en œuvre des textes internationaux au Mali : cas de la Convention-cadre des Nations Unies sur les changements climatiques et du Protocole de Kyoto*, thèse soutenue en 2017 à l'Université Cheick Anta Diop de Dakar.

[3] *Ibid.*, p. 24.

32. La présente démarche s'en distingue pour deux raisons au moins. D'abord, elle s'interroge sur l'emprise du droit international de l'environnement sur le droit malien de l'environnement, de façon générale, et n'est pas limitée à un domaine précis de ce droit. Ensuite, convaincu que le droit de l'environnement est un droit sans frontières et pour aider à parer aux nombreuses insuffisances du droit malien de l'environnement, comme l'absence d'un Code unique de l'environnement et de jurisprudence environnementale, ce travail propose une résolution globale de ces problèmes, au-delà des limites spatiales du Mali en plaidant pour la concrétisation d'un droit africain harmonisé de l'environnement.

33. Toutefois, nos travaux présentent quelques similitudes. Ce qui peut s'expliquer par le champ commun de leur intervention.
Premièrement, Moussa Etienne TOURÉ fait de « (...) *l'intégration des normes internationales dans l'ordonnancement juridique interne du Mali* » l'objectif général de sa recherche[1], nous en faisons une condition de l'influence du droit international de l'environnement sur le droit malien de l'environnement[2] ; l'objectif général de notre recherche étant d'identifier les résultats de l'influence du droit international de l'environnement sur la conception et l'application du droit malien de l'environnement.
Deuxièmement, avant Moussa Etienne TOURÉ[3], Madassalia MAÏGA, dans sa communication faite en 2014 à l'occasion de la rentrée judiciaire au Mali, évoquait avec une grande force de persuasion les différents obstacles de l'application du droit malien de l'environnement[4]. Dès 1994, Ibrahima LY[5] à propos du Sénégal, puis Maurice KAMTO, en 1996,[6] à propos de tout le continent africain, retraçaient déjà avec pertinence, les mêmes difficultés. Il convient de montrer, ici, en quoi ces différents obstacles peuvent avoir un rapport avec l'action du droit international de l'environnement sur la conception et l'application du droit malien de l'environnement et d'envisager les moyens de l'amplification de cette action.

34. La problématique, ci-dessus exposée, peut être déclinée en une série de questions. D'abord, l'objectif de la transposition des normes internationales d'environnement en droit malien étant de pouvoir leur donner effet, c'est-à-

[1] *Ibid.*
[2] V. Partie 1, titre 1.
[3] Moussa Etienne TOURÉ, *op. cit.*
[4] Madassalia MAÏGA, « *Justice et protection de l'environnement au Mali* », in *Bulletin d'information de la Cour suprême du Mali*, n° 17, mars 2015, pp. 12 et s.
[5] Ibrahima LY, *Problématique du droit de l'environnement dans le processus de développement économique et social d'un pays africain : l'exemple du Sénégal*, thèse, droit, Université Cheick Anta Diop de Dakar, 1994, pp. 215 et s.
[6] Maurice KAMTO, *Le droit de l'environnement en Afrique*, EDICEF/AUPELF, 1996, p. 21.

dire permettre une meilleure protection de l'environnement au Mali, il est important de s'interroger sur la réalité de cet effet. La réponse à cette interrogation permet de savoir si le droit malien de l'environnement est favorable ou réfractaire à ces normes environnementales d'origine externe. À supposer que le droit malien de l'environnement résiste aux normes environnementales d'origine externe, il devient nécessaire d'envisager les solutions qui permettent à celles-ci de briser les barrières et de produire tous leurs effets. À cet égard, il est utile de rappeler que la réalisation d'études d'impacts juridiques et sociaux précédant la transposition des normes internationales d'environnement pourrait être privilégiée. Ensuite, il est important de savoir si les normes internationales d'environnement, en intégrant le droit malien, le font progresser ou au contraire le font reculer. Dans ce dernier cas, des solutions correctives doivent aussi être envisagées.

35. De telles questions revêtent une importance particulière à partir du moment où l'on admet que le contact entre le droit international de l'environnement et le droit malien de l'environnement est inévitable et nécessaire, compte tenu de leur unité d'objet. Mais, la spécificité du droit malien de l'environnement dont il a été question précédemment, c'est-à-dire l'impossibilité pour lui de correspondre à une législation environnementale qui puisse être à la fois conforme à toutes les réalités (locales) du pays, en raison de la diversité et de la variabilité de celles-ci, peut ne pas rendre aisé, on peut bien le comprendre, son contact avec les normes environnementales d'origine externe, surtout lorsqu'il est question de les adapter au droit national tout entier.

36. Par exemple, depuis que la Charte de *Kurukanfuga*, qui date de l'époque médiévale, a désigné Fakombè[1] chef des chasseurs avec la responsabilité de fixer la période d'ouverture et de fermeture de la saison de chasse, d'établir la liste des espèces protégées et celle des espèces ouvertes à battue, les chasseurs traditionnels, appelés *Donso*, se sentent toujours investis de cette mission dont ils pensent qu'ils doivent continuer de s'acquitter de génération en génération, comme cela se faisait avant tout contact avec la colonisation[2]. On peut bien s'attendre à ce qu'une législation qui les écarterait de ce rôle puisse essuyer quelques résistances. Surtout dans un pays où l'on considère les ressources naturelles comme étant des biens appartenant à tous et donc à personne et que leur utilisation, même abusive, ne saurait, de ce fait, être considérée comme des atteintes pouvant être réprimées. Mais, la nécessité de mieux encadrer l'utilisation des ressources de l'environnement, pour le bien de tous, ne doit pas permettre de reculer devant n'importe quel obstacle. L'intérêt d'un tel

---

[1] Fakombè est considéré comme le ministre de l'Environnement de Soundiata KEÏTA et de son Empire.

[2] On se rend à l'évidence compte que la protection de l'environnement n'est pas une chose nouvelle dans la culture des Maliens. Seulement la manière d'y procéder peut-être différente avec celle retenue par le droit généré par l'État qui est largement d'inspiration étrangère.

exemple est qu'il permet de savoir si davantage d'espèces n'auraient pas disparu si le Mali ne s'était pas appuyé sur les textes internationaux régissant celles-ci.

37. L'intérêt d'une telle étude ne se limite donc pas seulement au renforcement de la doctrine juridique. Contribuer à lever les obstacles, juridiques ou non, qui empêchent de donner vie au droit malien de l'environnement en vue de favoriser une protection effective de l'environnement dans ce pays est sa meilleure plus-value. Car, finalement, il ne s'agit pas, face aux difficultés, de remettre en cause l'utilité des rapports entre le droit international de l'environnement et le droit malien de l'environnement, mais d'envisager et de réussir leur meilleure articulation.

38. La thèse qu'il convient de défendre est la suivante :

> *d'une part, il est possible d'identifier plusieurs effets induits par le contact entre le droit international de l'environnement et le droit malien de l'environnement. Ainsi, si l'intégration des normes du droit international de l'environnement en droit malien permet incontestablement de renforcer la base de ce dernier, celle-ci crée, de même, une perturbation de la cohérence du droit malien de l'environnement. Ce dernier impact est source d'incertitude et de déstabilisation du droit malien de l'environnement. Toute chose qui n'est pas sans conséquences sur son efficacité actuelle. D'autre part, il est possible de renverser la logique pour s'apercevoir que si le droit international de l'environnement n'avait pas intégré le droit malien, ce dernier serait sans doute encore à l'état de balbutiement et l'environnement, au Mali, serait certainement plus affecté qu'il ne l'est aujourd'hui.*

39. La démonstration sera construite, en premier lieu, sur les résultats du contact entre le droit international de l'environnement et le droit malien de l'environnement en considérant ceux-ci du point de vue de la conception des normes maliennes relatives à l'environnement. L'accent sera mis sur l'ambivalence de ces résultats qui sont conditionnés par l'intégration des normes internationales d'environnement en droit malien (partie 1). En second lieu, il sera mis en évidence le caractère peu significatif de l'influence du droit international de l'environnement sur l'application du droit malien de l'environnement. L'occasion sera alors opportune pour proposer des outils permettant de favoriser l'amplification de cette influence (partie 2).

Partie I - L'INFLUENCE DU DROIT INTERNATIONAL DE L'ENVIRONNEMENT SUR LA CONCEPTION DU DROIT MALIEN DE L'ENVIRONNEMENT

40. Il a été rappelé en introduction (n° 4) que le mot « influence » signifie l'« *action qu'exerce une chose, un phénomène, une situation sur quelqu'un ou sur quelque chose* ». S'interroger sur l'influence du droit international de l'environnement sur la conception du droit malien de l'environnement consiste donc à appréhender l'action positive et/ou négative que produit le droit international de l'environnement sur la création des règles environnementales maliennes et sur leur contenu. Ceci oblige à clarifier, au préalable, la notion de *conception des règles*. La conception des règles renvoie à l'idée de leur création. Créer des règles, c'est les construire, les faire exister ou même constater par un travail intellectuel soutenu leur existence. C'est l'œuvre du pouvoir législatif par son vote des lois. C'est aussi celle de l'exécutif par son pouvoir réglementaire. Le juge, par l'obligation qui lui est faite de trancher les litiges qui lui sont soumis, peut également créer des règles. Le présent travail étend la notion de conception des règles à l'incorporation des normes internationales par le phénomène de leur transposition en droit interne. Cela se fait par des techniques diverses qui seront étudiées au chapitre 2 de cette partie. Ainsi, s'il n'y pas de doute que le droit international de l'environnement, par le phénomène de l'incorporation, mais aussi par celui de l'inspiration, exerce une influence non seulement sur la création des règles internes mais également sur leur contenu, il convient de s'interroger sur les résultats induits par cette influence. C'est l'objet de cette partie.

41. En effet, l'efficacité d'une norme juridique *« doit être envisagée dès le moment de son élaboration »*[1]. S'agissant de la norme internationale transposée, il convient aussi d'envisager son efficacité dès le moment de sa transposition. L'appréciation de cette efficacité ne doit pas se limiter donc au seul contenu de la norme. Le but de la transposition des règles internationales d'environnement en droit interne étant leur application en vue d'atteindre le but pour lequel elles ont été adoptées, c'est-à-dire la protection de l'environnement, il est important, au moment de cette transposition, de veiller à la réunion des conditions de leur efficacité. Ainsi, avant d'arriver à la mise en œuvre des règles environnementales, c'est-à-dire leur application, et pour faciliter celle-ci, il est important de retenir que les règles qui sont ineffectives naissent le

---

[1] Frédéric ROUVILLOIS, « *L'efficacité des normes – Réflexions sur l'émergence d'un nouvel impératif juridique* », Fondation pour l'innovation politique, novembre 2006, p. 16.

plus souvent avec les germes de leur ineffectivité. D'illustres devanciers évoquent, avec pertinence, la question dans leurs travaux[1]. La présente partie a pour ambition d'aider à une application nationale efficace des normes du droit international de l'environnement par leur transposition saine en droit malien.

42. Il n'est pas inutile de préciser, à l'entame de cette partie, même si des développements plus importants leur seront consacrés ultérieurement, que les normes du droit international de l'environnement, en intégrant le droit malien, l'enrichissent par l'apport de nouvelles règles. Elles modifient aussi certaines règles existantes en vue de les uniformiser avec les règles des autres pays. Mais, il ne faudrait pas perdre de vue que cette intégration, lorsqu'elle n'est pas bien contrôlée ou bien organisée, pourrait conduire à des conflits et à des blocages qui sont des sources d'ineffectivité. Comme le font remarquer Jean CARBONNIER et plusieurs autres devanciers, les règles ineffectives sont des règles impuissantes. L'impuissance des règles conduit à leur « *déclin* »[2]. Il convient donc de toujours garder à l'esprit cette exigence d'intégration contrôlée et bien organisée des normes internationales d'environnement en droit interne afin que celles-ci ne perdent pas leur valeur. Est-ce le cas en droit malien ? C'est à cette interrogation qu'il convient de répondre dans cette partie. Avant d'y répondre, il y a lieu d'indiquer que l'influence du droit international de l'environnement sur la conception du droit malien de l'environnement est d'abord conditionnée par la réception du premier par le second (titre 1). Qu'ensuite, une fois réceptionné, le droit international de l'environnement ne laisse pas le droit malien de l'environnement tel qu'il l'a trouvé. Il le modifie en y apportant un changement (titre 2).

---

[1] Jean CARBONNIER, « *Effectivité et ineffectivité de la règle de droit* », L'année sociologique, 1957-1958 ; Frédéric ROUVILLOIS, *L'efficacité des normes..., op. cit.* ; Julien BETAILLE, *Les conditions juridiques de l'effectivité de la norme en droit public interne : illustrations en droit de l'urbanisme et en droit de l'environnement*, thèse soutenue en 2012 à l'Université de Limoges ; Michel PRIEUR, *Les indicateurs juridiques, Outils d'évaluation de l'effectivité du droit de l'environnement, op. cit.*

[2] Cf. Georges RIPERT, *Le déclin du droit*, Paris, LGDJ, 1949.

Titre 1 - L'INTÉGRATION DES NORMES DU DROIT INTERNATIONAL DE L'ENVIRONNEMENT EN DROIT MALIEN

43. Avant de chercher quelle est l'influence du droit international de l'environnement sur la conception du droit malien de l'environnement, n'importe-t-il pas de savoir quelle est, au préalable, la réalité de l'intégration de la norme internationale d'environnement en droit malien ? L'objet de ce titre est de démontrer que l'étude de l'intégration des normes du droit international en droit interne, bien que classique, est un préalable à celle de l'influence des premières sur les secondes. Il est connu que le droit international « (...) *repose sur les engagements internationaux des États dont la formation comme l'application relèvent largement du droit interne* »[1]. Au-delà des rapports interétatiques, certaines normes internationales sont destinées à recevoir application dans l'ordre interne compte tenu de leur objet[2]. Il en est ainsi principalement des règles sur l'environnement. Le rôle du droit interne est donc fondamental dans l'application du droit international de l'environnement. Mais, avant que les États ne le mettent en œuvre, ils doivent d'abord l'intégrer dans leur ordre juridique. Son intégration dans le droit interne est une étape importante de son respect par ses destinataires à l'intérieur des limites territoriales de l'État. Elle est une condition essentielle de son effectivité sur le plan interne. Cette intégration des normes internationales relatives à l'environnement en droit malien, pour permettre l'application efficiente de celles-ci, doit être organisée et bien réussie. Or, le caractère diffus de cette intégration des normes peut être à la base de la plupart de leurs difficultés d'application. Les normes diffuses sont celles qui se répandent « *en tous sens* »[3], ce qui leur fait perdre leur force[4] et leur valeur.

44. L'intégration des normes du droit international de l'environnement en droit malien a commencé véritablement avec la constitutionnalisation de l'environnement. Cela a eu lieu un peu moins de vingt ans après la Conférence des Nations Unies sur l'environnement et dans le sillage de l'organisation de la Conférence de Rio 1992 sur l'environnement et le développement. Et c'est l'Acte fondamental CTSP du 31 mars 1991 qui a montré la voie : « *Le peuple malien réaffirme* (...) *son attachement à la protection et à la promotion de l'environnement* »[5]. Conformément donc aux conclusions de ces deux grandes conférences, le Mali a confirmé son engagement dans la Constitution du 25

[1] Jean COMBACAU et Serge SUR, *Droit international public*, Paris, LGDJ, 11ème éd., 2016.
[2] C'est le cas lorsque l'objet se rapporte par exemple au statut ou à la condition des personnes.
[3] V. *Le Petit Larousse illustré,* 2016, *op. cit.*, p. 381.
[4] *Ibid.*
[5] V. Préambule de l'Acte fondamental n° 01 CTSP du 31 mars 1991, publié au JORM n° 8 du 30 avril 1991, p. 279.

février 1992 à « (…) *assurer l'amélioration de la qualité de la vie, la protection de l'environnement et du patrimoine culturel* »[1]. En souscrivant à la Déclaration Universelle des Droits de l'Homme du 10 décembre 1948, à la Charte Africaine des Droits de l'Homme et des Peuples du 27 juin 1981[2], il précise, toujours dans la Constitution de 1992, les droits et devoirs des citoyens en matière d'environnement : « *Toute personne a droit à un environnement sain. La protection, la défense de l'environnement et la promotion de la qualité de la vie sont un devoir pour tous et pour l'État.* »[3]. Le décret n° 2023-0401 du 22 juillet 2023 *portant promulgation de la Constitution* vient rappeler, qu'au Mali, la constitutionnalisation de l'environnement est définitivement un acquis : « *Le peuple souverain du Mali,* (…) *résolu à valoriser le patrimoine culturel, matériel et immatériel et à préserver les ressources naturelles du territoire pour les générations présentes et futures ;* (…) *s'engage à assurer l'amélioration de la qualité de la vie et la protection de l'environnement* »[4]. Cette incorporation de l'environnement dans la Constitution doit normalement, comme l'indique Michel PRIEUR, faciliter sa protection et son amélioration. Car ainsi constitutionnalisé, le droit de l'environnement s'impose aux autres droits internes qui doivent l'intégrer dans leurs dispositions[5]. « *La constitutionnalisation rend cette influence naturelle* »[6]. Mais, le problème n'est pas réglé pour autant. Il ne suffit pas d'inscrire l'environnement dans la Constitution pour qu'il soit protégé. La Constitution est adoptée par référendum, mais ceux qui ont voté « oui » pour l'adoption de cette Constitution savent-ils ce qui y est inscrit ? Savent-ils ce qu'est « un environnement sain » ou connaissent-ils leurs devoirs vis-à-vis de l'environnement ? Ces interrogations appellent nécessairement des réponses négatives. Ils ne savent pas parce qu'un travail important a été éludé lors de la conception de ce texte fondamental. Ce problème est encore moindre par rapport à celui de la transposition des instruments internationaux en matière d'environnement, surtout lorsqu'il s'agit d'une intégration automatique sans aucune adaptation de ces textes au contexte national ou local.

45. Pour mieux apprécier l'influence du droit international de l'environnement sur la formation et le contenu du droit malien de l'environnement, il est

---

[1] V. le Préambule de la Constitution du 25 février 1992, publiée au JORM n° 4 du 29 février 1992 par le décret n° 92-073/P-CTSP du 25 février 1992, pp. 117-126.
[2] V. Ordonnance n° 81-36 du 29 octobre 1981 *portant approbation de la Charte Africaine des Droits de l'Homme et des Peuples,* publiée au JORM n° 22 du 15 novembre 1981, p. 3, ratifiée (sic) par le décret n° 81-290/P-RM du 29 octobre 1981, publié au JORM n° 22 du 15 novembre 1981, p. 8.
[3] *Ibid.*
[4] V. JORM spécial n° 13 du 22 juillet 2023, p. 02 (préambule).
[5] V. Michel PRIEUR, *Droit de l'environnement, droit durable, op. cit.*, p. 350.
[6] *Ibid.*

nécessaire de commencer par s'intéresser à la manière dont ce dernier accueille le premier. En effet, pour que le droit international de l'environnement puisse exercer une quelconque influence sur le droit malien, faudrait-il d'abord que celui-ci l'intègre. L'intégrer c'est, toutes proportions gardées, faire un avec lui, avec les adaptations nécessaires. C'est-à-dire faire passer les règles de l'ordre juridique international à l'ordre juridique interne. Il ne doit pas s'agir d'une transposition mécanique des règles. Car, cela nuirait à leur efficacité. L'adaptation de ces règles transposées au contexte national est nécessaire pour que la transposition ait un sens et atteigne son but : l'application effective des règles. Il convient de vérifier cela en appréciant la réalité de l'intégration des normes internationales d'environnement en droit malien (chapitre 1) avant d'en jauger le niveau (chapitre 2).

Chapitre 1 - La réalité de l'intégration des normes du droit international de l'environnement en droit malien

46. Il a été précisé en introduction (n° 4) que le mot « influence » vient du verbe « fluer » qui signifie couler. Ceci doit conduire à s'interroger sur la manière dont le droit international de l'environnement « coule » dans le droit malien. C'est l'objet de ce chapitre qui cherche à mettre en évidence la réalité de l'intégration des normes internationales d'environnement en droit malien. En effet, l'appréciation de la réalité de l'influence du DIE sur la conception du droit malien de l'environnement commence à partir de la réception par ce dernier des normes environnementales d'origine externe.

La définition donnée au mot *intégration* dans le *Lexique des termes juridiques* est insuffisante car elle est limitative. Le Lexique limite, en effet, l'intégration à la *« (...) fusion de certaines compétences étatiques dans une organisation internationale supranationale »*[1] et ne parle pas de l'intégration des règles internationales dans le droit interne. Il préfère, sans doute, le mot « transposition » qu'il limite également à la mise en œuvre des seules directives de l'Union européenne par ses États membres. En cela, il peut être appelé *le Lexique des termes juridiques en usage dans l'Union européenne.* Le dictionnaire Larousse, lui, sur ce point, est plus général et aide à comprendre que l'intégration s'entend par l'incorporation de nouveaux éléments à un système. Ici, l'on peut l'envisager comme l'incorporation, c'est-à-dire l'introduction des règles internationales d'environnement dans le droit interne.

47. Des auteurs, comme Slim LAGHMANI, retiennent le mot « réception ». Cet auteur définit la réception comme « (...) *l'acte par lequel le droit interne accueille en son sein la norme internationale et lui confère par là même une validité nouvelle, interne* »[2]. Quel que soit le terme retenu, il convient de noter que l'exigence d'intégration ou de réception du droit international de l'environnement par le droit interne ne signifie pas que les règles internationales sont toujours mieux élaborées ou plus efficaces que les règles internes. Elle ne signifie pas non plus que les règles internationales d'environnement sont antérieures aux règles internes. S'agissant par exemple du Mali, il est important de rappeler que son territoire actuel faisait partie d'un ensemble plus grand géré dans le cadre de grands empires et royaumes dont la réglementation

---

[1] Serge GUINCHARD (dir.), *Lexique des termes juridiques*, Paris, Dalloz, 26ème éd., 2019, p. 591.

[2] Slim LAGHMANI, « *Droit international et droits internes : vers un renouveau du jus gentium ?* » in Rafâa BEN ACHOUR et Slim LAGHMANI, (dir.), *Droit international et droits internes, développements récents*, Colloque de Tunis des 16, 17 et 18 avril 1998, Pedone, Paris, 1998, p. 25.

des ressources naturelles, dans les années 1200 de notre ère, faisait déjà autorité[1]. Seulement, dans le monde moderne basé sur le multilatéralisme, la résolution des problèmes mondiaux d'environnement commande cette exigence.

48. Il ne s'agit pas, ici, de dresser un inventaire exhaustif des Conventions signées ou ratifiées par le Mali dans le domaine de l'environnement[2], mais par une approche globale, de mettre l'accent sur l'influence que celles-ci exercent sur la formation et sur le contenu du droit malien de l'environnement. Le droit international de l'environnement et le droit malien de l'environnement ont le même objet[3] : l'environnement. Le premier essaie d'apporter des réponses globales aux atteintes à l'environnement ; le second tente de résoudre les mêmes problèmes, mais au niveau des limites territoriales du Mali. Ils sont alors interdépendants et complémentaires. Chacun des deux droits, pris isolément, ne peut à lui seul remplir sa vocation.

49. Le droit international général régit, en principe, les rapports d'États à États. Il ne doit être question de sa réception par le système juridique étatique, selon Heinrich TRIEPEL, « (...) *que dans une étroite mesure* »[4], car ajoute-t-il, avec justesse, le système juridique étatique, lui, s'applique aux individus. En droit international de l'environnement, le problème se pose autrement car il s'agit de réglementer les rapports, non pas entre les individus ou entre les individus et les États ou même entre les États, mais, entre l'homme et son milieu. Pour atteindre ce but, l'implication des individus[5] est donc nécessaire. Ce qui rend nécessaire sa transposition. Les deux outils juridiques sont ainsi appelés à s'influencer réciproquement.

50. Le droit international de l'environnement édicte des normes de comportements et crée des obligations à la charge des États. Il crée également des institutions de protection de l'environnement dont s'inspirent les États pour mieux gérer, sur le plan interne, les questions d'environnement. Il imprègne ainsi fortement le droit malien. Pour s'en convaincre, il convient d'examiner le cadre juridique dont le foisonnement est impulsé par les normes internationales d'environnement (section 1). L'accent doit aussi être mis sur la prolifération des structures chargées de l'environnement, elles aussi créées sous la poussée du droit international de l'environnement (section 2).

---

[1] V. Charte du *Mande*n ou Charte de *Kurukanfuga,* consultable sur http://assemblee-nationale.ml/charte-de-kourou-kan-fouga.

[2] V. annexe 4.

[3] V. Introduction, n° 12.

[4] Heinrich TRIEPEL, *Droit international et droit interne*, Paris, éd. Panthéon Assas, Annuaire français de droit international, 2010, p. 166.

[5] En tout cas les Déclarations de Stockholm (1972) et de Rio (1992) placent les êtres humains au centre des questions d'environnement.

Section 1 - Une intervention normative croissante impulsée par le droit international de l'environnement

51. Quel que soit le niveau d'analyse (international, régional, sous-régional ou national) retenu du mouvement normatif et institutionnel du droit international de l'environnement, le constat est qu'il est fulgurant. Il n'est pas exagéré de dire qu'aujourd'hui tous les États du monde ont une législation plus ou moins développée en matière d'environnement. Mais, cela ne doit pas faire obstacle à la coopération entre ceux-ci et à l'adoption de règles communes, les problèmes d'environnement s'internationalisant. Cette coopération entre États est à la base de l'adoption de plusieurs instruments ayant pour objet soit la protection de l'environnement global soit la protection des éléments spécifiques de l'environnement. La République du Mali a pris part à l'adoption de beaucoup de ces textes et a adhéré à d'autres. La multiplicité et la diversité de ces textes[1] ne rendent pas aisée l'étude de leur intégration dans le droit national. Heureusement, telle n'est pas l'ambition de ce travail. Comme il ne traite pas de ces Conventions, mais de leur influence, il se limitera à l'essentiel d'entre elles en vue de mettre l'accent de leurs effets sur la formation et le contenu du droit malien de l'environnement.

52. Si le droit conventionnel constitue l'essentiel du DIE, le droit coutumier, les principes généraux et les résolutions des institutions internationales sont aussi censés exercer une influence non négligeable sur la conception du droit malien de l'environnement. L'influence de la jurisprudence et de la doctrine internationales qui sont considérées par le Statut de la Cour Internationale de Justice comme des sources auxiliaires du droit international général fera l'objet d'un développement différent.

53. Il peut être fait un classement des différents textes environnementaux en fonction de leur champ territorial d'application. Ainsi, l'on peut distinguer les textes ayant vocation à régir l'ensemble de la biosphère et ceux ayant un champ d'application territorial plus restreint. Tous exercent une influence certaine, directe ou indirecte, sur la formation du droit malien de l'environnement ainsi que sur son contenu.

54. Cette intégration se fait principalement par la ratification suivie de la publication des règles internationales par des organes dédiés. Mais, il faut au préalable avoir signé ou adhéré à ces textes. La Déclaration de Stockholm de 1972 sur l'environnement invite les États à signer des accords pour protéger

[1] Selon Catherine ROCHE, on peut « *dénombrer plus de 300 traités multilatéraux et plus de 1 000 traités bilatéraux comportant des règles de protection de l'environnement* » (v. Catherine ROCHE, *op. cit.*, p. 24 ; v. aussi Michel PRIEUR , *Droit de l'environnement, op. cit.*, p. 25).

l'environnement[1] et à les mettre en œuvre. C'est ainsi que plusieurs instruments de portée générale, adoptés en matière d'environnement, ont été intégrés dans le droit malien. Par instruments à caractère universel, il convient d'entendre les Conventions adoptées le plus souvent dans le cadre des Nations Unies ou de leurs institutions spécialisées. On distingue les instruments non obligatoires et ceux ayant une force contraignante pour les États. Les Déclarations, Programmes et Recommandations, même s'ils ne sont pas obligatoires, servent de fondements à l'action des États. Selon Raphaël ROMI, ils servent de « *cadrage juridique* »[2]. Ils sont incorporés dans beaucoup de Conventions obligatoires qui sont ensuite reprises par les États. Leur influence sur la formation du droit de l'environnement des États est donc indirecte, mais il y a une influence tout de même. Ils constituent donc une source d'enrichissement incontestable du droit malien de l'environnement, mais à la condition que certains critères d'inspiration, qui seront examinés au titre 2 de cette partie soient respectés. Les instruments obligatoires, ici les traités, sont plus nombreux et le deviennent de plus en plus. Ils touchent tous les domaines du droit de l'environnement et peuvent être classés selon leur objet. Rappelons-le, il est question ici de l'appréhension de l'action de ces instruments sur la formation et le contenu du droit malien de l'environnement.

55. Chaque nouvel instrument sur l'environnement, est en principe, porteur d'innovation, si modeste soit-elle. Les sources du droit international de l'environnement sont nombreuses et variées[3]. Mais, de toutes ces sources, les traités sont l'outil le plus opérant en vertu du principe *pacta sunt servanda,* rappelé à l'article 26 de la Convention de Vienne sur le droit des traités. Il existe différentes appellations des instruments adoptés par et entre les États. Ces appellations ont peu d'importance ici. Cependant, pour plus de facilité dans ce travail, mais également parce que le droit international de l'environnement consiste principalement en des règles établies sous forme de traités, il sera retenu le terme « traité » comme il est défini à l'article 2 du décret n° 10-718/P-RM du 31 décembre 2010 *relatif à la conclusion des traités* en République du Mali : « *Aux fins du présent décret* :

---

[1] V. Principe 24 de la Déclaration.

[2] Raphaël ROMI, *Droit international et européen de l'environnement*, Paris, LGDJ, 3ème éd., 2017, p. 26.

[3] Art. 38 du statut de la Cour internationale de Justice : « *La Cour, dont la mission est de régler conformément au droit international les différends qui lui sont soumis, applique : Les conventions internationales, soit générales, soit spéciales, établissant des règles expressément reconnues par les États en litige ; La coutume internationale comme preuve d'une pratique générale, acceptée comme étant le droit ; Les principes généraux de droit reconnus par les nations civilisées ; Sous réserve de la disposition de l'Art. 59, les décisions judiciaires et la doctrine des publicistes les plus qualifiés des différentes nations, comme moyen auxiliaire de détermination des règles de droit. La présente disposition ne porte pas atteinte à la faculté pour la Cour, si les parties sont d'accord, de statuer ex aequo et bono.* »

- l'expression « traité », s'entend d'un accord international conclu par écrit entre la République du Mali et un ou des sujets de droit international, qu'il soit consigné dans un instrument unique ou dans deux ou plusieurs instruments connexes, et quelle que soit sa dénomination particulière, notamment : Convention, Accord, Protocole, Mémorandum d'entente, Mémorandum d'Accord, Charte, Déclaration, Pacte, Modus vivendi, Échanges de notes diplomatiques, Échanges de lettres, Procès-verbal, Code de conduite ; (…) »[1]. Le droit international laisse toute liberté aux parties quant à l'appellation qu'elles veulent donner à leur engagement.
Ainsi, l'étude de l'influence de ces traités peut être envisagée selon leur objet. Ils sont relatifs soit à la nature et à ses ressources soit au cadre de vie.

56. Les premiers efforts de la République du Mali en faveur de l'environnement concernent d'abord la protection de la nature et de ses ressources. C'est bien plus tard, au début des années 1990, que la protection du cadre de vie est entrée dans son agenda[2]. Se basant d'abord sur la législation issue de la colonisation, ensuite sur les textes internationaux et pour faire face aux chocs de la sécheresse, le Mali a adopté, après l'indépendance, un Code de la pêche[3], un Code forestier[4] et un Code de la chasse et de conservation de la faune et de son habitat[5]. Avec la démocratisation et la décentralisation des années 90 et sous l'impulsion des Organisations Internationales spécialisées, des normes internationales spécifiques aux questions environnementales, ces textes connaîtront une amélioration sans cesse continue. Ces dernières, les Organisations Internationales, joueront un rôle considérable dans l'élaboration et l'amélioration de ces textes qui concernent tant la biodiversité que son milieu.

---

[1] JORM n° 06 du 11 février 2011, p. 208.
[2] Selon Maurice KAMTO, l'Afrique en général « *a tendance à différer la lutte contre la pollution industrielle et d'autres formes de nuisances liées en particulier à l'essor des villes* » (v. Maurice KAMTO, *Les conventions régionales sur la conservation de la nature et des ressources naturelles en Afrique et leur mise en œuvre*, RJE, volume 16, n° 4, 1991, pp. 420-421).
[3] V. loi n° 86-044 du 24 mars 1986 *portant Code de la pêche*, publiée au JORM n° 783 du 1er avril 1986, p. 22, abrogée par la loi n° 95-032 du 22 mars 1995 *fixant les conditions de gestion de la pêche et de la pisciculture*, publiée au JORM n° 09 du 15 mai 1995, pp. 324-327, elle-même remplacée par la loi n° 2014-062 du 29 décembre 2014 *déterminant les principes et les conditions de gestion de la pêche et de l'aquaculture*, publiée au JORM n° 01 du 02 janvier 2015, pp. 04-20.
[4] V. loi n° 68-008 du 17 février 1968 *portant Code forestier*, publié au JORM n° 273 du 1er avril 1968, p. 187, abrogée par la loi n 86- 042 du 24 mars 1986, publiée au JORM n° 783 du 1er avril 1986, p. 9.
[5] V. loi n 86- 043 du 24 mars 1986 *portant Code de chasse et de conservation de la faune et de son habitat*, publiée au JORM n° 783 du 1er avril 1986, p. 15, abrogée par la loi n° 95-004 du 18 janvier 1995 *fixant les conditions de gestion des ressources forestières*, publiée au JORM n° 04 du 28 février 1995, p. 125, puis par la loi n° 2018-036 du 27 juin 2018 *fixant les principes de gestion de la faune et de son habitat*, publiée au JORM n° 31 du 24 août 2018, p. 1222.

57. La biodiversité fait référence aux espèces animales et végétales de tous les écosystèmes. Toutes les espèces ont fait l'objet de réglementation soit globale soit spécifique, au niveau international. Toutes doivent être protégées, utiles ou non à l'homme. Certaines de ces espèces que l'on retrouve au Mali fournissent aux populations la matière de leur existence de sorte que leur disparition entrainerait celle des populations. Le développement du pays ne peut se faire sans leur maintien. Quant aux milieux, ils comprennent les espaces aérien (air et climat), terrestre (flore, faune, sol), aquatique (eau). On ne distinguera pas ici selon que les instruments parlent de gestion ou de protection de la biodiversité ou des milieux. Ces mots « gestion » et « protection » « *employés indifféremment* »[1] ont bien des significations distinctes comme le fait remarquer Catherine ROCHE : pendant que la gestion « *montre une volonté de protéger l'environnement dans un but désintéressé* »[2] la protection, elle, « *a une connotation altruiste* »[3]. L'objectif de cette partie de notre travail est de mettre en évidence l'influence que le texte sur l'environnement, quel que soit son objet ou son but, peut avoir sur la formation et le contenu du droit malien de l'environnement. Il convient également de préciser que beaucoup de textes portent à la fois sur les espèces et les espaces, c'est-à-dire qu'ils régissent en même temps les espèces et leurs milieux[4]. Cela se comprend parce que « les conditions de vie des espèces doivent être garanties pour que leur protection ait un sens ». Il existe aussi des textes spécifiques aux espaces.

Le Mali a donc non seulement ratifié les Conventions internationales sur la biodiversité, mais aussi en application de celles-ci, élaboré différents textes législatifs et réglementaires pour protéger les espèces et améliorer leurs conditions de vie et de reproduction. Ces efforts qui étaient déjà perceptibles au lendemain de l'indépendance, en 1960, sont devenus plus importants depuis Rio 92.

58. L'influence des Conventions internationales sur l'élaboration des règles maliennes concernant les espèces de flore et de faune est nettement perceptible car, tous les textes adoptés sous cette influence visent, souvent, directement dans leur contenu, les Conventions qu'ils comptent suivre, qu'ils soient communs ou spécifiques aux espèces. Mais, il ne suffit pas de viser les Conventions internationales dans les lois nationales pour qu'elles produisent l'effet attendu d'elles. Il faut regretter une influence négative née d'une réception mécanique consistant en une pollution des règles et d'un bouleversement interne des règles existantes. Les ressources animales et végétales constituent

---

[1] V. Catherine ROCHE, *Droit de l'environnement, op. cit,*. p. 53.

[2] *Ibid.*

[3] *Ibid.*

[4] C'est notamment le cas de la *Convention relative aux zones humides d'importance internationale particulièrement comme habitats des oiseaux d'eau*, approuvée par le Mali par le décret n° 85-70/P-RM du 14 mars 1985, publié au JORM n° 712 du 15 mars 1985, p. 4.

un volet important de l'économie malienne qui est essentiellement rurale. La protection des forêts et de leurs ressources permet de maintenir les moyens de subsistance des populations et de pérenniser les matières premières des industries locales. Leur disparition accentue la pauvreté et fait régresser l'économie. Le développement se trouvera ainsi compromis. C'est la raison pour laquelle l'implication effective de tous les acteurs, à commencer par les populations, dans la protection et la gestion durable de ces ressources, est essentielle. Cette implication commence par le respect des instruments internationaux devenus du droit interne par le phénomène de la transposition. La maîtrise de ces outils par les populations permet de limiter, à défaut d'éradiquer, la surexploitation des ressources naturelles par les couches les plus pauvres.

59. L'influence des textes internationaux relatifs à la nature et à ses ressources est perceptible dans leurs décrets de ratification et autres textes d'application. Pour s'en convaincre, il suffit d'explorer des textes comme la *Convention sur le Commerce International des Espèces de Faune et de Flore Sauvages Menacées d'Extinction (CITES)*, adoptée à Washington (USA) le 03 mars 1973, ratifiée le 31 mai 1993[1] ; la *Convention relative à la Conservation des Espèces Migratrices appartenant à la Faune Sauvage*, adoptée à Bonn (Allemagne) le 23 juin 1979, approuvée le 21 février 1985[2] ; la *Convention internationale pour la protection des végétaux* adoptée le 06 décembre 1951 à Rome (Italie), révisée en novembre 1997, ratifiée le 24 mars 1986[3]; celle relative à *la diversité biologique,* adoptée à Rio de Janeiro (Brésil) le 13 janvier 1992, ratifiée le 24 juin 1994[4] ; l'*Accord sur la conservation des oiseaux d'eau migrateurs d'Afrique Eurasie* adopté à la Haye (Pays-Bas) le 16 juin 1995, ratifié le 19 août 1999[5]. Les décrets de ratification et autres textes d'application, outre le fait qu'ils visent directement les Conventions, précisent qu'ils sont accompagnés desdits textes en vue de leur publication au Journal officiel[6] de la République du Mali.

60. Incontestablement, ces nouvelles règles impactent positivement le droit malien de l'environnement qui se trouve ainsi enrichi. Cependant, cette introduction de nouvelles règles sans leur adaptation au contexte national joue négativement sur leur application. Aussi, si le but de leur publication au Journal officiel est l'information du public, ce dernier n'est toujours pas informé car, il n'a pas accès à ce Journal officiel et ne maîtrise pas majoritairement la

---

[1] Décret n° 93-165/P-RM du 31 mai 1993, publié au JORM n° 11 du 15 juin 1993, p. 400.
[2] Décret n° 85-46/P-RM du 21 février 1985, publié au JORM n° 709 du 15 février 1985, p. 4.
[3] Décret n° 86-085/PG-RM du 24 mars 1986 publié au JORM n° 783 du 1er avril 1986, p. 35.
[4] Décret n° 94-222/P-RM du 24 juin 1994 publié au JORM n° 14 du 31 juillet 1994, p. 484.
[5] Décret n° 99-224/P-RM du 19 août 1999, publié au JORM n° 26 du 20 octobre 1999, p. 1012.
[6] Le problème est que les décrets de ratification ne sont pas accompagnés desdits textes.

langue de publication[1]. En outre, lorsqu'il s'agit d'adopter des textes législatifs ou réglementaires qui doivent être conformes aux réalités du pays, il est remarqué un mimétisme à quelques virgules près des Conventions internationales. Le contenu des Conventions est repris quasi *in extenso*. Il faut noter que dans la plupart des cas, la Convention reprise est visée dans le texte réglementaire qui la reprend. C'est d'ailleurs le décret fixant le cadre de la conclusion des traités en République du Mali[2] qui ouvre la voie car il reprend, sans aucun changement, dans nombre de ses dispositions le contenu de la Convention de Vienne sur le droit des traités[3]. Il en est ainsi des textes comme la loi *portant création du fonds d'aménagement et de protection des forêts et du fonds d'aménagement et de la protection de la faune dans les domaines de l'État*[4] ; de celle *régissant la détention, le commerce, l'exploitation, la préexploitation, l'importation, le transport et le transit de spécimens d'espèces de faune et de flore sauvages* ; de celle *fixant les conditions de gestion des ressources forestières*, abrogée par la loi *déterminant les principes fondamentaux relatifs à la gestion des ressources du domaine forestier national*[5]; de celle *fixant les conditions de gestion de la nature sauvage et de son habitat*[6]; de celle *déterminant les principes et les conditions de gestion de la pêche et de l'aquaculture*[7] qui visent, toutes dans leurs contenus, les Conventions précitées dont elles s'inspirent. Il peut arriver également que des textes législatifs ou réglementaires s'inspirent de Conventions sans les citer. L'influence du texte international sur l'adoption de ces instruments nationaux est alors indirecte. C'est le cas de la loi *portant charte pastorale en République du Mali*[8] dont le décret d'application[9] vise un autre décret[10] qui cite la Convention de Vienne pour la protection de la couche d'ozone[11] et le Protocole de Montréal relatif à des substances qui appauvrissent la couche d'ozone. Cette loi s'inspire aussi de la Conventions de Bonn qui permet « (...) *une protection indirecte des habitats, par l'intermédiaire et dans le but de protection des espèces* »[12].

---

[1] V. *infra*, Chapitre 2, section 1.
[2] V. le décret n° 2010-718/P-RM du 31 décembre 2010 *relatif à la conclusion des traités* publié au JORM n° 06 du 11 février 2011, pp. 208-211.
[3] V. texte de la Convention sur www.un.org.
[4] V. JORM n° 05 du 20 février 2004, pp. 164-165.
[5] Cette loi cite aussi la Convention CITES. V. JORM n° 32 du 06 août 2010, pp. 1244-1262.
[6] V. JORM n° 21 du 15 novembre 1995, pp. 805-813.
[7] V. JORM n° 01 du 02 janvier 2015, p. 4.
[8] V. JORM n° 09 du 31 mars 2001, pp. 333-338.
[9] Il s'agit du décret n° 06-439/P-RM du 18 octobre 2006 *fixant les modalités d'application de la loi n° 01-004 du 27 février 2001 portant charte pastorale en République du Mali*, publié au JORM n° 36 du 31 décembre 2006, p. 1404.
[10] Il s'agit du décret 01-397/P-RM du 06 septembre 2001 *fixant les modalités de gestion des polluants de l'atmosphère*, publié au JORM n° 27 du 30 septembre 2001, pp. 1054-1056.
[11] V. décret ratifiant la Convention, publié au JORM n° 01 du 15 janvier 1994, p. 10.
[12] Catherine ROCHE, *Droit de l'environnement*, *op. cit.*, p. 57.

61. En application de la Convention sur la diversité biologique, a été adopté l'arrêté interministériel N° 08/MA-MF-SG du 29 septembre 2008 *fixant le taux et les modalités de perception de la taxe de délivrance du Certificat Phytosanitaire et du Permis d'importation des Végétaux, Produits Végétaux et Denrées Alimentaires d'origine Végétale*. Le décret *fixant la liste des espèces locales de faune et de flore sauvages et les modalités d'obtention d'autorisation de production, de fabrication, de détention et d'utilisation à des fins commerciales d'objets provenant de tout ou partie de ces espèces*[1] est inspiré par la Convention CITES qu'il vise.

À côté des textes de protection communs aux espèces de flore et de faune qui inspirent le législateur malien *lato sensu*, il existe également des textes de protection ciblée *in situ* ou *ex situ* de certaines espèces, en raison de leur utilité ou de la menace dont elles font l'objet.

62. En s'inspirant de la Convention de Paris sur la Protection du Patrimoine Mondial Culturel et Naturel, de la Convention de Washington sur le Commerce International des Espèces de Faune et de Flore Sauvages Menacées d'Extinction (CITES), de la Convention de Rio sur la Conservation de la Diversité Biologique[2], le Mali a adopté en 2010 le décret *fixant la liste des essences forestières protégées et des essences forestières de valeur économique*[3]. C'est aussi en application de ces Conventions sus citées que les schémas d'urbanisation et d'aménagement du territoire ont prévu la création d'espaces verts[4].

63. Il est important de rappeler qu'au niveau international la protection des espèces animales fut d'abord indirecte et intéressée[5]. L'absence pendant longtemps de statut juridique de la faune explique sans doute cela. C'est plus tard que la rareté des espèces sera prise en compte par la réglementation de la chasse ou de la pêche et le patrimoine naturel est reconnu d'intérêt général. Les espèces protégées feront l'objet de classement selon des listes internationales, régionales (africaines) et nationales. Les parcs nationaux et zoologiques verront le jour[6]. En application des Conventions CITES, Ramsar et de Bonn,

---

[1] V. décret n° 07-155/P-RM du 10 mai 2007, publié au JORM n° 19 du 10 juillet 2007, pp. 725-727.

[2] *Ibid.*

[3] Décret n° 10-387/P-RM du 26 juillet 2010, publié au JORM n° 35 du 27 août 2010, pp.1363 1365.

[4] V. décret n° 2012-118/P-RM du 24 février 2012 *portant classement de parcs publics et monuments de Bamako dans le patrimoine culturel national*, publié au JORM n° 10 du 09 mars 2012, p. 385.

[5] V. la Convention de Paris du 19 mars 1902 protégeant les oiseaux utiles à l'agriculture.

[6] V. décret n° 72-113 PG-RM du 16 septembre 1972 *portant création de l'Opération Aménagement du Parc National de la Boucle du Baoulé et des Réserves Adjacentes, chargée de la gestion du Parc zoologique de Bamako*, publié au JORM n° 398 du 1er octobre 1972, p. 555.

déjà étudiées, qui réglementent l'exploitation des espèces, le Mali a dressé des listes des espèces de faunes protégées avec leurs noms scientifiques et locaux[1].

64. Cela est connu, les difficultés pratiques et juridiques auxquelles est soumis le droit international ne permettent pas d'assurer de manière efficace la conservation des habitats naturels. Cette tâche revient donc au droit national. C'est la raison pour laquelle les instruments internationaux exigent d'être concrétisés par des mesures juridiques internes. La forêt est parmi les espaces naturels les mieux protégés au Mali à travers notamment le renforcement de la protection des ressources naturelles contre l'exploitation et les feux de brousse, la restauration du couvert végétal par des activités de reboisement. Malheureusement, cette protection juridique contraste avec la réalité pratique sur le terrain en raison des fortes pressions humaines, de divers ordres, sur les ressources.

65. Les instruments sur les milieux qui ont influencé le législateur malien concernent ceux relatifs à l'eau, à l'air et aux espaces. La protection de ces éléments de l'environnement a un effet important sur la santé des populations et par conséquent sur le développement durable du pays.

66. Le problème de l'eau au Mali, comme partout ailleurs, peut être abordé selon ses emplois multiples : l'usage domestique, pour la navigation, pour l'agriculture, la pêche, l'usage industriel, etc.. Plusieurs textes internationaux lui sont consacrés. Le Mali est traversé par deux cours d'eau internationaux (le fleuve Niger et le fleuve Sénégal) et abrite plusieurs lacs[2]. En ratifiant les textes internationaux dans ce domaine, il s'oblige à prendre des mesures appropriées pour leur mise en œuvre sur le plan interne[3]. La gestion rationnelle des cours d'eau au Mali, en raison des problèmes environnementaux majeurs que soulève leur utilisation, est une nécessité. Un des importants textes dans ce domaine est la Convention de New York sur l'utilisation des cours d'eau à des fins autres que la navigation. Il faut regretter la non-adhésion du Mali à cette Convention, signée le 21 mai 1997 et entrée en vigueur en 2014. D'autres États riverains[4] du fleuve Niger y ont pourtant adhéré ou l'ont ratifiée. L'Assemblée nationale du Mali a autorisé le Gouvernement en 1985 à approuver

V. aussi la loi n° 97-030 du 24 décembre 1997 *portant création du parc biologique de Bamako*, publiée au JORM n° 6 du 31 mars 1998, p. 206 et ses textes d'application.

[1] V. JORM n° 35 du 27 août 2010, p. 1364 ; JORM n° 35 du 27 août 2010, p. 1365 ; JORM n° 21 du 15 novembre 1995, p. 813 ; JORM n° 21 du 15 novembre 1995, p. 813 ; JORM n° 21 du 15 novembre 1995, p. 813 ; JORM n° 21 du 15 novembre 1995, p. 814.

[2] On peut citer le lac Faguibine, le lac Débo, le lac Horo, le lac Télé, entre autres.

[3] V. Abdoulaye ABOUBACRINE, *La protection des cours d'eau et de leur biodiversité par le droit international de l'environnement*, mémoire de master, Université de Limoges, 2011, p. 9.

[4] Il s'agit du Benin (2012), Burkina Faso (2011), Côte d'Ivoire (2014), Niger (2013), Nigeria (2010), Tchad (2012).

la Convention des Nations Unies sur le droit de la mer bien qu'il soit un pays continental très enclavé dans l'ouest du continent africain. Cette Convention traite de la pollution de l'air en tant que cause de pollution marine[1] et concerne aussi les États sans littoral[2] car les matières polluantes rejetées dans les cours d'eau finissent par atteindre la mer. Malheureusement, le décret d'approbation de cette loi, s'il existe, n'est pas publié au Journal officiel. Il n'est pas inutile de préciser que bien qu'il soit traversé par deux grands fleuves, le Mali ne parvient pas, jusqu'à présent, à garantir l'accès à l'eau potable à la majorité de la population. Il s'agit d'un problème récurrent même dans la capitale. Alors que l'on ne peut pas songer au développement d'un pays sans l'accès à l'eau qui, comme le rappelle Antoine de Saint Exupéry, « (...) *est la vie même* »[3].

67. S'agissant de la protection de l'air, il est important de citer les principales Conventions sur la pollution atmosphérique qui ont particulièrement influencé l'élaboration du droit malien de l'environnement. Il s'agit de la Convention pour la protection de la couche d'ozone, de la Convention-cadre sur les changements climatiques et leurs Protocoles[4]. La Convention pour la protection de la couche d'ozone, adoptée sous l'égide du Programme des Nations Unies pour l'Environnement à Vienne (Autriche), le 22 mars 1985, a été ratifiée par le Mali en 1993[5]. Cette Convention invite les États Parties à adopter les mesures législatives ou administratives appropriées et à coopérer « (...) *pour harmoniser les politiques appropriées visant à réglementer, limiter, réduire ou prévenir les activités humaines relevant de leur juridiction ou de leur contrôle s'il s'avère que ces activités ont ou sont susceptibles d'avoir des effets néfastes par suite de la modification, ou de la modification susceptible de se produire, de la couche d'ozone* »[6]. La Convention-cadre sur les changements climatiques, signée à Rio de Janeiro (Brésil) le 12 juin 1992, a été ratifiée par le Mali en 1994[7]. La conclusion de l'Accord de Paris le 12 décembre 2015 marque une étape importante dans ce domaine en apportant une réponse

---

[1] V. art. 4 de la Convention.

[2] *Ibid.*

[3] Antoine de Saint Exupéry, *Terre des Hommes*, 1939, édité par la bibliothèque numérique romande, p. 132, ebboks-bnr.com.

[4] Il s'agit du Protocole de Montréal relatif à des substances appauvrissement la couche d'ozone signé le 16 septembre 1987, amendé à Londres le 29 juin 1990 ; v. décret n° 93-473/P-RM du 29 décembre 1993 publié au JORM n° 01 du 15 janvier 1994, p. 10 ; le Protocole de Kyoto à *la Convention-cadre des Nations Unies sur les changements climatiques*, adopté à Kyoto (Japon) le 11 décembre 1997, ratifié par le Mali par le décret n° 2002-058/P-RM du 11 février 2002, publié au JORM n° 05 du 20 février 2002, p. 178.

[5] Par le décret n° 93-473/P-RM du 29 décembre 1993, publié au JORM n° 01 du 15 janvier 1994, p. 4.

[6] V. art. 2.

[7] V. décret n° 94-447/P-RM du 28 décembre 1994, publié au JORM n° 02 du 31 janvier 1995, p. 48.

globale à la menace du changement climatique dans un contexte de développement durable. Ratifié par le Mali en septembre 2016[1], cet Accord a beaucoup inspiré les rédacteurs du projet de révision de la Constitution de février 1992[2].

68. Il a été souligné précédemment que généralement, la protection des espaces passe aussi par celle des espèces. C'est pour cette raison que l'on trouve peu de conventions internationales consacrées spécifiquement aux espaces sans référence à une espèce donnée. C'est d'ailleurs logique car les espaces se trouvant sur le territoire des États, c'est à ceux-ci qu'il revient d'identifier les espaces à protéger et de les réglementer. Ainsi, plusieurs conventions internationales ont influencé le législateur malien dans ce domaine. Le principal instrument international de protection des habitats est la *Convention de Ramsar relative aux zones humides d'importance internationale, particulièrement comme habitats des oiseaux d'eau* adoptée le 02 février 1971 à Ramsar (Iran). Elle est approuvée par le Mali en 1985[3]. Son objectif est de « (...) *protéger les zones humides, mais uniquement en tant qu'habitats des oiseaux d'eau* ». En application de cette Convention, le Mali a élaboré plusieurs textes législatifs et réglementaires et mis en place un « (...) *comité de mise en œuvre de la Convention relative aux zones humides d'importance internationale, particulièrement comme habitats des oiseaux d'eau* », dénommé « Comité National Ramsar ». L'adoption de ces textes est nécessaire car, conformément à la Convention, le Mali devrait désigner des zones humides d'importance internationale. Ainsi, quatre (4) sites sont inscrits sur la liste de ces zones humides d'une superficie totale de plus de 4 000 000 hectares. Il s'agit des sites du delta intérieur du Niger, de la plaine inondable du Sourou, du lac Wegnia et du lac Magui[4].

69. Il est important de citer la *Convention des Nations Unies sur la lutte contre la désertification dans les pays gravement touchés par la sécheresse et/ou la désertification, en particulier en Afrique*, signée à Paris (France) le 14 octobre

---

[1] V. décret n° 2016-0721/P-RM du 15 septembre 2016, publié au JORM n° 41 du 07 octobre 2016, p. 1639.

[2] V. loi n° 2017-31 du 02 juin 2017, publié au JORM spécial n° 11 du 07 juin 2017, pp. 03-20. Cette loi ne sera pas finalement soumise au référendum en raison d'une forte contestation d'une partie importante de la population.

[3] Par le décret n° 85-70/P-RM du 14 mars 1985, publié au JORM n° 712 du 15 mars 1985, p. 4. Son champ d'action s'est toutefois élargi à « *l'ensemble des questions relatives à la protection et à la gestion rationnelle de ces zones* ». V. Catherine ROCHE, *Droit de l'environnement*, Gualiano, Paris, 2001, p. 57.

[4] V. https://rsis.ramsar.org/ris-search/?f[0]=regionCountry_en_ss%3AMali, consulté le 11 août 2019.

1994, ratifiée par le Mali en 1995[1] ; la *Convention pour la Protection du Patrimoine Mondial, Culturel et Naturel*, adoptée à Paris le 16 novembre 1972, approuvée (sic) par le Mali en 1973[2]. Ces textes ont permis d'adopter la *loi fixant les conditions de gestion de la faune sauvage et de son habitat*[3], la *loi portant Charte pastorale*[4], la *loi portant orientation agricole*[5], la *loi déterminant les principes de gestion des ressources du domaine forestier national*[6]. La liste n'est pas exhaustive. Des décrets furent aussi adoptés. Il est fait, notamment, allusion au décret *fixant l'organisation et les modalités de gestion du fonds d'aménagement et de protection des forêts et du fonds d'aménagement et de la protection de la faune dans les domaines de l'État*[7] ; au décret n° 04-137 (bis) /P-RM du 27 avril 2004 *fixant la répartition des recettes perçues à l'occasion de l'exploitation des domaines forestier et faunique de l'État entre les fonds d'aménagement et de protection des forêts et de la faune et les budgets des Collectivités territoriales*[8] ; au décret fixant les modalités d'application de la Loi n° 01-004 du 27 février 2001 *portant Charte pastorale*[9] ; au décret *déterminant les modalités et conditions d'exercice des droits conférés par les titres de chasse*[10] ; au décret *fixant les taux des redevances et des taxes perçues à l'occasion de l'exploitation de la faune dans le domaine faunique de l'État*[11]. Les arrêtés sont encore plus nombreux.

Comme les règles internationales régissant la nature et ses ressources, d'autres, réglementant le cadre de vie, ont été non seulement transposées mais,

---

[1] Ratifiée par le décret n° 1995-166/P-RM du 14 avril 1995, publié au JORM n° 10 du 31 mai 1995, p. 378.

[2] Par l'Ordonnance n° 46 du 31 août 1973, publiée au JORM spécial n° 415 du 19 septembre 1973, p. 1.

[3] V. loi n° 95-031 du 20 mars 1995 *fixant les conditions de gestion de la nature sauvage et de son habitat*, publiée au JORM n° 21 du 15 novembre 1995, pp. 805-813.

[4] V. loi n° 01-004 du 27 février 2001 *portant charte pastorale en République du Mali*, publiée au JORM n° 09 du 31 mars 2001, pp. 333-338.

[5] V. loi n° 06-045 du 05 septembre 2006 *portant loi d'orientation agricole*, publiée au JORM spécial n° 06 de (sic) septembre 2006, 24 p. L'art. 6 de cette loi précise : « *La présente loi prend en compte les engagements sous régionaux, régionaux et internationaux auxquels le Mali a souscrit* ».

[6] V. loi n° 2010-028 du 12 juillet 2010 *déterminant les principes fondamentaux relatifs à la gestion des ressources du domaine forestier national,* publiée au JORM n° 32 du 06 août 2010, pp. 1244-1262, abrogeant la loi n° 95-004 du 18 janvier 1995 *fixant les conditions de gestion des ressources forestières*, publiée au JORM n° 4 du 28 février 1995, pp. 125-131.

[7] Décret n° 04-091/P-RM du 24 mars 2004 publié au JORM n° 11 du 20 avril 2004, pp. 419-420.

[8] Décret n° 04-137/bis/P-RM du 27 avril 2004, publié au JORM n° 13 du 10 mai 2004, pp. 501-502.

[9] Décret n° 06-439/P-RM du 18 octobre 2006, publié au JORM n° 36 du 31 décembre 2006, pp. 1404-1408.

[10] Décret n° 97-052/P-RM du 31 janvier 1997 publié au JORM n° 06 du 31 mars 1997, pp. 239-244.

[11] Décret n° 01-136/P-RM du 23 mars 2001 publié au JORM n° 11 du 20 avril 2001, pp. 422-429.

elles ont permis d'adopter différentes dispositions législatives et réglementaires.

70. La protection et l'amélioration du cadre de vie conditionnent l'existence d'une vie meilleure. Cette notion de *cadre de vie* renvoie aussi bien à la prévention des nuisances (de tout ordre) qu'à la protection des sites. Il s'agit ici de l'environnement humain par opposition à l'environnement naturel. Le cadre de vie « (...) *est indissociable des établissements humains qui sont producteurs d'externalités pour eux-mêmes et pour tout l'espace qu'ils polarisent et desservent en biens et services, pour l'individu et pour la collectivité territoriale* »[1].

71. L'activité humaine est la cause principale de la dégradation du cadre de vie. Sa défense dans un but désintéressé fait partie des conditions de fond à l'agrément des associations de défense de l'environnement, selon la jurisprudence[2] du Conseil d'État français. Au Mali, c'est surtout dans le domaine de la vie urbaine que la réglementation sur le cadre de vie mérite une attention soutenue en raison de la forte concentration des populations et donc du point de vue de la production de déchets et de leur gestion. Dans ce domaine, la transposition des textes internationaux par leur simple ratification ne suffit pas, mais elle doit être accompagnée d'une adaptation et d'un suivi régulier, en raison de l'accroissement sans cesse important de la population et donc de la production des déchets. L'implication des populations à l'adoption et à l'adaptation de ces textes est plus que nécessaire pour leur efficacité, car elle permet l'acquisition des comportements et réflexes nécessaires pour la sauvegarde du cadre de vie. C'est cette absence d'implication des populations concernées qui fait que les quelques textes qui existent dans ce domaine ne peuvent pas être suivis d'effet. Ces textes concernent aussi bien les pollutions que les nuisances. Les notions de *pollution* et de *nuisance* méritent d'être clarifiées avant tout développement.

72. Selon la recommandation du Conseil de l'OCDE du 14 novembre 1974 C(74)224, concernant des principes relatifs à la pollution transfrontière, « (...) *on entend, par pollution, l'introduction par l'homme, directement ou indirectement, de substances ou d'énergie dans l'environnement, qui entraine des conséquences préjudiciables de nature à mettre en danger la santé humaine,*

---

[1] Rapport national 2014 sur l'état de l'environnement au Mali, p. 74.

[2] CE 13 nov. 1981, Min. de l'Environnement et du Cadre de vie c/association de défense de la propriété foncière et de la protection de l'environnement de la Flotte-en-Ré et de sa région (DEPROPER), AJDA 1982, p. 534, note MORAND-DEVILLER, RJE 2/1982, Concl. Biancarelli). Cette jurisprudence applique le décret n° 77-760 du 7 juillet 1977 *relatif aux associations exerçant leurs activités dans le domaine de la protection de la nature, de l'environnement et de l'amélioration du cadre de vie*, modifié.

à nuire aux ressources biologiques et aux systèmes écologiques, à porter atteinte aux agréments ou à gêner les autres utilisations légitimes de l'environnement »[1]. Cette définition se retrouve dans la plupart des textes sur les pollutions, notamment dans les lois maliennes relatives aux pollutions et nuisances de 2001 et de 2021: « (…) *toute modification ou contamination directe ou indirecte de l'environnement provoquée par un acte susceptible d'influer négativement sur le milieu, de provoquer une situation préjudiciable pour la santé, la sécurité, le bien-être de l'homme, de la faune, de la flore ou des biens collectifs et individuels* »[2]. Quant à la nuisance, elle est, selon les lois précitées, « (…) *toute agression contre le milieu naturel ou artificiel entourant l'homme et causant un désagrément ou dommage à ce dernier* »[3].

73. Les interpellations des Déclarations de Stockholm sur l'environnement et de Rio sur l'environnement et le développement sont très fortes en matière de lutte contre les pollutions. Elles invitent les États à « (…) *prendre toutes mesures possibles pour empêcher la pollution (...) par des substances qui risquent de mettre en danger la santé de l'homme, de nuire aux ressources biologiques* (…) »[4] ; à « (…) *élaborer une législation nationale concernant la responsabilité de la pollution et d'autres dommages à l'environnement* »[5]. En référence à ces principes, plusieurs textes seront adoptés au niveau international et qui influenceront les législations nationales. C'est ainsi qu'en réponse aux pollutions de l'air et de la terre, le Mali s'est fortement appuyé sur les Conventions déjà citées sur les changements climatiques. Il a aussi ratifié en 2003[6] la *Convention sur les polluants organiques persistants* adoptée à Stockholm (Suède) le 22 mai 2001. En application de cette Convention, il a adopté le décret fixant *les modalités de gestion des polluants de l'atmosphère*[7]. Ce décret, qui a pour objet la gestion des polluants de l'atmosphère, cite nommément la Convention de Vienne pour la protection de la couche d'ozone, le Protocole de Montréal relatif à des substances qui appauvrissent la couche d'ozone, la Convention-cadre sur les changements climatiques. Est aussi adoptée la loi *relative aux pollutions et aux nuisances*[8] qui fixe « *les principes*

---

[1] https://legalinstruments.oecd.org/fr/instruments/OECD-LEGAL-0133.
[2] Art. 2.
[3] *Ibid.*
[4] V. Principe 7 de la Déclaration de Stockholm sur l'environnement.
[5] V. Principe 13 de la Déclaration de Rio sur l'environnement et le développement.
[6] Ratifiée par le décret n° 2003-201/P-RM du 21 mai 2003 publié au JORM n° 16 du 10 juin 2003, p. 2412.
[7] Il s'agit du décret n° 01-397/P-RM du 06 septembre 2001, publié au JORM n° 27 du 30 septembre 2001, 31 pp. 1054-1056.
[8] Il s'agit de la loi n° 2021-032 du 24 mai 2021 *relative aux pollutions et aux nuisances*, publiée au JORM n° 16 du 28 mai 2021, p. 607 abrogeant la loi n° 01-020 du 30 mai 2001, publiée au JORM n° 17 du 20 juin 2001, p. 646 remplaçant la loi n° 91-047 du 23 février 1991 *relative à la protection de l'environnement et du cadre de vie*, publiée au JORM n° 6 du 30 mars 1991, p. 214.

fondamentaux du contrôle des pollutions et nuisances ». A également été adopté le décret n° 2014- 0572/P-RM du 22 juillet 2014[1] *fixant le détail des compétences transférées de l'État aux Collectivités territoriales dans le domaine de l'Assainissement et de la lutte contre des Pollutions et Nuisances.*

74. Certains textes étudiés précédemment concernent aussi la protection de l'air. L'air subit, en effet, des pollutions dues aux gaz émis par les transports, l'industrie, l'élevage, l'énergie, les feux de brousse, l'agriculture, les ménages. En application de la Convention de Vienne pour la protection de la couche d'ozone, signée le 22 mars 1985 ; du Protocole de Montréal relatif à des substances qui appauvrissent la couche d'ozone signé le 16 septembre 1987 et son amendement, adopté à Londres le 29 juin 1990 ; de la Convention-cadre sur les changements climatiques adoptée à Rio de Janeiro le 12 juin 1992, le Mali a adopté le décret n° 01-397 du 06 septembre 2001[2] *fixant les modalités de gestion des polluants de l'atmosphère* précédemment cité. La gestion des polluants de l'atmosphère a pour objet la prévention et la réduction des concentrations de polluants de l'atmosphère à un niveau qui ne perturberait pas sa qualité, la lutte contre les effets nocifs des polluants de l'atmosphère sur l'environnement et sur la santé humaine et animale, la surveillance et leur contrôle. Le décret n° 99-189 du 05 juillet 1999[3] *portant institution de la procédure d'études d'impact sur l'environnement*, abrogé et remplacé par le décret n° 03-594 du 31 décembre 2003[4] *relatif à l'Étude d'impact sur l'environnement* et l'arrêté interministériel n° 06-1218 du 13 juin 2006[5] *portant interdiction de l'importation et de la commercialisation de l'essence avec plomb au Mali* ont été pris dans le même sens.

75. Le droit malien de l'environnement ne peut pas ignorer l'existence de l'importante Convention des Nations Unies sur le droit de la mer[6], même s'il est un pays continental et à ce titre sans littoral et même s'il n'a pris aucun texte pour le mettre en œuvre. En effet, la réalisation des objectifs de la Convention contribue à « (...) *la mise en place d'un ordre économique international juste et équitable dans lequel il serait tenu compte des intérêts et besoins de l'humanité tout entière et, en particulier, des intérêts et besoins spécifiques des pays en développement, qu'ils soient côtiers ou sans littoral* »[7]. Les fleuves (le Niger et le Sénégal) qui traversent le Mali se jettent tous les deux

[1] Publié au JORM n° 36 du 05 septembre 2014, p. 1423.
[2] Publié au JORM n° 27 du 30 septembre 2001, p. 1454.
[3] Publié au JORM n° 20 du 20 août 1999, p. 770.
[4] Publié au JORM n° 05 du 20 février 2004, p. 185.
[5] V. www.sante.gov.ml. (Site officiel du ministère de la Santé du Mali).
[6] Cette Convention, adoptée à Montego Bay (Jamaïque) le 10 décembre 1982, est signée par le Mali le 19 octobre 1983. Le Mali est autorisé à l'approuver le 16 juillet 1985 ; v. loi n° 85-017 du 11 février 1985, publiée au JORM n° 708 du 1er février 1985 (sic), p. 5.
[7] Préambule de la Convention.

dans l'océan Atlantique. À ce titre, les différentes pollutions occasionnées par les diverses utilisations des eaux de ces fleuves sur le territoire du Mali sont nuisibles tant pour la santé des Maliens, pour celle des autres utilisateurs que pour la biodiversité de l'océan.

76. Selon le document de politique nationale de protection de l'environnement adopté en 1998, actualisé en 2019[1], près de 80% de la population, vivant essentiellement de l'agriculture, de l'élevage et de la pêche, se trouvent sur le long de ces fleuves, principales artères nourricières du pays. Les ressources des bassins de ces fleuves sont soumises à de fortes dégradations dues à la sécheresse endémique, dont les conséquences sont aggravées par des modes de gestion souvent inadaptés. Ce qui justifie que leur préservation et la gestion rationnelle des ressources qui leur sont associées soient des priorités nationales. En plus de la loi relative aux pollutions et aux nuisances, adoptée conformément aux Conventions de Vienne pour la protection de la couche d'ozone et au Protocole de Montréal relatif à des substances qui appauvrissent la couche d'ozone (protocole interdisant toute pollution des eaux), le Gouvernement du Mali a adopté le décret n° 01-395 du 06 septembre 2001 *fixant les modalités de gestion des eaux usées et des gadoues*[2]. Il réglemente la prévention et la réduction de la nocivité des eaux usées et des gadoues, l'utilisation des eaux traitées pour divers besoins ainsi que la protection des sources d'eau de surface et des eaux souterraines contre les pollutions dues aux eaux usées et aux gadoues.

77. Il a été souligné dans les lignes qui précèdent que les agressions contre le milieu naturel ou artificiel entourant l'homme et lui causant un désagrément ou des dommages sont réglementées au Mali par la loi relative aux pollutions et aux nuisances. Celle-ci s'inspire de la *convention sur les polluants organiques persistants*. Plusieurs autres textes, plans et programmes relatifs aux déchets, aux substances dangereuses, aux nuisances sonores seront élaborés en application de cette Convention. Ces textes visent à réduire l'insalubrité des milieux où vivent les populations à travers la réalisation d'infrastructures et d'équipements. Ils doivent surtout amener les populations à changer de comportement. Comme il est aisé de le constater, ce ne sont pas des initiatives qui font défaut en vue d'offrir à la majeure partie de la population un cadre de vie exempt de toute pollution et nuisance. Ce qui fait défaut, c'est bien la capacité à concrétiser et rendre pérennes de telles initiatives.

---

[1] V. décret n° 2019-0954/P-RM du 05 décembre 2019 *portant approbation de la politique nationale de la protection de l'environnement (PNPE)*, publié au JORM n° 43 du 13 décembre 2019, p. 1709.
[2] V. JORM n° 27 du 30 septembre 2001, p. 1050.

78. Conformément à ses engagements internationaux, le Mali a élaboré plusieurs textes pour gérer les déchets et les substances dangereuses ou les nuisances sonores. Il existe différents types de déchets réglementés par le droit international de l'environnement. Ils sont ménagers, agricoles, industriels, hospitaliers, etc. Ils sont généralement classés selon leur degré de dangerosité et sont définis par la Convention de Bâle comme des « (...) *substances ou objets qu'on élimine, qu'on a l'intention d'éliminer ou qu'on est tenu d'éliminer en vertu des dispositions du droit national* »[1]. Cette Convention qui porte *sur le contrôle des mouvements transfrontières de déchets dangereux et de leur élimination* est adoptée à Bâle (Suisse) le 22 mars 1989 et ratifiée par le Mali en septembre 2000[2]. Elle invite les États Parties à prendre des mesures juridiques, administratives ou autres afin de réduire la production de déchets et de veiller à leur élimination. Nul doute que la Convention de Bâle et celle de Bamako de 1991 sur les déchets dangereux ont influencé l'adoption de la loi n° 01-079 du 20 août 2001 *portant Code pénal*[3]. Ce Code vise expressément l'environnement naturel (article 31) et les déchets dangereux (article 193) contrairement à son prédécesseur de 1961 qui ne fait pas allusion à l'environnement même si certains de ces éléments (tapages ou bruits nocturnes, dégradations de monuments, feux de brousse, etc.) y sont évoqués.

79. En application de la Convention de Bâle, le Mali a adopté plusieurs décrets tels que celui fixant *les modalités de gestion des déchets solides*[4]; le décret *fixant la liste des déchets dangereux*[5] ou celui *fixant les modalités de gestion des polluants de l'atmosphère*[6] qui évoque l'incinération des déchets[7]. Il est important de souligner que d'autres textes réglementaient déjà les déchets[8] avant la ratification de la Convention de Bâle par le Mali, sans référence directe à un texte international[9]. Mais, il n'est pas sans intérêt de

---

[1] Art. 2 de la Convention.

[2] La Convention de Bâle est ratifiée par le décret n° 2000-449/P-RM du 15 septembre 2000, publié au JORM n° 30 du 31 octobre 2000, p. 1181.

[3] Publiée au JORM n° spécial du 18 janvier 2002. Cette loi qui abroge et remplace la loi n° 61-99 du 29 août 1961 *portant Code pénal* en République du Mali introduit deux nouveaux art. consacrés à l'environnement naturel (art. 31) et aux déchets dangereux (art. 193). Ni le Code de 1961 ni ses textes modificatifs n'utilisent le terme environnement.

[4] Il s'agit du décret n° 01-394/P-RM du 06 septembre 2001 *fixant les modalités de gestion des déchets solides*, publié au JORM n° 27 du 30 septembre 2001, pp. 1046-1050.

[5] Il s'agit du décret n° 07-135 du 16 avril 2007, publié au JORM n° 14 du 20 mai 2007, p. 541.

[6] V. JORM n° 27 du 30 septembre 2001, p. 1454.

[7] V. art. 4 et suivants du décret.

[8] Il en est ainsi de la loi n° 89-061 du 02 septembre 1989 *portant répression de l'importation, du transit des déchets toxiques*, publié au JORM n° 17 du 15 septembre 1989, p. 648 ; du décret n° 90-355/P-RM du 08 août 1990 *portant fixation de la liste des déchets toxiques et les modalités d'application de la loi n° 89-061 du 02 septembre 1989 portant répression de l'importation, du transit des déchets toxiques*, publié au JORM n° 18-du 30 septembre 1990, p. 647.

[9] Le législateur, au sens large, peut s'inspirer d'un texte international qu'il ne cite pas.

mettre l'accent sur l'influence que cette Convention a exercée sur la législation malienne qui lui est postérieure. Il existe également d'autres textes, certainement les plus nombreux, tels que les arrêtés dont l'élaboration est influencée directement ou indirectement par la Convention de Bâle. C'est le cas lorsque ces arrêtés ont pour objet d'appliquer des décrets qui visent déjà la Convention. La réception des instruments relatifs aux nuisances sonores a permis aussi d'adopter d'importants textes qu'il convient, ici, de rappeler. Ainsi, en application de la loi sur les pollutions et nuisances de 2001, a été adopté le décret *fixant les modalités de gestion des pollutions sonores*[1]. Mais, une autre loi importante en matière de pollutions sonores est celle *relative aux installations classées pour la protection de l'environnement*[2]. Par installations classées, au sens de cette loi, il faut entendre « *Les manufactures, ateliers, usines, dépôts, carrières, chantiers et d'une manière générale toutes les installations publiques ou privées dont les activités peuvent présenter des dangers ou des inconvénients soit pour la commodité du voisinage, soit pour la santé, la sécurité et la salubrité publiques, soit pour la nature et l'environnement, soit pour la conservation des sites et monuments.* »[3]. Le décret n° 09-666/P-RM du 21 décembre 2009 fixant les modalités d'application de cette loi donne le détail des installations autorisées dans la nomenclature des installations classées pour la protection de l'environnement. La rédaction de l'article 4 du décret *portant protection de l'environnement à l'occasion de la réalisation des grands travaux*[4] renvoie directement à l'agenda 21 adopté à Rio de Janeiro en 1992. Il est ainsi libellé : « *Tout projet de grands travaux sur le territoire de la République du Mali doit tenir compte des préoccupations du programme "Agenda 21" adopté en juin 1992 à Rio de Janeiro, des législations et réglementations nationales en vigueur* »[5]. Le décret n° 08-346 du 26 juin 2008 *relatif à l'Étude d'Impact Environnemental et Social*, modifié par le décret n° 09-318/P-RM du 26 juin 2009, fixe les règles qui, entre autres, préviennent la dégradation de l'environnement et la détérioration du cadre de vie des populations à la suite de la réalisation des projets.

À côté des Conventions universelles de protection de l'environnement, il y a aussi les Conventions régionales (africaines), sous régionales (région ouest-africaine) et bilatérales (entre le Mali et un autre pays) qui s'occupent des mêmes questions. Toutes lient le législateur national *lato sensu* qui ne peut s'en démarquer dans son rôle de création des normes.

---

[1] Il s'agit du décret n° 01-0396/P-RM du 06 septembre 2001 publié au JORM n° 27 du 30 septembre 2001, p. 1052.

[2] Il s'agit de la loi n° 08-033 du 11 août 2008, publiée au JORM n° 37 du 12 septembre 2008, pp. 1445-1448.

[3] V. art. 2 de la loi.

[4] V. le décret n° 96-133/P-RM du 22 avril 1995, publié au JORM n° 08 du 30 avril 1996, p. 295.

[5] V. décret sus cité.

80. Il n'existe pas à proprement parler, de nos jours, de droit africain de l'environnement, c'est-à-dire un ensemble cohérent et organisé de normes et d'institutions ayant pour objet l'environnement à l'échelle du continent, à l'image du droit africain des affaires[1], même si ce dernier ne couvre pas encore tous les États du continent. Il s'agit d'un autre défi qui est lancé aux juristes et décideurs du continent. Le premier est de réussir l'application effective des textes existants. Maurice KAMTO, dans un article sur *les Conventions régionales sur la conservation de la nature et des ressources naturelles en Afrique et leur mise en œuvre*[2], s'est intéressé à l'existence d'un tel droit qui serait différent des règles internationales universelles. Il conclut en disant qu'il est étonnant et redondant que coexistent des normes internationales et régionales relativement aux mêmes questions, les États africains étant souvent Parties aux deux types de Conventions. Mais, il n'oublie pas d'ajouter que, les États africains ayant des problèmes qui leur sont spécifiques, avaient très tôt compris la nécessité de créer des organisations propres pour leur résolution. Prendre part à l'élaboration des Conventions internationales sur l'environnement ne suffit pas pour protéger l'environnement en Afrique comme il ne suffira pas pour le Mali d'être Partie à une Convention régionale pour voir amélioré l'état de son environnement. Ces règles internationales et régionales se confronteront au droit local traditionnel encore vivace.

81. Le « droit africain de l'environnement »[3], c'est-à-dire l'ensemble des règles et institutions ayant pour objet la protection de l'environnement en Afrique, est plus facilement applicable au Mali que le droit universel, en raison de considérations géographiques et surtout culturelles. Il en est de même du droit sous régional et bilatéral. Mais, quel que soit le niveau d'élaboration des textes, des adaptations au contexte local sont toujours nécessaires.

82. L'Afrique a contribué à la mise en place de textes universels en matière d'environnement, mais « les réalités du continent l'ont amenée à entreprendre de les adapter à son contexte et à élaborer d'autres qui lui soient propres ». Membre fondateur de l'Organisation de l'Unité Africaine en 1963, devenue Union Africaine en 2002, le Mali qui a été de tous les combats en faveur d'une Afrique unie se devait d'intégrer ces textes régionaux en matière d'environnement dans son corpus juridique. Il réaffirme, dans sa Constitution du 25 février 1992, sa souscription à la Charte Africaine des Droits de l'Homme et des Peuples du 27 juin 1981 et son attachement à la réalisation de l'unité africaine. Il intégrera dans son droit positif les différents textes régionaux relatifs

---

[1] Il s'agit du droit issu de l'Organisation pour l'Harmonisation en Afrique du Droit des Affaires (OHADA).
[2] V. Maurice KAMTO, *Les conventions régionales sur la conservation de la nature et des ressources naturelles en Afrique et leur mise en œuvre*, *op. cit.*, pp. 420 et s.
[3] L'originalité d'un tel droit réside, selon Maurice KAMTO, dans les solutions adaptées aux problèmes spécifiques du continent. *Ibid.* p. 438.

au cadre de vie, mais surtout et très tôt[1] ceux régissant les ressources naturelles.

83. La protection de la nature et de ses ressources en Afrique est bien antérieure à la Conférence des Nations Unies sur l'environnement tenue à Stockholm en 1972. Elle est même antérieure à la période des indépendances. Mais, il ne convient de parler ici que du droit de l'environnement de l'Afrique indépendante. Ce droit impacte moins négativement le droit malien de l'environnement que le droit universel de l'environnement en raison des réalités culturelles quasi identiques dans les différents pays du continent. Seules les principales d'entre elles seront ici évoquées.

84. Un des premiers textes africains dans le domaine de l'environnement et le plus important, au regard de son objet, est la Convention Africaine sur la Conservation de la Nature et des Ressources Naturelles[2]. Adoptée à Alger (Algérie) le 15 septembre 1968, elle est révisée à Maputo (Mozambique) le 11 juillet 2003. Sa version révisée est ratifiée par le Mali le 26 octobre 2004[3]. Elle a véritablement influencé les dispositions maliennes sur la protection de la faune et de la flore. Dans cette Convention, les États membres, « (…) *Conscients de ce que l'environnement naturel de l'Afrique et les ressources naturelles dont elle est dotée sont une part irremplaçable du patrimoine africain* »[4], se sont engagés à prendre toutes les mesures nécessaires « *pour améliorer la protection de l'environnement* (…) »[5]. Telle que révisée, il est aisé de constater que son objet va au-delà de la conservation et l'utilisation rationnelle des ressources en sol, en eau, en flore et en faune. Elle vise désormais la protection générale de l'environnement africain. Son intitulé doit d'ailleurs être revu au regard de ses objectifs actuels. Elle pourrait ainsi s'appeler *Convention africaine pour la protection de l'environnement*. Les textes maliens s'y réfèrent constamment, directement ou indirectement. Parmi ces textes, l'on peut citer, entre autres, le décret n° 2000-022 du 19 janvier 2000 *fixant les modalités de classement des forêts, des périmètres de reboisement et des périmètres de protection dans le domaine forestier de l'État* ; le décret n° 99-321 du 04 octobre 1999 *fixant les modalités de classement et de déclassement des réserves de faune, des sanctuaires et les modalités de création de zones d'intérêt cynégétiques des ranches de gibier dans le domaine faunique de*

[1] Depuis l'indépendance du pays en 1960.
[2] Ses prémisses sont à rechercher dans la Convention de Londres de 1933 relative à la préservation de la faune et de la flore à l'état naturel (v. Introduction, n° 21).
[3] Ratifiée par le décret n° 2004-483/P-RM du 26 octobre 2004, publié au JORM n° 05 du 20 février 2005, p. 180.
[4] V. Préambule de la Convention.
[5] V. Objectifs de la Convention.

l'État ; le décret n° 00-021 du 19 janvier 2000 *fixant les attributions, la composition, l'organisation et les modalités de fonctionnement des conseils de chasse ; etc.*

85. La Convention phytosanitaire pour l'Afrique, signée à Kinshasa (République Démocratique du Congo) le 13 septembre 1967, sous l'égide de la défunte Organisation de l'Unité Africaine, se place « *explicitement dans le sillage de la Convention de Rome de 1951* »[1] sur le même objet et invite les États africains à prendre des « *mesures législatives ou réglementaires appropriées* »[2] pour contrôler l'importation des végétaux en Afrique. Elle a permis l'adoption de la loi instituant le contrôle phytosanitaire en République du Mali[3] et son décret d'application[4]. Il faut souligner qu'elle n'est toujours pas entrée en vigueur[5]. Il est important aussi de souligner qu'avant l'indépendance du Mali, donc avant cette Convention, il y avait le décret du 06 juillet 1960 qui instituait le contrôle phytosanitaire des importations et des exportations des végétaux au Soudan français[6]. Ce décret peut être considéré comme un texte français car il est adopté avant l'indépendance du Mali.

86. La *Convention Africaine sur le Criquet Migrateur* est adoptée à Kano (Nigeria) le 25 mai 1962, amendée le 25 juillet 1968. Le Mali a été autorisé à la ratifier par la loi n° 63-004 du 11 janvier 1963[7], puis par l'ordonnance n° 69-018 du 07 mars 1969[8]. Puisqu'aucun décret la ratifiant n'a été publié au Journal officiel, on peut conclure, toutes proportions gardées, qu'elle n'est toujours pas ratifiée[9], malgré l'autorisation accordée par l'Assemblée nationale depuis 1963[10]. Les intitulés de cette loi et de cette ordonnance sont d'ailleurs trompeurs. Ils portent, en effet, ratification de la Convention africaine sur le

---

[1] *Ibid.* p, 421.

[2] V. art. 2 de la Convention sur https://au.int/sites/default/files/treaties/7762-treaty-0002_-_phyto-sanitary_convention_for_africa_f.pdf., consulté le 06 juin 2019.

[3] C'est la loi n° 02-013 du 03 juin 2002, publiée au JORM n° 17 du 20 juin 2002, pp. 644-647.

[4] Il s'agit du décret n° 02-305/P-RM du 03 juin 2002 *fixant les modalités d'application de la loi instituant le contrôle phytosanitaire en République du Mali*, publié au JORM n° 20 du 20 juillet 2002, pp. 762-763.

[5] Maurice KAMTO pense qu'elle n'est pas entrée en vigueur « *sans doute en raison d'un certain désintérêt des États Africains, mais très probablement aussi à cause de ses imperfections techniques* » (Maurice KAMTO, *Les conventions régionales sur la conservation de la nature et des ressources naturelles en Afrique et leur mise en œuvre*, *op. cit.*, p. 424).

[6] Ce décret est publié au JORS n° 60 du 1er août 1960, 11, pp. 621-622.

[7] V. JORM n° 136 du 1er février 1963, p. 84 et Ordonnance n° 69-018 du 07 mars 1969 publiée au JORM n° 297 du 15 mars 1969, p. 178.

[8] Il s'agit de l'ordonnance n° 09-018 du 07 mars 1969 *portant ratification de la convention sur le criquet migrateur africain du 25 mai 1962, amendée le 25 juillet 1968,* publiée au JORM n° 297, du 15 mars 1969, p. 178, précitée.

[9] Ou que son décret de ratification n'est pas publié au Journal officiel.

[10] Cette loi devrait s'intituler de la manière suivante : « Loi autorisant la ratification de … »

criquet migrateur alors que les articles uniques respectifs de la loi et de l'ordonnance sont ainsi libellés : « *Le Gouvernement de la République du Mali est autorisé à ratifier la Convention sur le criquet migrateur africain signée à Kano (Nigeria) le 25 mai 1962* ». Selon l'article 115 de la Constitution de 1992, cette Convention, comme toutes les autres, ne doit prendre effet qu'après sa ratification. Pourtant, cette Convention a créé l'Organisation Internationale Contre le Criquet Migrateur Africain et la création de cette Organisation a permis l'adoption de la loi du 29 décembre 2006 *portant création du Centre National de Lutte Contre le Criquet Pèlerin*[1] et son décret d'application. Ce Centre a pour mission de surveiller et de lutter contre le criquet pèlerin sur toute l'étendue du territoire du Mali.
Les textes africains sur l'eau et les milieux aquatiques ont aussi influencé le droit malien de l'environnement dans sa conception.

87. Il existe plusieurs Conventions en Afrique réglementant les ressources en eau du continent, mais il convient de ne s'intéresser qu'à celles auxquelles le Mali est Partie et qu'il a intégrées dans son corpus juridique. Ces différentes Conventions ont influencé la législation malienne soit pour améliorer les textes existants soit pour en adopter d'autres. Parmi ces textes, il est possible de citer l'Accord relatif à la navigation et à la coopération économique entre les États du bassin du Niger, signé à Niamey le 26 octobre 1963 ; l'Accord relatif à la Commission du Fleuve Niger, à la navigation et aux transports sur le Fleuve Niger du 25 novembre 1964, révisé le 02 février 1968, le 15 juin 1973 et le 26 janvier 1979, entré en vigueur dès le 12 avril 1966 ; la Convention sur la réglementation de la navigation sur le Fleuve Niger de septembre 1973, révisée en mai 1977 ; la Convention portant création de l'autorité du bassin du Niger, signée à Faranah (Guinée) le 21 novembre 1980 ; la Charte de l'eau du bassin du Niger, signée à Niamey (Niger) le 30 avril 2008, ratifiée par le Mali par le décret n° 2009-405/P-RM du 31 juillet 2009[2]. En application de cette Charte, plusieurs textes seront adoptés dont les plus importants sont l'ordonnance qui crée l'Agence du Bassin du Fleuve Niger et la loi portant Code de l'eau[3]. L'ordonnance n° 02-049/P-RM du 29 mars 2002[4] précise la mission de l'Agence : « *L'Agence du Bassin du Fleuve Niger a pour mission la sauvegarde du fleuve Niger, de ses affluents et de leurs bassins versants,*

---

[1] Il s'agit de la loi n° 06-065 du 29 décembre 2006, publiée au JORM n° 05 du 20 février 2007, p. 164.
[2] Publié au JORM n° 35 du 28 août 2009, p. 1369.
[3] Loi n° 02-006 du 31 janvier 2002 *portant Code de l'eau*, publiée au JORM n° 04 du 10 février 2002, p. 124.
[4] Ordonnance n° 02-049/P-RM du 29 mars 2002 *portant création de l'Agence Bassin du Fleuve Niger*, publiée au JORM n° 132 du 30 avril 2002, pp. 443-444. Elle est mise en application par le décret n° 02-289/P-RM du 30 mai 2002 *fixant l'organisation et les modalités de fonctionnement de l'agence du bassin du fleuve Niger*, publié au JORM n° 19 du 10 juillet 2002, pp. 732-734.

sur le territoire de la République du Mali et la gestion intégrée de ses ressources »[1].

88. À Syrte, en Libye, lors de sa deuxième session extraordinaire tenue le 28 février 2004, l'Union Africaine, « (...) *Convaincue du fait que l'eau est un facteur déterminant dans toutes les activités humaines et de la nécessité de garantir la préservation et la répartition des ressources en eau* »[2], a adopté une Déclaration visant à encourager la conclusion d'accords bilatéraux sur les ressources communes en eau. Elle a chargé les communautés économiques régionales de conclure des Protocoles régionaux appropriés contenant des orientations pour la gestion intégrée des ressources en eau. Elle a également encouragé le renforcement des organisations de mise en valeur des Bassins fluviaux et lacustres. C'est ainsi qu'a été adoptée la loi n° 06-011 du 27 janvier 2006 *portant création de l'Office pour la mise en valeur du Système Faguibine*[3]. Cet office a pour mission l'aménagement, le développement et la protection du système Faguibine[4]. Il promeut le développement des cultures vivrières, industrielles, des productions animales et mène également des actions de protection de l'environnement. Plusieurs décrets et arrêtés seront pris à sa suite.
D'autres instruments régionaux seront ratifiés et intégrés dans le corpus juridique du pays. On peut citer la Charte africaine des transports maritimes, adoptée à Addis-Abeba (Éthiopie) le 15 décembre 1993 et ratifiée par le décret n° 2000-138/P-RM du 23 mars 2000[5] ; la Charte des transports maritimes en Afrique de l'Ouest et du Centre, adoptée à Abidjan (Côte d'Ivoire) le 07 mai 1976 et ratifiée par le décret n° 76-263/PG-RM du 03 décembre 1976[6].

89. Malgré la réception de tous ces textes régionaux et bien d'autres qui ne sont pas cités ici et leur influence positive, en termes d'enrichissement, sur le dispositif législatif et réglementaire du Mali, les problèmes environnementaux liés à l'eau, en général, ne sont pas résolus : ensablement des fleuves, pollutions, pénuries, etc. Beaucoup de problèmes de santé sont liés à la qualité de l'eau consommée et anéantissent tout effort de développement. C'est que cette réception n'est pas encore suffisante pour permettre l'efficacité requise de ces normes. Les raisons et les solutions envisageables seront abordées au chapitre suivant.
Quid des instruments régionaux (africains) relatifs au cadre de vie.

---

[1] *Ibid.* art. 2.
[2] https://au.int/fr/node/9549.
[3] JORM n° 06 du 28 février 2006, p. 209.
[4] Le système *Faguibine* réunit plusieurs lacs alimentés par des affluents et sous affluents du fleuve Niger dans le cercle de Goundam, au nord du Mali. Ces lacs sont très fertiles et permettent plusieurs types de cultures : sorgho, maïs, patate, pomme de terre, arachide, légumes, etc..
[5] JORM n° 16 du 10 juin 2000, p. 661.
[6] JORM n° 505 du 1er janvier 1977, p. 1922.

90. Il a été souligné dans les développements précédents que le cadre de vie est perçu comme le lieu où évoluent les hommes par opposition à l'environnement naturel. Sa protection et son amélioration ont pour objectif d'assurer aux populations l'accès à des services adéquats d'assainissement et d'hygiène. Cela passe « (…) *nécessairement par un environnement assaini et une meilleure gestion des pollutions et des nuisances* »[1]. Or, selon le rapport 2014 sur l'état de l'environnement au Mali, « (…) *la quantité totale des déchets liquides, toutes catégories confondues, est évaluée à 10 654 449,68 mètres cube* (sic) *par an. Les déchets solides sont jetés dans les collecteurs et caniveaux ou dans des coins de rue tandis que les eaux usées domestiques sont évacuées dans des puisards, des puits d'infiltration, des caniveaux ou collecteurs et rarement dans des égouts. Il s'en suit entre autres le comblement des collecteurs et caniveaux d'où l'augmentation des risques d'inondation, les nuisances olfactives dues aux mauvaises odeurs et la prolifération d'organismes vecteurs de maladies* »[2]. Pourtant, il existe une réglementation importante en la matière. Elle n'est pas suivie d'effet parce qu'au moment de son élaboration ou de sa transposition, il n'est pas tenu compte du contexte de son application ou de la qualité de son rédacteur.

91. Deux principaux textes seront évoqués ici : la Déclaration de Libreville sur la santé et l'environnement et la Convention de Bamako sur les déchets dangereux. Conformément à l'engagement des États Parties d'élaborer ou de mettre à jour leurs textes internes en lien avec l'objet de ces deux instruments, le Mali prendra différentes mesures qu'il est important de rappeler. En effet, l'urbanisation galopante et la croissance démographique qui s'en suit ont placé les centres urbains dans des conditions environnementales défavorables à la santé et au développement durable. En milieu rural, les activités agricoles, artisanales et minières produisent des eaux usées qui sont directement déversées dans la nature, sans traitement adéquat. C'est ainsi qu'en réaffirmant son engagement à mettre en œuvre les Déclarations de Libreville sur la santé et l'environnement en Afrique, d'Alger sur la recherche pour la santé en Afrique, de Ouagadougou sur les soins de santé primaires et les systèmes de santé en Afrique, le Mali a élaboré et mis à jour son cadre national afin de s'attaquer d'une manière plus efficace aux conséquences néfastes des risques environnementaux sur la santé, par l'intégration des liens entre la santé et l'environnement dans les politiques, les stratégies, les règlements et les plans nationaux de développement. Ainsi, le cadre de vie des populations devrait être amélioré par l'actualisation progressive ou l'élaboration de plusieurs textes.

---

[1] Politique nationale de l'environnement au Mali.

[2] Rapport national sur l'état de l'environnement au Mali 2014, éd. de juin 2016, p. 6.

92. La Déclaration de Libreville commence par la réaffirmation de l'engagement des États à « (…) *mettre en œuvre les déclarations et conventions internationales sur les liens entre la santé et l'environnement* »[1]. Elle cite, de façon non exhaustive, tous les textes internationaux en lien avec la santé et l'environnement comme l'indique son intitulé. Bien que la loi d'orientation sur la santé[2] prenne en compte les engagements internationaux auxquels la République du Mali a souscrit, les objectifs de développement durable d'accès à la santé, d'assainissement et d'accès à une eau salubre sont encore loin d'être atteints. Car, selon le rapport annuel 2018 du Bureau de l'OMS au Mali, « (…) *les conditions d'hygiène sont précaires, faute d'assainissement adéquat et de gestion inadéquate des déchets solides et liquides. Cette situation favorise la transmission des maladies dont plusieurs ont un caractère épidémiologique* »[3].

93. Sous l'égide de l'Organisation de l'Unité Africaine, aujourd'hui Union Africaine, a été adoptée à Bamako le 31 janvier 1991 la Convention de Bamako sur l'interdiction d'importer des déchets dangereux et le contrôle de leurs mouvements transfrontières en Afrique. Elle sera ratifiée[4] le 25 avril 1991 par le Mali. En application de cette convention, a été adopté le décret n° 015 fixant la liste des déchets dangereux ainsi que la modification du Code pénal. La loi n° 2021- 032 du 24 mai 2021 *relative aux pollutions et nuisances* présume dangereux tout déchet en provenance de l'étranger. Le décret n° 01-394 du 06 septembre 2001 *fixant les modalités de gestion des déchets solides* autorise le ministre chargé de l'Environnement et le ministre chargé de la Santé à adjoindre par arrêtés conjoints à la liste des déchets dangereux visés par les Conventions internationales auxquelles le Mali est Partie, d'autres déchets lorsqu'ils l'estiment nécessaire[5]. Plusieurs autres textes qui visent l'amélioration du cadre de vie des populations seront adoptés. On peut citer entre autres, les arrêtés n° 22/CB-GD du 10 juin *1982 portant règlement de police en matière d'hygiène publique et d'assainissement dans le périmètre du District de Bamako* ; la lettre n° 10/DB-GD relative à la réglementation des interventions des organisations de ramassage des ordures ménagères dans le District ; la décision n° 228/M-DB du 4 juin 2003 *fixant les modalités de dépôt et de collecte des déchets solides dans le centre commercial* ; les arrêtés n°s 22/CB-GD du 10 juin 1982 *portant règlement de police en matière d'hygiène publique et d'assainissement dans le périmètre du District de Bamako* ;

[1] V. texte de la Déclaration sur https://www.afro.who.int/sites/default/files/201706/decLibrevilleDecla- ration_fr.pdf., Consulté le 13 avril 2019.
[2] Loi n° 02-049 du 22 juillet 2002 *portant loi d'orientation sur la santé,* publiée au JORM n° 23 du 20 août 2002, p. 883.
[3] Rapport annuel 2018 du bureau de l'OMS au Mali, p. 13.
[4] Par le décret n° 91-015 du 25 avril 1991, publié au JORM n° 09 du 15 mai 1991, p. 322.
[5] Art. 33 du décret.

la lettre circulaire qui transfère la gestion des Groupements d'Intérêt Économique (GIE) aux communes.
L'influence des droits sous régional et bilatéral sur la conception du droit malien de l'environnement n'est pas moins évidente.

94. La Déclaration de Rio sur l'environnement et le développement invite les États, en raison de leur interdépendance réciproque, à créer différents niveaux de coopération en matière d'environnement et de développement. Ainsi, en plus des niveaux universel et régionaux, il existe, au plan sous régional ouest-africain, d'importants et nombreux instruments de protection de l'environnement. Il s'agit essentiellement du droit issu des traités constitutifs d'institutions comme la Communauté Économique des États de l'Afrique de l'Ouest (CEDEAO), le Comité permanent Inter États de Lutte contre la Sécheresse au Sahel (CILSS), l'Autorité du Bassin du fleuve Niger (ABN), l'Organisation pour la Mise en Valeur du fleuve Sénégal (OMVS), etc.. Certaines de ces organisations regroupent des pays non ouest-africains, mais ayant des spécificités communes nécessitant qu'ils se mettent ensemble. Il s'agit d'organisations comme le CILSS dont fait partie le Tchad (pays de l'Afrique centrale) ou de l'ABN qui regroupe tous les pays traversés par le fleuve Niger dont deux de l'Afrique centrale (Cameroun et Tchad). Toutes ces organisations ont senti le besoin de concilier le développement avec la gestion durable des ressources de l'environnement. Elles ont donc mis en place des instruments juridiques importants appelés à impacter le contenu des droits internes. Sur le plan bilatéral aussi, le Mali va conclure plusieurs accords non seulement avec ses voisins, mais avec d'autres pays non africains dans le domaine de la protection de l'environnement[1].

95. Le droit sous-régional, c'est-à-dire entre pays partageant un même espace géographique, contribue à créer des règles soit générales soit spécifiques à certains aspects précis de l'environnement. Ainsi, par exemple le traité de l'UEMOA intègre des éléments de protection de l'environnement, qualifiés de politiques sectorielles, dans ses dispositions. La mise en œuvre de ces politiques, pour ce qui concerne l'environnement, permet « (...) *d'améliorer la gestion durable des ressources naturelles, de restaurer et de réhabiliter les ressources dégradées, de conserver la diversité biologique, d'atténuer les effets des changements climatiques et de promouvoir des modes appropriés de production propre, de consommation et d'économie des ressources naturelles, notamment par les économies des ressources en eau et d'énergie et la promotion des énergies renouvelables* »[2]. Ce traité est ratifié par le Mali la même

[1] V. *infra*, n°s 98 et 99.
[2] Jérémie NGOUAN, président du Comité interparlementaire de l'UEMOA, lors de l'atelier tenu à Bamako en juillet 2016 sous le thème : « *État de mise en œuvre de la politique commune d'amélioration de l'environnement au sein de l'UEMOA* ».

année de son adoption[1]. Son protocole additionnel n° 2 consacré aux politiques sectorielles contient de nombreuses dispositions relatives à l'environnement et invite les chefs d'État, dans l'exercice de leurs pouvoirs, à veiller à la prise en compte de :

« *a) la lutte contre la désertification,*

b) la protection des ressources naturelles et de la biodiversité,

c) l'amélioration de l'environnement en milieu rural et urbain,

d) l'exploitation des énergies renouvelables et particulièrement de l'énergie solaire,

e) la lutte contre l'érosion côtière ».[2]

En application de ce traité, le Mali adoptera plusieurs textes dont le décret n° 2014-0478/PM-RM du 23 juin 2014 *portant création du comité national de veille pour la transposition des directives et l'application des actes communautaires de l'UEMOA (*JORM n° 31 du 1er août 2014, p. 1218)[3].

96. À la suite des grandes sécheresses et aux changements climatiques qui ont induit une véritable prise de conscience des enjeux de la conservation des ressources naturelles et de l'environnement, le CILSS a mobilisé les populations sahéliennes et la communauté internationale autour de l'aide d'urgence et de la mise en œuvre de programmes dans différents domaines : agriculture, hydraulique, transport, gestion des ressources naturelles, etc. En application du traité fondateur du CILSS, le Mali a adopté le décret n° 02-306/P-RM du 03 juin 2002 *fixant les modalités d'application de la loi instituant l'homologation et le contrôle des pesticides en République du Mali.*

97. Les problèmes d'environnement étaient « (…) *considérés au départ comme relevant essentiellement de relations bilatérales entre États voisins* »[4]. Le combat doit commencer avec les voisins car les activités exercées dans les limites territoriales d'un État peuvent directement causer des dommages à l'environnement dans d'autres États, mais compte tenu de la spécificité des questions d'environnement, il convient de mettre en place une coopération plus élargie. Conscient de cette nécessité, le Mali a signé plusieurs accords bilatéraux avec ses voisins dans des domaines divers de l'environnement. Il a même signé, toujours dans le domaine de l'environnement, des accords avec des États non voisins et souvent non africains.

Il est possible de noter la signature à Bamako le 20 juin 1996 d'un *protocole d'accord dans le domaine des Eaux et Forêts, chasses et conservation de la nature* entre le Gouvernement du Mali et celui du Sénégal. Les deux États, « (…) *soucieux de la fragilité des écosystèmes, de l'intensité et de la violence*

---

[1] V. décret n° 94-183/P-RM du 26 mai 1994, publié au JORM n° 11 du 15 juin 1994, p. 364.

[2] Art. 10 du Protocole additionnel n° 2.

[3] Publié au JORM n° 31 du 01 août 2014, p. 1218.

[4] Jean-Pierre BEURIER, *Droit international de l'environnement*, éd. A. Pedone, 5ème, 2017, p. 22.

des feux de brousse, du braconnage intensif de gibiers »[1], ont créé par ce protocole d'accord un comité de gestion du patrimoine forestier commun.
Toujours à Bamako, le 23 juillet 1999 a été signé un accord de coopération dans le domaine de l'environnement et de la forêt entre la République du Mali et celle de la Côte d'Ivoire. « *S'inspirant des recommandations de la conférence des Nations Unies sur l'environnement et le développement tenue à Rio de Janeiro au Brésil du 03 au 14 juin 1992, notamment de son agenda 21* », et « (…) *désireux de conjuguer leurs efforts pour promouvoir l'utilisation rationnelle de leurs ressources naturelles et l'environnement en général* », les deux pays se sont engagés à « (…) *prendre des mesures aptes à favoriser une coopération étroite dans le domaine de la gestion de l'environnement et de la conservation de la forêt* (…) »[2].
Le 12 juillet 1988[3] a été signé à Bamako un Protocole d'accord entre la République du Niger et la République du Mali relatif à la coopération dans l'utilisation des ressources en eau du fleuve Niger. Ce Protocole vise à assurer une coopération bilatérale soutenue pour l'utilisation des eaux du fleuve Niger[4] et institue un Comité Technique Consultatif Permanent.
Le 23 janvier 2003, à Bamako, a été signé un Protocole d'accord entre la République de Guinée et la République du Mali relatif à la coopération bilatérale pour la connaissance, la gestion, la mobilisation et l'utilisation des ressources en eau du bassin du Niger supérieur. Ce Protocole s'occupe particulièrement des ouvrages prévus sur le Niger et en particulier, les barrages de Fomi (en Guinée) et de Kénié (au Mali).
Dans le domaine de la gestion des forêts et des aires protégées, a été signé un accord à Libreville le 18 mars 2008 entre le Gouvernement de la République du Mali et le Gouvernement de la République gabonaise. L'objectif de cet accord, comme l'indique son article premier, est de favoriser la coopération entre les deux pays dans le domaine de la gestion des forêts et des aires protégées.
Un Protocole d'accord a été signé le 17 juillet 2010 entre le Gouvernement de la République du Mali et le Gouvernement de la République tunisienne dans le domaine de l'environnement. L'objet de cet accord est de définir des programmes de coopération entre les institutions des deux pays dans le domaine de l'environnement.

98. Le 16 décembre 2018, à Doha, est signé un accord de Coopération dans le domaine de l'assainissement et de l'environnement entre le Gouvernement de la République du Mali et le Gouvernement de l'État du Qatar. L'intitulé de

---

[1] V. Préambule.
[2] Art. 1er de l'Accord (v. décret de ratification n° 00-248 du 06 juin 2000, publié au JORM n° 20 du 20 juillet 2000, p. 791).
[3] Abdoulaye ABOUBACRINE, *La protection …*, *op. cit.*, p. 23.
[4] V. art. 1er du Protocole.

l'accord précise son objet. Il s'étend à la « *protection, la restauration, la conservation et l'amélioration des ressources forestières et fauniques* » des deux pays ; à l'assainissement et à la promotion du développement durable entre autres. Après la COP 23, le Mali a engagé des pourparlers pour conclure un mémorandum d'entente avec la République d'Italie dans le but de renforcer la protection de l'environnement mondial. L'article 1er du projet de texte précise son objet : « (…) *renforcer et coordonner les efforts visant à lutter contre le changement climatique mondial, en remédiant à ses effets néfastes, soutenir les mécanismes relatifs à la réduction de la vulnérabilité au changement climatique et à l'évaluation des risques, promouvoir l'énergie sûre, propre et efficace, stimuler la transition vers une économie durable à faibles émissions de carbone et de mettre en œuvre les actions et opportunités d'adaptation visant à protéger l'environnement et les ressources naturelles* »[1].

En sus du droit conventionnel, d'autres sources importantes du droit international de l'environnement, la coutume et d'importants principes du droit de l'environnement notamment, inspireront le législateur malien *lato sensu* dans son rôle de création des normes, même si c'est, cette fois-ci, de façon beaucoup plus timide.

99. La coutume constitue avec les traités l'une des deux sources essentielles du droit international général. Elle est d'une importance capitale en droit de l'environnement dans la mesure où elle est très souvent évoquée pour combler les lacunes du droit conventionnel. Elle est définie à l'article 38 du Statut de la C.I.J. comme « (…) *la preuve d'une pratique générale, acceptée comme étant le droit* ». Il est généralement admis qu'elle est constituée lorsque deux conditions essentielles sont réunies : la répétition prolongée d'une pratique (élément matériel) et la croyance que cette pratique s'impose (élément psychologique). Cette définition montre que les sources du droit international ne sont pas incorporées de la même manière dans le droit interne : « (…) *on ne ratifie pas la coutume* »[2], rappelle Bérangère TAXIL. C'est la pratique générale des États, mais aussi les décisions judiciaires qui ont joué un rôle important dans la reconnaissance des règles de droit coutumier international. Elles sont, la plupart du temps, reprises et intégrées dans les textes internationaux. Aussi, la prise de « conscience de l'ampleur des pressions anthropiques sur les milieux naturel et artificiel a conduit à l'adoption de grands principes visant à guider les comportements » des acteurs publics et privés pour tout ce qui touche à l'environnement. Ces principes sont à la « base du droit international de l'environnement par leur valeur d'orientation et leur intégration dans

---

[1] Art 1er du projet consultable sur : https://www.minambiente.it/sites/default/files/archivio/allegati/sviluppo_sostenibile/Mali_OpenSource.pdf, consulté le 14 avril 2019.

[2] Bérangère TAXIL, *Méthodes d'intégration du droit international en droits internes, Internalisation du droit, internalisation de la justice*, 3ème congrès de l'AHJUCAF, 21-23 juin 2010, p. 104.

les traités internationaux ». Beaucoup sont intégrés dans le droit malien, même si d'autres attendent d'y être formellement consacrés.

100. Certains textes, comme les Déclarations de Stockholm 1972 et de Rio 1992, ne lient généralement pas les États. Mais, le fait pour les États d'agir conformément à ces textes non obligatoires et de manière régulière peut conduire à la création d'un droit coutumier qui devient alors obligatoire. À ce titre, la coutume en tant que mode de création du droit international influence aussi le législateur malien *lato sensu* qui s'en inspire dans son rôle d'élaboration des normes environnementales. Selon Alexandre Charles KISS, « (...) *une des questions les plus épineuses* (sic) *droit international contemporain, notamment en droit international de l'environnement, réside dans le fait de savoir quand les règles de « soft law » deviennent des règles de droit coutumier et, de ce fait, du « hard law »* »[1]. C'est la raison pour laquelle, il convient, après avoir étudié les fondements de la notion, de chercher à savoir de quelle manière cette source importante du droit international influence le droit malien de l'environnement dans sa conception.

101. Il a été rappelé plus haut (n° 100) que la coutume est généralement conçue comme l'ensemble des « lois que l'usage a établies et qui se sont conservées sans écrit pendant une longue tradition ». Il ne doit pas paraître étonnant, en rappelant cette définition, de parler de coutume à propos du droit international de l'environnement, malgré son caractère récent. Car on peut considérer que la répétition d'un principe ou d'une règle donnée dans une série d'instruments internationaux permet la naissance d'une règle de droit coutumier international, que ces répétitions aient lieu dans des instruments obligatoires ou non. Le fait que les États les acceptent comme étant du droit montre qu'ils sont convaincus, lorsqu'ils agissent conformément à de telles règles, d'appliquer le droit. L'exemple le plus éloquent est la règle d'origine jurisprudentielle[2] selon laquelle, « (...) *aucun État n'a le droit d'user de son territoire ou d'en permettre l'usage de manière que des fumées provoquent un préjudice sur le territoire d'un autre État ou portent atteinte aux propriétés des personnes qui s'y trouvent* »[3]. Depuis, cette règle a été observée par une pratique générale des États et introduite dans de nombreux instruments : « (...) *les États ont le droit souverain d'exploiter leurs propres ressources selon leur politique d'environnement et ils ont le devoir de faire en sorte que les activités exercées dans les limites de leur juridiction ou sous leur contrôle ne causent pas de dommage à l'environnement dans d'autres États ou dans les régions*

---

[1] V. Alexandre Charles KISS, *Introduction au droit international de l'environnement, op. cit.*, p. 58.
[2] Tribunal arbitral, sentence arbitrale du 11 mars 1941, Affaire de la Fonderie de Trail, NU, recueil des sentences arbitrales, vol. III, p. 1938.
[3] *Ibid.*

ne relevant d'aucune juridiction nationale »[1]. D'ailleurs, la Cour Internationale de Justice reconnaîtra cette règle comme faisant partie du droit international de l'environnement dans son avis consultatif du 08 juillet 1996 sur la licéité de la menace ou de l'emploi d'armes nucléaires[2]. Cette règle est réaffirmée par la Convention africaine sur la conservation de la nature et des ressources naturelles en Afrique, par les États riverains du fleuve Niger qui s'interdisent « (...) *toute modification préjudiciable de la composition ou de la qualité des eaux d'un cours d'eau international résultant directement ou indirectement d'un comportement humain qui risque de causer un dommage à un ou plusieurs autres États du cours d'eau ou à leur environnement, y compris un dommage à la santé ou à la sécurité de l'homme, ou à toute utilisation des eaux ou aux ressources biologiques du cours d'eau* »[3]. On voit, dès lors, que le Mali ne peut s'empêcher d'y faire référence dans ses textes.

102. Il a été rappelé en introduction qu'il n'est pas aisé de dégager une ligne de démarcation nette entre les différentes sources du droit international de l'environnement en raison de la reprise fréquente de beaucoup de règles coutumières, jurisprudentielles ou d'origine doctrinale dans de nombreux textes. Ce qui fait qu'il est rarissime que le droit malien de l'environnement évoque, dans ses dispositions, les sources de ce droit autres que les conventions. Ou disons clairement que lorsque le législateur ou le juge fait référence au droit international, il ne distingue pas fondamentalement entre le droit conventionnel et le droit coutumier. Ainsi, dans une affaire d'exéquatur la Cour suprême du Mali affirme qu' « (...) *en ce qui concerne l'imprécision de la règle de droit international public appliquée par la Cour d'appel de Bamako* (sic) *n'a fait que se référer à un principe général ; ce qui constitue une règle universelle reconnue en droit judiciaire* »[4].

103. Conformément à l'obligation des États de ne causer et ne laisser causer aucun dommage sur le territoire d'un autre État, la loi malienne sur les pollutions et nuisances du 24 mai 2021 interdit clairement « (...) *de déverser dans les cours d'eau, dans les caniveaux ou autres lieux publics ou privés, les déchets domestiques liquides non conformes aux normes de rejet* »[5]. On peut logiquement penser que cette disposition s'inspire de la jurisprudence de la C.I.J. relative à l'affaire *Usines de pâte à papier* qui indique qu'il est « (...) *une pratique acceptée si largement par les États ces dernières années que l'on*

---

[1] V. Principe 21 de la Déclaration de Stockholm sur l'environnement, principe 2 de la Déclaration sur l'environnement et le développement de Rio 1992 et l'avis consultatif de la CIJ sur la licéité de la menace ou de l'emploi d'armes nucléaires du 08 juillet 1996, § 29.
[2] V. Avis consultatif de la CIJ sur la licéité de la menace ou de l'emploi d'armes nucléaires, 1996, § 29.
[3] V. Charte de l'eau du bassin du Niger.
[4] CSM, civ., 17 avril 2000, n° 58.
[5] Art. 17 de la loi.

peut désormais considérer qu'il existe en droit international général une obligation de procéder à une évaluation de l'impact sur l'environnement lorsque l'activité industrielle projetée risque d'avoir un impact préjudiciable important dans un cadre transfrontière et en particulier sur une ressource partagée »[1]. La loi de 1991 relative à la protection de l'environnement et du cadre de vie, que la loi de 2001 sur les pollutions a abrogée, l'interdisait également. Ces déchets peuvent, en effet, en aval du fleuve, causer des dommages aux particuliers et à l'environnement d'autres États.

104. Une autre règle de droit coutumier international est le devoir des États d'informer les autres pays des catastrophes écologiques qui peuvent les menacer. Elle est formulée dans les principes 17 et 18 de la Déclaration de Rio 1992 et dans de nombreux textes obligatoires, en particulier sur les relations entre pays voisins concernant, entre autres, la pollution des fleuves. Cette règle inspire la bonne gestion de toute ressource partagée par deux ou plusieurs États. On peut le croire, elle a inspiré la loi relative à la sécurité en biotechnologie en République du Mali qui oblige toute personne ayant connaissance d'un accident susceptible d'affecter la santé, la biodiversité ou l'environnement en général, d'informer l'autorité nationale compétente. Celle-ci à son tour, dès réception de l'information, doit s'assurer que toutes les mesures possibles ont été prises pour neutraliser les risques pour la santé humaine, la diversité biologique et l'environnement en général, et informer les organisations gouvernementales et non gouvernementales compétentes dans les pays pouvant être affectés[2]. C'est ainsi que tout comme les traités, les règles coutumières reconnues comme telles s'imposent au juge malien qui ne peut pas écarter leur application.
Quid des principes du droit international de l'environnement.

105. Le droit de l'environnement repose sur de nombreux principes juridiques. Ces principes sont une catégorie de normes qui n'est pas issue du Statut de la C.I.J. Ils sont formulés au niveau international depuis les sommets de Stockholm de 1972 et de Rio de 1992 et sont ensuite intégrés dans les législations nationales sur lesquelles ils exercent une influence considérable. Ces principes sont devenus donc communs à tous les peuples du monde. Ils se distinguent des principes généraux de droit reconnus par les « nations civilisées » tels que consacrés par le Statut de la C.I.J. Ces derniers servent surtout à combler les lacunes du droit conventionnel et existent déjà dans les ordres juridiques internes et sont en même temps communs à la plupart des États[3]. Il va de soi donc que le droit malien s'inspire de ces principes. Il s'en inspire à

---

[1] CIJ, 20 avril 2010, Usines de pâte à papier sur le fleuve Uruguay (*Argentine c. Uruguay*).
[2] Loi n° 08-042 du 01 décembre 2008 *relative à la sécurité en biotechnologie en République du Mali*, publiée au JORM n° 01 du 02 janvier 2009, p. 3.
[3] Il s'agit par exemple du principe de bonne foi ou de celui relatif à l'abus de droit.

travers sa Constitution de février 1992, mais aussi par les lois du 30 mai 2001 et du 24 mai 2021 relatives aux pollutions et aux nuisances ainsi que celle du 01 décembre 2008 relative à la sécurité en biotechnologie, entre autres.

106. Un des premiers principes du droit de l'environnement est celui du droit à un environnement sain, consacré en droit malien à travers l'article 15 de la Constitution de février 1992. Il s'agit donc d'un droit à valeur constitutionnelle au Mali depuis 1992. Sur ce point le droit malien a précédé le droit français puisque c'est seulement en 2005 avec l'adossement de la Charte de l'environnement à la Constitution que ce principe aura, en France, une valeur constitutionnelle. La Constitution du Mali qui est promulguée le 25 février 1992 se place dans le sillon de Stockholm 1972, mais précède Rio 1992. C'est bien donc la première Déclaration des Nations Unies sur l'environnement et/ou les textes préparatoires de la Conférence de Rio 1992 qui influenceront le constituant malien. Ce principe est consacré dans le texte de Stockholm de la façon suivante : « *L'homme a un droit fondamental à la liberté, à l'égalité et à des conditions de vie satisfaisante, dans un environnement dont la qualité lui permette de vivre dans la dignité et le bien-être* »[1]. Rio 1992 renchérit : « *Les êtres humains* (...) *ont droit à une vie saine et productive en harmonie avec la nature* »[2]. Le principe sera formulé plus tard dans de nombreux textes internationaux, notamment la Convention d'Aarhus : « (...) *chacun a le droit de vivre dans un environnement propre à assurer sa santé et son bien être...* »[3]. Il sera repris par la suite par la loi malienne de 2001 relative aux pollutions et nuisances, remplacée en 2021, et ses nombreux textes d'application. Sur un plan purement procédural, le droit à un environnement sain « (...) *se concrétise par la reconnaissance, dans le champ de l'environnement, d'un droit d'accès à l'information, de participation au processus décisionnel et d'accès à la justice* »[4].
D'autres principes du droit international de l'environnement sont timidement consacrés par le législateur malien.

107. Le premier texte et l'un des plus importants adoptés au Mali conformément à ses engagements internationaux dans le domaine de l'environnement artificiel est bien la loi de 1991 *relative à la protection de l'environnement et du cadre de vie*, abrogée par la loi du 30 mai 2001 *relative aux pollutions et aux nuisances,* elle-même remplacée par la loi du 24 mai 2021 *relative aux pollutions et aux nuisances.* Cette première loi ne fait aucune référence aux principes du droit de l'environnement. Il faut attendre son successeur, c'est-à-dire la loi n° 01- 020 précitée, pour voir entrés timidement en droit malien

---

[1] Principe 1 *in limine*.
[2] Principe 1.
[3] Art. 7 du Préambule et art.1er.
[4] V. Sandrine MALJEAN-DUBOIS, *Quel droit pour l'environnement, op. cit.*, p. 48.

quelques principes du droit de l'environnement. Elle ne cite nommément que deux[1] : le principe de précaution et celui du pollueur-payeur. Elle est complétée par la loi du 1er décembre 2008 relative à la sécurité en biotechnologie inspirée par le Protocole de Cartagena sur la prévention des risques liés à la biotechnologie[2]. La loi du 30 mai 2001, tout comme celle du 24 mai 2021 *relative aux pollutions et nuisances*, définit le principe de précaution comme celui selon lequel « (...) *l'absence de certitudes, compte tenu des connaissances scientifiques et techniques du moment, ne doit pas retarder l'adoption de mesures effectives et proportionnées visant à prévenir un risque de dommages graves et irréversibles à l'environnement* »[3]. Inspiré des textes de la génération de Rio 1992[4] et de la Convention de Bamako sur l'interdiction d'importer des déchets dangereux et le contrôle de leurs mouvements transfrontières en Afrique[5], ce principe ne pouvait donc pas figurer dans la loi du 23 février 1991 relative à la protection de l'environnement et du cadre de vie qui a été remplacée par celle relative aux pollutions et aux nuisances en 2001. Il est important de souligner que cette dernière loi applique plus le Code de l'environnement français[6] que les différents textes sus cités. Car, ce Code mentionne le terme « *principe* » alors que les textes de Rio évoquent des « *mesures de précaution* » pour la Déclaration et la Convention-cadre sur les changements climatiques, des « *mesures qui permettraient d'éviter le danger ou d'en atténuer les effets* » pour le préambule de la Convention sur la diversité biologique. La Convention de Bamako reprend l'expression : « *les mesures de précaution* ». La Convention d'Alger sur la conservation de la nature et des ressources naturelles révisée en 2003 parle aussi de principe.[7]

108. Le principe pollueur-payeur est défini par la loi de 2001 relative aux pollutions et aux nuisances comme le principe selon lequel « (...) *les frais résultants des mesures de prévention, de réduction de la pollution et de lutte contre celle-ci doivent être supportés par le pollueur* »[8]. Cette définition est reprise à l'identique par la loi du 24 mai 2021. Cette consécration législative du principe est inspirée par l'article 16 de la Déclaration de Rio : « *Les autorités nationales devraient s'efforcer de promouvoir l'internalisation des coûts de protection de l'environnement et l'utilisation d'instruments économiques, en vertu du principe selon lequel c'est le pollueur qui doit, en principe, assumer*

---

[1] V. art. 2 de la loi.

[2] Ratifié par le décret n° 2002-317/P-RM du 04 juin 2002, V. JORM n° 21 du 31 juillet 2002, p. 809.

[3] Art. 2 de la loi sur les pollutions et nuisances de 2001 et de 2021.

[4] V. art. 15 de la Déclaration de Rio sur l'environnement et le développement, Préambule de la Convention sur la diversité biologique, art3-3 de la Convention sur les changements climatiques.

[5] Art. 3 de la Convention de Bamako sur les déchets dangereux.

[6] V. art. 110-1 du Code de l'environnement français.

[7] Art. IV.

[8] Art. 2 de cette loi.

le coût de la pollution, dans le souci de l'intérêt public et sans fausser le jeu du commerce international et de l'investissement ».

109. D'autres principes du droit international de l'environnement sont intégrés dans le droit malien sous d'autres appellations. Il en est ainsi du principe d'information en matière d'environnement appelé « information environnementale » par l'article 2 des lois précitées relatives aux pollutions et aux nuisances : « *Toute personne a droit au libre accès aux informations environnementales. L'accès aux informations environnementales, dont la publication affecte les relations internationales, la défense nationale, la confidentialité ou pouvant provoquer un grave danger pour la sécurité, est soumis à autorisation* ». La loi du 24 mai 2021 relative aux pollutions et aux nuisances ajoute les principes de prévention et de participation[1] oubliés par la loi de 2001.

110. Une autre règle importante du droit international de l'environnement introduite en droit malien est l'étude d'impact sur l'environnement. D'inspiration américaine, avant qu'une convention dite Convention d'Espoo lui soit entièrement consacrée en 1991, la procédure d'étude d'impact environnemental est devenue, par le principe 17 de la Déclaration de Rio 1992, une règle d'application universelle[2]. L'article 2 de la loi malienne sur les pollutions et nuisances définit l'étude d'impact sur l'environnement comme « *L'identification, la description et l'évaluation des effets des projets sur l'homme, la faune et la flore, le sol, l'eau, l'air, le climat et le paysage, y compris les interactions entre ces facteurs, le patrimoine culturel et d'autres biens matériels* »[3]. Cette loi nouvelle ne fait aucune allusion à un principe important du droit de l'environnement : le principe de non-régression.

Élaborer une législation, si impeccable soit-elle, ne suffit pas pour améliorer l'environnement et promouvoir le développement durable. Cette législation doit être mise en œuvre. Sa mise en œuvre passe nécessairement par la création d'institutions appropriées[4]. Or, le cadre juridique très éparpillé, examiné jusque-là, est appelé à être mis en œuvre par une administration aussi éclatée que jamais.

---

[1] Art. 2.
[2] Alexandre Charles KISS, *Les principes généraux du droit international de l'environnement sont-ils reflétés par le Code de l'environnement ? op. cit.*, pp. 16. V. aussi principe 17 de la Déclaration de Rio sur l'environnement et le développement : « *Une étude d'impact sur l'environnement, en tant qu'instrument national, doit être entreprise dans le cas des activités envisagées qui risquent d'avoir des effets nocifs importants sur l'environnement et dépendent de la décision d'une autorité nationale compétente* ».
[3] Art. 2.
[4] V. principe 17 de la Déclaration de Stockholm de 1972.

Section 2 - Une prolifération institutionnelle renforcée sous la poussée du droit international de l'environnement

111. Les Conventions internationales créent des institutions ou structures chargées de leur mise en œuvre. Elles exercent une influence institutionnelle certaine sur les États et leurs droits, les obligeant à créer, à leur tour, des relais nationaux. La création de ces relais est nécessaire car elle permet le respect et la mise en œuvre des engagements internationaux étudiés dans la section précédente. C'est le principe 17 de la Déclaration de Stockholm de 1972 qui rappelle cette exigence : « *Il convient que des institutions nationales appropriées soient chargées de planifier, de gérer ou de réglementer l'utilisation des ressources de l'environnement* (...)[1]. Mais, il faut regretter, au Mali, la dispersion de ces institutions et/ou structures qui est nuisible à leur efficacité. Cette dispersion des institutions ou structures en charge de l'environnement s'explique par la recherche, dans l'urgence, de solutions aux problèmes récurrents auxquels le pays se trouve constamment confronté. Le Mali n'a pas attendu d'adhérer à des conventions internationales pour créer des institutions chargées de la gestion des questions d'environnement. Mais, le manque de moyens et d'autres difficultés qui seront évoquées dans la deuxième partie de la présente étude empêchent ces différentes structures d'obtenir des résultats probants.

112. Dès son accession à l'indépendance le 22 septembre 1960, le pays s'est attelé à mettre en place une administration chargée, entre autres, de réunir les conditions d'une protection efficace de l'environnement[2]. Là encore, il n'opèrera pas beaucoup d'innovations et suivra le modèle français. Le caractère transversal des problèmes d'environnement implique l'intervention d'une multitude d'acteurs (agents et structures). Mais, il est important de veiller à ce que cette nécessité de préserver l'environnement et de promouvoir le développement ne se manifeste pas par une dispersion des structures. Car, cela pourrait avoir comme conséquence, et c'est malheureusement le cas, une duplication fonctionnelle et des conflits de compétences[3]. Toute chose qui pourrait annihiler les efforts entrepris, et au lieu de servir la cause environnementale, il serait produit l'effet contraire, c'est-à-dire créer des problèmes de coordination et de communication qui sont des sources évidentes d'ineffectivité du droit de l'environnement. Pourtant, le dispositif mis en place pour la gestion cohérente et efficace de l'environnement en vue de favoriser le développement durable du Mali est confronté à cette dispersion institutionnelle ou structurelle et à la faible concertation entre les acteurs de l'environnement[4]. À cela, il convient d'ajouter l'instabilité criarde de ces institutions et structures accentuée

---

[1] V. Principe 17 de la Déclaration.

[2] La plupart des administrations existaient déjà avant l'indépendance, il fallait seulement changer les dénominations.

[3] Ces conflits de compétences ont souvent comme conséquence le rejet des responsabilités.

[4] V. le rapport national sur l'état de l'environnement au Mali, éd. 2017, p. 122.

par une instabilité politique mettant à nue la fragilité même de l'État et remettant en cause sa capacité à s'occuper efficacement des problèmes d'environnement et de développement. La résolution de ces problèmes exige pourtant une amélioration continue des acquis et non le contraire. Il est donc aisé de constater que les résistances à l'effectivité du droit de l'environnement, au Mali, sont nombreuses.

113. Seront ici présentées, toutes les structures administratives et institutions politiques nationales au service de la protection de l'environnement, l'ambition étant d'apprécier l'influence du droit international de l'environnement sur leur mise en place et leur fonctionnement. Seront ainsi successivement examinées, les structures entièrement dédiées à l'environnement et celles, non moins importantes, mais qui n'ont que des compétences secondaires dans ce domaine.

114. Avant les Conférences de Stockholm sur l'environnement et de Rio sur l'environnement et le développement, il existait au Mali des administrations qui se consacraient à l'environnement, mais sous diverses appellations. Ces administrations avaient, au même moment, d'autres compétences et dans différents domaines. Mais, depuis les Conférences sus citées et bien d'autres, on a assisté, tant au Mali que dans la plupart des pays, à la création de structures spécialement chargées des questions d'environnement. Elles sont animées par des agents (fonctionnaires ou contractuels) de l'État, des services déconcentrés centraux ou rattachés, des collectivités territoriales, qui assument, au quotidien, des fonctions administratives dans le domaine de l'environnement. Ces agents jouent un rôle très important dans la gestion des questions d'environnement, souvent dans l'anonymat. Ils participent à l'édiction des normes ou en sont parfois les principaux acteurs. Ils participent aux rencontres internationales sur l'environnement et veillent à la mise en œuvre des normes sur le plan interne. Compte tenu de l'importance et de l'ampleur de leurs tâches, ils doivent être bien formés et bien outillés pour mener à bien le noble combat qui est le leur. Ce n'est malheureusement pas toujours le cas au Mali[1].

115. Le caractère transfrontalier des problèmes d'environnement exige aussi la mise en place d'institutions régionales représentées au niveau des États par des points focaux. C'est le cas par exemple, au niveau régional, de l'Autorité du Bassin du Niger qui regroupe les neuf (9)[2] États riverains du fleuve Niger, qui a son siège à Niamey, disposant aussi d'antennes nationales ou de l'Agence panafricaine de la Grande Muraille Verte, représentée au niveau des États par des Unités de Gestion. Cette coopération est aussi une exigence du

---

[1] V. *infra*, partie 2.
[2] Les États membres de l'ABN sont : le Bénin, le Burkina Faso, le Cameroun, la Côte d'Ivoire, la Guinée, le Mali, le Niger, le Nigeria et le Tchad.

droit international de l'environnement et en est un des fondements : « (...) *une coopération par voie d'accords multilatéraux ou bilatéraux ou par d'autres moyens appropriés est indispensable pour limiter efficacement, prévenir, réduire et éliminer les atteintes à l'environnement* (...) »[1]. Le rôle des acteurs non étatiques nationaux n'est pas non plus à négliger compte tenu de leur poids et de leur mission de veille. Ainsi, sur le terrain, plusieurs ONG et autres associations s'impliquent dans la protection et l'amélioration de l'environnement à travers des stratégies et actions qui s'inscrivent dans les orientations nationales et renforcent ainsi les structures de l'État. Selon le rapport national 2017 sur l'état de l'environnement au Mali, des résultats importants ont été obtenus en matière d'amélioration des ressources naturelles et du cadre de vie par des ONG et associations véritablement acquises à la cause environnementale (reboisement, régénération naturelle assistée, protection des sols et des eaux et de la biodiversité, assainissement, etc.)[2].
On distingue au sein de l'administration malienne de l'environnement, comme dans la plupart des pays, l'administration d'État et l'administration décentralisée. Il convient de démontrer en quoi le droit international de l'environnement exerce une influence sur leur création et leur fonctionnement.

116. La gestion des questions d'environnement est avant tout une affaire de l'État en raison de ses missions traditionnelles de poursuite de la satisfaction de l'intérêt général et des moyens mis à sa disposition dont ne disposent pas les individus. L'article 15 *in fine* de la Constitution du Mali de février1992 précise de façon laconique que « *La protection, la défense de l'environnement et la promotion de la qualité de la vie sont un devoir pour tous et pour l'État* »[3]. En droit français de l'environnement, l'accent est beaucoup plus mis sur le rôle fondamental de l'État dans ce domaine en qualifiant les ressources de l'environnement de patrimoine commun de la nation, donc d'intérêt général. Et c'est d'abord à l'État qu'incombe la satisfaction de cet intérêt général. Ainsi, l'article 1er de la loi n° 76-629 du 10 juillet 1976 *relative à la protection de la nature* en France précise que *« La protection des espaces naturels et des paysages, la préservation des espèces animales et végétales, le maintien des équilibres biologiques auxquels ils participent et la protection des ressources naturelles contre toutes les causes de dégradation qui les menacent sont **d'intérêt général*** »[4]. L'article 110-1 *in limine* du Code de l'environnement en France ajoute : *« Les espaces, ressources et milieux naturels terrestres et marins, les sons et odeurs qui les caractérisent, les sites, les paysages diurnes et nocturnes, la qualité de l'air, les êtres vivants et la biodiversité font partie du*

---

[1] Principe 24 de la Déclaration de Stockholm 1972.
[2] V. Rapport national 2017 sur l'état de l'environnement au Mali, p. 123.
[3] V. Constitution du Mali du 25 février 1992, publiée au JORM n° 4 du 29 février 1992, promulguée par le décret n° 92-073/P-CTSP du 25 février 1992, pp. 117-126.
[4] V. www.legifrance.gouv.fr.

patrimoine commun de la nation »[1]. Mais, pour insister sur le rôle prépondérant de l'État dans ce domaine au Mali, la loi n° 2017-052, modifiée, déterminant la libre administration des collectivités territoriales précise que pour des motifs d'intérêt général, l'État peut reprendre la gestion d'une partie de son domaine public naturel ou artificiel à une collectivité territoriale[2]. Aussi, même lorsque l'État transfère la gestion d'une ressource de l'environnement à une collectivité, ses représentants au niveau de cette collectivité ont un droit de regard sur cette gestion.
Le rôle important de l'État en matière de protection de l'environnement l'a conduit, sous l'impulsion du droit international de l'environnement, à mettre en place une administration structurée en charge de la question. Cette administration se subdivise en administration centrale et en services déconcentrés.

117. C'est par le décret n° 88-152/P-RM du 06 juin 1988 que, pour la première fois dans l'histoire du Mali, un ministère chargé de l'environnement sera créé. La création de ce ministère, influencée sans doute, même s'il s'agit d'une influence tardive, par la Conférence de Stockholm de 1972, a permis d'adopter une vision globale et coordonnée des questions environnementales et d'étendre les textes législatifs et réglementaires à des matières autres que les ressources naturelles[3]. Il est important de rappeler que c'est à la suite de la première Conférence des Nations Unies sur l'environnement de 1972 qu'il y a eu la prolifération de ministères autonomes en charge de l'environnement dans de nombreux pays avec des appellations différentes. Cette Conférence est considérée comme le point de départ de la prise de conscience mondiale de l'importance d'une bonne gestion de l'environnement. La création de départements ministériels ou d'agences chargées spécialement des questions d'environnement dans la plupart des pays est l'une de ses principales conséquences institutionnelles. Certains pays ont créé leurs structures en charge de l'environnement « (...) *peu avant le sommet dans le cadre du processus préparatoire de la conférence, d'autres peu après* »[4].

---

[1] V. Code de l'environnement français tel que modifié par la loi n° 2021-85 du 29 janvier 2021.
[2] Art. 12 de la loi n° 2017-052, modifiée par la loi n°2023-003 du 13 mars 2023.
[3] Notamment la loi n° 89-61 du 02 septembre 1989 *portant répression de l'importation, du transit des déchets toxiques*, publiée au JORM n° 17 du 15 septembre 1989, p. 648 et la loi n° 91-047 du 23 février 1991 *relative à la protection de l'environnement et du cadre de vie*, publiée au JORM n° 6 du 30 mars 1991, p. 214, abrogée par la loi n° 01-020 du 30 mai 2001 *relative aux pollutions et aux nuisances*, publiée au JORM n° 17 du 20 juin 2001, p. 646.
[4] Maurice KAMTO, *La mise en œuvre nationale du droit international de l'environnement dans les pays francophones*, *op. cit.*, p. 18. France (1971), Sénégal (1975), Côte d'Ivoire (1981), Burkina Faso (1976), Niger (1982).

118. Le département en charge de l'environnement s'appelle aujourd'hui *ministère de l'Environnement, de l'Assainissement et du Développement durable*. Mais, il ne s'appelle ainsi que seulement à partir du 10 janvier 2015[1]. Avant cette date, c'était le ministère de l'Environnement, de l'Eau et de l'Assainissement[2]. Il s'appelait à l'indépendance Secrétariat d'État à l'Agriculture, à l'Élevage et aux Eaux et Forêts[3] et relevait du ministère de l'Économie rurale et du Plan. Il changera plusieurs fois de dénomination jusqu'au 06 juin 1988 où il devient ministère de l'Environnement et de l'Élevage[4]. Il a l'une des plus belles missions du gouvernement : conduire l'action du gouvernement dans les domaines de l'environnement et de l'assainissement, même s'il n'a pas malheureusement les moyens de cette mission. Sa part dans le budget de l'État a rarement atteint 1%[5]. L'article 11 du décret n° 2017-0358/P-RM du 26 avril 2017 *fixant les attributions spécifiques des membres du gouvernement*,[6] donne les détails de cette mission. Il est compétent pour :
« - *l'amélioration du cadre de vie des populations ;*
- *la mise en œuvre d'actions de protection de la nature et de la biodiversité;*
- *la lutte contre la dégradation des terres, la désertification, l'ensablement des cours d'eau et les changements climatiques ;*
- *la préservation des ressources naturelles et le suivi de leur exploitation économiquement efficace et socialement durable ;*
- *l'élaboration et la mise en œuvre des mesures destinées à prévenir ou à réduire les risques écologiques ;*
- *la promotion du retraitement systématique des eaux usées ;*
- *la prévention, la réduction ou la suppression des pollutions et nuisances ;*
- *l'élaboration et le suivi de l'application de la législation relative à la chasse, à l'exploitation des forêts, aux pollutions et aux nuisances ;*
- *la sauvegarde, l'entretien ou la restauration des forêts classées et des terres dégradées, la création de nouvelles forêts classées ;*
- *la diffusion des informations environnementales et la formation des citoyens dans le domaine de la protection de l'environnement ;*
- *l'élaboration et l'animation de débats publics sur les questions de développement durable et d'environnement et leurs enjeux pour le Mali ;*
- *le renforcement des capacités* ».

---

[1] Il est créé par le décret n° 2015-0004/P-RM du 10 janvier 2015 *portant nomination des membres du gouvernement*, publié au JORM n° 08 du 20 février 2015, p. 285.
[2] V. le décret n° 2014-0257/P-RM du 11 avril 2014 *portant nomination des membres du Gouvernement*, publié au JORM n° 18 du 02 mai 2014, p. 689.
[3] V. le décret n° 59-103/ P-CG du 17 avril 1959 *portant nomination des membres du gouvernement* et loi n° 60-36 du 22 septembre 1960 *transformant le gouvernement de la République soudanaise en gouvernement provisoire de la République du Mali*, publiée au JORM n° 65 du 29 septembre 1960, p. 2.
[4] V. le décret n° 88-152/P-RM du 06 juin 1988, précité.
[5] V. Introduction, n° 19.
[6] V. le décret n° 2017-0358/P-RM du 26 avril 2017 *fixant les attributions spécifiques des membres du gouvernement*, publié au JORM spécial n° 10 du 23 mai 2017, p. 6.

119. Après le sommet de Rio 1992, a été mis en place un cadre institutionnel de l'élaboration du plan national d'action environnementale[1]. Le décret qui fixe ce cadre institutionnel, qui ne parle pas de développement durable, conformément à Rio 1992 sera très vite modifié[2] puis abrogé[3]. Il est remplacé par le décret 98-0145/PM-RM du 24 décembre 1998 *fixant le cadre institutionnel chargé de la gestion des questions environnementales et de développement durable*. Ce cadre institutionnel est composé d'un Comité interministériel, d'un Comité consultatif et d'un Secrétariat Technique Permanent[4]. À ce dernier étaient rattachés les points focaux des Conventions internationales dans le domaine de l'environnement[5] avant qu'il ne soit remplacé par l'Agence de l'Environnement et du Développement Durable en 2010. Plusieurs autres services sont rattachés au ministère de l'Environnement, de l'Assainissement et du Développement durable. Ils sont assez nombreux et ont des compétences spécifiques ou générales. Ils sont présentés ici selon leur date de création en commençant par les plus récents.

120. L'Agence de l'Environnement et du Développement Durable[6] (AEDD) est créée en 2010. Elle est un établissement public national à caractère administratif dont la mission est d'« (...) *assurer la coordination de la mise en œuvre de la Politique Nationale de Protection de l'Environnement et de veiller à l'intégration de la dimension environnementale dans toutes les politiques* »[7]. Parmi ses nombreuses tâches, il convient de retenir, toujours selon la loi qui la crée : la coordination et le suivi de la mise en œuvre des Conventions, Accords et Traités internationaux ratifiés par le Mali en matière d'environnement, de lutte contre la désertification, de changements climatiques et de développement durable ; la contribution à la prise en compte de la dimension environnementale dans la conception des programmes et projets de développement et des schémas d'aménagement du territoire à travers l'élaboration des guides de cohérence des actions environnementales, l'appui-conseil aux Collectivités territoriales ; surtout la réalisation du rapport national sur l'état de l'environnement au Mali.

---

[1] Décret n° 94-189/PM-RM du 27 mai 1994 *fixant le cadre institutionnel de l'élaboration d'un plan national d'actions pour l'environnement*, publié au JORM n° 11 du 15 juin 1994, p. 366.
[2] Par le décret n° 94-232/PM-RM du 06 juillet 1994, publié au JORM n° 14 du 31 juillet 1994, p. 488.
[3] V. décret n° 98-415/PM-RM du 24 décembre 1998 *fixant le cadre institutionnel de la gestion des questions environnementales*, publié au JORM n° 05 du 15 mars 1999, p. 182.
[4] *Ibid.*
[5] Art. 15 du décret « *Les points focaux des Conventions sont rattachés au Secrétariat Technique Permanent* ».
[6] Elle est créée par la loi n° 10-027 du 12 juillet 2010, publiée au JORM n° 32 du 06 août 2010, p. 1243 (v. aussi www.aedd.gouv.ml, consulté le 27 décembre 2019).
[7] *Ibid.* art. 2.

121. Créée en 2007, l'Agence Nationale de Gestion des Stations d'Épuration du Mali[1] (ANGESEM) est un Établissement Public National à caractère Administratif dont la mission est d'« (…) *assurer la gestion durable des stations d'épuration des eaux usées et ouvrages annexes* »[2]. Elle promeut et veille à la gestion des ouvrages d'assainissement suivant les normes établies en la matière. Elle est aussi chargée d'identifier, organiser et renforcer les capacités d'étude, de réalisation des infrastructures d'assainissement[3].

122. La Direction nationale des Eaux et Forêts est recréée en 2009[4]. Cette direction a été créée pour la première fois en 1967 sous l'appellation de Direction nationale de la Production[5]. La Direction nationale de la Production s'occupait des Eaux et Forêts, de l'Agriculture, de l'Élevage, du Génie rural et de l'Hydraulique rurale. Le 13 octobre 1972[6], la Direction nationale de la Production sera éclatée en quatre directions distinctes : la Direction nationale de l'Agriculture, la Direction nationale de l'Élevage, la Direction nationale des Eaux et Forêts et la Direction nationale du Génie rural. Le 18 janvier 1995[7], la Direction nationale des Eaux et Forêts devient la Direction nationale des Ressources forestières, fauniques et halieutiques. Le 25 août 1998[8], elle devient la Direction nationale de la Conservation de la nature. Le 27 juillet 2009, elle redevient Direction nationale des Eaux et Forêts. Le 10 février 2023, elle devient la Direction générale des Eaux et Forêts (v. ordonnance n° 2023-0006 du 10 février 2023, publiée au Journal officiel n° 03 du 10 février 2023, p. 84). Sa mission est d'« *élaborer les éléments de la politique nationale en matière de sécurisation des aires classées et du domaine forestier protégé, de conservation des eaux, des sols, des forêts, des zones humides, de lutte contre la désertification, de gestion durable de la faune et des forêts, de préservation de la diversité biologique des espèces de faune et de flore sauvage, de promotion et de valorisation des produits de la forêt et de la faune et d'assurer la coordination et le contrôle de sa mise en œuvre* »[9].

---

[1] Elle est créée par l'ordonnance n° 07-015 du 28 mars 2007, publiée au JORM n° 15 du 31 mai 2007, p. 569, ratifiée par la loi n° 07-042 du 28 juin 2007, publiée au JORM n° 21 du 31 juillet 2007, p. 806.

[2] *Ibid.* art. 2.

[3] *Ibid.*

[4] Loi n° 09-028 du 27 juillet 2009, publiée au JORM n° 34 du 21 août 2009, p. 1336.

[5] V. loi n° 67-12 du 13 avril 1967 *portant fixation de la liste des directions nationales des services publics de la République*, publiée au JORM n° 250 du 15 mai 1967, p. 233.

[6] V. Ordonnance n° 72-44 du 13 octobre 1972 modifiant la loi n° 67-12 du 13 août 1967 *fixant la liste des directions nationale des services publics*, publiée au JORM n° 388 du 1er novembre 1972, p. 607.

[7] V. la loi 95-02 du 18 janvier 1995 *portant création de la direction nationale des Ressources forestières, fauniques et halieutiques*, publiée au JORM n° 03 du 15 février 1995, p. 84.

[8] V. ordonnance n° 98-025 du 25 août 1998 *portant création de la Direction nationale de la Conservation de la nature*, publiée au JORM n° 21 du 15 novembre 1998, p. 897, ratifiée par la loi n° 98-056 du 17 décembre 1998, publiée au JORM n° 04 du 28 février 1999, p. 125.

[9] Art. 2 de l'ordonnance n° 2023-0006.

123. L'Agence du Bassin du Fleuve Niger qui a pour mission « *la sauvegarde du fleuve Niger, de ses affluents et de leurs bassins versants, sur le territoire de la République du Mali et la gestion intégrée de ses ressources* »[1], est créée en 2002[2]. Cette agence joue un rôle important dans la protection des berges et les versants du fleuve Niger contre l'érosion et l'ensablement. Ses missions s'étendent à la protection de tous les écosystèmes terrestres et aquatiques du fleuve. Cet important fleuve joue un rôle vital dans l'économie du pays qu'il traverse sur plus de mille kilomètres carrés. Ses eaux servent aux usages domestiques, à l'irrigation, à l'abreuvage des animaux, à la production d'électricité, etc..

124. La Direction Nationale de l'Assainissement et du Contrôle des Pollutions et des Nuisances (DNACPN) est créée en 1998[3]. Elle élabore les éléments de la politique nationale en matière d'assainissement et du contrôle des pollutions et des nuisances et en assure l'exécution[4]. C'est à elle qu'est confiée la gestion du cadre de vie et la supervision des procédures d'Études d'Impact sur l'Environnement (EIE). Elle élabore et veille au respect des normes nationales en matière d'assainissement, de pollutions et de nuisances. Son rôle le plus difficile, en même temps le plus important, est la formation et la sensibilisation des citoyens sur les problèmes d'insalubrité, de pollutions et de nuisances, en rapport avec les structures concernées, les collectivités territoriales et la société civile.
Toutes ces structures ont été progressivement mises en place à la faveur des rencontres sur l'environnement auxquelles le Mali a pris part, tant au niveau mondial qu'au niveau africain.
Afin de faciliter le transfert de la gestion de l'environnement aux collectivités, il a été créé une cellule de décentralisation et de déconcentration.

125. L'État a mis en place des services déconcentrés, sous l'autorité des gouverneurs de régions et des préfets. Le principe de subsidiarité devrait normalement conduire à ce que les problèmes d'environnement et de développement soient mieux traités à ce niveau de décision, mais la technicité et la complexité des questions d'environnement ont conduit l'État à jouer, ici, un rôle de locomotive. Néanmoins, ces services déconcentrés constituent véritablement la cheville ouvrière de l'administration générale dans ce domaine. C'est sur eux que s'appuie l'administration centrale dont ils constituent le prolongement. Ils

---

[1] *Ibid.*

[2] V. ordonnance n° 02-049 du 29 mars 2002 *portant création de l'Agence du Bassin du fleuve Niger*, publiée au JORM n° 12 du 30 avril 2002, p. 443.

[3] V. ordonnance n° 98-027 du 25 août 1998 *portant création de la direction nationale de l'Assainissement et du Contrôle des Pollutions et des Nuisances*, publiée au JORM n° 21 du 15 novembre 1998, p. 898, ratifiée par la loi n° 98-058 du 17 décembre 1998, publiée au JORM n° 04 du 28 février 1999, p. 125.

[4] V. art. 2 de l'ordonnance.

ont des missions de coordination, de consultation, des missions spécifiques ou générales. Ils ont des moyens modestes et sont très éclatés, ce qui constitue une des sources de leur faiblesse[1]. Il y a ceux qui relèvent du ministère de l'Environnement et ceux qui dépendent d'autres départements ministériels.

126. C'est le gouverneur de région qui anime et coordonne en premier lieu les politiques de l'État en matière d'environnement au niveau de la région. Viennent ensuite les directions régionales. Toutes les directions nationales étudiées précédemment ont, ou presque, des antennes au niveau régional ou de cercle. Il s'agit des directions régionales des Eaux et Forêts, des directions régionales de l'assainissement et du contrôle des pollutions et nuisances, etc. Elles ont les mêmes compétences que les directions qu'elles représentent, mais seulement à un niveau inférieur. Lorsqu'il n'existe pas de services rattachés directement au ministère de l'Environnement, celui-ci s'appuie sur les services des autres départements ministériels. Au niveau des cercles, le rôle d'animation et de coordination des politiques de l'État en matière d'environnement est joué par le préfet. Il existe moins de structures organisées à ce niveau de décision. Comme on l'aura remarqué, les missions du ministère de l'Environnement sont réparties entre plusieurs services centraux, rattachés et personnalisés[2]. L'administration décentralisée a aussi des compétences en matière d'environnement.

127. Le rôle de l'administration décentralisée dans la gestion des questions d'environnement est très important. Car, « (...) *ce sont les collectivités locales qui construisent, exploitent et entretiennent les infrastructures économiques, sociales et environnementales, qui surveillent les processus de planification, qui fixent les orientations et la réglementation locales en matière d'environnement et qui apportent leur concours à l'application des politiques de l'environnement adoptées à l'échelon national ou infranational* »[3]. Malgré l'importance de leur rôle et le décret n° 2014-0572/P-RM du 22 juillet 2014 *fixant le détail des compétences transférées de l'État aux collectivités territoriales dans le domaine de l'assainissement et la lutte contre les pollutions et nuisances*[4], le transfert des compétences et des ressources dans le domaine de l'environnement n'est pas encore effectif. Doit-on d'ailleurs parler véritablement de transfert de compétences dans le domaine de l'environnement ? Il ne doit s'agir que de partage de compétences ou de responsabilité partagée dans la mesure où État et collectivités concourent à la protection de l'environnement et à l'amélioration du cadre de vie. Il ne doit pas s'agir pour l'État de se

[1] V. *infra*, partie 2.
[2] V. le décret n° 2019-0332 du 13 mai 2019 *portant répartition des services publics entre la primature et les départements ministériels*, publié au JORM n° 15 du 20 mai 2019, p. 544.
[3] Action 21, 1992, principe 28.1.
[4] Publié au JORM n° 36 du 05 septembre 2014, p. 1423.

décharger d'un rôle fondamental. D'ailleurs, ses services centraux ou déconcentrés gardent et exercent l'essentiel des tâches, sans oublier les subventions qu'il accorde à ces entités. C'est ce qui fait que le mouvement général de décentralisation n'a pas véritablement affecté l'environnement. Mais, les collectivités territoriales[1] disposent d'un domaine de ressources naturelles qui leur est propre et dont la gestion leur incombe. Elles sont ainsi « (...) *responsables de la gestion, de l'aménagement, de la conservation et de la sauvegarde de l'équilibre écologique de leur domaine* »[2]. Leur schéma d'aménagement précise les domaines forestier, agricole, pastoral, faunique, piscicole, minier, de l'habitat.
Le territoire malien étant le patrimoine commun de la nation, l'État peut, pour des raisons d'intérêt général ou d'utilité publique, transférer ou reprendre la gestion d'une partie de son domaine public naturel ou artificiel à une collectivité territoriale[3]. Les collectivités reçoivent l'appui technique et l'appui-conseil des services techniques déconcentrés de l'État, des centres de conseil communal et de tous les autres acteurs et partenaires du développement local. Les organes de ces collectivités sont ceux des régions et des cercles, mais aussi les organes communaux. Les compétences des organes régionaux et de cercles sont moins étendues que celles des communes.

128. Au Mali, en plus des conseils et bureaux communaux, l'on distingue les conseils régionaux, de cercle et leurs bureaux. Les conseils délibèrent sur les affaires relatives à la lutte contre les pollutions et nuisances, à la gestion des ressources forestières, fauniques et halieutiques, aux activités agricoles et de santé animale, etc.. Ils sont consultés pour la réalisation de tout projet de l'État ou de tout organisme public ou privé concernant l'environnement. Les membres de ces conseils mettent en place des bureaux chargés de l'exécution de leurs décisions en matière d'environnement.

Le rôle le plus important est joué à l'échelon inférieur, celui des communes.

129. De toutes les collectivités territoriales, ce sont les communes, échelon de base, qui disposent des compétences les plus importantes dans le champ de

---

[1] L'art. 1er de la loi n° 2017-052 du 02 octobre 2017 *déterminant les conditions de la libre administration des collectivités territoriales*, publiée au JORM n° 40 du 06 octobre 2017, p. 1586 indique que « *Dans le respect de l'unité nationale et de l'intégrité du territoire, les Collectivités territoriales de la République du Mali sont : la Commune, le Cercle, la Région et le District.* ». Cette disposition est modifiée par celle de l'article 1er (nouveau) de la loi n° 2023-003 du 13 mars 2023, publiée au JORM n° 06 du 17 mars 2023, p. 206, qui réduit le nombre des collectivités territoriales : « *Dans le respect de l'unité nationale et de l'intégrité du territoire, les Collectivités territoriales de la République du Mali sont : la Commune, la Région et le District.* ».

[2] V. art. 12 de la loi précitée.

[3] *Ibid.*

l'environnement. Les services de voirie, de ramassage, de collecte et de traitement des déchets relèvent de leurs compétences. « *Certaines de leurs politiques peuvent leur permettre indirectement d'assurer la protection de l'environnement. Il en est ainsi dans le champ de l'urbanisme, lequel est pour l'essentiel une compétence communale (élaboration et approbation des plans locaux d'urbanisme, délivrance des permis de construire...)* »[1]. C'est malheureusement dans ce domaine que d'énormes efforts d'amour de la patrie et du sens élevé du devoir sont à faire, concernant le Mali[2]. C'est aux conseils et bureaux communaux que revient l'importante tâche de protection de l'environnement, au niveau des communes.

130. Le Code des collectivités[3] attribue aux conseils communaux la mission de régler par leurs délibérations les affaires de la commune, « (…) *notamment celles relatives au développement économique, social et culturel* »[4]. Il détaille les matières qui peuvent faire l'objet de ces délibérations. Parmi ces matières, la santé, l'hygiène et l'assainissement, l'eau, l'énergie, la lutte contre les pollutions et nuisances, la gestion des ressources forestières, fauniques et halieutiques, etc.. Le conseil communal est « (…) *obligatoirement consulté pour la réalisation de tout projet d'aménagement ou d'équipement de l'État ou de toute autre collectivité ou d'organisme public ou privé sur le territoire de la commune* »[5].

131. Le bureau communal est chargé de l'exécution des délibérations de la commune. Il dispose de larges pouvoirs de police générale (prévention des pollutions de toute nature, collecte et élimination des déchets ménagers, alimentation en eau potable, entretien des espaces verts, etc.). Le bureau communal, à sa tête le maire, est chargé, dans les conditions fixées par la loi, de la diffusion et de l'exécution des lois et règlements en matière d'environnement[6] sur le territoire de la commune. Il peut ainsi par voie d'arrêté, comme le Code des collectivités le lui permet, réprimer les atteintes à la tranquillité publique telles que les bruits et rassemblements nocturnes qui troublent le repos des habitants. Sa carence, dans ce domaine comme dans d'autres, peut d'ailleurs engager la responsabilité de la commune. La jurisprudence en la matière est

---

[1] Sandrine MALJEAN-DUBOIS, *Quel droit pour l'environnement* ? Paris, Hachette Supérieur, 2008, p. 133.

[2] V. *infra*, Partie 2, Titre 2, Chapitre 2.

[3] Loi n° 2017-051 du 02 octobre 2017 *portant Code des collectivités territoriales,* publiée au JORM n° 40 du 06 octobre 2017, p. 1562, abrogée par la loi n° 2023-004 du 13 mars 2023, publiée au JORM n° 09 du 07 avril 2023 *portant Code des collectivités territoriales,* p. 330. L'article 22 n'est pas modifié.

[4] Art. 22 du Code précité.

[5] Art. 25 du Code précité.

[6] Art. 63. du Code précité.

abondante en France[1], mais absente au Mali bien que les atteintes à l'environnement soient quotidiennes.

132. Selon le rapport annuel 2017 sur l'état de l'environnement au Mali validé par le conseil des ministres du 23 janvier 2019, deux vastes programmes sont en cours et en synergie pour réhabiliter les formations forestières. Il s'agit du programme « Gestion Décentralisée des Forêts (GEDEFOR) » et le programme « Alliance Globale contre le Changement Climatique au Mali (AGCC2) ». Le premier cherche à responsabiliser les collectivités territoriales pour assurer la gestion de proximité des forêts et appuyer les communautés rurales à travers l'offre d'alternatives à l'exploitation abusive des forêts et la diffusion de technologies de gestion durable des ressources naturelles. Ce programme vise à « (…) *contribuer de façon intégrée, à la gestion décentralisée des ressources forestières dans le cadre du développement local* »[2]. Le deuxième programme, porté également sur le secteur forestier dont le rôle est jugé important aussi bien pour l'adaptation aux changements climatiques que pour l'atténuation de ceux-ci, vise à « (…) *contribuer à la gestion durable des ressources naturelles du Mali, en réponse aux enjeux liés aux changements climatiques* »[3]. Il a pour objectif spécifique de « (…) *renforcer les systèmes de gouvernance du secteur forestier et améliorer la couverture forestière dans les zones ciblées* »[4]. Il est important de souligner que le manque de formation des élus et l'extrême pauvreté des populations sont des obstacles majeurs à la réalisation de ces programmes dont l'initiative est à saluer.

En plus des administrations dédiées à l'environnement, il convient de retenir qu'il existe de nombreuses autres structures de l'État qui ont des compétences très importantes dans ces domaines.

133. L'étendue des problèmes à résoudre ne permet pas à la seule administration centrale de protéger l'Environnement. C'est la raison pour laquelle le dispositif institutionnel mis en place pour gérer les questions d'environnement ne se limite pas aux seules administrations exclusivement en charge de ces questions. Toutes les autres administrations d'État ont d'ailleurs, au regard de leurs missions, un rôle important à jouer dans la protection de l'environnement, d'une façon ou d'une autre. C'est la raison pour laquelle il est préférable de mettre en place au niveau de certains départements ministériels clés, comme celui de l'aménagement, de l'urbanisme, des mines, etc., des points focaux, appelés délégués environnementaux, à l'image des délégués du contrôle financier. Ces points focaux peuvent être étendus à certaines entreprises à participation publique comme la Compagnie Malienne de Développement

[1] V. CCA, Bordeaux, 24 avril 2007, req n° 04BX01568, *commune se Salles* ; CAA Lyon, 26 août 2005, n° 03LY00696, *Commune de Ménat.*
[2] V. Rapport annuel sur l'état de l'environnement au Mali, p. 126.
[3] *Ibid.*
[4] *Ibid.*

des Textiles (CMDT), ou à des établissements publics comme la Direction Nationale de la Géologie et des Mines (DNGM), etc..
Au nombre des administrations ayant des compétences transversales en matière d'environnement, on peut retenir tous les départements ministériels et institutions constitutionnelles de la République[1].

[1] Pour plus de détails concernant ces départements ministériels et institutions constitutionnelles, v. Abdoulaye ABOUBACRINE, *L'influence ...*, *op. cit.*, pp. 92-98.

Chapitre 2 - Le niveau d'intégration des normes du droit international de l'environnement en droit malien

134. La question fondamentale que l'on est en droit de se poser, ici, est celle de savoir si le caractère diffus de l'intégration des normes internationales d'environnement en droit malien, dont il a été question au chapitre précédent, permet de bien jauger leur degré d'influence sur la conception de ce dernier. Si apprécier signifie « *évaluer, déterminer l'importance de quelque chose* »[1], il ne paraît pas aisé de déterminer avec exactitude le niveau réel d'intégration des normes environnementales internationales en droit malien. D'abord, beaucoup de textes législatifs ou réglementaires s'inspirent, dans leur conception, de textes internationaux environnementaux, sans le préciser, dans leur contenu. Seule une analyse méticuleuse des textes permet de s'en apercevoir. Ensuite, l'intégration de ces textes internationaux environnementaux se limite à leur ratification. Ils ne sont pas publiés comme le sont leurs décrets de ratification[2]. On peut alors se demander si, à certains égards, cette intégration qu'on peut qualifier de partielle des normes internationales d'environnement en droit malien, permet à celles-ci d'exercer une influence positive sur le droit de l'environnement du Mali.

135. Il a été précisé au chapitre précédent que l'intégration des normes internationales d'environnement en droit interne est une étape importante de leur respect par les citoyens des États. Cette intégration est donc au cœur de leur effectivité. Sa nécessité en tant que principe du droit international de l'environnement a été affirmée dès la conférence des Nations Unies sur l'environnement et le développement de Rio 92. Selon Alexandre Charles KISS, la protection de l'environnement a « (...) *un effet intégrateur sur les politiques et le droit* »[3]. « *Les problèmes d'environnement eux-mêmes se sont trouvés progressivement intégrés dans une problématique très vaste : Le développement* »[4]. L'intégration du droit international de l'environnement dans le corpus juridique malien se fait selon les modalités classiques du droit international général. Ces techniques ou modalités sont valables ici et il n'est pas nécessaire d'y consacrer de longs développements. Il convient seulement de mettre l'accent sur la façon dont le droit international de l'environnement influence le droit malien de l'environnement dans sa conception. L'étude de ces techniques d'intégration en droit interne (section 1) conduit à préciser le rang qu'occupent théoriquement les normes internationales d'environnement dans la hiérarchie des normes environnementales maliennes (section 2).

---

[1] *Dictionnaire de l'Académie française, op cit.*

[2] V. titre 2 de la Partie 2.

[3] Alexandre Charles KISS, *De la protection intégrée de l'environnement à l'intégration du droit international de l'environnement*, RJE, 2005/3, p. 262.

[4] *Ibid.*

Section 1 - L'ampleur et les techniques d'intégration des normes internationales d'environnement en droit malien

136. Moussa Etienne TOURÉ, dans sa thèse soutenue en 2017, a traité des modalités d'intégration des conventions internationales, en général, en droit malien[1]. Ces modalités sont classiques. Mais, il convient, ici, en le complétant, de montrer comment, par ces techniques, le droit international de l'environnement, en particulier, influence le droit malien de l'environnement dans sa conception et dans son contenu. Il y a lieu aussi d'évoquer la façon dont les autres sources du droit international de l'environnement influencent la création de normes environnementales au Mali. Notre objectif étant de mettre en évidence l'influence de toutes les sources du droit international de l'environnement sur la conception et le contenu du droit malien de l'environnement.

137. Il a été souligné précédemment (*supra*, chapitre1) que le Mali est signataire de nombreuses conventions internationales, régionales, sous-régionales ou bilatérales dans le domaine de l'environnement. L'application de ces conventions sur le territoire national nécessite, sauf exception[2], leur intégration dans l'ordre juridique malien. Cette intégration se fait selon des techniques particulières qui sont l'objet de cette section. Toutefois, la doctrine s'est intéressée à la façon dont ces règles internationales sont transposées en droit interne. Il n'est pas sans intérêt de rappeler ici, en quelques lignes, cette doctrine. Deux thèses s'affrontent : la thèse dualiste et la thèse moniste. Selon la première thèse, les deux ordres juridiques doivent être considérés comme distincts de sorte que la réception du droit international par le droit interne nécessite sa reprise par une norme nationale. La seconde thèse considère ces deux ordres juridiques comme appartenant à un même système et que par conséquent le droit international s'incorpore directement dans l'ordre interne. Il suffit seulement que des procédures de ratification et de publication soient satisfaites pour que les règles internationales s'intègrent automatiquement à la légalité interne. Cette deuxième option qui porte l'adhésion du constituant malien est à la base de l'ineffectivité des règles internationales d'environnement au Mali et dans la plupart des pays africains. Les réalités dans les différents pays étant différentes, l'intégration des normes internationales ne doit pas se faire sans que l'on ne tienne compte du contexte national ou local. À titre illustratif, l'article 116 de la Constitution du Mali de février 1992 dispose : « (…) *les traités ou accords régulièrement ratifiés ou approuvés, ont dès leur*

[1] Moussa Etienne TOURÉ, *op. cit.*, p. 81.

[2] La Cour Permanente de Justice Internationale s'est prononcée, dans un avis consultatif, sur la question de savoir si un accord international créait au bénéfice des ressortissants des États Parties à cet accord des droits directement invocables devant les juridictions internes. Elle estime qu'en se fondant sur *la volonté des parties* à l'accord cette invocation était possible (v. *Compétences des tribunaux* de Dantzig, série B, n° 15, p. 15).

publication, une autorité supérieure à celle des lois... »[1]. Cet article qui n'est que la copie conforme de l'article 55 de la Constitution française du 04 octobre 1958 ne peut pas avoir le même effet au Mali et en France. La raison tient à plusieurs facteurs qui seront étudiés au titre 2 de la présente partie. On remarque d'ailleurs là l'influence considérable, non pas du droit international, mais du droit d'un autre pays, la France. À ce sujet, Pierre-François GONIDEC a eu raison d'écrire « (...) *qu'il est courant d'affirmer que les droits africains ne présentent aucune originalité car ils ont reçu l'empreinte des très monotones et très papivores systèmes européens* »[2], la décolonisation ayant sonné le glas des droits traditionnels[3]. Mais, il peut être rétorqué à GONIDEC que les droits traditionnels ne sont pas morts et que c'est leur vivacité qui empêche le droit dit moderne et le droit international d'exercer une réelle emprise sur la vie quotidienne des populations. C'est d'ailleurs une des raisons qui justifient que ce droit ait été qualifié de « dormant ».

L'approche dualiste doit être, selon nous, celle qui est la mieux adaptée pour expliquer les rapports entre le droit malien de l'environnement et le droit international de l'environnement. Mais, il convient de retenir que quelle que soit l'option retenue, la réception des normes internationales d'environnement nécessite le respect d'autres considérations qui vont au-delà de l'observation des procédures classiques et des mécanismes de transposition. Ces considérations dont il sera question dans les lignes qui suivent doivent être respectées au moment de la transposition des règles internationales, à défaut, ces règles demeureront désuètes.

Ainsi, l'influence du droit international de l'environnement sur la conception du droit malien de l'environnement se manifeste de deux manières : soit directement soit indirectement[4].

138. L'intégration des normes internationales d'environnement en droit malien n'est pas toujours explicite. Les différents textes législatifs et réglementaires renvoient très généralement aux conventions internationales sans autre forme de détails. C'est le cas par exemple lorsqu'un texte de loi précise qu'il « (...) *prend en compte les engagements sous régionaux, régionaux et internationaux auxquels le Mali a souscrit* »[5].

---

[1] Cet article reprend *in extenso* le contenu de l'art. 55 de la Constitution de la République française de 1958 (v. le texte de l'art. 116 de la Constitution du Mali adoptée au référendum du 12 janvier 1992, publiée au JORM n° 4 du 29 février 1992 par le décret n° 92-073/P-CTSP du 25 février 1992, pp. 117-126).

[2] Pierre-François GONIDEC, *Note sur le droit des conventions internationales en Afrique,* dans Annuaire français de droit international, 1965, 11, pp. 866-885.

[3] René DAVID, *Les grands systèmes de Droit contemporains*, Dalloz, 1965, p. 566.

[4] Michel PRIEUR, *Droit de l'environnement, droit durable*, *op. cit.*, p. 247 ; v. aussi Abdoulaye ABOUBACRINE, *L'influence...op. cit.*, pp. 103-108.

[5] V. par exemple l'art. 6 de la loi d'orientation agricole.

De même, le législateur national, *lato sensu*, peut s'inspirer, lors de la conception des règles internes, des règles internationales de l'environnement sans les transposer directement. On parlera d'influence indirecte ou implicite.

Il en est de même de la jurisprudence internationale.

139. Il a été souligné dans les développements précédents qu'avec l'exemple de la sentence arbitrale de la fonderie de Trial et les différents avis de la Cour Internationale de Justice, la jurisprudence internationale exerce une influence importante sur les traités et la coutume, même si elle est considérée comme une source subsidiaire du droit international. Ainsi, pour ne citer que ce seul exemple, le principe 21 de Stockholm 72 confirme et développe la jurisprudence antérieure qui proclame le devoir des États de faire en sorte que les activités menées dans les limites de leur juridiction ou sous leur contrôle ne causent pas de dommages à l'environnement dans d'autres États ou dans des régions ne relevant d'aucune juridiction nationale. Le droit malien, en respectant ce texte de Stockholm et bien d'autres, se trouve ainsi indirectement influencé par la jurisprudence internationale. Il est regrettable que le juge malien ne soit pas saisi de problèmes environnementaux pour directement invoquer la jurisprudence internationale. Lui qui aime tant recourir à cette dernière pour motiver certaines de ses décisions, mais dans d'autres domaines éloignés de notre thématique. Ce regret s'étend au niveau international où la contribution de la jurisprudence au développement du droit de l'environnement ne couvre pas encore l'ensemble du domaine.

140. Il n'existe pas au Mali, toutes proportions gardées, de décision de justice qui s'inspirerait directement de la jurisprudence internationale en matière d'environnement. Pourtant, il est fréquent que la Cour suprême du Mali s'inspire de la jurisprudence étrangère, notamment française pour motiver certaines décisions, mais dans des domaines autres que celui qui nous intéresse. Il n'est pas inutile à cet effet de citer au moins un exemple, faute d'exemple précis dans le domaine de l'environnement, en gardant l'espoir que cette référence constante à la jurisprudence civile française[1] s'étende à celle environnementale qui se développe de plus en plus. Ainsi, dans un arrêt de mai 2007 relatif à un litige foncier, la Cour Suprême motive sa décision comme il suit : *« Attendu qu'il est établi par une jurisprudence constante « qu'une décision de justice doit se suffire à elle-même et qu'il ne peut être suppléé au défaut ou à l'insuffisance de motifs par le seul visa des documents de la cause et la seule référence aux débats, n'ayant fait l'objet d'aucune analyse » (Civ. 22 nov. 1965, Bull. Civ. I n° 635 14 janv.19 ...) 13 juin 1973 »*[2].

---

[1] C'est la preuve que le droit malien ne s'est pas encore totalement émancipé du droit français.
[2] CSM, Civ. 2ème, 03 mai 2007, arrêt n° 180 (Litige foncier).

141. Même si le juge malien n'est pas saisi d'affaires concernant directement l'environnement, il a eu l'occasion d'évoquer quoique laconiquement, les règles environnementales. Il n'est pas inutile aussi d'évoquer un arrêt dans lequel la plus haute juridiction judiciaire malienne se limite à reconnaître des troubles de voisinage, mais sans s'attarder sur les dommages causés à l'environnement. Dans cet arrêt[1], la Cour suprême reconnaît que le trouble né de l'implantation d'une mosquée et de ses activités de culte ne saurait être imputé à l'auteur de la construction car, ajoute-t-elle, il s'agit d'une construction autorisée par une décision du maire de la commune. Heureusement qu'elle le fera plus tard en 2014 en confirmant un arrêt d'appel : « *Mais considérant que la collectivité de benna est un village au regard de la loi n° 06.028 du 28 juin 2006 et les textes subséquents, notamment l'arrêté n° 08.0268 du 4 Février 2006 ; que l'article 33 de la loi reconnaît au chef de village ou de fraction le droit de formuler des recommandations dans certains domaines où ils sont obligatoirement consultés, tels que l'organisation des activités agricoles, pastorales et autres, l'élaboration et la mise en œuvre des schémas d'aménagement et de plan d'occupation du sol, la protection de l'environnement et la gestion des ressources naturelles, les litiges fonciers* .»[2]

142. Dans plusieurs autres affaires relatives à la réparation de préjudice, le juge malien ou les parties en litige font clairement référence aux normes environnementales : « *Il a été démontré que le score financier n'était pas le critère de choix déterminant et qu'il fallait la capacité technique d'enlever la ferraille dans les conditions de sécurité pour les personnes et dans le strict respect des règles environnementales.* »[3] ; ou « *que SEMOS n'était pas mue par le seul critère d'argent, que les autres critères de sécurité et de protection de la santé et de l'environnement étaient les plus importants* »[4].
Le règlement de ces litiges qui n'ont pas pour objet spécifique l'environnement ne permet pas au juge d'appliquer le droit international de l'environnement.

143. Le défaut de saisine de la justice, dans ce domaine, peut expliquer sans doute le fait que le juge malien n'évoque pas, dans ses décisions, la jurisprudence environnementale internationale. Ainsi, à défaut de jurisprudence au Mali dans le domaine de l'environnement, il peut être fait recours à la juris-

[1] CSM, Civ. 1ère, 06 avril 1998, arrêt n° 64 (Cessation de trouble de voisinage).
[2] CSM, Civ. 2ème, 10 novembre 2014, arrêt n° 273 (Cessation de trouble).
[3] CSM, Com., 20 mars 2012, arrêt n° 07 (Réparation de préjudice).
[4] CSM, Com., 18 février 2014, arrêt n° 04 (Réparation de préjudice).

prudence comparée, notamment sénégalaise. Le contentieux du droit de l'environnement n'est pas aussi développé au Sénégal[1], mais le Tribunal régional de Dakar a rendu une importante décision en octobre 2013 pour atteinte à l'environnement marin[2]. En l'espèce, un navire de pêche battant pavillon espagnol s'était échoué sur des rochers aux larges de Dakar, déversant une importante quantité d'hydrocarbures dans les eaux sous juridiction sénégalaise. Le Tribunal régional de Dakar a reconnu des atteintes graves à l'environnement marin et a sanctionné les préjudices ainsi occasionnés[3].

Il y a lieu aussi d'évoquer la façon dont la doctrine internationale exerce son influence sur la conception du droit malien de l'environnement.

144. Rappelons que la doctrine en droit de l'environnement est constituée par l'ensemble des travaux des auteurs consacrés à l'étude de ce droit. Elle est d'un apport inestimable dans la mesure où elle sert de source d'inspiration pour les rédacteurs des textes et praticiens du droit. La création des règles juridiques exige souvent de s'inspirer des solutions juridiques données à des problèmes dans d'autres pays. Et s'il existe une doctrine étrangère qui exerce une influence considérable sur le droit malien dans tous les domaines ou presque, c'est bien la doctrine française, certainement en raison de l'histoire commune aux deux États. Cette influence se ressent jusque dans la motivation des décisions de justice. Malheureusement, l'influence de la doctrine française ou internationale n'a pas encore, pour l'instant, atteint la jurisprudence environnementale malienne. Elle ne concerne pour l'instant que le législateur *lato sensu*.

145. La doctrine et les travaux faisant autorité, qui sont considérés par le Statut de la Cour Internationale de Justice comme des sources subsidiaires du droit international, jouent un rôle important dans la formation des droits nationaux. « *Des professeurs de droit reconnus sur le plan international sont très souvent consultés au sein de groupes d'experts pour conseiller et apporter leur aide aux gouvernements* »[4], influençant ainsi le processus de formation du droit national. La mise sur pied récemment d'une commission d'experts aux fins de la rédaction d'un Code de l'environnement au Mali est l'exemple le plus éloquent. La technicité du droit de l'environnement exige souvent que

---

[1] Marie BONNIN, Ibrahima LY et Mohamed DIEDHIOU, « *Un premier pas vers la représentation de la nature devant le juge sénégalais : la reconnaissance des dommages à l'environnement marin* », VertigO - la Revue électronique en sciences de l'environnement, Hors-série 22, septembre 2015, p. 1.

[2] Jugement du Tribunal régional hors classe de Dakar n° 5424/2013 du 9 octobre 2013, Ministère public et autres c/ J. A. Azkaraté, J. A. Amparan Cuadra et G. E. Wobenetsi.

[3] V. le commentaire de Marie BONNIN, Ibrahima LY et Mohamed DIEDHIOU, *op. cit.*

[4] Alexandre Charles KISS, *Introduction au droit international de l'environnement*, *op. cit.*, p. 43.

le juge ait recours à l'expertise scientifique avant de prendre ses décisions[1]. Les ateliers de formation souvent organisés en direction de certains agents de l'administration de l'environnement ou des députés de la commission du développement rural et environnement de l'Assemblée nationale sont très souvent animés par des experts internationaux dans le domaine de l'environnement. Le but de ces formations est de renforcer les capacités des acteurs impliqués dans l'élaboration des textes, projets et programmes environnementaux. Ces agents de l'administration de l'environnement bénéficient de l'appui- conseils de partenaires internationaux comme le PNUD, le PNUE, le Fonds pour l'environnement mondial, etc., qui fournissent une expertise importante dans des domaines variés, notamment la rédaction de différents documents. Ces bailleurs peuvent « (...) *imposer aux États bénéficiaires d'une aide internationale l'adoption de lois spéciales sur l'environnement* »[2]. Il est donc aisé de remarquer que la réception du droit international de l'environnement en droit malien « (...) *ne passe pas nécessairement ni exclusivement par les techniques juridiques classiques* »[3] évoquées jusque-là. Elle s'insinue aussi « (...) *par le biais de l'assistance technique et l'influence des bailleurs de fonds et de l'environnement juridique international sur l'élaboration des législations nationales en matière de protection de l'environnement* »[4]. Les ouvrages écrits par de grands auteurs servent aussi de référence dans la rédaction de textes ou la construction de discours sur l'environnement.

146. Au Mali, plusieurs décisions de justice sont motivées par un recours systématique à la doctrine comparée ou internationale : « *Attendu qu'en matière de responsabilité des services médicaux et chirurgicaux ; la doctrine française dominante souligne que « dans les différents domaines la jurisprudence est passée du principe de l'irresponsabilité à la responsabilité pour faute manifeste et d'une particulière gravité ; puis à la responsabilité pour faute simple ; sans compter les hypothèses de présomption de faute ou de responsabilité pour risque [...] (M. Long, P. Weil, G. Braibant, P. Delvolve, B. Génévois) « les grands arrêts de la jurisprudence administrative », 1996, ED. Dalloz, pp. 768, 772* »[5] ; « *Attendu que selon Yvonne Lambert dans son ouvrage le Droit des Assurances, page 237 et la doctrine en matière d'assurance responsabilité, l'objet même du contrat est de nature juridique, une responsabilité civile.* »[6] ;

---

[1] Même si l'avis des experts ne lie pas, il peut être « *déterminant auprès de non-sachants* » (v. sur ce point Jacqueline MORAND-DEVILLER, *Le droit de l'environnement*, *op. cit.*, p. 29).
[2] Michel PRIEUR, *Droit de l'environnement, droit durable*, *op., cit.*, p. 248.
[3] Maurice KAMTO, *Rapport général*, *La mise en œuvre nationale du droit international de l'environnement dans les pays francophones*, *op. cit.*, p. 21.
[4] *Ibid.*
[5] CSM, Civ. 2ème, 26 avril 2006, arrêt n° 113 (Réparation de préjudice, Responsabilité des services hospitaliers).
[6] CSM, Civ. 2ème, 10 janvier 2000, arrêt n° 01 (Assurance).

« Considérant que le jugement de faillite, jugement déclaratif patrimonial, est soumis à l'exequatur, puisqu'il entraîne une exécution matérielle sur des biens situés sur le territoire national ; que cette analyse est largement partagée par la jurisprudence et la doctrine (voir droit international privé de Pierre Mayer et Vincent heuzé, 8ème Ed. Montchestien. P. 290 n° 399) »[1].
Les exemples peuvent être multipliés à l'infini. Mais, malheureusement, de telles décisions n'existent pas encore, toutes proportions gardées, dans le domaine de l'environnement.

Après l'examen des techniques d'intégration du droit international de l'environnement en droit malien, il convient de s'intéresser à leur place dans la hiérarchie des normes internes.

Section 2 - La hiérarchie théorique des normes environnementales et ses limites

147. La question qui se pose ici est celle de savoir si le droit international de l'environnement, une fois réceptionné, est supérieur ou non au droit malien. Là encore le droit malien a suivi le droit français qui consacre la primauté *« des traités ou accords régulièrement ratifiés* » par rapport aux lois, sous réserve de réciprocité. Ceci a pour conséquence de modifier ou d'abroger les lois antérieures contraires et l'obligation de conformité des lois postérieures. Ainsi le juge malien, en vertu de l'article 116 de la Constitution de février 1992, applique les normes du droit international de l'environnement dès lors qu'elles sont ratifiées et publiées. Cette disposition de la Constitution introduit dans la pyramide de l'ordre juridique interne les traités internationaux dûment ratifiés. Mais, doit-on parler encore de normes internationales à partir du moment où elles ont intégré le droit interne ? Le juge malien applique le droit étatique dont les prescriptions sont conformes au droit international. L'intégration des normes internationales d'environnement dans le droit interne constitue donc un mode de création de règles internes. Seront successivement étudiées, la primauté conditionnelle de la Constitution sur les traités environnementaux ratifiés et publiés et les limites de l'articulation des normes environnementales.

148. La Constitution du Mali est l'acte de naissance de l'État. Elle est dite acte fondamental duquel toutes les autorités de l'État tirent leur pouvoir. Elle est l'expression de la volonté du peuple car c'est le peuple, lui-même, qui l'adopte à la suite d'un référendum[2]. Elle est constituée par l'ensemble des règles qui déterminent l'organisation et le fonctionnement de l'État, qui fixent l'idée animatrice de l'institution étatique, déterminent quelles sont les institutions de la République ainsi que les rapports entre elles, fixent les droits et devoirs des

[1] CSM, Ch. Réun., 18 avril 2006, arrêt n° 57 (Inopposabilité de cession d'action…)
[2] Art. 118 et 120 de la constitution du 25 février 1995.

citoyens. Parmi ces droits et devoirs, il convient de noter le « (...) *droit à un environnement sain (...) la protection, la défense de l'environnement et la promotion de la qualité de la vie* »[1]. Il a déjà été souligné dans les développements qui précèdent que l'expression de la volonté du peuple par l'adoption de la Constitution est à relativiser en raison de l'analphabétisme et du manque de véritable culture démocratique de la majorité de la population. La plupart des citoyens qui votent au référendum pour l'adoption de la Constitution ignorent le contenu de celle-ci. « *On vote à la mode même ce qu'on ne connaît pas ; au point d'approuver ce qui est contraire à sa propre volonté* »[2]. Néanmoins, le mouvement de constitutionnalisation de l'environnement qui a suivi la Déclaration de Stockholm de 1972 a permis à la Constitution du Mali de février 1992 de réaffirmer la détermination du peuple malien de s'engager à assurer l'amélioration de la qualité de la vie, la protection de l'environnement et du patrimoine culturel[3]. Dès lors, l'environnement se place au plus haut niveau du droit malien. Il sera pris en compte dans les lois et règlements du pays et son respect doit être contrôlé par l'ensemble des juridictions. Il va aussi irriguer l'ensemble des politiques publiques et sa défense fera partie des missions de toutes les institutions de la République. Quatre mois après l'adoption de la Constitution de février 1992, Rio 92 qui prolonge Stockholm 72 fera de la protection de l'environnement une condition du développement durable[4]. La Constitution étant la première loi de la République, c'est elle qui établit la hiérarchie des normes sur le plan interne. Selon Hans KELSEN, chaque règle de droit est légitimée par une règle de droit supérieure et à laquelle elle doit être conforme. La Constitution se trouve ainsi être à la base de la légitimité de toutes les normes étatiques. C'est elle qui détermine la place des traités et accords internationaux. Son titre XIV s'intitule : « *DES TRAITES ET ACCORDS INTERNATIONAUX* ». Elle précise les conditions de sa supériorité aux traités et institue un contrôle de constitutionnalité des traités et accords internationaux. Mais, il convient de préciser que la place de la Constitution dans ses rapports avec les traités dépend du côté où l'on se situe[5].

149. Au Mali, la Constitution est supérieure aux traités car c'est elle qui fixe les conditions d'introduction de ces derniers dans l'ordre juridique interne. C'est ainsi que l'article 116 de la Constitution de février 1992 qui reprend *in*

---

[1] Art. 15.

[2] Blaise Freddy NGUIMBI, *Impact du droit international de l'environnement sur le droit national congolais*, mémoire de Master présenté à l'Université de Limoges en 2007, sous la direction de Gérard MONEDIARE.

[3] V. Préambule.

[4] V. Principe 4.

[5] Sur le plan international, c'est la primauté des traités sur le droit interne qui est retenue par les juridictions internationales. Ainsi, pour la CIJ « le principe fondamental en droit international est la prééminence de ce droit sur le droit interne » (v. CIJ, avis consultatif, 26 avril 1988, rec. p. 34).

extenso l'article 55 de la Constitution française du 04 octobre 1958 dispose : « *Les traités ou accords régulièrement ratifiés ou approuvés ont, dès leur publication, une autorité supérieure à celle des lois, sous réserve pour chaque traité ou accord de son application par l'autre partie.* » Cet article est révélateur de la place importante des traités comme sources de droit interne malien et de la nécessité d'informer les Maliens de l'existence de ces textes par leur publication au même titre que les autres sources de droit interne. Il permet également de mieux faire connaître les conditions dans lesquelles les engagements internationaux en général sont conclus et intègrent le droit malien. Il parle de tous les traités sans distinction de domaines. Ceux relatifs à l'environnement y sont donc inclus. L'article 48 de la loi *portant loi organique déterminant les règles d'organisation et de fonctionnement de la Cour Constitutionnelle ainsi que la procédure suivie devant elle*[1] précise : « *Les engagements internationaux prévus aux Articles 114 et 116 de la Constitution doivent être déférés avant leur ratification* ». L'engagement international comportant une clause contraire à la Constitution ne peut être ainsi ratifié[2].
De la lecture de l'article 116 de la Constitution, trois conditions se dégagent pour que les traités puissent intégrer le corpus juridique malien. Il s'agit de la ratification ou l'approbation, la publication et la réciprocité[3].

La Constitution étant la norme suprême dans l'ordre juridique interne, sa suprématie par rapport aux traités sur l'environnement doit être respectée et contrôlée. Pour faire valoir cette supériorité, il est institué un contrôle de leur constitutionnalité. En France, c'est le Conseil constitutionnel qui est chargé de cette tâche. Les pays africains autrefois sous domination française s'inspireront du modèle français en instituant un organe dédié appelé tantôt Conseil constitutionnel (Burkina Faso, Côte d'Ivoire, Sénégal…) tantôt Cour constitutionnelle (Benin, Gabon, Mali, Niger…). Mais, contrairement au droit français, le droit de certains de ces pays, comme le droit positif malien, ne dit pas clairement qu'une révision constitutionnelle s'impose en cas de conflit entre la Constitution et un traité environnemental. L'article 90 *in fine* de la Constitution du Mali de février 1992 dispose simplement que lorsque les engagements internationaux sont déclarés non conformes à la Constitution, ils « *ne peuvent être ratifiés* »[4]. Alors que son homologue français, l'article 54, dispose : « *Si le Conseil constitutionnel, (…), a déclaré qu'un engagement international comporte une clause contraire à la Constitution, l'autorisation de ratifier ou d'approuver l'engagement international en cause ne peut intervenir qu'après révision de la Constitution* ». Mais, nul doute que cela soit aussi

[1] Publiée au JORM n° 3 du 15 février 1997, p. 114.
[2] *Ibid.*
[3] Pour plus de détails, voir Abdoulaye ABOUBACRINE, *L'influence ..., op. cit.*, pp. 114-115.
[4] On peut néanmoins en déduire une invitation à réviser la Constitution.

possible au Mali puisque l'article 118 de la Constitution laisse l'initiative de la révision « *au Président de la République et aux députés* ».
Si le droit international interdit à un État de se prévaloir de sa Constitution pour s'extraire à ses obligations internationales nées de la conclusion d'un traité sur l'environnement, celui-ci dispose sur le plan interne d'organes chargés de la constitutionnalité des traités.

150. Ce fut d'abord la Cour d'État qui fut chargée par la Constitution de la 1ère République du Mali de septembre 1960 de veiller à la conformité des traités et accords internationaux à la Constitution[1]. Selon l'article 43 de cette Constitution, « *Il est institué une Cour d'État qui comprend une section constitutionnelle, une section du contentieux et une section des comptes* ». C'est la section constitutionnelle qui, saisie par le Président du Gouvernement ou par le Président de l'Assemblée nationale, connaît de la constitutionnalité des lois de l'État ainsi que des engagements internationaux (Art. 44). Ensuite, la Constitution du 1er juillet 1974 confiait ce rôle à la Cour Suprême, à travers sa section constitutionnelle. Enfin, la Constitution du 25 février 1992, qui érige la section constitutionnelle de la Cour suprême en Cour autonome, confie la mission à cette dernière : « *Les engagements internationaux prévus aux articles 114 à 116 doivent être déférés avant leur ratification à la Cour Constitutionnelle, soit par le Président de la République, soit par le Premier Ministre, soit par le Président de l'Assemblée nationale ou par un dixième des Députés, soit par le Président du Haut Conseil des Collectivités ou par un dixième des Conseillers Nationaux.*
La Cour Constitutionnelle vérifie, (dans un délai d'un mois), si ces engagements comportent une clause contraire à la Constitution.
Toutefois, à la demande du Gouvernement, s'il y a urgence, ce délai est ramené à huit jours. »[2] Comme cela a été indiqué plus haut, la loi sur la Cour constitutionnelle ne permet pas, même si un tel contrôle a eu lieu, de disposer de la jurisprudence en la matière car elle dit clairement, répétons-le, que « *La Cour statue par arrêt motivé. L'arrêt n'est ni délibéré, ni prononcé en public. Il indique l'identité des Conseillers ayant participé à la délibération. Il est signé du Président et notifié sans délai selon le cas aux requérants, au Président de la République, au Premier Ministre ou au Président de l'Institution ayant procédé à la saisine de la Cour Constitutionnelle.* »[3]
Il est permis d'imaginer, comme dans le cas de l'article 54 de de la Constitution française, que l'article 90 *in fine* de la Constitution du Mali permet la révision de la Constitution en cas de non-conformité d'un traité environnemental à la Constitution, même s'il ne le dit pas expressément.

---

[1] V. JORM n° 65 du 29 septembre 1960, p. VI.
[2] Art. 90.
[3] Art. 50 de la loi déjà citée.

151. L'article 90 cité ci-haut ne précise pas s'il faut réviser ou non la Constitution en cas de conflit entre celle-ci et un traité environnemental. Il se borne seulement à dire que *« Dans l'affirmative, ces engagements ne peuvent être ratifiés.* » L'article 54 de la Constitution française du 04 octobre 1958 va plus loin que son homologue malien en rendant obligatoire une révision de la Constitution[1] pour la rendre conforme à l'engagement international qui lui est contraire : « S*i le Conseil Constitutionnel, saisi par le Président de la République, par le Premier Ministre, par le Président de l'une ou l'autre assemblée ou par soixante députés ou soixante sénateurs, a déclaré qu'un engagement international comporte une clause contraire à la Constitution, l'autorisation de ratifier ou d'approuver l'engagement international en cause ne peut intervenir qu'après révision de la Constitution* ». Il en est de même de l'article 97 de la Constitution du Sénégal : « *Si le Conseil constitutionnel a déclaré qu'un engagement international comporte une clause contraire à la Constitution, l'autorisation de le ratifier ou de l'approuver ne peut intervenir qu'après la révision de la Constitution* » et de l'article 170 de la Constitution du Niger : « *Si la Cour constitutionnelle saisie par le Président de la République, le président de l'Assemblée nationale, le Premier Ministre ou un dixième (1/10) des députés, a déclaré qu'un engagement international comporte une clause contraire à la Constitution, l'autorisation de le ratifier ne peut intervenir qu'après révision de la Constitution.* » Cependant, l'article 118 de la Constitution actuelle du Mali qui est formulé en des termes généraux laisse entrevoir cette possibilité : « *L'initiative de la révision de la Constitution appartient concurremment au Président de la République et aux députés* ». Mais, avant cette Constitution, les deux précédentes ont clairement subordonné la ratification d'un traité contraire à la Constitution à la révision de celle-ci. L'article 38 de la première Constitution du Mali indépendant (septembre 1960) disposait : « *Si la Cour d'État a déclaré qu'un engagement international comporte une clause contraire à la constitution de la République, l'autorisation de le ratifier ou de l'approuver ne peut intervenir qu'après révision de la Constitution.* »[2] L'article 63 de la deuxième Constitution du Mali (1er juillet 1974) renchérit : « *Si la Cour Suprême saisie par le Président de la République ou par le Président de l'Assemblée nationale a déclaré qu'un engagement international comporte une clause contraire à la constitution de la République, l'autorisation de le ratifier ou de l'approuver ne peut intervenir qu'après révision de la constitution.* »[3]

---

[1] V. CE, 30 oct. 1998, M. Sarran, M. Levacher et autres. V. aussi cass. Ass. plén., 02 juin 2000, 99-60. 274 et CC, 19 novembre 2004, traité établissant une Constitution pour l'Europe.
[2] V. JORM n° 65 du 29 septembre 1960, p. VI.
[3] V. JORM spécial n° 440 du 25 juillet 1974, p. VI.

La question de la suprématie de la Constitution malienne aux traités environnementaux régulièrement conclus étant tranchée, il convient à présent de s'intéresser à l'articulation des normes environnementales dans l'ordre juridique interne.

152. Les règles internationales sont appelées de plus en plus, surtout dans le domaine de l'environnement, à produire des effets internes, c'est-à-dire à créer pour les particuliers des droits et des obligations qu'ils puissent invoquer directement[1]. Ainsi, selon Jean COMBACAU et Serge SUR « (...) *sont directement applicables en droit interne, sans que soient requises des normes intermédiaires qui en transposent les dispositions, les règles internationales qualifiées de « self-executing » ou exécutoires par elles-mêmes* »[2]. C'est le cas par exemple des actes uniformes de l'OHADA : « *Les actes uniformes sont directement applicables et obligatoires dans les États-Parties, nonobstant toute disposition contraire de droit interne, antérieure ou postérieure* »[3]. Tel doit aussi être normalement le cas des normes internationales d'environnement. Mais, cela suppose que ces règles internationales soient suffisamment précises pour que « *l'intervention d'actes intermédiaires d'exécution soit inutile* »[4]. C'est ainsi que l'article 27 de la Convention de Vienne sur le droit des traités de 1969 dispose : « *Une partie ne peut invoquer les dispositions de son droit interne comme justifiant la non-exécution d'un traité* ». Michel VIRALLY pense que « *le droit international est inconcevable autrement que supérieur aux États, ses sujets* »[5]. Dominique CARREAU, pour les mêmes raisons, parle de la supériorité du droit international par rapport au droit interne comme une question de logique[6]. La doctrine internationale, les textes nationaux et la jurisprudence s'accordent sur la reconnaissance de la supériorité des traités aux lois internes.

Compte tenu de l'importance de la coutume dans le droit positif malien, il paraît important d'étudier ses rapports avec les traités environnementaux.

153. La question de la supériorité des normes internationales aux lois internes est tranchée par l'article 116 de la Constitution du Mali étudié ci-haut. Toutefois, cette règle de supériorité du traité par rapport aux lois internes ne s'applique qu'aux traités régulièrement conclus. Il a été vu plus haut qu'il appartient au Gouvernement de vérifier si la condition de réciprocité est remplie par

---

[1] Jean COMBACAU et Serge SUR, *Droit international public*, LGDJ, 11ème éd., Paris, 2016, p. 182.
[2] *Ibid.*
[3] La publication de ces actes au Journal officiel de l'OHADA suffit. V. art 10 du traité.
[4] Jean COMBACAU et Serge SUR, *Droit international public*, *op. cit.*, p. 182.
[5] Michel VIRALLY, *Sur un pont aux ânes : les rapports entre droit international et droits internes*, Mélanges Rolin, Paris, Pedone, 1964.488, ici p. 497.
[6] Dominique CARREAU, *Droit international*, *op. cit.*, p. 59.

l'autre ou les autres parties. Mais, cette question suppose aussi que le traité et la loi soient en conflit et soient du même domaine. Ils doivent tous s'appliquer aux particuliers, tel n'est pas toujours le cas du traité. Certains traités, en effet, n'imposent des obligations qu'aux États et rentrent difficilement en conflit avec une norme interne. Tel est le cas par exemple de la charte des Nations Unies.
La doctrine, la loi, tout comme la jurisprudence du système de droit romano-germanique, en général, s'accordent sur le rang des traités dans la hiérarchie des normes internes : ils sont inférieurs à la Constitution à laquelle ils doivent être conformes et supérieurs aux autres lois du pays. La conformité du droit interne aux traités environnementaux doit être contrôlée par les juridictions internes : on parle de contrôle de conventionalité.

154. Dans un avis consultatif, la Cour Permanente de Justice Internationale s'est exprimée sur la supériorité du traité par rapport aux lois nationales : « *C'est un principe généralement reconnu du droit des gens que, dans les rapports entre puissances contractantes d'un traité, les dispositions d'une loi interne ne sauraient prévaloir sur celles d'un traité* »[1]. Cet avis est suivi par la jurisprudence judiciaire malienne[2] qui, appliquant les dispositions constitutionnelles du 25 février 1992, dans un arrêt du 25 avril 2016 de la Cour d'assises de Mopti, déclare : « *Considérant cependant que les articles 1er, 3 et 116 de la Loi Fondamentale du 25 Février 1992 de la République du Mali consacrent, d'une part, le caractère sacré et l'inviolabilité de la personne humaine et bannissent "tous traitements inhumains, cruels, dégradants ou humiliants" et, d'autre part, disposent que dès leur ratification et publication, les traités ou accords internationaux constituent le même ordre juridique que le droit interne avec primauté du droit international* ». Ainsi, un traité environnemental régulièrement introduit en droit malien doit servir de référence aux lois et règlements adoptés dans le pays. Son influence directe sur le droit interne doit être l'abrogation de toute mesure législative et réglementaire contraire et un devoir de conformité des textes qui seront adoptés depuis son intégration dans le corpus juridique. L'exemple de l'article 10 du traité de l'OHADA permet aussi d'illustrer cela : « *Les actes uniformes sont directement applicables et obligatoires dans les États-Parties, nonobstant toute disposition contraire de droit interne, antérieure ou postérieure* ». Aussi, le juge saisi d'un litige dont la solution oppose un traité environnemental à une loi doit écarter l'application

---

[1] CPJI, Avis consultatif n° 17 du 31 juillet 1930 dans l'affaire relative aux « *questions des communautés bulgares* ».
[2] CA, Mopti, 25 avril 2016, arrêt n° 14, Ministère public c. Diadié DIA, assassinat, tentative d'assassinat, détention illégale d'arme à feu.

de la loi même antérieure ou se dessaisir du litige au profit d'un organe juridictionnel communautaire lorsque le traité le prévoit[1]. Le Conseil d'État français dans l'arrêt Nicolo du 20 octobre 1989[2] a accepté de contrôler la conformité d'une loi à un traité même lorsque ce dernier lui est antérieur.

Tout comme le contrôle de constitutionnalité, il existe un contrôle de conventionalité des lois internes.

Quid des rapports entre les traités environnementaux et la coutume au Mali ?

155. Parler de la place et du rôle de la coutume dans le droit positif malien permet de mieux comprendre une des principales raisons de l'ineffectivité du droit de l'environnement au Mali. Cette coutume, marquée par des conceptions religieuses, animistes ou philosophiques n'a pas fondamentalement changé, malgré son contact avec le droit français. Certaines populations ne peuvent donc pas comprendre que les ressources de l'environnement, puisque n'appartenant à personne, puissent faire l'objet d'atteinte susceptible d'être portée devant des juridictions. De sorte que certaines prescriptions du droit de l'environnement correspondent difficilement à la vision de la majorité de la population toujours guidée par les règles traditionnelles[3] et parce que dépendant exclusivement des ressources de l'environnement. C'est pourtant dans ces conditions que les pouvoirs publics se battent pour tenter de protéger l'environnement et promouvoir le développement durable du pays.

156. Au Mali, comme dans la plupart des pays en Afrique, toutes proportions gardées, la référence à la coutume est justifiée par un dualisme normatif. En effet, les coutumes locales régissent différents domaines dans lesquels la législation fait défaut ou est insuffisamment développée et parfois c'est la législation elle-même qui prévoit le recours aux coutumes locales pour régler certaines affaires. Il en est ainsi en droit foncier où les droits coutumiers exercés sur les terres non immatriculées sont confirmés par le Code domanial et foncier : « *Les droits coutumiers exercés collectivement ou individuellement sur les terres non immatriculées sont confirmés. Nul individu, nulle collectivité, ne peut être contraint de céder ses droits si ce n'est pour cause d'utilité publique et moyennant une juste et préalable indemnisation* (…). »[4]. Il en est de même en matière successorale où jusqu'en 2011, c'est la coutume qui régissait exclusivement le domaine : « *Attendu qu'il est constant que la matière est coutumière et qu'il existe au Mali, plusieurs coutumes non encore codifiées ;*

---

[1] On peut citer par exemple l'art. 16 du traité de l'OHADA qui dispose : « *La saisine de la Cour Commune de Justice et d'Arbitrage suspend toute procédure de cassation engagée devant une juridiction nationale contre la décision attaquée* ».
[2] CE 20 octobre 1989, Raoul Georges Nicolo c. Commissaire du gouvernement.
[3] Madassalia MAÏGA, *op. cit.*, p. 18.
[4] Art. 43 du Code domanial et foncier, publié au JORM n° 11 du 20 avril 2000, p. 402.

qu'en matière de partage ou de réclamation de biens successoraux c'est la coutume des parties qui s'applique. »[1] Même avec l'adoption récente du Code des Personnes et de la Famille[2] le rôle et la place de la coutume dans le droit positif malien sont à nouveau réaffirmés : « *Les dispositions du présent livre s'appliquent à toute personne : dont la religion ou la coutume n'est pas établie par écrit, par témoignage, par le vécu ou la commune renommée* (…) »[3]. La violation de la coutume peut même donner lieu à pourvoi[4]. Les juridictions qui statuent en matière coutumière sont complétées par des assesseurs[5]. Ceux-ci sont les représentants de la coutume des parties et la diversité des ethnies au Mali fait que la coutume varie d'une localité à une autre.

157. L'importance accordée à la gestion coutumière et traditionnelle des ressources naturelles fait que la plupart des règles édictées par le législateur pour la protection de l'environnement ne sont pas en pratique respectées. Ainsi, selon le rapport 2009 sur l'état de l'environnement au Mali, les feux de brousse qui sont considérés comme un facteur important de dégradation des ressources naturelles sont devenus une coutume dans certaines collectivités qui légifèrent en la matière en définissant une période au-delà de laquelle il est formellement interdit de mettre du feu. Les pratiques de pêche et de chasse demeurent largement traditionnelles de sorte que les Codes de pêche et de chasse produisent peu d'effets. Les ressources fauniques continuent, ainsi, de subir de fortes pressions parmi lesquelles le braconnage qui a évolué de la chasse traditionnelle locale à l'abattage systématique des animaux sauvages[6]. Selon un rapport sur l'analyse des politiques et stratégies de développement en rapport avec la politique nationale de protection de l'environnement, « (…) il y a une prolifération des engins de pêche, dont beaucoup d'entre eux sont prohibés par la législation en vigueur, puisqu'ils ne permettent pas la reproduction naturelle de la population halieutique »[7]. Ce constat illustre l'impuissance de la législation en vigueur à prendre le dessus sur les pratiques coutumières. L'impuissance de l'État à proposer de solutions alternatives dans un contexte de pauvreté extrême explique cet échec de la législation. Se crée ainsi

---

[1] CSM, Civ. 1ère, 06 avril 1998, arrêt n° 69 (Réclamation d'héritage, coutume du défunt) ; v. aussi CSM, Civ., 1ère du 17 mai 1999, arrêt n° 132 (Réclamation de biens successoraux).

[2] V. loi n° 2011-087 du 30 décembre 2011 *Portant Code des Personnes et de la Famille* publiée au JORM spécial n° 02 de janvier 2012.

[3] L'art. 751 de la loi précitée *portant Code des Personnes et de la Famille.*

[4] V. art. 88 de la loi n° 2016-046 du 23 septembre 2016 *portant loi organique fixant l'organisation, les règles de fonctionnement de la Cour suprême et la procédure suivie devant elle.*

[5] V. art. 29 de la loi n° 2011-037 du 15 juillet 2011 *portant organisation judiciaire*, publiée au JORM n° 35 du 02 septembre 2011, p. 1368 : « *La Chambre civile, lorsqu'elle siège en matière coutumière, est complétée par les assesseurs de la coutume des parties qui, avant leur entrée en fonction, prêtent à l'audience du tribunal le serment prévu à l'art. 6* ».

[6] *Ibid.*

[7] Il s'agit d'un rapport rédigé en 2002 par le Secrétariat Technique Permanent du Cadre Institutionnel de Gestion des Questions Environnementales (STP/CIGQE).

une sorte de « tolérance générale en matière d'atteinte à l'environnement »[1]. Il est important de préciser que le législateur malien lui-même permet d'éviter la saisine des tribunaux en cas d'atteinte à l'environnement en donnant la possibilité aux agents de l'administration de transiger : « Les agents des Eaux et Forêts des corps des Ingénieurs et des Techniciens des Eaux et Forêts, chefs de service de Cercle chargés des forêts de l'État et des Collectivités Territoriales sont habilités à transiger sur les infractions aux dispositions de la présente loi »[2]. Dans tous les cas d'atteinte à l'environnement, la procédure de transaction peut être utilisée et lorsque le montant de la transaction est payé dans les délais prévus par l'acte de transaction, les juridictions ne seront plus saisies car l'action publique s'éteint[3]. Dans ces conditions le droit international de l'environnement a peu de chance d'être effectif et n'exerce aucune influence sur ce pan important du droit malien.

---

[1] Madassalia MAÏGA, *op. cit.*, p. 18.

[2] V. art. 108 de la loi n° 10-028 du 12 juillet 2010 déterminant les principes fondamentaux relatifs à la gestion des ressources du domaine forestier national, publiée au JORM n° 32 du 06 août 2010, p. 1244.

[3] Selon l'art. 8 *in fine* du Code de procédure pénale malien, « *l'action publique peut, (…), s'éteindre par transaction ou par médiation lorsque la loi en dispose expressément ; il en est de même en cas de retrait de plainte lorsque celle-ci est une condition nécessaire à la poursuite* » (v. loi n° 01-080 du 20 août 2001 *portant Code de procédure pénale*, publiée au JORM du 12 janvier 2002).

Titre 2 - L'AMBIVALENCE DE L'INFLUENCE DU DROIT INTERNATIONAL DE L'ENVIRONNEMENT SUR LA CONCEPTION DU DROIT MALIEN DE L'ENVIRONNEMENT

158. Le principal résultat de l'influence du droit international de l'environnement sur le droit malien de l'environnement est la modification du contenu de ce dernier. Modifier, c'est « (…) *changer une chose sans en altérer la nature* »[1]. Changer, c'est « (…) *remplacer quelqu'un ou quelque chose par quelqu'un ou quelque chose d'autre* »[2]. Le droit international de l'environnement, en intégrant le droit malien, ne le laisse pas tel qu'il l'a trouvé. Il le modifie en y apportant un changement. C'est même une de ses vocations. Ce changement peut être quantitatif ou qualitatif ou à la fois les deux. Il est quantitatif lorsqu'il renforce le droit existant par l'apport de nouvelles règles[3] ou en l'amenant à mettre en place des institutions nouvelles. Il est qualitatif si cette intégration permet au droit existant d'être meilleur. Ce changement est positif lorsque le droit interne est favorable aux transformations enregistrées qui l'aident à mieux atteindre ses objectifs. Il est négatif lorsqu'il crée une perturbation de sa cohérence et l'empêche de poursuivre son but. Dans tous les cas, il convient de noter que l'incorporation des normes internationales d'environnement en droit malien n'est pas sans conséquences sur le contenu de ce dernier[4]. L'objet de ce titre est justement d'appréhender le changement opéré par le droit international de l'environnement en intégrant le droit malien.

159. L'influence du droit international de l'environnement sur la conception du droit malien de l'environnement ne concerne pas seulement l'adoption de

---

[1] V. *Le Petit Robert de la langue française*, éd. 2015, p. 1615.

[2] V. *Le Petit Larousse illustré*, 2018, p. 229.

[3] C'est le cas avec l'adoption en 2001 de la loi sur les pollutions et nuisances et de ses nombreux textes d'application : décret n° 01-394/P-RM du 06 septembre 2001 *fixant les modalités de gestion des déchets solides*, publié au JORM n° 27 du 30 septembre 2001, pp. 1046-1050 ; décret n° 01-395/P-RM du 06 septembre 2001 *fixant les modalités de gestion des eaux usées et des gadoues*, publié au JORM n° 27 du 30 septembre 2001, pp. 1050-1052 ; décret n° 01-396/P-RM du 06 septembre 2001 *fixant les modalités de gestion des pollutions sonores*, publié au JORM n° 27 du 30 septembre 2001, pp. 1052-1053 ; décret n° 01-397/P-RM du 06 septembre 2001 fixant les modalités de gestion des polluants de l'atmosphère, publié au JORM n° 27 du 30 septembre 2001, pp. 1054-1056 ; décret n° 03-594/P-RM du 31 décembre 2003 *relatif à l'étude d'impact sur l'environnement*, publié au JORM n° 05 du 20 février 2004, pp. 185-190 ; décret n° 05-298/P-RM du 28 juin 2005 *portant répartition des produits des amendes et transactions encaissés ou recouvrés par les agents de la Direction nationale de l'Assainissement et du Contrôle des Pollutions et Nuisances*, publié au JORM n° 27 du 30 septembre 2005, pp. 1047-1048 ; décret n° 08-346/P-RM du 26 juin 2008 *relatif à l'étude d'impact environnemental et social*, publié au JORM n° 31 du 1er août 2008, pp. 1204-1209, modifié par le décret n° 09-318/P-RM du 26 juin 2009, publié au JORM n° 30 du 24 juillet 2009, pp. 1177-1178. Cette loi est remplacée par celle du 24 mai 2021 *relative aux pollutions et aux nuisances*, publiée au JORM n° 16 du 28 mai 2021, p. 607.

[4] L'intégration des traités oblige à modifier les lois, la modification d'une loi entraine celle des décrets et arrêtés.

dispositions nouvelles ou la création d'institutions environnementales. Elle renvoie aussi à la modification du contenu du droit existant par l'abrogation de ses parties qui sont incompatibles avec le nouveau droit importé[1]. C'est dans ce dernier cas que cette influence conduit à des réformes importantes aboutissant à des relectures des textes[2], à la création, à la suppression, à des ajustements ou à la modification de structures ou à leur rattachement à d'autres. Cette modification du droit existant est constante et a des sources diverses. Le Mali est membre de plusieurs Organisations régionales qui prennent, chacune, des mesures[3], souvent obligatoires, modifiant le contenu du droit interne. En effet, les États membres de l'Organisation dont il s'agit ont une obligation de transposition des Directives et Actes additionnels et doivent prendre des dispositions législatives et réglementaires nécessaires à leur mise en œuvre.

De ce qui précède, un constat s'impose : les normes internationales d'environnement en intégrant le droit malien l'enrichissent et/ou perturbent sa cohérence. Cet effet contrasté de l'influence du droit international de l'environnement sur la conception du droit malien de l'environnement mérite d'abord d'être analysé (chapitre 1). Il est ensuite une nécessité que, quel que soit l'effet induit par cette intégration, la mise en cohérence des normes s'impose : mise en cohérence entre les normes internes elles-mêmes et entre celles-ci et les normes internationales d'environnement importées (chapitre 2). Elle s'impose parce qu'elle est une condition essentielle de l'application de ce droit[4].

---

[1] Michel PRIEUR, *Droit de l'environnement, droit durable*, *op., cit.*, p. 247.

[2] *Ibid.*

[3] V. par exemple l'Acte additionnel n° 01/2008/CCEG/UEMOA du 17 janvier 2008 *portant adoption de la politique commune d'amélioration de l'environnement de l'UEMOA* ou la Directive n° 02/2015/CM/UEMOA relative à la lutte contre le blanchiment de capitaux et le financement du terrorisme dans les États membres de l'Union Économique et Monétaire Ouest-Africaine (UEMOA).

[4] Julien BETAILLE, *Droit de l'environnement, instrument de transformation : tentative d'approche dialectique*, *op. cit.*, p. 62.

Chapitre 1 - L'effet contrasté de l'intégration des normes du droit international de l'environnement en droit malien

160. Il a été rappelé en introduction (n° 16) que le but de l'intégration des normes internationales relatives à l'environnement en droit malien est le renforcement de ce dernier en vue d'une meilleure protection de l'environnement. La question qu'il est alors important de se poser est celle de savoir si ce but a été atteint ou s'il est atteignable dans un contexte de pluralisme juridique très accentué. L'objet de ce chapitre est de répondre à une telle interrogation en tentant de démontrer le caractère contrasté des effets des normes internationales d'environnement sur la conception et le contenu du droit malien de l'environnement.
L'adjectif « contrasté » signifie « (…) *qui présente des contrastes* »[1]. Le contraste est l' « (…) *opposition de deux choses dont l'une fait ressortir l'autre* »[2]. L'analyse du contraste de l'intégration du droit international de l'environnement en droit malien permet donc d'apprécier le double effet de cette intégration. Il s'agit d'abord de l'enrichissement incontestable du droit malien de l'environnement existant par l'apport de nouvelles règles et la mise en place d'institutions nouvelles ayant des compétences en matière d'environnement (section 1). Ensuite, le dernier effet concerne la perturbation de la cohérence de ce droit par le chevauchement inévitable de ses différents compartiments (section 2).

Section 1 - L'enrichissement du droit existant

161. Le substantif « enrichissement » vient du verbe enrichir qui signifie : « *rendre riche ou plus riche* »[3]. Le nom commun et l'adjectif « riche » est synonyme d'abondant, florissant, etc.. Le terme « enrichissement » signifie donc « *l'action* »[4] de rendre ou de devenir riche, fécond et florissant. Ainsi, l'enrichissement du droit malien de l'environnement existant signifie que, par sa réception des normes internationales de l'environnement, les siennes deviennent abondantes, qu'elles s'étoffent du point de vue de leur quantité et peut être de leur qualité. L'enrichissement du droit malien de l'environnement est donc une conséquence de sa réception des normes internationales de l'environnement.

162. L'objet de cette section est de mettre en évidence ce qu'a apporté et qu'apporte encore le droit international de l'environnement au droit malien de

[1] V. *Le Petit Robert de la langue française*, éd. 2015, p. 529.
[2] *Ibid.*
[3] *Le Petit Robert de la langue française*, *op. cit.*, p. 881.
[4] *Ibid.*

l'environnement. S'il est logique de penser que l'intégration des normes internationales de l'environnement en droit malien doit être d'emblée considérée comme une bonne chose en soi, il convient de préciser que tel n'est pas toujours le cas. Il y a aussi lieu de se demander si cet enrichissement n'est pas qu'apparent. En effet, il ne suffit pas d'intégrer les normes internationales d'environnement en droit malien pour croire le travail terminé. La pluridisciplinarité de l'environnement et la diversité des domaines couverts par le droit qui a pour objet de l'encadrer exigent de ses acteurs qu'ils se concertent constamment afin de mieux réussir l'intégration des normes internationales d'environnement dans le dispositif juridique national.

163. Il a été souligné dans les lignes qui précèdent[1] que l'intégration des normes internationales d'environnement dans l'ordre juridique malien se fait, depuis les Conférences des Nations Unies, tenues respectivement à Stockholm en 1972 et à Rio de Janeiro en 1992, de manière renforcée et croissante. L'inventaire, année après année, du contenu de la législation malienne dans ce domaine, permet de l'attester de façon éloquente[2]. Ceci est le fruit de la participation régulière ou presque du Mali à l'adoption des différents textes issus des rencontres internationales, régionales, sous régionales ou bilatérales sur l'environnement. Ainsi, de nombreux outils comme les études d'impact[3] ou les installations classées[4] pour la protection de l'environnement qui n'étaient pas, jusque dans les années 1980, une réelle préoccupation des autorités nationales, le sont devenus et de plus en plus. Des structures comme le ministère de l'Environnement à partir de 1988, l'Agence de l'Environnement et du Développement Durable et le Conseil National de l'Environnement en 2010, l'Inspection de l'environnement et de l'assainissement en 2012, etc., ont vu le jour. Il s'agit là, incontestablement, d'un impact positif du droit international de l'environnement sur le contenu du droit malien de l'environnement. Cet impact se ressent et se poursuit au fur et à mesure que de nouvelles conventions sont signées et que de nouvelles institutions internationales sont créées. Il en résulte donc un véritable renforcement de l'outil juridique de protection de l'environnement. Ce renforcement de l'outil juridique de protection de

---

[1] V. *supra*, titre 1.
[2] V. *infra*, Bibliographie.
[3] Le premier texte qui l'introduit au Mali est le décret n° 99-189/P-RM du 05 juillet 1999 *portant Institution de la Procédure d'étude d'impact sur l'environnement*, publié au JORM n° 20 du 20 août 1999, pp. 770-773, abrogé par le décret n° 03-594/P-RM du 31 décembre 2003 *relatif à l'étude d'impact sur l'environnement*, publié au JORM n° 05 du 20 février 2004, pp. 185-190. Ce décret sera, à son tour, remplacé par celui du 26 juin 2008, publié au JORM n° 31 du 1er août 2008, pp. 1204-1209, modifié par le décret n° 09-318/P-RM du 26 juin 2009, publié au JORM n° 30 du 24 juillet 2009, pp. 1177-1178.
[4] V. la Loi n° 08-033 du 11 août 2008 *relative aux installations classées pour la protection de l'environnement*, publiée au JORM n° 37 du 12 septembre 2008, pp. 1445-1448 et son décret d'application : décret n° 09-666/P-RM du 21 décembre 2009.

l'environnement est aussi le résultat de la participation d'autres structures non étatiques aux différentes rencontres sur l'environnement.

164. L'analyse de l'intégration des normes internationales d'environnement en droit malien, envisagée au titre précédent, a permis de mettre l'accent sur le renforcement du dispositif juridique environnemental du pays et au perfectionnement d'institutions diverses. Le renforcement du droit malien existant concerne non seulement la quantité des textes environnementaux réceptionnés, mais, également, les divers domaines couverts ainsi que l'apport de nouvelles règles. Ainsi, timidement, d'abord à partir de l'indépendance, puis de façon plus intense depuis les années 1990, le droit malien de l'environnement se renforce chaque jour un peu plus. Sous l'impulsion des textes internationaux et des institutions qui en sont issues, la constitutionnalisation de l'environnement progresse de manière satisfaisante. Sur les plans législatif et réglementaire, l'apport du droit international de l'environnement est aussi remarquable.

165. Le mot « environnement » ne figure pas dans les Constitutions des première[1] et deuxième[2] Républiques du Mali. Si cela peut se comprendre pour la Constitution 1960[3], il l'est moins pour celle du 1er juillet 1974 qui a été adoptée deux ans après la première grande Conférence des Nations Unies sur l'environnement, celle de 1972 tenue à Stockholm en Suède. Cette Conférence invitait déjà, à cette date, « les pays en voie de développement » à orienter leurs efforts vers le développement en tenant compte de leurs priorités et de la nécessité de préserver et d'améliorer l'environnement. Mais, il faut attendre l'Acte fondamental n° 1 CTSP[4] du 31 mars 1991 (préambule et article 15)[5] puis la Constitution du 25 février 1992 (préambule et article 15)[6] pour voir entré dans la loi fondamentale du pays le mot « environnement ». Il n'est d'ailleurs pas inutile de rappeler que cette troisième Constitution a été adoptée et promulguée trois mois[7] seulement avant la tenue du sommet de Rio de 1992. C'est donc sans doute la Déclaration de Stockholm de 1972 et les travaux pré-

---

[1] V. Constitution adoptée le 22 septembre 1960 par une Assemblée constituante par la loi n° 60-1 *portant modification de la constitution du 23 janvier 1959, modifiée par la loi 60-23 du 26 juillet 1960 de la République Soudanaise* ; promulguée par le décret n° 62-P.G.P.-R.M. du 28 septembre 1960, publiée au JORM n° 65 du 29 septembre 1960, p. II.
[2] V. le décret n° 03/PG-RM du 1er juillet 1974 *portant promulgation de la constitution de la République du Mali*, publié au JORM du 25 juillet 1974, p. 1.
[3] V. *infra*, Bibliographie.
[4] Comité de Transition pour le Salut du Peuple.
[5] Acte fondamental n° 01 CTSP du 31 mars 1991, publié au JORM n° 8 du 30 avril 1991, p. 279.
[6] Constitution du 25 février 1992, adoptée au référendum du 12 janvier 1992, publiée au JORM n° 4 du 29 février 1992, promulguée par le décret n° 92-073/P-CTSP du 25 février 1992, pp. 117-126.
[7] Précisément 3 mois et 11 jours.

paratoires de Rio 1992 qui ont permis cette constitutionnalisation de l'environnement au Mali. L'effet de mode que ces grandes rencontres ont produit durant ces années-là a aussi contribué à cette constitutionnalisation de l'environnement presque partout dans le monde. Sur ce point, et pour une des rares fois, le droit malien a devancé son homologue français, car en France, ce n'est qu'en 2005, avec l'adossement de la Charte de l'environnement à la Constitution de 1958, que l'environnement aura une valeur constitutionnelle[1]. Mais, l'influence positive la plus remarquable du droit international de l'environnement sur le droit malien, sur le plan constitutionnel, aurait été l'effet induit par l'Accord de Paris de décembre 2015 sur les changements climatiques qui a véritablement impacté la loi n° 2017- 31 *portant révision de la Constitution du 25 février 1992*[2]. Cette loi ne sera pas malheureusement soumise au référendum en raison de divergences entre les acteurs politiques concernant certaines de ses dispositions. « *Le droit de vivre et de protéger un environnement sain et équilibré* »[3] y est défendu avec force. Une des innovations majeures qu'elle apporte est l'institution d'un Conseil économique, social et environnemental en lieu et place de l'actuel Conseil économique, social et culturel. Ce Conseil devrait devenir avec le deuxième projet de révision constitutionnelle, le Conseil économique, social, environnemental et culturel[4]. Il l'est devenu avec la constitution du 22 juillet 2023. Ce deuxième projet de révision constitutionnelle est plus expressif que le premier en matière d'environnement : « *Le Peuple souverain du Mali (...) s'engage à améliorer la qualité de la vie, à protéger l'environnement, à lutter contre les changements climatiques et à préserver la biodiversité dans l'intérêt des générations présentes et futures ; affirme sa souveraineté sur l'ensemble des ressources naturelles de son sol et de son sous-sol* »[5]. L'article 70 nouveau de ce projet étend la compétence législative à « *la préservation de l'environnement* ».

166. L'adoption de ce texte aurait été un réel motif de réjouissance pour tous les juristes de l'environnement car, elle aurait permis à l'environnement, au Mali, de sortir définitivement de « *son ghetto* »[6] et de conditionner « *(...) pour l'avenir l'ensemble des politiques publiques et des activités privées* »[7]. La nouvelle constitution de 22 juillet 2023[8], même si elle est moins « verte » que ce deuxième projet de constitution, permet de rester confiant.

---

[1] V. la loi constitutionnelle n° 2005-205 du 01 mars 2005 relative à la Charte de l'environnement, publiée au JORF n° 51 du 02 mars 2005.
[2] V. JORM spécial n° 11 du 07 juin 2017, pp. 03-20.
[3] *Id.*
[4] Art. 25 nouveau.
[5] Projet de révision de la constitution du 25 février 1992.
[6] Michel PRIEUR, *Droit de l'environnement, droit durable*, *op. cit.*, p. 509.
[7] *Ibid.*
[8] V. JORM spécial n°13 du 22 juillet 2023.

Les implications juridiques de la constitutionnalisation de l'environnement concernent, entre autres, l'irradiation des textes législatifs et réglementaires par la loi fondamentale[1]. Ainsi, le projet de révision constitutionnelle élargit les pouvoirs du législateur en matière d'environnement. Comme en France[2], son article 71 prévoit que la loi détermine les principes fondamentaux de la préservation de l'environnement.

L'apport du droit international de l'environnement au droit malien est aussi perceptible tant sur le plan législatif que réglementaire.

167. De la participation de représentants du Mali aux différentes rencontres sur l'environnement et de l'édiction de Directives internationales dans ce domaine surgissent des modifications visant à adapter le droit national aux règles internationales en vigueur. Ainsi, au cours de chaque législature ou presque, et cela depuis les années 1990, l'Assemblée nationale du Mali autorise régulièrement la ratification de plusieurs Accords internationaux en lien avec l'environnement. Parmi les plus récents, on peut citer l'Accord de Paris sur les changements climatiques et le Protocole additionnel de Nagoya-Kuala Lumpur sur la responsabilité et la réparation, relatif au Protocole de Cartagena sur la prévention des risques biotechnologiques[3]. Dès leur ratification et publication[4], ces différents textes se fondent dans le corpus juridique national en le renforçant.

168. En plus de la ratification de divers textes environnementaux dont il sera fastidieux, ici, de dresser une liste exhaustive, le Mali a adopté d'autres textes législatifs et réglementaires dans le but de mettre en œuvre les différents Accords signés sur le plan international. Ces différents textes législatifs et réglementaires viennent également enrichir et renforcer le dispositif juridique national dans le domaine de l'environnement. Les textes les plus importants relativement au cadre de vie sont entre autres : la loi n° 2014-024 du 03 juillet 2014 *portant interdiction de la production, de l'importation et de la commercialisation des sachets plastiques non biodégradables en République du Mali*[5] ; la loi n° 08-033 du 11 août 2008 *relative aux installations classées*

---

[1] Jacqueline MORAND-DEVILLER, *Droit de l'environnement*, *op. cit.*, p. 4.
[2] Article 34 de la Constitution française d'octobre 1958.
[3] V. la Loi n° 2015-060 du 31 décembre 2015 portant ratification de l'ordonnance n° 2015-028 du 23 septembre 2015 autorisant la ratification du Protocole additionnel de Nagoya Kuala Lumpur sur la responsabilité et la réparation, relatif au Protocole de Cartagena sur la prévention des risques biotechnologiques, adoptée par la Conférence des Parties réunies à Nagoya (japon), le 15 octobre 2010, publiée au JORM n° 01 du 1er janvier 2016, p. 5.
[4] Ils ne sont pas malheureusement publiés au Journal officiel (v. *infra*, partie 2, titre 2).
[5] Publiée au JORM n° 32 du 08 août 2014, p. 1246. Elle abroge la loi n° 2012-003 du 23 janvier 2012 *portant interdiction de la production, de l'importation, de la détention, de la commercia-*

pour la protection de l'environnement[1], la loi n° 01-020 du 30 mai 2001 *relative aux pollutions et aux nuisances*[2] remplacée par celle du 24 mai 2021[3] et ses textes d'application[4] ; le décret n° 08-346/P-RM du 26 juin 2008 *relatif à l'étude d'impact environnemental et social*[5], etc..

169. Dans le domaine de l'environnement naturel et de ses ressources, il convient de citer le décret n° 2004-483/P-RM du 26 octobre 2004 ratifiant la *Convention Africaine pour la Conservation de la Nature et des Ressources Naturelles*[6], la loi n° 94-028 du 1er juillet 1994 *portant création du Projet de Gestion des Ressources Naturelles*[7] et ses textes d'application, etc..

Dans le domaine de l'environnement en général, les textes les plus récents sont : le décret du 29 mai 2019 *fixant l'organisation et les modalités de fonctionnement de l'Agence de l'environnement et du développement durable*[8], le décret du 30 mars 2018 *fixant le cadre organique de la Cellule de Planification et de Statistique du secteur Eau, Environnement, Urbanisme et Domaines de l'État*[9]. La liste n'est pas exhaustive.

---

lisation, et de l'utilisation de sachets plastiques non biodégradables et de granules non biodégradables destinés à la fabrication desdits sachets en République du Mali, publiée au JORM n° 06 du 10 février 2012, pp. 202-203.

[1] Publiée au JORM n° 37 du 12 septembre 2008, p. 1445.

[2] Publiée au JORM n° 17 du 20 juin 2001, pp. 646-650.

[3] V. Loi n° 2021-032 du 24 mai 2021 *relative aux pollutions et aux nuisances*, publiée au JORM n° 16 du 28 mai 2021, p. 607 abrogeant la Loi n° 01-020 du 30 mai 2001 *relative aux pollutions et aux nuisances*, publiée au JORM n° 17 du 20 juin 2001, pp. 646-650.

[4] Il s'agit des décrets n° 01-394/P-RM du 06 septembre 2001 *fixant les modalités de gestion des déchets solides*, publié au JORM n° 27 du 30 septembre 2001, pp. 1046-1050 ; n° 01-395/P-RM du 06 septembre 2001 *fixant les modalités de gestion des eaux usées et des gadoues*, publié au JORM n° 27 du 30 septembre 2001, pp. 1050-1052 ; n° 01-396/P-RM du 06 septembre 2001 *fixant les modalités de gestion des pollutions sonores*, publié au JORM n° 27 du 30 septembre 2001, pp. 1052-1053 ; n° 01-397/P-RM du 06 septembre 2001 *fixant les modalités de gestion des polluants de l'atmosphère*, publié au JORM n° 27 du 30 septembre 2001, pp. 1054-1056 ; n° 03-594/P-RM du 31 décembre 2003 *relatif à l'étude d'impact sur l'environnement*, publié au JORM n° 05 du 20 février 2004, pp. 185-190 ; n° 05-298/P-RM du 28 juin 2005 *portant répartition des produits des amendes et transactions encaissés ou recouvrés par les agents de la Direction nationale de l'Assainissement et du Contrôle des Pollutions et Nuisances*, publié au JORM n° 27 du 30 septembre 2005, pp. 1047-1048 ; n° 08-346/P-RM du 26 juin 2008 *relatif à l'étude d'impact environnemental et social*, publié au JORM n° 31 du 1er août 2008, pp. 1204-1209, modifié par le décret n° 09-318/P-RM du 26 juin 2009, publié au JORM n° 30 du 24 juillet 2009, pp. 1177-1178.

[5] Publié au JORM n° 31 du 1er août 2008, pp. 1204-1209, modifié par le décret n° 09-318/P-RM du 26 juin 2009, publié au JORM n° 30 du 24 juillet 2009, pp. 1177-1178.

[6] Publié au JORM n° 05 du 20 février 2005, p. 180.

[7] Publiée au JORM n° 14 du 31 juillet 1994, p. 482.

[8] Il s'agit du décret n° 2019-0353/P-RM du 29 mai 2019, publié au JORM n° 16 du 07 juin 2019, p. 588.

[9] Il s'agit du décret n° 2018-0322/P-RM du 30 mars 2018, publié au JORM n° 15 du 13 avril 2018, p. 590.

L'adhésion du Mali à de nombreuses Conventions internationales sur l'environnement a aussi permis à d'autres acteurs nationaux, en plus des représentants traditionnels du pays, de participer et d'apporter leur contribution à la réussite de plusieurs réunions internationales comme les COP de diverses Conventions.
L'accent a déjà été mis, au chapitre 1 du titre précédent, sur la profusion institutionnelle impulsée par le droit international de l'environnement. Il doit être question ici du rôle de ces institutions et structures dans la mise en place de répondants nationaux ou la création de normes internes.

170. L'environnement n'est pas seulement une affaire de l'État. C'est la raison pour laquelle d'autres structures non étatiques, qui œuvrent à sa protection, participent à différentes rencontres en apportant leur expertise. Ainsi, si aux réunions internationales sur l'environnement, le Mali, comme tous les autres États-Parties aux différentes conventions, est officiellement représenté par le ministère des Affaires étrangères, dans la pratique, à l'intérieur de la délégation, le ministère en charge de l'Environnement, ses structures rattachées, d'autres structures gouvernementales et certains acteurs non étatiques nationaux ont un rôle essentiel à jouer. De retour au pays, ces acteurs et structures contribuent, par diverses actions, à l'amélioration et à l'application de ce droit. Ces structures sont : l'Assemblée nationale, à travers sa commission chargée du développement rural et de l'environnement, le Haut Conseil des Collectivités Territoriales, à travers sa commission chargée du développement rural et le Conseil Économique, Social et Culturel. Ce dernier a, au nombre de ses actions, consacré le thème suivant à la 4ème session ordinaire de sa 5ème législature : « *Environnement-sécurité* ». En 2017, il a signé, dans le domaine de l'environnement, un mémorandum d'Accord avec la région de Tanger, lors de la COP 23 tenue à Marrakech. Ce qui fait qu'en plus de leurs missions traditionnelles, il est possible d'affirmer que ces institutions ont désormais des activités internationales. Leurs membres participent régulièrement à des rencontres internationales de renforcement de leurs capacités dans le domaine de l'environnement. Dans le domaine des changements climatiques par exemple, on peut noter la participation de députés de la commission du développement rural de l'Assemblée nationale à un atelier de renforcement des capacités en 2016[1].

Les structures étatiques ne sont pas les seules à s'occuper d'environnement et à participer aux rencontres internationales ayant pour objet l'environnement. On peut noter à leurs côtés, d'autres entités non étatiques en tête desquelles des Organisations Non Gouvernementales (ONG).

---

[1] V. site de l'Assemblée nationale du Mali (www.assemblee-nationale.ml).

171. Le rôle des ONG dans la protection de l'environnement, tant au niveau des pays qu'au niveau international, est connu. Elles ont été à la base de la prise de conscience de la nécessité de préserver l'environnement dans les années 1960 et sont à la base de l'adoption de nombreuses Conventions environnementales comme la Charte mondiale de la nature. Elles jouent également un rôle de veille et de suivi des engagements pris par les États dans le domaine de l'environnement. Elles peuvent ainsi être, par leur rôle de veille, à l'initiative de beaucoup d'actions en faveur de l'environnement, notamment, l'adoption de textes environnementaux. Ainsi, au Mali, elles sont représentées au sein du Conseil National de l'Environnement qui donne son « (…) *avis sur tous les projets de textes relatifs à l'environnement ainsi que tous programmes et projets de développement dans le domaine de l'environnement devant être mis en œuvre dans le pays* (…) » ainsi que « (…) *sur la ratification des Accords Internationaux sur l'environnement* (…) »[1]. La condamnation de l'État français par le tribunal administratif de Paris le 03 février 2021 pour non-respect de ses engagements en matière de réduction de ses émissions de gaz à effet de serre dans l'atmosphère, sur saisine de différentes associations environnementales, est éloquente à ce sujet. Dans cette affaire qui est qualifiée d'« affaire du siècle » par les commentateurs, le juge administratif ordonne à l'État français de « (…) *faire cesser pour l'avenir l'aggravation du préjudice écologique constaté, de prendre toutes les mesures permettant d'atteindre les objectifs que la France s'est fixés en matière de réduction des émissions de gaz à effet de serre* (…) »[2].

172. Au Mali, il faut noter l'existence de nombreuses ONG et autres associations nationales très engagées dans la protection et l'amélioration de l'environnement. Elles renforcent les structures de l'État, dans un cadre partenarial, surtout dans le domaine de la reforestation, la fixation des dunes, le ramassage des ordures ménagères, etc.. Ces ONG[3] nationales participent également aux différentes réunions internationales sur l'environnement, souvent avec l'apport financier de l'État[4]. On peut citer au titre de la COP 24 à Katowice en Pologne, la participation des ONG et autres associations suivantes : ONG

---

[1] V. le décret n° 2010-390/PM-RM du 26 juillet *2010 portant création et modalités de fonctionnement du Conseil National de l'Environnement*, publié au JORM n° 35 du 27 août 2010, p. 1376. V. aussi le Rapport sur l'état de l'environnement au Mali, éd. 2014, pp. 86 et s.

[2] TA Paris, 03 février 2021, n° 1904967, 1904968, 1904972, 1904976/4-1, Association Oxfam France, Association notre affaire à tous, Fondation pour la nature et l'homme, Association Greenpeace France.

[3] On note plus d'une vingtaine d'ONG et d'associations diverses qui sont des partenaires de l'État à travers l'Agence de l'Environnement et du Développement Durable (v. Site de l'AEDD : www.aedd.gouv.ml/partenaires-nationaux).

[4] Au niveau notamment de la prise en charge du transport, l'hébergement, etc..

AGIR, FENACOF[1], ACALODE[2], REFEDE-MALI[3], UJUEMOA[4]. Elles contribuent ainsi à « (…) *l'élaboration d'un régime juridique pour l'environnement mondial en tant qu'observateurs, en apportant et en faisant circuler les informations ou encore en prenant part à la rédaction d'importants accords internationaux en aidant les délégations étatiques* »[5]. Mais, au Mali, c'est surtout sur le terrain de la protection judiciaire de l'environnement qu'elles sont véritablement attendues.

Le renforcement du dispositif juridique national par le droit international de l'environnement a eu comme conséquence la nécessité de mettre en place des structures de coordination pour un contrôle plus efficace des engagements de l'État dans le domaine de l'environnement.

173. Si le droit malien n'avait pas réceptionné les normes du droit international de l'environnement, où serait-on juridiquement ? La question est importante lorsque l'on sait que malgré une intervention normative croissante et une prolifération institutionnelle impulsées par le droit international de l'environnement, la dégradation de l'état de l'environnement au Mali continue d'inquiéter[6]. La réponse permet de mieux comprendre la réalité et la spécificité de l'apport du droit international de l'environnement au droit malien et à la société malienne. La réponse risque de ne pas être satisfaisante en raison du fait que l'évolution du droit malien de l'environnement est très largement tributaire de l'évolution du droit international de l'environnement.

174. Avant 1960, date de son indépendance, le Mali n'était qu'une colonie française et son territoire était régi par le droit français et les rares conventions conclues par les puissances coloniales qui étaient préoccupées, à cette époque déjà, par la destruction de la faune africaine. On peut citer, au titre de ces conventions, le traité de Londres du 19 mai 1900 dont l'objet est « (…) *d'empêcher le massacre sans contrôle et d'assurer la conservation des diverses espèces animales vivant à l'état sauvage* (…) *qui sont utiles à l'homme ou inoffensives* »[7] et la Convention de Londres du 08 novembre 1933 relative à

---

[1] Fédération Nationale des Collectifs d'Organisations Féminines du Mali.

[2] Appui aux Capacités Locales pour le Développement.

[3] Réseau des Femmes pour les Droits de l'Environnement au Mali. Ce réseau a organisé en août 2019 un atelier, en vue de la COP 14 en Inde sur la lutte contre la désertification, en vue d'harmoniser les points de vue de la société civile malienne.

[4] Union des Jeunes de l'espace de l'Union Économique et Monétaire Ouest-Africaine.

[5] Alexandre Charles KISS, *Introduction au droit international de l'environnement, op. cit.*, p. 39.

[6] V. Les différents rapports sur l'état de l'environnement au Mali de 2003 à 2018.

[7] V. Maurice KAMTO, *Les conventions régionales sur la conservation de la nature et des ressources naturelles en Afrique et leur mise en œuvre, op. cit.*, p. 417. « Étaient parties à ce traité du 19 mai 1900 : l'Allemagne, l'Espagne, l'État indépendant du Congo, la France, la Grande-Bretagne, le Portugal ».

la préservation de la faune et de la flore à l'état naturel[1]. Il en sera ainsi jusqu'à l'indépendance du pays et ces textes coloniaux et internationaux vont continuer graduellement d'influencer le droit du jeune État du Mali.

175. Il est ajouté à l'influence de ces textes, celle des autres conventions adoptées sous l'égide de l'Organisation de l'Unité Africaine, créée dès le début des indépendances, dont la plus importante, du point de vue de son contenu et de son champ géographique, est la Convention d'Alger de 1968 sur la Conservation de la nature et des ressources naturelles en Afrique, révisée à Maputo en 2003. Comme on peut le constater, l'influence du droit international de l'environnement sur le droit malien de l'environnement a commencé dès l'indépendance du pays. Elle s'est accrue au fur et à mesure de l'évolution du droit international de l'environnement dont la conférence des Nations Unies sur l'environnement de 1972 a constitué un tournant décisif. Cet enrichissement du droit malien de l'environnement par le droit international de l'environnement a surtout concerné le droit étatique qu'il a aidé à former.
Cette influence du droit international de l'environnement sur le droit malien de l'environnement a permis la mise en place progressive d'un cadre de concertation entre acteurs nationaux chargés des questions d'environnement et a permis le développement de la coopération entre le Mali et la plupart de ses voisins. Il s'est logiquement créé le besoin d'une coordination entre les différents acteurs.

176. La concertation entre les acteurs chargés de l'environnement semble aller de soi. Au Mali, son exigence a nécessité la création en 2010 d'un organe chargé de la question, l'Agence de l'Environnement et du Développement Durable. C'est d'ailleurs la mission principale que son texte de création lui confie : « *L'Agence de l'Environnement et du Développement Durable a pour mission d'assurer la coordination de la mise en œuvre de la Politique Nationale de Protection de l'Environnement et de veiller à l'intégration de la dimension environnementale dans toutes les politiques* »[2]. La satisfaction de cette exigence se sent à travers la rédaction périodique d'un rapport sur l'état de l'environnement[3]. Tous les services de l'environnement contribuent à la rédaction de ce rapport. L'absence de concertation entre les acteurs n'aurait pas sans doute permis à ces rapports d'être produits avec une grande qualité. Cette concertation doit, cependant, aller au-delà de la rédaction des rapports périodiques sur l'état de l'environnement pour s'étendre, de façon plus active,

---

[1] *Ibid.*
[2] Art. 2 de la loi (v. aussi *supra*, Titre1).
[3] La production de rapports périodiques sur l'état de l'environnement au Mali qui a commencé en 2003 a précédé la création de l'AEDD et était menée avant par son défunt prédécesseur : le STP/CIGQE. Plusieurs administrations nationales comme régionales des divers secteurs de l'environnement et d'autres partenaires sont impliqués dans la rédaction de ces rapports (v. rapport 2017 sur l'état de l'environnement au Mali, publié en janvier 2019, p. 2 *in fine*).

à la rédaction de tous les autres textes environnementaux nationaux qui doivent tenir compte de l'existence des normes importées. Il s'agit là d'une condition qui permet de mieux concilier le contenu des textes et leurs effets.

177. Quant à la coopération entre les États, elle a permis au Mali de conclure de nombreux accords avec divers pays et d'être membre de plusieurs organisations de coopération, conformément au droit international de l'environnement : « *Les questions internationales se rapportant à la protection et à l'amélioration de l'environnement devraient être abordées dans un esprit de coopération par tous les pays, grands ou petits sur un pied d'égalité. Une coopération par voie d'accords multilatéraux ou bilatéraux ou par d'autres moyens appropriés est indispensable pour limiter efficacement, prévenir, réduire et éliminer les atteintes à l'environnement résultant d'activités exercées dans tous les domaines, et ce dans le respect de la souveraineté et des intérêts de tous les États.* »[1]
Après avoir dégagé l'importance de la concertation en matière, surtout, de rédaction des textes environnementaux, il conviendra de se pencher sur la réalité de celle-ci afin de mettre l'accent sur l'apport du droit international de l'environnement dans ce domaine.

178. L'intégration des normes internationales d'environnement en droit interne nécessite, en premier lieu, une synergie d'actions et une concertation constante entre les acteurs, car le manque de concertation ente ceux-ci impacte négativement la qualité des textes réceptionnés devenus éléments à part entière du droit interne. Le guide de rédaction des textes législatifs et réglementaires au Mali rappelle d'ailleurs que le respect du domaine de compétence spécifique n'exclut pas la possibilité et le devoir de collaboration et de coopération entre les ministères, à l'occasion de l'élaboration ou la transposition des textes. « *Plusieurs ministres peuvent ou doivent contribuer à l'élaboration d'un même texte* »[2] ajoute-t-il. Cela est particulièrement vrai dans le domaine de l'environnement où tous les ministères ou presque ont des compétences directes ou indirectes. Cette coopération interministérielle apparaît comme un gage de la qualité et de la régularité juridique des textes[3]. En second lieu, la participation, d'une façon ou d'une autre, à l'édiction des règles de spécialistes de l'environnement, autres que les juristes, confère à ces règles plus de légitimité et plus de chance d'efficacité. Aussi, si la rédaction des textes doit être confiée aux agents compétents et structures de l'État, elle doit au préalable,

[1] Principe 24 de la Déclaration de Stockholm de 1972 (v. aussi l'article 5 de la Convention sur la diversité biologique).
[2] P. 11 du guide.
[3] *Ibid.*

dans certains cas, être précédée de la consultation d'autres acteurs[1] fondamentaux comme les ONG environnementales, les Collectivités Territoriales, les organisations socioprofessionnelles, les producteurs et exploitants forestiers, etc., car « (...) *le droit de l'environnement n'est plus un droit de spécialistes* (...) ». Il est devenu « (...) *un droit commun* »[2]. Le décret n° 04-562/P-RM du 1er décembre 2004 *portant création du cadre institutionnel de pilotage du processus d'élaboration de la loi d'orientation agricole*[3] donne une parfaite illustration de cette nécessité de concertation entre divers acteurs, préalablement même à l'élaboration des textes. Ces concertations qui sont organisées aux niveaux local, régional et national ont pour but de permettre de prendre en compte les spécificités de toutes les régions du pays et d'impliquer tous les acteurs. Cela devra donner aux textes qui en seront issus toutes les chances d'être compris et acceptés.

179. De même, puisque l'essentiel n'est pas d'adopter des textes de protection de l'environnement mais, sa protection effective, celle-ci ne peut être obtenue qu'avec l'adhésion de tous. Il s'agit là d'ailleurs d'une recommandation du droit international de l'environnement lui-même. Au-delà de la concertation des acteurs à la base, diverses autres structures interviennent, cette fois-ci au titre même de la légalité des actes. Ainsi, au Mali, selon l'article 14 du décret n° 92-007/P-RM du 18 juin 1992 fixant les attributions des membres du Gouvernement[4], « *Les ministres étudient et préparent tous projets de loi ou de décret ayant trait aux matières objet des missions et prérogatives des services placés sous leur autorité ou sous leur tutelle* ». L'article 15 de ce même décret ajoute que « *Tous projets d'actes législatifs ou réglementaires (...) doivent être soumis au visa préalable du Secrétariat Général du Gouvernement chargé du contrôle de la légalité* ». Mais, les concertations nécessaires sur les projets de textes et de documents relatifs à l'environnement doivent être menées avant la saisine du Secrétariat Général du Gouvernement [5]. Donc dans le domaine de l'environnement, c'est le ministre en charge de la question qui est responsable de l'étude et de la préparation de tous les textes environnementaux devant être soumis à l'approbation du Conseil des ministres. Si le ministère de l'Environnement et ses services sont à la base de l'initiation des textes environnementaux, ils ne le font pas en vase clos car plusieurs autres acteurs

---

[1] Ce fut par exemple le cas de la *loi portant Loi agricole* (v. notamment le décret n° 04-562/PM-RM du 1er décembre 2004 *portant création du cadre institutionnel de pilotage du processus d'élaboration de la loi d'orientation agricole*, publié au JORM n° 09 du 31 mars 2005, p. 323).
[2] Michel PRIEUR, *L'environnement est entré dans la constitution*, RJE, numéro spécial 2005, La charte constitutionnelle, pp. 25-31.
[3] Publié au JORM n° 09 du 31 mars 2005, p. 323.
[4] Publié au JORM n° 05 du 23 juin 1992, p. III.
[5] Art. 38 du décret n° 2018-0005/P-RM du 10 janvier 2018 *fixant les attributions spécifiques des membres du Gouvernement* publié au JORM spécial n° 01 du 12 janvier 2018, p. 3.

interviennent dans le processus. Mais, il convient d'inclure ici dans le processus d'élaboration des textes, la transposition de ceux d'origine externe. C'est ainsi que le Conseil National de l'Environnement donne son avis d'abord, sur la ratification des Accords internationaux sur l'environnement devant être mis en œuvre au Mali, ensuite sur tous les projets de textes relatifs à l'environnement[1].

180. Le Secrétariat général du ministère de l'Environnement contrôle la qualité des actes et projets d'actes élaborés au niveau du département[2]. Le Secrétariat général du Gouvernement reçoit du ministère de l'Environnement les projets de textes et de communication à soumettre à l'examen du Conseil des ministres et organise les consultations nécessaires à leur mise en forme définitive[3] car, c'est bien lui qui contrôle la légalité, en définitive, des actes. La Commission du développement rural et de l'environnement de l'Assemblée nationale étudie les projets et propositions de lois sur l'environnement ainsi que les textes de ratification des accords internationaux. Le Secrétariat général du Gouvernement soumet à la signature du Président de la République les lois adoptées sur l'environnement et leurs décrets de ratification. Le ministère des Affaires étrangères prépare et soumet à la signature du Président de la République les instruments de ratification ou d'adhésion. Selon le décret n° 2019-0331/P-RM du 13 mai 2019 *fixant les attributions spécifiques des membres du Gouvernement* : « *Les concertations doivent être menées avant la saisine du Secrétariat général du Gouvernement des projets de texte ou de documents de politique nationale* »[4].

L'importance de la concertation entre acteurs chargés de la rédaction des textes environnementaux ayant été indiquée, il convient de jauger sa réalité.

181. La Convention africaine sur la conservation de la nature et des ressources naturelles, pour ne citer que ce seul texte, invite les États Parties à mettre en place des mécanismes de coordination entre les institutions existantes[5]. Cette coordination est nécessaire. Elle passe par la concertation régulière entre les différents acteurs de l'environnement. C'est grâce à la concertation entre les différents acteurs que l'Agence de l'Environnement et du Développement Du-

---

[1] Art. 2 du décret n° 10-390/P-RM du 26 juillet 2010 déjà cité.

[2] Art. 27 de la loi n° 2014-049 du 19 septembre 2014 *portant principes fondamentaux de la création, de l'organisation et du contrôle des services publics*, publiée au JORM n° 44 du 31 octobre 2014, p. 1724.

[3] Art. 5 du décret n° 2013-235/P-RM du 07 mars 2013 *fixant l'organisation et les modalités de fonctionnement du Secrétariat général du Gouvernement*, publié au JORM n° 14 du 05 avril 2013, p. 530.

[4] Art. 41 *in fine*.

[5] Art. XXI.

rable élabore efficacement son rapport périodique sur l'état de l'environnement au Mali et celui relatif à la mise en œuvre et au suivi des conventions internationales. Il s'agit là d'une nécessité absolue. Car, si l'on observe les liens qui existent entre les différents secteurs de l'environnement, on se rend à l'évidence compte que la concertation devient indispensable non seulement entre les structures de gestion de ces secteurs, mais également entre les rédacteurs des différents textes environnementaux.

182. La juxtaposition des textes transposés sans une concertation suffisante entre les acteurs n'entraine qu'« (…) *un gaspillage d'efforts et d'argent et même une exacerbation du problème que l'on voulait résoudre* »[1]. Toute chose qui constitue un frein à l'application future des textes. L'adoption au Mali de textes environnementaux ou leur transposition dans le droit national n'est souvent motivée que par l'obtention de ressources financières, ressources financières obtenues au nom de l'environnement mais que celui-ci ne voit généralement pas. Cela voudrait dire qu'à côté de la question de l'efficacité des textes et de leur contenu se trouve celle de la volonté de leurs auteurs de leur donner effet. Pourtant, c'est pour donner plus de chance aux textes environnementaux de produire tous leurs effets que la participation de tous les acteurs est exigée. En plus de la légitimité que leur donne cette participation, elle est donc une condition de leur efficacité.

183. Dans le domaine de la gestion des cours d'eau par exemple, le ministère de l'Énergie et de l'Eau et celui de l'Environnement, de l'Assainissement et du Développement durable ont des compétences quasi identiques concernant certains aspects de cette gestion des cours d'eau. Le ministère de l'Énergie et de l'Eau a « *l'initiative et la responsabilité* »[2] *de la « réalisation d'études de travaux d'aménagement des cours d'eau* »[3] et le Ministère de l'Environnement, de l'Assainissement et du Développement durable a aussi « *l'initiative et la responsabilité* » de la lutte contre « *l'ensablement des cours d'eau* »[4]. La nécessité de précision et de clarté des textes qui sont rédigés dans ce secteur oblige les acteurs de ces deux ministères, dans le domaine précis de la gestion des cours d'eau, à se concerter au moment de la rédaction desdits textes. À défaut, il y aurait chevauchement, confusion, conflit et finalement inapplicabilité des textes. La qualité de la gouvernance dont il sera question dans la deuxième partie de ce travail n'arrange pas aussi les choses, étant entendu que ces deux départements sont souvent réunis en un seul[5], souvent scindés en

---

[1] Mario BETTATI, *Le droit international de l'environnement*, Odile Jacob, Paris, 2012, p. 173.
[2] Art. 16 du décret n° 2019-0331/P-RM du 13 mai 2019 *fixant les attributions spécifiques des membres du Gouvernement*, publié au JORM n° 15 du 20 mai 2019, p. 534.
[3] *Ibid.*
[4] Art. 28 du même décret.
[5] V. par exemple les décrets n° 2012-194/P-RM du 24 avril 2012 *portant nomination des membres du Gouvernement* publié au JO n° 17 du 27 avril 2012, p. 645 et n° 2014-0257/P-RM

deux ou trois, selon les humeurs de ceux qui les créent ou pour satisfaire des promesses électoralistes de sorte que l'essentiel est offusqué au profit de l'aléatoire et du dérisoire.

184. Au niveau de la coopération internationale, le pays a développé des programmes de coopération sous régionale et internationale et le recours à l'expertise de ses différents partenaires bilatéraux et multilatéraux[1] pour la production de nombreux textes environnementaux est une réalité.
C'est surtout dans le domaine de la réalisation des objectifs de développement durable que la concertation est plus que nécessaire. Cela passe par la rédaction de textes réunissant toutes les qualités permettant leur facile application.

185. La coordination est l'action de coordonner, c'est-à-dire, selon le dictionnaire de l'Académie française, « (…) *agencer certaines choses entre elles suivant les rapports qu'elles doivent ou peuvent avoir, les disposer convenablement pour une fin* »[2]. La pluralité des intervenants en matière d'environnement nécessite cette coordination en vue de parvenir à une harmonisation des actions. Le préambule de la Déclaration de Stockholm rappelle cette nécessité : « *Défendre et améliorer l'environnement pour les générations présentes et à venir est devenu pour l'humanité un objectif primordial, une tâche dont il faudra coordonner et harmoniser la réalisation avec celle des objectifs fondamentaux déjà fixés de paix et de développement économique et social dans le monde entier* »[3]. La plupart des conventions demande aux États de désigner des organes appropriés chargés de cette coordination. Dans le domaine de la conception des normes, celle-ci permet d'établir un lien entre le contenu des règles et le but qu'elles poursuivent.

186. Au Mali, c'est un décret qui confie au ministre chargé de l'Environnement, de l'Assainissement et du Développement durable la mission de veiller « (…) *à la prise en compte des questions de développement durable à l'occasion de la formulation et de la mise en œuvre des politiques publiques…* »[4]. L'attribution de cette mission au ministère en charge de l'Environnement n'est pas anodine. L'environnement est au cœur des stratégies de développement. Sa place, et donc du droit qui a pour objet de le protéger, est prépondérante dans les orientations des actions de développement. Cette prépondérance se

---

du 11 avril *2014 portant nomination des membres du Gouvernement* publié au JO n° 18 du 02 mai 2014, p. 689.

[1] La liste de ces partenaires est consultable sur le site de l'AEDD (www.aedd.gouv.ml).

[2] https://www.dictionnaire-academie.fr.

[3] V. Préambule de la Déclaration.

[4] Décret n° 2018-0005/P-RM du 10 janvier 2018 *fixant les attributions spécifiques des membres du gouvernement*, publié au JORM spécial n° 01 du 12 janvier 2018, pp. 3-12 (v. aussi le décret n° 2020-0095/PT-RM du 16 octobre 2020 *fixant les attributions spécifiques des membres du gouvernement*, publié au JORM spécial n° 18 du 19 octobre 2020, p. 4).

traduit par la nécessité d'intégrer des règles juridiques environnementales dans toutes les stratégies de développement[1]. Veiller à cet impératif est la mission principale de l'Agence de l'Environnement et du Développement Durable[2].

187. L'article 12 de la décision fixant l'organisation interne et les règles particulières d'administration et de fonctionnement de l'Agence de l'Environnement et du Développement Durable, en disposant que la section juridique est chargée d'« (...) initier et adopter les mesures juridiques de gestion de l'environnement » laisse penser qu'elle est l'unique structure chargée de l'initiation des textes environnementaux. En réalité, l'initiation comme la rédaction des textes environnementaux implique plusieurs acteurs[3], compte tenu de la diversité des secteurs concernés. Une concertation et une coordination sont donc nécessaires durant tout le processus d'élaboration des mesures juridiques. Car, leur écriture inadaptée ou incohérente est « un obstacle à leur bonne application ». Les différentes compétences juridiques doivent être mieux utilisées lors de la préparation des textes afin de faciliter leur acceptation par leurs destinataires et leur application. L'importance de la concertation et la rédaction des textes ne concernent pas que les seuls juristes. Compte tenu de la technicité et de la transversalité de l'environnement, il est nécessaire que la rédaction des textes qui transposent les normes d'origine externe mobilise les compétences d'autres spécialistes.
Il permet en tout cas de veiller à la cohésion permanente entre le contenu des textes et le but qu'ils poursuivent.

188. La clarté et la cohérence du contenu des textes environnementaux facilitent leur compréhension par leurs destinataires. Ceux-ci doivent avoir une vue d'ensemble des objectifs des textes, de leur contenu et des implications pour eux. C'est pour cette raison que l'autorisation de la ratification ou de l'approbation des textes environnementaux ne doit intervenir qu'à la suite d'une large information des populations sur le contenu et les enjeux de ceux-ci. Il s'agit d'ailleurs là d'une exigence d'un des principes du droit de l'environnement : le principe d'information. D'où l'idée de l'instauration d'une étude d'impact social préalable des textes environnementaux avant leur transposition.

189. Julien BETAILLE, *dans les conditions juridiques de l'effectivité de la norme en droit public interne*, évoque la question de l'adéquation entre la norme et le but qu'elle poursuit en défendant la position selon laquelle cette

---

[1] *Ibid.*
[2] Art. 2 de la loi qui la crée.
[3] Le Conseil national de l'environnemental, le Secrétariat général du ministère de l'Environnement, les cadres du ministère des affaires étrangères, etc..

adéquation « *influence l'effectivité de la norme* »[1]. En effet, si le but poursuivi par le droit de l'environnement est l'amélioration constante du cadre de vie et la sauvegarde de l'ensemble des ressources, son contenu doit pouvoir permettre de parvenir à ce résultat. Mais, lorsque le but poursuivi par les règles n'est qu'apparent ou lorsque le contenu de ces dernières n'est destiné qu'à séduire les partenaires plutôt qu'à permettre d'atteindre leur but, on ne peut s'attendre qu'à leur inefficacité, mais avant à leur ineffectivité. C'est le cas, par exemple, de la création au Mali en 2015 d'un ministère chargé du Développement durable. Si en théorie l'existence d'un tel ministère est salutaire, dans la pratique il s'agit d'un non-sens. Car, si le développement signifie l'amélioration sans cesse continue du bien-être de l'ensemble des populations et si le mot « durable » renvoie au long terme, l'on est bien loin du compte au Mali, en raison de la dégradation constante du cadre de vie, de la pression de plus en plus forte sur les ressources et surtout de l'éternelle régression dans tout ce qui est construit. Un des fondements du droit de l'environnement est pourtant la non-régression dans ce qui est acquis or, l'observation et le vécu sont, à ce titre, très illustratifs au Mali. De même, l'éducation et la formation qui sont la base de tout développement sont effritées.
Si l'intégration du droit international de l'environnement en droit malien a positivement impacté ce dernier par son renforcement quantitatif, il est regrettable de constater qu'elle a aussi induit une perturbation de la cohérence de son ordre juridique.

Section 2 - La perturbation de la cohérence du droit existant

190. On appelle ici *droit existant*, le droit malien de l'environnement tel qu'il existe avant sa réception des normes internationales relatives à l'environnement. Ce droit, déjà composite, relève d'un ordre précis. L'ordre juridique malien, tout comme les divers droits qui le composent, doit toujours demeurer cohérent même s'il reçoit des éléments d'autres ordres juridiques, c'est-à-dire qu'il doit exister une certaine harmonie entre les différents éléments qui le composent . À défaut, l'on parlera d'incohérence ou de perturbation de sa cohérence. Cette perturbation de la cohérence du droit malien de l'environnement est, pour lui, une source d'incertitude et de déstabilisation.

191. Par « perturbation de la cohérence de l'ordre juridique environnemental malien », il convient d'entendre la désorganisation ou la confusion des normes provoquée par le contact entre le droit malien de l'environnement et le droit international de l'environnement. Il est constant que la règle de droit interna-

[1] V. Julien BETAILLE, *Les conditions juridiques de l'effectivité de la norme en droit public interne, illustrations en droit de l'environnement et de l'urbanisme*, *op. cit.*, p. 361.

tional de l'environnement réceptionnée devient « (...) *une règle de droit interne avec tous les effets* »[1]. Cette réception de la règle internationale qui doit normalement se faire sans entorse à l'autonomie de l'ordre juridique malien entraine une perturbation de la cohérence de cet ordre juridique. La diversité et le nombre des règles internationales d'environnement réceptionnées rendent cette perturbation malheureusement inévitable. En effet, le développement du droit de l'environnement du Mali s'effectue souvent de manière non coordonnée, se traduisant parfois par de multiples emplois et beaucoup d'incohérences[2]. Ces incohérences sont préjudiciables à l'efficacité des normes ou à leur applicabilité tout simplement. Il est important, pour l'applicabilité des normes, de résoudre le problème du chevauchement que provoque leur incohérence en s'attaquant de préférence à leurs sources. Ainsi, plusieurs moyens juridiques peuvent permettre de résoudre ce problème. Mais, il convient au préalable de relever quelques incohérences provoquées par la réception par le droit malien du droit international de l'environnement.

192. La cohérence des normes environnementales signifie l'absence de contradictions entre celles-ci. Cette absence de contradictions entre les normes est une condition de leur effectivité[3] et donc de leur efficacité. Il en va de même des institutions environnementales qui gagneraient à ne pas empiéter sur les compétences des unes et des autres en vue de permettre une gestion saine de l'environnement. L'incohérence du droit malien de l'environnement, provoquée par sa réception des normes internationales, suppose qu'il était déjà cohérent avant qu'il ne soit en contact avec le droit international de l'environnement. Toute chose qui n'est pas toujours vraie quand on connaît le rôle et la diversité des règles coutumières dans l'ordonnancement juridique du pays et les conséquences de la décentralisation des compétences dans le domaine de l'environnement. La coutume n'est pas toujours la même, d'une localité à une autre. Le droit étranger, notamment français, joue aussi un rôle considérable dans l'incohérence des normes nationales. Mais, comme notre démarche ne vise qu'à relever l'incohérence provoquée en droit malien, dans son rapport avec le droit international de l'environnement, il convient de se limiter à cet objectif.

193. Développé pour répondre à l'urgence, le droit international de l'environnement n'est pas lui-même exempt de lacunes[4] et de contradictions. Ces lacunes et contradictions s'ajoutent à celles induites par l'intégration sans cesse

---

[1] Heinrich TRIEPEL, *Droit international et droit interne*, *op. cit.*, p. 170.

[2] V. *infra*, n° 159 et s.

[3] Julien BETAILLE, Les *conditions juridictions de l'effectivité de la norme en droit public interne*, *op. cit.*, p. 79.

[4] V. Corinne LEPAGE, *Les véritables lacunes du droit international de l'environnement*, Le Seuil | « Pouvoirs » 2008/4 n° 127, pages 123 à 133. L'absence d'une organisation mondiale de

croissante des normes internationales en droit malien. Cela provoque inévitablement une incohérence qui se traduit quelques fois par un chevauchement des textes et des institutions environnementales. Le chevauchement des textes signifie leur « croisement ». Ce croisement engendre un conflit entre eux, positif et/ou négatif. Les difficultés nées de ce chevauchement ne rendent pas aisé le travail du juge qui est d'interpréter les conventions souvent en conflit[1]. Au niveau national, si l'occasion était donnée au juge malien de se prononcer sur un litige relatif à la définition de l'environnement, qu'est ce qui permettrait de guider sa préférence entre les différentes définitions sus-étudiées pour motiver sa décision étant entendu que ces définitions sont contenues dans des textes de même rang : le temps ou la matière ? Il est important de déterminer, en pareille circonstance, les moyens juridiques permettant de résoudre le problème d'incohérence ou de chevauchement des textes. Un véritable conflit entre les textes n'apparaît que si plusieurs textes successifs ont été adoptés par le ou les mêmes auteurs et régissant d'une manière différente le même domaine. Mais, avant de s'attacher à résoudre le problème de chevauchement des textes environnementaux créé surtout par l'incorporation du droit international de l'environnement dans l'ordre juridique malien, il convient au préalable de montrer sa réalité et son étendue.

194. Parler de la réalité de l'incohérence des normes, de leur chevauchement ou de celui des structures chargées des questions d'environnement, induits par la réception du DIE par le droit malien, revient à parler de l'exactitude de cette incohérence. Cette évidence se vérifie, comme il convient, par des exemples choisis çà et là. Quant à l'analyse de l'étendue de l'incohérence, elle n'a pas pour objet d'évoquer toutes les incohérences car, cela pourrait donner lieu, lui-même, à la rédaction d'un ouvrage, mais de mettre l'accent sur l'ampleur de celle-ci.
En effet, l'analyse de la réception du droit international de l'environnement par le droit malien a permis de dégager un certain nombre de confusions et d'incohérences, confusions et incohérences dans le droit malien lui-même et entre celui-ci et le droit international de l'environnement. La spécificité du droit de l'environnement devrait pourtant permettre, à défaut de les éviter toutes, de les minimiser au maximum. Il s'agit, en effet, d'un droit dont l'objet est très étendu : la nature et ses ressources, les pollutions et nuisances, les paysages et les monuments, etc.. En tentant de réglementer tous ces secteurs et bien d'autres, il devient pratiquement difficile d'éviter des chevauchements. Malheureusement, ces chevauchements qui créent des incohérences dont les sources sont nombreuses, ne concernent pas que les textes. Ils touchent égale-

---

l'environnement serait, selon elle, entre autres, à l'origine de l'insuffisance de sanctions des accords.

[1] Michel PRIEUR, *Droit de l'environnement, droit durable*, *op. cit.*, p. 246.

ment les différentes institutions mises en place par application du droit international de l'environnement, tant du point de vue de leurs structures que de celui de leurs missions.

195. On parle de cohabitation lorsque deux ou plusieurs personnes habitent ensemble[1] ou « (…) *lorsque la majorité présidentielle et la majorité parlementaire sont de tendances politiques opposées* »[2]. Appliqué aux normes environnementales, la cohabitation signifie la coexistence de dispositions ou de textes régissant simultanément les mêmes questions. Comme il a été souligné précédemment, les incohérences induites par le contact entre le droit malien de l'environnement et le droit international de l'environnement peuvent être analysées d'un double point de vue au moins : d'abord du point de vue de l'articulation des normes internes, ensuite de celui du double emploi d'un régime juridique identique issu de certaines conventions. Commençons par développer ce dernier point.

196. La ratification par la République du Mali de nombreuses Conventions sur l'environnement et la conclusion de divers accords bilatéraux sur le même objet ont souvent abouti à une grande redondance. C'est notamment le cas lorsque le pays est Partie à des Conventions universelles, régionales, communautaires ou bilatérales qui traitent des mêmes questions. Il est, en effet, aisé de relever que la Convention d'Alger *sur la conservation de la nature et des ressources naturelles* de 1968, révisée en 2003 à Maputo, ratifiée par le Mali en 2004 et la Convention de Bonn *sur la conservation des espèces migratrices appartenant à la vie sauvage*, approuvée par le Mali en 1985, présentent un régime semblable relativement aux ressources naturelles et à la vie sauvage[3]. La Convention d'Alger, modifiée à Maputo, fait référence à toutes les espèces sauvages migratrices ou non tandis que celle de Bonn met l'accent sur celles qui migrent[4]. Les accords de coopération, dans le domaine de l'environnement et de la forêt, entre le Mali et certains de ses voisins comme le Sénégal[5], la Côte d'Ivoire[6] ou la Guinée[7] contiennent à quelques virgules près les mêmes

---

[1] Serge GUINCHARD (dir.), *Lexique des termes juridiques*, 2019, *op. cit.*, p. 371.
[2] *Ibid.*
[3] V. les annexes des deux Conventions.
[4] La plupart des espèces sauvages qui se trouvent au niveau des frontières des États ou dans les eaux qui traversent plusieurs États migrent.
[5] V. *Protocole d'accord dans le domaine des Eaux et Forêts, chasses et conservation de la nature signé à Bamako le 20 juin 1996 entre le Gouvernement du Mali et celui du Sénégal.*
[6] V. *Accord de coopération dans le domaine de l'environnement et de la forêt signé à Bamako le 23 juillet 1999 entre la République du Mali et celle de la Côte d'Ivoire.*
[7] V. *Accord de Coopération technique entre le gouvernement de la République du Mali et le Gouvernement de la République de Guinée dans le domaine de l'environnement, signé à Bamako le 24 avril 2017* et *Protocole d'accord entre la République de Guinée et la République du Mali relatif à la coopération bilatérale pour la connaissance, la gestion, la mobilisation et*

contenus alors que tous ces États sont en même temps signataires des Convention d'Alger et de Bonn et de plusieurs textes sous régionaux sur des sujets identiques.
Le même constat peut être fait à propos de l'Accord sur la conservation des oiseaux d'eau migrateurs d'Afrique-Eurasie, ratifié par le Mali en août 1999[1] et la Convention relative aux zones humides d'importance internationale particulièrement comme habitats des oiseaux d'eau, approuvée en 1985[2] dans le domaine des oiseaux d'eau. Il en est de même de la Convention de Bamako sur l'interdiction d'importer des déchets dangereux et le contrôle de leurs mouvements transfrontières en Afrique, ratifié par le Mali en 1991 et celle de Bâle sur le contrôle des mouvements transfrontières de déchets dangereux et de leur élimination, ratifié par le Mali en 2000, dans le domaine des mouvements transfrontières des déchets dangereux. On peut faire un rapprochement entre ces deux dernières Conventions et celle de Rotterdam sur la procédure de consentement préalable en connaissance de cause applicable à certains produits chimiques et pesticides dangereux qui font l'objet d'un commerce international, ratifiée par le Mali en 2003.
C'est surtout sur le plan bilatéral que l'on remarque beaucoup de différences dans la gestion du patrimoine forestier commun au Mali et à ses voisins respectifs. Ce qui revient à considérer que les ressources du pays peuvent connaître plusieurs techniques de gestion possibles puisqu'il existe au moins un accord avec chaque pays voisin. Quant aux accords entre la République du Mali et des pays non voisins comme le Gabon et la Tunisie[3], qui ont principalement pour objet un échange d'informations et d'expériences dans le domaine de la gestion de certaines ressources de l'environnement, ils deviendront inefficaces s'ils doivent permettre d'appliquer les différentes expériences aux mêmes ressources de l'environnement, compte tenu de la spécificité des ressources de chaque pays.

197. Concernant le droit interne, beaucoup de confusions et d'incohérences provoquées par la réception du droit international de l'environnement peuvent être relevées. S'agissant, par exemple, de la définition de l'environnement, même si ce mot est polysémique, il n'est pas compréhensible qu'il soit défini de manières différentes par le même corps législatif. Ce mot est défini de trois façons différentes dans des textes de lois tous en vigueur et par un décret[4].

---

l'utilisation des ressources en eau du bassin du Niger supérieur, signé à Bamako le 23 janvier 2003.

[1] V. le décret n° 99-224/P-RM du 19 août 1999, publié au JORM n° 26 du 20 octobre 1999, p. 1012.

[2] V. le décret n° 85-70/P-RM du 14 mars 1985, publié au JORM n° 712 du 15 mars 1985, p. 4.

[3] *Ibid.*

[4] Décret n° 03-594/P-RM du 31 décembre 2003 *relatif à l'Étude d'Impact sur l'Environnement*, publié au JORM n° 05 du 20 février 2004, p. 185. Heureusement que ce décret sera abrogé en

D'abord, la loi du 30 mai 2001 *relative aux pollutions et aux nuisances* au Mali, remplacée par celle du 24 mai 2021[1], définit l'environnement comme « *un ensemble perçu comme une entité, dans un espace et en un temps donnés, des facteurs physiques, chimiques, biologiques et sociaux susceptibles d'avoir un effet direct ou indirect, immédiat ou à terme, sur l'espèce humaine et ses activités, sur les espèces animales et végétales* »[2]. Cette définition est reprise dans des termes identiques par l'article 1er de l'Ordonnance n° 2019-022 du 27 septembre 2019 *portant Code minier en République du Mali* abrogeant la loi n° 2012-015 du 27 février 2012. Cependant, l'article 1er paragraphe 27 de la loi n° 2015-035 du 16 juillet 2015 *portant organisation de la recherche, de l'exploitation et du transport des hydrocarbures*[3] au Mali donne une autre définition de l'environnement. Selon cet article, l'environnement est « (…) *l'ensemble des éléments naturels et artificiels ainsi que les facteurs économiques socio-culturels qui influent sur les êtres vivants et que ceux-ci peuvent modifier* »[4]. Cette loi modifie celle de 2004 *portant organisation de la recherche, de l'exploitation, du transport, et du raffinage des hydrocarbures*[5] qui, elle aussi, donne une autre définition de l'environnement. Son article 1er, consacré aux définitions des termes, dispose à son paragraphe 7 (sic) que l'environnement est l'« (…) *ensemble des conditions naturelles et humaines déterminant le milieu de vie dans une zone donnée et incluant l'écosystème et les populations* »[6]. Heureusement, la loi de 2015 « *abroge toute disposition antérieure qui lui est contraire, notamment la loi n° 04-037, modifiée du 02 août 2004 portant Organisation de la Recherche, de l'Exploitation, du Transport et du Raffinage des Hydrocarbures* »[7]. L'abrogation ne résout pas le problème car les lois relatives aux pollutions et nuisances et au Code minier sont toujours en vigueur. Le mot « environnement » doit-il changer de sens dans le même droit positif parce que contenu dans des textes régissant des secteurs différents ? Le droit positif camerounais répond négativement à cette interrogation

---

2008. Le nouveau décret ne définira plus l'environnement puis qu'il vise des lois qui le définissent. Il s'agit du décret du 26 juin 2008, publié au JORM n° 31 du 1er août 2008, pp. 1204-1209, modifié par le décret n° 09-318/P-RM du 26 juin 2009, publié au JORM n° 30 du 24 juillet 2009, pp. 1177-1178.

[1] Loi n° 2021-032 du 24 mai 2021 *relative aux pollutions et aux nuisances*, publiée au JORM n° 16 du 28 mai 2021, p. 607.

[2] Loi n° 01-020 du 30 mai 2001 *relative aux pollutions et aux nuisances*, publiée au JORM n° 17 du 20 juin 2001, art 2, p. 646 abrogée par la loi n° 2021-032 du 24 mai 2021 *relative aux pollutions et aux nuisances*, publiée au JORM n° 16 du 28 mai 2021, p. 607. Cette définition n'a pas changé.

[3] V. JORM n° 34 du 31 juillet 2015, p. 1323. La définition du décret relatif à l'Étude d'Impact sur l'Environnement est identique à celle donnée par cette loi.

[4] *Ibid.*

[5] V. loi n° 04-037 du 2 août *2004 portant organisation de la recherche, de l'exploitation, du transport et du raffinage des hydrocarbures*, publiée au JORM n° 26 du 20 septembre 2004, p. 1002.

[6] *Ibid.*

[7] V. art. 146.

si l'on se réfère à l'article de Jacques-Joël ANDELA[1] qui constate que ce droit a adopté une définition unique de l'environnement que l'on retrouve à l'article 4 de la loi cadre relative à la gestion de l'environnement. Cet article définit l'environnement comme « *l'ensemble des éléments naturels ou artificiels et des équilibres biogéochimiques auxquels ils participent, ainsi que des facteurs économiques, sociaux et culturels qui favorisent l'existence, la transformation et le développement du milieu, des organismes vivants et des activités humaines* »[2]. Cette solution a le mérite de la clarté, de la simplicité et de la cohérence.

198. Les différentes définitions des termes et expressions des textes précités ne sont pas classées par ordre alphabétique ; ce qui ne rend pas aisé la consultation de ces textes. Pourtant d'autres textes, comme la loi de 2008 relative à la sécurité en biotechnologie, le décret de 2008, modifié, relatif à l'Étude d'Impact Environnemental et Social, contiennent des définitions qui sont classées selon l'ordre alphabétique. Il y a donc une incohérence dans la démarche de rédaction des textes normatifs d'un même ordre juridique et cela n'aide pas les destinataires de ces textes.

199. D'autres confusions sont à relever dans la loi sur les pollutions et nuisances du 30 mai 2001 remplacée, heureusement, par celle du 24 mai 2021. En effet, la loi de 2001 parle d'Étude d'Impact sur l'Environnement alors que, depuis 2008 le décret du 05 juillet 1999 qui a institué pour la première fois, au Mali, l'Étude d'Impact a été abrogé. Paradoxalement, le décret de 2008 cite dans ses visas la loi sur les pollutions et nuisances. En réalité, le décret du 05 juillet 1999, qui a institué la procédure d'étude d'impact sur l'environnement, a été abrogé par un décret de 2003, lui-même abrogé en 2008. C'est ce dernier décret, modifié en 2009 qui parle d'Étude d'Impact Environnemental et Social. Donc ce dernier décret et la loi de 2001 sur les pollutions et nuisances n'utilisent pas les mêmes mots pour dire la même chose. Heureusement, la récente loi de 2021[3] sur les pollutions et nuisances vient corriger cette lacune. Ces différentes confusions et bien d'autres ne sont pas seulement les conséquences de la réception du droit international de l'environnement par le droit malien, mais elles sont aussi dues à l'absence d'un Code unique de l'environnement et certainement à la qualité de la rédaction[4] ou des rédacteurs des textes.

---

[1] Jacques-Joël ANDELA, *Les implications juridiques du mouvement constitutionnel du 18 janvier 1996 en matière d'environnement au Cameroun* in RJE, n° 04, 2009, p. 423.
[2] *Ibid.*
[3] Loi n° 2021-032 du 24 mai 2021 *relative aux pollutions et aux nuisances*, publiée au JORM n° 16 du 28 mai 2021, p. 607.
[4] Les représentants du pays au niveau des instances internationales et nationales de prise de décisions concernant l'environnement ont souvent un profil inadéquat (v. à ce sujet le rapport

Les structures administratives mises en place pour la gestion des questions d'environnement connaissent, elles aussi, les mêmes problèmes d'incohérence ou de chevauchement.

200. Il a été étudié au titre1 de la présente partie, même si c'est de façon non exhaustive, une multitude de structures, créées sous l'impulsion du droit international de l'environnement et ayant des compétences générales ou spécifiques dans le domaine de l'environnement. Certaines seulement de ces structures seront étudiées ici, à titre illustratif. Pour plus d'efficacité, ces structures gagneraient à ne pas chevaucher. Ce n'est malheureusement pas toujours le cas.

201. Selon le décret n° 2019-0331/P-RM du 13 mai 2019 *fixant les attributions spécifiques des membres du Gouvernement*[1], le ministère de l'Environnement et celui de l'Energie et de l'Eau ont des compétences partagées, souvent confuses, dans le domaine de l'eau et notamment de la gestion des bassins des deux fleuves qui irriguent le pays : le fleuve Niger et le fleuve Sénégal. Ainsi, le ministère de l'Energie et de l'Eau qui « *prépare et met en œuvre la politique nationale dans le domaine (...) de la gestion de l'Eau* »[2] a « *l'initiative et la responsabilité* »[3] *de la « réalisation d'études de travaux d'aménagement des cours d'eau* »[4] alors que le ministère de l'Environnement, de l'Assainissement a aussi « *l'initiative et la responsabilité* » de la lutte contre « *l'ensablement des cours d'eau* »[5]. À cet égard, l'Agence du Bassin du fleuve Niger, un des organismes personnalisés du ministère de l'Environnement qui a pour mission « *la sauvegarde du fleuve Niger, de ses affluents et de leurs bassins versants, sur le territoire de la République du Mali et la gestion intégrée de ses ressources* »[6] est chargée entre autres de « *protéger les berges et les versants contre l'érosion et l'ensablement* »[7] dudit fleuve. Au même moment, la Cellule nationale de Planification, de Coordination et de suivi du Développement du Bassin du Fleuve Sénégal est rattachée au ministère de

sur le *Plan de renforcement des capacités du Mali pour gérer l'environnement aux niveaux mondial et national* de décembre 2007, p. 65).

[1] V. JORM n° 15 du 20 mai 2019, p. 534 (v. aussi le décret n° 2020-0095/PT-RM du 16 octobre 2020 *fixant les attributions spécifiques des membres du gouvernement*, publié au JORM spécial n° 18 du 19 octobre 2020, p. 4).

[2] Art. 16 dudit décret.

[3] *Ibid.*

[4] *Ibid.*

[5] Art. 28 du même décret.

[6] Art. 2 de l'ordonnance n° 02-049 du 29 mars 2002 *portant création de l'Agence du bassin du fleuve Niger*, publiée au JORM n° 12 du 30 avril 2002, p. 443.

[7] *Ibid.*

l'Énergie et de l'Eau[1]. Il y a ici des responsabilités partagées et confuses en matière de gestion des cours d'eau qui peut être source de conflits entre les deux départements relativement à la réalisation des travaux d'aménagement, par exemple du fleuve Niger. La Direction nationale des Eaux et Forêts, devenue direction générale depuis le 10 février 2023, qui « *a pour mission d'élaborer les éléments de la politique nationale en matière de conservation des eaux* (…), *de la faune sauvage et de son habitat, de préservation de la diversité biologique des espèces de faune et de flore sauvages,* (…) »[2] relève du ministère de l'Environnement, mais a compétence sur le fleuve Sénégal qui relève du ministère de l'Eau. La Direction nationale de l'Hydraulique qui relève, selon le décret °2019-0331 du 13 mai 2019[3] précité, du ministère de l'Énergie et de l'Eau, a aussi des compétences en matière d'eau, elle est chargée, entre autres, de :

« *- élaborer les stratégies d'alimentation en eau potable, de mobilisation et de gestion des ressources en eau et de veiller à leur mise en œuvre ;*
- élaborer les normes régissant le secteur de l'eau et veiller à leur application ;
- faire l'inventaire, évaluer et suivre, les ressources en eau et les ouvrages hydrauliques ; - planifier, contrôler et développer le service public de l'eau ;
- évaluer les programmes et les projets de réalisation d'infrastructures ou d'aménagements hydrauliques ;
- participer à la promotion de la coopération sous régionale dans le domaine de la maîtrise et de la gestion des ressources en eau »[4].

Selon l'article premier de la loi *portant Code de l'eau*, on entend par administration de l'eau le ministère de l'Eau, tandis qu'en matière de constatations des infractions audit Code l'article 71 du même texte dispose : « *Les fonctionnaires de l'administration chargée de l'eau, de la santé publique et de l'environnement ainsi que les agents des administrations régionales, de cercles et de communes compétents sur leur territoire respectif, dûment mandatés sont habilités à faire des constats en cas d'infraction au code de l'eau.* ».

Ces deux départements ministériels sont placés par le décret n° 2007-166 dans le même secteur de planification. Tous les autres départements ministériels ou presque et leurs différents services rattachés ont des compétences, de quelle que nature qu'elles soient, en matière d'environnement : le ministère de l'Élevage et de la Pêche, de l'Agriculture, de l'Urbanisme, etc.. Même si, du point

---

[1] V. décret n° 2019-0332 du 13 mai 2019 *portant répartition des services publics entre la primature et les départements ministériels*, publié au JORM n° 15 du 20 mai 2019, p. 544.

[2] Art. 2 de son texte de création (Loi n° 09-028 du 27 juillet 2009, publiée au JORM n° 34 du 21 août 2009, p. 1336).

[3] V. aussi le décret n° 2020-0095/PT-RM du 16 octobre 2020 *fixant les attributions spécifiques des membres du gouvernement*, publié au JORM spécial n° 18 du 19 octobre 2020, p. 4.

[4] Art. 2 de l'ordonnance n° 10-001/P-RM du 18 janvier 2010 *portant création de la Direction nationale de l'Hydraulique*, publiée au JORM n° 05 du 29 janvier 2010, p. 164, ratifiée par la loi n° 10-006 du 20 mai 2010 publiée au JORM n° 27 du 02 juillet 2010, p. 1045.

de vue des textes, le chevauchement entre ces structures ne paraît pas visible, il en va autrement dans la pratique.

202. On comprend bien la difficulté à faire relever tel ou tel service de tel ou tel département surtout lorsque que l'on sait que la création des départements ministériels et la fixation de leurs compétences relèvent du pouvoir discrétionnaire du Président de la République et du Premier ministre. On a ainsi pu observer à plusieurs reprises la fusion des départements de l'Eau et de l'Environnement[1] ou de celui de l'Agriculture et de l'Environnement[2], de l'Environnement et du Développement rural[3], de l'Environnement avec l'Équipement, l'Urbanisme et l'Aménagement[4]. Ce qui a pu permettre de régler quelques fois ces difficultés de chevauchement dans ce domaine précis. Un développement important est consacré à ces questions dans la deuxième partie de cette recherche[5]. Il n'existe pas de meilleur intitulé possible pouvant regrouper à la fois, sous l'autorité d'un même ministère, toutes les compétences en matière d'environnement, il convient seulement de veiller à une meilleure coordination entre les différentes structures afin d'éviter les nombreuses incohérences dont les sources sont diverses.

203. Par « sources d'incohérences », il convient de comprendre leur cause, c'est-à-dire ce qui est à la base des incohérences entre les normes environnementales. Il ressort des lignes qui précèdent que plusieurs sources d'incohérence peuvent être identifiées. Elles sont nombreuses, variées et concernent aussi bien les textes que les structures chargées de leur application. Elles ne

---

[1] V. notamment les décrets n° 2012-194/P-RM du 24 avril 2012 *portant nomination des membres du Gouvernement*, publié au JORM n° 17 du 27 avril 2012, p. 645 et n° 2014-0257/P-RM du 11 avril 2014 *portant nomination des membres du Gouvernement*, publié au JORM n° 18 du 02 mai 2014, p. 689.

[2] V. les décrets n° 91-208/P-RM du 26 août 1991 *portant nomination des membres du Gouvernement*, publié au JORM n°17 du 15 septembre 1991, p. 621 ; n° 91-458/P-RM du 27 décembre 1991 *portant nomination des membres du Gouvernement*, publié au JORM n° 1 du 15 janvier 1992, p. 11 ; n° 91-167/P-RM du 16 juillet 1991 *portant nomination des membres du Gouvernement* publié au JORM n° 14 du 31 juillet 1991, p. 510 ; n° 92-149 du 14 mai 1992 abrogeant les dispositions du décret n° 91-458/P-RM du 27 décembre *1991 portant nomination des membres du Gouvernement en ce qui concerne Madame SY Maïmouna BA*, publié au JORM n° 11 du 15 juin 1992, p. 378.

[3] V. les décrets n° 94-067/P-RM du 06 février 1994 *portant tous nomination des membres du Gouvernement*, publié au JORM n° 04 du 28 février 1994, p. 106 ; n° 94-333/P-RM du 25 octobre 1994 *portant tous nomination des membres du Gouvernement*, publié au JORM n° 22 du 30 novembre 1994, p. 833 ; n° 96-206/P-RM du 22 juillet 1996 *portant tous nomination des membres du Gouvernement*, publié au JORM n° 14 du 31 juillet 1996, p. 519 ; n° 02-343/P-RM du 14 juin 2002 *portant tous nomination des membres du Gouvernement*, publié au JORM n° 17 du 20 juin 2002, p. 679.

[4] V. le décret n° 00-057/P-RM du 15 février 2000 *portant nomination des membres du Gouvernement*, publié au JORM n° 13 du 10 mai 2000, p. 489.

[5] V. *infra*, n° 515 (Les moyens institutionnels novateurs).

sont donc pas la résultante du seul contact entre le droit malien de l'environnement et le droit international de l'environnement. Mais, c'est surtout ce foyer d'incohérence qui mérite d'attirer notre attention dans le cadre du présent travail.

204. L'incohérence dans les textes vient le plus souvent de leur rédaction ou de leur transposition. La diversité des sources internationales des textes environnementaux ne permet pas d'éviter certaines incohérences. Aussi, les nombreuses incohérences des normes peuvent s'expliquer par la volonté de régler dans l'urgence les différents problèmes environnementaux. Elle est souvent liée au manque de vigilance des acteurs concernés par le travail de leur conception, c'est-à-dire les services techniques des départements ministériels, du Secrétariat général du Gouvernement, les autres cadres de l'administration. Elle peut être due aussi au problème de qualification de la plupart des personnes impliquées dans leur conception et leur rédaction. C'est la question récurrente de la capacité des services de l'État et de la légitimité de ceux qui les animent à produire des normes de qualité dont l'application serait effective. La rigueur dans le travail, en général, et dans celle de la production normative, en particulier, est aussi une denrée rare au Mali.

205. Le nombre important de textes sur l'environnement[1] et leur diversité constituent en soi des sources d'incohérence. Car, en plus des traités, il faut noter les Déclarations et recommandations, les programmes d'action ou encore la jurisprudence. Beaucoup de ces textes s'appliquent à la fois au même pays.

206. Une autre source d'incohérence peut être trouvée dans le mauvais usage du mimétisme des textes. La cohérence veut que lorsqu'un texte d'origine externe est transposé, il soit tenu compte de son aptitude à produire les effets attendus dans l'ordre juridique du pays de réception. Pour cela, plusieurs paramètres entrent en ligne de compte dont la langue, la culture, le climat, etc..

207. Il peut aussi être relevé plusieurs autres incohérences dans différents textes. Ainsi, l'article 49 de la loi du 24 mai 2021 sur les pollutions et nuisances dispose : « *Les agents assermentés de la Direction nationale de l'Assainissement et du Contrôle des Pollutions et de Nuisances (DNACPN) recherchent et constatent par procès-verbaux les infractions aux dispositions de la présente loi* ». D'autres services ne relevant pas du ministère de l'Environnement sont aussi investis de telles missions. C'est ainsi que le Bureau du Vérificateur Général, autorité administrative indépendante chargée de la véri-

---

[1] On dénombre plus de « 500 traités multilatéraux », plus de « 900 traités bilatéraux » (v. Michel PRIEUR, *Droit de l'environnement*, *op. cit.*, p. 25).

fication générale, dans le cadre de ses missions, peut constater des manquements à la législation environnementale et procéder à des dénonciations. Son rapport d'inspection, publié en novembre 2020, en est la parfaite illustration. Il a, en effet, décelé divers manquements à la législation environnementale imputables à plusieurs sociétés minières et à d'autres administrations publiques[1].

208. Selon l'article 3 de l'ordonnance de 2012 *portant création d'une inspection de l'environnement et de l'assainissement*, « *L'Inspection de l'Environnement et de l'Assainissement effectue à la demande du ministre chargé de l'Environnement et de l'Assainissement ou conformément à son programme annuel d'inspection, des missions d'enquête, d'information ou d'étude entrant dans le cadre de ses attributions.* » Ce qui n'exclut pas qu'elle puisse aussi effectuer des missions de constatation des infractions environnementales. L'article 2 de l'ordonnance qui l'invite à « veiller à l'application des dispositions législatives et réglementaires », en employant l'adverbe *notamment*, permet de lui attribuer ce rôle.
Quid des sources d'incohérence concernant les structures mises en place sous l'impulsion du droit international de l'environnement.

209. Au Mali, chaque fois qu'un nouveau gouvernement est mis en place, l'on s'attèle à adopter en priorité, au moins, deux décrets[2] : le décret fixant les attributions spécifiques des membres du Gouvernement et celui relatif à la répartition des services publics entre la Primature et les différents départements ministériels. Le premier est pris par le Président de la République mais contresigné par le Premier ministre et le second, par ce dernier seul. Les plus récents sont successivement : le décret n° 2021-0474/PT-RM du 26 juillet 2021 *fixant les attributions spécifiques des membres du gouvernement*[3] et le décret n° 2021-0475/PM-RM du 26 juillet 2021 *portant répartition des services publics entre la primature et les départements ministériels*[4]. C'est une démarche logique car chaque ministre doit savoir quelles sont les missions que veulent lui confier ceux qui l'ont nommé : le Président de la République sur proposition du Premier Ministre[5]. Ces deux décrets permettent de trancher des conflits éventuels de compétence entre les départements ministériels. Chaque département ministériel, à son tour, fixe le domaine de compétence des services mis à sa disposition par le décret susvisé. Concernant spécifiquement le chevauchement de structures, une des causes est à trouver dans l'instabilité administrative.

---

[1] V. www.bvg-mali.org.
[2] Il y a un troisième décret : celui fixant les intérims des membres du Gouvernement qui est hors de notre propos ici.
[3] Publié au JORM n° 21 du 30 juillet 2021, p. 828.
[4] Publié au JORM n° 21 du 30 juillet 2021, p. 837.
[5] Art. 38 alinéa 2 de la Constitution du 25 février 1992.

Malheureusement, les deux textes sus cités ne tentent pas seulement de résoudre les problèmes de chevauchement entre les structures environnementales, mais ils en créent d'autres, certainement non à dessein. La création de nouveaux départements ministériels, la fusion d'autres ou leur suppression, consécutivement à chaque remaniement ministériel, en est le corollaire.

210. L'existence de plusieurs administrations ayant, dans le domaine de l'environnement, soit des compétences identiques (ministères de l'environnement, de l'eau, de l'élevage, etc.) soit des compétences partagées (État, collectivités et leurs organes respectifs) fait du droit de l'environnement un « *droit de la coadministration* »[1] et de la solidarité[2]. La « compétence environnementale » relève donc de plusieurs administrations publiques[3]. Cela fait écrire à Sandrine MALJEAN-DUBOIS, que « (...) *dans un monde idéal, il n'y aurait pas de ministère de l'environnement, ni d'organisation mondiale de l'environnement. La protection de l'environnement serait intégrée dans l'action quotidienne de tous les ministères, au premier rang desquels ceux de l'économie, des transports, de l'équipement, du tourisme, de l'aménagement du territoire, de l'agriculture, etc., et des différentes organisations internationales* »[4].

211. Puisque les chevauchements sont inévitables en raison de l'abondance de la législation, tant du point de vue des textes que de celui des structures chargées de leur application, il convient de réfléchir sur les moyens juridiques permettant, à défaut d'y mettre fin, de les minimiser en vue d'une plus grande efficacité de la gestion des questions d'environnement.

212. En règle générale et d'un point de vue logique, lorsqu'il y a un conflit entre les dispositions de deux textes environnementaux de même niveau, par exemple deux lois régissant un même domaine comme les cours d'eau, la solution doit se trouver dans les dispositions du second texte, s'il s'agit de deux textes généraux ou de deux textes spécifiques. La dernière disposition de ce dernier texte est généralement ainsi libellée : *Le présent texte* (ici loi*) abroge toute disposition antérieure contraire, notamment*... Lorsque ce dernier texte ne fait aucune allusion au premier ni à aucun autre texte, et si ses dispositions restent incompatibles avec celles du premier texte, la logique voudrait que les dispositions du texte le plus récent l'emportent car plus récentes, en vertu du principe *posterior derogat priori* : le texte le plus récent doit être supposé meilleur à l'ancien. S'il s'agit des dispositions d'un texte spécial qui sont con-

[1] Vincent de BRIANT, *La coadministration dans le domaine de l'environnement, un levier inattendu pour la clarification des compétences*, RJE, 2013/5 n° spécial, p. 27.
[2] Jacqueline MORAND-DEVILLÉ, *Droit de l'environnement, op. cit.*, p. 7.
[3] Vincent de BRIANT, *op. cit.*, p. 28.
[4] Sandrine MALJEAN-DUBOIS, *Quel droit pour l'environnement ? op. cit.*, p. 113.

traires à celles d'un texte général, celles de ce dernier doivent s'incliner. Lorsque l'on applique cette technique de raisonnement aux trois différentes lois qui définissent l'environnement au Mali, notamment la loi de 2001 *relative aux pollutions et aux nuisances,* celle de 2004 *portant organisation de la recherche, de l'exploitation, du transport, et du raffinage des hydrocarbures* et celle de 2015 *portant organisation de la recherche, de l'exploitation et du transport des hydrocarbures*, ce serait bien la définition de cette dernière loi qui serait retenue. En effet, elle est la plus récente et son dernier article dispose clairement : « *La présente loi abroge toutes dispositions antérieures contraires notamment la loi n° 04-037, modifiée du 02 août 2004 portant Organisation de la Recherche, de l'Exploitation, du Transport et du Raffinage des Hydrocarbures* »[1]. Même si la loi de 2001 *relative aux pollutions et aux nuisances* n'est pas citée par cet article, elle contient bien des dispositions antérieures contraires et l'adverbe notamment permet de l'inclure. Ces dispositions contraires sont, notamment, celles de l'article 2 de ces lois consacrées aux définitions des notions. Aussi, toutes ces lois qui définissent l'environnement sont des textes spécifiques. Mais, l'abrogation récente de la loi de 2001 sur les pollutions et les nuisances et son remplacement par celle de 2021 sur le même objet permet à cette dernière de l'emporter sur les autres.

213. En revanche, lorsqu'il s'agit de deux textes de niveaux hiérarchiques différents, c'est-à-dire une loi et un décret, la règle de la hiérarchie des normes permet de résoudre le problème, c'est-à-dire que le texte législatif l'emporte sur le réglementaire et le décret sur l'arrêté.
Le critère du contenu des textes peut aussi permettre de résoudre les problèmes de chevauchement.

214. Il a été vu précédemment que la solution au problème de chevauchement peut être trouvée dans les textes nationaux eux-mêmes lorsque ceux –ci, adoptés par un même auteur, excluent l'application de textes antérieurs contraires. C'est le cas par exemple de l'article 51 de la loi relative aux pollutions et aux nuisances de 2001 qui dispose : « *La présente loi abroge toutes dispositions antérieures contraires, notamment la Loi N° 91-047/AN-RM du 23 février 1991 relative à la protection de l'environnement et du cadre de vie* ». Mais, il peut arriver également qu'il y ait un chevauchement ou une confusion entre deux textes environnementaux externes tous ratifiés par le Mali sur le même objet. C'est le cas de la *Convention de Bâle sur le contrôle des mouvements transfrontières de déchets dangereux et de leur élimination*, ratifié en 2000 et la *Convention de Bamako sur l'interdiction d'importer des déchets dangereux et le contrôle de leurs mouvements transfrontières en Afrique*, ratifiée en 1991. Il s'agit de deux textes dont le premier est d'application universelle et le deuxième d'application régionale qui ne définissent pas de la même manière la

[1] Art. 146.

gestion de déchets. Heureusement qu'ils renvoient tous deux au droit national. Ce droit national, ici le droit malien, à travers le décret de 2001 *sur les modalités de gestion des déchets solides*[1], en ne visant que la Convention de Bâle, a fait un choix clair sur ce sujet précis.
Aussi, le renvoi qui consiste à se référer à des textes existants, permet de réduire les incertitudes juridiques qui peuvent résulter de la juxtaposition de textes traitant de situations similaires. Il évite la répétition de dispositions et la contradiction entre celles-ci. Il est, en cela, une solution aux incohérences, mais son recours doit être encadré[2].

215. Certains textes internationaux règlent le problème de chevauchement. Il en est ainsi de la Convention de Bamako qui précise à son article 11 que « *Les Parties à la présente Convention peuvent conclure des accords ou arrangements bilatéraux, multilatéraux ou régionaux touchant les mouvements transfrontières et la gestion des déchets dangereux produits en Afrique avec des Parties ou des non-Parties à condition que de tels accords ou arrangements ne dérogent pas à la gestion écologiquement rationnelle des déchets dangereux prescrite dans la présente Convention.* » De même, la Convention d'Alger *sur la conservation des ressources naturelles,* révisée à Maputo en 2003, précise que ses dispositions « *n'affectent pas les droits et les obligations des Parties aux termes des traités, Conventions ou accords internationaux existants* »[3].
La réponse aux problèmes de chevauchement des textes est différente de celle qui peut être apportée aux problèmes de chevauchement des structures chargées de la mise en œuvre des textes.
Même si la lecture des textes ne laisse pas entrevoir le chevauchement de compétences entre les différentes structures en charge de l'environnement, un examen de leur contenu peut permettre de le révéler. Pour trancher ces différents conflits éventuels, il peut être fait recours à l'arbitrage de l'autorité hiérarchique des structures concernées ou au juge.

---

[1] Décret n° 01-394/P-RM du 06 septembre 2001 *fixant les modalités de gestion des déchets solides*, publié au JORM n° 27 du 30 septembre 2001, p. 1046.
[2] Il ne peut avoir lieu, en principe, qu'entre des textes de même niveau hiérarchique.
[3] V. Art. XXXV.

Chapitre 2 - L'exigence de cohérence des normes internes avec celles réceptionnées

216. Le présent chapitre tente de démontrer que le droit malien de l'environnement et le droit africain de l'environnement, pour qu'ils soient plus efficaces, doivent davantage montrer leur cohérence et leur unité[1]. L'unité du droit de l'environnement « *repose sur sa finalité protectrice* »[2]. Cette finalité est même, selon Michel PRIEUR, un facteur de paix et de développement. La cohérence, il convient de le rappeler, signifie l' « absence de contradiction ». Cette absence de contradiction en ce qui concerne les normes environnementales, nationales ou internationales, est une exigence à la réalisation de l'objectif de protection de la biosphère. Ce qui fait que le développement des textes environnementaux, maliens, sous régionaux, régionaux et internationaux, crée un besoin important de leur harmonisation (section 1).

Cette nécessité d'harmonisation des normes environnementales, commandée par l'objet même du droit de l'environnement, ne concerne de prime à bord que les États ayant, sur le plan environnemental, les mêmes spécificités climatiques, géographiques et autres. Ce qui justifie souvent d'ailleurs l'adoption de textes communs et la coopération entre des États voisins partageant des ressources environnementales communes. Mais, il ne suffit pas d'adopter des textes communs pour que l'environnement des États concernés soit protégé. Il faut encore que ces textes communs qui ne peuvent pas être appliqués partout de manière identique, en raison d'autres spécificités locales, soient adaptés aux réalités de chaque nation (section 2).

Section 1 - La nécessité d'un rapprochement plus poussé des législations nationales

217. Le rapprochement des législations nationales signifie leur placement au plus près les unes des autres. À défaut de les unifier, il est possible de leur faire adopter des mesures communes visant à réglementer des matières communes. Le droit international de l'environnement est considéré comme un moyen important de rapprochement des règles appliquées par les différents pays. C'est d'ailleurs, selon Alexandre Charles KISS, un de ses principaux rôles[3]. Ce rôle se traduit par l'élaboration et l'adoption de traités et la mise en place d'institutions internationales. Ces traités sont ensuite ratifiés par les

---

[1] Stéphane DOUMBE-BILLE, Caroline MIGAZZI, Kiara NERI, Françoise PACCAUD et Anna Maria SMOLINSKA, *Droit international de l'environnement*, Bruxelles, Larcier, 2013, p. 8.
[2] *Ibid.*
[3] Alexandre Charles KISS, *Introduction au droit international de l'environnement, op. cit.*, p. 14.

États et les institutions qu'ils créent ont des répondants nationaux. Mais, l'internationalisation n'est pas l'unique moyen de rapprochement juridique des États. Il en existe d'autres : régionalisation, harmonisation, uniformisation ou unification du droit de l'environnement. Face d'ailleurs à la multitude des outils conceptuels, certains auteurs, comme Mireille DELMAS-MARTY, ont choisi tout simplement le concept d'intégration normative[1]. Il nous faut, en ce qui nous concerne, opérer un choix entre ces moyens en fonction des objectifs à poursuivre. Pour permettre de faciliter ce choix, il est nécessaire de procéder au préalable à une clarification terminologique de ces différents outils conceptuels d'intégration juridique[2] et de donner les raisons du choix de l'un ou l'autre de ces outils.

L'internationalisation du droit de l'environnement signifie l'action de le rendre international (ici universel) ou le résultat de cette action. C'est-à-dire que les règles internationales d'environnement auront pour objet de protéger l'environnement mondial, abstraction faite des frontières nationales. Cette réglementation internationale, qui n'est que générale, ne permet pas à l'environnement de tous les États de bénéficier d'une protection efficace[3]. En effet, ce corps de règles ne fournit dans la plupart du temps que de grandes orientations à suivre par les États, selon leurs réalités. L'internationalisation a été expérimentée et a donné lieu à des questionnements formulés par d'illustres internationalistes du droit de l'environnement parmi lesquels on peut citer Alexandre Charles KISS : « *Le droit international peut-il assurer la protection de l'environnement* ? »[4].

L'uniformisation, selon le vocabulaire juridique dirigé par Gérard CORNU, est la « *modification de la législation de deux ou plusieurs pays tendant à instaurer dans une matière juridique donnée une réglementation identique* »[5]. Il n'y a pas de place ici, en principe, pour des différences. L'unification, plus poussée et tendant au même but impose des règles auxquelles les États sont tenus de se conformer à l'identique tant dans leur forme que dans leur contenu. Le *vocabulaire juridique* considère l'uniformisation et l'unification comme

---

[1] Mireille DELMAS-MARTY (dir.), *Critique de l'intégration normative,* Paris, PUF, 2004.

[2] Sur les différences de significations entre ces notions, on peut consulter avec profit : Innocent Fetze KAMDEM, *Harmonisation, unification et uniformisation. Plaidoyer pour un discours affiné sur les moyens d'intégration juridique*, Revue de droit uniforme, 2008, p.709 ; Laurence FIN-LANGER, *l'intégration du droit du contrat en Europe*, *Critique de l'intégration normative, L'apport du droit comparé à l'harmonisation des droits,* sous la direction de Mireille DELMAS-MARTY, 2004, PUF, p. 37. Antoine JEAMMAUD, *« Unification, uniformisation harmonisation de quoi s'agit-il ? »*, Filali OSMAN (dir.), *Vers un Code européen de la consommation*, Bruylant, 1998, p. 35.

[3] Au Mali par exemple, il est difficile de se passer de la coupe de bois. Le bois constitue, en effet, la principale source d'énergie dans ce pays tandis que dans les pays dits développés les sources d'énergie sont autres, diverses et variées.

[4] Alexandre Charles KISS, « *Le droit international peut-il assurer la protection de l'environnement* ? » *Le droit de l'environnement*, Colloque du PIREN-CNRS, Paris, éd. CNRS, 1990, pp. 23 et s.

[5] Gérard CORNU (dir.), *Vocabulaire juridique*, *op. cit.*, p. 1050.

des mots synonymes[1] tandis que d'autres auteurs y relèvent des différences. Parmi ces auteurs on peut citer Laurence FIN-LANGER pour qui, l'uniformisation « (...) *consiste à élaborer une règle commune à plusieurs pays et unique tant sur la forme que le fond* »[2] tandis que l'unification « (...) *recherche une règle commune mais seulement au niveau du contenu et non de la forme* »[3]. Il s'agit, dans un cas comme dans l'autre, de « *mode d'intégration plus poussé que l'harmonisation* »[4], ajoute-t-elle. Les besoins des différents peuples étant si variés, leurs intérêts si divers, il serait donc difficile, voire impossible, de les faire régir par un droit unique. La réalité des spécificités nationales serait contraire à cet idéal et l'on penchera pour un droit qui rapprocherait davantage les législations nationales plutôt que de les unifier. L'harmonisation, selon le même *Vocabulaire juridique*, est « (...) *l'opération consistant à unifier des ensembles législatifs différents par élaboration d'un droit nouveau empruntant aux uns et aux autres* »[5]. Pour GOLDSTEIN, c'est « (...) *le processus par lequel divers éléments sont combinés ou adaptés les uns les autres de façon à former un tout cohérent, tout en conservant à ces éléments leur individualité.* »[6] On sent bien à travers ces définitions que l'harmonisation est « *plus respectueuse du pluralisme existant* »[7]. L'harmonisation du droit de l'environnement signifierait la mise en commun d'un droit qui atténue les grandes divergences juridiques[8] constituant un frein à une meilleure protection de l'environnement. Puisque l'environnement est un « espace sans frontières », il ne doit y avoir une réglementation avec frontière que dans une large mesure. Un exemple simple qui permet de corroborer cette idée est son expérimentation dans l'espace OHADA avec la mise en place d'organes de gestion auxquels on confierait le contrôle de l'application de ce droit commun. Tous les États ayant une ressource environnementale partagée, comme les ressources en eau, doivent avoir à défaut d'un même droit, des règles quasi identiques car autrement la ressource serait mal gérée. Bien évidemment qu'il existera, dans ces règles, des différences, çà et là, inhérentes à toute législation.

La nécessité d'une protection plus efficace de l'environnement mondial crée ce besoin important de pousser au loin ce rapprochement du contenu des droits

---

[1] *Ibid.*

[2] Laurence FIN-LANGER, *L'intégration du droit du contrat en Europe* in *Critique de l'intégration normative, L'apport du droit comparé à l'harmonisation des droits*, sous la direction de Mireille DELMAS-MARTY, *op. cit.*, p. 37.

[3] *Ibid.*

[4] *Ibid.*

[5] Gérard CORNU (dir.), *Vocabulaire juridique*, *op. cit.*, p. 507.

[6] Gérald GOLDSTEIN, « *L'expérience canadienne* », *Le droit privé européen*, 1998, p. 186, n° 25.

[7] Séverine NADAUD, *Codifier le droit civil européen*, Bruxelles, Larcier, 2008, p. 63.

[8] V. Innocent Fetze KAMDEM, *Harmonisation, unification et uniformisation. Plaidoyer pour un discours affiné sur les moyens d'intégration juridique*, Revue de droit uniforme: (2008) Unif. L. Rev./ 709.

nationaux sur l'environnement. La phase actuelle de ce rapprochement qu'il convient de préconiser est celle de l'harmonisation. Cette harmonisation, on le sait, ne pourra pas être parfaite et doit laisser le soin aux droits nationaux de procéder aux adaptations nécessaires en fonction de tel ou tel aspect de la protection.

218. Après les étapes de l'internationalisation, de la régionalisation, de la « sous-régionalisation » et de la bilatéralité du droit de l'environnement, il est possible d'expérimenter son harmonisation avant son uniformisation ou encore son unification. D'aucuns pourraient se demander : le droit de l'environnement est-il un droit « harmonisable » ? Autrement dit, quel est le degré de faisabilité de son harmonisation et son apport pour la protection juridique de l'environnement dans les différents États ? La spécificité de l'environnement permet-elle de réussir ce qu'a réussi le droit OHADA ? Pour paraphraser René DAVID, il convient de leur répondre que le problème n'est pas de nos jours de savoir si l'harmonisation du droit de l'environnement est possible ou se fera, il est de savoir comment elle se fera[1].

219. L'harmonie, en musique, signifie « *la combinaison de sons perçus simultanément d'une manière agréable à l'oreille* »[2]. Il s'agit ici d' « *entendre plusieurs sons donnant lieu à un plaisir auditif et sans nuisances sonores* »[3]. Ce que veut la musique, c'est de faire entendre du plaisir malgré la pluralité de sons. C'est ce que Pejman POURZAND appelle la *« pluralité plaisante »*[4]. Cet auteur laisse comprendre par-là que toute pluralité ne signifie pas forcément le désordre et qu'au contraire il peut bien s'agir aussi d'un ensemble ordonné de multiples composantes[5]. Il poursuit et soutient que « *la condition préalable de toute harmonisation est l'existence de plusieurs éléments non semblables* »[6]. L'harmonisation permet donc d' « (...) *établir les grandes lignes d'un cadre juridique (unité législative de premier degré) en laissant aux différentes parties prenantes à l'intégration le soin de compléter l'ossature commune par des dispositions qui correspondent mieux à leurs valeurs, à leurs préférences ou à leur niveau de développement* »[7].

---

[1] René DAVID, *Les méthodes de l'unification* in *Le droit comparé-Droits d'hier, droits de demain*, Economica, 1982, p. 304.
[2] Le nouveau Robert.
[3] Pejman POURZAND, *Internationalisation et régionalisation du droit pénal iranien : aspects de droit iranien*, Revue Archives politique criminelle, 2003/1, n° 25, p.179.
[4] *Ibid.*
[5] *Ibid.*
[6] *Ibid.*
[7] V. Innocent Fetze KAMDEM, *Harmonisation, unification et uniformisation. Plaidoyer pour un discours affiné sur les moyens d'intégration juridique*, *op. cit.*, p. 617.

220. Il est important de ne pas oublier que la finalité du droit de l'environnement en fait « *un champ idéal d'uniformisation des droits* »[1] nationaux. Mais, à l'état actuel du niveau de coopération des États du continent, cette uniformisation doit encore attendre. Elle est plus poussée que l'harmonisation[2] et ne sied pas encore dans des États qui, jaloux de leur souveraineté, disposent d'un droit souverain sur leurs ressources[3]. L'harmonisation n'exclut pas cependant l'adoption de règles communes[4] dans des secteurs précis de l'environnement, étape par étape, à la manière des actes uniformes de l'OHADA. Il est donc possible que soit lancé, en Afrique de l'Ouest, en particulier, le processus de construction d'un droit de l'environnement harmonisé qui profitera à l'environnement de l'ensemble des États concernés dont le Mali. Pour atteindre cet objectif, il conviendra de vaincre les difficultés éventuelles que ce rapprochement des droits nationaux pourrait soulever.

221. La multiplication des traités environnementaux et des autres normes internationales n'est pas sans poser un problème de cohérence et d'harmonie dans l'ordre juridique des différents États. Mireille DELMAS-MARTY fait le juste constat que l'intégration de ces instruments internationaux dans l'ordre juridique interne est source de déstabilisation et d'incertitude des différents systèmes[5]. L'harmonisation régionale africaine ou ouest-africaine du droit de l'environnement, que cette étude appelle de ses vœux, permettra non seulement à la République du Mali de rattraper son retard en matière de législation en comblant les différents vides juridiques constatés çà et là, mais également à tous les États concernés de réussir une protection efficace de l'environnement. Elle aura le mérite d'atténuer les divergences de tous ordres qui peuvent exister entre des pays confrontés souvent aux mêmes problèmes de protection de l'environnement. Elle permettra d'adopter des règles communes simples, modernes et adaptées aux situations économiques et environnementales des différents pays, par la mise en œuvre de procédures judiciaires appropriées, dédiées spécifiquement aux questions environnementales. Cela prendra le temps qu'il prendra, mais l'exigence de sa réussite commande de ne pas la hâter, malgré l'urgence des problèmes à résoudre. Si une directive ou un règlement d'une organisation régionale ou sous- régionale existante peut « *conduire à une unification* »[6] du droit de l'environnement, il est important de faire

---

[1] V. Michel PRIEUR, *Droit de l'environnement, op. cit.*, p. 18.
[2] V. Faïza TOBICH, *Chapitre II. Les modalités de l'harmonisation des statuts personnels: Les statuts personnels dans les pays arabes : De l'éclatement à l'harmonisation* [en ligne]. Aix-en-Provence : Presses universitaires d'Aix-Marseille, 2008 (généré le 29 novembre 2019). Disponible sur Internet : http://books.openedition.org.ezproxy.unilim.fr/puam/1027; ISBN : 9782821853348. DOI : 10.4000/books.puam.1027.
[3] V. Convention sur la diversité biologique.
[4] V. l'art. 1er du traité de l'OHADA.
[5] Mireille DELMAS-MARTY (dir.), *Préface* in *Critique de l'intégration normative, op. cit.*, p. 13.
[6] Séverine NADAUD, *Codifier le droit civil européen, op. cit.*, p. 64.

remarquer que ces instruments sont insuffisants. Car, il s'agira d'une directive ou d'un règlement largement sectoriel (e) qui serait largement influencé (e) par l'objectif poursuivi par l'organisation dont il s'agit.

L'enclenchement du processus d'harmonisation du droit de l'environnement en Afrique nécessite le respect de certaines exigences. Parmi celles-ci, il convient de retenir la mobilisation de certains outils et l'implication de tous les citoyens des États dans l'ensemble du processus.

222. Le titre de l'ouvrage rédigé sous la direction de Mireille DELAMS-MARTY, *Critique de l'intégration normative – L'apport du droit comparé à l'harmonisation des droits*[1], est révélateur de l'importance des droits nationaux dans le processus d'harmonisation. Il existe déjà, au niveau sous régional ouest-africain, des efforts tendant à rendre identiques ou plus proches les législations des pays dans divers domaines. On peut citer, entre autres, les efforts de l'Union Économique et Monétaire Ouest-Africaine (UEMOA) dans le domaine économique et monétaire, de la Communauté Économique des États de l'Afrique de l'Ouest (CEDEAO) dans les domaines économique et politique. Les actes fondateurs de ces organisations, comme leur droit dérivé, traitent bien des questions d'environnement[2] mais, en second plan compte tenu de leurs objectifs. Il existe aussi des organisations, dans le même espace mais, souvent plus élargi, qui s'occupent de la gestion d'un ou de plusieurs aspects donnés de l'environnement. On peut citer le Comité Inter-États de Lutte contre la Sécheresse au Sahel (CILSS) qui traite des questions de sécurité alimentaire, de désertification et de sécheresse au sahel, de l'Autorité du Bassin du fleuve Niger (ABN) et de l'Organisation pour la Mise en Valeur du fleuve Sénégal (OMVS) qui s'occupent de la gestion en eau des fleuves Niger et Sénégal. Ces dernières organisations ne disposent pas d'organes juridictionnels permettant de sanctionner la violation des normes communes. C'est en raison de l'insuffisance du traitement des questions d'environnement, notamment sur le plan juridique, par ces organisations, qu'il convient d'en créer une[3] qui s'occuperait de l'harmonisation du droit de l'environnement dans cet espace considéré. Cette organisation qui aura ses institutions propres adoptera différents actes que l'on pourrait qualifier de « Codes », secteur par secteur, à l'exemple de l'Organisation pour l'Harmonisation en Afrique du Droit des Affaires et ses actes uniformes ou d'un « code civil européen »[4].

---

[1] Mireille DELMAS-MARTY (dir.), *Critique de l'intégration normative, op. cit.*

[2] V. les art. 4 et 79 du traité de l'UEMOA et son Protocole additionnel n° 2. Ce dernier parle de politiques sectorielles et parmi ces politiques sectorielles il y a l'environnement. V. aussi le chapitre VI du traité de la CEDEAO consacré à la coopération en matière d'environnement ;

[3] Elle pourrait s'appeler Organisation pour l'Harmonisation du Droit de l'Environnement en Afrique de l'Ouest (OHDEAO).

[4] V. Séverine NADAUD, *Codifier le droit civil européen, op. cit.*

223. Le Protocole additionnel n° 2 de l'UEMOA relatif aux politiques sectorielles parle, à son chapitre IV, d' « *harmonisation de l'environnement* ». Ce qui ne veut rien dire sur le plan juridique. C'est le *droit de l'environnement de l'espace* qu'il convient d'harmoniser ou les politiques environnementales et non l'environnement lui-même. Et cette harmonisation suppose, bien sûr, l'existence d'une base juridique servant de repères. Cette base doit être constituée non seulement des législations nationales existantes, de leurs solutions aux problèmes antérieurs donc de l'histoire du droit et du droit comparé[1], mais également du droit international de l'environnement (y compris le droit sous-régional). Le recours au droit comparé doit exclure l'application quasi automatique du droit français. Il n'est pas interdit de s'en inspirer mais, compte tenu des réalités différentes de la France et des pays de cette partie du continent, les législations ne doivent pas et ne peuvent pas être identiques. Ce qui est malheureusement souvent le cas au Mali et dans la plupart des pays francophones, provoquant, de ce fait, des difficultés d'application des textes. Le recours au droit comparé doit permettre de trouver des modèles de textes ou de dispositions « *aptes à circuler d'un système juridique à un autre et d'atténuer les divergences juridiques qui peuvent entraver le rapprochement juridique* »[2]. Quant au droit international de l'environnement, il a déjà élaboré, tant au niveau universel qu'au niveau régional ou sous régional, les fondamentaux en matière de protection de l'environnement. Il suffit d'en prendre ce qui conviendrait le mieux à l'ensemble des États.

En tout état de cause, il s'agit de permettre d'éviter que les textes environnementaux d'un pays soient désapprouvés par d'autres avec qui des ressources de l'environnement sont partagées. On doit, en effet, toujours garder à l'esprit que l'environnement est un « espace sans frontières ». Il n'existe pas de murs le long des frontières des États. Cette harmonisation peut d'ailleurs être un moyen permettant de minimiser les oppositions qui peuvent exister entre les systèmes de droit auxquels appartiennent les différents pays de la région.

Aussi, une harmonisation réussie est celle qui implique les populations des différents États qui, traversant souvent les frontières nationales sans s'en rendre compte, sont de véritables acteurs du développement dont la protection de l'environnement est un des piliers essentiels. Pour la protection de l'environnement, il est important de rappeler que le droit n'est qu'un outil parmi tant d'autres. Car, il convient aussi de compter sur la mobilisation d'« *instruments financiers, scientifiques, technologiques, économiques, éducatifs...* »[3],

---

[1] V. sur ce point Alexandre Charles KISS, *Introduction au droit international de l'environnement, op. cit.*, p. 6.

[2] Faïza TOBICH, *Chapitre II. Les modalités de l'harmonisation des statuts personnels : Les statuts personnels dans les pays arabes : De l'éclatement à l'harmonisation* [en ligne]. Aix-en-Provence : Presses universitaires d'Aix-Marseille, 2008 (généré le 29 novembre 2019). Disponible sur Internet : http://books.openedition.org.ezproxy.unilim.fr/puam/1027; ISBN : 9782821853348. DOI : 10.4000/books.puam.1027. Consulté le 29 novembre 2019.

[3] Jean-Marc LAVIEILLE, Hubert DELZANGLES, Catherine LE BRIS, *op. cit.*, p. 134.

même si la place du droit est très importante. De même, quelle que soit la perfection des normes, elles ne seront réellement effectives que grâce à l'implication véritable de leurs destinataires dont les citoyens se trouvent au premier rang.

224. Face à l'incapacité des systèmes étatiques africains de gérer convenablement les ressources de l'environnement et dans un contexte de décentralisation qui nécessite la répartition des compétences entre les États et les collectivités, en matière de gestion des ressources, il paraît utopique de vouloir réussir toute démarche d'intégration juridique sans le concours des populations. La particularité de l'environnement fait que sa protection requiert la participation de tous les citoyens comme le rappelle Rio 92 : « *La meilleure façon de traiter les questions d'environnement est d'assurer la participation de tous les citoyens, au niveau qui convient* »[1]. Les Constitutions des États en font même une obligation pour les citoyens[2]. Certaines dispositions législatives renouvellent cette obligation en associant « *les organisations interprofessionnelles, les Organisations Non-Gouvernementales (ONG) et les autres organisations de la société civile* »[3] à l'élaboration et à la mise en œuvre des politiques d'environnement. Mais, malheureusement, dans la pratique, les différents exemples d'intégration en Afrique ont toujours et surtout concerné les élites, impliquant moins les citoyens au nom desquels les différentes politiques sont menées. En matière de protection de l'environnement, l'absence d'implication effective des citoyens conduit directement à l'échec.

225. L'harmonisation juridique n'est concevable, comme le rappelle Faïza TOBICH, « (...) *que si les institutions politiques s'appuient sur la capacité des sociétés civiles à forger les assises humaines, culturelles et historiques de l'ensemble régional* »[4]. Par « sociétés civiles » il faut comprendre « (...) *l'ensemble des entreprises, syndicats, associations* (...) *par opposition à la classe*

---

[1] Principe 10 *in limine*.
[2] Art. 15 de la Constitution du Mali : « *La protection, la défense de l'environnement et la promotion de la qualité de la vie sont un devoir pour tous et pour l'État.* » ; Art. 23 de la Constitution du Sénégal : « *Tout citoyen a le devoir de préserver les ressources naturelles et l'environnement du pays et d'œuvrer pour le développement durable au profit des générations présentes et futures.* » ; Art. 29 de la Constitution du Burkina Faso : « *Le droit à un environnement sain est reconnu ; la protection, la défense et la promotion de l'environnement sont un devoir pour tous.* » ; Art. 35 de la Constitution du Niger : « *Chacun est tenu de contribuer à la sauvegarde et à l'amélioration de l'environnement dans lequel il vit.* » ; Art. 27 de la Constitution du Benin : « *Toute personne a droit à un environnement sain, satisfaisant et durable et a le devoir de le défendre.* » ; art. 40 de la Constitution de la Côte d'Ivoire : « *La protection de l'environnement et la promotion de la qualité de la vie sont un devoir pour la communauté et pour chaque personne physique ou morale.* » Parmi les pays membres de l'UEMOA, ce n'est qu'au Togo et en Guinée Bissau que la constitution ne fait pas obligation au citoyen de défendre l'environnement.
[3] V. art. 5 de la loi d'orientation agricole.
[4] *Ibid.*

politique »[1] des différents États. La vocation de ces associations est justement de mobiliser les citoyens autour de thèmes aujourd'hui incontournables comme « l'environnement » et « les droits de l'homme ». Comme tout processus d'harmonisation juridique, celui qui doit être opéré en droit de l'environnement sera long et lent, empreint quelques fois d'embûches. C'est d'ailleurs le propre de toute œuvre humaine dont les prémisses sont exaltantes. Des solutions permettant de remédier aux lacunes d'une telle œuvre doivent néanmoins accompagner le processus.

226. Le rôle des sociétés civiles des États est essentiel par leur capacité de mobilisation et leur implication dans toutes les actions de protection de l'environnement et de développement. La naissance et le développement du droit international de l'environnement en sont l'exemple le plus illustratif. La montée en puissance de ces acteurs, principalement des Organisations Non Gouvernementales, dans les négociations internationales, dans le domaine du droit international de l'environnement invite à réfléchir à l'évolution de leur rôle tant dans la mise en place des normes que dans leur mise en œuvre[2].

227. Aussi, le droit harmonisé, comme tous les autres droits, ne sera effectif que si les citoyens disposent d'une connaissance suffisante des normes qui leur sont applicables. En effet, les nombreuses dégradations de l'environnement sont essentiellement le fait des populations qui, souvent, ignorent que certains de leurs comportements sont néfastes pour elles –mêmes. C'est la raison pour laquelle les associer au processus d'harmonisation du droit de l'environnement leur permettrait de mieux s'approprier cet outil essentiel. Si la protection de l'environnement est une obligation pour les États, elle implique également la participation des citoyens ou de leurs regroupements. C'est en cela que les principes d'information et de participation constituent des piliers essentiels du droit de l'environnement. Il y a d'ailleurs rare domaine où l'implication des citoyens soit fortement requise.

L'harmonisation du droit de l'environnement ne sera pas obtenue d'un coup de baguette magique, son chemin sera long et empreint d'embûches.

228. Tenter de rapprocher des ordres juridiques relevant souvent de systèmes juridiques différents n'est pas une entreprise facile. À cette difficulté, il convient d'ajouter le coût financier et la différence de cultures et de langues des peuples qui composent les différents États ouest-africains. La nécessité de protéger un environnement commun oblige pourtant les États à regarder ensemble

---

[1] Serge GUINCHARD (dir.), *Lexique des termes juridiques*, 2019, *op. cit.*, p. 1009.
[2] Selon Sophie GAMBARDELLA, « *L'ouverture du contentieux international aux acteurs non gouvernementaux pourrait devenir essentielle pour une meilleure effectivité et efficacité du droit international de l'environnement* » (v. RJE, 2019/HS19 n° spécial, p. 11).

dans la même direction afin de surmonter les obstacles inhérents au pluralisme juridique, linguistique, culturel ou de tout ordre. Pour parvenir à cette fin, des compromis, des efforts si minimes soient-ils, sont exigés de tous. Il y va de l'efficacité de l'harmonisation du droit de l'environnement. Dans tous les cas, le respect des spécificités nationales est aussi une exigence. L'efficacité de cette harmonisation se mesurera sur le terrain de la protection effective de l'environnement des pays concernés.

229. L'harmonisation du droit de l'environnement en Afrique est non seulement nécessaire, mais elle est également possible. Il convient seulement de réfléchir à comment maintenir la convergence dans la divergence ou vice versa.

230. Il a été vu dans les lignes qui précèdent que l'harmonisation est préférable à l'uniformisation en raison de l'impossibilité d'avoir, compte tenu des spécificités propres à chaque nation, un droit unique auquel se soumettront tous les États. Cela se justifie d'ailleurs même en droit international général par l'existence des réserves. Il existe également le droit d'interprétation d'un traité sous réserve de ne pas en modifier une disposition ou d'en écarter une. Mais, pour éviter de la diversité dans l'interprétation des dispositions, il doit exister un organe commun, sans doute supra étatique, dont le rôle sera d'unifier l'interprétation du droit harmonisé[1]. Concernant par exemple la réalisation d'une étude d'impact sur l'environnement, l'organe juridictionnel communautaire veillera à ce qu'elle ne soit pas écartée par un État membre lors de travaux d'envergure. Les États disposeront donc d'une certaine liberté leur permettant d'assurer « (…) *la cohérence de leur droit interne et finalement d'avoir des réglementations différentes tout en étant très proches et inspirées des mêmes idées directrices* »[2].
Donc la question de la coexistence du droit de l'environnement harmonisé et de celui de chaque État partie à l'harmonisation ne doit pas constituer d'obstacle à celle-ci. Le droit de l'environnement de chaque État partie continuera à s'appliquer dans ses dispositions qui ne seront pas contraires à celles du droit commun. Aussi, tous les secteurs de l'environnement ne pourront pas faire l'objet à la fois d'harmonisation. Il s'agit donc d'un processus qui permettra à moyen ou à long terme de mettre l'accent sur la force de l'union dans le combat pour la protection de l'environnement global.

231. L'harmonisation du droit de l'environnement africain ou ouest-africain doit se faire dans le cadre d'une organisation africaine. Cette organisation pourrait s'appeler Organisation pour l'Harmonisation du Droit de l'Environ-

---

[1] V. *infra*, n°s 545 et s..
[2] Faïza TOBICH, *op., cit.*, n° 25.

nement en Afrique (OHDEA). Elle mettra en place des organes qui s'occuperont de l'harmonisation progressive du droit de l'environnement, secteur par secteur. Il s'agit d'une manière de dire que la dynamique d'harmonisation enclenchée depuis maintenant des décennies en Afrique n'épargnera pas le secteur de l'environnement. La création d'une organisation autonome entièrement dédiée à l'environnement et à ses composantes est un gage de réussite de tous les efforts en faveur de la protection de l'environnement.
Le respect des spécificités juridiques de chaque pays permet d'impacter positivement l'effectivité du droit de l'environnement des différents pays.

232. L'environnement que les droits de tous les pays ont pour objet de protéger n'a pas de limites territoriales. Tout impact important l'affectant sur le territoire d'un État peut produire des effets à l'extérieur des frontières de cet État. La jurisprudence de la fonderie de Trial, l'accident de Tchernobyl et bien d'autres exemples sont des illustrations bien à propos. La construction d'un mur le long d'une frontière n'y changera rien. Bien au contraire, les exemples des différentes pollutions transfrontières doivent plutôt condamner les États à se mettre ensemble pour faire front commun pour combattre les menaces en tout genre d'où qu'elles viennent. L'harmonisation des droits de l'environnement des États doit répondre à cet impératif. Aussi, elle ne doit pas être envisagée seulement comme une technique de rapprochement juridique, mais aussi comme une technique permettant de combler un vide juridique dans des pays comme le Mali où il n'existe pas encore de Code unique de l'environnement ou la Guinée Bissau où l'environnement attend toujours son entrée dans la Constitution. L'harmonisation est donc un facteur d'effectivité du droit de l'environnement dans les différents pays concernés. Un de ces impacts positifs est de permettre, par exemple, que des animaux à protéger qui peuvent se retrouver sous la souveraineté de tous les États situés sur leur voie de migration, ne soient pas soumis à des régimes de protection étatiques différents. L'absence de protection de ces animaux par d'autres États peut aussi annihiler les efforts de conservation des autres États[1]. L'harmonisation permettra également de mettre de l'ordre dans un droit dans lequel émergent de plus en plus des pratiques locales[2] en parallèle de la norme juridique étatique ; des pratiques locales qui perturbent le travail de l'autorité étatique et amènent le commun des citoyens à s'interroger sur l'utilité même des normes environnementales.

233. Le contenu du droit de l'environnement étant très vaste, l'harmonisation doit s'opérer secteur par secteur. La réussite du rapprochement des législations

---

[1] V. Ibrahima LY, *Problématique du droit de l'environnement dans le processus de développement économique et social d'un pays africain : l'exemple du Sénégal*, *op. cit.*, p. 128.
[2] Moussa DJIRE, *Les conventions locales au Mali, Outils de gestion durable des ressources naturelles*, *op. cit.*

et de leur effective application dépendront aussi de la bonne organisation des institutions mises en place dans le cadre de la communauté des États. Ces institutions doivent jouer « un rôle coordonné, efficace et dynamique dans la préservation et l'amélioration de l'environnement ». Chaque État membre doit avoir un rôle important à jouer au sein de ces institutions qui doivent être aussi accessibles aux citoyens des États.
Il reste à souhaiter que les défis sécuritaires et démocratiques du moment permettent aux États de s'occuper véritablement des problèmes d'environnement et de développement.
L'harmonisation du contenu des deux systèmes juridiques passe par l'adaptation des droits nationaux au droit international de l'environnement.

234. L'adaptation du droit malien de l'environnement au droit international de l'environnement « consiste dans les modifications normatives qu'il faudrait apporter à l'ordre interne aux fins d'appliquer les obligations internationales » du Mali. Il s'agit donc de minimiser, à défaut d'y mettre fin, les éventuelles contradictions entre les deux ordres juridiques. C'est une œuvre intense du droit interne malien. Le droit international de l'environnement est général et ne peut s'appliquer de manière uniforme par tous les États. Son adaptation au contexte interne de chaque État est nécessaire pour qu'il puisse produire efficacement tous ses effets. Même si tous les pays ont signé les mêmes textes, leurs réalités nationales les obligent à les rendre conformes ou compatibles avec les contextes culturel, géographique, climatique, etc.. C'est ce qui nous conduit à qualifier « d'incomplète » la technique d'incorporation des règles internationales choisie par le constituant malien : la technique moniste suivie par la plupart des États francophones d'Afrique. S'agissant, par exemple, de l'Accord de Paris sur les changements climatiques, on ne peut se limiter au Mali à la simple ratification dudit Accord. Il convient de prendre d'autres mesures, de quelle que nature qu'elles soient, pour rendre le contenu dudit Accord accessible et compréhensible à toutes les couches de la population. L'exemple de la loi française d'adaptation du Code pénal à la Convention portant Statut de la Cour Pénale Internationale est très illustratif[1] à cet égard. En effet, la France ne s'est pas contentée de ratifier cette Convention en 2000[2], mais a jugé nécessaire d'adapter son droit interne à ladite Convention. Toute chose qui semble aller de soi car, devenue élément à part entière du droit interne par la ratification, cette Convention est supérieure, en vertu de la théorie de la hiérarchie des normes, au droit pénal français. Mais qu'en est-il en droit malien ? Quelle (s) solution (s) faudrait-il envisager pour remédier aux difficultés d'adaptation ?

---

[1]Il s'agit de la loi n° 2010-930 du 9 août 2010 *portant adaptation du droit pénal à l'institution de la Cour pénale internationale*, publiée au JORF n° 0183 du 10 août 2010, p. 14678.
[2] V. loi n° 2000-282 du 30 mars 2000 *autorisant la ratification de la Convention portant statut de la Cour pénale internationale*, publiée au JORF n° 0077 du 31 mars 2000, p. 4950.

235. Le droit a pour objet la réglementation de la société. La société évolue et le droit doit s'adapter à cette évolution sociale. C'est la raison pour laquelle les lois des différentes nations sont différentes. Et c'est aussi la raison pour laquelle les traités, une fois ratifiés, doivent être adaptés aux réalités de chaque peuple et non le contraire. Car, « ... *les lois sont faites pour les hommes et non les hommes pour les lois* »[1]. La théorie de la hiérarchie des normes juridiques veut que les lois nationales soient toujours conformes aux traités. Cette théorie n'est pas toujours d'application possible dans des pays dans lesquels les traditions et coutumes locales sont toujours dominantes, depuis le contact avec la colonisation et malgré la décolonisation. Le problème vient du fait que la Constitution elle-même qui est considérée comme la norme suprême adoptée par le peuple ne l'a pas été dans des conditions qui laissent entrevoir sa vraie volonté. Ce qui fait que l'adaptation du droit malien de l'environnement au droit international de l'environnement nécessite qu'on lève les différents obstacles qui sont susceptibles de l'entraver. Cela passe d'abord par leur identification. Cette identification permet d'envisager les solutions appropriées.

236. Par « difficulté d'adaptation » du droit malien de l'environnement au doit international de l'environnement, il convient d'entendre ce qui peut empêcher cette adaptation. Cette adaptation ne doit pas être seulement formelle, mais doit aussi et surtout concerner le contenu des textes. C'est l'inadéquation des textes et modèles importés aux réalités concrètes du Mali qui rend leur adaptation difficile. Cette difficulté est malheureusement entretenue souvent par ceux qui sont chargés d'y remédier. Parmi ceux-ci, l'on peut citer le législateur *lato sensu*. En effet, chaque fois qu'un texte législatif malien est contraire à un traité environnemental régulièrement introduit dans le droit national, il doit modifier ce dernier en vue de le rendre conforme au traité. Cela a rarement posé un problème car, les lois sont facilement adoptées sans que leurs auteurs en soient véritablement au fait de leur contenu. Soit parce qu'ils soutiennent vaille que vaille, donc aveuglement, le pouvoir en place qui a proposé le projet de texte, soit parce qu'ils n'ont pas atteint un niveau d'instruction leur permettant de bien en saisir la portée, sans oublier souvent les pressions de toute nature. La loi est adoptée, son contenu est conforme au traité, tout le monde[2] est content. Il en est de même pour ce qui concerne les textes réglementaires. La réalité est pourtant tout autre car, ces textes qui ne tiennent pas compte du vécu des populations n'auront qu'un effet limité ou n'auront aucun effet. Ils seront qualifiés de textes « dormants ». Or, ces textes doivent être vivants, c'est-à-dire qu'ils doivent non seulement être appliqués, mais doivent aussi être dotés de moyens de contrôle afin que leur éventuel non-respect soit sanctionné. Ainsi, toutes les conditions de leur application doivent être réunies

[1] Jean-Etienne-Marie PORTALIS, dans son discours préliminaire sur le projet de Code civil.
[2] Gouvernement comme partenaires extérieurs.

dès le moment de leur élaboration ou transposition. On peut citer l'importante loi de 2012 relative au bien-être animal[1] qui n'est pas malheureusement bien connue. Son article 7 dispose : « *Toute personne physique ou morale exploitant un commerce d'animaux, logeant des animaux moyennant une rémunération, les élevant à des fins commerciales, les louant, s'en servant à des fins de transport, les exposant ou les exhibant dans un but commercial, doit en demander l'autorisation à la direction des services chargés de la santé animale* (…) ». Il est difficile, dans la pratique, de faire comprendre aux populations exploitant le commerce de bétail ou s'en servant à des fins de transport ou d'agriculture qu'ils doivent disposer d'une autorisation émanant d'une autorité quelconque pour exercer leurs activités qu'ils tiennent de leurs pères, de génération en génération. Il est bien ancré dans les coutumes locales que ces différentes activités sont librement exercées et que ce n'est pas une loi de 2012 qui viendra changer des pratiques ancestrales. Pourtant le non-respect de cette loi qui a pour objet « (…) *d'assurer la protection des animaux contre les mauvais traitements, les usages abusifs, l'abandon et les souffrances inutiles* »[2] et qui couvre l'ensemble des pratiques relatives aux animaux d'élevage, de compagnie, d'expérience, de sport, de loisir et des animaux sauvages est sanctionné par des peines d'emprisonnement et des peines d'amende[3]. L'effectivité des textes implique qu'ils soient juridiquement applicables.
D'autres difficultés qui sont liées à la gouvernance, aux réalités économiques et culturelles du pays seront étudiées dans la deuxième partie de la présente étude.
Face à ces nombreuses difficultés relevant de grands défis, il convient que des solutions idoines soient trouvées.

237. La solution de l'article 116 de la Constitution du Mali du 25 février 1992 qui permet de penser à une adaptation automatique des normes internationales d'environnement au droit malien, du fait de leur ratification et entrée en vigueur, n'est pas satisfaisante. Il s'agit là d'une application *in extenso* de l'article 55 de la Constitution française de 1958 : « *Les traités et accords internationaux régulièrement conclus ont, dès leur publication, une autorité supérieure à celle des lois sous réserve pour chaque traité ou accord de son application par l'autre partie* ». Ce qui est valable en France ne l'est pas forcément au Mali pour de nombreuses raisons. Si le français est la langue officielle des deux pays, tous les Maliens ne parlent pas et ne comprennent pas le français contrairement aux citoyens français. Les coutumes et réalités quotidiennes ne sont pas identiques. Il fait froid en France, presque sur toute l'année, pendant qu'il fait chaud au Mali, presque sur toute l'année. La France est

[1] Il s'agit de la loi n° 2012-014 du 24 février 2012 *relative au bien-être animal*, publiée au JORM n° 9 du 02 mars 2012, p. 324.
[2] V. art. 1er de la loi.
[3] V. les art. 14 et suivants de la loi sus citée et l'art. 316 du Code pénal malien.

un pays plus développé que le Mali. Comment est-ce qu'alors leurs lois ou de telles dispositions peuvent être identiques ? Ces dispositions qui sont identiques peuvent-elles avoir les mêmes effets ? Portalis ne rappelle-t-il pas, dans son discours préliminaire sur le projet de Code civil, que les lois « (...) *doivent être adaptées au caractère, aux habitudes, à la situation du peuple pour lequel elles sont faites* » ?

238. Les lois maliennes doivent être faites pour les Maliens. La solution de l'article 116 de la Constitution de février 1992 doit être perçue donc comme une simple insertion des normes internationales en droit interne malien, d'autres mesures complémentaires sont nécessaires. Cet article, comme la loi en général, ne peut pas « (...) *descendre dans le détail des questions qui peuvent naître sur chaque matière* »[1]. C'est le point de vue de beaucoup d'auteurs parmi lesquels Aristote et Jean-Jacques ROUSSEAU. Pour le premier, « *la loi ne disposant jamais que d'une manière générale, ne peut prévoir tous les cas accidentels* »[2]. Pour le second, « *l'objet des lois est toujours général* »[3]. Cela veut dire qu'un autre travail essentiel de fond reste à faire qui est l'adaptation continue du contenu des traités aux réalités du pays et vice versa.

239. La solution d'adaptation ou de réception retenue par le législateur malien est la transposition, c'est-à-dire la création de règles internes sur la base d'un texte international, que celui-ci soit évoqué ou non. Car, on le sait, « *un traité international n'est* (...) *jamais en soi un moyen de création du droit interne. Il peut seulement constituer une invitation à créer ce droit, mais la formation du droit repose toujours, dans l'État, sur un acte particulier de volonté de l'État, distinct de sa participation au développement juridique international* »[4].

240. La ratification et la publication rendent un traité obligatoire pour l'État, mais elles ne suffisent pas pour rendre ce traité effectivement applicable dans le contexte particulier du Mali. Pour « (...) *qu'il s'applique de manière réelle, effective, au sein de l'État, car tel est le résultat recherché par l'intégration* »[5], d'autres mesures internes sont nécessaires. Le droit international de l'environnement lui-même ne cherche pas à résoudre les problèmes mondiaux

---

[1] Jean-Etienne-Marie PORTALIS, dans son discours préliminaire sur le projet de Code civil.

[2] V. La politique d'ARISTOTE, traduite en français d'après le texte collationné sur les manuscrits et les éditions principales par Barthélémy -Saint-Hilaire, Paris, Librairie philosophique de Ladrange, 3ème éd., 1874, p. 65.

[3] Jean-Jacques ROUSSEAU, *Du contrat social ou principes du droit politique*, Paris : Bibliothèque nationale, Bureaux de la publication, 1865, p. 55.

[4] Henrich TRIEPEL, « *Les rapports entre le droit interne et le droit international* », Recueil des cours, 1923, tome 1, La Haye, p. 84.

[5] Bérangère TAXIL, *Méthodes d'intégration du droit international en droits internes, Internalisation du droit, internalisation de la justice, op., cit.*, p. 104.

d'environnement de manière identique. Le principe des responsabilités communes mais différenciées des États est là pour le rappeler.

La réalité de l'adaptation du droit malien de l'environnement au droit international de l'environnement doit être analysée tant du point de vue des normes que de celui des institutions chargées de la gestion des questions d'environnement.

241. Comme l'ont écrit Jean COMBACAU et Serge SUR, « *Aussi évidente qu'elle puisse paraître, la signification d'une règle, d'une formule, d'un mot, comporte toujours une part d'équivoque et peut être entendue de plusieurs manières* »[1]. Cela n'est pas inexact à partir du moment où l'article 116 de la Constitution malienne du 25 février 1992, équivalent de l'article 55 de la Constitution française de 1958, peut donner lieu à diverses interprétations. Il n'est pas inutile de rappeler ici son contenu : « *Les traités ou accords régulièrement ratifiés ou approuvés ont, dès leur publication, une autorité supérieure à celle des lois, sous réserve pour chaque traité ou accord de son application par l'autre partie.* » Plusieurs interprétations possibles peuvent être faites de cet article : « *l'adaptation automatique, l'adaptation par la publication, la supériorité (in)conditionnelle sur les lois, la supériorité sur tout le droit interne, la régularité de la conclusion comme condition de supériorité, la réciprocité comme condition de la supériorité du traité, la réciprocité comme condition de l'application des traités, etc.* »[2] Il s'agit, de notre point de vue, d'une adaptation automatique du droit international au droit malien, adaptation qui, au regard des réalités du Mali, ne permet pas de rendre effectives les normes environnementales ratifiées. Heureusement, au Mali, le législateur va plus loin que le constituant en intégrant directement dans ses dispositions les normes internationales sans même, souvent, le dire clairement. À ce niveau également, des efforts restent à faire sur lesquels il conviendra de revenir dans la deuxième partie de ce travail.

242. Le droit de l'environnement régit les comportements des individus vis-à-vis de l'environnement, naturel ou artificiel, en indiquant ce qui est permis et ce qui ne l'est pas à un moment donné et dans un espace donné. Les individus vivent dans une société qui n'est pas figée et qui est donc appelée à évoluer. Ce droit est appelé à s'adapter à l'évolution constante de la société. La loi malienne et ses différents textes d'application évoluent donc plus vite que

---

[1] Jean COMBACAU et Serge SUR, *Droit international public*, Paris, LGDJ, 12ème éd., 2016, 830 p. 172.

[2] Joseph KAZADI MPIANA, *La position du droit international dans l'ordre juridique congolais et l'application de ses normes*, droit, Université de Rome, 2012, p. 71.

les traités ratifiés et répondent mieux, en cela, aux préoccupations des populations. Dans le domaine précis de l'environnement, les adaptations du droit au réel doivent se faire constamment en raison du fait que la norme doit suivre son chemin jusqu'à sa destination ultime. Car comme le rappelle Portalis, « (...) *les lois sont faites pour les hommes et non les hommes pour les lois* » À ce sujet l'article 23 de la Déclaration de Stockholm est sans équivoque : « *Sans préjudice des critères qui pourront être retenus par la communauté internationale, ni des normes qui devront être définies à l'échelon national, il faudra dans tous les cas tenir compte des échelles de valeurs prévalant dans chaque pays et de l'applicabilité de normes qui sont valables pour les pays les plus avancés mais qui peuvent ne pas être adaptées aux pays en voie de développement, et être pour ces pays d'un coût social injustifié* ». Pour Alain SUPIOT aussi, « (...) *l'administration ne doit évidemment pas être conçue comme un outil mécanique d'application de la règle de droit aux administrés. La pratique administrative a largement pour objet de transposer, d'adapter ces règles aux multiples situations concrètes où elles sont applicables* »[1]. L'adaptation constante des normes a pour objet la recherche de leur effectivité.

En matière d'adaptation, le droit des installations classées et le droit des études d'impact constituent des exemples clairs de la nécessité de répondre aux besoins constants de protection de la nature et d'amélioration du cadre de vie. L'adaptation permanente du droit malien de l'environnement au droit international de l'environnement ne concerne pas que les règles juridiques, mais intéresse également les institutions de gestion des questions d'environnement.

243. L'adaptation structurelle fait référence à l'existence en droit malien d'organes s'occupant au niveau national et/ou local de la gestion des questions d'environnement telle que prévue par les différents Accords. On le sait, l'environnement « (...) *est le domaine par excellence de l'évolution, de l'adaptation* »[2]. En effet, cela a été souligné au titre 1 de cette partie, l'une des conséquences institutionnelles des grandes Conférences des Nations Unies sur l'environnement a été et demeure la création d'organes chargés spécialement des questions d'environnement. Au Mali, l'adaptation sans cesse continue des institutions chargées de la gestion des questions d'environnement aux réalités toujours changeantes est perpétuelle. Il existe des points focaux pour la plupart des institutions internationales chargées des questions d'environnement indépendamment des nombreuses structures étatiques, mais aussi privées.

---

[1] Alain SUPIOT, « *Recherche sur l'application des textes relatifs à la pollution de l'eau d'origine industrielle* », *La Semaine juridique*, 1975, n° 2692, n° 4.

[2] Ibrahima LY et Moustapha NGAIDE, *Droit de l'environnement au Sénégal*, cours de droit international et comparé de l'environnement, « ENVIDROIT », p. 34.

244. Aussi, plusieurs organisations onusiennes qui mènent des activités liées à l'environnement ont des Bureaux de représentation au Mali. On peut citer le Programme des Nations Unies pour le Développement, (PNUD), le Programme des Nations Unies pour l'Environnement (PNUE), l'Organisation des Nations Unies pour l'Alimentation et l'Agriculture (FAO), etc.. Ces organisations appuient les efforts du Gouvernement dans le domaine de l'environnement en finançant différents programmes et projets. Elles apportent également un appui financier pour la réalisation des différents rapports sur l'état de l'environnement au Mali.
La grande difficulté qu'il convient de relever à ce niveau réside dans le nombre toujours croissant d'organes ayant des compétences en matière d'environnement. Chaque Accord en prévoit. La recherche de conformité de ces organes aux différents textes internationaux butte sur de nombreux obstacles qu'il convient de surmonter. Parmi ces obstacles, il faut compter la qualité des textes.

Section 2 - L'amélioration de la qualité des textes environnementaux

245. La relecture des textes au Mali ou la création de nouvelles institutions à un rythme effréné, guidée par la volonté de répondre, souvent dans l'urgence, aux problèmes d'environnement, conduit à l'adoption ou à la transposition de règles, sans aucune référence à la question de leur efficacité. Ce qui fait que les initiateurs de ces règles font primer, certainement non à dessein, la quantité de celles-ci sur leur qualité. Or, lorsque « *la qualité des normes est* (…) *médiocre* »[1], cela nuit dangereusement à leur effectivité[2]. Il est regrettable de constater que, dans certains cas, les normes environnementales sont plus « (…) *un instrument de communication* (…) *qu'un instrument d'action* »[3]. C'est ce constat qui a conduit Guy CARCASSONNE à qualifier de telles normes de « *réactionnelles* »[4].

246. Compte tenu de la grande dispersion de la production normative, une structure unique et centrale de coordination, le Secrétariat général du Gouvernement, compétente pour l'ensemble des ministères, est chargée de veiller à la qualité de la réglementation. Malgré cela, la qualité des textes reste un défi

[1] Sandrine MALJEAN-DUBOIS, *La quête d'effectivité du droit international de l'environnement, À quoi sert le droit de l'environnement ? Réalité et spécificité de son apport au droit et à la société*, *op. cit.*, p. 265. C'est le cas lorsque « *les obligations sont vagues, atténuées, non quantifiées, ambiguës, conditionnelles et conditionnées, souvent non-exécutoires* ».
[2] Julien BETAILLE, *Les conditions juridiques de l'effectivité de la norme en droit public interne*, *op. cit.*, p. 332.
[3] Julien BETAILLE, *Les conditions juridiques de l'effectivité de la norme en droit public interne*, *op. cit.*, p. 335.
[4] Guy CARCASSONNE, *Penser la loi*, Pouvoirs, n° 114, p. 40.

permanent au Mali pour diverses raisons. En effet, il est regrettable de constater que beaucoup de textes qui y sont adoptés l'ont été pour d'autres pays[1], des pays qui n'ont pas les mêmes réalités que lui. Cela a été rappelé à la section précédente, en ce qui concerne l'article 116 de la Constitution du 25 février 1992, et il est valable pour la plupart des dispositions constitutionnelles et autres textes législatifs et réglementaires du pays. Si cela paraît compréhensible au lendemain de l'indépendance, il doit, de nos jours, être banni. Car ces textes resteront, pour diverses raisons, désuets et ineffectifs.

247. Pour rester collé à l'objet de cette section, il ne sera question ici que de la rédaction des textes environnementaux en lien avec ceux transposés en droit malien. La qualité rédactionnelle d'un texte environnemental est sa manière d'être bien ou mal rédigé. La qualité de la rédaction est importante car elle permet au texte, si elle est bonne - c'est l'objet de notre analyse - d'être compréhensif et applicable. Cela nécessite la réunion d'un certain nombre de critères qu'il convient d'identifier. La satisfaction de cette exigence permet d'améliorer la technique rédactionnelle des textes environnementaux.

248. La rédaction des lois, ordonnances, décrets ou arrêtés assurant la transposition d'une directive ou d'un traité environnemental obéit, en principe, aux mêmes règles que celles qui valent pour tout texte normatif. Toutefois, il n'est pas inutile de rappeler quelques spécificités liées à leur nature comme la fidélité et l'exhaustivité de la transposition car, s'agissant d'une directive communautaire par exemple, en cas de transposition incomplète ou erronée, un recours en manquement pourra être dirigé contre l'État en question. Pour parvenir à cette fin, d'autres critères doivent être dégagés. Par « critères de la qualité rédactionnelle » d'un texte, il convient d'entendre la réunion d'un certain nombre d'exigences tenant à sa clarté, à sa précision, à son caractère non équivoque, lui permettant une application et une compréhension uniforme.
La mauvaise rédaction des textes n'est pas malheureusement le propre des seuls droits nationaux, car même au niveau international le fruit d'une mauvaise négociation ou souvent l'absence de consensus peut rejaillir sur la qualité des textes. Mais notre analyse part de la transposition de normes environnementales externes dans le droit national. Il ne s'agit pas ici de proposer une technique nouvelle de rédaction des textes environnementaux, mais comme l'indique l'intitulé de cette section, de réfléchir sur les voies juridiques tendant à améliorer leur qualité, dans l'optique de leur facile application.

---

[1] L'influence du droit français sur le droit malien est considérable. V. les numéros du Journal officiel de la République Soudanaise et de la République du Mali du 1er janvier 1960 et suivants ; notamment le décret n° 59-103/P-CG du 17 avril 1959 *portant nomination des membres du gouvernement* et loi n° 60-36 du 22 septembre 1960 *transformant le gouvernement de la République soudanaise en gouvernement provisoire de la République du Mali*, publiée au JORM n° 65 du 29 septembre 1960, p. 2.

249. L'efficacité des normes, en général, et des normes environnementales, en particulier, exige qu'elles aient une certaine qualité. Marthe FATIN-ROUGE STEFANINI et *alii* retiennent que la qualité est l'« (...) *ensemble des caractères requis pour qu'une norme valide, et conforme aux normes qui lui sont supérieures dans un système donné, présente le moins de difficultés possibles dans son application, eu égard à son contenu et à sa position dans la hiérarchie des normes* »[1]. Cette qualité exige donc une « *pluralité d'exigences variables* »[2]. Il est possible de retenir parmi ces exigences celles relatives à la formulation et à la compatibilité des normes transposées en droit malien.

250. Dans l'optique d'une amélioration continue de la qualité des textes environnementaux et pour que ceux-ci soient facilement acceptés par leurs destinataires et d'application simples pour les agents de l'administration, il est important que, dès les négociations internationales, les représentants de l'État prennent en compte les contraintes liées à la transposition des actes communautaires et des traités internationaux dans l'ordonnancement juridique national. Les actes de transposition ultérieurs ne doivent pas, en principe, être adoptés sans eux, en raison des difficultés de compréhension dont peuvent faire l'objet certaines notions. Une bonne conception des textes suppose leur facile intelligibilité.
L'intelligibilité des textes environnementaux et l'exhaustivité de leur réglementation constituent entre autres des objectifs d'une bonne rédaction.

L'opération de transposition des textes environnementaux consiste à les rédiger dans une langue claire et intelligible[3]. Cette intelligibilité qui est la qualité de ce qui est compréhensible s'obtient par le bon choix des termes utilisés. Il convient de reconnaître que le pari n'est pas d'avance gagné lorsqu'il s'agit du droit de l'environnement, surtout dans un pays où plus de la moitié de la population ne sait ni lire ni écrire le français qui est la langue officielle, donc la langue des textes. N'est-il pas d'ailleurs logique de se demander : pour qui écrit-on ces textes

251. L'intelligibilité des textes est, tout de même, un des objectifs d'une bonne rédaction à poursuivre par le rédacteur. L'intelligibilité d'un texte s'entend

---

[1] Marthe FATIN-ROUGE STEFANINI, Laurence GAY et Joseph PINI, *Préface*, Marthe FATIN-ROUGE STEFANINI, Laurence GAY et Joseph PINI (dir.), *Autour de la qualité des normes*, Bruxelles, Bruylant, 2010, p. 13.
[2] *Ibid.*, p. 28.
[3] Guide de légistique, 3ème éd., 2017, Documentation française produite conjointement par le Secrétariat général du Gouvernement français et le Conseil d'État français, p. 495.

comme la garantie que le contenu dudit texte peut être compris par ses destinataires[1]. « *Pour ce faire, il conviendra que le rédacteur veille sur l'emploi correct des mots et expressions utilisés. Elle est obtenue par le choix d'un vocabulaire adéquat et précis et la construction de phrases simples et dans un français accessible aux citoyens* »[2]. Mais, au Mali tous les destinataires des textes comprennent-ils leur contenu ? Ceux-ci doivent pouvoir comprendre facilement le texte adopté afin de l'appliquer et de l'observer. Ce qu'on demande au rédacteur du texte, c'est qu'il sache concilier l'exigence de fidélité au texte international à transposer avec les autres dispositions du droit interne. Il doit éviter donc de recopier le texte à transposer et tenir compte de cette exigence.

252. L'intelligibilité est synonyme de clarté et la clarté, selon Domat, est un des « (...) *caractères essentiels aux expressions des lois* »[3]. Puisque ces lois sont destinées à un peuple qui ne comprend pas, dans sa globalité, la langue de leur rédaction, il y faut aussi de la simplicité et de la traduction dans les langues des destinataires des textes. Car le style de la simplicité fait aussi partie des « (...) *choses à observer dans la composition des lois* »[4]. En vérité, la simplicité dans la rédaction des textes environnementaux ne suffit pas pour que ceux-ci soient compris par leurs destinataires. Il faut encore traduire ces textes dans les langues des destinataires or, au Mali, ces langues sont nombreuses et sont essentiellement orales. En somme, l'intelligibilité des textes est une des qualités à observer par le rédacteur des textes environnementaux. Il en de même de l'exhaustivité de la réglementation.

253. Suffit-il de transposer les textes internationaux d'environnement en droit malien pour croire le travail du législateur *lato sensu* terminé ? Le travail n'est pas terminé. Pour être exhaustif, il conviendrait de mettre en place d'autres formules devant permettre que les différents textes soient effectivement connus et compris de leurs destinataires. Les textes doivent être connus, compris et compatibles avec la réalité du milieu dans lequel ils sont censés s'appliquer. Le rédacteur des textes doit veiller à ne pas s'éloigner donc de l'objet des textes. Il ne doit pas s'occuper des préoccupations diverses qui sont dépourvues de tout lien pertinent avec les textes ou avec leur objet principal.

254. À quoi sert-il de transposer en droit malien des textes environnementaux incompatibles avec les réalités du pays ? Cette exigence de vigilance s'impose aux différents représentants de l'État dans les négociations internationales, dès

---

[1] *Guide pour l'élaboration des textes législatifs et réglementaires au Mali*, rédigé par le Secrétariat général du Gouvernement, modifié en 2016, p. 34.

[2] *Ibid.*

[3] Jean DOMAT, *Les lois civiles dans leur ordre naturel*, Préface *Traité des lois*, 1689 ; Caen, Centre de philosophie politique et juridique, 1989.

[4] Montesquieu, *De l'esprit des lois*, tome premier, *op. cit.*, p. 384.

la phase de discussion en vue de la formation des traités. Ainsi, un traité environnemental sera intégré en droit malien non pas seulement parce qu'il traite de l'environnement, mais surtout en fonction de son contenu qui est prédéterminé par l'utilité même du texte.

255. On ne se lassera jamais de le rappeler. Il ne servira à rien de transposer en droit interne des textes qui ne seront pas appliqués si l'objectif de la transposition de ces textes est de pouvoir leur donner des effets. On parlera dans ce cas d'influence négative du texte externe transposé ou même d'absence d'influence. En réalité, la plupart des textes qui sont ineffectifs le sont en raison de leur contenu. Cela veut dire que le contenu du texte influe sur ses effets[1]. Le contenu matériel d'un texte signifie « *ce qui y est exprimé* »[2], « *sa teneur* »[3], ce dont il fait l'objet. Lorsque ce qui est exprimé dans un texte environnemental est dépourvu de tout lien avec le problème qu'il est censé résoudre cela affecte la validité même du texte, sa qualité. Le contenu peut avoir trait tant à la matière traitée qu'à son champ d'application. Ainsi, il serait inutile de ratifier au Mali un texte qui a vocation à s'appliquer dans l'Union européenne.

256. Le contenu d'un texte est souvent relatif à un domaine précis dont la consultation ou la présence de spécialistes dans le groupe de rédacteurs est nécessaire. C'est le cas par exemple de la loi sur la biotechnologie dont la technicité de certaines expressions pose des problèmes de compréhension pour le juriste non polyvalent *a fortiori* pour le commun des Maliens.

257. L'initiative de la transposition des textes internationaux environnementaux en droit malien doit être guidée par la nécessité de résoudre un problème environnemental donné dont la résolution n'a pu être obtenue par le droit interne. Il ne s'agit donc pas de ratifier un traité environnemental ou de transposer un texte quelconque parce que d'autres l'ont fait, mais de savoir qu'en incorporant le texte donné dans le droit positif malien, il contribuera à régler un problème donné. Autrement, ce texte deviendra inutile or, « (...) *les lois inutiles affaiblissent les lois nécessaires* »[4]. Donc l'incorporation d'un texte international comme l'« (...) *élaboration des textes législatifs et réglementaires ne devrait intervenir qu'après avoir clairement identifié le ou les problèmes à résoudre, fixé les objectifs à atteindre par les textes et constaté l'inadaptation de toutes autres solutions envisageables. Elle doit découler de l'analyse de la situation de fait et de l'état du droit existant, lequel comprend l'ensemble des textes juridiques, de la jurisprudence et de la doctrine relatifs*

---

[1] Julien BETAILLE, *Les conditions juridiques de l'effectivité de la norme en droit public interne*, *op. cit.*, p. 351.
[2] V. *Le petit Larousse illustré, 2019*, p. 294.
[3] *Ibid.*
[4] Montesquieu, *De l'esprit des lois*, tome premier, *op. cit.*, p. 386.

aux problèmes posés. »[1] L'absence de codification des textes environnementaux ne facilite pas la revue de l'état du droit permettant de mieux apprécier l'opportunité de l'adoption d'un texte.
En raison de tout ce qui précède, un perfectionnement de la technique de rédaction des textes environnementaux est nécessaire.

258. Le perfectionnement de la rédaction des textes signifie le fait de la « rendre meilleure ». Une rédaction meilleure des textes leur donne plus de chance d'être effectifs et partant efficaces. Pour parvenir à cette fin, il convient de bien former les cadres chargés de la rédaction des textes et de mettre à leur disposition les outils de leur mission.

259. Ayant relevé dans les analyses qui précèdent de nombreuses contradictions, de copier-coller, et de chevauchements des textes ou de leur contenu, il est donc judicieux de proposer les améliorations nécessaires à leur lisibilité afin d'éviter d'éventuels contentieux. Pour parvenir à ce résultat, il devient donc opportun de mieux organiser le choix des rédacteurs de ces différents textes et de leur faire bénéficier de la formation continue qu'exige l'évolution des techniques.

260. Julien BETAILLE, dans *les conditions juridiques de l'effectivité de la norme en droit public interne*, identifie deux éléments du système juridique susceptibles de favoriser l'effectivité de la norme : ses « qualités » et sa « légitimité »[2]. Bernard CUBERTAFOND, lui, pense que « *ce n'est pas parce que la règle est posée, selon les procédures érigées par la constitution et toute la hiérarchie des normes qu'elle sera, parfaitement reçue, acceptée, appliquée* »[3]. Ainsi, il est possible d'estimer que si malgré l'importance des textes d'environnement au Mali et des structures chargées de leur donner effet, les textes restent ineffectifs, c'est qu'il est permis de se questionner sur la qualité de ces règles, de celle de leurs rédacteurs ou de celle des personnes chargées de leur application. Il est important de s'attarder ici sur la qualité de l'auteur des textes qui n'est pas sans conséquences sur le contenu de ceux-ci et de leur applicabilité future.

261. En effet, le choix des rédacteurs des textes environnementaux ne doit pas relever du hasard, mais doit obéir à des exigences à défaut de la satisfaction desquelles il ne peut avoir lieu. Il est regrettable de constater que la désignation de certains acteurs de l'activité normative des départements ministériels et autres structures qui en disposent, qui sont pour la plupart les véritables

---

[1] V. *Guide pour l'élaboration des textes législatifs et réglementaires au Mali*, *op. cit.*, p. 7.
[2] Julien BETAILLE, *Les conditions juridiques de l'effectivité de la norme en droit public interne*, *op. cit.*, p. 327.
[3] Bernard CUBERTAFOND, *La création du droit*, Ellipses, Paris, 1999, p. 103.

initiateurs des textes environnementaux, se fait souvent, non pas en fonction de leurs compétences dans le domaine de leur nomination, mais en fonction de leur appartenance politique ou familiale. Un tel choix rejaillira, à n'en point douter, sur la qualité de la norme édictée et sur son effectivité future.

262. L'élaboration des textes environnementaux nécessite la mobilisation de connaissances autres que juridiques. Le rédacteur de ces textes doit être assisté de spécialistes d'autres disciplines connexes, ne serait –ce que pour le choix des mots ou le sens à leur accorder. Il convient donc de trouver un juste équilibre. Dans tous les cas, le droit de l'environnement restera toujours un droit technique, compte tenu de sa spécificité, mais à défaut d'être accessible à tous, il doit l'être au moins pour le plus grand nombre.
Souvent, la qualité du rédacteur peut être bonne, mais ne correspond pas à celle qui est de sa mise en œuvre[1]. Ainsi, pour parer au manque de qualification des rédacteurs des textes environnementaux, des formations périodiques initiales et continues doivent être initiées.

263. Dans un monde en constante évolution, tant du point de vue des connaissances que de celui des techniques, il devient nécessaire de former de manière continue les acteurs chargés de la rédaction des textes. On peut donc, le jour du recrutement, choisir des cadres compétents car ils sont bien formés, mais l'évolution des techniques qui exige parfois le changement de méthodes exigera aussi une adaptation à ces nouvelles méthodes. Rendre les rédacteurs des textes environnementaux « plus proches de la perfection » c'est veiller à leur constante amélioration en vue d'avoir des textes bien rédigés qui auront plus de chance d'être effectifs.

264. La pluridisciplinarité de l'environnement exige du juriste, corédacteur des textes environnementaux, qu'il acquiert des connaissances dans d'autres domaines des sciences. Sans lui demander d'être lui-même géographe, biologiste ou ingénieur, il gagnerait à se familiariser avec plusieurs termes d'origine non juridique (milieu, écosystème, biotope, biodiversité, etc.). Chaque discipline ayant son vocabulaire propre, la maîtrise des différents outils conceptuels aiderait à une plus grande cohérence des textes. À ce sujet un dictionnaire des termes environnementaux à l'usage de tous serait un outil indispensable qui contribuerait à une meilleure compréhension des textes. Cela permet d'éviter qu'un même mot soit employé différemment dans la même législation. Même si le mot n'a de sens que dans le contexte qui voit son usage, il y aurait au moins un consensus sur l'essentiel. Une manière de dire que les exigences du droit de l'environnement sont nombreuses et diverses. Parmi ces exigences, il est possible d'inclure l'édiction de textes normatifs.

---

[1] V. *infra*, Partie 2.

265. Il existe au Mali un guide pour l'élaboration des textes législatifs et réglementaires largement « (…) *inspiré* (…) *des expériences française et belge* »[1]. Ce guide, selon le Secrétariat Général du Gouvernement, s'inscrit aussi « (…) *dans la dynamique de l'harmonisation des législations et pratiques institutionnelles en cours au niveau sous régional et régional (UEMOA, CEDEAO, UA)* »[2]. Ce guide dont la dernière mise à jour date d'août 2016, ne résout pas tous les problèmes liés à la bonne rédaction des textes environnementaux. C'est la raison pour laquelle d'autres solutions doivent être envisagées en vue de parer à ses insuffisances.

266. Depuis l'accession du Mali à la souveraineté nationale et internationale, le pays s'est régulièrement retrouvé dans des contextes où tout était à refaire, notamment en matière de rédaction de textes législatifs et réglementaires. Les nombreuses modifications de la Constitution française de 1958 et de ses textes d'application, dont le pays s'inspire fortement, remettaient chaque fois en cause l'harmonie et la cohérence de ses textes. Les différentes améliorations du français, langue étrangère et de travail, se font sans le concours du Mali. L'évolution constante de la société malienne et la nécessité de l'adaptation de sa législation à cette évolution sont un défi constant. En raison de la très grande technicité des normes environnementales et en vue de permettre à leurs rédacteurs d'anticiper les difficultés que susciteront leur lecture, leur interprétation et leur mise en œuvre, l'élaboration d'un texte officiel de rédaction de ces textes apparaît comme la solution idoine. Il est aussi nécessaire de mettre en place un comité d'experts pour la rédaction des textes environnementaux, législatifs et réglementaires en vue d'assurer une application et une compréhension uniforme du droit de l'environnement au Mali. Il n'aura pas pour objet de reprendre le contenu des différents manuels qui existent sur le sujet, mais de fournir une orientation générale sur la manière de rédiger les textes qui doivent être accessibles à tous. Car ne l'oublions pas, le droit de l'environnement est d'abord l'affaire des citoyens. Et ceux-ci doivent entièrement se l'approprier.
Une autre solution, en attendant le caractère obligatoire et la normativité du guide, est d'intégrer dans le cursus universitaire l'étude de la légistique générale.

Aussi, dans un contexte « d'adaptation permanente des textes aux circonstances de droit et de fait qui ont initialement motivé leur adoption », il est utile, surtout dans le domaine de l'environnement, de mettre en place un comité de juristes polyvalents[3] pour la rédaction des textes. Ce comité aura aussi pour

---

[1] V. *Guide pour l'élaboration des textes législatifs et réglementaires au Mali, op. cit.*, p. 5.
[2] *Ibid.*
[3] Michel PRIEUR, *Pourquoi une revue juridique de l'environnement ?,* in RJE, numéro 1, 1976, p. 3.

mission de former au début de chaque législature, et chaque fois que de besoin, les parlementaires, surtout lorsque l'on sait que ceux-ci viennent de plusieurs milieux socio-professionnels différents.

267. En définitive, il est permis de constater que l'action du droit international de l'environnement sur la conception du droit malien de l'environnement se traduit de deux façons. D'un côté, l'enrichissement du droit malien de l'environnement existant par l'apport de nouvelles règles et la création progressive de structures dédiées à l'environnement, de l'autre, la perturbation de la cohérence de ce droit par la dispersion de ces règles et structures et leur relative adaptation avec les réalités socio-économiques et culturelles du pays. Les normes environnementales doivent pourtant, dès leur conception ou transposition, contenir les éléments de leur effectivité. Leur ineffectivité est le plus souvent concomitante à leur conception ou transposition. Il est constaté que « (…) *l'intégration se traduit moins par la substitution de normes supranationales aux normes nationales que par la superposition des unes aux autres* »[1]. C'est la raison pour laquelle certains éléments comme leur « qualité » et leur « légitimité » doivent être réunis dès cette phase de leur existence.

268. Pour parvenir à une influence plus positive du droit international de l'environnement sur la conception du droit malien de l'environnement, il convient de freiner une inflation normative contreproductive, inutile et inefficace. Une pause dans la production normative dans le domaine de l'environnement , un temps si minime soit-il, pour permettre la mise en cohérence des règles existantes, est une solution idoine. La protection et l'amélioration de l'environnement qui sont une œuvre de longue haleine sont à ce prix.

269. Il n'est pas toujours aisé de bien saisir l'influence du droit international de l'environnement sur la conception du droit malien de l'environnement surtout lorsqu'il est difficile de distinguer l'influence avec la simple coïncidence. L'influence qui apparaît dans la rédaction des textes et des décisions de justice est facile à repérer. Il convient tout de même de reconnaître que depuis le début des années 1970, sous l'influence du droit international de l'environnement, la République du Mali a progressivement renforcé ses normes juridiques et ses structures diverses chargées des questions d'environnement, améliorant ainsi sa participation à l'effort mondial de protection de l'environnement. Il suffit de le constater à travers la quantité des traités ratifiés et des institutions créées. Il s'agit là, incontestablement, d'une influence positive du droit international de l'environnement sur la conception et le contenu du droit malien de l'environnement. Mais l'arbre ne doit pas cacher la forêt. Cette vitalité normative et institutionnelle dont il a été question dans les pages qui précèdent

[1] Mireille DELMAS-MARTY (dir.), *Critique de l'intégration normative, op. cit.*, p. 15.

n'est pas suffisante. Car, si l'intégration du droit international de l'environnement en droit malien a permis de l'enrichir par l'apport de nouvelles règles ou de combler certains vides[1], il est aussi regrettable de constater que son imperfection nuit sérieusement à l'effectivité et à l'efficacité de ce droit[2]. En effet, l'intégration des normes internationales d'environnement en droit malien ne doit pas seulement se limiter à la ratification des Conventions, telle que cela se passe aujourd'hui. D'autres étapes, en vue de leur appropriation effective par tous leurs destinataires, restent à franchir pour permettre leur mise en œuvre efficace. Les populations, principales bénéficiaires et actrices de la protection de l'environnement, doivent être étroitement associées ou informées de l'édiction ou de la transposition des normes ainsi que de leurs contenus. L'ouverture de la procédure de transposition des normes environnementales internationales aux spécialistes de la matière, aux destinataires des règles et à ceux qui seront chargés de leur mise en œuvre « *paraît donc décisive dans un souci d'efficacité normative* »[3].

Alexandre Charles KISS nous rappelle que la seconde tâche des juristes, après la conception des règles, est celle d'assurer leur application[4]. C'est pourquoi, il convient de s'intéresser à la question de savoir si l'influence du droit international de l'environnement sur l'application du droit malien de l'environnement a eu la même chance que sa profusion normative. C'est l'objet de la deuxième partie.

---

[1] C'est le cas, par exemple, avec l'adoption d'une loi régissant le bien-être animal.

[2] Les différents rapports sur l'état de l'environnement au Mali publiés régulièrement par le ministère de l'Environnement en sont un témoignage.

[3] Frédéric ROUVILLOIS, « *L'efficacité des normes…, op. cit.*, p. 20.

[4] V. Alexandre Charles KISS, *Droit international de l'environnement*, Paris, A. Pedone, 1989, p. 46.

Partie II - L'INFLUENCE DU DROIT INTERNATIONAL DE L'ENVIRONNEMENT SUR L'APPLICATION DU DROIT MALIEN DE L'ENVIRONNEMENT

270. La question de l'influence du droit international de l'environnement sur l'application du droit interne de l'environnement se pose, comme l'indique si justement Michel PRIEUR, en termes d'effets juridiques et pratiques du premier sur le second[1]. En ce qui concerne le Mali, déjà une condition préalable de l'application du droit international de l'environnement qui est sa réception dans son ordre juridique est respectée. Il convient de s'en réjouir, même si elle présente beaucoup de lacunes[2]. Une autre condition interne de cette application effective du droit de l'environnement, tant national qu'international, et la volonté réelle des instances étatiques d'y parvenir restent, cependant, à satisfaire : l'implication véritable des populations et du juge. L'influence véritable du droit international de l'environnement sur l'application du droit malien de l'environnement est à ce prix. Car, une première chose est de concevoir des règles environnementales ou d'adhérer à des Conventions internationales sur l'environnement et de les transposer dans le droit interne, une seconde - non la moindre - est de réussir à les faire suivre d'effet. Car, c'est bien là leur objet. Or, après avoir parcouru les lignes qui précèdent, consacrées à l'influence du droit international de l'environnement sur la conception du droit malien de l'environnement, on a pu constater les prémisses d'une application difficile ou quasi nulle du droit de l'environnement au Mali. Il faut regretter le fait que le problème de l'application des règles juridiques au Mali ne soit pas d'ailleurs spécifique au seul droit de l'environnement. Ce problème de l'application des règles juridiques en général, et du droit de l'environnement, en particulier, n'est même pas spécifique à la seule République du Mali. Le Doyen CARBONNIER constatait déjà en 1957 que « *C'est défigurer la réalité humaine et sociale qui s'exprime dans les systèmes juridiques modernes que de n'en retenir qu'un besoin d'ordre, de régularité, partant de ponctuelle et totale effectivité des règles de droit* »[3]. C'est pour dire que les résistances à l'application des règles de droit, en général, sont partout nombreuses. Elles le sont particulièrement, en ce qui concerne le droit de l'environnement au Mali. Or, l'influence du droit international sur l'application nationale du droit de l'environnement ne s'apprécie qu'en fonction de l'effectivité de celui-ci. C'est la

---

[1] Michel PRIEUR, *Droit de l'environnement, droit durable*, *op. cit.*, p. 247.

[2] Abdoulaye ABOUBACRINE, *L'influence ...*, *op. cit.*.

[3] Jean CARBONNIER, « *Effectivité et ineffectivité de la règle de droit* », *L'année sociologique*, vol. 9, 1957-1958, p. 13.

raison pour laquelle cette question de l'intervention du juge demeure, pour le juriste, un véritable sujet de préoccupation. Les traités environnementaux, eux-mêmes, réservent à la question une place centrale dans leurs dispositions. Il ne doit donc pas être surprenant de constater, malgré les nombreux écrits déjà produits, que « (...) *la recherche des mécanismes et garanties d'application concrète des règles du droit tienne une place importante en matière de protection de l'environnement et que la question de l'effectivité soit l'une des préoccupations essentielles de la doctrine autant que des praticiens* »[1]. Il y a, certes, beaucoup d'écrits en lien avec l'application des normes environnementales[2], mais que fait-on si le problème soulevé par ces écrits reste entier ? Il convient de continuer la réflexion et d'envisager d'autres solutions. C'est l'objet de cette partie.

271. L'application du droit de l'environnement, national ou international, concerne sa « *mise en pratique* »[3], c'est-à-dire le fait de lui donner effet[4]. Le rang qu'occupe la République du Mali dans le classement des pays où l'application de ce droit est effective n'est pas des plus enviables comme le témoigne, éloquemment, le mutisme de sa jurisprudence[5]. On peut, à travers des procès civils consacrés, par exemple, aux troubles de voisinage, relever une protection indirecte de l'environnement, mais jamais ou rarement, toutes proportions gardées, l'on ne trouvera une décision de justice malienne consacrée exclusivement, ou même en partie, à l'environnement. C'est d'ailleurs la raison pour laquelle la réflexion sur l'influence du droit international de l'environnement sur l'application au Mali de ce droit a lieu d'être. Elle permet, en effet, en touchant du doigt les vraies raisons de l'inapplication du droit de l'environnement au Mali, de contribuer à inverser la tendance. C'est le but de ces lignes. Il s'agit non seulement d'apprécier les effets juridiques du droit international de l'environnement sur le droit malien de l'environnement, mais surtout de faire des propositions permettant de vite sortir des sentiers battus pour une rapide intégration de l'environnement dans la vie quotidienne des citoyens. Car, c'est par cette dernière démarche que des actions judiciaires peuvent être facilement conduites par ceux-ci.

---

1 Maurice KAMTO, *Rapport introductif général* in *La mise en œuvre nationale du droit international de l'environnement dans les pays francophones*, Michel PRIEUR (Dir.), *op. cit.*, p. 10. V. aussi Claude IMPERIALI (dir.), *L'effectivité du droit international de l'environnement, contrôle de la mise en œuvre des conventions internationales*, Economica, Paris, 1998.

2 *Ibid.*

3 Gérard CORNU (dir.), *Vocabulaire juridique*, *op. cit.*, p. 74.

4 Alexandre Charles KISS, *Introduction au droit international de l'environnement*, *op. cit.*, p. 57.

5 Ce droit n'est pas appliqué au Mali en raison surtout de sa faible « *emprise sur la vie quotidienne de la grande partie de la population dont les comportements sont davantage régis par les règles coutumières* » (v. sur ce sujet Madassalia MAÏGA, *op. cit.*, p. 15).

272. Certes, le droit international a permis la mise en place d'outils de contrôle de l'application du droit de l'environnement dans les différents pays, mais il souffre toujours de leur inefficacité. « *Cette situation ne peut qu'interpeller le juriste* »[1] et l'inviter à « réfléchir autrement ». C'est pour cette raison, que dans sa quête permanente d'application du droit de l'environnement, « (...) *il lui faut comprendre pourquoi l'ineffectivité domine et rechercher les moyens de renforcer l'effectivité* »[2].

273. Il a été rappelé[3], à la suite de Frédéric ROUVILLOIS, que l'efficacité des règles de droit doit être envisagée dès le moment de leur conception[4]. Ce constat nous a conduit à nous interroger, dans la première partie de ce travail[5], sur la qualité de la conception du droit malien de l'environnement au prisme des normes juridiques externes. La réponse à cette interrogation permet de comprendre pourquoi l'influence du droit international de l'environnement sur l'application du droit malien de l'environnement reste peu significative (titre 1). Elle constitue un préalable indispensable à d'éventuelles propositions visant à permettre d'amplifier cette influence (titre 2). Auparavant, il convient d'indiquer que même si les concepts d'« application », de « mise en œuvre » ou d'« effectivité » des textes ne sont pas exactement synonymes et quel que soit le terme employé, il y a lieu de comprendre qu'il est fait allusion ici à « (...) *toute opération visant à donner vie à la règle de droit en faisant en sorte qu'elle produise pleinement ses effets* »[6].

---

[1] Sandrine MALJEAN-DUBOIS, *La quête d'effectivité du droit international de l'environnement* in *A quoi sert le droit de l'environnement ? Réalité et spécificité de son apport au droit et à la société*, *op. cit.*, p. 254.
[2] *Ibid.*
[3] V. *supra*, Partie 1, titre 2.
[4] Frédéric ROUVILLOIS, *L'efficacité des normes...*, *op. cit.*, p. 16.
[5] V. *supra*, Partie 1, titre 2.
[6] Maurice KAMTO, *Rapport introductif général* in *La mise en œuvre nationale du droit international de l'environnement dans les pays francophones*, *op. cit.*, p. 11. V. aussi Ibrahima LY, *La protection du milieu marin et littoral* in *Ibid.*, p. 549.

Titre 1 - UNE INFLUENCE PEU SIGNIFICATIVE DU DROIT INTERNATIONAL DE L'ENVIRONNEMENT SUR L'APPLICATION DU DROIT MALIEN DE L'ENVIRONNEMENT

274. L'application du droit de l'environnement, au Mali, n'a pas eu la même chance que sa profusion normative. C'est pourtant cette quête d'application effective du droit de l'environnement, inscrite depuis Rio 1992 « *à l'agenda de la recherche* »[1], qui est le combat qui mérite d'être mené aujourd'hui, dans la plupart des pays. Pourrait-on même suggérer de faire une pause dans la production normative au Mali en matière d'environnement pour se consacrer, un temps si minime soit-il, à mettre de l'ordre dans ce qui est déjà produit en vue de lui donner effet. Le pays a moins besoin, aujourd'hui, de lois environnementales nouvelles que de l'application de celles existantes. Car, il peut être permis de dire que le Mali dispose, aujourd'hui, d'une législation assez fournie dans le domaine de la protection de l'environnement. Le pays s'est aussi engagé dans l'adoption de « *nombreuses politiques nationales ambitieuses en matière d'environnement* »[2]. Il peut même être ajouté à ses efforts sa volonté de prendre en compte la dimension environnementale dans toutes les autres politiques nationales sectorielles, dans les différents plans, programmes, stratégies et activités de développement, comme l'attestent différents décrets fixant les attributions spécifiques des membres du Gouvernement[3]. N'est-il pas dès lors plus judicieux, de nos jours, de concentrer les efforts sur la mise en œuvre effective de cet important dispositif juridique, institutionnel et politique déjà disponible ? Tel doit être le défi essentiel du moment. Le chapitre 8 de l'Agenda 21 est d'ailleurs, depuis 1992, consacré à ce défi important.

275. S'il est vrai que le droit international de l'environnement exerce une influence sur l'application du droit interne, il est aussi vrai que la modicité de cette influence, concernant la République du Mali, ne permet pas à ce droit, si les choses restent en l'état, d'atteindre son but : la protection effective de l'environnement. Comme il sera démontré dans les lignes qui suivent, les nombreuses difficultés, de tous ordres, que connaît la République du Mali dans l'application du droit de l'environnement ne poussent guère à l'optimisme.

---

[1] Sandrine MALJEAN-DUBOIS, *La quête d'effectivité du droit international de l'environnement,* in *À quoi sert le droit de l'environnement ? Réalité et spécificité de son apport au droit et à la société, op. cit.,* p. 255.

[2] Rapport 2018 de la politique nationale de protection de l'environnement, p. 2.

[3] V. les décrets successifs fixant les attributions spécifiques des membres du Gouvernement, notamment le décret n° 2017-0358/P-RM du 26 avril 2017, publié au JORM spécial n° 10 du 23 mai 2017, p. 6 ; le décret n° 2019-0331/P-RM du 13 mai 2019, publié au JORM n° 15 du 20 mai 2019, p. 534 ; décret n° 2020-0095/PT-RM du 16 octobre 2020 *fixant les attributions spécifiques des membres du gouvernement*, publié au JORM spécial n° 18 du 19 octobre 2020, p. 4 ; décret n° 2021-0474/PT-RM du 26 juillet 2021 *fixant les attributions spécifiques des membres du gouvernement*, publié au JORM n° 21 du 30 juillet 2021, p. 828.

Doit-on pour autant ne rien tenter pour aider à vivifier ce droit en vue d'une meilleure protection de l'environnement et contribuer à sauver l'humanité ? Doit-on laisser le soin à d'autres ? En appelant des réponses négatives, ces interrogations ne permettent pas de passer sous silence l'existant en matière d'application du droit de l'environnement au Mali. L'analyse de cet existant permet de mettre en évidence les nombreux obstacles jonchés sur le chemin de l'application de ce droit (chapitre 2). En permettant de dégager des pistes de solutions, elle tentera de démontrer que le faible niveau du contrôle de l'application du droit malien de l'environnement est une des raisons du peu d'influence du droit international de l'environnement sur l'application de celui-ci (chapitre 1) et qu'il conviendra d'inverser la tendance.

Chapitre 1 - Une influence restreinte du fait du faible contrôle du droit de L'environnement

276. Ce chapitre ambitionne de démontrer que le déficit du contrôle du droit de l'environnement au Mali restreint considérablement l'influence que le droit international de l'environnement aurait pu positivement exercer sur l'application du droit malien. L'enjeu étant de pouvoir proposer des correctifs au manque de vitalité du droit de l'environnement au Mali.

277. Selon le vocabulaire juridique, dirigé par Gérard CORNU, le contrôle est la « (...) *vérification de la conformité à une norme d'une décision, d'une situation, d'un comportement, etc.* »[1]. Il peut être entendu, ici, comme l'opération consistant à vérifier si l'État du Mali (ou ses démembrements) respecte les engagements du pays qui découlent de ses lois ou des textes qu'il a signés et ratifiés dans le domaine de l'environnement ou si les personnes physiques et morales se trouvant sur le territoire national respectent et cherchent à faire respecter le droit de l'environnement. Comme on le verra plus loin[2], ce contrôle est exercé par des organes administratifs ou juridictionnels, indépendants, étatiques ou supra étatiques.

278. Évoquant la question de la « portée de la protection judiciaire de l'environnement au Mali », Madassalia MAÏGA, conseiller à la Cour suprême du Mali, dans un rapport présenté à l'occasion de la rentrée judiciaire 2014-2015 dont le thème était : *Justice et protection de l'environnement*, s'interrogeait : « *Pourquoi un tel droit, dont l'importance n'échappe à personne, n'est-il pas appliqué ?* »[3]. À cette même occasion, le Président de la Cour suprême d'alors, Nouhoum TAPILY déclarait : « *Combien de fois a-t-on vu dans notre pays, de procès, pénaux, civils ou administratifs, relatifs à des faits de violations des règles de protection de l'environnement mettant en cause un individu, un groupe d'individus ou une personne morale ?* »[4] Pourtant, poursuit-il, « *la Conférence des Cours suprêmes des États francophones d'Afrique tenue à Paris les 03 et 04 février 2005, sous l'égide du Programme des Nations Unies pour l'Environnement et de l'Organisation Internationale de la Francophonie, a décidé d'engager les juges francophones dans le processus de mise en œuvre effective des instruments juridiques internationaux et nationaux de protection de l'environnement, dans une perspective de développement durable.* »[5] Les résultats de cette conférence sont d'ailleurs toujours attendus. À propos du droit pénal de l'environnement au Mali, un autre conseiller à la

[1] V. Gérard CORNU (dir.), *Vocabulaire juridique*, *op. cit.*, p. 267.
[2] V. *infra*, n°s 283 à 328.
[3] Madassalia MAÏGA, *op. cit.*, p. 17.
[4] Nouhoum TAPILY, « *Justice et protection de l'environnement* » au Mali, », Bulletin d'information de la Cour suprême du Mali, *op. cit.*, p. 10.
[5] *Ibid.*

Cour suprême précise : *« les instruments juridiques demeurent inefficaces et le nombre de condamnation reste très faible »*[1]. Il ne donne, on peut le regretter, aucune référence de ces décisions de condamnation, si elles existent.

279. Ces différents hauts cadres de l'institution judiciaire sont tout de même des personnes bien placées pour savoir si, du côté juridictionnel, le droit de l'environnement national et international reçoit, au Mali, une application et si celle-ci est satisfaisante. Leurs constats, si pertinents qu'ils furent, ne sont toujours pas, à notre grand regret, suivis d'effets, malgré la solennité du cadre de leur expression. C'est d'ailleurs la raison pour laquelle il est utile, en s'inspirant de leurs réflexions, de réactualiser le débat et de proposer des pistes de solutions.

280. Il faut donc déjà regretter le fait que les règles de protection de l'environnement souffrent, au Mali, d'un réel déficit de contrôle, tant juridictionnel qu'administratif, des structures chargées d'opérer ces contrôles. L'absence de jurisprudence malienne dans ce domaine est le témoignage le plus éloquent. Il existe pourtant un arsenal juridique important pour permettre ce contrôle et favoriser la naissance et le développement de la jurisprudence environnementale. Les structures administratives sont nombreuses et ne manquent pas de matière d'intervention car toutes les entreprises industrielles, pour ne prendre que ce seul exemple, sont invitées à se conformer aux règles d'hygiène et de protection de l'environnement, à actualiser leur étude d'impact environnemental et social et à procéder aux audits d'environnement[2]. Elles doivent ainsi se soumettre au contrôle que l'administration effectue dans ce cadre. Les manquements constatés par ces administrations peuvent et doivent, dans certains cas, être signalés au juge.

281. Si l'essentiel des normes d'environnement est d'origine internationale, celles-ci ne sont le plus souvent applicables que grâce à l'intervention du droit national. Il en est ainsi, car ce sont les administrations nationales (section 1) et les juges nationaux (section 2) qui veillent, en priorité, à leur application[3]. Ils identifient et sanctionnent leurs violations. Ainsi, comme le rappelle Michel PRIEUR, le droit de l'environnement s'appuie sur trois piliers indissociables : « (…) *la prévention par le droit administratif, la répression par le*

---

[1] Toumani DIALLO, *Rapport de la Cour suprême du Mali sur le droit pénal de l'environnement*, Actes de la réunion constitutive du comité sur l'environnement de l'AHJUCAF, *op. cit.*, p. 188. Aucune donnée chiffrée n'existe sur le nombre de « ces condamnations ».

[2] V. art. 29 de la loi n° 2011-088 du 30 décembre 2011 *portant loi d'orientation du secteur privé*, publié au JORM n° 36 du 07 septembre 2012, p. 1412.

[3] V. Bernard DROBENKO, *La France* in *La mise en œuvre nationale du droit international de l'environnement dans les pays francophones*, *op. cit.*, p. 271, pour qui également *« L'application du dispositif normatif international repose pour l'essentiel sur la capacité à mobiliser les institutions internes »*.

droit pénal et la réparation par le droit civil ».[1] La défaillance du juge, acteur majeur de ce contrôle, rend insignifiante l'influence du droit international de l'environnement sur le droit malien de l'environnement.

Section 1 - Un contrôle administratif insuffisant

282. Le contrôle administratif, en matière d'application des textes environnementaux, est celui qui est exercé par les différents agents publics (fonctionnaires et contractuels) de l'État, de ses organes, des collectivités territoriales et des structures administratives des organisations internationales qui s'occupent au quotidien des problèmes d'environnement, tous secteurs confondus. La création, au Mali, en mars 2012 de l'inspection de l'environnement et de l'assainissement chargée entre autres de « *veiller à l'application des dispositions législatives et réglementaires* »[2] est à saluer même si son rôle doit être plus visible et dissuasif, à l'instar de son homologue des finances dans le domaine du contrôle des dépenses publiques. Il s'agit donc d'un contrôle du respect des textes environnementaux par les particuliers, mais aussi d'un contrôle de leur application par l'administration et ses démembrements. La nécessité d'effectuer ce contrôle se fait sentir au fur et à mesure que se développent les différentes menaces environnementales qui secouent le pays.

283. Sur le plan interne, l'État est le garant de la bonne application de l'ensemble des mesures auxquelles il a souscrit sur la scène internationale. La mise en place, au Mali, d'institutions chargées des questions d'environnement est déjà un début d'application du droit international de l'environnement. En effet, la plupart des Conventions recommandent la création de tels organes par les différents États Parties. Sur ce plan, la première partie de ce travail a permis de se rendre compte que la République du Mali suit ses engagements internationaux. La référence à l'environnement dans l'Acte fondamental CTSP de 1991 et les textes subséquents en est aussi une autre illustration qu'il est important de rappeler. Mais, la mise en place d'organes chargés de traiter les questions d'environnement et la référence à l'environnement dans les textes juridiques suffisent-elles à elles seules pour protéger l'environnement ? Une réponse négative s'impose. Mais, il s'agit, tout de même, d'un pas important. Ce qui est essentiel, c'est la réalisation des objectifs pour lesquels ils ont vu le jour : la protection effective de l'environnement. Pour parvenir à ce résultat, l'administration de l'environnement, en jouant sa partition aux côtés de l'ins-

---

[1] Michel Prieur, *L'influence des conventions internationales sur le droit interne de l'environnement. Actes de la réunion constitutive du comité sur l'environnement de l'AHJUCAF, op. cit.*, p. 392. ffhal-00499293f.

[2] Ordonnance n° 2012-013/P-RM du 09 mars *2012 portant création de l'inspection de l'environnement et de l'assainissement*, publiée au JORM n° 12 du 23 mars 2012, p. 445, ratifiée par la loi n° 2012-062 du 17 décembre 2012.

titution judiciaire, doit faire en sorte que les importants textes adoptés produisent les effets attendus d'eux : qu'ils soient appliqués et que leurs violations soient effectivement sanctionnées. Elle dispose en tout cas d'un pouvoir de police assez étendue dans ce domaine. Mais, l'observation et la pratique permettent de constater que les questions d'environnement, présentes dans les textes et les discours sont, sur le plan comportemental, reléguées au second plan. Or, il s'agit là de l'aspect le plus important de la protection.

284. Sur le plan international, il convient de noter l'existence des Secrétariats des Conventions ou des organes en tenant lieu dont les structures nationales ne sont le plus souvent que les émanations. Ils veillent aussi, par différents procédés, à l'application du droit international de l'environnement par les États Parties, en tout cas dans leurs domaines respectifs de compétence. C'est le cas, notamment, de la Commission africaine des Droits de l'Homme et des peuples qui, selon la Charte, assure la protection des Droits de l'Homme et des peuples. C'est à ce titre qu'elle a d'ailleurs reconnu le gouvernement kenyan responsable de dépossession de terres et territoires traditionnels, de réduction des ressources nécessaires pour la survie physique et culturelle, la destruction et la pollution de l'environnement traditionnel du peuple endorois[1]. Les secrétariats ou commissions permettent ainsi, par leur rôle de contrôle et de suivi, au droit international d'exercer une influence sur l'application nationale du droit de l'environnement.
Il convient donc d'examiner ici, successivement, les rôles de ces différentes administrations dans l'application du droit de l'environnement national et international au Mali en commençant par les structures nationales existantes. L'accent sera chaque fois mis sur l'insuffisance ou l'absence de leurs actions dans l'application, au Mali, du droit de l'environnement et sur les mesures correctives à apporter.

285. Parti a été pris de ne pas seulement évoquer ici la question de la mise en œuvre directe du droit international de l'environnement car, il ne peut être passé sous silence l'application du droit interne qui est, à certains égards, une modalité d'application du droit international de l'environnement. Dans la mouvance de cette étude, il est donc utile de jeter un regard sur la réalité de l'application de ce droit interne par l'administration malienne et son contrôle par celle-ci, dans ses rapports avec les particuliers. Aussi, faire produire des effets au droit de l'environnement du Mali, c'est contribuer à l'amélioration de l'environnement mondial, objet du droit international de l'environnement. Il s'agit alors d'une application indirecte du droit international, car ne l'oublions pas, les règles internationales incorporées en droit malien deviennent

---

[1] V. 276/03 : Centre for Minority Rights Development (Kenya) and Minority Rights Group (on behalf of Endorois Welfare Council) / Kenya consultable sur le site https://www.achpr.org/fr_communications, consulté le 04 novembre 2020.

des règles à part entière du droit interne. Participer à la protection et à l'amélioration de l'environnement mondial est le but de la réception des règles internationales d'environnement dans le droit interne malien.

286. De même, la mise en œuvre du droit international de l'environnement ne se limite pas non plus à la participation des représentants du pays à des rencontres sur l'environnement, comme cela semble ressortir du rapport annuel 2018 sur l'état de mise en œuvre des conventions internationales au Mali. En plus de la mise en place d'organes chargés des questions d'environnement, de l'adoption de différents programmes, politiques et plans, dans le domaine de l'environnement, il s'agit de s'intéresser à la concrétisation sur le terrain des différentes actions menées en faveur de l'environnement. C'est d'ailleurs un des aspects de l'objet principal de cette étude. Si l'on ne sent pas, dans la vie de tous les jours, une amélioration de l'état de l'environnement, il doit être permis de conclure qu'il y a eu un gaspillage de temps et d'énergie. Et ce serait dommage de considérer comme vain l'important échafaudage mis en place au Mali dans le domaine de la protection de l'environnement.

287. L'application du droit international de l'environnement par l'administration au Mali commence par la ratification des différentes Conventions signées par le pays ou auxquelles il a adhéré. Elle doit se poursuivre par des actions concrètes sur le terrain, en passant par la mise en place de structures appropriées tant au niveau national qu'au niveau décentralisé. On verra d'ailleurs que sur ce plan, chaque Convention ou Accord, ratifié par le Mali, dispose d'un point focal[1] qui joue le rôle de liaison entre le Mali, à travers le ministère chargé de l'Environnement et le Secrétariat de la Convention ou de l'Accord concerné. La ratification, la mise en place d'organes environnementaux, l'adoption de politiques, de programmes et de stratégies ne préjugent pas de l'effectivité du droit de l'environnement mais, constituent des préalables essentiels. Ceux-ci peuvent aussi être considérés comme des moyens permettant de contribuer à l'application du droit international de l'environnement.

288. Le rôle des collectivités décentralisées de commune, de cercle[2] et de région est aussi considérable dans la mise en œuvre du droit international de l'environnement. D'ailleurs, l'Agenda 21 recommande fortement leur implication dans la mise en place d'infrastructures sociales, économiques et environnementales. C'est aussi dans ce cadre qu'ont été pris, s'agissant du District de Bamako, l'arrêté n° 22/CB-GD du 10 juin 1982 *portant règlement de police*

---

[1] Il y en a 15 au total (v. le rapport annuel 2018 sur l'état de mise en œuvre des Conventions, Accords et Traités au Mali, p. 5).

[2] V. Loi n°2023-003 du 13 mars 2023 portant modification de la loi n°2017-052 du 02 octobre 2017 *déterminant les conditions de la libre administration des collectivités territoriales*, publiée au JORM n° 06 du 17 mars 2023, p. 206.

en matière d'hygiène publique et d'assainissement dans le périmètre du District de Bamako et la décision n° 228/M-DB du 4 juin 2003 *fixant les modalités de dépôts et de collecte des déchets solides dans le centre commercial.*

289. La création et surtout la composition du Conseil National de l'Environnement, constitue un des efforts les plus aboutis de la République du Mali dans « sa volonté » d'appliquer les normes environnementales, au moins au niveau administratif. Cet organe consultatif qui a pour objet, comme l'indique son intitulé, de donner des avis et formuler des propositions et recommandations sur les questions se rapportant à l'environnement, est composé, outre des représentants de l'État, de ceux de toutes les couches socio-professionnelles du pays y compris les associations de protection de l'environnement dont le rôle est loin d'être négligeable. Il s'agit là d'une application partielle de la Constitution de février 1992 qui fait de la protection de l'environnement une obligation de l'État et un devoir des citoyens[1]. Les Conventions invitant les États à faire participer le public au processus décisionnel trouvent là un début d'application. Il reste à souhaiter que cette participation soit effective dans la réalité.

Comme il a déjà été consacré des développements à certains aspects du respect du droit international de l'environnement au Mali, par le phénomène de son incorporation en droit interne, dans la première partie de ce travail, il convient de ne s'intéresser ici qu'aux autres aspects comme les sanctions aux violations de ce droit, sanctions en l'absence desquelles le respect des actions mises en œuvre serait aléatoire. Ainsi, deux questions essentielles méritent d'être traitées : d'abord la réalité du contrôle administratif national, ensuite ses limites.

Le contrôle du respect des normes environnementales relève tant de l'administration nationale que de l'administration décentralisée et des citoyens.

290. Il a déjà été étudié dans la première partie de ce travail[2], même si c'est de façon non exhaustive, l'importante production normative et institutionnelle de la protection de l'environnement au Mali. Si cet important dispositif était efficacement fonctionnel, il y aurait de quoi pavoiser. De la Constitution aux textes législatifs et réglementaires en passant par les textes internationaux, l'administration de l'environnement, tant centrale que décentralisée, dispose de la matière pour fonder son action au quotidien dans le domaine de l'environnement. Indépendamment des textes spécifiques à l'environnement, beaucoup d'autres ayant un objet différent contiennent des dispositions réprimant

---

[1] Art. 15.
[2] V. *supra*, Partie 1, Titre1.

les atteintes à l'environnement[1]. Ces atteintes doivent être réprimées par des fonctionnaires et agents de certaines administrations et services publics[2]. On peut regretter l'éclatement du système répressif qui ne rend pas aisé le travail de ces acteurs. Ainsi, outre le Code pénal et le Code de procédure pénale, il existe divers textes comportant plusieurs dispositions répressives en matière d'atteinte à l'environnement. Ce constat permet de dire que le droit de l'environnement « *irradie les autres droits* »[3].

291. Ainsi, dans le domaine de la chasse et de la pêche, « *Les ingénieurs et agents assermentés des eaux et forêts recherchent et constatent par procès-verbaux les infractions à la réglementation des eaux et forêts, la chasse et la pêche* »[4]. Ils remettent ces procès-verbaux à leurs chefs hiérarchiques qui les transmettent au procureur de la République ou au juge de paix à compétence étendue[5]. « *Le directeur du service chargé des pêches et de la pisciculture ou le représentant des collectivités territoriales décentralisées peuvent, concurremment avec le ministère public, interjeter appel des jugements en premier ressort* (et) *se pourvoir en cassation contre les arrêts et jugements rendus en dernier ressort par les tribunaux* »[6]. Ils peuvent même « *citer directement pour l'audience la plus prochaine toutes les affaires relatives à la police de chasse* »[7]. *La loi portant Code de l'eau invite « (...) les fonctionnaires de l'administration chargée de l'eau, de la santé publique et de l'environnement ainsi que les agents des administrations régionales, de cercles et de communes compétents sur leur territoire respectif, dûment mandatés (...) à faire des constats en cas d'infraction au Code de l'eau* »[8].

292. En matière de bien-être animal, « *Les vétérinaires et ingénieurs d'Élevage, les techniciens d'élevage, les agents techniques d'élevage assermentés de la Direction Nationale des Services Vétérinaires, les officiers et agents de*

---

[1] En plus des Codes pénal et de procédure pénale on peut citer la loi n° 2012-016 du 27 février *2012 portant Code des investissements* (art. 27 et 28), JORM n° 13 du 30 mars 2012, p. 482 ; la loi n° 2012-019 du 12 mars 2012 *relative aux services privés de communication audiovisuelle* (art 2), v. même JO, p. 489.

[2] Art. 39 du Code de procédure pénale : « *Les fonctionnaires et agents des administrations et services publics auxquels des lois spéciales attribuent certains pouvoirs de police judiciaire exercent ces pouvoirs dans les conditions et dans les limites fixées par ces lois* ».

[3] Jacqueline MORAND-DEVILLER, *Droit de l'environnement, op. cit.*, p. 4.

[4] Art. 41 du Code de procédure pénale. Il est à peu près identique à l'art. 113 de la loi n° 95-031 du 20 mars 1995 *fixant les conditions de gestion de la faune sauvage et de son habitat* qui dispose : « *Les agents forestiers assermentés et les officiers de police judiciaire recherchent et constatent, par procès-verbaux, les infractions en matière de chasse* ».

[5] Art. 46 du Code de procédure pénale.

[6] Art. 128 de la loi n° 95-031 du 20 mars 1995 *fixant les conditions de gestion de la faune sauvage et de son habitat*, publiée au JORM n° 21 du 15 novembre 1995, p. 805.

[7] Art. 129 de la même loi.

[8] Loi n° 02-006 du 31 janvier 2002 *portant Code de l'eau*, publiée au JORM n° 04 du 10 février 2002, p. 124 (art. 71).

police judiciaire ont qualité pour rechercher et constater par procès-verbaux les Infractions. »[1] « *Les fonctionnaires de la Direction Nationale des Services Vétérinaires visés à l'article précédent peuvent s'introduire dans les maisons, fermes, cours, dépôts et enclos accompagnés d'un représentant de la force publique ou de collectivité lequel signe le procès-verbal de l'opération à laquelle il a assisté.*
Ils ont libre accès sur les quais fluviaux, dans les gares, aéroports et sur les voies de chemin de fer. Ils peuvent visiter les trains, véhicules, avions, pinasses et embarcations de toute nature. »[2]

293. En matière de pollutions et de nuisances, les agents assermentés de la Direction nationale de l'Assainissement et du Contrôle des Pollutions et Nuisances et les officiers de police judiciaire recherchent et constatent par procès-verbaux les infractions aux dispositions de la loi[3]. Ils « (…) *conduisent devant l'officier de police judiciaire tous les délinquants dont ils ne peuvent s'assurer de l'identité* »[4]. Ils ont même « (…) *le droit de requérir verbalement ou par écrit la force publique pour la répression des infractions relatives à la matière* »[5].

294. Dans le domaine des installations classées, « *Indépendamment des poursuites pénales qui peuvent être exercées lorsqu'un inspecteur des installations classées a constaté l'inobservation des conditions imposées à l'exploitant d'une installation classée, l'administration compétente met en demeure ce dernier de satisfaire à ces conditions dans un délai déterminé. À l'expiration du délai fixé pour l'exécution, si l'exploitant n'a pas obtempéré à cette infraction, l'Administration compétente peut : soit obliger l'exploitant à consigner entre les mains d'un comptable public une caution correspondant au montant des travaux à réaliser, laquelle lui sera restituée au fur et à mesure de l'exécution des travaux; il est, le cas échéant, procédé au recouvrement de cette somme comme en matière de créance étrangère à dépôt et aux domaines ; soit demander la suspension par arrêté, après avis de la Commission Technique, du fonctionnement de l'installation jusqu'à exécution des conditions imposées.* »[6]

295. En matière d'étude d'impact et d'évaluation environnementale, le ministre chargé de l'Environnement, en concertation avec le ministre sectoriel

---

[1] Art. 23 de la loi n° 2012-014 du 24 février 2012 *relative au bien-être animal* publiée au JORM n° 09 du 02 mars 2012, p. 324.
[2] Art. 24 de la loi précitée.
[3] V. Art. 48 de loi n° 01-020 du 30 mai 2001 *relative aux pollutions et aux nuisances, op. cit.*
[4] Art. 41 de la loi précitée.
[5] *Ibid.*
[6] Art. 23 de la loi n° 08-033 du 11 aout 2008 *relative aux installations classées pour la protection de l'environnement.*

concerné, peut prendre les sanctions suivantes : l'avertissement par lettre recommandée, l'injonction de remise en état des lieux, l'injonction de procéder dans un délai préfixé à la mise en œuvre de mesures de correction et de compensation, la suspension ou le retrait du permis environnemental ou le retrait de l'approbation du rapport de la notice d'impact environnemental et social[1].

296. En matière d'OGM, l'autorité nationale compétente peut « (…) *interdire l'importation, le transit, l'utilisation en milieu confiné, la dissémination/libération ou la mise sur le marché d'un organisme génétiquement modifié ou du produit dérivé d'un organisme génétiquement modifié, s'il a des caractéristiques ou s'il constitue une menace spécifique entraînent* (sic) *des risques inacceptables pour la santé humaine et animale, la diversité biologique, l'environnement, les conditions socio-économiques et les normes culturelles* »[2]. Elle peut également « (…) *ordonner l'arrêt de toute activité ou utilisation impliquant un organisme génétiquement modifié ou le produit d'un organisme génétiquement modifié dont les risques sur la santé humaine et animale, la diversité biologique et l'environnement sont connus* »[3].

297. En plus des services sus cités, on peut noter l'existence, depuis 2012, de l'inspection de l'environnement et de l'assainissement dont la mission est de « (…) *contrôler le fonctionnement et l'action des services et organismes relevant du département chargé de l'environnement et de l'assainissement* »[4]. Elle effectue, selon son texte de création, aussi des missions d'enquête, d'information ou d'étude entrant dans le cadre de ses attributions.

298. Comme il est aisé de le constater, à travers le rappel non exhaustif des mesures qui précèdent, les différentes administrations en charge de la protection de l'environnement, disposent d'outils suffisants pour agir. Ces différentes mesures qu'elles peuvent prendre sont nombreuses et variées. Mais, qu'en est-il réellement de leur application dans la vie concrète de tous les jours ?

299. Il existe, certes, un contrôle administratif du respect des textes environnementaux, qui sont d'ailleurs non connus de leurs principaux destinateurs, mais, il convient de reconnaître que les résultats de ce contrôle sont très en

---

[1] V. art. 34 du décret n° 08-346/P-RM du 26 juin *relatif à l'étude d'impact environnemental et social,* déjà cité.

[2] Art. 42 de la loi n° 08-042 du 01 décembre 2008 *relative à la sécurité en biotechnologie en République du Mali.*

[3] *Ibid.*

[4] V. Ordonnance n° 2012-013/P-RM du 09 mars *2012 portant création de l'inspection de l'environnement et de l'assainissement*, publiée au JORM n° 12 du 23 mars 2012, p. 445, ratifiée par la loi n° 2012-062 du 17 décembre 2012.

deçà de ce qui est attendu. Le manque criard de moyens tant humains, matériels que financiers est le principal obstacle. Outre les services du ministère de l'Environnement (principalement les services des Eaux et Forêts, de l'Assainissement, du contrôle des pollutions et nuisances, de l'inspection de l'Environnement), il existe d'autres administrations souvent indépendantes comme le bureau du Vérificateur général dont les missions s'étendent au contrôle du respect des textes environnementaux.

300. La surveillance des forêts contre, par exemple, les feux de brousse et la protection des espèces contre le braconnage nécessitent la mobilisation de moyens importants qui font défaut car, ces activités nécessitent des déplacements réguliers des agents forestiers dans les zones qui doivent être contrôlées. Ces agents qui sont en nombre largement inférieur par rapport au besoin réel requis sont confrontés à l'insuffisance des moyens de déplacement, à leur vétusté, à l'insuffisance de moyens financiers pour effectuer les différentes missions de terrain. À cela s'ajoute l'insécurité, principalement dans le gourma qui regorge d'importantes espèces protégées, qui influe fortement sur les missions de contrôle. Dans ces conditions, les résultats engrangés ne peuvent être eux-mêmes qu'insuffisants au grand dam des ressources et de l'environnement[1].

301. Les services chargés de l'assainissement et du contrôle des pollutions et des nuisances assurent, non sans difficultés, un suivi environnemental des projets, programmes, des unités industrielles et zones minières, des différents aménagements urbains, etc.. Ils établissent des avertissements et concluent des transactions. Malgré tout cela, les problématiques d'assainissement concernant les eaux usées, le drainage des eaux de pluie, la gestion des déchets liquides demeurent toujours entiers. Des insuffisances relatives à l'aménagement de sites de décharges pour les grandes villes, la prolifération des sachets plastiques partout dans les rues des villes et des villages sont toujours constatées. Les recommandations préconisées par les services techniques compétents restent toujours des recommandations et se renouvèlent d'année en année : « (...) *l'application de la Loi N° 2012-003 du 23 janvier 2012 sur l'interdiction des sachets plastiques ;la construction des sites de décharge autour de Bamako ; la mise en œuvre des projets, programmes, conventions, accords et traités ; le curage des collecteurs et l'évacuation des déblais dans le District de Bamako ; l'appui aux communes du District de Bamako dans la recherche de solutions à la gestion des déchets solides ; ... »*[2]. Il est quand

[1] Ces résultats permettent de lister 1 940 missions de contrôle forestiers réalisées en 2017 (1 721 en 2016) et 190 missions de contrôle, de surveillance et de protection des aires protégées réalisées la même année (v. rapport annuel 2017 de la Direction nationale des Eaux et Forêts).
[2] Rapport annuel 2013 de la Direction nationale de l'Assainissement, du Contrôle des Pollutions et Nuisances, p. 64.

même réjouissant de constater que les études d'impact environnemental et social et les audits d'environnement gagnent en ampleur après la mise en application de l'Arrêté interministériel fixant le montant, les modalités de paiement et de gestion des frais afférents aux activités relatives à l'étude d'impact environnemental et social[1]. Les audits de vérification de conformité environnementale donnent généralement lieu à la délivrance de quitus environnemental. Il convient tout de même de regretter que la corruption généralisée, qui touche tous les secteurs de la vie nationale, ne permette pas à ces audits d'être conduits de façon satisfaisante. Il en résulte une ineffectivité des textes et une dégradation continue de l'environnement.

302. Face ainsi aux nombreuses infractions constatées dans le domaine de l'assainissement, des pollutions et des nuisances, l'administration en charge du secteur privilégie la sensibilisation à la sanction. Les sanctions, lorsqu'elles existent, concernent les avertissements et les transactions. C'est ainsi que, plutôt que de sanctionner, les autorités, toujours avec l'appui des partenaires, mènent des activités d'information, de sensibilisation et de communication pour un changement de comportement des populations sur les questions d'assainissement et de nuisance. Ces activités ont, entre autres, trait à la gestion des eaux usées, la gestion des ordures ménagères, l'organisation de concours « quartier ou village propre » entre les communautés, etc.. Les résultats obtenus sont largement en deçà de ce qui est attendu en raison de l'étroitesse des zones concernées et du caractère éphémère du changement des comportements obtenu. Au lieu d'activités pérennes, il est organisé depuis quelques années des activités sporadiques et épisodiques comme l'institution des journées de salubrité ou de la quinzaine de l'environnement. Dans le domaine faunique et forestier, les principales sanctions sont la confiscation et la transaction[2]. Il s'agit là de sanctions bien limitées dans leurs effets car elles n'empêchent pas les auteurs de diverses atteintes à l'environnement de récidiver et à l'environnement d'être dégradé[3].

---

[1] V. Arrêté interministériel n° 10-1509/MEA-MIICMEF *fixant le montant, les modalités de paiement et de gestion des frais afférents aux activités relatives à l'étude d'impact environnemental et social*, publié au JORM n° 02 du 14 janvier 2011, p. 66. Le rapport 2013 de la DNACPN fait état du nombre de rapports étudiés pour la seule année 2013 : « Le nombre de rapports analysés au cours de l'année est de 88 sur lesquels 86 ont abouti à la délivrance d'un permis. Parmi les 86 Permis délivrés, 21 sont relatifs aux projets étatiques et 65 aux privés. Les plus nombreux sont ceux relatifs aux projets industriels (28), aux aménagements hydro agricoles (23) et aux projets miniers (23) » (v. p. 50).

[2] Les transactions, dans le domaine forestier et faunique, ont engendré en 2017, pour l'ensemble des régions du pays (excepté Gao, Kidal, Ménaka et Tessalit), une recette totale de deux cent quatre-vingt-seize millions treize mille cent quatre-vingts (296 013 180) FCFA. V. rapport 2018 de la Direction nationale des Eaux et Forêts, p. 59.

[3] L'affaire dite de la forêt classée de Kékoro en est une illustration parfaite. Cette forêt classée est située dans le village du même nom, dans le cercle de Bougouni. Une exploitation illégale de minerais (or) dans cette forêt a occasionné une dégradation inestimable du domaine forestier de l'État. Une transaction a permis d'abandonner les poursuites.

303. Le bureau du Vérificateur général, lui, n'a pas de pouvoir de sanction. Il fait des recommandations et des dénonciations aux autorités judiciaires. Son rapport de l'année 2020 ne contient aucune dénonciation à la justice des irrégularités environnementales constatées, comme il le précise : « *Les irrégularités environnementales sont assorties de recommandations tandis que les financières donnent lieu à des dénonciations aux autorités judiciaires* »[1]. Donc, le juge n'a pas l'occasion de se prononcer sur ces irrégularités environnementales, du moins immédiatement.

Cette insuffisance du contrôle, conjuguée à d'autres, constitue, à n'en point douter, une limite au respect des règles environnementales.

304. La dispersion des attributions environnementales entre plusieurs ministères sectoriels ne rend pas aisée l'application du droit national, encore moins le suivi des conventions internationales. Il peut être pris l'exemple de la Convention sur la diversité biologique qui est mise en œuvre de façon sectorielle par les ministères de l'Élevage, de la Pêche, de l'Agriculture, de l'Environnement... Heureusement que les différents points focaux des conventions internationales sur l'environnement sont réunis au sein d'un seul organe, l'Agence de l'Environnement et du Développement Durable qui relève du ministère de l'Environnement. Cette Agence a d'ailleurs, conformément à son texte de création[2], le rôle d'organiser des rencontres périodiques avec les points focaux afin d'assurer la coordination, mais également le suivi de la mise en œuvre des conventions, accords et traités signés par le Mali. On sent d'ailleurs une volonté de collaboration entre les différents ministères ayant en charge les dossiers environnementaux, même si cette collaboration doit davantage être renforcée.

305. Sur le plan de l'application concrète des normes internes d'environnement par l'administration, il convient de partager le constat de Madassalia MAÏGA pour qui « *les administrations chargées de réprimer directement les atteintes à l'environnement ou de poursuivre en justice les délinquants environnementaux s'abstiennent le plus souvent de le faire, développant ainsi une sorte de tolérance générale en matière d'atteintes à l'environnement ou, procèdent aux transactions prévues par les textes* »[3]. Cette tolérance de l'administration face aux atteintes à l'environnement limite les effets des conventions internationales sur l'application du droit de l'environnement. Mais, ce constat ne disculpe pas les autorités judiciaires car, l'absence de contrôle juridictionnel peut également leur être imputable. Qu'elles émanent de l'adminis-

[1] P. 75 du rapport.

[2] V. art. 2 de la loi n° 10-027 du 12 juillet 2010 *portant création de l'Agence de l'Environnement et du Développement durable*, publiée au JORM n° 32 du 06 août 2010, p. 1243.

[3] Madassalia MAÏGA, *op. cit.*, p. 18.

tration d'État et de ses démembrements ou des autorités judiciaires, en l'occurrence du Procureur de la République, les tolérances des atteintes à l'environnement et les transactions peuvent être considérées comme un encouragement à attenter à l'environnement.

306. Les importants efforts enregistrés dans la production normative n'ont pas permis d'éviter, du fait de l'inefficacité du contrôle des structures administratives, la dégradation continue de l'environnement. En effet, plusieurs comportements et pratiques répandus qui constituent des atteintes graves à l'environnement, en général, et au cadre de vie, en particulier, sont hautement tolérés. Ces comportements et pratiques ont pour noms : dépôts anarchiques d'ordures, obstruction des caniveaux et collecteurs par des déchets de toutes natures (y compris les eaux usées), la dissémination de déchets plastiques dans les rues et sur les espaces publics, etc..[1] Ce qui est davantage regrettable, c'est que la plupart de ces comportements et pratiques sont perpétrés par ceux qui doivent servir l'État et sanctionner de tels agissements. Ils foulent ainsi aux pieds l'intérêt général qu'ils ont pour mission de défendre. Ainsi, se développe un climat de nonchalance et de déficit de l'autorité administrative.

307. Plusieurs raisons peuvent justifier ce déficit de l'autorité administrative. D'abord, en ce qui concerne l'absence de sanctions contre les différentes pressions sur les ressources naturelles, le déficit de l'autorité administrative s'explique par le fait que, n'ayant rien à offrir à la majorité de la population en contrepartie de l'arrêt de l'exploitation abusive de ces ressources, elle se trouve devant le fait accompli et se résigne à laisser faire. Concernant la dégradation du cadre de vie, l'absence de prise de conscience des populations, l'incivisme généralisé, l'interventionnisme de certaines autorités pour empêcher que des sanctions soient infligées à leurs proches, constituent à ne point douter, des freins à l'efficacité de l'action administrative.
Les transactions prévues par les textes, compte tenu de leur inefficacité, ne permettent pas au droit international de l'environnement d'exercer l'influence attendue sur l'application du droit national.

308. Le Lexique des termes juridiques définit la transaction comme « (…) *un écrit par lequel l'administration termine une contestation née ou prévient une contestation à naître* »[2]. La conséquence de cet écrit, prévu par de nombreux textes au Mali, est qu'il fait obstacle à l'introduction ou à la poursuite en jus-

[1] Selon la Direction nationale de l'Assainissement et de la Conservation de la Nature, « *Environ 1 932 224 tonnes de déchets solides sont produites chaque jour à Bamako* », v. rapport 2017 sur l'état de l'environnement au Mali, p. 19.
[2] Serge GUINCHARD (dir.), *Lexique des termes juridiques*, 2020, *op. cit.*, p. 1069.

tice des délinquants environnementaux concernant le même objet. Cette mesure peut être interprétée comme un droit à attenter à l'environnement, donc comme une limite à l'efficacité du travail des structures administratives. Elle n'est pas propre au droit malien de l'environnement[1].

309. Ainsi, dans le domaine de la gestion de la faune et de son habitat, « *Les Ingénieurs et les Techniciens des Eaux et Forêts, chefs de service de cercle chargés de la faune et des aires protégées de l'État et des Collectivités territoriales sont habilités à transiger sur les infractions aux dispositions de la (…) loi* »[2]. Cette transaction, comme indiqué plus haut, « (…) *éteint l'action publique* »[3] avant jugement. Après le jugement, elle « (…) *n'aura d'effet que sur les condamnations pécuniaires.* »[4] La loi du 18 janvier 1995 fixant les conditions de gestion des ressources forestières, abrogée, prévoyait que « *Quand le délit est commis dans une réserve naturelle intégrale ou un parc national, ou qu'un animal intégralement protégé est abattu, les agents compétents instruisent l'affaire, dressent procès-verbal et envoient leurs conclusions et propositions de transaction au directeur du service chargé de la faune qui transige et renvoie le dossier pour exécution.* »[5] Même la loi relative au bien-être animal autorise une telle transaction. Ainsi, l'article 29 de cette loi dispose : « *Les agents assermentés des services vétérinaires peuvent transiger avant ou après jugement sur les infractions en matière de bien-être animal. Avant jugement, la transaction éteint l'action publique. Après jugement, la transaction n'a d'effet que sur les peines pécuniaires. Le montant de la transaction consenti doit être acquitté dans le délai fixé dans l'acte de transaction, faute de quoi, il est procédé à la poursuite judiciaire.* »[6] Le recours à la juridiction compétente peut, dans ce dernier cas de figure, être envisagé comme un ultime recours alors que, pour qui connaît l'importance du social au Mali, il doit être permis de conclure que ce recours risque de ne jamais avoir lieu. La transaction donne la possibilité à ceux qui disposent de moyens financiers importants de ne plus se soucier du bien-être animal, à violer donc la loi et à payer chaque fois une contrepartie financière.

---

[1] V. art. 108 du Code ivoirien de l'environnement, 103 du Code sénégalais de l'environnement, 116 du Code de l'environnement du Burkina Faso, 91 de la loi camerounaise sur la gestion de l'environnement, etc..

[2] Art. 269 de la loi n° 2018-036 du 27 juin 2018 *fixant les principes de gestion de la faune et de son habitat*, publiée au JORM n° 31 du 24 août 2018, p. 1222, abrogeant la loi n° 95-004 du 18 janvier 1995 *fixant les conditions de gestion des ressources forestières*, publiée au JORM n° 04 du 28 février 1995, p. 125.

[3] *Ibid.*

[4] *Ibid.*

[5] Art. 156.

[6] V. la loi n° 2012-014 du 24 février 2012 *relative au bien-être animal*, publiée au JORM n° 9 du 02 mars 2012, déjà citée. V. aussi l'art. 30.

310. Il est également prévu des actes de « concession du droit de gestion ». La « concession du droit de gestion », selon la loi précitée *fixant les principes de gestion de la faune et de son habitat*, est un « (…) *acte contractuel conclu par écrit et à titre onéreux par lequel la gestion d'une aire protégée est confiée à un organisme de droit privé par une autorité publique pour une durée déterminée* »[1]. Ce qu'il est regrettable de constater avec cette concession, c'est que lorsqu'une infraction environnementale est commise dans une aire protégée sous contrat de concession, les produits confisqués ainsi que les restitutions et dommages et intérêts reviennent non pas à l'État ou à l'autorité publique concédante, mais au bénéficiaire dudit contrat[2], même si ce dernier paie une redevance à l'État ou à la collectivité concédante. La loi qui institue cette concession ne précise d'ailleurs pas à quoi servira la redevance perçue au nom de l'environnement.

311. Dans le domaine des pollutions et nuisances également, l'administration compétente (Direction de l'assainissement et du contrôle des pollutions et des nuisances) a les pleins pouvoirs pour transiger en cas d'infraction à la loi[3]. La procédure de transaction n'est écartée qu'en cas de récidive[4]. Dans le domaine des installations classées, aucune transaction n'a été prévue. Mais, il existe dans ce domaine, d'importantes dispositions relatives aux sanctions administratives qui sont rarement mises en œuvre.

On constate ainsi un recours systématique, que l'on pourrait qualifier d' « abusif »[5], à la transaction et souvent sans respect des conditions fixées par la réglementation applicable[6]. Ce recours systématique à la transaction limite de toute évidence l'action judiciaire pour la sanction des délinquants environnementaux. Il ne doit pas être oublié aussi l'interventionnisme de certaines autorités pour empêcher que des transactions n'aient pas lieu avec leurs proches au grand dam de l'environnement. Il est nécessaire, dans le domaine des pollutions et des nuisances par exemple, que des actions judiciaires rapides soient préférées aux transactions compte tenu de l'effet plus dissuasif des sanctions judiciaires ou que le parquet soit systématiquement mis au courant de toute

---

[1] Art. 2 de cette loi.

[2] V. art. 261 alinéa 2 de la loi précitée. Heureusement que cette confiscation est sans préjudice de l'application des sanctions pénales prévues par la législation en vigueur.

[3] Selon le rapport annuel 2018 de la Direction nationale de l'Assainissement et du Contrôle des Pollutions et Nuisances, « *La situation de la perception des amendes de transaction 2018 est supérieure à celle de 2017 avec une marge de 10 376 650 F CFA. Toutefois des efforts doivent se poursuivre pour la sensibilisation des populations en matière d'assainissement et de contrôle des pollutions et des nuisances* », v. p. 49.

[4] Art. 48 de la loi relative aux pollutions et nuisances de 2001 et 68 de celle de 2021.

[5] Boubacar Sidiki DIARRAH, *Rapport sur le droit pénal de l'environnement au Mali*, Actes de la réunion constitutive du comité sur l'environnement de l'AHJUCAF, *op. cit.*, p. 187 ; v. aussi Toumani DIALLO, *Rapport de la Cour suprême du Mali sur le droit pénal de l'environnement*, in *ibid.*

[6] *Ibid.*

transaction. Il pourrait ainsi empêcher certaines pratiques illégales en la matière en demandant au tribunal de les invalider. Les sanctions judiciaires ont un effet éducateur plus favorable à l'environnement que les transactions.
La situation sur le plan international n'est pas plus reluisante.

Plusieurs questions méritent d'être posées ici : Existe-t-il un contrôle administratif international de l'application du droit de l'environnement dans les différents pays ? Ce contrôle, s'il existe, a-t-il une fois au moins concerné le Mali ? Dans quelle mesure ce contrôle est-il susceptible de permettre une influence décisive du droit international de l'environnement sur l'application du droit malien de l'environnement ?

312. Le contrôle administratif international fait ici référence à celui exercé par des structures non juridictionnelles mises en place par les différents textes, conventions et accords pour contrôler l'application effective par les États desdits instruments, conformément à l'Agenda 21[1]. Et le DIE est constitué principalement par le droit conventionnel. Ce qui signifie que ce contrôle concerne essentiellement celui de la mise en œuvre des Conventions internationales.

313. Il a été rappelé précédemment que l'administration internationale de l'environnement est constituée par l'ensemble des structures administratives des organisations internationales, l'ONU en tête, qui accomplissent des fonctions administratives en matière d'environnement. Elles sont nombreuses car chaque Accord international ou presque en prévoit avec des appellations variées : des structures politiques (Conférence des Parties, Réunion des Parties, Comité permanent, Organe exécutif…), des organes administratifs (Secrétariats[2], commissions), des organes techniques (Conseils scientifiques ou comités techniques spécialisés). Il ne sera pas fait, ici, allusion au contrôle exercé par une convention déterminée ou par une organisation précise, mais à celui exercé par les conventions de façon générale.

314. Comme au niveau national, même les organisations internationales qui n'ont pas pour objet un aspect quelconque de l'environnement ont un rôle à jouer dans ce domaine. Nous ne chercherons pas à connaître leur nombre car, seul leur rôle dans le contrôle de l'application du droit international de l'environnement au Mali nous intéresse ici. Nous cherchons seulement à démontrer que malgré sa pertinence, le contrôle non juridictionnel de l'application des

---

[1] C'est le paragraphe 39B de l'Agenda 21 qui a envisagé dès 1992 la mise en place de mécanismes d'application des accords internationaux dans le domaine de l'environnement : « *Les parties aux accords internationaux devraient songer à des procédures et mécanismes pour en promouvoir et contrôler l'application effective, intégrale et immédiate …* ».

[2] Ce sont eux qui reçoivent les rapports étatiques sur l'application des conventions sur l'environnement et à partir de ceux-ci dressent un rapport de synthèse ou rapport sur les rapports nationaux.

textes environnementaux internationaux n'est pas suffisant pour permettre une influence significative du DIE sur le droit malien de l'environnement. Car, comme l'indique Sabrina URBINATI, ce contrôle vise « (...) *à comprendre les raisons qui sont à la base de la situation de non-respect afin d'y apporter la réponse la plus appropriée. Les mesures de réaction au non-respect sont adoptées de façon proportionnelle à la gravité de la situation de non-conformité et la finalité recherchée n'est autre que l'assistance, même lorsque la suspension des droits et privilèges est envisagée* »[1].

315. Beaucoup de conventions auxquelles le Mali est Partie prévoient l'existence de rapports. C'est d'ailleurs la technique de contrôle la plus utilisée en droit international de l'environnement. Par ces rapports, les États s'engagent à communiquer régulièrement des informations sur l'état de la mise en œuvre des conventions aux instances de contrôle de celles-ci. « Non dénuée d'intérêt », cette technique qui est destinée à promouvoir le respect, par les États, de leurs engagements internationaux, « rencontre d'importantes limites ». En effet, ces rapports reposent sur un simple échange d'informations entre les parties aux accords et ne reflètent que « l'image que les États souhaitent donner d'eux-mêmes », informations qui ne sont toujours pas vérifiables. L'analyse du rapport annuel 2018 sur l'état de mise en œuvre des conventions, accords et traités sur l'environnement au Mali, permet de le prouver, compte tenu des informations qu'il fournit et son caractère squelettique.

316. C'est sur les ONG qu'il convient de compter quant à la révélation de la réelle mise en œuvre des conventions par l'État du Mali, par leur rôle de sentinelles. Elles possèdent des compétences et une expertise solide d'un point de vue scientifique et ont l'avantage de ne pas représenter les intérêts nationaux contrairement aux membres des administrations rédacteurs des rapports. Mais, là aussi, la déception est souvent attendue quand on sait que certains cadres de l'administration du pays sont membres fondateurs de certaines ONG nationales environnementales, nonobstant toute incompatibilité, à cause des financements qu'ils font bénéficier à celles-ci, au nom de l'environnement. Il est bien regrettable de constater que leur rôle, si noble soit-il, soit détourné pour des raisons non plus environnementales, comme le veulent leurs textes de création, mais essentiellement pécuniaires, pour un bon nombre d'entre elles. Une manière de dire que la corruption généralisée dans le pays n'épargne pas ce secteur. De tels pratiquent ne permettent pas au droit international de l'environnement d'exercer une influence positive sur l'application au Mali du droit de l'environnement.

[1] Sabrina URBINATI, *Les mécanismes de contrôle et de suivi des conventions internationales de protection de l'environnement*, Milan, Giuffrè Editore, 2009, p. 297.

317. L'inefficacité des rapports dont il a été question précédemment vient du fait que, puisque rédigés par les représentants de l'État, ils peuvent contenir des informations erronées qui ne sont destinées qu'à donner une bonne image du pays et attirer les faveurs des bailleurs. Toute chose qui n'arrange pas l'environnement, encore moins le droit qui a pour objet de le protéger. L'inefficacité de la technique des rapports, technique la plus usitée par le Mali, limite donc de toute évidence l'influence du droit international sur l'application nationale du droit de l'environnement. Car, il est rare qu'elle soit suivie de sanctions alors que ce ne sont pas les manquements aux conventions internationales qui font défaut. D'ailleurs, des sanctions comme la suspension, l'exclusion ou des sanctions économiques n'arrangent pas l'environnement. En lieu et place des sanctions, les institutions de contrôle font des recommandations qui ne sont pas aussi toujours suivies. Le manque de moyens est l'argument le plus couramment avancé.
Les inspections internationales, autre technique de contrôle, ne sont pas meilleures. Elles ne sont pas exercées en ce qui concerne le Mali, dit-on à l'AEDD. En vue de promouvoir l'application des conventions internationales environnementales, celles-ci prévoient la mise en place de procédures de non-respect qui permettent non seulement de prévenir les difficultés de mise en œuvre, mais également, d'empêcher d'éventuels manquements. Leur but est donc plus préventif que réparateur. Les questions posées çà n'ont pas permis de découvrir l'existence d'une telle procédure concernant le Mali, dans le domaine de l'environnement.

318. Le rapport annuel 2018 sur l'état de mise en œuvre des Conventions, Accords et Traités sur l'environnement au Mali relève, au nombre des difficultés de mise en œuvre des Conventions, le « (...) *retard accusé de paiement des contributions aux Conventions, Accords et Traités ratifiés par le Mali* »[1]. Ce qui justifie « (...) *la non-participation du Mali à des rencontres internationales de certaines conventions pour non-paiement de cotisations ou la non prise en charge du Point Focal (cas de l'OIBT)* »[2]. Le rapport 2017 sur l'état de l'environnement au Mali fait état, et l'observation le corrobore, d'une importante pollution de l'air dans les centres urbains, principalement dans la capitale du pays[3]. Cette pollution due essentiellement aux activités des transports, de l'industrie, des ménages, etc., « (...) *impacte le climat et affecte l'état de santé des populations* »[4]. Il est possible d'engager la responsabilité du Mali, de ce chef, conformément à ses obligations découlant des textes internationaux qu'il a ratifiés, notamment le Protocole de Montréal sur les substances

---

[1] V. p. 24 du rapport.
[2] *Ibid.*
[3] V. pp. 17 et s. du rapport.
[4] *Ibid.* Selon ce rapport, « *Le nombre de nouveaux cas de maladies liées à la qualité de l'air a atteint 1 236 252 en 2015 pour ensuite retomber à 305 603 cas en 2016 (DNS- 2016)* ».

qui appauvrissent la couche d'ozone[1]. Car, il est de sa responsabilité d'empêcher ces pollutions ou de sanctionner leurs auteurs. Il s'agit là d'un exemple parmi tant d'autres qui peut être étendu aux domaines des mines, de l'eau, etc.

319. Aussi, en raison du fait que les Maliens ont intérêt à ce que leur cadre de vie soit sauvegardé, ils doivent être informés de tout ce qui touche à leur milieu de vie et ils doivent participer au processus de prise de décisions pouvant les concerner. Il doit être admis, comme au niveau national, qu'ils puissent saisir des organismes non juridictionnels internationaux du manquement des différentes obligations qui découlent des conventions internationales. Il est tout à fait normal que la violation d'une règle internationale environnementale qui a causé des dommages à des particuliers ou à une communauté donnée puisse donner droit à ceux-ci de demander à l'État, auteur de la violation, de réparer[2]. À ce titre, il est important de rappeler la décision de la Commission africaine des Droits de l'Homme et des Peuples qui a jugé en novembre 2009 que le Kenya a violé plusieurs articles de la Charte africaine au détriment du peuple Endorois et recommande que cet État : « (…) *reconnaisse les droits de propriété des Endorois et leur restitue leur terre ancestrale ;s'assure que l'accès de la communauté Endorois au Lac Bogoria et aux sites aux alentours pour les rites religieux et culturels, mais aussi pour le pâturage de leur bétail ne soit pas limité ; paie des dédommagements adéquats à la communauté pour toutes les pertes subies ; paie aux Endorois des redevances provenant des activités économiques existantes et s'assure qu'ils tirent avantage des possibilités d'emploi au sein de la Réserve…* »[3]. La plainte a été déposée par le Centre for Minority Rights Development (CEMIRIDE) avec l'assistance du Minority Rights Group International (MRG) de Londres et le Centre on Housing Rights and Evictions (COHRE) au nom de la communauté Endorois du Kenya. Maintes plaintes de ce genre auraient pu être portées devant cette commission africaine et devant d'autres instances environnementales contre l'État du Mali, en raison des nombreux manquements à ses obligations d'empêcher, par exemple, diverses pollutions, inondations, etc..

320. Mais, une des lacunes fondamentales du droit malien de l'environnement vient de l'insuffisance d'information des populations sur tout ce qui touche à

[1] Le Mali est l'un des premiers pays à avoir ratifié l'Accord de Paris de 2015 sur les changements climatiques. V. le décret n° 2016-0721/P-RM du 15 septembre 2016, publié au JORM n° 41 du 07 octobre 2016, p. 1639.

[2] Claude IMPERIALI (dir.), *L'effectivité du droit international de l'environnement, contrôle de la mise en œuvre des conventions internationales*, Préface de Alexandre Charles KISS, *op. cit.*, p. 5.

[3] V. 276/03 : Centre for Minority Rights Development (Kenya) and Minority Rights Group (on behalf of Endorois Welfare Council) / Kenya consultable sur le site https://www.achpr.org/fr_communications, consulté le 04 novembre 2020.

leur environnement. Pourtant, c'est cette information qui conditionne leur participation et les recours, comme l'indique clairement le principe 10 de la Déclaration de Rio 1992 : « (...) *la meilleure façon de traiter les questions d'environnement est d'assurer la participation de tous les citoyens concernés, au niveau qui convient. Au niveau national, chaque individu doit avoir dûment accès aux informations relatives à l'environnement que détiennent les autorités publiques, y compris aux informations relatives aux substances et activités dangereuses dans leurs collectivités, et avoir la possibilité de participer aux processus de prise de décision. Les États doivent faciliter et encourager la sensibilisation et la participation du public en mettant les informations à la disposition de celui-ci. Un accès effectif à des actions judiciaires et administratives, notamment des réparations et des recours, doit être assuré* ».

321. Dans ce contexte de manquement à ses obligations environnementales internationales par le Mali, il est de bon ton de s'interroger sur la relative efficacité des réactions prévues sur le plan international.

On appelle ici « réactions aux manquements », les sanctions de l'inexécution par le Mali de ses engagements internationaux en matière d'environnement. En participant aux différents accords qu'il a ratifiés en matière d'environnement, le Mali s'est engagé à les respecter. Il peut arriver que cela ne soit pas souvent le cas. C'est le cas notamment, lorsqu'il omet de prendre des dispositions d'application d'un texte international ou lorsqu'il n'empêche pas, par exemple, la pollution des fleuves ou s'abstient de rechercher la responsabilité des pollueurs. Quelles en sont les conséquences juridiques ? Ce sont en DIP les embargos, la suspension d'une Convention ou l'exclusion d'un État membre d'une Organisation internationale. Mais, en DIE ces réactions qui ne contribuent pas à protéger l'environnement[1] sont inefficaces. C'est la raison pour laquelle « (...) *il utilise d'autres moyens pour aider les États à appliquer (incitation, promotion)* »[2]. Il s'agit donc, principalement, de la coopération qui remplace la sanction et la réparation.

322. Le Programme des Nations Unies pour l'Environnement, qui joue un rôle important dans l'application des normes du DIE, n'a pas de pouvoir politique pour mener son action au niveau souhaité. « *Son renforcement demeure d'ailleurs une préoccupation de nombreux États et groupes d'États* »[3]. Certains souhaitent d'ailleurs la centralisation à son niveau du contrôle de la mise en œuvre des différentes Conventions. Il s'agit d'une proposition que soutient ce

---

[1] « *Les effets peuvent être pires que le remède* » (v. Jean-Marc LAVIEILLE, Hubert DELZANGLES, Catherine LE BRIS, *op. cit.*, p. 131).

[2] *Ibid.*, p. 129. L'incitation est assurée par l'assistance technique et financière.

[3] Beaucoup souhaitent la création d'une Organisation Mondiale de l'Environnement dont « *l'essentiel de son travail aurait trait à la mise en œuvre du droit international de l'environnement* » (Sandrine MALJEAN-DUBOIS et Vanessa RICHARD, *op. cit.*, p. 37.

travail. Ce contrôle qui est, dans tous les cas, impacté par le principe des responsabilités différenciées, ne permet pas au DIE d'exercer une influence significative sur l'application nationale du DE.

323. Le droit international de l'environnement est fondé sur de grands principes qui sont à la base de sa création. Le principe des responsabilités communes mais différenciées des États est un de ceux-ci. Sa première formulation date de la Convention – cadre des Nations Unies sur les changements climatiques de 1992 : « … *Étant donné la diversité des rôles joués dans la dégradation de l'environnement mondial, les États ont des responsabilités communes mais différenciées…* »[1]. Il est ensuite, depuis, incorporé dans toutes les conventions mondiales sur l'environnement. Il se fonde donc sur la diversité des rôles joués par les États dans la dégradation de l'environnement mondial et va donc à l'encontre des principes classiques d'égalité et de réciprocité confirmés en droit international. Il débouche sur le principe de « pollueur – payeur » qui stipule que les responsables des pollutions et nuisances sont ceux qui assument les coûts. Cette différenciation des rôles des États dans la dégradation de l'environnement fait que la coopération et les aides remplacent le plus souvent la sanction et la réparation en direction des pays comme le Mali. L'inconvénient est que l'on en abuse. Cela conduit à fournir moins d'efforts en vue de l'application des textes environnementaux au nom du manque de moyens et pose le problème de la volonté réelle des pays dits en développement d'appliquer ces textes. Il suffit seulement de remarquer que la plupart des actions entreprises au Mali en faveur de l'environnement le sont grâce à l'aide des partenaires tant bilatéraux que multilatéraux. Finalement, aucun projet environnemental n'est viable sans l'aide extérieure. Même la rédaction des rapports annuels sur l'état de l'environnement nécessite la mobilisation des partenaires tant sur le plan humain que financier et logistique. Il est coutume d'entendre dire que tel ou tel projet ne peut se poursuivre sans renouvellement des financements extérieurs.

324. Le fait pour les pays dits développés d'être à l'avant-garde de la lutte contre la dégradation de notre environnement et d'apporter une aide multiforme aux pays dits en développement, compte tenu de leur rôle dans la destruction du tissu environnemental mondial et des moyens de ces derniers, ne doit pas permettre à ceux-ci de se décharger entièrement sur ceux-là. Leur responsabilité commune doit constamment leur être rappelée et chacun apporte sa pierre à l'édifice en fonction de ses moyens. La réalité des difficultés d'application du droit de l'environnement au Mali n'empêche pas que l'on fasse mieux car, « on ne subit pas l'avenir, on le fait ». C'est du côté de la volonté réelle d'appliquer ce droit et du potentiel humain qu'il conviendra désormais de concentrer les efforts.

---

[1] Principe 7.

325. Les normes internationales d'environnement, comme toutes les autres normes, sont destinées à être appliquées. C'est leur raison d'être. Non appliquées, elles ne peuvent produire les effets attendus d'elles. Elles s'imposent d'abord aux acteurs qui les ont vu naître, c'est-à-dire principalement les États. Elles s'imposent ensuite aux organes de l'État et aux populations dès leur ratification et publication. L'article 40 de la Constitution du Mali de septembre 1960 dispose : « *Le Gouvernement de la République est responsable de l'exécution des traités et accords internationaux* »[1]. Cette disposition n'existe pas dans la Constitution de février 1992 ou y est différemment annoncée : « *Le Président de la République* (...) *est garant* (...) *du respect des traités et accords internationaux* »[2].

326. Il est admis en droit international, comme le prévoit la plupart des Constitutions, « (...) *qu'un État réponde à une violation d'une obligation conventionnelle par un autre État en suspendant à son tour, partiellement ou totalement, l'application du traité* »[3]. Certains États africains, dans le cadre du voisinage, répugnent à mettre en œuvre les mécanismes de non-respect des conventions dans le domaine de l'environnement. Des sanctions comme la privation du droit de prendre part aux réunions d'Organisations, du droit de vote, du droit pour les ressortissants du pays d'occuper un poste ou une fonction dans des instances internationales, du droit de bénéficier de toute activité ou de l'exécution de tout engagement dans le cadre de certaines instances[4], etc., ne sont pas efficaces, car elles n'arrangent pas l'environnement. Tout cela constitue des limites à l'influence positive du DIE sur l'application nationale du droit de l'environnement.
Le contrôle juridictionnel n'est pas meilleur.

Section 2 - Un contrôle juridictionnel défaillant

327. Sous le vocable de « contrôle juridictionnel », il faut entendre le contrôle du respect des textes environnementaux exercé par les juges tant nationaux qu'internationaux. Il est important de rappeler que le bien-être des citoyens maliens et de tous ceux qui vivent sur le territoire national dépend de la qualité de leur cadre de vie. C'est donc légitimement que ceux-ci disposent d'un droit à la demande de la reconnaissance et du maintien de cette qualité. La demande de reconnaissance de ce droit peut être portée tant devant le juge national que devant ses homologues régionaux et internationaux. Lorsque cette demande est portée devant le juge malien, selon les règles qui fondent sa compétence,

---

[1] V. JORM n° 65 du 29 septembre 1960, p. VI.
[2] Art. 29.
[3] Selon Sandrine MALJEAN-DUBOIS et Vanessa RICHARD, *op. cit.*, p. 27.
[4] Il s'agit là de sanctions qui sont prévues par l'art. 23 de l'Acte constitutif de l'Union africaine.

celui-ci a l'occasion d'appliquer non seulement le droit national de l'environnement, mais également les instruments internationaux environnementaux ratifiés par le Mali. Dans tous les cas, le juge malien a régulièrement fait référence aux textes internationaux ratifiés par le Mali dans divers domaines, chaque fois que l'occasion lui était donnée et aurait pu le faire dans le domaine de l'environnement.

328. Le juge communautaire, tout comme le juge régional et international, peut et doit aussi contrôler l'application des textes environnementaux internationaux, soit généraux soit spéciaux, par le Mali. C'est le cas lorsqu'un conflit environnemental oppose le Mali à l'un de ses voisins ou à un de ses ressortissants, personne physique et/ou ONG. Le conflit qui deviendra, dans le premier cas, international fondera la compétence des juridictions internationales. Malheureusement, il n'existe, à ce jour, aucune jurisprudence dans ce domaine impliquant le Mali, alors que ce ne sont pas les manquements au droit international de l'environnement qui font défaut. Cette absence de contentieux environnemental, en ce qui concerne le Mali, n'est pas de nature à permettre une influence quelconque du DIE sur l'application de son droit.

329. De tous les juges, nationaux, sous régionaux, régionaux et internationaux, le juge national est celui qui veille en priorité sur le respect du droit international de l'environnement au Mali. En effet, depuis que l'environnement a été introduit dans la Constitution et pris en compte dans les lois et règlements du pays, son respect doit être contrôlé par l'ensemble des juridictions nationales. Ce qui rend, en principe, inutile la création de juridictions nationales chargées spécifiquement des questions d'environnement. Il appartient aux juridictions déjà existantes, d'interpréter le droit international de l'environnement et de trancher, en cas de conflit, entre celui-ci et le droit national. Leur rôle dans l'application de ce droit et par ricochet dans la protection de l'environnement mondial n'est donc plus à démontrer. Il faut, cependant, regretter le fait que ce rôle ne soit pas assuré par le juge malien pour des raisons diverses qui seront étudiées plus loin.

330. L'organisation juridictionnelle de la République du Mali tourne autour de deux ordres de juridiction : les juridictions de l'ordre judiciaire et celles de l'ordre administratif. Le contentieux de l'environnement est donc réparti entre ces deux ordres de juridiction : il y a les contentieux civil et répressif de l'environnement qui relèvent des juridictions de l'ordre judiciaire et le contentieux administratif de l'environnement qui relève, lui, des juridictions de l'ordre administratif. Il est important de ne pas oublier aussi le rôle que l'article 90 de la Constitution de 1992 confie à la Cour constitutionnelle en matière de contrôle de conformité à la loi fondamentale des engagements internationaux, y compris donc ceux à ratifier dans le domaine de l'environnement.

331. Au premier degré, en matière civile et répressive, il y a, depuis les lois n° 2011-037 du 15 juillet 2011 *portant organisation judiciaire* et n° 2011-038 du 15 juillet 2011 *portant création de juridictions*[1], les Tribunaux de Grande Instance[2] (TGI), et les Tribunaux d'Instance (TI) qui ont compétence pour juger les affaires civiles, les contraventions et les délits dans le domaine de l'environnement. Il y a également les tribunaux administratifs, au nombre de six (06)[3], devant lesquels deux recours sont possibles en matière d'environnement : le recours pour excès de pouvoir (recours en annulation d'un permis de construire par exemple lorsque cette construction est susceptible d'affecter l'environnement) et le recours en plein contentieux (pour engager la responsabilité de l'administration et obtenir réparation)[4]. Les juridictions du second degré sont composées de six (06) dont trois (03) sont fonctionnelles, les trois autres ont été créés récemment[5]. Les Cours administratives d'appel attendent aussi d'être fonctionnelles[6]. Au niveau des juridictions supérieures, les sections judiciaire et administrative de la Cour Suprême sont compétentes pour connaître des recours dirigés contre les arrêts d'appel et les jugements rendus en dernier ressort par les juridictions du premier degré en matière environnementale.

332. Comme il est facile de le constater à travers les lignes qui précèdent, le juge malien a un rôle fondamental à jouer dans l'application du droit de l'environnement, national et international. C'est d'ailleurs, selon Bernard DROBENKO, « (…) *à ce niveau que peut être perçu le degré d'intégration*

---

[1] Ces deux lois sont publiées au JORM n° 35 du 02 septembre 2011, pp. 1368 et s.

[2] Ces juridictions qui remplacent les anciens Tribunaux de Première Instance sont au nombre de dix-sept (17). On en trouve une dans chacune des localités suivantes : Kayes, Koulikoro, Sikasso, Ségou, Mopti, Tombouctou, Gao, Kidal, Kita, Kati, Koutiala ainsi que dans chacune des six (6) Communes du District de Bamako.

[3] V. art. 6 de la loi n° 2011-038 du 15 juillet 2011 précité.

[4] La responsabilité de l'État peut toujours être recherchée du fait des nombreuses pollutions et dégradations de l'environnement, comme le reconnaît si justement la Cour de justice de la CEDEAO dans son arrêt ECW/CCJ/JUD/18/12 du 14 décembre 2012, SERAP c. République du Nigeria. En effet, il incombe à l'État soit d'empêcher de telles pollutions ou dégradations de l'environnement en les prévenant, soit en y faisant face en tenant pour responsables les personnes physiques et morales à l'origine de ces situations et s'assurer que des réparations soient apportées aux victimes. Celles-ci peuvent donc toujours prouver que le défaut pour l'État de traduire en justice les auteurs de ces pollutions et dégradations de l'environnement constitue une violation tant de ses lois que de ses obligations et engagements internationaux en matière d'environnement. La jurisprudence française, dans ce domaine est assez fournie : v. TA Rennes, 25 octobre 2007 n° 26613, *Associations Halte aux marées vertes, Sauvegarde du Trésor, Eaux et rivières de Bretagne, De la source à la Mer/c. Min. de l'Environnement et du Cadre de vie.* V. aussi, Ariane AYER, *Droit international de l'environnement : Responsabilité de l'État pour inactivité législative et droits des particuliers*, thèse de droit, Université de Fribourg, 2000.

[5] Seules les Cours d'Appel de Kayes, Bamako et Mopti sont fonctionnelles. Celles de Sikasso, Ségou et de Gao n'existent pour le moment que sur papier. V. art. 2 de la loi n° 2011-038 du 15 juillet 2011 précité.

[6] Il y en a autant que de Cours d'Appel.

de la norme externe »[1]. On n'a donc pas besoin de créer une juridiction supplémentaire qui sera chargée spécifiquement de trancher les litiges environnementaux[2]. Toutes les juridictions maliennes ou presque peuvent connaître des litiges environnementaux[3]. Cependant, malgré les récents efforts tendant à rapprocher davantage la justice des justiciables, le problème de l'accès à la justice demeure entier pour diverses raisons. La création en juin 2018 de collectivités territoriales de région, de cercles et de communes des régions de Taoudéni et de Ménaka[4] fait sentir un besoin nouveau de doter les nouveaux cercles de juridictions propres au même titre que les localités dans lesquelles elles existent déjà. À ces difficultés, il convient d'ajouter les problèmes de lenteurs, de coûts, de distance, d'information des citoyens et de formation des juges.
Il convient de s'intéresser à présent à l'effectivité du contrôle juridictionnel interne en commençant d'abord par le juge administratif pour terminer ensuite par le juge judiciaire. Il faut déjà regretter le fait que même s'il existe des décisions de justice en matière d'environnement au Mali, celles-ci ne sont pas accessibles, pour diverses. Seuls les arrêts de la Cour constitutionnelle[5] et certaines décisions de la Cour suprême[6] sont facilement accessibles. Le caractère non exhaustif de cette analyse peut donc trouver une excuse dans l'inaccessibilité de toutes les décisions juridictionnelles.

333. Faisant allusion à la décision du Président Jacques CHIRAC de reprendre, en 1995, les essais nucléaires français, Michel PRIEUR écrivait : « *Le progrès des sociétés démocratiques est d'avoir institué et garanti le droit pour toute personne de s'adresser à un juge pour contester la décision d'une autorité publique* »[7]. Le juge compétent dans ce domaine est le juge administratif qui, à l'instar de son homologue judiciaire, joue un rôle très important, spécialement en matière de protection de l'environnement. Même s'il n'est

---

[1] Bernard DROBENKO, *La France* in *La mise en œuvre nationale du droit international de l'environnement dans les pays francophones*, *op. cit.*, p. 274.
[2] Dans les rares pays où ces juridictions sont opérationnelles (Égypte, Gambie, Kenya, Maurice, Nigéria), la jurisprudence est loin d'être abondante) ; v. Mohamed Ali MEKOUAR, *Cours et Tribunaux de l'Environnement : Note de lecture dans le contexte africain* in *Revue Africaine de Droit de l'Environnement*, n° 05, 2020, p. 121.
[3] Ce qu'il est urgent de faire au Mali, c'est la formation des acteurs chargés de donner effet au droit de l'environnement.
[4] V. loi n° 2018-040 du 27 juin 2018 *portant création des collectivités territoriales de région, de cercles et de communes de la région de Taoudenit* et la loi n° 2018-041 du 27 juin 2018 *portant création des collectivités territoriales de région, de cercles et de communes de la région de Ménaka*, toutes publiées au JORM n° 32 du 14 septembre 2018, pp. 1262 et s.
[5] V. www.courconstitutionnelle.ml; consulté le 31 décembre 2019.
[6] https://www.ahjucaf.org/mali-cour-supreme (consulté le 30 décembre 2019).
[7] Michel PRIEUR, *Les derniers essais nucléaires français en 1995-1996, un défi pour le droit*, in *Mélanges offerts à Alexandre Charles KISS, Les hommes et l'environnement*, Paris, éd., Frison Roche, 1998, p. 461.

jamais ou presque saisi pour violation de la loi environnementale, il est important de mettre l'accent sur le dispositif existant au Mali et sur les possibilités offertes aux citoyens et autres usagers des services publics de l'administration de faire annuler ou réformer toute décision administrative qu'ils estiment irrégulière dans le domaine de l'environnement. On sait que l'administration peut être amenée à prendre des décisions qui soient susceptibles de nuire à l'environnement. De nombreux projets qu'elle autorise peuvent faire l'objet d'un contrôle du juge administratif au regard des exigences environnementales. Il est important à ce titre de rappeler l'importante loi de janvier 1998 régissant les relations entre l'administration et les usagers des services publics[1] et son décret d'application[2] qui permettent à ceux-ci de faire un recours devant le juge administratif chaque fois qu'ils souhaitent contester une action ou une décision de l'administration, en particulier dans le domaine de l'environnement. Le juge administratif intervient donc soit pour annuler une décision administrative jugée non conforme au droit de l'environnement, soit pour empêcher, par un sursis à exécution, la réalisation d'un projet jugé menaçant pour l'environnement. On parlera dans le premier cas de recours pour excès de pouvoir et dans le second cas de recours en plein contentieux. Pour fonder ses décisions, il fait application non seulement des textes nationaux applicables mais, également des règlements et directives de l'Union Économique et Monétaire Ouest-Africaine[3] ou de la Communauté Économique des États de l'Afrique de l'Ouest[4] qui peuvent être directement invoqués devant lui. Et toutes les sources du droit international de l'environnement, invocables au Mali, peuvent être appliquées et interprétées par le juge administratif. Il reste que les associations et particuliers invoquent ses sources dans des procès dont ils peuvent toujours avoir l'initiative.

334. C'est le recours juridictionnel dirigé contre les « *actes unilatéraux émanant soit d'une autorité administrative, soit d'un organisme privé agissant dans le cadre d'une mission de service public* »[5] ici, en lien avec l'environnement. La question qu'il est légitime de se poser est celle de savoir si le juge administratif malien a eu l'occasion de se prononcer sur la légalité d'une décision administrative en lien avec l'environnement. Car, il s'agit d'une des occasions où il peut faire recours au droit international de l'environnement et être influencé par celui-ci dans ses motivations. Il convient déjà de préciser un

---

[1] Il s'agit de la loi n° 98-012 du 19 janvier 1998 publié au JORM n° 08 du 30 avril 1998, p. 295.

[2] Décret n° 03-580/P-RM du 30 décembre 2003 *fixant les modalités d'application de la loi régissant les relations entre l'administration et les usagers des services publics*, publié au JORM n° 03 du 31 janvier 2004, p. 87.

[3] V. par exemple CSM, adm., 08 août 2014, arrêt n° 225 (recours en révision) ; CSM, adm., 25 juillet 2014, arrêt n° 183 (recours pour excès de pouvoir) ; CSM, adm., 13 septembre 2013, arrêt n° 287 (recours en plein contentieux).

[4] CSM, adm., 13 septembre 2013, arrêt n° 287 (recours en plein contentieux).

[5] Serge GUINCHARD (dir.), *Lexique des termes juridiques*, 2020, *op. cit.*, p. 899.

des principaux écueils auxquels cette recherche a été confrontée : le défaut d'informatisation de toutes les décisions de justice au Mali, dû certainement à l'insuffisance des moyens de l'État, qui n'a pas permis de consulter toutes les décisions rendues par les quatre juridictions administratives encore fonctionnelles du pays (le tribunal administratif de Kayes, ceux de Bamako et de Mopti et la section administrative de la Cour suprême[1]). Cependant, la totalité des arrêts de la Cour suprême, toutes sections, de 1998 à 2017, une grande quantité de jugements du tribunal administratif de Bamako et un nombre important de magistrats du pays ont été consultés et il convient de se baser sur les résultats issus de ces consultations.

335. Il ressort des décisions sus évoquées que la section administrative de la Cour suprême a rendu plusieurs arrêts pour excès de pouvoir, mais rarement, dans le domaine de l'environnement. Nombre de ses arrêts évoquent pourtant l'article 42 (nouveau) de la loi n° 02-008 du 12 février 2002 qui dispose que « *Tout citoyen ou toute association dont l'objectif est la sauvegarde de l'environnement peut rechercher l'annulation* »[2] d'une attribution de titre foncier dans le domaine public de l'État constituant une voie de fait. Tous les recours, jusque-là introduits, toutes proportions gardées, n'ont pas eu comme objet spécifique, l'annulation d'une décision pour la sauvegarde de l'environnement alors que la question aurait pu être évoquée dans beaucoup de cas[3].

336. Le respect de l'environnement et celui de la tranquillité publique, de l'hygiène publique, de la salubrité publique sont intimement liés. L'administration, tant centrale que territoriale, a des obligations de résultats dans ces différents domaines. Or, les atteintes à la tranquillité, à l'hygiène et à la salubrité publiques sont fréquentes et les citoyens, les associations et mêmes les administrations concernées ont devant eux des recours pour les faire cesser. Ils peuvent les faire cesser en demandant au juge administratif d'y mettre fin en annulant les autorisations administratives, expresses ou implicites, qui les favorisent. La loi sur les pollutions et nuisances et celle sur les installations classées pour la protection de l'environnement garantissent ces droits. Mais, il

---

[1] Les tribunaux administratifs de Sikasso, Ségou, Gao et les Cours administratives d'appel de Kayes, Sikasso, Ségou, Mopti, Gao et de Bamako créés en 2011 ne sont pas encore fonctionnels. V. les lois n° 2011-037 du 15 juillet 2011 *portant organisation judiciaire* et n° 2011-038 du 15 juillet 2011 *portant création de juridictions,* publiées au JORM n° 35 du 02 septembre 2011, pp. 1368 et s.

[2] V. notamment : CSM, adm., 07 août 2014, arrêt n° 221 (Recours en révision) ; CSM, adm., 22 août 2013, arrêt n° 250 (Recours en annulation pour excès de pouvoir) ; CSM, adm., 11 octobre 2012, arrêt n° 440 (Recours en annulation pour excès de pouvoir).

[3] V. par exemple, CSM, adm., 15 août 2014, arrêt n° 230 (Recours aux fins de sursis à exécution). Le défendeur à l'action au sursis à l'exécution de l'arrêté du gouverneur qui autorise la cession d'une portion du domaine public invoque ici l'art. 40 (nouveau) de la loi n° 2012-001 du 10 janvier 2012 portant modification du Code domanial et foncier non pas pour défendre l'environnement, mais pour justifier son droit d'action.

n'en est rien en pratique. Le droit est foulé sous les pieds et l'on préfère régler autrement les différends, au grand dam de l'environnement. Le DIE ne peut exercer aucune influence sur l'application de ces textes, si celle-ci n'est pas sollicitée.
Les collectivités locales sont aussi recevables à exercer un recours en annulation contre un projet ou une installation portant atteinte à l'environnement sur leurs territoires. Il n'existe pas, à notre connaissance, de recours dans ce sens. Le juge administratif, s'il n'est pas saisi, n'a pas l'occasion de se prononcer sur l'opportunité d'une décision administrative en lien avec l'environnement. Il s'agit là d'une lacune qui ne permet pas au droit international de l'environnement d'être appliqué et exercer une influence quelconque sur l'application du droit malien[1].
Qu'en est-il en matière de plein contentieux ?

337. Par ce recours, un requérant peut demander au juge de constater l'existence à son profit d'une créance contre l'État ou une autre collectivité publique. C'est ce que fit le GIE Environnement Ville Propre qui a saisi le tribunal administratif de Bamako en janvier 2019 d'une demande tendant à condamner le ministère de l'Équipement et des Transports au paiement d'une certaine somme pour non-exécution de divers contrats relatifs à l'entretien de locaux, de nettoyage de caniveaux et à l'enlèvement d'ordures[2]. Même si le contenu du contrat est relatif à la protection de l'environnement, on remarque ici que l'objet du litige est le paiement de sommes d'argent dont le ministère des transports est normalement redevable.

338. Dans certains pays, c'est la jurisprudence administrative qui a permis de préciser la portée des grands principes et des textes fondamentaux du droit de l'environnement[3]. Elle l'a fait à l'occasion de contentieux initiés par des associations et de groupements de citoyens. En Colombie, la Cour suprême a ordonné le 05 avril 2018 au Gouvernement de ce pays de présenter un plan d'action pour protéger la forêt amazonienne colombienne de la déforestation. Elle était saisie par un groupe de citoyens colombiens soutenus par une association de défense de l'environnement au nom du droit individuel et collectif à l'environnement sain[4].

---

[1] L'existence de procès administratifs aurait pu permettre aux plaideurs d'invoquer devant le juge les textes internationaux environnementaux. C'est lui qui apprécie leur portée et notamment leur effet direct en droit malien.
[2] V. Jugement 347 du 20 juin 2019 (Plein contentieux).
[3] https://www.conseil-etat.fr, consulté le 03 mai 2020.
[4] En l'espèce, un groupe de 25 jeunes colombiens soutenus par l'association *Dejusticia* ont saisi les juridictions colombiennes afin de contraindre l'État à protéger la forêt amazonienne colombienne de la déforestation. Ils invoquent le droit à un environnement sain. La Cour suprême fera droit à leur demande en se basant sur l'avis consultatif de la Cour Interaméricaine des Droits de l'Homme du 15 novembre 2017 (v. Bogota, D.C, STC4360-2018, 05 avril 2018 ;

339. Au Mali, le juge administratif n'intervient presque pas dans l'application du droit de l'environnement malgré le rôle important que les textes lui confient. Il intervient pourtant régulièrement dans d'autres domaines, notamment en matière foncière. Il n'intervient pas en matière d'environnement parce qu'il est lié par l'objet du litige qui lui est soumis, lequel objet est déterminé par les prétentions des parties. Pour inverser la tendance, il est nécessaire que les citoyens soient mieux informés sur l'existence de leurs droits afin qu'ils soient incités à s'en prévaloir, lorsque ceux-ci sont violés. On contribuera ainsi à faire participer le public à l'application des textes environnementaux nationaux et internationaux.

340. Les associations de défense de l'environnement du Mali auraient pu parer à cette absence de saisine des juridictions par les citoyens en alimentant le contentieux environnemental. La saisine des juridictions compétentes leur est pourtant ouverte[1]. Pourquoi elles ne saisissent pas les juridictions ? Il est possible de penser qu'elles ne le font pas pour deux raisons au moins. La première est que la plupart d'entre elles ont vu le jour non pas pour défendre véritablement l'environnement, comme elles le font croire dans leurs statuts fondateurs, mais en raison de ce qui se gagne au nom de l'environnement. La seconde raison est probablement la crainte de représailles par le retrait de l'autorisation administrative d'exister. En effet, il est créé depuis 1979, en République du Mali, une commission d'évaluation des activités des Organisations Non Gouvernementales[2]. Cette commission reçoit annuellement, pour le compte du Gouvernement, un rapport des différentes ONG faisant le point de leurs activités ainsi que les différents documents techniques afférents à l'exécution de leurs tâches[3]. Même si l'on peut comprendre que le contexte de parti unique de l'époque favorise la méfiance des ONG, rien ne semble justifier aujourd'hui leur mutisme. Peut-être que le syndrome des années de musèlement des libertés court toujours. En tous les cas, l'inertie des ONG de droit malien dans le contentieux environnemental ne permet pas au droit international de l'environnement d'exercer l'influence attendue sur l'application au Mali du droit de l'environnement.

---

v. aussi http://theconversation.com/justice-climatique-en-colombie-une-decision-historique-contre-la-deforestation-95004).

[1] V. article 42 *sexies* (nouveau) alinéa 2 de la loi n° 2016-025 du 14 juin 2016 portant modification de l'ordonnance n° 00-027 du 22 mars 2000 *portant Code domanial et foncier*, modifiée et ratifiée par la loi n° 2012-001 du 10 janvier 2012.

[2] V. décret n° 79-168/PG-RM du 21 juin 1979 *portant création, fonctionnement et organisation de la Commission d'évaluation des activités des Organisations Non Gouvernementales*, publié au JORM n° 575 du 1er juillet 1979, p. 870, abrogé et remplacé par le décret n° 88-092/P-RM du 21 mars 1988 puis par le décret n° 89-362/P-RM du 31 octobre 1989 *portant création, fonctionnement et organisation de la Commission d'évaluation des activités des Organisations Non Gouvernementales*, publié au JORM n° 22 du 30 novembre 1989, p. 856.

[3] V. art. 2 et 5 du décret précité.

Le contentieux judiciaire est -il meilleur ?

341. Le juge judiciaire malien a, tant sur le plan civil que sur le plan répressif, un rôle primordial à jouer, à l'instar de son homologue de l'ordre administratif, dans l'application des textes environnementaux nationaux et internationaux. On verra que malgré l'importance de ce rôle, il n'est pas plus sollicité que le juge administratif pour faire naître la jurisprudence environnementale au Mali. Il convient de le regretter.

342. Le droit international de l'environnement prévoit que les États organisent dans leur droit interne la responsabilité civile en cas de dommage environnemental[1]. C'est ainsi qu'au Mali, toute personne, physique ou morale, victime d'un dommage environnemental, peut en demander la réparation par une requête adressée au juge civil. Cela reste toujours possible rien que sur le fondement du devoir général imposé à tous de ne pas causer à autrui un dommage[2]. Il suffit seulement que cette personne établisse l'existence d'un intérêt personnel, né et actuel à agir. Bien sûr que doivent être réunies les trois conditions classiques de la responsabilité : un dommage, un fait générateur et un lien de causalité les liant. La personne ne demande toutefois pas directement (mais indirectement, à travers son propre préjudice) la réparation de l'atteinte à l'environnement. C'est le cas, le plus souvent des troubles de voisinage[3], notamment par l'application des règles sur les pollutions et nuisances ou sur les installations classées ; même si le juge malien[4], en se prononçant sur les différents cas de troubles de voisinage qui lui sont soumis, ne s'attarde pas sur les conséquences de ces troubles sur l'environnement[5]. On peut le comprendre, il est lié par la demande des parties et ne peut aller au-delà de ce qui lui est demandé[6]. Les sanctions consistent à faire cesser le trouble, en la remise en l'état de l'environnement, si possible, et à verser des dommages et intérêts

---

[1] Principe 13 *in fine* de la Déclaration de Rio : « *Les États doivent élaborer une législation nationale concernant la responsabilité de la pollution et d'autres dommages à l'environnement et l'indemnisation de leurs victimes…* ».

[2] Art. 1240 nouveau (1382 ancien) du Code civil : « *Tout fait quelconque de l'homme, qui cause à autrui un dommage, oblige celui par la faute duquel il est arrivé à le réparer* » ; art. 113 de la loi n° 87-31 du 29 août 1987 *portant Régime Général des Obligations au Mali* : « *La responsabilité emporte obligation de réparer le préjudice résultant soit de l'inexécution d'un contrat soit de la violation du devoir général de ne causer aucun dommage à autrui* ».

[3] Sur l'interdiction de ne causer à personne un trouble anormal de voisinage (v. Cass. Civ., 27 novembre 1844, Derosne c. Puzin et autres).

[4] Il n'a pas été rendu possible de consulter la totalité des arrêts rendus par la Cour suprême du Mali de 2017 à nos jours. Aussi, les décisions des juridictions de fond, non publiées, excepté celles de la Cour constitutionnelle (www.courconstitutionnelle.ml), n'ont pu être consultées. Il a seulement été répondu, chaque fois que la question était posée aux différents acteurs de la justice rencontrés, qu'il n'existe pas, à ce jour, de décisions de justice dans le domaine.

[5] CSM, Civ. 1ère, 06 avril 1998, arrêt n° 64 (Cessation de trouble de voisinage).

[6] Art. 5 du Code de procédure civile, commerciale et sociale du Mali : « *Le juge doit se prononcer sur tout ce qui est demandé et seulement sur ce qui est demandé* ».

à la victime. La cessation du trouble ne profite pas seulement à l'individu qui a porté plainte, mais aussi à l'environnement et à la collectivité. On peut le dire, l'environnement se trouve ainsi protégé même s'il n'est pas évoqué directement dans la résolution de l'affaire. S'agissant du dommage écologique pur, les conditions de recevabilité peuvent être difficiles à réunir, dès lors que l'intérêt lésé est plus collectif qu'individuel. Il revient dans ce cas à l'État et aux associations de défense de l'environnement, au nom de la collectivité, de demander la réparation[1]. Mais, puisque ceux-ci ont prouvé leur incapacité à le faire au Mali[2], le remède réside dans la reconnaissance de la personnalité juridique à l'environnement et l'ouverture de la saisine des juridictions à tous, comme le propose le titre 2 *infra* de la présente partie. Ou à défaut, l'institution d'une obligation d'alerte mise à la charge des citoyens et de l'obligation de poursuite des juges poursuivants.

343. Il est aujourd'hui temps que le juge malien emboîte le pas à ses homologues d'autres pays, notamment sénégalais qui, dans un arrêt rendu en octobre 2013, a reconnu les dommages à l'environnement marin[3], hollandais qui a condamné en décembre 2019 l'État des Pays-Bas à réduire ses émissions de gaz à effet de serre[4] à l'initiative d'une association Urgenda, colombien qui a ordonné en février 2018 au Gouvernement de ce pays de présenter un plan d'action pour protéger la forêt amazonienne colombienne de la déforestation comme cela a été étudié précédemment, français dont la jurisprudence dans ce domaine est très riche[5].

---

[1] T. arb., 11 mars 1941, Fonderie de Trail (États-Unis c. Canada).

[2] Cette incapacité relevée par la Cour de justice de la CEDEAO à propos du Nigeria (v. décision ECW/CCJ/JUD/18/12 du 14 décembre 2012) peut être étendue au Mali et à la plupart des États africains. Elle relève avec pertinence que l'adoption d'une « *législation, aussi avancée soit-elle, la création d'organismes inspirés des modèles internationaux de renom, ou bien l'allocation de ressources financières versées de manière équitable ne permettent pas systématiquement de satisfaire les critères des obligations internationales en matière de protection environnementale si ces mesures demeurent simplement écrites et ne s'accompagnent pas d'autres mesures supplémentaires concrètes visant à limiter les incidents occasionnant des dégâts ou à s'assurer que les auteurs soient tenus pour responsables, notamment des réparations effectives des dommages environnementaux subis* », v. point 105 de la décision.

[3] V. le jugement du Tribunal régional hors classe de Dakar n° 5424/2013 du 9 octobre 2013, Ministère public et autres c/ J. A. Azkaraté, J. A. Amparan Cuadra et G. E. Wobenetsi .

[4] Cour suprême des Pays-Bas, arrêt du 20 décembre 2019, État des Pays-Bas contre Fondation Urgenda, dossier n° 19/00135.

[5] Voir par exemple dans le domaine de la protection du cadre de vie, CE, 13 novembre 1992, n° 110604, *Compagnie GAN Incendies Accidents ;* CAA Marseille, 19 mai 2016, n° 14MA04451, *Association de lutte contre l'affichage publicitaire illégal en Provence-Alpes-Côte d'Azur ;* CAA Nantes, 29 septembre 2009, n° 08NT02733, *Commune de Sonzay ; CAA Lyon 06 mars 1999 n° 98LY02015, Association du monde merveilleux des Alpes miniatures ;* dans le domaine de la réparation de dommages causés à l'environnement, CE, Ord., 31 mars 2017, *Société commercialisation décharge et travaux publics C/ Préfet des Bouches-du-Rhône,*

344. S'agissant de l'application des textes internationaux ratifiés par le Mali par le juge civil, l'occasion a été donnée à ce dernier de fonder certaines de ces décisions sur des textes communautaires[1], dans divers domaines des Droits de l'Homme ; excepté encore dans le domaine spécifique de l'environnement. Or, le droit de l'homme à l'environnement sain fait partie des Droits de l'Homme et peut même être considéré comme la mère de ceux-ci, comme l'a rappelé en 2016 la Cour Interaméricaine des Droits de l'Homme dans un avis consultatif[2]. La question peut alors se poser de savoir pourquoi les textes communautaires environnementaux ne sont pas invoqués par les différents plaideurs comme ils le sont en matière de protection des droits civils et politiques. Ce ne sont pas pourtant les violations du droit à l'environnement qui manquent. Le rapport du Bureau du Vérificateur Général, publié en novembre 2020, relève par exemple d'importantes irrégularités environnementales imputables à plusieurs entreprises minières : non-respect des « (…) *modalités de gestion des rejets polluants dans l'atmosphère* »[3] par les sociétés des mines de Syama (SOMISY-SA) et de Lolo (SOMILO SA) ; absence « (…) *d'informations sur la nature et la quantité des déchets dangereux incinérés dans ses rapports annuels transmis aux autorités maliennes* »[4] par la direction générale de la Société des Mines de Syama (SOMISY-SA) ; absence de conclusion de contrat d'assurance par la même société « (…) *sur la gestion des déchets dangereux, notamment pour la couverture totale de sa responsabilité contre les*

---

n° 403297 ; dans le domaine de l'accès à l'information en matière d'environnement, CE 07 août 2007, n° 266668, *Association des habitants du littoral du Morbihan* ; etc..

[1] « *Mais attendu surtout que l'enfant dont la garde est demandée est en âge de communiquer, que pour faire prévaloir ses intérêts, il doit être entendu comme le prévoit l'art. 4 de la charte africaine des droits et du bien-être de l'enfant* » ; v. CSM, civ. 1ère, 06 décembre 2010, arrêt n° 395, (modification de garde de d'enfant).

[2] Cet avis a été sollicité par la Colombie le 14 mars 2016. Les questions posées par la Colombie à la Cour sont les suivantes : « *Quel est le champ d'application des obligations étatiques qui découlent de la CADH et qui sont liées à la protection de l'environnement ?* », « *Quelles sont les obligations des États en matière d'environnement, eu égard aux obligations de protection et de garantie des droits à la vie et à l'intégrité personnelle prévues par la Convention américaine ?* ». La Cour retient en substance que « *Les dommages environnementaux peuvent affecter tous les droits de l'Homme, dans la mesure où la jouissance de ces droits dépend d'un environnement propice.* ». La version originale de cet avis est consultable sur le site de la Cour Interaméricaine des Droits de l'Homme à l'adresse suivante : http://corteidh.or.cr/docs/opiniones/seriea_23_esp.pdf.

[3] V. pp. 71 et 75 du rapport. Extrait : « *Le Directeur Général de GOUNKOTO SA ne respecte pas les exigences en matière d'incinération des déchets dangereux. Les cendres issues de l'incinération des déchets dangereux sont transportées dans l'air ambiant lors de leur déversement dans la cellule de confinement et durant tout le temps que cette cellule reste ouverte. Par ailleurs, le port de gants non ignifuges par le personnel chargé des incinérations de déchets, constaté sur les lieux, expose ces derniers à des risques de brûlures graves en cas de mauvaises manipulations* ». Les populations riveraines peuvent intenter une action de ce chef. Le ministre de l'Environnement également, au nom de l'État.

[4] *Ibid.*

risques résultant du transport et de la gestion desdits déchets »[1]. Force est de constater que dans le domaine de l'environnement, les parties préfèrent, pour des considérations diverses, régler leurs différends autrement que par saisine du juge. L'inapplication des textes environnementaux nationaux et internationaux, pour défaut de saisine du juge civil, est de nature à limiter l'influence du droit international de l'environnement sur l'effectivité du droit de l'environnement au Mali, puisque l'occasion que ce droit international soit appliqué est rarement ou presque jamais offerte.
En va-t-il autrement du juge répressif ?

345. On appelle « contentieux répressif de l'environnement », l'ensemble des contestations soulevées à l'occasion de la « (...) *dégradation par l'homme du milieu physique ou biologique dans lequel il vit* »[2] et qui nécessitent l'application du droit pénal. Plusieurs Conventions environnementales, comme celle de Bamako *sur l'interdiction d'importer des déchets dangereux et le contrôle de leurs mouvements transfrontières en Afrique*[3] ou le Protocole de Cartagena sur les risques biotechnologiques[4], exigent que chaque État adopte une législation nationale appropriée pour imposer des sanctions pénales à toute personne, physique ou morale, qui porterait atteinte à l'environnement. « *Ces sanctions doivent être suffisamment sévères pour punir* »[5] les atteintes « *et avoir un effet préventif* »[6]. Elles peuvent être l'emprisonnement, pécuniaires ou l'obligation de remettre l'environnement en l'état, lorsque cela est possible. L'effectivité du droit pénal de l'environnement apparaît donc comme une nécessité[7].

346. C'est ainsi qu'au Mali, outre les sanctions prévues par certaines dispositions du Code pénal[8], tous les textes environnementaux se terminent par des dispositions relatives aux sanctions administratives et pénales auxquelles s'exposent les auteurs d'atteinte à l'environnement. Il a été regretté d'ailleurs, plus haut, l'éclatement de ce système répressif, même si la recherche, la constatation, la poursuite et la répression de ces infractions s'effectuent dans le respect des dispositions du Code pénal et du Code de procédure pénale ainsi que celles des textes environnementaux qui les réglementent. En sus donc des autorités judiciaires chargées de la répression de ces infractions, il faut noter

---

[1] *Ibid.*
[2] Toumani DIALLO, *op. cit.*, p. 205.
[3] Art. 9.
[4] Art. 25.
[5] *Ibid.*
[6] *Ibid.*
[7] Cette nécessité a été réaffirmée par la réunion constitutive du comité sur l'environnement de l'AHJUCAF (tenue les 26 et 27 juin 2008 au Benin) qui a retenu le droit pénal de l'environnement comme l'un de deux thèmes de la rencontre.
[8] Art. 31-3 et 193 à 198 notamment.

la compétence de divers agents de l'administration : les agents des Eaux et Forêts des services chargés des forêts et de la faune de l'État et des Collectivités territoriales ainsi que les agents de toute autre administration habilitée à cet effet par les dispositions des textes législatifs et réglementaires en vigueur, les agents chargés de l'assainissement et du contrôle des pollutions et nuisances notamment.

347. Il existe ainsi plusieurs comportements actifs et passifs anti environnementaux prohibés par la loi qui justifient l'intervention du juge pénal. Au nombre de ces infractions environnementales qui sont commises au quotidien presque par tous, on peut retenir : bruit troublant la tranquillité du voisinage[1], pollution des eaux et de l'air[2], déversement des déchets le long des routes[3], obstruction des égouts[4], défaut d'étude préalable en cas de grands travaux[5], etc.. Tous ces comportements peuvent donner lieu à des peines d'amende, de prison et de réparation par la remise en état de l'environnement, mais ils l'ont rarement ou ne l'ont jamais été. Pourtant, les sanctions pénales sont plus dissuasives que les sanctions administratives. Les textes environnementaux nationaux et internationaux sont ainsi violés, au su et au vu de tous, principalement de ceux qui sont chargés de leur donner effet : les agents des administrations environnementales, le procureur de la République, les associations de défense de l'environnement, etc.. Dans ces conditions, il convient de s'attendre à une influence modique ou quasi inexistante du droit international de l'environnement sur l'application du droit malien.

348. Il n'est pas inutile de signaler, fort heureusement, que des références au respect des règles environnementales sont de plus en plus enregistrées dans des jurisprudences judiciaires autres que civiles et pénales. Ainsi, dans un arrêt de la chambre commerciale de la section judiciaire de la Cour suprême, rendu le 20 mars 2012, la Société des Mines d'Or de Sadiola (SEMOS-SA), accusée d'avoir injustement attribué un marché à une entreprise locale, se défend ainsi : « (...) *il a été démontré que le score financier n'était pas le critère de choix déterminant et qu'il fallait la capacité technique d'enlever la ferraille dans les conditions de sécurité pour les personnes et dans le strict respect des règles environnementales* »[6].
Le droit à un environnement sain, malgré sa consécration constitutionnelle, et en dépit de sa réglementation au niveau international, n'a pas à ce jour, toutes proportions gardées, connu de contrôle de son application effective par le juge

---

[1] Art. 325, §17 du Code pénal, 29 et 40 de la loi sur les pollutions et nuisances de 2021.
[2] Art. 17 de la loi sur les pollutions et nuisances de 2021.
[3] Art. 13 et s. de la loi sur les pollutions et nuisances de mai 2021.
[4] Art. 17 de la loi sur les pollutions et nuisances de mai 2021.
[5] Art. 33 du décret relatif à l'étude d'impact environnemental et social.
[6] CSM, Com, 20 mars 2012, arrêt n° 07 (Assignation aux fins de réparation de préjudice) ; v. aussi, CSM, Com., 18 février 2014, arrêt n° 04 (Réparation de préjudice).

malien. Mais, même s'il était effectivement appliqué, « *il ne faut pas tout en attendre* »[1] car le droit de l'environnement est essentiellement un droit participatif.

Quid de son homologue international ? On le sait, les textes internationaux d'environnement sont susceptibles d'être invoqués d'abord par le Mali, ensuite par les citoyens maliens, devant certaines juridictions internationales ; pour ces derniers au nom du droit à l'environnement sain, droit fondamental de l'homme[2].

349. Le rôle du juge international universel[3] et régional européen[4] en matière d'environnement s'est nettement développé ces dernières années[5]. Ce développement du rôle du juge international en matière d'environnement se fait malheureusement, il convient de le regretter, loin du continent africain. Plusieurs décisions ont été rendues par la Cour internationale de justice dans des conflits opposant des États voisins dans le domaine de l'environnement sur les continents européen[6], américain[7] et même asiatique[8]. Il est hors de nos propos de souhaiter un tel conflit entre le Mali et ses voisins, mais il n'est pas sans importance d'évoquer l'éventualité de tels différends, au regard des nombreuses atteintes à l'environnement transfrontière, surtout dans le domaine de l'eau. Mireille DELMAS-MARTY, en proclamant que « (…) *l'environnement nous fait entrer à la fois dans un espace sans frontière et dans un temps sans limite* »[9], met l'accent sur le fait que les problèmes environnementaux

---

[1] Michel Prieur, *L'influence des conventions internationales sur le droit interne de l'environnement*, *op. cit.*, p. 392.

[2] Cette possibilité trouve sa source dans la Déclaration de Stockholm sur l'environnement, principe 1 : « *L'homme a un droit fondamental à la liberté, à l'égalité et à des conditions de vie satisfaisantes, dans un environnement dont la qualité lui permette de vivre dans la dignité et le bien-être…* » ; Disposition qui, selon Alexandre Charles KISS, apparaît comme « *le premier pas vers la définition de ce qui sera appelé par la suite* ***le droit à l'environnement*** » (v. Alexandre Charles KISS et Jean-Pierre BEURIER, *Droit international de l'environnement*, *op. cit.*, p. 42).

[3] De 1947 à 2017 « 164 affaires ont été inscrites au rôle de la CIJ » (v. Jean-Marc LAVIEILLE, Hubert DELZANGLES, Catherine LE BRIS, *op. cit.*, p. 113).

[4] La CEDH a d'ailleurs beaucoup « participé à l'émergence d'un droit de l'homme à l'environnement ». V. Jean-Pierre MARGUENAUD, *La CEDH*, Paris, Dalloz, 7ème éd., 2016, p. 107. Il n'y a pas de comparaison possible entre la Cour EDH et la Cour ADHP en matière de production jurisprudentielle dans le domaine de l'environnement.

[5] Jean-Marc LAVIEILLE, Hubert DELZANGLES, Catherine LE BRIS, *op. cit.*, p. 130.

[6] CIJ, 09 avril 1949, Detroit de Corfou (Royaume – Uni c. Albanie).

[7] CIJ, 16 décembre 2015, Construction d'une route au Costa Rica le long du fleuve San Juan (Nicaragua c. Costa Rica) et Costa Rica c. Nicaragua (Certaines activités menées par le Nicaragua dans la région frontalière).
CIJ, 20 avril 2010, Usines de pâte à papier sur le fleuve Uruguay (Argentine c. Uruguay).

[8] CIJ, 31 mars 2014, Chasse à la baleine dans l'Antarctique (Australie c. Japon ; Nouvelle Zélande intervenant).

[9] Mireille DELMAS-MARTY, *Libertés et sûreté dans un monde dangereux*, Paris, Seuil, 2010, p. 187.

n'ont pas de limites territoriales et qu'ils peuvent s'étaler dans le temps et concerner le long terme. C'est ce constat qui est à l'origine de leur réglementation au niveau international. C'est ainsi que, dès que les traités sur l'environnement sont régulièrement publiés, comme le veut l'article 116 de la Constitution du Mali de 1992, ils peuvent créer des droits subjectifs qui soient susceptibles d'être invoqués tant sur le plan interne que sur le plan international. Nous parlons de possibilité car, normalement, les traités sont des accords conclus entre les États, mais cela n'exclut pas qu'à certains égards ils créent des droits en faveur des particuliers. C'est le cas des traités sur les Droits de l'Homme et donc de l'environnement. Cela signifie que les particuliers peuvent appartenir à la fois aux deux ordres juridiques[1] : national et international. Ce qui a pour conséquence que ceux-ci soient fondés à réclamer la réalisation de leurs droits, qu'ils soient d'origine interne ou internationale[2].

350. C'est ainsi qu'une victime malienne d'atteinte à l'environnement doit pouvoir saisir, en vertu d'un traité auquel est partie le Mali, une juridiction internationale régionale pour voir condamner l'auteur de la violation de son droit qu'il tient de ce traité. Mais, la spécificité du droit international fait que cette victime ne peut s'adresser, par exemple, à la Cour Internationale de Justice que par l'intermédiaire de l'État du Mali. Mais, si l'action est dirigée contre l'État du Mali, le citoyen victime pourra saisir les juridictions régionales comme la Cour Africaine des Droits de l'Homme et des Peuples[3] ou sous-régionales comme la Cour de Justice de la CEDEAO[4]. Cette action est également ouverte aux associations maliennes de défense de l'environnement devant la Cour ADHP depuis le 19 février 2010[5] et devant la Cour de Justice de la CEDEAO[6]. Concrètement, les citoyens maliens peuvent faire valoir leur

[1] V. Evelyne LAGRANGE, « *L'efficacité des normes internationales concernant la situation des personnes privées dans les ordres juridiques internes* », Recueil des Cours de l'Académie de Droit International de la Haye, vol. 356, 2012, p. 292.

[2] *Ibid.*

[3] En vertu de l'art. 34 (6) du Protocole de Ouagadougou.

[4] V. art. 9 du Protocole additionnel A/SP.1/01/05 *portant amendement du préambule, des art. 1er, 2, 9, 22 et 30 du Protocole A/P1/7/91 à la Cour de justice de la Communauté* ; v. aussi les arrêts EWC/CCJ/JUD/06/08 du 27 octobre 2008 (Dame Ac Ab Ag c/République du Niger) et EWC/CCJ/RUL/03/10 du 11 juin 2010 (Al Aj c/Ai Ad A).

[5] Date de dépôt de la déclaration spéciale par laquelle la République du Mali autorise les citoyens et ONG maliens à saisir cette Cour, conformément l'art. 34 paragraphe 6 du Protocole de Ouagadougou.

[6] V. à ce titre l'importante décision de la Cour sous-régionale dans l'affaire qui a opposé l'ONG SERAP à l'État du Nigeria en juillet 2009 et qui a connu son épilogue en décembre 2012 (ECW/CCJ/JUD/18/12 du 14 décembre 2012, SERAP c. République du Nigeria). Dans cette affaire la Cour de justice de la CEDEAO reconnaît la responsabilité de la République fédérale du Nigeria et la condamne à « *prendre, dans les meilleurs délais, toutes les mesures nécessaires afin de garantir la restauration de l'environnement du delta du Niger; prendre toutes les mesures nécessaires pour empêcher que l'environnement ne se dégrade ; prendre toutes les mesures pour tenir pour responsables les auteurs des dégâts causés à l'environnement* ».

droit à un environnement sain, tel que prévu par la Constitution, lorsque l'État du Mali ne respecte pas les engagements qu'il a pris aux niveaux régional et international en matière de protection de l'environnement devant la Cour ADHP[1].

351. La Déclaration de Stockholm de 1972, même si elle n'est pas obligatoire, constitue le fondement du droit de l'homme à l'environnement.[2] Malgré cette consécration, il convient de regretter le fait que les juridictions internationales ne soient pas sollicitées, ni par l'État du Mali ni par les citoyens et associations maliennes de défense de l'environnement. Toute chose qui limite l'influence que le DIE aurait pu exercer sur l'application au Mali du droit de l'environnement et peut même être considéré comme un recul car, comme l'indique justement Michel PRIEUR, « (...) *l'absence d'effectivité du droit applicable est déjà en elle-même une régression* »[3].

352. Il n'existe pas de nos jours une juridiction internationale chargée spécifiquement des questions d'environnement[4], mais beaucoup[5] peuvent en connaître ; notamment les juridictions chargées de juger les atteintes aux Droits

---

[1] Le préambule de la constitution, qui rappelle la souscription du Mali à la Déclaration Universelle des Droits de l'Homme du 10 décembre 1948 et à la Charte Africaine des Droits de l'Homme et des peuples du 27 juin 1981, l'y oblige.

[2] Premier principe : « *L'homme a un droit fondamental à la liberté, à l'égalité et à des conditions de vie satisfaisantes, dans un environnement dont la qualité lui permette de vivre dans la dignité et le bien –être...* ».

[3] Michel PRIEUR, *Le « nouveau principe de "non-régression" en droit de l'environnement »* *op. cit.*, p. 12.

[4] V. *supra*, partie II, titre 1. Il a déjà été question plus haut de la création puis de la suppression de la chambre spéciale chargée des questions d'environnement de la Cour internationale de justice. On peut aussi citer le Tribunal international du droit de la mer qui est compétent pour juger les différends relatifs à l'application et à l'interprétation de la Convention des Nations Unies relative au droit de la mer de 1982. Il n'a donc pas une compétence large en matière d'environnement.

[5] Par exemple la Cour Internationale de Justice, juridiction créée par les Nations Unies, a compétence sur tous les litiges concernant le droit international y compris donc les traités sur l'environnement. Elle règle les litiges entre États, mais un État peut en défendant ses citoyens se saisir d'un problème dont ceux-ci sont victimes pour attaquer un État voisin devant cette Cour. On peut citer la Cour africaine des droits de l'Homme et des peuples qui a pour mandat de juger le respect par un État partie des droits de la Charte Africaine des Droits de l'Homme et des peuples et de tout autre instrument relatif à la protection des droits de l'Homme ratifié par cet État (v. art. 3 du Protocole de Ouagadougou portant création de la Cour). Les personnes physiques et les organisations non-gouvernementales peuvent, sous certaines conditions, porter le cas d'une violation d'un droit de l'Homme directement devant la Cour ou indirectement via la Commission africaine des droits de l'Homme et des peuples. L'art. 24 de la Charte précise que « *Tous les peuples ont droit à un environnement satisfaisant et global, propice à leur développement* ». La Cour de justice de la CEDEAO peut également en connaître (v. ECW/CCJ/JUD/18/12 du 14 décembre 2012, SERAP c. République du Nigeria).

de l'Homme puisque le droit à l'environnement en est un[1]. L'article 15 de la Constitution du 25 février 1992[2] élève l'environnement sain au rang des droits fondamentaux de la personne humaine qui a le devoir de le défendre. Il prescrit ainsi à l'État et aux citoyens l'obligation de veiller à sa protection. Au même moment, le Préambule rappelle la volonté du peuple malien de souscrire « *à la Déclaration Universelle des Droits de l'Homme du 10 Décembre 1948 et à la Charte Africaine des Droits de l'Homme et des Peuples du 27 juin 1981* ». Rien que sur la base de cette consécration constitutionnelle, les juridictions communautaires africaines compétentes et les juridictions internationales appropriées peuvent connaître des litiges environnementaux impliquant l'État du Mali, soit comme auteur d'une atteinte à l'environnement de ses voisins ou de ses citoyens, soit comme victime d'une atteinte à son environnement venant d'un État voisin.

353. Même s'il n'existe pas de juridiction régionale spécialisée dans le domaine de l'environnement, beaucoup en Afrique peuvent connaître des différends environnementaux et appliquer le droit international de l'environnement, soit général, soit spécial. Seules seront évoquées ici les juridictions africaines ou communautaires ayant juridiction pour le Mali. Il s'agit essentiellement de la Cour africaine des Droits de l'Homme et des Peuples, de la Cour de Justice de la CEDEAO et de la Cour de Justice de l'UEMOA. Seront principalement visés les manquements de la République du Mali à ses obligations régionales ou sous-régionales en matière d'environnement ou la violation par elle de droits environnementaux garantis par l'Acte constitutif de l'Union Africaine, la Convention africaine des Droits de l'Homme et des Peuples, les traités de la CEDEAO et de l'UEMOA. Le non-respect du droit dérivé de ces institutions est également visé. Malheureusement, la jurisprudence environnementale de la plupart de ces juridictions, concernant le Mali, se fait toujours attendre. C'est le lieu de saluer l'importante décision de la Cour de Justice de la CEDEAO qui a montré la voie en condamnant la République fédérale du Nigeria pour violation de ses obligations environnementales en lien avec la pollution des eaux du Delta intérieur du Niger[3]. Il sera question ici de prouver l'existence de plusieurs possibilités pour faire condamner l'État du Mali pour violation de ses obligations découlant du droit international de l'environnement que de parler de cas concrets l'impliquant, puisqu'il n'en existe pas encore.

---

[1] Déjà en 1972, la Déclaration de Stockholm, « acte fondateur » du droit international de l'environnement liait la protection de l'environnement et la protection des droits de l'homme (v. principe 1).

[2] Pour rappel, cet art. dispose : « *Toute personne a droit à un environnement sain. La protection, la défense de l'environnement et la promotion de la qualité de la vie sont un devoir pour tous et pour l'État* ».

[3] ECW/CCJ/JUD/18/12 du 14 décembre 2012, SERAP c. République du Nigeria.

354. En droit de l'UA, l'article 24 de la Charte Africaine des Droits de l'Homme et des peuples dispose clairement : « *Tous les peuples ont droit à un environnement satisfaisant et global, propice à leur développement* » ; l'article 21 *in fine* ajoute que « *Les peuples ont la libre disposition de leurs richesses et de leurs ressources naturelles. Ce droit s'exerce dans l'intérêt exclusif des populations. En aucun cas, un peuple ne peut en être privé.* » Son Protocole de 1998[1] créant la Cour africaine des Droits de l'Homme et des Peuples[2] reconnaît la compétence de celle-ci pour connaître de toutes les affaires et de tous les différends d'ordre juridique dont elle est saisie concernant l'interprétation et l'application de l'Acte constitutif de l'Union Africaine, la Charte, le Protocole et de tout autre instrument pertinent relatif aux Droits de l'Homme et ratifié par les États concernés[3]. Ce qui est de nature à justifier la compétence de cette Cour en cas d'atteinte à l'environnement au Mali ou à l'environnement du Mali. Une précision de taille, qui ne peut être passée sous silence, est que cette Cour applique non seulement le droit issu de l'Acte Constitutif de l'Union Africaine qui contient de nombreuses dispositions sur l'environnement[4], mais également les autres traités internationaux, généraux ou spéciaux, auxquels sont parties les États en litige, la coutume internationale, les principes généraux de droit reconnus universellement ou par les États africains, etc..[5]

355. La Convention africaine sur la conservation de la nature et des ressources naturelles, ratifiée par le Mali en 2004, stipule que « *Tout différend entre les Parties concernant l'interprétation ou l'application des dispositions de la présente Convention est réglé à l'amiable par voie d'accord direct entre les parties au différend ou grâce aux bons offices d'une tierce partie. Si les Parties concernées ne parviennent pas à régler le différend, chacune d'entre elles peut, dans un délai de douze mois, renvoyer la question à la Cour de l'Union africaine.* »[6]

---

[1] Le protocole de 2008, adopté en Égypte, remplace le Protocole relatif à la Charte Africaine des Droits de l'Homme et des Peuples portant création d'une Cour africaine des Droits de l'Homme et des Peuples, adopté le 10 juin 1998 à Ouagadougou (Burkina Faso) et entré en vigueur le 25 janvier 2004 et le Protocole de la Cour de Justice de l'Union africaine, adopté le 11 juillet 2003 à Maputo (Mozambique), v. art 1er. Il crée une Cour unique dénommée : Cour africaine de justice et des Droits de l'Homme fusionnant la Cour africaine des Droits de l'Homme et des Peuples et la Cour de Justice de l'Union africaine.

[2] V. statut annexé au Protocole.

[3] Art. 28 du Protocole.

[4] Selon l'art. 13, le Conseil exécutif assure la coordination et décide des politiques dans les domaines d'intérêts communs, notamment la protection de l'environnement ; l'art. 14 crée un comité technique spécialisé chargé entre autres des ressources naturelles et de l'environnement.

[5] Art. 31 du Protocole.

[6] Art. XXX.

356. Dans le droit de la CEDEAO, la Cour de Justice de la Communauté, créée par l'article 13 du traité révisé de la Communauté, assure le respect du droit et des principes d'équité dans l'interprétation et l'application des dispositions du traité, des Conventions et Protocoles de la Communauté[1]. Elle est « (...) *compétente pour connaître des cas de violation des droits de l'homme dans tout État membre* »[2], donc en cas d'atteinte à l'environnement collectif ou individuel au Mali. Elle applique non seulement le droit issu des textes de la Communauté mais, également « (...) *les principes de droit, tels que définis à l'article 38 du statut de la Cour internationale de Justice* »[3]. Cette Cour a rendu plusieurs décisions[4] pour violation des Droits de l'Homme commise dans l'espace de la Communauté[5], mais non encore dans le domaine de l'environnement en lien avec le Mali. Ainsi, il n'est pas inutile de citer à titre illustratif que sur la base des dispositions du Protocole de 1991 et du Protocole Additionnel de 2005 relatifs à la Cour, des instruments juridiques internationaux, notamment la Charte Africaine des Droits de l'Homme et des Peuples, la Déclaration Universelle des Droits de l'Homme, le Pacte International relatif aux Droits Civils et Politiques, etc., Monsieur Mamadou TANDJA, ancien Président du Niger saisissait la Cour de la CEDEAO, pour violation des droits de l'homme à son égard par l'État du Niger et du Chef de l'État d'alors qui l'avait renversé[6]. Ses décisions, non susceptibles d'appel[7], « (...) *ont force obligatoire à l'égard des États Membres, des Institutions de la Communauté et des personnes physiques et morales* »[8].

357. Comme il est aisé de le constater à travers les lignes qui précèdent, ce ne sont pas les textes ou les institutions qui font défaut pour sanctionner les nombreuses violations du droit international de l'environnement et du droit des Maliens à un environnement sain. Ce qui fait défaut, c'est l'action des acteurs concernés (État, associations et autres organisations de défense de l'environnement y compris les particuliers) pour mettre en pratique un dispositif juridique pertinent et varié. Tant au Mali qu'au niveau des instances sous juridiction de la Cour africaine des Droits de l'Homme et des Peuples et de la Cour de Justice de la CEDEAO, il doit être permis de dire que le droit d'accès à la justice aux ONG est garanti, même s'il convient de regretter quelques restrictions. Il ne reste qu'à être exercé. Son exercice permet au droit international

---

[1] Art. 9 du Protocole révisé en 2005.

[2] *Ibid.*

[3] Art. 19 du Protocole A/1/7/91 relatif à la Cour de Justice de la Communauté.

[4] Deux en 2004 dont aucun en matière d'environnement (v. Rapport annuel 2004 des activités de la Cour, p. 10).

[5] ECW/CCJ/JUD/18/12 du 14 décembre 2012, SERAP c. République du Nigeria.

[6] Arrêt n° : ECW/CCJ/JUD/05/10 consulté sur www.juricaf.org le 02 janvier 2020 et le site de la Cour de justice de la CEDEAO : www.ecowas.int, consulté le 03 janvier 2020.

[7] Art. 19 du Protocole.

[8] Art. 15 du Traité.

de l'environnement d'être effectif au Mali et d'exercer une influence importante sur le droit de l'environnement de ce pays.
Qu'en est-il au niveau mondial ?

358. Au niveau universel, il faut noter la possibilité pour le Mali de saisir, soit par la voie consultative soit par celle contentieuse, l'organe judiciaire principal des Nations Unies afin que celui-ci se prononce sur les différentes atteintes à son environnement. Selon l'article 34 *in limine* du Statut de la Cour Internationale de Justice[1], « *Seuls les États ont qualité pour se présenter devant la Cour* ». La compétence de celle-ci « (...) *s'étend à toutes les affaires que les parties lui soumettront, ainsi qu'à tous les cas spécialement prévus dans la Charte des Nations Unies ou dans les traités et conventions en vigueur* »[2]. Il s'agit de toute convention internationale, soit générale, soit spéciale, établissant des règles expressément reconnues par les États[3]. De même, toutes les conventions sur l'environnement, générales ou spéciales, ratifiées par le Mali, reconnaissent expressément la compétence de cette Cour en cas de différends nés et non réglés à l'amiable entre le Mali et un ou plusieurs pays[4].

359. Les différends environnementaux internationaux impliquant la République du Mali peuvent donc être réglés par arbitrage[5] ou soumis à la Cour

---

[1] La Cour Internationale de Justice est l'organe juridictionnel principal des Nations Unies. Elle règle les différends entre les États (fonction contentieuse) et rend des avis consultatifs à la demande des Organisations internationales qui y ont accès (fonction consultative). Elle avait créé le 19 juillet 1993 une chambre spéciale chargée des questions d'environnement qui sera, pour défaut de saisine, supprimée en 2006. Le communiqué non officiel qui le constituait indique : « *Compte tenu des faits qui se sont produits au cours de ces dernières années dans le domaine du droit et de la protection de l'environnement, et considérant qu'elle devrait être prête dans toute la mesure du possible à traiter de toute affaire d'environnement relevant de sa juridiction, la Cour juge maintenant opportun d'établir une chambre pour les questions d'environnement...* ». Il convient de regretter cette suppression qui peut être considérée comme un recul dans la mise en place d'institutions chargées de faire respecter le droit de l'environnement.

[2] Art. 36 du statut de la Cour.

[3] Art. 38 du statut de la Cour.

[4] Ou de la Cour permanente d'arbitrage. V. notamment : art.14 de la Convention des Nations Unies sur les Changements climatiques, ratifiée en 1994 ; art. 11 de la Convention de Vienne pour la protection de la couche d'Ozone, ratifiée en 1993 ; art. 27 de la Convention sur la diversité biologique, ratifiée en 1994 ; art. 18 de la Convention sur le commerce international des espèces de faune et de flore sauvage menacée d'extinction, ratifiée en 1993 ; art. 13 de la Convention sur la conservation des espèces migratrices appartenant à la vie sauvage, loi portant approbation adoptée en 1985 ; art. 12 de l'accord sur la conservation des oiseaux d'eau migrateurs d'Afrique-Eurasie, ratifiée en 1999 ; etc..

[5] En ce qui concerne les conditions de mise en place de la juridiction arbitrale et la procédure suivie devant elle, voir l'annexe V de la Convention de Bamako *sur l'interdiction d'importer en Afrique des déchets dangereux et sur le contrôle des mouvements transfrontières et la gestion des déchets dangereux en Afrique*, adoptée le 31 janvier 1991, ratifié par le Mali le 15 avril 1991 (v. le décret n° 91-015/P-CTSP du 25 avril 1991, publié au JORM n° 09 du 15 mai 1991, p. 322).

Internationale de Justice[1]. Le Mali peut aussi, au nom de ses ressortissants, victimes d'atteinte à l'environnement provenant d'États voisins, saisir la Cour internationale de Justice sur le fondement du Statut de celle-ci et des différentes Conventions qu'il a ratifiées dans le domaine de l'environnement. Pour le moment, elle n'a saisi cette juridiction qu'une seule fois en octobre 1983 dans le cadre d'un différend frontalier l'ayant opposé au Burkina Faso[2]. D'autres États, à travers le monde, ont déjà saisi la Cour internationale de Justice d'importantes affaires afin qu'elle constate la violation du droit international de l'environnement[3].

360. Sur le plan pénal, la Cour pénale internationale qui est compétente pour juger les crimes de guerre peut se prononcer sur les atteintes à l'environnement commises au Mali conformément à l'article 8-2-b-iv[4] du Statut qui l'a créée. Ainsi, Ahmad Al Faqi Al Mahdi qui a été jugé par elle pour atteinte à des biens protégés ayant un caractère religieux et historique aurait pu l'être pour atteinte à des biens environnementaux. La Cour de La Haye est ainsi invitée à ne pas limiter la notion de biens protégés au seul domaine de la culture, mais à l'étendre à la protection de l'environnement. La résolution 2480 (2019) prolongeant le mandat de la MINUSMA au Mali ne priait-elle pas celle-ci « (...) *d'être sensible aux effets qu'ont sur l'environnement les activités qu'elle mène pour exécuter les tâches qui lui sont confiées et de maîtriser ces effets, selon qu'il convient et conformément aux résolutions de l'Assemblée générale et aux règles et règlements applicables de l'ONU* »[5]. Heureusement encore que le Bureau du Procureur s'est engagé dans un communiqué de presse, publié le 15 septembre 2016, à chercher « (...) *à la demande des États, à coopérer avec eux et à leur prêter assistance au sujet de comportements constituant des crimes graves au regard de la législation nationale, à l'instar de l'exploitation illicite de ressources naturelles, du trafic d'armes, de la traite d'êtres humains, du terrorisme, de la criminalité financière, de l'appropriation illicite*

---

[1] V. art. 20 de la Convention de Bamako précitée.
[2] V. Compromis du 14 octobre 1983 et arrêt CIJ, 22 décembre 1987, Différend frontalier (Burkina Faso c. République du Mali).
[3] CIJ, 20 avril 2010, Usines de pâte à papier sur le fleuve Uruguay (Argentine c. Uruguay) ; v. aussi, CIJ, 16 décembre 2015, Construction d'une route au Costa Rica le long du fleuve San Juan (Nicaragua c. Costa Rica) et Costa Rica c. Nicaragua (Certaines activités menées par le Nicaragua dans la région frontalière) ; v. CIJ, 31 mars 2014, Chasse à la baleine dans l'Antarctique (Australie c. Japon ; Nouvelle Zélande intervenant).
[4] Entre dans la catégorie des crimes qui relèvent de la compétence de la Cour « *Le fait de diriger intentionnellement une attaque en sachant qu'elle causera incidemment des pertes en vies humaines dans la population civile, des blessures aux personnes civiles, des dommages aux biens de caractère civil ou des dommages étendus, durables et graves à* ***l'environnement naturel*** *qui seraient manifestement excessifs par rapport à l'ensemble de l'avantage militaire concret et direct attendu* ».
[5] Point 61 de la Résolution 2480 (2019) adoptée par le Conseil de Sécurité à sa 8568è séance du 28 juin 2019.

de terres ou de la destruction de l'environnement »[1]. Cela veut dire que l'espoir reste malgré tout permis.
Pour l'instant, aucune de ces juridictions internationales n'a été saisie en vue de sanctionner les différentes atteintes à l'environnement au Mali. Cette absence de saisine limite l'influence que le droit international de l'environnement aurait pu exercer sur l'application du droit malien de l'environnement. L'encadrement strict de l'accès à ces juridictions n'explique-t-elle pas cela ?

361. Le Protocole portant création de la Cour africaine des Droits de l'Homme et des Peuples est assez clair quant à la qualité des personnes physiques et morales pouvant faire élection à son domicile en cas d'atteinte au droit de l'homme à l'environnement. Il s'agit non seulement des États Parties à la Charte, mais également des individus et groupements d'individus.

362. La violation d'une norme internationale environnementale par le Mali génère sa responsabilité. Depuis la sentence arbitrale de la fonderie de Trial[2] jusqu'à l'avis consultatif de la CIJ sur la licéité de l'emploi d'armes nucléaires[3] et l'accident de Tchernobyl en passant par les Déclarations de Stockholm 1972[4] et de Rio 1992[5], la règle semble bien ancrée : « (…) *l'obligation générale qu'ont les États de veiller à ce que les activités exercées dans les limites de leur juridiction ou sous leur contrôle respectent l'environnement dans d'autres États ou dans des zones ne relevant d'aucune juridiction nationale fait maintenant partie du corps de règles du droit international* »[6]. Cette règle s'applique lorsque, par exemple au niveau d'une de ses frontières, l'État du Mali estime subir des dommages à son environnement venant d'un pays voisin ou vice versa.

363. En effet, des activités comme la construction d'ouvrages de dérivation ou de retenue d'eau[7], celles résultant de l'orpaillage, de la teinturerie, le déversement des eaux usées domestiques et industrielles dans le fleuve Niger

---

[1] V. Communiqué de presse du Bureau du Procureur du 15 septembre 2016 : ICC-OPT-20160915-PR1238, p. 5, point 7.
[2] Tribunal arbitral, 11 mars 1941, Fonderie de Trial, États-Unis c. Canada. En l'espèce, des rejets dans l'air de grandes quantités de souffre émanant d'une production industrielle située au Canada avaient causé des dommages à des agriculteurs américains en rendant leurs terres incultivables. Le Gouvernement américain, au nom de ses ressortissants, se saisit de l'affaire et soumet le différend à un tribunal arbitral (v. Philippe BILLET et Éric NAIM-GESBERT (dir.), *Les grands arrêts du droit de l'environnement, op. cit.*, p. 1 et s.
[3] CIJ, (Avis consultatif) sur la licéité de la menace ou de l'emploi d'armes nucléaires, 1996.
[4] Principe 21.
[5] Principe 2.
[6] CIJ, (Avis consultatif) sur la licéité de la menace ou de l'emploi d'armes nucléaires, 1996.
[7] Selon le rapport 2017 sur l'état de l'environnement au Mali, certains pêcheurs utilisent « *des engins et méthodes de pêches illicites (filets à petites mailles, barrage du cours d'eau, utilisation de produits toxiques, etc.) qui mettent en péril le développement des ressources halieutiques (capture de sujets immatures, perturbation du cycle migratoire du* poisson, etc.) », p. 43.

constituent des facteurs influençant négativement la qualité de ses eaux et qui affectent sa biodiversité tant au Mali que dans tous les pays traversés par le fleuve. Il s'agit là de toute évidence de faits susceptibles d'engager la responsabilité internationale de l'État du Mali sur le fondement de la règle posée par la jurisprudence de la Cour internationale de Justice : « *Les États ont le devoir de faire en sorte que les activités exercées dans les limites de leur juridiction ou sous leur contrôle ne causent pas de dommage à l'environnement dans d'autres États ou dans les régions ne relevant d'aucune juridiction nationale* »[1]. Tous les États en aval du fleuve, notamment le voisin immédiat du Mali, le Niger, peuvent engager cette responsabilité de la République du Mali. Car la dégradation de la qualité des eaux est susceptible de causer d'importants dommages aux populations riveraines du fleuve dans les autres États. La Convention sur le droit relatif aux utilisations des cours d'eau à des fins autre que la navigation prévoit néanmoins que le dommage doit être significatif[2]. D'aucuns pensent d'ailleurs que les problèmes liés à l'eau peuvent être « *une cause majeure de conflits internationaux au 21ème siècle* »[3].
Lorsque donc l'État du Mali, ou tout autre État partie aux Conventions internationales sur l'environnement, estime avoir un intérêt dans une affaire quelconque relevant de l'environnement, il peut adresser à la Cour Internationale de Justice une requête aux fins d'intervention[4]. Il peut être fait aussi recours à l'arbitrage[5], c'est-à-dire d'une procédure par laquelle les parties en litige conviennent de soumettre le règlement de leur différend à un tiers sur la base du droit et qui rend la sentence obligatoire[6].

Aussi, « *Les grands barrages et les aménagements hydro-agricoles ont contribué à modifier les régimes de crues et les écosystèmes aquatiques, avec comme conséquences, entre autres, la raréfaction de certaines espèces halieutiques et la réduction des zones de reproduction naturelle* ». C'est le cas du barrage de Markala, retenue d'eau de Sélingué, etc., pp. 66 et 87 du même rapport.

[1] V. Principe 21 de la Déclaration de Stockholm sur l'environnement, principe 2 de la Déclaration sur l'environnement et le développement de Rio 1992 et l'avis consultatif de la CIJ sur la licéité de la menace ou de l'emploi d'armes nucléaires du 08 juillet 1996, § 29. ; Tribunal arbitral, 11 mars 1941, Fonderie de Trial, États-Unis c. Canada (sentence arbitrale, rec. Vol. III, p. 1905-1982 ; (v. aussi Philippe BILLET et Éric NAIM-GESBERT (dir.), *Les grands arrêts du droit de l'environnement*, 1ère éd., Dalloz, Paris, 2017, p. 1.

[2] Art. 7.

[3] Alexandre Charles KISS, *Introduction au droit international de l'environnement*, *op. cit.*, p. 10.

[4] Même si cette saisine n'est pas automatique. La Convention sur l'utilisation des cours d'eau à des fins autres que la navigation prévoit que l'État dont l'utilisation du cours d'eau a causé le dommage et l'État affecté prennent les mesures appropriées en consultation « *pour éliminer ou atténuer ce dommage et, le cas échéant, discuter de la question de l'indemnisation* » (art. 7-2).

[5] V. Affaire du Lac Lanoux (Espagne c. France), 16 novembre 1957.

[6] Jean-Marc LAVIEILLE, Hubert DELZANGLES, Catherine LE BRIS, *op. cit.*, p. 119.

364. Sur le plan régional africain, tous les États Parties au Protocole relatif à la Charte Africaine des Droits de l'Homme et des Peuples dont les ressortissants sont victimes de violation du droit à un environnement sain, ont qualité pour saisir la juridiction de la Cour[1]. Ils peuvent le faire au nom de leurs citoyens même si ceux-ci peuvent aussi avoir accès à cette juridiction[2]. L'absence de saisine de cette juridiction, dans le domaine de l'environnement, ne permet pas au droit international de l'environnement d'exercer l'influence attendue sur le droit malien de l'environnement.
Les citoyens maliens et associations de droit malien peuvent aussi saisir certaines juridictions internationales.

365. L'article 34 (6) du Protocole relatif à la Charte Africaine des Droits de l'Homme et des Peuples permet, même si c'est sous certaines conditions[3], aux institutions nationales des droits de l'homme, aux personnes physiques et aux Organisations non-gouvernementales[4], de porter le cas d'une violation d'un droit à l'environnement au Mali directement devant la Cour ou indirectement via la Commission africaine des Droits de l'Homme et des Peuples. Cette possibilité de saisine de la juridiction africaine d'Arusha[5] par les citoyens et associations maliens ne pose aujourd'hui aucun problème puisque le Mali a satisfait à la condition de l'article 34 rappelée ci-dessus en déposant le 19 février 2010 la déclaration spéciale prévue à cet effet[6]. À cet égard, cette juridiction africaine a eu à se prononcer plusieurs fois sur des requêtes présentées par des citoyens maliens et des associations maliennes, mais dans des domaines autres que l'environnement.

366. Comme il est aisé de le constater à travers ces différents exemples, il est bien possible, de nos jours, de faire juger par cette Cour les nombreuses violations au Mali du droit à l'environnement. Au regard de ce qui précède, rien n'empêche les nombreuses Organisations Non Gouvernementales maliennes

---

[1] Art. 21 de la Charte : « *Tous les peuples ont droit à un environnement satisfaisant et global, propice à leur développement* ».

[2] Les citoyens maliens comme les ONG peuvent, depuis le dépôt de la déclaration spéciale prévue par l'art. 34 (6) du Protocole par le Mali, élire domicile devant cette Cour. Ce dépôt a été effectué le 19 février 2010.

[3] La réserve énoncée à l'art. 30 est précisée à l'art. 8 ainsi libellé : « *Tout État partie, au moment de la signature ou du dépôt de son instrument de ratification ou d'adhésion, ou à toute autre période après l'entrée en vigueur du Protocole peut faire une déclaration acceptant la compétence de la Cour pour recevoir les requêtes énoncées à l'art. 30 (f) et concernant un État partie qui n'a pas fait cette déclaration.* » A cet égard, la République du Mali a déposé le 19 février 2010 la déclaration spéciale prévue par l'art. 34 du Protocole de 2008, autorisant les individus et les ONG à saisir directement la Cour.

[4] Le site de l'institution (www.african-court.org) consulté le 03 janvier 2020 fait état de 223 affaires contentieuses portées devant elle par des individus et 12 par des Organisations Non Gouvernementales.

[5] Le siège de la juridiction se trouve à Arusha en Tanzanie.

[6] V. CADHP, 11 mai 2018, req., n° 046/2016, APDF et IHRDA c. République du Mali.

et autres associations, tout comme les citoyens maliens de saisir cette juridiction afin qu'elle applique les instruments internationaux ratifiés par le Mali dans le domaine de l'environnement. Il n'existe pas, à ce jour, de tels recours concernant le Mali. Il est permis, tout de même, de garder espoir que dans un proche avenir la Cour ADHP se prononce sur des recours tendant à faire respecter l'environnement et le droit à l'environnement sain au Mali. Notre espoir est d'autant plus grand que la voie semble tracée par les exemples précédemment cités et la possibilité offerte aux citoyens des États de saisir la Cour de justice de la Communauté des États de l'Afrique de l'Ouest.

367. La saisine de la Cour de justice de la CEDEAO avant l'avènement du Protocole Additionnel du 19 janvier 2005 se limitait aux États membres et aux institutions de la Communauté. Ce Protocole a, depuis, élargi sa compétence aux cas de violation des droits de l'homme, ouvert sa saisine directe aux personnes physiques et morales[1]. Avant cette date, c'est un État membre qui peut, au nom de ses ressortissants, diligenter une procédure contre un autre État membre ou une institution de la Communauté en cas d'atteinte au droit à l'environnement de ces derniers. Cela se comprend car, en matière d'environnement, les individus sont directement intéressés à ce que leur cadre de vie soit sauvegardé. Il est donc logique qu'ils soient directement acteurs devant les instances de la Communauté. Mais, si une personne physique peut désormais saisir la Cour, elle ne peut attraire qu'un État ou institution de la Communauté, jamais une autre personne physique[2].

368. Comme on peut le constater à travers les lignes qui précèdent, même si elles ne sont pas exhaustives, les juridictions communautaires africaines ont

---

[1] Rapport annuel 2007 des activités de la Cour, pp. 16 et s.

[2] Par exemple, dans l'affaire Mamadou TANDJA contre l'État du Niger et Salou DJIBO, la Cour de la CEDEAO reconnaît que seul l'État du Niger pouvait être attrait devant elle et non Salou DJIBO, personne physique : « *Il est de principe général admis que les procédures de violation des droits de l'Homme sont dirigées contre les États et non contre les individus. En effet, l'obligation de respecter et de protéger les droits de l'Homme incombent* (sic) *aux États. Les obligations de respect et de protection des droits de l'Homme sont issues des Conventions Internationales acceptées et signées par les États* ». Elle conclut que « *En ce sens la jurisprudence de la Cour est fermement établie de par les arrêts EWC/CCJ/JUD/06/08 du 27 octobre 2008 (Dame Ac Ab Ag c/République du Niger) et EWC/CCJ/RUL/03/10 du 11 juin 2010 (Al Aj c/Ai Ad A), au sens desquels la Cour a expressément admis la recevabilité à l'égard de l'État du Niger d'une action en violation des Droits de l'Homme commise par un individu à titre personnel, et exclu formellement sa compétence pour des violations des Droits de l'Homme alléguées par un individu contre un autre individu. En l'espèce, la requête en violation des droits de l'Homme a été dirigée contre le Général Salou DJIBO (le premier Défendeur) et l'État du Niger (deuxième Défendeur). Le Général Salou DJIBO, en tant qu'individu ne peut faire l'objet devant la Cour d'une requête en violation des droits de l'Homme. Il s'en suit que la Cour n'a pas compétence pour apprécier la violation des droits de l'Homme à l'égard du Général Salou DJIBO* ».

eu l'occasion d'appliquer les textes internationaux dans divers domaines, principalement dans le domaine des Droits de l'Homme, toutes les fois qu'elles ont été saisies. La jurisprudence environnementale de ces différentes Cours, concernant notamment la République du Mali, est toujours attendue. Peut-être que la collaboration entre la Cour africaine des Droits de l'Homme et des Peuples, la Cour européenne des Droits de l'Homme et la Cour interaméricaine des Droits de l'Homme permettra d'écourter cette attente[1]. Car ces deux dernières Cours sont régulièrement sollicitées pour faire appliquer les instruments régionaux respectifs sur l'environnement[2] et qu'il existe un cadre de concertation entre les trois. Aussi, le droit de l'environnement étant un droit en constante évolution, notamment en Afrique (la jeunesse de ses institutions permet de l'affirmer), il convient de garder espoir qu'il se remette de ses nombreuses lacunes.

369. S'agissant de la Cour internationale de justice de la Haye, contrairement à la Cour africaine des Droits de l'Homme et des Peuples, à la Cour de justice de la CEDEAO, à la Cour européenne des Droits de l'Homme, à la Cour de Justice de l'Union européenne[3] et à la Cour interaméricaine des Droits de l'Homme, les individus ne peuvent pas, à ce jour, la saisir directement pour faire appliquer les normes internationales protégeant l'environnement, sauf bien sûr, à passer par les États conformément à l'article 34 de son statut.

[1] V. Déclaration de Kampala, (www.african-court.org, consulté le 03 janvier 2020).
[2] Il existe de nombreuses décisions parmi lesquelles on peut citer l'affaire Taskin et autres c. la Turquie ; v. CEDH, affaire Taşkin et autres c. Turquie, requête n° 46117/99.
[3] La Cour de Justice de l'Union européenne est l'organe juridictionnel de l'Union européenne chargé d'assurer « le respect du droit » dans l'interprétation et l'application du traité de l'Union.

Chapitre 2 - Une influence restreinte par de nombreux autres obstacles

370. Moussa Etienne TOURÉ, dans sa thèse soutenue en 2017[1], s'est déjà interrogé sur les obstacles qui limitent l'application des textes internationaux au Mali en lien avec les changements climatiques. Avant lui Madassalia MAÏGA, dans sa communication faite en 2014 à l'occasion de la rentrée judiciaire au Mali, évoquait clairement les différents obstacles de l'application du droit malien de l'environnement[2]. Dès 1994, Ibrahima LY[3], à propos du Sénégal, puis Maurice KAMTO, en 1996,[4] à propos de tout le continent africain, retraçaient avec une grande pertinence, les mêmes obstacles. Ce chapitre a pour objet de démontrer en quoi ces différents obstacles restreignent l'influence du droit international de l'environnement sur l'application du droit malien de l'environnement. L'enjeu de cette démonstration est de mettre en évidence les limites de l'apport du droit international de l'environnement au droit malien de l'environnement. Le problème qui se pose est de pouvoir remédier à l'insuffisance de cette influence.

371. Est « obstacle » tout ce qui empêche ou retarde la réalisation d'une action. Le mot « obstacle » est ici synonyme de difficulté. Entendu dans ce sens, on peut comprendre par obstacles à l'influence du droit international de l'environnement sur le droit malien de l'environnement, toutes les difficultés qui jonchent le chemin de l'application de ce droit au Mali. Si le droit de l'environnement, malgré son importance et la pertinence de son contenu, n'est pas appliqué au Mali ou l'est insuffisamment, il y a bien des raisons qu'il convient d'identifier. Connaître ces difficultés permet d'aider à les résoudre en vue de favoriser une meilleure amplification de l'influence du droit international de l'environnement sur l'application du droit malien de l'environnement.

Ces obstacles sont nombreux et divers. Ils sont à la fois juridiques (section 1) et extra juridiques (section 2).

Section 1 - Les obstacles juridiques à une influence plus considérable du droit international de l'environnement sur l'application du droit malien de l'environnement

372. Outre les difficultés liées à la réception des règles internationales déjà évoquées dans la première partie de cette étude, il convient de relever celles qui, sur le terrain du droit, empêchent le droit international de l'environnement d'exercer une influence plus considérable sur l'application correcte du droit

[1] Moussa Etienne TOURÉ, *op. cit.*, p. 24.
[2] Madassalia MAÏGA, *op. cit.*, pp. 17 et s.
[3] Ibrahima LY, *Problématique du droit de l'environnement dans le processus de développement économique et social d'un pays africain : l'exemple du Sénégal*, *op. cit.*, pp. 215 et s.
[4] Maurice KAMTO, *Le droit de l'environnement en Afrique*, *op. cit.*, p. 21.

malien de l'environnement. Ce sont ces obstacles que l'on qualifie de juridiques. La connaissance de ces obstacles est nécessaire car elle permet de mieux identifier les solutions alternatives. Le juge Madassalia MAÏGA a déjà fait état de nombre de ces difficultés, mais non en lien avec le droit international de l'environnement[1]. Il convient, ici, de le compléter et de démontrer surtout en quoi ces obstacles restreignent l'influence du droit international de l'environnement sur l'application du droit malien de l'environnement.

373. L'ordre juridique environnemental international admet que si tous les États ont des responsabilités communes dans la dégradation de l'environnement mondial, certains d'entre eux, compte tenu de leur rôle qui est moindre dans cette dégradation et de leurs niveaux et besoins de développement, peuvent répondre de manière différenciée de leurs engagements internationaux[2]. Cela fait que les problèmes d'environnement sont souvent appréhendés, dans ces pays, essentiellement sous l'angle du développement et de l'assistance technique et financière des pays dits développés[3]. Ce qui justifie que la plupart des pays dits en développement se précipitent pour ratifier les Conventions pour pouvoir bénéficier des faveurs des partenaires dits du Nord. Ce phénomène a conduit au constat que la plupart des « *Gouvernements ne s'engagent qu'après avoir déterminé qu'il en va de leur intérêt* »[4] sinon ils signent souvent « *les accords sans avoir l'intention de les mettre en œuvre* »[5]. À ce sujet, Jean-André VICTOR pense qu'« (…) *un État qui signe et ratifie des conventions internationales sans manifester le désir de les appliquer ultérieurement, s'il n'est pas ouvertement un État despotique, est forcément un État démocratiquement suspect* »[6]. Sans partager ces mots, dans leur expression, il est regrettable de constater que ce comportement des États qui consiste à ne pas faire suivre leur volonté d'effet concret leur fait oublier leur responsabilité découlant de la formule *pacta sunt servanda.* Ce manque de volonté réelle d'appliquer les normes internationales d'environnement, reprochable à la République du Mali comme à la plupart des pays dits en développement, limite leurs effets même lorsqu'elles sont appliquées. Le corollaire de ce manque de volonté réelle est une protection insuffisante ou moins efficace de l'environnement si, cette protection doit se limiter à la simple ratification des textes.

---

[1] Madassalia MAÏGA, *op. cit.*, p. 18.

[2] V. le principe 7 de la Déclaration de Rio de 1992.

[3] V. Eyou AGBA, *Le Togo et le droit international de l'environnement*, thèse soutenue le 31 janvier 2004 à l'Université de Limoges, sous la direction de Stéphane DOUMBE-BILLE, p. 187.

[4] Sandrine MALJEAN-DUBOIS, *La quête d'effectivité du droit international de l'environnement* in A *quoi sert le droit de l'environnement ? Réalité et spécificités de son apport au droit et à la société*, *op. cit.*, p. 256.

[5] *Ibid.*

[6] Jean-André VICTOR, *La mise en œuvre du droit international de l'environnement en République d'Haïti* in *La mise en œuvre nationale du droit international de l'environnement dans les pays francophones*, *op. cit.*, p. 361.

Outre les conséquences du principe des responsabilités différenciées, il convient d'autres difficultés telle que les différents conflits entre ordres juridiques.

374. Il serait injuste de demander à tous les États d'accomplir les mêmes efforts dans la lutte contre les pollutions et le rétablissement de l'ordre environnemental mondial compte tenu de leurs rôles et capacités. Mais, l'inconvénient d'un tel principe est qu'il permet à certains États, notamment ceux dits en développement, en particulier, de fournir moins d'efforts que les autres dans l'application du droit de l'environnement et de la protection de l'environnement. L'exemple du Mali, à ce sujet, est illustratif. En effet, même la rédaction des rapports périodiques sur l'état de l'environnement, qui est de la responsabilité de chaque État, a toujours nécessité l'accompagnement financier, technique et souvent humain des partenaires du pays.

375. Ainsi, les arguments de la République du Mali, État défendeur, dans l'affaire qui l'a opposé, en mai 2018, à l'Association pour le Progrès et la Défense des droits des Femmes maliennes relativement à la violation du Protocole de Maputo concernant l'âge du mariage de la jeune fille devant la Cour africaine des Droits de l'Homme et des Peuples, sont très édifiants quant à la difficulté pour le Mali de respecter les textes internationaux qu'il a pourtant ratifiés. Le Mali, en ne niant pas la violation du texte international invoqué, soutient « (…) *qu'il ne sert à rien d'adopter une législation qui ne sera jamais appliquée ou tout au moins difficilement ; que la loi doit être en harmonie avec les réalités socio culturelles* »[1]. Cet exemple, même s'il est relatif au domaine civil, peut être étendu au domaine environnemental car il justifie, en partie certes, les difficultés d'application des textes internationaux au Mali. La question que l'on est en droit de se poser dans un tel contexte est celle de savoir pourquoi donc avoir ratifié un texte international non conforme aux réalités du pays en sachant bien qu'il « ne sera jamais appliqué » et sachant aussi que l'on est pourtant tenu de respecter ses engagements internationaux. L'exemple de cette affaire renforce bien l'idée selon laquelle certains États « *signent souvent les accords sans avoir l'intention de les mettre en œuvre* »[2]. Même s'il n'a aucun rapport avec le droit de l'environnement, cet exemple traduit bien toute la réalité de la récurrence des conflits entre ordre juridique malien et ordre juridique international, de manière générale. Le constat est que la plupart des textes internationaux, notamment environnementaux, régulièrement ratifiés par le Mali et qui ne sont pas conformes aux réalités socio culturelles du

[1] V. CADHP, 11 mai 2018, req. n° 046/2016, APDF et IHRDA c. République du Mali.
[2] La décision du Benin et de la Côte d'Ivoire de retirer à leurs citoyens et aux ONG de leurs pays le droit de saisir directement la Cour Africaine des Droits de l'Homme et des Peuples en est un exemple patent.

pays et les différents textes législatifs et réglementaires pris pour leur application resteront désuets.

376. La question qu'il est légitime de se poser à propos de la réception des normes internationales d'environnement en droit malien est celle de son utilité. Doit-on se réjouir d'une profusion normative uniquement destinée à faire plaisir aux partenaires et bailleurs de fonds ?
Les normes désuètes sont celles qui, en fait, ne sont pas ou plus appliquées[1]. Elles ne sont pas abrogées et si un plaideur venait à les invoquer, le juge ne pourra pas refuser de les appliquer[2]. Le problème des textes environnementaux au Mali, est que la plupart n'ont jamais reçu application de la part d'un juge jusqu'à ce que d'autres les abrogent et les remplacent. C'est le cas de la loi de 1991 *relative à la protection de l'environnement et du cadre de vie* abrogée en 2001 par la loi *relative aux pollutions et aux nuisances*, elle-même remplacée par la loi du 24 mai 2021 ayant le même objet. Elle a vécu pendant une décennie sans, toutes proportions gardées, être invoquée une seule fois devant un juge. C'est le cas aussi de l'importante loi sur le bien-être animal dont l'existence même est ignorée de beaucoup de magistrats pourtant chargés de lui donner effet. La liste n'est pas exhaustive. La crise multidimensionnelle que connaît le Mali depuis 2012, avec l'absence totale de l'État sur les deux tiers de son territoire, met de toute évidence l'application des textes environnementaux en veilleuse, surtout dans sa partie septentrionale, très désertique. Aussi, l'inadaptation de certains textes internationaux aux réalités du pays ne donne à ceux-ci aucune chance d'être appliqués.

377. Pour que le droit international de l'environnement puisse exercer un effet quelconque sur l'application du droit malien de l'environnement, il faudrait bien d'abord que ce dernier reçoive application. Or, l'inapplication des textes environnementaux, qui est la règle, est synonyme d'une absence de protection de l'environnement. L'influence, même si elle existe, est nulle et il convient de faire des propositions pour inverser la tendance. Ce sera l'objet du titre 2 de cette partie. Mais avant, il n'est pas inutile d'analyser l'influence de l'inapplication de ces textes sur la protection de l'environnement.

378. Le but des textes environnementaux est de permettre la protection de l'environnement. L'influence attendue du droit international de l'environnement sur le droit malien est de permettre à ce dernier, en s'appliquant, d'obtenir une protection efficace de l'environnement malien. C'est la raison de sa réception par ce dernier. Le droit de l'environnement ne peut pas assurer seul la protection de l'environnement, mais son inapplication conduit à un recul

---

[1] Serge GUINCHARD (dir.), *Lexique des termes juridiques*, 2020, *op. cit.*, p. 366.
[2] *Ibid.*, V. aussi Cass. Ch. Réunies, 10 mars 1960.

dont la conséquence est la dégradation continue de l'environnement. Se pose finalement la question de son utilité.

379. Ce qui inquiète le juriste, c'est que malgré l'importance des textes environnementaux nationaux et internationaux, l'environnement continue de se dégrader à un rythme accéléré. Et c'est bien ce constat qui est à l'origine de cette étude. Par exemple, tous les projets de fixation des dunes en vue d'éviter l'avancée du désert et l'ensablement du fleuve Niger ont été anéantis, avant même la crise sécuritaire que connaît le pays depuis bientôt une décennie. La perte continue de la biodiversité et le déplacement des populations, des zones de conflits vers des endroits où existe une relative accalmie, constituent des défis importants que le droit de l'environnement ne peut pas relever tout seul.

380. Les différents rapports successifs[1] sur l'état de l'environnement au Mali sont très illustratifs à ce sujet. Ainsi, le rapport 2017 a conclu que « *L'analyse de plusieurs activités économiques nécessaires à la survie et au confort des populations maliennes met en exergue des liens forts avec l'environnement qui se traduisent le plus souvent par la dégradation des ressources naturelles et du cadre de vie. Des pressions, telles que l'expansion agricole, les mauvaises pratiques d'élevage et de pêche, l'exploitation abusive des forêts, l'urbanisation galopante, les rejets artisanaux, industriels et miniers, les pollutions dues aux transports, etc., persistent et constituent avec les changements climatiques, d'énormes défis au processus de développement durable.* »[2] Le rapport 2014 se termine par ces mots : « *Le niveau des pressions sur toutes les ressources a atteint des seuils d'alerte* (…) *Le niveau de dégradation avancé du cadre de vie, dû aux pressions anthropiques menace l'espace humain, aussi bien en milieu urbain qu'en milieu rural* »[3]. Pour le rapport 2011, « *De 2008 à 2011, les pressions sur les ressources naturelles se sont poursuivies avec plus ou moins d'intensité dans l'espace et dans le temps. À côté des facteurs climatiques, les pressions anthropiques se sont poursuivies et même accentuées à la faveur de l'accroissement démographique qui, dans les faits n'a pas été accompagné de mesures adéquates de protection de l'environnement. Ainsi donc, les feux de brousse, les défrichements, les épandages de pesticides, l'exploitation abusive des produits ligneux, le braconnage, la multiplication des sites d'extraction minière (modernes et traditionnels), la mauvaise gestion des déchets, etc. pour ne citer que ces aspects, sont demeurés autant de pressions qui se sont accentuées sur l'une ou l'autre des composantes environnementales.* »[4] Le rapport 2009 finit ainsi : « *En dépit des efforts consentis par le Gouvernement, la société civile*

---

[1] L'élaboration du rapport qui a commencé en 2003 est, en 2017, à sa 7ème éd.
[2] P. 136 du rapport.
[3] P. 131.
[4] P. 153.

et les partenaires au développement, il ressort que la dégradation des écosystèmes et des habitats naturels, constatée dans les rapports précédents, en 2003, 2005 et 2007 du MEA s'est poursuivie. L'intensification des productions agricoles, à travers l'utilisation massive des pesticides, d'engrais et l'introduction de nouvelles variétés entame notre riche potentiel énergétique animal et végétal. Une remontée biologique locale de certaines espèces, dès que les pressions diminuent. Le déversement des eaux usées y compris celles des teinturières s'est poursuivi. La santé humaine en particulier et l'environnement en général continuent d'être menacés par une gestion insuffisante des déchets et la pollution engendrée par le dioxyde de soufre, l'oxyde d'azote, les hydrocarbures et autres gaz nuisibles dégagés. »[1]

Ces différents constats permettent de dire que, quels que soient la qualité et le nombre des normes environnementales, d'autres moyens doivent être mobilisés pour une meilleure protection de l'environnement.

381. La dégradation continue de l'environnement, malgré la mobilisation de nombreux efforts sur le plan juridique, tant au niveau international qu'au niveau de la plupart des États, a conduit bon nombre d'auteurs à se questionner sur l'utilité même de leur propre objet d'étude. Sont-ils déçus des résultats obtenus ? Sont-ils à bout de leurs efforts ? S'agit-il d'une capitulation ou d'une nouvelle méthode pour mieux appréhender la question ? Ces interrogations méritent d'être posées pour tenter de comprendre celles que se sont posées d'illustres devanciers : « *À quoi sert le droit international de l'environnement ?* »[2] ; « *Quel droit pour l'environnement* ? »[3] ; « *À quoi sert le droit de l'environnement* ? »[4] ; « *Le droit de l'environnement permet-il d'atteindre l'objectif qu'il s'est fixé ?* »[5] ; « *Quel avenir pour le droit de l'environnement* ? »[6] ; « *Où en est le droit international de l'environnement à la fin du siècle ?* »[7] ; « *Que faire pour réduire l'écart entre un appareil normatif foisonnant et son emprise modeste sur le comportement réel des destinataires des normes ?*»[8] ; « *Sur quoi ont débouché ces cinq décennies de politiques*

---

[1] P. 116.

[2] Claude IMPERIALI (dir.), *L'effectivité du droit international de l'environnement, contrôle de la mise en œuvre des conventions internationales*, *op. cit.*, p. 3.

[3] Sandrine MALJEAN-DUBOIS, *Quel droit pour l'environnement ? op. cit.*, p. 16.

[4] V. Delphine MISONNE (coord.), *op. cit.* et Claude IMPERIALI (dir.), *op. cit.*, p. 3.

[5] Olicera BOSKOVIC (dir), *L'efficacité du droit de l'environnement*, Dalloz, 2010, p. 140.

[6] François OST, Serge GUTXIRTH, *Actes du Colloque organisé par le Centre d'Etude du Droit de l'Environnement et le Centrum interactie Recht en technologie (CIRT)*, Bruxelles, Publication des Universités Saint Louis, 1996, 487 p.

[7] Pierre-Marie DUPUY, RGDIP, 1997, pp. 873- 903.

[8] V. Maurice KAMTO, *Rapport introductif général* in Michel PRIEUR (dir.) *La mise en œuvre nationale du droit international de l'environnement dans les pays francophones*, *op. cit.*, p. 10.

publiques et de droit dédiés à l'environnement ?»[1]. La liste n'est pas exhaustive.

382. Ces interrogations réactualisent plus que jamais le débat de l'application du droit de l'environnement et invitent « le juriste à réfléchir autrement ». Il faut s'empresser cependant de préciser que le problème réside non pas spécifiquement dans le droit de l'environnement lui-même, mais de ce que l'on en fait. Se pose alors la question de la nécessité d'un dialogue entre le droit et les disciplines sociales et scientifiques. Tant que ce dialogue n'a pas lieu, il sera impossible au droit de réussir à mieux se faire entendre. Or, l'essentiel du problème réside au niveau de l'instauration de ce dialogue. L'exemple du Mali peut bien illustrer cela. À quoi sert, en effet, un droit de l'environnement impeccable dans son contenu et sa formulation dans un pays « très pauvre » et où les gens préfèrent ne rien faire et tout attendre d'ailleurs ? Des solutions existent pourtant visant, à défaut d'éradiquer les problèmes environnementaux, à les minimiser. Parmi ces solutions, il y a la plantation d'arbres chaque année par chaque citoyen. Il s'agit pour cela de montrer l'exemple et de faire adhérer l'ensemble des citoyens à cette noble cause ; des citoyens qui ignorent tout ou presque du droit de l'environnement.
L'application des normes internationales d'environnement, devenues du droit interne, est le plus souvent le fait de particuliers ou d'associations qui font recours au juge. Mais, ces particuliers et associations doivent être au courant de l'existence de ces normes qui, parce qu'environnementales, les concernent à un titre ou à un autre. L'ignorance de ces normes et la méfiance des juges pour diverses raisons les en empêchent le plus souvent.
Quel sens peut avoir dans un pays comme le Mali l'adage « Nul n'est censé ignorer la loi » ? Un tel adage ne s'applique que lorsque les normes sont, elles-mêmes, censées être portées à la connaissance de tous. Tel n'est toujours pas le cas en ce qui concerne les normes environnementales au Mali.

383. Lorsque toutes les conditions sont réunies pour que les principaux destinataires des normes internationales d'environnement incorporées en droit interne, c'est-à-dire les citoyens, ne puissent pas les invoquer, il est logique de ne s'attendre qu'à un impact nul de ces normes. Si les Conventions internationales ne lient principalement que les parties signataires, c'est-à-dire les États, il convient de retenir que dès leur ratification et publication, les citoyens et associations peuvent les invoquer devant les juridictions nationales et internationales compétentes lorsque les droits que ces Conventions leur accordent ne sont pas respectés.

---

[1] Dominique BOURG, *A quoi sert le droit de l'environnement ? Plaidoyer pour des droits de la nature*, in Delphine MISONNE (coord.), *op. cit.*, p. 315.

384. L'introduction des traités environnementaux en droit interne malien se limite seulement à leur ratification[1]. Leur adaptation au contexte national et leur publication prévue à l'article 116 de la Constitution de 1992 sont des préalables à leur réception par leurs destinataires. Elles sont des conditions de leur entrée en vigueur et de leur opposabilité dans l'ordre juridique malien[2]. La publication prévue par l'article 116 de la Constitution n'est pas effective dans la pratique. Ainsi, l'on peut regretter le fait qu'aucun texte international sur l'environnement ratifié par le Mali ne soit publié au Journal officiel de la République. Seuls les décrets de ratification le sont sans qu'ils soient accompagnés des textes qu'ils ratifient. Pourtant le but de la publication est l'information du public. Le manque de moyens est l'argument qui est le plus souvent avancé. Cette publication peut se faire par tout moyen consistant à diffuser les traités en question par différents modes de communication, en particulier, par leur insertion au Journal officiel du pays.

385. Il a été vu précédemment que les destinataires des normes d'environnement, au premier rang desquels les particuliers, doivent être impliqués dans leur application et même dans leur élaboration afin d'avoir l'effet souhaité : la protection et l'amélioration de l'environnement en vue de la promotion d'un développement durable. Mais, pour que ces destinataires soient impliqués dans l'application des règles, faudrait-il qu'ils soient informés de leur existence et qu'ils comprennent leur contenu. Ils pourraient ainsi participer à l'exécution des plans, des programmes et politiques relatifs à l'environnement. C'est à cette condition que l'idée de la « démocratie environnementale » qui doit être participative aura tout son sens. À ce sujet, le principe 10 de la Déclaration de Rio, rappelé par la Convention d'Aarhus, stipule clairement : « *La meilleure façon de traiter les questions d'environnement est d'assurer la participation de tous les citoyens concernés au niveau qui convient (...) Les États doivent faciliter et encourager la sensibilisation et la participation du public en mettant les informations à la disposition de celui-ci.* ». Un meilleur accès à l'information permet donc au public de mieux assumer son devoir de protection de l'environnement. On entend par *public* toutes les personnes physiques ou morales, les associations ou tout autre groupement de personnes.

386. À quoi sert, en effet, l'élaboration des règles visant à protéger l'environnement ou leur transposition si, seul un cercle restreint d'individus y a accès ? Et quel accès ? En plus de l'obligation qui leur est faite de publier les textes, les autorités publiques doivent adopter d'autres mesures internes visant à

---

[1] Pierre PESCATORE : « *Pour que le traité international puisse déployer ses effets dans l'ordre juridique interne, il ne suffit pas que l'engagement se soit formé sur le plan international : il faut encore que le traité ait été porté à la connaissance du public dans la forme voulue par la Constitution* », p.77.

[2] Serge GUINCHARD (dir.), *Lexique des termes juridiques*, 2018, *op. cit.*, p. 870.

rendre conformes les normes transposées aux réalités du pays. Peu importe l'appellation : réception ou « *reproduction sous une forme modifiée* »[1], cette adaptation est nécessaire. Car, comme le dit TRIEPEL, « (…) *jamais la formation du droit international (...) ne peut remplacer la formation du droit interne ; la source du droit interne doit agir par elle-même pour faire en quelque sorte sien le droit créé par la source du droit international. Un traité international n'est donc jamais en soi un moyen de création du droit interne. Il peut seulement constituer une invitation à créer ce droit, mais la formation du droit repose toujours, dans l'État, sur un acte particulier de volonté de l'État, distinct de sa participation au développement juridique international* »[2]. Ces textes internationaux, qu'ils soient transposés comme tels en droit malien ou qu'ils l'inspirent, doivent être portés à la connaissance de tous leurs destinataires pour être applicables. À défaut, il paraît illogique et insensé de leur opposer l'adage « Nul n'est censé ignorer la loi ».

387. « *Nemo censetur ignorare legem* ». Cet adage, tiré du droit romain, « *a une portée bien plus large qu'il ne paraît* »[3]. Applicable à partir du moment où le texte d'une loi est publié selon les formes requises, il crée une présomption de connaissance dudit texte. C'est-à-dire que peu importe qu'un individu ignore son existence, son contenu ou encore sa portée juridique[4]. « *Il peut être ignorant en réalité, mais il est réputé instruit dans le monde du droit* »[5]. Pourtant, « *La connaissance des normes par leurs destinataires est une condition importante de leur effectivité* »[6]. Or, la rédaction des normes environnementales dans une langue que leurs destinataires (les citoyens) ne maîtrisent pas dans leur majorité est un obstacle à leur connaissance, *a fortiori* à leur respect. Dès lors, n'est-il pas injuste de vouloir invoquer l'adage « Nul n'est censé ignorer la loi » pour pouvoir sanctionner des personnes qui ne peuvent manifestement pas connaître leur existence ? Si « l'ignorance de la loi n'est tolérée pour personne, non parce que la loi est connue de tout le monde, mais parce que tout le monde l'invoquera et personne ne contestera », il est légitime de se demander comment celui qui ne connaît pas la loi pourra l'invoquer, *a fortiori* la contester. En réalité, dans le contexte particulier du Mali, ce sont les conditions même de l'adage qui ne sont pas réunies : premièrement, les normes internationales environnementales « incorporées »[7] en droit malien ne

---

[1] Henrich TRIEPEL, *Les rapports entre le droit interne et le droit international* in *Recueil des cours/ Académie de droit international de la Haye*, 1923, tome1, p. 84.
[2] *Ibid.*
[3] Denis ALLAND et Stéphane RIALS (dir.), *Dictionnaire de la culture juridique*, 1ère éd, Paris, PUF, 2003, p. 1275.
[4] *Ibid.*
[5] *Ibid.*
[6] Julien BETAILLE, *Les conditions juridiques de l'effectivité de la norme en droit public interne, op. cit.*, p. 371.
[7] L'incorporation est en réalité incomplète : les textes sont ratifiés mais non publiés.

sont pas publiées selon les formes requises ; deuxièmement, même si elles étaient publiées en langue française, la langue officielle[1] qui n'est pas parlée par l'écrasante majorité de la population, les citoyens maliens sont toujours censés les ignorer. Elles ne sont pas traduites dans les langues locales qui, elles-mêmes, sont essentiellement orales. Toute chose qui justifie le peu d'influence du droit international de l'environnement sur l'application du droit malien de l'environnement.

388. Le recueil des Conventions internationales environnementales ratifiées par le Mali, dont la dernière édition date de 2009[2], n'est pas diffusé et n'existe pas sur les sites du ministère de l'Environnement ou de l'AEDD. Les différents rapports qui les répertorient souvent ne sont pas non plus publiés. Dans ces conditions, n'est-il pas légitime de s'interroger sur l'opportunité d'invoquer, pour l'application des textes internationaux d'environnement au Mali, l'adage « Nul n'est censé ignorer la loi » ? On comprend dès lors que leur application ou inapplication ne peut produire qu'un effet très limité sur le droit malien. Donc, au lieu d'une présomption de connaissance des textes internationaux environnementaux, il convient au contraire de retenir la présomption de leur ignorance. Même s'ils étaient d'ailleurs publiés, les textes environnementaux ont besoin que leurs destinataires aient confiance en leurs auteurs et en ceux qui sont chargés de leur donner effet pour qu'ils soient respectés.

389. Un des obstacles au respect des normes, en général, des normes environnementales, en particulier, par les populations est le manque de confiance de celles-ci dans leurs auteurs. Elles ne font confiance ni au législateur qui vote les lois ni au juge qui est chargé de leur contrôle. Toute chose qui limite l'influence du droit international de l'environnement sur l'application du droit malien de l'environnement.

390. Comme on le verra, *infra,* section 2, les normes juridiques sont plus faciles à mettre en œuvre lorsqu'elles font l'objet d'une adhésion sociale[3]. Or, pour adhérer à une norme, il est important d'avoir confiance en celle-ci. Cette confiance découle de celle que l'on a en l'auteur de la règle, c'est-à-dire le législateur *lato sensu.* L'importance de la place du législateur dans la production normative n'est pas à démontrer. Car, son principal rôle est, comme l'indique son intitulé, d'adopter des lois au nom du peuple qu'il représente. Il le fait soit en entérinant les projets de lois qui émanent du Gouvernement, soit en proposant des lois. Compte tenu de ce rôle, il doit jouir d'une grande respectabilité. Or, au Mali, le choix du législateur n'est pas toujours fonction de

---

[1] Art. 25 de la Constitution de 1992 : « *Le français est la langue d'expression officielle* ».
[2] Il existe deux éditions : 2007 et 2009.
[3] Jacque CHEVALIER, *La normativité, op. cit.,* p. 57.

la confiance que le citoyen place en lui, mais il est guidé par d'autres considérations, comme l'argent, les rapports sociaux, etc.. La conséquence est qu'on élit souvent des législateurs qui votent des lois sans en maîtriser le contenu soit parce qu'ils ne comprennent pas bien la langue de l'écriture de la loi, soit parce que le texte vient du Gouvernement que l'on soutient aveuglement au nom du fait majoritaire. Dès lors que le législateur n'a plus la confiance du citoyen, il en sera de même pour les lois qu'il adopte. Ainsi, si les lois sur l'environnement restent sans effet, c'est aussi parce que les citoyens ont peu de respect envers leurs auteurs.

Le manque de saisine du juge pour l'application des règles environnementales est aussi motivé par l'absence de confiance en l'institution que celui-ci incarne.

391. Le juge Madassalia MAÏGA explique que « *Rarement saisis de questions d'environnement, les tribunaux n'ont pas souvent l'occasion de statuer sur de telles questions. Pourtant ce ne sont pas des atteintes à l'environnement qui manquent.* »[1]. La question qu'il est légitime de se poser est celle de savoir pourquoi les tribunaux maliens ne sont pas saisis de questions d'environnement. Évidemment, les réponses à cette interrogation sont nombreuses. Mais, parmi celles-ci, il est important de relever qu'« (...) *en bien de ses pans* (...) »[2], la justice du Mali « (...) *n'inspire plus confiance* »[3]. Pourtant, jadis « *les gens de justice, à tort ou à raison, ont toujours été considérés comme des personnes honorables, bénéficiant d'une présomption de connaissances qui les soustrayaient de toutes corruptions intellectuelles et matérielles* »[4].

392. Pour que le juge soit davantage saisi pour sanctionner les nombreuses violations des règles environnementales au Mali, il convient de restaurer la confiance des justiciables en ses décisions. En effet, le déficit criard de confiance en la justice du Mali, pourtant gardienne du droit à un environnement sain de tous les Maliens, garanti par la Constitution, est de nature à éloigner les citoyens de la justice. Lorsqu'ils ne se rendent pas justice eux-mêmes, ils renoncent à faire valoir leur droit à un environnement sain, au nom de certaines valeurs de la société. Toute chose qui n'arrange pas les affaires de l'environnement. Le problème de la confiance en la justice du Mali ne doit pas cependant être détaché des problèmes généraux de gouvernance du pays. Il est tout de même important de souligner qu'il constitue un obstacle majeur à la

[1] Madassalia MAÏGA, *op. cit.*, p. 18.
[2] Seydou S. COULIBALY, *Notes de plaidoirie de Monsieur le bâtonnier à l'audience de la rentrée solennelle des cours et tribunaux de l'année 2014-2015*, Bulletin d'information n° 17 de la Cour suprême du Mali, *op. cit.*, p. 29.
[3] *Ibid.*
[4] *Ibid.*

vivacité de la jurisprudence environnementale et limite par voie de conséquence l'influence du droit international de l'environnement sur l'application du droit malien de l'environnement.

D'autres obstacles non juridiques rendent aussi modique l'influence du droit international de l'environnement sur l'application du droit malien de l'environnement.

Section 2 - Les obstacles extra juridiques à une influence plus considérable du droit international de l'environnement sur l'application du droit malien de l'environnement

393. Les obstacles à l'application du droit de l'environnement au Mali et donc à l'influence du DIE sur l'application de ce droit sont nombreux et ne sont pas que juridiques. Déjà en 1994, Ibrahima LY constatait : « *On peut être tenté de croire que les pays africains sont victimes à la fois de leur culture et de leur niveau de vie, dans la mesure où plusieurs obstacles à l'application du droit de l'Environnement s'expliquent par ces deux causes-là* »[1]. Ce juste constat date de plus d'un quart de siècle. Il demeure toujours d'actualité de sorte qu'il n'est pas inutile de le rappeler ici. Ces deux causes n'expliquent pas à elles seules les difficultés d'application du droit de l'environnement au Mali, mais leur impact sur l'effectivité de ce droit est considérable. Malheureusement, les crises sécuritaire et institutionnelle, que vit le Mali depuis plus d'une décennie et le problème sanitaire lié à la pandémie de la covid-19 qui, lui, est mondial, viennent mettre à néant les nombreux efforts déjà accomplis pour la protection de l'environnement sur une très grande partie du pays.

394. Selon Michel PRIEUR, « (…) *la mise en œuvre des politiques d'environnement et l'application du droit qui en résulte nécessitent une véritable révolution culturelle* »[2]. Cela est d'autant vrai qu'il est hélas regrettable de constater qu'il manque encore, au Mali, une véritable culture environnementale. Beaucoup de citoyens pensent encore que les problèmes d'environnement sont de moindre importance ou ne concernent que les pays riches ou les personnes aisées du pays. L'extrême pauvreté et certaines croyances locales peuvent être des explications à cela. Pour beaucoup, les ressources naturelles constituent des biens qui n'appartiennent à personne. Et puisqu'elles appartiennent à tous, chacun peut en user à sa guise. Ce qui fait que le droit de l'environnement a une faible emprise sur la vie quotidienne de la majorité des citoyens. Dans ces

---

[1] Ibrahima LY, *Problématique du droit de l'environnement dans le processus de développement économique et social d'un pays africain : l'exemple du Sénégal*, *op. cit.*, p. 241.
[2] Michel PRIEUR, *Droit de l'environnement*, *op. cit.*, p. 10.

conditions, il convient de reconnaître que les règles environnementales internationales reçoivent une application difficile, toute chose qui limite leur influence sur le droit malien de l'environnement.

395. L'adhésion sociale aux règles environnementales « (...) *est fonction de leur adéquation avec le contexte social et culturel de la société dans laquelle elles sont appelées à s'appliquer* »[1]. Ce qui est encore loin d'être le cas au Mali. Car, force est de constater que la plupart des règles environnementales ne sont pas en adéquation avec le contexte socio-culturel du pays[2]. Il paraît dès lors évident que l'application du droit de l'environnement au Mali, comme dans la plupart des pays africains, relève d'une gageure. Il l'est car, « (...) *protéger l'environnement, c'est changer les mentalités et les comportements, c'est donc porter atteinte à certaines formes d'expression culturelle* et *sociale* »[3]. C'est la raison pour laquelle il a été déjà souligné dans la première partie de cette étude[4] que l'incorporation des règles internationales d'environnement dans le droit malien, pour être efficace, doit tenir compte des réalités du pays. À défaut, ces règles seront incorporées dans le droit interne avec les germes de leur inapplication. Et c'est malheureusement le cas. Pourtant la protection de l'environnement était bien présente dans la Charte de *Kurukanfuga* ou charte du *manden*[5] et la protection des ressources naturelles était réglementée depuis les premières heures de l'indépendance[6].
Parti a été pris de ne pas consacrer de longs développements à cette question ici, mais seulement de donner quelques exemples qui montrent pourquoi le droit de l'environnement, en général, et le droit international de l'environnement, en particulier, reçoit une application difficile dans la plupart des pays africains, au Mali en particulier.
Ces exemples s'appuieront sur les règles traditionnelles encore vivaces malgré l'introduction du droit issu de la colonisation et l'analphabétisme.

396. S'inspirant pour une large part du droit français et du droit international de l'environnement, « (...) *le droit malien de l'environnement souffre d'un cruel défaut d'enracinement culturel* »[7] et est, à certains égards, « (...) *en total déphasage avec les pratiques socio-culturelles des citoyens* »[8]. Ce qui paraît d'ailleurs paradoxal car la Charte de *Kurukanfuga*, qui date de 1236 de notre

---

[1] Madassalia MAÏGA, *op. cit.*, p. 18.
[2] *Ibid.*
[3] Ibrahima LY, *Problématique du droit de l'environnement dans le processus de développement économique et social d'un pays africain : l'exemple du Sénégal*, *op. cit.*, p. 241.
[4] V. Partie 1, Titre 2, chapitre 2.
[5] V. *supra*, Introduction, *in limine*.
[6] V. loi n° 68-008 du 17 février 1968 *portant Code forestier*, publié au JORM n° 273 du 1er avril 1968, p. 187.
[7] Madassalia MAÏGA, *op. cit.*, p. 18.
[8] *Ibid.* Le respect de certaines règles environnementales équivaudrait, pour les populations locales, à renoncer à des valeurs ancestrales.

ère, réglementait bien la matière, même si ce n'est pas de façon très détaillée. Comme l'a si bien démontré Ibrahima LY, dans sa thèse soutenue en 1994 consacrée à la *problématique de l'application du droit de l'environnement au Sénégal*, les domaines de l'environnement dans lesquels le droit traditionnel et le « droit moderne » sont en conflit sont nombreux[1]. Sa réflexion, valable pour le Sénégal, l'est aussi pour la plupart des pays africains. S'agissant du cas particulier du Mali, là où le droit moderne n'a pas pu s'imposer[2], il était contraint de s'adapter. C'est le cas notamment en droit foncier (agricole ou pastoral) malien où l'État, en confirmant les droits coutumiers sur ses terres non immatriculées, reconnaît le pouvoir dévolu par le droit traditionnel aux chefs coutumiers : « *Les chefs coutumiers qui règlent selon les coutumes l'utilisation de la terre par les familles ou les individus ne peuvent en aucun cas se prévaloir de leurs fonctions pour revendiquer d'autres droits sur le sol que ceux résultant de leur exploitation personnelle, en conformité avec la coutume* »[3].

397. Cet exemple peut être étendu au domaine de la pêche artisanale, de la chasse, de l'agriculture[4], etc.. Il peut arriver qu'il y ait convergence de vues entre le droit traditionnel et le droit moderne au sujet de la protection de certaines espèces de flore ou de faune. Mais, cette protection par le droit traditionnel de ces espèces est fondée surtout sur des croyances locales[5] qui obligeraient à la conclusion de pactes entre les génies des lieux et les premiers occupants desdits lieux. « *Le constat de l'emprise qu'elles continuaient à exercer sur les populations amènera le pouvoir colonial à les reconnaître et les réglementer. C'est ainsi que naîtront les notions de droits coutumiers et de conventions coutumières, qui servirent de fondement aux conventions coloniales considérées à juste titre comme étant les ancêtres de certaines des conventions actuelles, notamment administratives.* »[6] Le recours aux conven-

---

[1] Ibrahima LY, *Problématique du droit de l'environnement dans le processus de développement économique et social d'un pays africain : l'exemple du Sénégal*, *op. cit.*, p. 241.

[2] Il peut s'imposer par l'expropriation pour cause d'utilité publique.

[3] V. art. 43 à 46 du Code domanial et foncier, publié au JORM n° 11 du 20 avril 2000, p. 402.

[4] Pour avoir plus d'étendue de terre à cultiver, les agriculteurs mettent volontairement du feu à la brousse ou coupent les arbres. Il en est ainsi chaque fois que de nouvelles zones doivent être aménagées pour la culture.

[5] Il existe dans les différentes coutumes locales, soit des plantes, soit des animaux sacrés qui font l'objet d'une protection spéciale. Les valeurs (religieuses, médicinales ou animistes) de ces espèces protégées sont d'ailleurs différentes de celles défendues par le droit international de l'environnement ou le droit moderne tout court.

[6] Moussa DJIRE, *Les conventions locales au Mali, Outils de gestion durable des ressources naturelles*, étude réalisée en octobre 2003 à Bamako, p. 32. Ces conventions ont souvent permis la régénération des forêts et la reconstitution de la biodiversité (exemple des forêts de Dentaka et d'Akka-Goun dans le cercle de Youwarou dans la région de Mopti).

tions locales qui ont pour objet « (…) *la gestion durable des ressources naturelles et la gestion des conflits qui y sont liés* »[1], en mettant l'accent sur l'incapacité du système étatique à gérer seul et correctement les ressources naturelles, ne permet pas aux conventions internationales de l'environnement de s'appliquer telles que ratifiées, mais constituent en même temps une modalité d'application de celles-ci[2].

398. Certaines nuisances sonores comme le bruit des mosquées ou de certaines cérémonies familiales[3] comme les mariages et baptêmes sont devenues, au nom des règles coutumières, des troubles normaux de voisinage. Pourtant l'article 40 de la loi sur les pollutions et nuisances de 2021 est clair : « *Est interdit tout bruit susceptible de nuire au repos, à la tranquillité, à la santé, à la sécurité publique ou de porter atteinte à l'environnement* ». Dans un pays où plus de 90 % de la population est musulmane, ces rituels, très fréquents, font partie du mode de vie de la majorité des populations. Aucune règle moderne, nationale ou internationale, ne peut y mettre fin.

399. On voit bien, à travers ces quelques exemples, que c'est tantôt le droit traditionnel, tantôt le droit moderne (y compris le droit international de l'environnement) qui s'applique à certaines ressources de l'environnement. Cette coexistence des règles traditionnelles et modernes montre à suffisance le caractère peu significatif de l'influence du droit international de l'environnement sur l'application du droit malien de l'environnement, droit fortement imprégné des règles coutumières.

L'importance de l'analphabétisme constitue également un frein à l'application des règles internationales d'environnement et limite donc les effets de celles-ci.

400. Le droit de l'environnement moderne ne correspond pas à la vision de l'écrasante majorité de la population du Mali[4]. Ce qui rend son application difficile, voire impossible. En effet, certaines populations ne comprennent toujours pas que les « (…) *ressources de l'environnement, traditionnellement considérées comme des biens non appropriables à titre individuel* »[5], puissent faire l'objet de réglementation de la part de l'État. Le faible niveau d'infor-

---

[1] *Ibid.*, p. 5.
[2] Si l'on se réfère aux nombreux textes qui demandent, à quelque titre que ce soit, de faire participer les populations à la protection de l'environnement.
[3] Ces cérémonies sont accompagnées d'occupation anarchique des vois publiques ; les maires et préfets n'y peuvent rien. Elles sont le lieu de déversements d'ordures et de déchets de toute sorte.
[4] Madassalia MAÏGA, *op. cit.*, p. 18.
[5] *Ibid.*

mation et d'éducation environnementale de cette population limite l'application effective des règles. Le « grand effort médiatique », éphémère, accompli par les structures en charge de l'environnement et les associations environnementales n'y ont rien changé. Ce qui est encore plus décevant, c'est que certains acteurs de l'administration environnementale ne respectent pas, eux-mêmes, les règles qu'ils ont pour mission de faire respecter. Le non-respect de quelques règles élémentaires d'hygiène de vie et de travail est l'exemple le plus éloquent. La transformation des bureaux de la plupart des cadres de l'administration en réfectoire est bien sûr une pratique à bannir des mœurs[1]. Il est possible d'affirmer que ceux qui s'adonnent à cette pratique ignorent qu'ils enfreignent les règles élémentaires d'hygiène et de bien-être commun[2].

401. En définitive, le faible niveau d'information de l'écrasante majorité de la population et de certains cadres de l'administration a des impacts certains sur l'application des règles environnementales car il limite leur effectivité. Toute chose qui rend peu significative l'influence du droit international de l'environnement sur l'application du droit malien de l'environnement. « *Il n'est pas possible de dissocier les problèmes culturels de l'utilisation rationnelle de l'espace* »[3]. Il est, de même, difficile de dissocier les aspects juridiques des aspects culturels, s'agissant de l'application effective des règles environnementales.

Ces différentes contraintes socio-culturelles, en pesant sur l'application des règles environnementales, limitent leurs effets. Elles ne sont malheureusement pas les seules à impacter l'application des normes environnementales. D'autres sont d'ordre économique.

402. La question qu'il est légitime de se poser, ici, est celle de savoir si l'on peut réussir l'application des règles de protection de l'environnement dans un contexte de pauvreté extrême. Cette question appelle nécessairement une réponse négative[4]. La protection de l'environnement requiert des moyens importants dont ne dispose pas la République du Mali. La plupart de ses efforts sont soutenus par l'aide des partenaires extérieurs. La forte dépendance des populations des ressources de l'environnement est loin d'arranger les choses.

403. La « (…) *pauvreté des populations fait partie des paramètres qui poussent les populations à une exploitation incontrôlée des ressources naturelles* »[5]. Il y a d'ailleurs là un paradoxe sur lequel il conviendra de revenir

[1] Ils n'ont malheureusement souvent que le seul lieu pour se restaurer.
[2] Le faible niveau d'éducation environnementale ne concerne pas seulement les populations, mais touche également certains cadres de l'administration.
[3] *Ibid.*, p. 153.
[4] *Ibid.* p. 241.
[5] Rapport national 2014 sur l'état de l'environnement au Mali, p. 27.

dans le titre 2 de cette partie. Il concerne la grande richesse du pays, notamment son sous-sol, et la grande pauvreté des populations qui y vivent. Mais avant, il est important de définir la pauvreté dans le contexte précis du Mali. Exprimant le manque ou l'insuffisance de biens ou d'argent, elle « (...) *est mesurée au Mali habituellement sur la base de sa dimension monétaire et selon les conditions de vie* »[1]. Son seuil en 2017 était fixé à 178 343 FCFA par an et par tête contre 175 000 F CFA en 2016[2].

404. Les ressources de l'environnement sont les principales sources de survie de la majorité des populations maliennes. Ces populations, qui sont essentiellement rurales, manquent de tout ou presque pour mener une vie simplement normale : manger deux ou trois fois par jour, se laver, se soigner, s'habiller décemment, etc.. Pour leur survie, elles sont contraintes à des activités comme le défrichement, l'exploitation du bois qui est leur principale source d'énergie, les feux de brousse, la cueillette abusive, le surpâturage, le braconnage, la pêche illicite, l'utilisation abusive des produits chimiques, etc.. « *L'utilité sociale et économique* »[3] de ces activités fait que, même si elles sont prohibées, ne peuvent être réprimées. Toute chose qui « *constitue une entrave sérieuse à la protection de l'environnement* »[4] et une limite à l'influence du DIE sur l'application du droit malien de l'environnement.

405. Il reste évident que de telles populations ne peuvent comprendre et admettre qu'elles soient sanctionnées pour ces différentes activités qu'elles considèrent comme normales. Leur résistance sera d'autant plus légitime que rien ne leur est offert en contrepartie de l'arrêt de l'exploitation des ressources. La conséquence est l'oubli des règles environnementales qui, à force d'être « dormantes », finissent par devenir désuètes au grand dam de l'environnement et de ses ressources. Semblable situation ne peut que rendre insignifiante l'influence du droit international de l'environnement sur l'application des règles environnementales maliennes. Car, il convient bien de le dire, « *le respect des principes écologiques, aussi nécessaire ou indispensable soit-il, ne saurait prévaloir sur la satisfaction des besoins essentiels de l'homme* »[5]. Des besoins qui augmentent de plus en plus avec la croissance démographique. Le droit de l'environnement ne peut pas ignorer cette réalité et ne peut que s'adapter « *aux*

---

[1] *Ibid.*, p. 34.
[2] Rapport national 2017 sur l'état de l'environnement au Mali, p. 33.
[3] Boubacar Sidiki DIARRAH, *Rapport sur le droit pénal de l'environnement*, Actes de la réunion constitutive du comité sur l'environnement de l'AHJUCAF, *op. cit.*, p. 187.
[4] *Ibid.*
[5] Ibrahima LY, *Problématique du droit de l'environnement dans le processus de développement économique et social d'un pays africain : l'exemple du Sénégal*, *op. cit.*, p. 267.

besoins de subsistance des populations à travers des services essentiels, ce qui implique une stratégie d'aide plus que de répression »[1].

406. Pays « pauvre » toujours endetté, en proie à des crises multiformes, la République du Mali ne dispose pas de moyens financiers suffisants pour faire face à ses nombreuses obligations internationales en matière d'environnement. L'application du droit international de l'environnement et la forte dépendance de l'aide extérieure ne peuvent pas faire bon ménage. Toute chose qui rend peu significative l'influence du DIE sur l'application du droit malien de l'environnement.

407. Diverses instances, institutions et organisations internationales apportent leur appui financier et technique, tant sur le plan bilatéral que multilatéral, au Mali dans ses efforts de mise en œuvre de ses engagements internationaux en matière d'environnement. Ainsi, de la mise en exécution des différents programmes et projets de développement à la rédaction de différents rapports sur l'environnement en passant par la formation des agents et bien d'autres actions encore, le précieux appui des partenaires du Mali est multiforme. Selon le rapport national 2017 sur l'état de l'environnement au Mali, « *Les 92 projets changements climatiques mis en œuvre au Mali de 2014 à 2017 ont coûté 87 908 626 507 de francs CFA, financé par l'extérieur à hauteur d'environ 99 %. L'aide multilatérale provient principalement de la Banque Mondiale, la Banque Africaine de Développement, le FIDA, la FAO, le PNUD et l'Union Européenne tandis que les principaux partenaires bilatéraux traditionnels sont la Suède, la Suisse, l'Allemagne, le Canada, les États-Unis, la France, la Belgique et les Pays-Bas.* »[2] Il ne s'agit là que d'un seul exemple et dans un domaine précis : les changements climatiques. L'importance de l'aide et surtout la contribution nationale dans le financement de ces projets prouve *« la quasi-dépendance du Mali de l'aide extérieure pour protéger et améliorer son propre environnement* »[3]. Le rapport lui-même a été « préparé » « *grâce à l'appui financier de la Banque mondiale et du Programme des Nations Unies pour le Développement (PNUD) à travers respectivement, le Projet de Gestion des Ressources Naturelles dans un contexte de Changements Climatiques (PGRN-CC) et le Projet Initiative Pauvreté Environnement (IPE)* »[4]. La liste des partenaires du Mali cités plus haut est d'ailleurs loin d'être exhaustive car les projets de développement y sont multiples et variés et ils mobilisent un

---

[1] Michel PRIEUR, *Propos de conclusion*, Actes de la réunion constitutive du comité sur l'environnement de l'AHJUCAF, *op. cit.*, p. 426.
[2] V. p. 123 du rapport.
[3] *Ibid.*
[4] P. 4 du rapport.

éventail de partenaires plus grand parmi lesquels il est possible de citer : le Fonds pour l'Environnement Mondial (FEM)[1].

408. Même si, sur le terrain, le constat général du rôle des partenaires multilatéraux est éloquent, il ne peut pas être passé sous silence les Organisations Non Gouvernementales environnementales nationales ou transnationales intervenant ou susceptibles d'intervenir dans la mise en œuvre des Conventions internationales relatives à l'environnement au Mali. Parmi celles-ci, il est possible de citer, au titre des Organisations transnationales ou de droit étranger, l'Union Internationale pour la Conservation de la Nature (UICN), l'*International Relief and Development* (IRD-BLUMONT)[2], etc.[3]. Au titre des ONG nationales intervenant dans la mise en œuvre des Conventions internationales d'environnement au Mali, on peut retenir le RESO Climat[4], Mali Folkecenter, l'ONG AGIR[5], SECO ONG et CCA ONG[6], etc.[7]. Il convient de regretter le fait que beaucoup d'ONG nationales sont créées uniquement pour bénéficier de financement extérieur au nom de l'environnement. Ainsi, l'environnement ne reçoit presque rien de ce qui se gagne en son nom.

---

[1] Il s'agit d'une organisation gérant un système de financement destiné à mener des actions pour la préservation de l'environnement. C'est une organisation financière indépendante qui accorde des subsides aux projets liés à la biodiversité, la lutte contre les effets du réchauffement climatique, la pollution des eaux, la régression et dégradation des sols, la réduction de la couche d'ozone et les polluants organiques persistants. Elle fait partie des partenaires de l'Agence de l'Environnement et du Développement Durable.

[2] Il s'agit d'une ONG Américaine d'envergure internationale qui a pour mission d'alléger les souffrances des populations les plus démunies à travers le monde en leur apportant à la fois les ressources et moyens adéquats pour réaliser leur autosuffisance alimentaire et développement propre.

[3] V. la liste des partenaires bilatéraux et multilatéraux du Mali sur le site de l'AEDD (www.aedd.gouv.ml, consulté le 1er janvier 2020).

[4] Le Reso-Climat Mali est une plate-forme regroupant des acteurs de la société civile malienne (ONG, Réseaux d'ONG, associations, opérateurs économiques ...) intervenant dans les domaines des changements climatiques et du développement durable. Il pour mission de : « *Contribuer à la promotion d'un environnement sain pour un développement durable viable et équitable pour tous ; Contribuer à l'amélioration des connaissances sur les changements climatiques et le développement durable ; Faire le plaidoyer et le lobbying auprès des décideurs politiques à tous les niveaux (local, national et international) sur les questions des changements climatiques et du développement durable ;Appuyer ses membres dans la recherche de voies et moyens susceptibles d'adapter les conditions de vies des populations et d'atténuer les conséquences néfastes des changements Climatiques.* » v. www.reso-climatmali.org, consulté le 1er janvier 2020.

[5] Elle est créée pour réhabiliter le parc botanique, renforcer et pérenniser les différentes actions de protection de l'environnement.

[6] Il s'agit de regroupements d'ONG constitués pour servir d'interface entre le Gouvernement du Mali et les ONG nationales.

[7] Pour plus de détails sur les différents partenaires nationaux, l'on peut consulter avec profit le site de l'AEDD : www.aedd.gouv.ml, consulté le 1er janvier 2020.

409. Si le respect du principe des responsabilités différenciées peut justifier un tel effort des différents partenaires dans la mise en œuvre du droit international de l'environnement, il ne saurait expliquer le fait que moins d'efforts soient fournis à l'interne pour protéger l'environnement national. La tendance doit très vite être inversée car le Mali peut et doit faire mieux pour protéger son propre environnement. En outre, les importants efforts des partenaires du Mali dans l'application des conventions internationales sur l'environnement ne doivent être perçus que comme des appuis tels que l'indiquent d'ailleurs leurs libellés. Cela signifie que l'essentiel des efforts dans la protection de l'environnement malien doit être fourni par le Mali et non le contraire. On comprend d'ailleurs à travers l'importante aide extérieure, qui demeure malgré tout insignifiante, tant les défis sont énormes, l'origine des conditionnalités de l'aide et le fait que les choix des domaines d'intervention doivent obtenir l'assentiment des partenaires. Le proverbe le rappelle : « Celui qui dépend de la table d'autrui dinera toujours tard ».

410. Le récurent problème de rébellion dans le septentrion du pays, aggravé, depuis 2012, par l'invasion de terroristes et par des crises institutionnelle et sanitaire dont la nature n'a jamais été, jusque-là, connue dans les annales de l'histoire du monde, vient ralentir et même remettre en cause tous les efforts fournis pendant plusieurs années en faveur de l'environnement et du développement du pays.

411. Il est déjà déploré, en temps de paix, le défaut de contrôle de l'application du droit de l'environnement au Mali. Et comme si les nombreux obstacles juridiques et extra juridiques évoqués précédemment ne suffisaient pas, ce pays connaît, depuis bientôt une décennie, une crise sécuritaire qui anéantit tous les efforts déployés en faveur de l'environnement. La crise sanitaire mondiale liée à la COVID-19 dont le « caractère extraordinaire » a été reconnu par le décret n° 2021-0100/PT-RM du 18 février 2021[1] vient encore accélérer cet anéantissement des efforts. Dans de tels contextes, on assiste, impuissamment, à une régression de l'application du droit de l'environnement, à la protection de l'environnement tout court.

412. La crise sécuritaire que connaît le Mali, il est important de le rappeler, est née d'un conflit armé. Le conflit armé, selon la jurisprudence internationale, « (…) *existe chaque fois qu'il y a recours à la force armée entre États ou un conflit armé prolongé entre les autorités gouvernementales et des groupes armés organisés ou entre de tels groupes au sein d'un État* »[2]. La

---

[1] Décret n° 2021-0100/PT-RM du 18 février 2021 *portant reconnaissance du caractère extraordinaire de la pandémie de la COVID-19*, publié au JORM n° 07 du 26 février 2021, p. 247.
[2] PTIY, 02 octobre 1995, *Le Procureur c. Dusko Tadic*, § 70.

destruction des éléments de l'environnement[1], pour cause de conflit armé, ne date pas d'aujourd'hui[2]. Mais aujourd'hui[3], plus qu'hier, en raison de la diversité, de la fréquence et de la nature des conflits, elle a atteint des proportions qui freinent, à coup sûr, les importants efforts déployés au quotidien en vue de transmettre aux générations à venir un monde meilleur. Sans s'étendre ici sur le détail de la crise malienne, il est important d'en donner une rapide genèse en vue de permettre de mieux apprécier son impact sur l'environnement et sur l'application du droit qui a pour objet sa protection. Elle a véritablement commencé le 17 janvier 2012 par le déclenchement d'attaques armées par de groupes séparatistes et terroristes. Ces attaques armées ont été suivies de changements de régimes, à plusieurs reprises, en mars 2012, en août 2020 et en mai 2021, plongeant le pays dans une situation politique, sociale, institutionnelle, économique et sécuritaire sans précédent[4]. Toute la communauté internationale se trouve, depuis, mobilisée aux côtés de la République du Mali pour tenter de mettre fin à cette guerre qui, malheureusement, continue encore de faire de nombreux dégâts.

413. Pour ce qui est des aspects touchant l'environnement, l'impact de la crise, particulièrement dévastatrice pour l'environnement, se trouve exacerbé par son caractère non conventionnel[5]. C'est-à-dire que le caractère asymétrique et non conventionnel de la bataille ne permet pas de respecter les règles internationales du conflit armé[6] en lien avec l'environnement. Pourtant, l'importance de la question avait déjà conduit les Nations Unies en 2001 à lui consacrer une journée célébrée le 06 novembre de chaque année[7]. Dans tous les cas, les terroristes n'ont d'autres lois à respecter que les leurs qui consistent principalement à semer la terreur et la désolation, par tous les moyens. Tout comme pour

---

[1] Malheureusement, ce n'est pas toutes les « techniques de modification de l'environnement » qui sont prohibées. Selon l'art. II de la Convention ENMOD, *« l'expression « techniques de modification de l'environnement » désigne toute technique ayant pour objet de modifier – grâce à une manipulation délibérée de processus naturels – la dynamique, la composition ou la structure de la Terre, y compris ses biotes, sa lithosphère, son hydrosphère et son atmosphère, ou l'espace extra-atmosphérique. »*

[2] On peut citer les deux guerres mondiales (1914-1918) et (1939-1945), la guerre du Vietnam (1965-1975), la guerre du Golfe (janvier-février 1991) entre autres dont les conséquences ont été particulièrement dévastatrices pour l'environnement. Mais les préoccupations environnementales n'étaient pas bien entrées dans les mœurs pendant ces périodes-là.

[3] Il est fait allusion aux nombreux combats contre le terrorisme à travers le monde.

[4] C'est la plus grande crise que le pays connaît depuis son accession à l'indépendance le 22 septembre 1960. Elle est multidimensionnelle.

[5] Le combat contre les séparatistes et les terroristes a fait oublier, sur une bonne partie du territoire, le combat contre le rechauchement climatique, la désertification, l'avancée du désert, etc..

[6] V. Karine MOLLARD-BANNELIER, *La protection de l'environnement en temps de conflit armé*, Paris, Pedone, 2001, p. 285).

[7] A/RES/56/4, « *Le 06 novembre sera chaque année la journée internationale pour la prévention de l'exploitation de l'environnement en temps de guerre et de conflit armé* ».

les êtres humains, le combat contre le terrorisme est destructeur pour l'environnement. La difficulté de concilier ce noble, combat imposé par le barbarisme, et la nécessité de préserver l'environnement doit-il cependant nous priver de réfléchir sur les voies et moyens permettant, à défaut d'empêcher, de limiter l'exploitation de l'environnement à des fins militaires dans un conflit comme celui que connaît le Mali ? L'impact immédiat et direct de cette crise sur l'application du droit de l'environnement, si application il y a, est sa suspension et plus regrettable est l'impossibilité de réparer les énormes dommages graves et intentionnels et le gaspillage de temps et d'énergie.

414. Plusieurs textes internationaux, soit généraux, soit spécifiques, régissent l'environnement ou certains de ses éléments pendant les conflits armés. Parmi ces textes, l'on peut citer la Déclaration de Rio dont l'article 24 impose aux parties en conflit l'obligation de « (…) *respecter le droit international relatif à la protection de l'environnement en temps de conflit armé et participer à son développement* » ; de la Convention africaine sur la protection de la nature et des ressources naturelles qui invite les parties à prendre « (…) *toutes les mesures pratiques requises, pendant les périodes de conflit armé, pour protéger l'environnement contre tout effet néfaste* »[1]; de la Convention des Nations Unies sur l'utilisation des cours d'eau à des fins autres que la navigation qui stipule clairement : « *Les cours d'eau internationaux et les installations, aménagements et autres ouvrages connexes bénéficient de la protection accordée par les principes et règles du droit international applicables aux conflits armés internationaux et non internationaux et ne sont pas utilisés en violation de ces principes et règles* »[2]. Plusieurs textes internationaux autres qu'environnementaux régissent aussi l'environnement en temps de conflits. Il en est par exemple du Protocole additionnel aux Conventions de Genève du 12 août 1949 relatif à la protection des victimes des conflits armés internationaux du 08 juin 1977[3]. La plupart de ces textes ne s'appliquent qu'aux conflits internationaux et donc aux parties auxdites Conventions. Ce qui exclut des conflits comme celui que connaît le Mali. Heureusement que d'autres textes comme la Convention sur l'utilisation des cours d'eau à des fins autres que la navigation visent expressément les conflits non internationaux. D'ailleurs, dans la mesure où les atteintes à l'environnement peuvent être de même nature, que

---

[1] Art. XV.

[2] Art. 29.

[3] Art. 35, §3 : « *Il est interdit d'utiliser des méthodes ou moyens de guerre qui sont conçus pour causer, ou dont on peut attendre qu'ils causeront, des dommages étendus, durables et graves à l'environnement naturel.* » ; art. 55 : « *1. La guerre sera conduite en veillant à protéger l'environnement naturel contre des dommages étendus, durables et graves. Cette protection inclut l'interdiction d'utiliser des méthodes ou moyens de guerre conçus pour causer ou dont on peut attendre qu'ils causent de tels dommages à l'environnement naturel, compromettant, de ce fait, la santé ou la survie de la population.*
2. Les attaques contre l'environnement naturel à titre de représailles sont interdites. »

le conflit soit international ou non international et que dans ce dernier cas les membres des groupes armés terroristes peuvent être jugés par les juridictions nationales et internationales, il paraît illogique de ne pas les condamner de ce chef comme de ceux des autres crimes. Peu importe qu'ils ne puissent pas procéder à une remise en état total de l'environnement. Il existe d'autres sanctions qui peuvent permettre d'atténuer l'importance des atteintes et sont préférables dans tous les cas à une absence de sanctions. C'est le cas des peines d'amende qui peuvent servir à financer des activités en faveur de l'environnement ou la condamnation à suivre des enseignements sur l'environnement.

415. Plusieurs textes, tant du droit national que du droit international, auraient pu, à cet effet, être invoqués pour voir condamnés les auteurs d'actes terroristes pour atteinte à l'environnement. Ahmad Al Faqi Al Mahdi qui a été condamné par la CPI pour atteinte à des biens protégés[1] ayant un caractère historique et religieux aurait pu l'être aussi pour atteinte à l'environnement. Sa responsabilité aurait pu être recherchée soit comme auteur, soit comme coauteur ou complice d'atteintes à l'environnement naturel ou urbain[2] ou pour atteinte à des espèces protégées qui peuvent entrer dans la catégorie des biens protégés de l'article 8-2-e-iv du Statut de la Cour. Car, il reste évident que la destruction de tout environnement considéré même comme « local » est susceptible d'entrainer « des conséquences graves à l'échelle planétaire ». Il en est ainsi par exemple de la destruction des forêts, puits d'absorption des gaz responsables de l'effet de serre, même si le Mali n'en dispose pas de très grandes. Le fait de contraindre, par des actes terroristes, l'administration environnementale, les ONG environnementales et les partenaires du Mali à abandonner les différents projets de développement, d'atténuation aux changements climatiques, etc. constitue des atteintes directes ou indirectes à l'environnement qui lui sont imputables. D'ailleurs, la destruction des biens dont il est question a pu occasionner la pollution de l'air pouvant affecter ou ayant certainement affecté les populations situées non loin des sites[3].

---

[1] La CDI, dans son rapport cité précédemment, reconnaît que « *l'environnement naturel n'est pas en soi un bien militaire et devrait donc être traité comme un bien de caractère civil* » (v. p. 270 du rapport). Il ne peut être affirmé dès lors que toutes les attaques auxquelles Monsieur Ahmad Al Faqi a pris part ont pour finalité des objectifs militaires, alors que la République du Mali avait saisi la CPI pour qu'elle connaisse de l'ensemble des crimes qui ont été commis sur son territoire depuis janvier 2012. « *Le respect de l'environnement est l'un des éléments qui permettent de juger si une action est conforme aux principes de nécessité et de proportionnalité* » comme le constate la CIJ dans son avis consultatif sur la *licéité de la menace ou de l'emploi des armes nucléaires*, p. 273 du rapport.

[2] Art. 8-2-b- iv du Statut de la Cour Pénale Internationale. Pourtant dans l'acte de saisine du Bureau du Procureur, l'État du Mali défère devant la Cour « *les crimes les plus graves commis depuis le mois de janvier 2012* ». Faut-il en conclure que les atteintes à l'environnemental naturel ou aux espèces protégées, qui rentrent dans le champ de l'art. 8 du Statut de la Cour, ne constituent pas des crimes graves ?

[3] Certains tombeaux des saints musulmans détruits se situent à l'intérieur des habitations, d'autres dans des mosquées en plein centre-ville, d'autres encore dans les cimetières qui ne sont

416. Pourtant, la même CPI avait poursuivi en 2010 l'ex-Président du Soudan, Omar El Béchir, pour empoisonnement de sources d'eau dans des villages du Darfour. Il s'agissait là, de toute évidence, d'atteinte à un élément essentiel de l'environnement reconnu comme tel par le Procureur de cette Cour. D'ailleurs, le communiqué de presse du Bureau du Procureur évoqué précédemment vient, une fois de plus, reconnaître la compétence de la Cour en la matière.

417. Il n'est pas inutile de rappeler, à ce titre, l'article 8, paragraphe 2, b, IV du Statut de la Cour Pénale Internationale qui dispose : « *Constitue un crime de guerre le fait de lancer une attaque délibérée en sachant qu'elle causera incidemment des dommages étendus, durables et graves à l'environnement naturel qui seraient manifestement excessifs par rapport à l'ensemble de l'avantage militaire concret et direct attendu* ». Il est regrettable que cette disposition qui consacre le crime contre l'environnement en le qualifiant de crime de guerre, ne puisse pas permettre au Bureau du Procureur d'étendre ses enquêtes, ouvertes en janvier 2013 sur la situation au Mali, aux atteintes à l'environnement. Le Bureau du Procureur, dans son rapport, établi au titre de l'article 53-1 du Statut[1] de la Cour, sur la situation au Mali, précise les crimes concernés par son enquête : meurtre, mutilation, traitements cruels et torture, fait de diriger intentionnellement des attaques contre des biens protégés, condamnations prononcées et exécutions effectuées sans un jugement préalable, rendu par un tribunal régulièrement constitué, pillage et viol. Il y a bien eu cependant des atteintes graves à l'environnement et au bien-être des populations. L'assemblée des Nations Unies pour l'environnement qui n'est réunie en 2017 à Nairobi, en retenant comme thème « *pour une planète sans pollution », avait dans sa ligne de mire « la pollution des zones touchées par les conflits armés ou le terrorisme* »[2].

418. En parlant ici d'attaques contre des biens protégés, il est fait allusion aux monuments et mausolées détruits par les groupes terroristes, à Tombouctou notamment. Mais, les espèces de flore et de faune protégées ne pourront-elles pas être classées parmi ces biens protégés ? La République Démocratique du

---

pas loin des habitations, v. CPI, n° ICC-01/12-01/15, 27 septembre 2016, Bureau du Procureur c. Ahmad Al Faqi Al Mahdi.

[1] « *Le Procureur, après avoir évalué les renseignements portés à sa connaissance, ouvre une enquête, à moins qu'il ne conclue qu'il n'y a pas de base raisonnable pour poursuivre en vertu du présent Statut* », p. 12 du rapport.

[2] Jochen SOHNLE, Sophie LAVALLEE et Hélène TRUDEAU, *Le droit international de l'environnement*, RJE, 2019/4 Volume 44, pp. 769 à 786. Cet article est consultable sur : https://www.cairn.info/revue-revue-juridique-de-lenvironnement-2019-4-page-769.htm. Consulté le 10/05/2020.

Congo l'a pourtant bien soulevé dans l'affaire qui l'a opposée à l'Ouganda devant la CPI qui a reconnu que « *Nombreux sont également les droits communautaires ou collectifs au respect desquels est tenu l'Ouganda. Il s'agit spécialement du droit à la paix, du droit au développement et du droit à l'environnement proclamés et garantis tant par des résolutions de l'Assemblée générale que par des instruments internationaux spécifiques (Convention sur le commerce international des espèces sauvages menacées d'extinction de 1973 ou CITES ; Charte mondiale de la nature proclamée par la résolution 37/7 de l'Assemblée générale du 28 octobre 1982* »[1]. Le caractère international ou non du conflit ne change rien à la nature des atteintes. Il est bien curieux de connaître le traitement que les juridictions maliennes réservent à la question. La question qu'il est légitime de se poser ici est celle de savoir si le procureur malien fait mieux que son homologue de la CPI dans la recherche de réponses aux atteintes à l'environnement pour fait de terrorisme.

419. Le Gouvernement du Mali, lors du conseil des ministres du mercredi 30 mai 2012[2], avait décidé de saisir le Bureau du Procureur de tous les crimes commis sur son territoire à partir de janvier 2012. Pour ainsi dire qu'il est difficile de mener la guerre contre le terrorisme et éviter au même moment des atteintes graves à l'environnement. La question aurait pu cependant être soulevée devant les juridictions nationales lorsque l'occasion leur a été donnée de juger les auteurs de ces atteintes[3]. Même si ceux-ci ne peuvent pas réparer les

---

[1] V. affaire relative aux activités armées sur le territoire du Congo, *République Démocratique du Congo c. Ouganda,* Mémoire de la République Démocratique du Congo, vol. 1, juillet 2000, pp. 149 et 190.

[2] Extrait du communiqué du conseil des ministres du mercredi 30 mai 2012 : « *Le Conseil des Ministres a entendu une communication relative à la saisine de la Cour Pénale internationale des faits commis par le Mouvement National de Libération de l'Azawad (MNLA), Al-Qaïda au Maghreb Islamique (AQMI), Ançardine et d'autres groupuscules armés dans les régions de Kidal, Gao et Tombouctou depuis le mois de janvier 2012. Depuis le mois de janvier 2012, des groupes armés se sont attaqués à plusieurs localités situées dans les régions de Kidal, Gao et Tombouctou commettant des faits extrêmement graves pouvant être qualifiés de crimes de guerre, de crimes contre l'humanité ou d'autres violations graves du droit international humanitaire. Cette situation a entraîné le retrait des services de l'Administration de la Justice de ces localités, rendant impossible le traitement de ces affaires par les juridictions nationales compétentes. Conformément au Statut de Rome, le Mali en tant qu'État partie et État sur le territoire duquel les faits incriminés se sont produits, a décidé de déférer au Procureur de la Cour Pénale Internationale les faits survenus dans les trois Régions.* » (V. Journal *L'Essor* n° 17196 du jeudi 31 mai 2012, p. 3).

[3] CA, Bamako, 30 janvier 2018, arrêt n° 015/17, Ministère public c. Mohamed TOURÉ et Alhousseini AGUISSA, Atteinte à la sécurité intérieure de l'État, détention d'armes en relation avec une entreprise terroriste et association de malfaiteurs ; CA, Bamako, 18 décembre 2017, arrêt n° 98/17, Ministère public c. Aghafi Ag Baye et Adahi Ag Atta, Appartenance à un groupe de combat et détention d'armes et de munition de guerre avec une entreprise terroriste et complicité ; CA, Bamako, 09 avril 2019, arrêt n° 136, Ministère public c. Mohamed Ould Aly BIHI, Association de malfaiteurs et actes de terrorisme ; CA, Bamako, 09 avril 2019, arrêt n° 135,

différents dommages causés à l'environnement par une remise en état[1], il aurait pu être fait application du droit de l'environnement par une reconnaissance au moins des atteintes. D'ailleurs, une organisation particulière de cette répression doit être à l'ordre du jour[2]. À ce titre, une « sanction éducative et pédagogique »[3] peut être reconnue par le législateur malien, au moins comme peine complémentaire. Le juriste de l'environnement aurait ainsi trouvé un motif de satisfaction. La dégradation de l'environnement est alors, en pareille circonstance, irréversible. En attendant que la Cour pénale internationale définisse clairement les crimes environnementaux et s'engage à les poursuivre, il convient de se tourner vers les juridictions nationales afin qu'elles viennent au secours de l'environnement.

420. Plusieurs condamnations ont été prononcées pour différentes infractions liées au conflit au Mali, mais jamais pour atteinte à l'environnement ou à certains de ces éléments[4]. Une façon de dire que, malgré les nombreux efforts accomplis dans la mise en place des textes, les problèmes environnementaux demeurent éloignés des préoccupations des parquetiers nationaux et de la CPI. Ils sont ainsi invités à étendre désormais leurs réquisitoires aux atteintes à l'environnement.

421. Il a déjà été rappelé plus haut les difficultés d'application du droit de l'environnement au Mali, même en temps de paix. Peut-on espérer qu'il en soit autrement dans un contexte de crise sécuritaire généralisée ? Le souhait du juriste est que le droit international de l'environnement s'applique même en période de conflit, quelle que soit sa nature. Des *casques verts* pourraient

---

Ministère public c. Harouna AHMADOU, détention illégale d'armes de munition de guerre en relation avec une entreprise terroriste, association de malfaiteurs.

[1] Pourtant, un des fondements de la responsabilité environnementale est le principe pollueur-payeur selon lequel celui qui provoque une atteinte à l'environnement doit réparer les dommages qu'il a causés.

[2] Michel PRIEUR, *Propos de conclusion*, Actes de la réunion constitutive du comité sur l'environnement de l'AHJUCAF, *op. cit.*, p. 426.

[3] « *Un exemple intéressant de répression pédagogique en matière d'environnement peut être donné avec l'expérience brésilienne d'une chambre d'environnement à Manaus, où le juge s'est vu reconnaître par la loi la possibilité de condamner l'auteur d'une infraction à l'environnement à suivre des cours sur l'écologie, la faune , la flore et le droit de l'environnement et à payer la publication de brochures éducatives sur l'environnement pour les distribuer au grand public, dans les écoles et dans les entreprises.* », Michel PRIEUR, *ibid.*, p. 428.

[4] CA, Bamako, 30 janvier 2018, arrêt n° 015/17, Ministère public c. Mohamed TOURÉ et Alhousseini AGUISSA, Atteinte à la sécurité intérieure de l'État, détention d'armes en relation avec une entreprise terroriste et association de malfaiteurs ; CA, Bamako, 18 décembre 2017, arrêt n° 98/17, Ministère public c. Aghafi Ag Baye et Adahi Ag Atta, Appartenance à un groupe de combat et détention d'armes et de munition de guerre avec une entreprise terroriste et complicité ; CA, Bamako, 09 avril 2019, arrêt n° 136, Ministère public c. Mohamed Ould Aly BIHI, Association de malfaiteurs et actes de terrorisme ; CA, Bamako, 09 avril 2019, arrêt n° 135, Ministère public c. Harouna AHMADOU, détention illégale d'armes de munition de guerre en relation avec une entreprise terroriste, association de malfaiteurs.

ainsi être mobilisés pour assister l'État du Mali, comme le font les casques bleus, dans la mise en œuvre des normes environnementales au moins dans les zones où se trouveraient des espèces protégées qui appartiennent au patrimoine commun des êtres humains[1].

422. Beaucoup de rapports, tant nationaux et qu'internationaux, ont été rédigés sur la crise sécuritaire au Mali et certaines de ses conséquences. Peu de ces rapports consacrent des développements importants sur les conséquences de cette crise sur la protection de l'environnement encore moins sur l'application du droit qui a pour objet de le protéger[2]. La pertinence de la question mérite donc que cette recherche y consacre quelques développements. Ces réflexions s'intéresseront aux conséquences de la crise sur la nature et ses ressources ainsi que sur le cadre de vie des populations. Mais avant, il est important de rappeler que la crise est intervenue déjà dans un contexte où les pressions sur la nature et ses ressources étaient si fortes qu'elle n'était pas du tout la bienvenue.

423. Les conséquences sur l'environnement de la crise sécuritaire au Mali mettent à jour l'avertissement du « rapport Brundtland » face à la très grave dégradation des ressources. En effet, une des conséquences de la suspension de l'application du droit de l'environnement, si application il y avait, dans les zones de conflit, est l'accentuation de la dégradation d'un environnement déjà très fragile. La mise en veilleuse des différents projets de développement, d'adaptation ou d'atténuation aux changements climatiques dans les nombreux secteurs de l'environnement et le repli dans la capitale de toutes les administrations chargées, entre autres, de la gestion des questions d'environnement en sont l'illustration la plus éloquente[3].

424. Il a été rappelé dans les développements précédents les difficultés, tant sur le plan humain que financier, auxquelles la République du Mali fait face

---

[1] Ahmad Al Faqi Al Mahdi a été reconnu coupable et condamné par la CPI pour « avoir dirigé intentionnellement des attaques contre des bâtiments à caractère religieux et historique sis à Tombouctou au Mali en 2012 » (V. ICC-01/12-01/15 du 26 septembre 2016, Bureau du Procureur c. Ahmad Al Faqi Al Mahdi). Le Statut de la Cour aurait pu permettre que des actions soient aussi dirigées contre les auteurs des attaques contre les espèces protégées par le droit international de l'environnement, espèces qui sont aussi des éléments du patrimoine commun des êtres humains. Les bâtiments historiques (biens protégés) détruits à Tombouctou étaient inscrits par l'UNESCO au patrimoine mondial de l'Humanité. Les espèces protégées ne sont-elles pas des biens protégés ?

[2] À titre d'exemples le recueil de documents (2012-2017) sur « *Le conflit armé au Mali et ses conséquences* » publié par Human Rights Watch et le rapport de la FIDH et de l'AMDH sur *les crimes de guerre au Nord-Mali* ne font aucune allusion aux conséquences de la crise sur l'environnement.

[3] Pour plus de détails concernant l'impact de la crise sécuritaire sur l'application, au Mali, du droit de l'environnement, voir Abdoulaye ABOUBACRINE, *L'influence ...*, *op. cit.*, pp. 284-291.

dans la lutte contre la dégradation de ses ressources naturelles et du cadre de vie des populations. Sa présence à tous les sommets sur l'environnement et son impressionnant cadre juridique et institutionnel n'ont pas permis, même en temps de paix, d'endiguer le phénomène. C'est dans ces conditions qu'une guerre à plusieurs facettes lui est imposée. Cette guerre ou conflit armé, quelle que soit l'appellation, met en veilleuse, dans une bonne partie du pays, aussi bien son dispositif juridique environnemental mais, également les maigres résultats déjà obtenus dans la protection de l'environnement. C'est le triste constat qui s'impose.

C'est dans ces conditions que la maladie à coronavirus a fait son apparition.

425. Pendant que la maladie à coronavirus ou covid-19 n'a pas encore fini de produire tous ses effets, il nous faut évoquer certains de ceux-ci déjà constatables sur l'environnement au Mali. Il s'agit d'une maladie infectieuse, d'une rare virulence, dont les premiers cas ont été signalés pour la première fois à Wuhan, en Chine, le 31 décembre 2019[1]. Un pangolin malade et/ou une chauve-souris errant dans un marché très fréquenté de cette ville (Wuhan), où animaux et humains se côtoient, aurait transmis à l'espèce humaine un virus redoutable qui continue de causer des préjudices économiques et sociaux sans précédents. La théorie d'un accident de laboratoire n'est pas également à écarter s'agissant des origines du virus. Sur le plan environnemental, on peut considérer que les différentes mesures visant à ralentir la circulation du virus[2] ne sont qu'une juste application du droit de l'environnement. Ces mesures sont fondées sur la précaution, la prévention, l'information et la participation. Ainsi, l'on peut considérer que la maladie, qui n'a épargné aucun pays, ou presque, au monde et qui vient rappeler aux pays dits développés qu'ils sont aussi en développement, produit des effets diversement appréciés.

Ses effets sur l'environnement sont à la fois positifs et négatifs.

426. Deux des mesures phares adoptées par les différents gouvernements, confrontés à la crise de la covid-19, ont été le confinement des populations et l'instauration d'un couvre-feu. Ces deux mesures, adoptées en vue de ralentir la circulation du virus, ont permis, en raison du ralentissement des activités

[1] V. https://www.who.int/fr/emergencies/diseases/novel-coronavirus-2019.

[2] Décret n° 2020-260 du 16 mars 2020 *portant réglementation des déplacements dans le cadre de la lutte contre la propagation du virus covid-19*, complété par le décret 2020-279 du 19 mars 2020, publié au JORF n° 0066 du 17 mars 2020 ; décret n° 2020-0200/PM-RM du 10 avril 2020 *portant création du comité technique de gestion de la crise covid-19*, publié au JORM n° 13 du 08 mai 2020, p. 510 ; décret n° 2021-0156/PT-RM du 10 mars 2021 *portant nomination du haut représentant du Président de la transition pour la COVID-19*, publié au JORM n° 09 du 26 mars 2021, p. 331.

des industries polluantes[1], une forte réduction de l'émission des gaz responsables de l'effet de serre et donc une diminution de la pollution atmosphérique. Dans les pays où le confinement et le couvre-feu ont été possibles et longs, on a assisté à une nette amélioration de la qualité de l'air et à une réduction des nuisances sonores. Aussi, la renonciation à la consommation du pangolin[2] est bénéfique pour l'espèce qui ne sera pas braconnée pendant un bon moment.

427. Au Mali où le confinement est impossible et où les mesures barrières ne sont pas globalement respectées, en raison des réalités socio-économiques et culturelles du pays, la qualité de l'environnement ne s'est pas améliorée, du fait de cette maladie. La reconnaissance du « caractère extraordinaire »[3] de la pandémie par le décret du 18 février 2021[4], la création d'un comité technique de gestion de la crise de la covid-19 par le décret du 10 avril 2020[5], et la nomination d'un Haut représentant du Président de la transition pour la covid-19[6] n'ont rien changé, ou presque, aux habitudes des populations.

Au contraire, les effets négatifs de la pandémie sur l'environnement sont plus visibles.

428. La crise sanitaire liée à la covid-19 n'a pas eu que des impacts positifs sur l'environnement par l'amélioration de la qualité de l'air. Elle a aussi permis de constater une accentuation de la dégradation du cadre de vie des populations. D'abord, l'insalubrité des milieux où vivent les populations est déjà, au Mali, un problème constant de santé publique. La prolifération des masques de protection contre le virus de la covid-19 jetés le long des trottoirs et dans les familles vient davantage impacter négativement ce cadre de vie. Ces masques de protection contre le virus, visibles un peu partout dans les rues, contribuent à obstruer les collecteurs et caniveaux de drainage des eaux de pluie, contribuant ainsi à augmenter le risque d'inondation et de stagnation des eaux. Cette stagnation des eaux est source de nombreuses maladies. Ensuite, le confinement des partenaires du pays et la fermeture des frontières aériennes ont considérablement ralenti la cadence des activités en faveur de

---

[1] Aviation, automobile, industrie.

[2] Même si la question sur l'origine du virus reste posée. Ce mammifère fait parties des animaux intégralement protégés au Mali (v. JORM n° 35 du 27 août 2010, p. 1365).

[3] Selon la loi déterminant le cadre général du régime des exonérations fiscales et douanières, « *la survenance d'évènements dont le caractère ¨extraordinaire¨ est reconnu par un décret pris en Conseil des Ministres* » donne lieu à des exonérations fiscales et douanières. Il s'agit de la loi n° 2017-022 du 12 juin 2017, publiée au JORM n° 27 du 06 juillet 2017, p. 1054.

[4] Décret n° 2021-0100/PT-RM du 18 février 2021 *portant reconnaissance du caractère extraordinaire de la pandémie de la COVID-19*, publié au JORM n° 07 du 26 février 2021, p. 247.

[5] Décret n° 2020-0200/PM-RM du 10 avril 2020 *portant création du comité technique de gestion de la crise covid-19*, publié au JORM n° 13 du 08 mai 2020, p. 510.

[6] Décret n° 2021-0156/PT-RM du 10 mars 2021 *portant nomination du haut représentant du Président de la transition pour la COVID-19*, publié au JORM n° 09 du 26 mars 2021, p. 331.

l'environnement. En fin, les conséquences économiques engendrées par la pandémie pourraient conduire à une forte pression sur les ressources de l'environnement en vue de vite combler les pertes et manques à gagner engendrés par la crise. On pourrait craindre une exploitation abusive des ressources de l'environnement après la crise dans l'optique d'une relance économique rapide, comme ce fut le cas des « trente glorieuses ».

429. Sur le plan de la diplomatie environnementale, beaucoup de rencontres internationales ont été reportées, en raison de la pandémie. Il est possible d'évoquer le report de la Conférence de Glasgow 2020 sur les changements climatiques ou du congrès mondial de la nature de Marseille. Ces reports perturbent les agendas des activités sur l'environnement et constituent un recul. L'après-covid-19 qui sera caractérisé par une relance économique, certainement forte, doit mettre l'accent tant sur l'humain que sur l'environnement. L'intérêt des populations et de la biodiversité doit passer avant celui des industries polluantes. Il convient, en effet, d'éviter demain une autre catastrophe plus grande.

430. Comme on a pu le constater à travers les lignes qui précèdent, l'influence du droit international de l'environnement sur l'application du droit malien de l'environnement est retreinte par des obstacles de divers ordres. Sur le plan extra juridique, le défaut d'enracinement culturel de la protection de l'environnement, le niveau bas de vie des populations, leur forte dépendance des ressources de l'environnement, les problèmes récurrents de sécurité, la crise sanitaire liée à la covid-19 sont entre autres, aujourd'hui, les difficultés dont la résolution est la plus urgente. Sur le plan juridique, l'incohérence occasionnée par le contact entre le droit international de l'environnement et le droit malien de l'environnement exige une meilleure articulation de ces deux outils. L'analyse de ces difficultés invite le juriste à la modestie et à la collaboration avec les autres acteurs de développement du pays. Car, le droit de l'environnement ne peut pas, à lui seul, faire face à un tel défi. C'est en faisant face à ces difficultés de tous ordres, qu'il convient que le juriste poursuive le combat pour une influence renforcée du droit international de l'environnement sur l'application du droit malien de l'environnement.

Malgré ses efforts et sa « volonté » de plus en plus affirmée, la République du Mali connaît beaucoup de difficultés dans la mise en œuvre des règles relatives aux questions d'environnement. Ainsi, convient-il que des actions de renforcement des mécanismes internes d'application des règles environnementales soient prises et que les acteurs chargés du contrôle de l'application du droit de l'environnement fassent de ce contrôle une véritable priorité. Face à l'inaction des pouvoirs publics et des associations environnementales, il convient que la justice prenne le relais afin que la protection des citoyens contre les dangers qui les menacent soit une réalité. Il a été observé d'ailleurs ces dernières années, que les progrès les plus importants en matière d'environnement, sont venus des juridictions, mais ailleurs qu'au Mali.

431. Le cardinal de Richelieu rappelait que « faire une loi et ne pas la faire exécuter, c'est autoriser la chose qu'on veut défendre ». L'application de la loi environnementale par le juge malien est attendue avec empressement. Sans faire preuve « d'un pessimisme excessif », il est regrettable, voire décevant, de constater que l'application judiciaire du droit de l'environnement suscite peu d'engouement au Mali, au contraire de la production de ses règles. L'application du droit international de l'environnement s'y limite à la ratification des conventions auxquelles est Partie le Mali et à l'adoption de textes législatifs et réglementaires y faisant souvent référence. Ce constat est loin d'être réjouissant et ne pousse guère à l'optimisme.

432. L'influence peu significative du droit international de l'environnement sur l'application du droit malien de l'environnement n'est pas sans conséquences sur l'état actuel de l'environnement dans le pays. L'application de ce droit aurait été, pourtant, un puissant facteur d'amélioration de la qualité de la vie. Une application effective aurait, sans doute, limité, à défaut d'éradiquer complètement, les différentes dégradations des écosystèmes.

433. L'objectif des nombreuses juridictions nationales et supranationales, qui ont des compétences environnementales, est de permettre l'application du droit de l'environnement par le biais du contentieux. Ces juridictions ne peuvent pas s'autosaisir et les conditions de leur saisine doivent être facilitées, améliorées et plus ouvertes. L'existence de ce contentieux est donc une nécessité car, sans lui, l'on ne peut réussir la protection de l'environnement. Les acteurs internes, en particulier les associations de défense de l'environnement, sont donc renvoyés devant leur responsabilité, car il leur appartient en priorité, par leur rôle de sentinelle, de solliciter l'application du droit de l'environnement, national et international. Mais, puisque la protection de l'environnement est une œuvre de longue haleine, il convient de positiver l'analyse et de réfléchir sur les mécanismes de renforcement de son application effective au Mali. C'est l'objet des pages qui suivent.

Titre 2 - L'AMPLIFICATION DE L'INFLUENCE DU DROIT INTERNATIONAL DE L'ENVIRONNEMENT SUR L'APPLICATION DU DROIT MALIEN DE L'ENVIRONNEMENT

434. Il a été mis en évidence, dans les pages qui précèdent[1], qu'un droit qui n'est point effectif « (...) *n'est droit que dans les mots* »[2]. Le droit malien de l'environnement pourrait ainsi être qualifié car son application par le juge et son invocation par tous les bénéficiaires de la protection de l'environnement restent encore un défi. Le juriste de l'environnement ne saurait se satisfaire d'une telle réalité car, « (...) *hors du réel le droit de l'environnement est vain* »[3]. Malgré donc la complexité des problèmes qui jonchent le chemin de l'application du droit de l'environnement au Mali, la noblesse de l'action du juriste commande qu'il poursuive son combat : celui de la recherche de l'efficacité de son objet d'étude. La solution qui ne saurait seulement venir du droit international dont les limites, s'agissant de sa force contraignante, sont connues, n'est cependant pas que juridique. Car, parvenir à donner vie au droit de l'environnement au Mali, c'est réussir à faire changer des habitudes. En effet, tant que le combat de la protection de l'environnement demeure une affaire de quelques-uns, il sera loin d'être gagné. Le droit, facteur essentiel de la réussite de ce combat, offre déjà de nombreux outils qu'il convient de mobiliser à bon escient. Il faut pour cela, non seulement une volonté politique réelle qui ne souffre d'aucune démagogie, mais aussi d'une adhésion populaire sans faille. On le voit, ces conditions, qui ne sont pas exclusivement juridiques, permettront cependant au droit international de l'environnement, en s'appliquant régulièrement et considérablement, d'exercer l'influence attendue de lui sur le droit malien de l'environnement. Cet effet attendu est la réussite d'une protection effective de l'environnement et son amélioration.

435. Le présent travail part justement du constat du manque d'application ou d'application insuffisante et de non-respect des règles environnementales existantes, tant nationales qu'internationales au Mali. Il s'est attelé, dans le titre précédent, à en connaître les raisons et propose, dans le présent, un renforcement des mécanismes juridiques de leur application. Puisque sur le plan juridictionnel le droit de l'environnement est relégué au second plan, l'objectif de ce travail consiste à le faire vivre, à le dynamiser, à faire en sorte qu'il soit invoqué dans un cadre contentieux afin qu'il accouche de nombreuses décisions. On peut le penser, ce travail s'inscrit dans le cadre d'un activisme judiciaire car, de notre point de vue, le premier indice de la vitalité d'une discipline juridique c'est bien l'abondance de sa jurisprudence. Et comme chacun le

---

[1] V. *supra*, Titre 1 de la présente partie.
[2] Éric NAIM-GESBERT, *Voir les choses à leur vrai début : de l'histoire en droit de l'environnement*, RJE, 2019, n° 1, vol. 44, pp. 5-7.
[3] Éric NAIM-GESBERT, *S'adapter ou mourir*, RJE, 2013, n° 1, vol. 38, pp. 5-6.

sait : « *Ce qui s'immobilise meurt* »[1]. Pour dynamiser le droit de l'environnement au Mali, la solution n'est pourtant pas miraculeuse. Il suffit seulement de respecter certaines conditions permettant de favoriser l'amplification de l'influence du droit international de l'environnement sur l'application du droit malien de l'environnement (chapitre 1). Il convient, de même, de renforcer les mécanismes d'application du droit de l'environnement, tant au niveau national qu'au niveau africain (chapitre 2). C'est à ce prix que le droit international de l'environnement pourra véritablement aider à une meilleure protection de l'environnement au Mali et atteindre son but : contribuer à la protection de l'environnement global.

[1] *Ibid.*

Chapitre 1 - Les conditions favorisant l'amplification de l'influence du droit international de l'environnement sur l'application du droit malien de l'environnement

436. Il ressort clairement des pages qui précèdent que les problèmes juridiques d'incorporation et d'opposabilité des normes du DIE, en droit malien, sont loin d'être résolus. Ce qui limite l'influence du premier sur l'application du second. Le présent chapitre a pour ambition de démontrer qu'il existe des conditions dont la réunion permettrait de combler cette lacune. Il peut être d'emblée ajouté que la résolution des différentes difficultés, évoquées au titre 1 précédent, relève d'une véritable gageure. La complexité des difficultés vient du fait que celles-ci ne sont pas que juridiques. Pourtant, tant qu'elles ne sont pas résolues, le travail du juriste sera loin d'être terminé. C'est la raison pour laquelle, il tentera d'évoquer, ici, ce qui est juridiquement et absolument nécessaire pour réussir un impact positif et certain du droit international de l'environnement sur l'application du droit malien de l'environnement.

437. En effet, plusieurs conditions juridiques sont à satisfaire pour obtenir une influence positive et renforcée du DIE sur le droit malien de l'environnement. Parmi ces conditions, il y a une qui peut être qualifiée d'essentielle. Elle est classique. Elle est enseignée aux juristes dès leur première année de Faculté. C'est la raison pour laquelle son non-respect au Mali pourrait étonner. Elle conditionne l'opposabilité des normes aux tiers et leur invocabilité par ces derniers. Il s'agit de la publication des textes internationaux environnementaux ratifiés par le Mali (section 1). C'est grâce à la publication que ces textes peuvent être connus au niveau interne. Cette condition, qui n'est pas exclusive d'autres, est fondamentale à la connaissance des normes internationales non seulement par les différentes administrations du pays, des personnes physiques et morales qui y vivent, mais également et surtout par les juges chargés de leur donner effet. À cette condition classique essentielle, il peut être ajouté d'autres que l'on peut qualifier de complémentaires ou d'ampliatives (section 2). Celles-ci ne seront pas étudiées ici dans leur exhaustivité. Il convient simplement d'évoquer celles qui, parmi elles, lorsqu'elles sont réunies, permettent au droit international de l'environnement d'exercer une influence positive et renforcée sur le droit malien de l'environnement. Elles sont cependant cumulatives et non alternatives.

Section 1 - Une condition classique favorisant l'amplification de l'influence

438. L'entrée en vigueur d'une norme juridique est, en principe, conditionnée par sa publication[1]. La publication a pour but de porter ladite norme à la connaissance de toutes les Administrations et des autres personnes physiques ou morales et de la rendre opposable et invocable. Cette publication est donc nécessaire pour qu'un texte produise un effet juridique. Sur le terrain des textes internationaux, l'article 116 de la Constitution de février 1992 rend directement invocables devant les juridictions maliennes les dispositions d'un traité environnemental régulièrement ratifié et publié. Ce qui est logique puisque celui-ci est devenu désormais une règle de droit interne. Malheureusement, cette dernière condition de publicité n'est pas respectée en droit malien, en ce qui concerne, notamment, les textes internationaux environnementaux ratifiés. Ce qui peut poser, en droit[2], le problème de leur applicabilité par les juridictions nationales.

439. La question qu'il est légitime de se poser ici est donc celle de savoir si les traités environnementaux ratifiés ont, nonobstant leur défaut de publication sur le plan interne, des effets directs en droit malien. La Cour de cassation française a indiqué, dès 1834, qu'un traité qui n'a pas été publié *« n'a pas pu légalement devenir la base d'une poursuite judiciaire »*[3]. Selon Louis FAVOREU *et alii « un engagement international ratifié ou approuvé mais non régulièrement publié ne produit aucun effet juridique en droit interne »*[4]. Inversement « *un engagement international publié mais non ratifié (ou approuvé) n'est pas considéré comme régulièrement introduit* »[5] en droit interne. La ratification et la publication doivent être vues comme deux conditions, non pas alternatives, mais « *cumulatives* »[6] de la validité interne des textes environnementaux internationaux. Il est donc important que les traités ou accords soient régulièrement introduits dans le droit interne, conformément à la Constitution pour que leurs stipulations puissent être utilement invoquées à l'appui d'une demande[7]. S'il est légitime de penser que tous les textes internationaux en lien avec l'environnement intéressent directement les particuliers, il est tout aussi nécessaire que ceux-ci puissent être informés de l'existence de ces textes

---

[1] V. Louis FAVOREU, Patrick GAÏA, Richard GHEVONTIAN, Jean-Louis MESTRE, Otto PFERSMANN, André ROUX et Guy SCOFFONI, *Droit constitutionnel*, 21ème éd., Paris, Dalloz, 2019, pp. 184 et s.

[2] C'est, en principe, à partir de la publication des règles que peut être invoquée l'adage : « Nul n'est censé ignorer la loi ».

[3] Cass. Crim., 28 novembre 1834, Sirey, 34. 1. 822.

[4] Louis FAVOREU, Patrick GAÏA, Richard GHEVONTIAN, Jean-Louis MESTRE, Otto PFERSMANN, André ROUX et Guy SCOFFONI, *Droit constitutionnel, op. cit.*, p. 184.

[5] *Ibid.*

[6] *Ibid.*

[7] CE, Assemblée, 11 avril 2012, GISTI et FAPIL, req n° 322326.

et de leur teneur. Or, c'est la publication qui leur permet d'être informés de l'existence et de la teneur de ces textes.

440. L'article 116 de la Constitution du Mali de février 1992 exige pourtant des actes comme une loi d'autorisation de ratification ou d'approbation, un décret de ratification et une publication. C'est à ces conditions que les traités environnementaux devenus éléments du droit interne auront une autorité supérieure à celle des lois et donc opposables aux particuliers. Il paraît même illogique et surprenant, en l'absence de ces actes, de demander aux particuliers, d'un point de vue juridique, de respecter ces normes environnementales. Il convient de faire remarquer que ces actes d'autorisation de ratification ou d'approbation et le décret de ratification sont toujours pris par les autorités habilitées au Mali. Mais, ce qui fait défaut, c'est la publication du traité ratifié au Journal officiel de la République ou par tout autre moyen approprié juridiquement reconnu. Pourtant, tous les différents décrets de ratification de ces textes se terminent toujours par la formulation suivante : « *Article 2 : Le présent décret, accompagné du texte de l'Accord* (ou de la Convention), *sera enregistré et publié au Journal officiel* ». Le problème est que ce décret n'est jamais accompagné du texte de l'Accord ou de la Convention qu'il vise[1]. Alors que l'utilité de la publication du texte se justifie en droit par le fait qu'elle permet de rendre ledit texte opposable aux particuliers et à ceux-ci de l'invoquer devant un juge.

441. Rappelons-le : la publication des textes internationaux environnementaux au Journal officiel de la République n'est pas effective au Mali. Cela pose juridiquement le problème de leur opposabilité interne. Comment, en effet, opposer de tels textes aux administrations du pays ainsi qu'aux personnes physiques et morales qui y vivent ? À ce niveau comme à d'autres, les efforts du Mali sont très en deçà de ce qui doit être fait pour informer les populations et les amener à s'impliquer véritablement dans la protection de l'environnement. Pourtant, l'information des populations est une condition de leur participation à l'effort de protection de l'environnement et une exigence du droit malien[2], lui-même, tout comme du droit international de l'environnement[3].

---

[1] V. www.sgg-mali.gouv.ml. L'insuffisance de moyens souvent évoquée comme justification n'est pas convaincante.

[2] À la prochaine relecture du décret n° 2017-0992/P-RM du 20 décembre 2017 *relatif à la publication des Actes au Journal officiel de la République du Mali*, il conviendra de libeller l'art. 2 de la manière suivante : « *Sont publiés intégralement au Journal officiel : les textes internationaux ratifiés par le Mali, les lois, les ordonnances, les décrets, les arrêtés ministériels* ». En principe, par leur nature et leur objet, aucun motif de confidentialité ne doit être invoqué pour écarter la publication des textes environnementaux.

[3] On peut comprendre que sur le plan international la publication ne soit pas une condition d'entrée en vigueur du traité comme il ressort de l'art. 80 paragraphe 1er de la Convention de Vienne sur le droit des traités de 1969 : « *Après leur entrée en vigueur, les traités sont transmis au Secrétariat de l'Organisation des Nations Unies aux fins d'enregistrement ou de classement*

442. Il est important, à cette étape du raisonnement, de distinguer les obligations de l'État du Mali de celles des citoyens maliens en matière de respect des textes environnementaux internationaux. Cette distinction s'appuie sur celle qui oppose les deux ordres juridiques. La ratification du traité environnemental oblige d'abord l'État, sujet du droit international, vis-à-vis de ses autres « cocontractants », mais non encore les citoyens qui relèvent d'un ordre juridique différent. Ensuite, la publication de ce traité par le Gouvernement « (…) *en vue de le faire observer par les autorités et les sujets, a pour effet de donner au traité sa "validité interne"* »[1]. C'est à partir de cet instant que les citoyens sont censés être tenus au respect de son contenu. L'information des destinataires se fait donc par le biais de la publication des textes internationaux transposés. Mais, au-delà de son rôle d'information des destinataires des normes, la publication est principalement une condition juridique de l'opposabilité des normes internationales d'environnement aux nationaux et de leur invocabilité par ceux-ci en droit interne. La question qu'il est logique de se poser ici est celle de savoir comment le droit international de l'environnement qui n'est pas juridiquement applicable[2], toutes proportions gardées, au Mali, peut-il exercer une influence quelconque sur le droit de l'environnement de ce pays. Il convient donc de combler cette lacune.

443. La loi du 24 mai 2021 sur les pollutions et les nuisances précise que « *Toute personne a droit au libre accès aux informations environnementales* (…) »[3]. Or, ce droit d'information commence par la mise à la disposition du public des textes environnementaux. En effet, pour pouvoir invoquer les engagements internationaux du Mali qui leur reconnaissent des droits, les populations doivent être informées de l'existence desdits engagements et qu'ils en connaissent le contenu. La publication de ces engagements par les différents

---

et d'inscription au répertoire, selon le cas, ainsi que de publication ». Cela se comprend aisément puisque l'objet de la publication est d'informer les destinataires de la norme et que la signature du traité par l'État vaut son information et son acceptation de celle-ci. Selon les paragraphes 1 et 2 de l'art. 24 du même texte, « 1. *Un traité entre en vigueur suivant les modalités et à la date fixées par ses dispositions ou par accord entre les États ayant participé à la négociation. 2. À défaut de telles dispositions ou d'un tel accord, un traité entre en vigueur dès que le consentement à être lié a été établi pour tous les États ayant participé à la négociation.* ». C'est exactement comme en droit civil des contrats où le seul échange des consentements des parties suffit à donner effet juridique au contrat en général, même sans écrit, sous réserves de quelques exceptions ; v. art. 58 du Régime général des Obligations du Mali qui dispose qu' « *Aucune forme n'est requise pour la formation du contrat, sous réserve des dispositions exigeant un écrit ou d'autres formalités pour la validité d'un contrat déterminé.* ».

[1] *Ibid.*

[2] Logiquement le point de départ de son application est la publication de ses normes. Tant que cette publication n'a pas eu lieu, il n'est pas juridiquement acceptable d'invoquer l'adage « *Nul n'est censé ignorer la loi* ».

[3] Art. 10 al. 1er.

moyens appropriés est le moyen leur permettant d'être informés de leur existence. L'adoption d'une loi d'autorisation de ratification par l'Assemblée nationale et sa promulgation par le Président de la République ne suffisent pas pour opposer le texte international environnemental ratifié aux citoyens. Le texte doit être publié comme le prévoit d'ailleurs le décret de publication. Le corollaire de l'adage « *Nul n'est censé ignorer la loi* » est de porter à la connaissance de tous l'existence de ladite loi. Pourtant, tous les textes nationaux, ou presque, sont publiés au Journal officiel conformément à l'article 73 *in fine* de la Constitution de février 1992 qui en fait une obligation : « *Les lois et règlements doivent être publiés au journal officiel* ». L'article 2 du *décret relatif à la publication des actes au Journal Officiel de la République du Mali*[1] précise : « *Sont intégralement publiés au Journal Officiel : les lois, les ordonnances, les décrets, les arrêtés ministériels* », l'article 3 ajoute : « *Sont également publiés les actes dont la publication est prévue par un traité ou un accord international, une loi, une ordonnance ou un décret.* »[2] Ce dernier article est d'ailleurs contraire aux dispositions des différents décrets de ratification des traités qui mentionnent clairement qu'ils sont accompagnés par les textes des Accords qu'ils ratifient même s'ils ne sont pas effectivement accompagnés desdits textes.

444. Seuls les actes publiés sont opposables aux citoyens dès le lendemain de leur publication. Donc, logiquement, comme le défend le Procureur général Dupin, la non-publication des traités environnementaux sur le plan interne doit être sanctionnée par leur inopposabilité aux citoyens[3]. À ce sujet d'ailleurs, le Conseil d'État français a même considéré comme une faute de nature à engager la responsabilité de l'État, « (…) *le fait de ne pas publier une convention (…)* »[4], même si l'on sait que tous les accords ne peuvent être publiés, en raison du caractère confidentiel de certains[5]. Le guide pour l'élaboration des textes législatifs et réglementaires en République du Mali est aussi explicite sur ce point : « *La publication du seul décret de ratification ou d'approbation*

---

[1] Il s'agit du décret n° 2017-0992/P-RM du 20 décembre 2017 *relatif à la publication des Actes au Journal officiel de la République du Mali*, publié au JORM n° 51 du 22 décembre 2017, p. 2032.

[2] Cette lacune est prise en charge par le projet de traité de l'Organisation pour l'harmonisation du droit de l'environnement en Afrique que ce travail appelle de ses vœux. Il prévoit, en effet, sa publication ainsi que celle des protocoles et règlements au Journal officiel de l'OHDEA et dans celui des États.

[3] Procureur général Dupin, « *le principe général que les lois n'obligent pas si elles ne sont pas promulguées est applicable aux traités* » (v. Cass. crim., 28 novembre 1834, Sirey, 34. 1. 822).

[4] CE, 07 décembre 1945, Sirey, 1946, 3. 29. Voir aussi, *La publication des engagements internationaux de la France*, dans *Annuaire français de droit international*, vol. 8, 1962. pp. 888-905.

[5] Ainsi, ne peuvent être données les informations qui affectent les relations internationales, la défense nationale, la confidentialité ou pouvant provoquer un grave danger pour la sécurité. Celles-ci sont soumises à autorisation.

ne suffit pas à elle seule pour conférer au traité signé et ratifié une supériorité juridique aux lois et à être opposable aux justiciables. Il faut absolument que le texte même du traité ou de la convention ait été publié intégralement au Journal officiel afin que ses dispositions s'imposent aux lois, produisent des effets juridiques, soient opposables aux personnes physiques ou morales. C'est cette publication qui consacre et parachève le processus d'entrée du traité dans l'ordonnancement juridique interne »[1].

445. Malgré la clarté de cette précision, le Journal officiel de la République du Mali ne fait pas suivre les décrets de ratification des textes environnementaux des textes qu'ils ratifient. Ce qui paraît en soi paradoxal lorsque l'on sait que ce guide a été élaboré sous l'égide du Secrétariat Général du Gouvernement et que le Journal officiel relève de ses services. Le manque de moyens qui est le plus souvent le motif invoqué n'est pas convaincant. Il s'agit là d'une excuse qui n'empêche pas que la responsabilité de l'État du Mali puisse être engagée de ce chef. Au moment où il est achevé l'écriture de cet ouvrage, il est constaté quelques efforts visant à remédier à cette insuffisance *a posteriori*. Certains textes, comme celui relatif à la Grande muraille verte, commencent à être publiés sur le site du Journal officiel dans la rubrique « Conventions ». Il s'agit d'un effort important même si ces textes ne sont que des reprises des versions déjà publiées sur des sites dédiés de certaines organisations internationales. Ils n'existent pas dans le Journal officiel « accompagnés » de leurs décrets de ratification. Si cette recherche a permis d'aboutir à un tel apport, il convient de s'en réjouir.

446. Pour aider le droit international de l'environnement à être appliqué au Mali et exercer une influence positive sur le droit malien de l'environnement, il convient de procéder à la publication des textes internationaux sur l'environnement conformément aux dispositions constitutionnelles y afférentes. Si l'absence de moyens ne permet pas de les insérer dans le Journal officiel, il existe d'autres moyens d'information qui doivent aussi être mobilisés. Dans tous les cas, la publication de ces textes au Journal officiel ne saurait suffire, à elle seule, pour mieux informer les citoyens, car il se pose aussi d'autres difficultés comme celle de la langue d'expression officielle qu'il conviendra de résoudre.

447. La publication des textes internationaux sur l'environnement est plus que nécessaire dans la mesure où ils s'adressent directement aux citoyens en réglementant leur milieu de vie. Ils ne doivent pas alors être poursuivis pour non-respect de règles qu'ils ne peuvent connaître, faute de leur publication. D'ailleurs, le Guide pour l'élaboration des textes législatifs et réglementaires en République du Mali préconise que « *L'autorisation de la ratification ou de*

---

[1] V. p. 129 du Guide. V. aussi Guide de la légistique de la France, 3ème éd., 2017, 481.

l'approbation des traités et conventions relatifs à l'état des personnes ne doit également intervenir qu'à la suite d'une large information des populations sur le contenu et les enjeux de ceux-ci »[1]. Les Conventions relatives à l'état des personnes sont celles qui concernent les droits de la personne humaine. Le droit à l'environnement, même s'il n'est pas relatif à l'état des personnes, concerne principalement la personne humaine[2]. Le principal objet de cette publication est l'information du public. À ce titre, les moyens d'information doivent être diversifiés et tenir compte de la diversité des langues nationales et des moyens des populations. Ces moyens d'information doivent être diversifiés aussi parce que le Journal officiel n'est pas accessible à la majorité des Maliens bien qu'il soit désormais disponible en ligne. Il n'est pas inutile de rappeler d'ailleurs que cette mise en ligne du Journal officiel est très récente puisqu'elle ne date que seulement du lundi 15 février 2016[3].

448. Il peut être prévu un Bulletin d'information des textes internationaux environnementaux ratifiés par le Mali au niveau, par exemple, du ministère des affaires étrangères ou du ministère de l'Environnement. La version numérisée de ce bulletin rend les textes plus accessibles à tous. Ce Bulletin peut aussi être disponible sur les sites de la Cour suprême et de toutes les autres institutions de la République puisque la protection de l'environnement est « l'affaire de tous ». Le site de la Cour Suprême qui publiera toutes les décisions rendues au niveau du pays dans le domaine de l'environnement[4] servira d'espace d'information et de recherche pour tous les magistrats et autres chercheurs du pays. À l'heure du numérique ces réflexions doivent, non pas se trouver au stade de l'initiation, mais à celui de leur renforcement. Tout cela dénote le retard du Mali dans la mise en place d'outils efficaces de promotion du droit de l'environnement. Il convient quand même de franchir le pas car, mieux vaut tard que jamais.

449. Dans le rapport national 2009 sur l'état de l'environnement au Mali, le ministre de l'Environnement, en faisant allusion au Principe 10 de Rio 92, laissait lire : « *Pour que chaque citoyen se sente concerné et participe au débat sur l'environnement et le développement durable, il faut qu'il puisse ac-*

---

[1] P. 129.

[2] Ce droit « *a vocation à se situer dans l'ensemble de la protection de l'environnement* », V. Jean-Marc LAVIEILLE, Hubert DELZANGLES, Catherine LE BRIS, *op. cit.*, p. 156.

[3] V. le journal *L'Essor* n° 18114 du mardi 16 février 2020, p. 16. Il paraît d'ailleurs paradoxal que le décret qui oblige la publication sur support électronique du Journal officiel n'ait été pris qu'après qu'il soit mis en ligne. Il s'agit du décret n° 2017-0992/P-RM du 20 décembre 2017 *relatif à la publication des Actes au Journal officiel de la République du Mali*, publié au JORM n° 51 du 22 décembre 2017, p. 2032 abrogeant le décret n° 252/P.G du 03 septembre 1959 *fixant les conditions de publication des actes législatifs, gouvernementaux et administratifs de la République du Mali.*

[4] Voire dans tous les domaines.

céder à l'information de base. Le présent rapport sur l'état de l'Environnement, est un des outils essentiels de cette information. »[1]. Ce qu'il convient de regretter, c'est que ce rapport, comme tous les autres, n'est pas publié, donc n'est pas mis à la disposition du citoyen pour lui permettre d'être informé de son contenu[2]. Sa mise en ligne sur le site du ministère de l'Environnement ou de celui de l'AEDD aurait mieux servi, au moins en partie, à informer le citoyen et faciliter le travail des chercheurs ou de tous ceux qui s'intéressent aux questions d'environnement. Beaucoup de chercheurs et de magistrats se résolvent à conclure à l'inexistence de beaucoup de textes, faute de leur accessibilité. L'exemple d'un conseiller à la Cour suprême qui avait conclu à la non-ratification de certains textes environnementaux par le Mali est à cet égard très illustratif[3]. Dans la préface du recueil non exhaustif des textes et Accords multilatéraux sur l'environnement signés et/ou ratifiés par le Mali, le ministre Tiémoko SANGARÉ indique : « *Ce Recueil a pour but de prêter main-forte aux applicateurs du droit, aux étudiants, aux chercheurs, à tous les acteurs concernés par ce terrain inexploré et inconnu* »[4]. Si ce recueil était accessible à ses destinataires, il aurait atteint certainement son but. Malheureusement, il est « inconnu », faute de publication, et avec lui les informations qu'il contient[5].

---

[1] V. p. I du rapport.

[2] Sa mise à la disposition du chercheur relève du parcours de combattant en raison du caractère très restreint de sa diffusion. Il aurait pu être publié sur le site de l'AEDD ou du ministère de l'Environnement.

[3] V. rapport de la Cour suprême du Mali in *Actes de la réunion constitutive du comité sur l'environnement de l'AHJUCAF*, *op. cit.*, pp. 374 et s. Dans ce rapport, il est cité, parmi les textes non ratifiés par le Mali, beaucoup qui l'étaient en réalité. Il s'agit entre autres des textes suivants : *La Convention sur la notification rapide des accidents nucléaires* (v. Loi n° 07-036 du 26 juin 2007 *portant ratification de l'ordonnance n° 07-001/P-RM du 7 mars 2007 autorisant la ratification de la Convention sur la notification rapide d'un accident nucléaire*, adoptée à Vienne le 26 septembre 1986 par la Conférence générale de l'Agence Internationale de l'Énergie Atomique (AIEA), JORM n° 21 du 41 juillet 2007, p. 804, ratifiée par le décret n° 07-104/P-RM du 29 mars 2007 *portant ratification de la Convention sur la notification rapide d'un accident nucléaire*, adoptée à Vienne le 26 septembre 1986 par la Conférence générale de l'Agence Internationale de l'Énergie Atomique (AIEA) JORM n° 14 du 20 mai 2007, p. 524) ; la *Convention sur l'assistance en cas d'accident nucléaire et urgence radiologique* signée le 2 octobre 1986. Voir décret n° 07-105/P-RM du 29 mars 2007 *portant ratification de la Convention sur l'assistance en cas d'accident nucléaire ou de situation d'urgence radiologique*, adoptée le 26 septembre 1986 à Vienne par la Conférence générale de l'Agence Internationale de l'Énergie Atomique (AIEA) JO n° 14 du 20 mai 2007, p. 525. Même si ces textes de ratification sont publiés au Journal officiel, leur disponibilité sur les sites des institutions aurait sans doute permis d'éviter de semblables erreurs.

[4] V. p. 1 du Recueil.

[5] La question de son existence a été posée à plusieurs magistrats. Sur les seize (16) interrogés, un seul détient ce fameux recueil. Ce qui n'est pas encourageant.

450. Les radios et télévisions, publiques et privées, sont aussi des canaux privilégiés pour faire connaître la portée et le contenu de beaucoup de textes internationaux sur l'environnement. Elles peuvent être utilisées pour expliquer et faire comprendre aux populations les traités et conventions qui concernent leur environnement et qui leur reconnaissent des droits et des devoirs. Elles sont d'ailleurs un des moyens privilégiés puisque les communications seront faites dans les différentes langues du pays. L'influence positive du droit international de l'environnement sur le droit malien de l'environnement, qui passe par son application, s'obtient à ce prix.

451. Un rappel et un constat s'imposent ici.
Le rappel : les décrets de ratification des textes internationaux environnementaux ratifiés par le Mali ne sont pas accompagnés desdits textes au Journal officiel du pays, contrairement au contenu même de ces décrets. Le manque de moyens qui est le motif évoqué ne convainc pas[1]. Ainsi, la condition de la supériorité des traités ratifiés et publiés aux lois n'est pas respectée[2].
Le constat : à supposer que ces textes soient publiés au Journal officiel ; ils seraient juridiquement opposables aux Maliens, mais non logiquement. Parce que d'abord, la publication de ces textes au Journal officiel ne suffit pas, en effet, pour informer des populations qui ne parlent pas, dans leur majorité, la langue de publication[3]. Ensuite, contrairement à l'article 6 du décret relatif à la publication des actes au Journal officiel de la République du Mali qui conditionne l'opposabilité de ces actes à l'arrivée du Journal officiel dans les chefs-lieux de circonscriptions administratives, il n'y arrive jamais ou rarement[4]. S'il y arrive, il doit être affiché, s'il est affiché, il est censé être lu. Or, dans les chefs-lieux de circonscriptions administratives, peu de personnes savent lire le français. La méconnaissance des textes environnementaux par leurs principaux destinataires reste donc entière.

---

[1] À partir du moment où le décret relatif à la publication des actes au Journal officiel de la République du Mali précise que *« Le Journal officiel est publié sur support papier et sur support électronique par le Secrétariat général du Gouvernement »*, il paraît illogique de ne pas procéder à cette publication des textes internationaux au moins sur support numérique (v. art. 5 du décret).
[2] Art. 116 de la Constitution.
[3] L'Union africaine, elle-même, n'est pas convaincue de la capacité des États à promouvoir les langues africaines. L'art. 25 de son acte constitutif précise : « *Les langues de travail de l'Union et de toutes ses institutions sont, si possible, les langues africaines ainsi que l'arabe, l'anglais, le français et le portugais* ». Cet art. sera remplacé par l'art. 11 du Protocole sur les amendements à l'Acte constitutif de l'Union africaine en ces termes : « *A l'art. 25 de l'Acte (Langues de travail), remplacer le titre « langues de travail » par « langues officielles » et remplacer la disposition existante par :*
1. Les Langues officielles de l'Union et de toutes ses institutions sont : l'arabe, l'anglais, le français et le portugais, l'espagnol, le kiswahili et toute autre langue africaine.
2. Le Conseil exécutif détermine le processus et les modalités pratiques d'utilisation des langues officielles comme langues de travail ».
[4] V. le décret publié au JORM n° 51 du 22 décembre 2017, pp. 2032-2033.

452. L'article 25 *in fine* de la Constitution de 1992 précise : « (...) *le français est la langue d'expression officielle* ». Or, deux problèmes se posent à propos de cette langue officielle. Le premier, cela a déjà été précisé plus haut[1], est que la majorité des Maliens ne parlent pas le français de sorte que les textes environnementaux qui sont rédigés en français restent méconnus par le plus grand nombre. Le deuxième problème est que l'administration qui n'est censée s'exprimer qu'en français, en principe, le fait de moins en moins. Elle privilégie spontanément les langues locales parce qu'elle a comme interlocuteurs des usagers qui ne parlent pas la langue officielle ou parce que le niveau de l'apprentissage de cette langue ne lui permet pas de se faire comprendre ou à elle-même de comprendre. Les débats, pendant les différents procès, se tiennent en français mais, le juge a souvent besoin de traducteurs car lui-même ne parle pas toutes les langues du pays, *a fortiori* les usagers. Il en est de même à l'Assemblée nationale où certains de ceux qui doivent voter les lois d'autorisation de ratification des textes internationaux environnementaux le font sans comprendre leur contenu, puisque ne comprenant pas le français. Il en est également des conseillers communaux qui sont chargés de donner effet à ces textes au niveau de leurs ressorts de compétence, ainsi du reste.

453. Ce constat crée le besoin, soit de traduire les textes environnementaux dans les langues nationales qui sont nombreuses[2], soit d'apprendre le français, la langue des textes, à toutes les populations. Pourtant, l'article 3 de la loi n° 96-049 du 23 août 1996 *portant modalités de promotion des langues nationales* précise clairement : « *Des décrets pris en Conseil des Ministres fixent les alphabets des langues nationales, déterminent les modalités de leur transcription et de leur introduction dans les programmes d'enseignement ainsi*

---

[1] V. *supra*, Partie 1, Titre 2, chapitre 2.

[2] L'art. 2 de la loi n° 96-049 du 23 août 1996 *portant modalités de promotion des langues nationales* précise : « *À travers des activités culturelles, scientifiques et techniques et ce dans le cadre du respect de la réglementation en vigueur, l'État reconnaît aux collectivités et aux citoyens le droit d'initier ou de participer à des actions de promotion des langues nationales ci-après :*
- le bamanankan (bambara)
- le bomu (bobo)
- le bozo (bozo)
- le dogoso (dogon)
- le fulfuldé (peul)
- le hasanya (maure)
- le mamara (miniyanka)
- le soninke (sarakolé)
- le sogoy (songhoï)
- le syenara (sénoufo)
- le tamàsàyt (tamasheq)
- le xaasongaxango (khassonké) ». Cette loi est publiée au JORM n° 17 du 15 septembre 1996, pp. 607 et s.

que celles de la traduction et de la diffusion des textes officiels dans les langues nationales »[1]. Il a même été créé dès 1975 un service public chargé de promouvoir ces langues nationales, la Direction Nationale de l'Alphabétisation Fonctionnelle et de la linguistique Appliquée (DNAFLA)[2] qui a été remplacée en 2001 par le Centre national des ressources de l'éducation non formelle[3].

454. Malgré les efforts sus indiqués, les textes internationaux environnementaux ne sont pas diffusés dans les langues nationales. Peut-on dire, en définitive, que le caractère oral de ces langues et l'importance de l'analphabétisme du plus grand nombre de Maliens n'ont pas permis et ne permettent pas de résoudre le problème ? On ne peut pas le croire à partir du moment où un texte, en l'occurrence, l'Accord de paix signé entre le Gouvernement du Mali et des groupes armés indépendantistes a été traduit en 14 langues et publié sur le site du ministère chargé de la réconciliation[4]. Les textes internationaux environnementaux sont-ils moins importants ? Il n'est pas inutile de rappeler que le contenu de ces textes peut également être expliqué dans les différentes langues du pays à travers les médias, principalement à la télévision et via les radios locales, comme c'est le cas des quotidiens bulletins d'information. Il paraît paradoxal que les différents textes internationaux soient traduits dans les différentes langues officielles des États signataires puissants qui constituent leurs langues nationales, mais jamais dans les langues nationales des États africains. Pourtant cette condition est une exigence d'efficacité des textes environnementaux[5] car elle permet de donner du sens à leur opposabilité et incite à, constamment, les invoquer dans un cadre d'un contentieux.

---

[1] V. JORM n° 17 du 15 septembre 1996, pp. 607 et 608.

[2] V. Ordonnance n° 75-060 CMLN du 21 octobre 1975 *portant création de la Direction Nationale de l'Alphabétisation Fonctionnelle et de la linguistique Appliquée* (DNAFLA), publiée au JORM n° 476 du 15 novembre 1975, p. 1347 ; abrogée par la loi n° 86-056 du 24 juillet 1986 *portant création la Direction Nationale de l'Alphabétisation Fonctionnelle et de la linguistique Appliquée* (DNAFLA), publiée au JORM n° 794 du 1er août 1986, p. 2 ; abrogée par l'Ordonnance n° 00-048 du 25 septembre 2000 *portant création de la Direction Nationale de l'Éducation de base*, publiée au JORM n° 32 du 20 novembre 2000, p. 1254 ; abrogée par l'Ordonnance n° 01-023 du 20 mars 2001 *portant création du Centre national des ressources de l'éducation non formelle*, publiée au JORM n° 09 du 31 mars 2001, p. 351 ; abrogée par l'Ordonnance n° 10-031 du 04 août 2010 *portant création du Centre national des Ressources de l'Éducation non formelle*, publiée au JORM n° 33 du 13 août 2010, p. 1299.

[3] V. Ordonnance n° 01-023 du 20 mars 2001 *portant création du Centre national des Ressources de l'Éducation non formelle*, publiée au JORM n° 09 du 31 mars 2001, p. 351 ; abrogée par l'Ordonnance n° 10-031 du 04 août 2010 *portant création du Centre national des ressources de l'éducation non formelle*, publiée au JORM n° 33 du 13 août 2010, p. 1299.

[4] V. http://reconciliation.gouv.ml/, consulté le 21 mai 2020.

[5] La transcription et la diffusion large des « *textes législatifs et réglementaires en matière de protection de l'environnement dans les langues locales* » était déjà une recommandation des rapports nationaux 2005 et 2007 sur l'état de l'environnement au Mali (v. p. 103 du rapport 2005 et p. 70 du rapport 2007). Les recommandations de ces rapports ne sont pas suivies d'effet.

455. L'effectivité, au Mali, du droit international de l'environnement nécessite qu'il soit juridiquement applicable. Cette effectivité permet de déterminer son efficacité. La publication des textes sur l'environnement permet de les opposer aux citoyens comme le précise l'article 6 du décret relatif à la publication des actes au Journal officiel de la République du Mali : « *Les actes publiés sont opposables aux tiers le lendemain de leur publication dans le District de Bamako et les chefs-lieux de région et un jour franc après l'arrivée du Journal officiel dans les autres chefs-lieux de circonscriptions administratives.* »[1] Elle permet l'application de l'adage « *Nul n'est censé ignorer la loi* ». Il est important de préciser que contrairement à ce que prévoit l'article 6 sus cité, le Journal officiel n'arrive pas, dans les faits, dans les chefs-lieux de région *a fortiori* dans les circonscriptions administratives inférieures[2]. Cela signifie-t-il que les actes publiés dans le Journal officiel, qui n'est pas parvenu dans ces localités, ne sont pas opposables aux populations desdites localités ? Voilà une autre difficulté qui ne permet pas aux normes environnementales d'être efficaces partout sur le territoire national. Même si l'on sait que l'accès aux actes, dont parle le décret, est difficile aux non-juristes, surtout pour ceux qui ne savent ni lire ni écrire le français, comme c'est le cas pour la plupart des Maliens. Malheureusement, la fiction de l'adage « Nul n'est censé ignorer la loi », qui est une présomption de connaissance de la loi, est l'unique moyen de faire appliquer les règles.
Si la publication des traités environnementaux permet de les opposer aux particuliers et les rendre efficaces, elle permet aussi à ces derniers de les invoquer dans le cadre de divers contentieux.

456. On dit d'une norme du DIE qu'elle est efficace, lorsqu'elle « *produit l'effet attendu* »[3] d'elle. L'effet attendu des normes environnementales est qu'elles protègent l'environnement en permettant de condamner les diverses atteintes qui lui sont portées. Or, la sanction de la norme suppose non seulement qu'elle existe, mais qu'elle soit aussi portée à la connaissance de ses destinataires. Il ne se pose pas de problème d'existence de normes environnementales au Mali, même si celles-ci méritent d'être mieux précisées, mais un problème de leur connaissance par leurs destinataires. Celle-ci conditionne pourtant leur opposabilité et une norme non opposable est une norme non efficace.

457. Il a été indiqué plus haut que la publication des normes internationales d'environnement marque le point de départ de leur entrée en vigueur en droit

---

[1] V. JORM n° 51 du 22 décembre 2017, pp. 2032-2033.
[2] Trois préfets contactés dans le cadre de cette recherche ont confirmé qu'ils ne reçoivent pas le Journal officiel dans leurs localités respectives. Ils ajoutent que « *par contre certains textes importants nous sont communiqués par la hiérarchie* ».
[3] V. *Le petit Larousse illustré*, 2018, *op. cit.*, p. 416.

interne. Celle-ci est donc une condition de leur applicabilité en droit interne comme l'exige l'article 116 de la Constitution de 1992. Cela signifie, en termes juridiques clairs, qu'un texte environnemental, même s'il est valide, au regard du droit international, ne s'applique sur le territoire malien que s'il est publié au Journal officiel du pays. Autrement dit, la publication des textes internationaux par les instances internationales, dans des bulletins dédiés, ne saurait suffire pour les rendre opposables aux citoyens des États. Le juge qui appliquerait aux citoyens un texte international non publié au Mali commettrait une erreur grave de droit qui serait susceptible d'engager sa responsabilité et celle de l'État. Pour éviter cela, il convient de parer à cette lacune au Mali en publiant les textes.

458. Le Journal officiel de la République, qui est l'unique procédé le plus à même d'informer tous les citoyens de l'existence et du contenu des textes, ne contient pas les textes internationaux ratifiés par le Mali dans le domaine de l'environnement[1]. Pour ne citer que le seul exemple de l'Accord de Paris sur les changements climatiques[2], son décret de ratification publié à la page 1639 du Journal officiel n° 41 du 07 octobre 2016[3] précise à son article 2 : « *Le présent décret, accompagné du texte de l'Accord, sera enregistré et publié au Journal officiel.* » Or, le décret n'est pas accompagné du texte de l'Accord comme l'annonce l'article. Il n'est pas accessible sur le site du ministère des Affaires étrangères encore moins sur celui du ministère de l'Environnement. Pourtant, on peut estimer que la copie de l'Accord existe au Mali. Même les juges, lorsqu'ils « *ne peuvent pas lire, dans le journal officiel, le texte des conventions dont, par ailleurs, ils peuvent connaître l'existence, ils doivent bien se résigner à en méconnaître la teneur dans leurs jugements* »[4]. Le défaut de publication des textes internationaux environnementaux au Journal officiel a aussi comme conséquence que certaines hautes autorités ne soient pas bien « *renseignées sur le détail des obligations internationales souscrites au nom du pays* »[5]. Cela montre donc qu'au-delà d'une simple exigence procédurale, la publication des textes internationaux environnementaux est d'une haute portée juridique. Leur non-publication impacte négativement leur efficacité. Pourtant l'article 116 de la Constitution du 25 février 1992 indique clairement que « *Les traités ou accords régulièrement ratifiés ou approuvés ont, dès leur*

---

[1] Le Secrétariat général du Gouvernement dont relève le Journal officiel justifie la non-publication des accords internationaux par le manque de moyens. Seuls les décrets de ratification de ces accords sont publiés au JORM.

[2] Il est entré en vigueur le 04 novembre 2016.

[3] V. www.sgg-mali.ml, consulté le 23 juin 2020.

[4] Tribunal de Grande Instance de Saint-Nazaire, 21 novembre 1960, Gazette du Palais, 16 février 1962, cité dans Annuaire français de droit international, La publication des engagements internationaux de la France, p. 888.

[5] *Ibid.*

publication, une autorité supérieure à celle des lois… ». Il y a lieu d'en déduire que, puisque non publiés, ces traités et accords n'ont aucune « autorité supérieure à celle des lois ». Ce qui doit conduire logiquement le juge, s'il en est saisi, à écarter leur application.

459. Le recueil non exhaustif des textes multilatéraux sur l'environnement[1] peut-il être opposé aux tiers ? Une réponse négative s'impose. Il ne s'agit que d'une simple compilation de textes multilatéraux. Il existe beaucoup de textes bilatéraux conclus dans le domaine de l'environnement entre le Mali et un nombre important de pays, voisins ou souvent très lointains qui ne sont pas publiés dans les deux recueils produits par le ministère de l'Environnement[2]. La dernière édition de ce recueil date de 2009 et ne contient donc pas tous les textes ratifiés par le Mali depuis 2009. Pour pouvoir consulter, par exemple, le texte de l'Accord de Paris sur les changements climatiques et beaucoup d'autres, il faut se rendre sur les sites internet des Organisations internationales ou ceux de certaines structures d'autres pays. Peut-on dans ces circonstances invoquer l'adage cité ci-haut et opposer ces textes non publiés aux Maliens ? Les traités environnementaux doivent avoir fait l'objet d'une publication, après avoir été régulièrement ratifiés ou approuvés pour être applicables. Il s'agit d'ailleurs là d'une exigence constitutionnelle[3] et même d'une question de logique. Même si la publication d'un texte international peut ne pas souvent

[1] Recueil compilé par le Comité National de Pilotage du Projet Partenariat pour le Développement du Droit et des Institutions de Gestion de l'Environnement en Afrique (PADELIA) créé par l'arrêté n° 06-2354 du 17 octobre 2006, v. JORM n° 37 du 12 septembre 2008, p. 1467.

[2] V. Protocole d'accord dans le domaine des Eaux et Forêts, chasses et conservation de la nature signé à Bamako le 20 juin 1996 entre le Gouvernement du Mali et celui du Sénégal ; Accord de coopération dans le domaine de l'environnement et de la forêt signé à Bamako le 23 juillet 1999 entre la République du Mali et celle de la Côte d'Ivoire ; Protocole d'accord signé à Bamako le 12 juillet 1988 entre la République du Niger et la République du Mali relatif à la coopération dans l'utilisation des ressources en eau du fleuve Niger ; Protocole d'accord signé à Bamako le 23 janvier 2003 entre la République de Guinée et la République du Mali relatif à la coopération bilatérale pour la connaissance, la gestion, la mobilisation et l'utilisation des ressources en eau du bassin du Niger supérieur ; Accord signé dans le domaine de la gestion des forêts et des aires protégées à Libreville le 18 mars 2008 entre le Gouvernement de la République du Mali et le Gouvernement de la République gabonaise ; Protocole d'accord signé le 17 juillet 2010 entre le Gouvernement de la République du Mali et le Gouvernement de la République tunisienne dans le domaine de l'environnement ; Accord de Coopération dans le domaine de l'Assainissement et de l'environnement signé à Doha le 16 décembre 2018 entre le Gouvernement de la République du Mali et le Gouvernement de l'État du Qatar ; Accord de Coopération technique entre le gouvernement de la République du Mali et le Gouvernement de la République de Guinée dans le domaine de l'environnement, signé à Bamako le 24 avril 2017 ; etc. ; v. *supra,* Partie 1.

[3] V. art. 116 de la Constitution du 25 février 1992 (v. aussi, CE, 18 avril 1951, *Élections de Nolay*, rec., p. 189).

suffire pour reconnaître à celui-ci une force de loi[1], celle-ci apparaît comme une condition essentielle.
La publication, en permettant aux destinataires des normes d'être informés de leur contenu, peut les inciter à saisir le juge en cas de manquement à celles-ci.

460. Le rôle du juge est particulièrement important dans l'application des normes internationales d'environnement en ce qu'il veuille à l'exacte observation des engagements internationaux du pays. L'accès au juge est un principe, reconnu par de nombreux textes, qui donne le droit à toute personne, « (…) *à ce que sa cause soit entendue équitablement et publiquement par un tribunal indépendant et impartial* »[2]. L'article 10 de la Déclaration de Rio 1992 rappelle qu'« (…) *un accès effectif à des actions judiciaires et administratives, notamment des réparations et des recours, doit être assuré* » en matière d'environnement. Cet accès au juge doit être non seulement effectif, mais également encouragé car, sans lui, le droit à l'environnement n'aurait aucun sens[3]. Il faut se réjouir du fait que la République du Mali a, le 19 février 2010, conformément à l'article 34 (6) du Protocole de Ouagadougou[4], déposé la déclaration spéciale acceptant la compétence de la Cour africaine des Droits de l'Homme et des Peuples pour recevoir, contre elle, les requêtes de ses ressortissants et des ONG de droit malien, en cas de violation supposée de leurs droits. Par cette Déclaration, les atteintes au droit à un environnement sain, dont peut être responsable l'État du Mali, pourront être jugées par cette Cour africaine. Elle a d'ailleurs déjà été saisie à plusieurs reprises par des ressortissants maliens, mais dans des domaines autres que l'environnement. Le problème n'est cependant pas définitivement réglé car, cette Cour ne doit être saisie que postérieurement « (…) *à l'épuisement des recours internes s'ils existent, à moins qu'il ne soit manifeste à la Cour que la procédure de ces recours se prolonge de façon anormale* »[5]. Il convient donc de susciter les recours internes en les maximisant. La question se pose justement de savoir comment susciter davantage la saisine des juridictions nationales qui sont

---

[1] Le Conseil d'État français a plusieurs fois reconnu que « *la seule publication de la Déclaration universelle des droits de l'homme au journal officiel ne permet pas de ranger cette dernière au nombre des textes diplomatiques qui, ayant été ratifiés et publiés, ont, aux termes de l'art. 55 de la Constitution du 4 octobre 1958, une autorité supérieure à celle de la loi interne* » ; v. notamment CE, 26 septembre 2005, 248357 association collectif contre l'andiphobie ; CE, 18 avril 1951, *Élections de Nolay*.
[2] V. art. 10 de la Déclaration universelle des droits de l'homme du 10 décembre 1948, repris par l'art. 7 de la Charte Africaine des Droits de l'Homme et des Peuples.
[3] Julien BETAILLE, *Accès à la justice de l'Union européenne, le comité d'examen du respect des dispositions de la Convention d'Aarhus s'immisce dans le dialogue des juges européens : à propos de la décision n° ACCC/C/2008/32 du 14 avril 2011*, RJE, 2011, n° 4, vol. 36, pp. 548.
[4] Il s'agit du Protocole relatif à la Charte Africaine des Droits de l'Homme et des peuples portant création d'une Cour africaine des droits de l'homme et des peuples.
[5] V. art. 40 du Règlement de la Cour et 56 de la Charte.

pourtant compétentes pour se prononcer sur le respect par le Mali de ses engagements internationaux en matière d'environnement. Les citoyens et associations maliens peuvent également saisir la Cour de justice de la CEDEAO lorsqu'ils estiment que le droit à l'environnement n'est pas respecté par le Gouvernement du Mali. Il n'est pas inutile de rappeler, à cet égard, que cette juridiction a déjà rendu un arrêt important en matière d'environnement entre une ONG nigériane et la République fédérale du Nigeria[1].

461. Une véritable information des usagers de la justice sur les droits que les textes environnementaux leur accordent permet de susciter de telles saisines tant au niveau national qu'au niveau africain. Mais, cette information passe par la publication, par des voies appropriées, de ces textes et l'explication de leur contenu. Ce qui fait largement défaut. La suppression des frais de procédure en matière d'environnement, la célérité dans le traitement des dossiers et dans le prononcé des décisions de justice peuvent permettre d'encourager les justiciables à régulièrement faire état devant le juge de la violation de leurs droits environnementaux. La reconnaissance de la personnalité juridique à l'environnement[2] permet également d'élargir le champ des personnes aptes à demander le contrôle du respect des textes internationaux. Puisque « (...) *les personnes morales semblent mieux armées pour conduire des actions contentieuses pertinentes* »[3], il convient de lever les verrous[4] qui pèsent sur les associations environnementales en vue de leur permettre de remplir constamment les salles d'audience. Mais, les conditions de création de ces associations doivent être mieux encadrées pour éviter qu'elles ne soient créées par tout venant en raison de ce qui se gagne au nom de l'environnement au lieu de servir l'environnement.

La publication des normes du DIE a pour effet de permettre aux justiciables de les invoquer dans le cadre d'un éventuel contentieux.

462. La réception des traités environnementaux bilatéraux ou multilatéraux dans l'ordre juridique malien, cela a été précisé précédemment, est encadrée par l'article 116 de la Constitution qui exige leur publication. Dès leur réception, ils deviennent une source formelle du droit malien. À ce titre, ils peuvent

[1] V. ECW/CCJ/JUD/18/12 du 14 décembre 2012, SERAP c. République du Nigeria.
[2] V. *infra*. Chapitre 2, section 2.
[3] Julien BETAILLE, *Les conditions juridiques de l'effectivité de la norme en droit public interne, illustrations en droit de l'environnement et de l'urbanisme*, *op, cit.*, p. 513.
[4] Il convient de ne plus faire dépendre la saisine de la Cour africaine des droits de l'homme et des peuples par ces associations à la volonté des États.

être invoqués devant les juridictions nationales et internationales[1]. L'invocabilité en justice d'une norme internationale d'environnement signifie « (...) *le droit conféré à une personne de faire état de son existence lors d'une instance, dans la perspective d'obtenir la satisfaction d'une revendication* »[2]. Pour pouvoir invoquer cette norme, faudrait-il d'abord être informé de son existence. C'est l'objet de sa publication.

463. Mais, il est regrettable de constater que la publication de certains textes semble ne pas avoir une grande importance au Mali, si l'on se réfère à la Charte de la Transition et à l'avis juridique n° 12-2020/CS-AC. FR du 25 septembre 2020, alors qu'en vérité, elle l'est juridiquement et fondamentalement. Par cet avis, la Cour suprême reconnaît la suprématie de la Charte de la Transition à la Constitution du 25 février 1992[3], une Charte qui est censée ne pas être entrée en vigueur à la date de l'avis[4], même si son article 24 laisse lire qu'elle « entre en vigueur dès son adoption par les forces vives de la Nation ». Heureusement que la Cour se ravise rapidement par l'avis n° 13-2020/CS-AC. FP du 07 octobre 2020[5] ayant le même objet que le précédent : « le Secrétaire Général du Gouvernement a demandé au Président de la Cour Suprême un avis juridique sur le choix des textes constitutionnels à retenir au niveau des visas entre l'Acte Fondamental, la Constitution et la Charte de la Transition, voire leur prééminence ». Ce second avis ne met pas fin à la confusion car tous les décrets pris par le Président de la Transition depuis son investiture le 25 septembre 2020 qui visent d'abord la Charte de la Transition et la Consti-

---

[1] Il existe plusieurs juridictions africaines (CADHP, Cour de justice de l'UEMOA, Cour de justice de la CEDEAO) et international (CIJ) ayant compétence pour le Mali dans le domaine de l'environnement.

[2] Jean-Felix DELILE, *L'invocabilité des accords internationaux devant la cour de justice et le Conseil d'État français*, thèse soutenue en 2014 à l'Université de Bordeaux, p. 53. V. aussi Gérard TEBOUL selon qui, le juge interne « *se prononce sur l'invocabilité de la convention par les particuliers, autrement dit, sur la possibilité, pour une source de droit des gens, de produire des effets dans l'ordre interne. En bref, c'est l'accès de l'individu à la norme juridique internationale qui est en cause* », (« Le juge administratif et le droit international, aspects récents de droit formel », A.J.D.A., 1995, pp. 43-65).

[3] La Cour dit « Qu'il sied de retenir dans les visas, la prééminence de la Charte de la Transition suivie de la Constitution du 25 février 1992 ». L'art. 25 même de la Charte dispose qu'« *En cas de contrariété entre la Charte de la Transition et la Constitution du 25 février 1992, les dispositions de la présente Charte s'appliquent* ».

[4] La Charte a été adoptée le 12 septembre 2020 par les « forces vives de la nation » et n'a été promulguée et publiée que le 1er octobre 2020 (v. le décret n° 2020-0072/PT-RM du 1er octobre 2020 *portant promulgation de la Charte de la Transition*, publié au JORM spécial n° 17 du 1er octobre 2020). Si elle entre en vigueur dès le jour de son adoption (12 septembre 2020), on pourrait se demander ce qui justifie sa promulgation quelques jours plus tard. Ce qui est encore paradoxal c'est que c'est le Président de la Transition qui tire sa légitimité de la Charte qui promulgue ladite Charte.

[5] Par ce second avis, la Cour « Dit de viser la Constitution d'abord et la Charte de la Transition après ».

tution ensuite doivent être rectifiés. Ce fut heureusement le cas. Mais, la confusion demeure au niveau de la validité juridique de la Charte de la Transition qui ne devrait commencer à courir qu'à partir du 02 octobre 2020, après sa promulgation et sa publication au Journal officiel le 1er octobre 2020[1]. Mieux, elle est promulguée par celui qui est censé tirer sa légitimité de la même Charte, puisqu'ayant prêté serment selon la formule prévue par celle-ci. Cette confusion constitue un recul qui est susceptible de remettre en cause le droit à l'environnement garanti pourtant par la Constitution car, l'article 25 de cette Charte dispose qu' « *En cas de contrariété entre la Charte de la Transition et la constitution du 25 février 1992, les dispositions de la présente Charte s'appliquent* ». La Cour constitutionnelle, pourtant gardienne de la Constitution, a brillé par son silence. C'est dans ces conditions que se pose la question de l'invocabilité des textes du DIE devant le juge malien.
La publication des textes internationaux environnementaux au Mali permet aux particuliers et aux autres personnes morales de s'en prévaloir devant les juridictions maliennes. Pour invoquer la responsabilité du Mali devant les juridictions internationales, la ratification peut suffire.
La question qu'il convient de se poser ici est celle de savoir si les traités environnementaux ratifiés ou les accords approuvés par le Mali, mais non publiés, sont juridiquement invocables devant le juge malien. Une réponse négative nécessiterait leur publication afin qu'ils soient invocables sur le plan national et permettre au droit international de l'environnement de s'appliquer et d'exercer l'influence attendue d'elle sur le droit malien de l'environnement.

464. L'absence de publication des différents traités et accords environnementaux ratifiés par le Mali au Journal officiel du pays pose la question de leur invocabilité devant le juge national. Cette question de leur invocabilité trouve sa réponse dans la Constitution du 25 février 1992 dont l'article 116 dispose : « *Les traités ou accords régulièrement ratifiés ou approuvés ont, dès leur publication, une autorité supérieure à celle des lois* (…) » et dans le guide pour l'élaboration des textes législatifs et réglementaires rédigé par le Secrétariat Général du Gouvernement du Mali selon lequel « *La publication du seul décret de ratification ou d'approbation ne suffit pas à elle seule à conférer au traité signé et ratifié une supériorité juridique aux lois et à être opposable aux justiciables. Il faut absolument que le texte même du traité ou de la*

[1] Voir notamment le décret n° 2020-0096/PM-RM du 16 octobre 2020 *portant répartition des services publics entre la primature et les départements ministériels*, publié au JORM spécial n° 18 du 19 octobre 2020, p. 16 ; le décret n° 2020-0095/PT-RM du 16 octobre 2020 *fixant les attributions spécifiques des membres du gouvernement*, publié au JORM spécial n° 18 du 19 octobre 2020, p. 4 ; le décret n° 2020-0068/PT-RM du 27 septembre 2020 *portant nomination du Premier Ministre*, publié au JORM spécial n° 18 du 19 octobre 2020, p. 2 ou le décret n° 2020-0074/PT-RM du 05 octobre 2020 *portant nomination des membres du gouvernement*, publié au JORM spécial n° 18 du 19 octobre 2020, p. 2.

convention ait été publié intégralement au Journal officiel afin que ses dispositions s'imposent aux lois, produisent des effets juridiques, soient opposables aux personnes physiques ou morales. C'est cette publication qui consacre et parachève le processus d'entrée du traité dans l'ordonnancement juridique interne »[1]. Il faut en déduire que tous les traités environnementaux auxquels le Mali est Partie sont non invocables devant le juge malien puisque juridiquement non opposables aux particuliers. Ils ne sont pas portés à leur connaissance par l'importante formalité de la publication[2].

465. La doctrine juridique tout comme la jurisprudence française abondent dans le même sens. Ainsi, selon Louis FAVOREU *et alii* « (...) *un engagement international ratifié ou approuvé mais non régulièrement publié ne produit aucun effet juridique en droit interne* »[3]. Il en est de même lorsque cet engagement est publié, mais non ratifié. Selon le Guide de légistique français, l'obligation de publication « (...) *doit être respectée strictement, notamment dans la mesure où de nombreux accords peuvent affecter des intérêts privés. En cas de non-publication, en effet, l'accord (...) n'est pas opposable aux personnes et, d'une manière générale, n'est pas invocable dans l'ordre juridique interne* »[4].

466. Toutes les organisations régionales ou sous-régionales ayant légiféré dans le domaine de l'environnement et dont le Mali est membre, conditionnent l'opposabilité et l'invocabilité de leurs textes à leur publication dans leurs journaux officiels. Elles invitent les États à publier lesdits textes à leur propre niveau. Ainsi, le traité révisé de la CEDEAO précise que les décisions et règlements de l'Organisation « *sont exécutoires de plein droit soixante (60) jours après la date de leur publication dans le Journal officiel de la Communauté* »[5] et invite au même moment chaque État membre à publier lesdits actes dans son Journal officiel dans les mêmes conditions d'opposabilité. Pour le traité modifié de l'UEMOA, « *Les actes additionnels, les règlements, les directives et les décisions sont publiés au Bulletin Officiel de l'Union. Ils entrent en vigueur après leur publication à la date qu'ils fixent* »[6]. L'article 32 de la Convention instituant le CILSS précise : « *Les actes de la Conférence des Chefs d'État et de Gouvernement et les décisions du Conseil des ministres sont publiés au journal du CILSS et diffusés au niveau des États* ». La liste

---

[1] P. 129 du rapport.
[2] Les différents traités bilatéraux étudiés dans la première partie de ce travail n'existent qu'au niveau du ministère des affaires étrangères.
[3] Louis FAVOREU, Patrick GAÏA, Richard GHEVONTIAN, Jean-Louis MESTRE, Otto PFERSMANN, André ROUX et Guy SCOFFONI, *Droit constitutionnel*, 21ème Ed., Précis, Dalloz, Paris, 2019, p. 184.
[4] Guide de légistique français, *op. cit.*, p. 480.
[5] Art. 9 (5, 6 et 7) et 12 du traité.
[6] Art. 45.

n'est pas exhaustive. Si les textes de la CEDEAO et de l'UEMOA sont effectivement publiés au Journal officiel du Mali depuis seulement le 15 février 2015[1], ceux d'autres Organisations comme le CILSS, l'ABN, etc., ne le sont pas encore. Il reste de même à publier les textes de toutes les Conventions internationales environnementales spécifiques ou générales ratifiées par le Mali. Pour le moment, seuls leurs décrets de publication sont publiés. Or, cela n'est pas suffisant.

467. La plupart des personnes censées être averties de l'existence des normes environnementales au Mali ignorent leur existence. Que peut-on espérer, dans ces conditions, de ceux qui sont censés les ignorer ? Cette non-invocabilité de toutes les normes du DIE devant le juge malien limite leur contrôle et, par voie de conséquence, ne permet pas au DIE d'être appliqué. Ce constat justifie qu'il soit publié afin de permettre leur invocabilité devant le juge national.

468. Le juge malien ne saurait considérer comme sources du droit applicable, dans l'ordre juridique interne, des traités environnementaux non publiés au Mali. L'article 116 de la Constitution l'en empêche. Si les organisations régionales sus étudiées conditionnent l'invocabilité de leurs textes à leur publication dans leurs propres organes dédiés, cette invocabilité ne vaut que devant le juge international et non devant le juge national. La ratification des traités et l'approbation des Accords ne constituent qu'une première étape de l'insertion des engagements internationaux dans l'ordre interne. La seconde étape est représentée par la publication de ces engagements. Donc, pour que les normes du DIE soient invocables devant le juge malien, il est nécessaire qu'elles soient publiées au Journal officiel de la République ou par tout autre moyen approprié[2]. Normalement, c'est le ministre des Affaires étrangères qui saisit le Secrétariat Général du Gouvernement du décret de publication qui doit être accompagné du texte des traités et Accords *in extenso*. Lorsque le texte du traité ou de l'Accord modifie ou complète un autre « (…) *engagement précédent dont la publication n'aurait pas été effectuée, il est nécessaire de publier celui-ci simultanément avec l'acte le modifiant ou le complétant* »[3]. « *Un avis de la Cour constitutionnelle peut toujours aider à préciser les conditions d'entrée des traités et accords internationaux dans l'ordonnancement juridique et de leur applicabilité.* »[4] Le Guide de rédaction des textes législa-

---

[1] V. www.sgg-mali.gouv.ml, consulté le 04 juin 2020. En plus des textes de la CEDEAO et de l'UEMOA, l'on y retrouve publiés ceux de la CIMA (Conférence Interafricaine des Marchés d'Assurance), de l'OHADA, de l'OAPI (Organisation Africaine de la Propriété Intellectuelle), de la CIPRES (Conférence Interafricaine de la Prévoyance Sociale). Les adresses des sites de ces Organisations y sont aussi disponibles.

[2] V. Guide pour l'élaboration des textes législatifs et réglementaires, p. 129 et s.

[3] *Ibid.*, p. 481.

[4] P. 129 du Guide.

tifs et réglementaires, sus -cité, rappelle que « *Sous réserve du cas des conventions de financement de l'économie nationale ou comportant des clauses de sécurité et de défense, une publication intégrale du texte ratifié ou approuvé au Journal officiel, s'agissant en particulier des conventions relatives à l'état des personnes, aux droits civils et politiques, doit être la règle* »[1]. Une autre difficulté qu'il n'est pas inutile de souligner est l'applicabilité de certains textes nationaux, lois ou règlements, qui visent expressément des textes internationaux ratifiés, mais non publiés. Si la question est posée lors d'un procès, le juge pourra toujours se fonder sur l'article 116 de la Constitution pour écarter l'application du texte international qui n'est pas publié.

469. Loin de minimiser les efforts qui ont permis la compilation de certains textes internationaux sur l'environnement en un recueil dont la dernière édition remonte à 2009, il convient de faire remarquer que ce document n'est pas suffisant sur le terrain du droit pour permettre l'application desdits textes. Ce recueil qui n'est pas exhaustif[2] n'a pas de portée juridique. Car, selon le décret *relatif à la publication des actes au Journal officiel de la République du Mali, « (...) seuls les actes publiés au journal officiel font foi jusqu'à la publication d'un acte rectificatif »*[3]. Sauf à considérer que ces traités et Accords ne constituent pas des actes entrant dans le champ du décret. Le recueil n'est pas à jour et est difficilement accessible. Il pose donc la question de la juridicité des textes qu'il publie car « (...) *des règles qui ne sont pas invocables devant un organe qui doit appliquer des normes juridiques ne sont pas des règles juridiques* »[4]. L'avant-propos qui précise qu'il « *a pour objet de présenter les traités, bilatéraux et multilatéraux, des principes et déclarations signés/ratifiés par le Mali et qui rentrent dans l'ordonnancement juridique du pays* » ignore que ces textes ne sont pas entrés dans « l'ordonnancement juridique du pays ». Le manque de moyens qui est l'argument souvent évoqué pour la publication de ces textes au Journal officiel n'est pas un argument éloquent.
Ces textes environnementaux qui attendent d'être publiés au Journal officiel malien pour être invocables devant le juge malien peuvent l'être cependant

[1] P. 130 du Guide.
[2] Les rédacteurs de sa préface et de son avant-propos reconnaissent cette non-exhaustivité. V. préface et avant-propos.
[3] Il s'agit du décret n° 2017-0992/P-RM du 20 décembre 2017, publié au JORM n° 51 du 22 décembre 2017, p. 2032. Ce décret est d'ailleurs confus dans le libellé de son art. 2 qui ne cite pas parmi les textes qui doivent être publiés au Journal officiel, les traités et Accords alors que les différents décrets de ratification précisent qu'ils sont accompagnés, sans l'être, des textes des Conventions ou Accords qu'ils ratifient. Il dispose : « *Sont publiés intégralement au Journal officiel :*
- les lois ;
- les ordonnances ;
- les décrets ;
- les arrêtés ministériels ».
[4] Louis FAVOREU *et alii*, *op. cit.*, p. 91.

devant le juge international, notamment régional si les conditions de publication externe sont réunies[1].

470. Par la ratification d'un traité environnemental, la République du Mali « (...) *confirme son consentement à être lié par le texte du traité et s'engage à l'appliquer* »[2]. Cet engagement est formulé, en principe, vis-à-vis des autres sujets de droit avec lesquels elle a signé ledit traité. La question qui se pose ici est celle de savoir si ses ressortissants peuvent invoquer ledit traité devant les juridictions internationales, notamment africaines en cas de manquement par elle aux engagements contenus dans ledit traité. Si cela est possible, cette saisine doit être renforcée. Dans le cas contraire, il convient de l'envisager dans le cadre d'une juridiction régionale que ce travail appelle de ses vœux.

471. Tous les textes internationaux environnementaux ratifiés par le Mali, publiés ou non au Journal officiel du pays, sont invocables par les ressortissants maliens devant les juridictions africaines ou communautaires ayant compétence pour le Mali, si les conditions de l'invocabilité externe sont réunies. La règle selon laquelle « (…) *seuls les textes publiés au Journal officiel font foi* »[3] ne concerne que le droit interne et ne peut être invoquée par le Mali pour justifier la non-exécution par lui d'un traité environnemental[4]. En termes clairs, la non-publication d'un traité environnemental au Journal officiel du pays ne s'oppose pas à la condamnation du Mali par une juridiction internationale en cas de non-respect par lui de ce traité[5]. En effet, le droit international fait déjà de la ratification « (…) *l'acte qui engage l'État et la preuve que cet engagement est irrévocablement acquis* »[6]. Le décret relatif à la conclusion des traités au Mali, lui-même précise que « (…) *la ratification est la procédure au terme de laquelle l'État confirme son consentement à être lié par le texte d'un traité et s'engage à l'appliquer* »[7]. Seulement, la question qu'il convient de se poser est celle de savoir comment faciliter l'accès des requérants

[1] Il s'agit de la ratification et de la publication dans le bulletin officiel des Organisations internationales.
[2] Art. 12 du décret n° 2017-0992/P-RM du 20 décembre 2017, publié au JORM n° 51 du 22 décembre 2017, p. 2032.
[3] Art. 5 al. 2 du décret précité.
[4] V. art. 27 de la Convention de Vienne sur le droit des traités. V. aussi CIJ, 20 avril 2010, Usines de pâte à papier sur le fleuve Uruguay (Argentine c. Uruguay).
[5] Ainsi la Cour africaine de justice et des Droits de l'homme est compétence pour connaître entre autres de « *l'interprétation, l'application ou la validité des autres traités de l'Union et de tous les instruments juridiques dérivés adoptés dans le cadre de l'Union ou de l'Organisation de l'unité africaine* », art 28 du Protocole de Sharm El-Sheikh. Le traité de Ouagadougou précise que la CADHP est compétente pour connaître de « *tout instrument pertinent relatif aux droits de l'homme ratifié par les États concernés* », art. 3.
[6] V. *La publication des engagements internationaux de la France* in *Annuaire français de droit international*, vol. 8, 1962, pp. 888-905.
[7] Art. 12 du décret n° 2010- 718/P-RM du 31 décembre 2010 *relatif à la conclusion des traités*, publié au JORM n° 06 du 11 février 2011, p. 208.

maliens à ces juridictions africaines pour contrôler le respect du droit international de l'environnement par le Mali. La question est d'importance lorsqu'on sait que certaines de ces juridictions qui sont saisissables par les ressortissants maliens ne le sont pas effectivement en réalité dans le domaine de l'environnement[1]. Une des raisons est qu'ils ne sont pas informés de l'existence de ces textes afin de pouvoir les invoquer. Plusieurs propositions peuvent être faites à ce sujet.

472. D'abord, sachant que ces juridictions sont le plus souvent saisies après épuisement des recours internes[2], qui ne sont jamais ou rarement exercés, il convient d'ouvrir directement leur saisine chaque fois qu'il s'agit du contrôle du droit international de l'environnement. Elle ne doit plus être liée à l'épuisement des recours internes. Cette saisine directe qui est déjà possible lorsque que la procédure des recours internes est difficile, ou se prolonge d'une façon anormale[3], ne sera donc plus assortie de conditions. Elle n'exclut pas la compétence des juridictions internes. Ce choix doit être laissé aux personnes physiques et morales des différents États sans déclaration préalable de compétence de ces derniers[4].

473. Ensuite, compte tenu du niveau élevé du degré de pauvreté et de l'éloignement de ces juridictions des populations, il est nécessaire de réduire ou supprimer les coûts engendrés par les procédures. Il convient de réfléchir aussi à la programmation des audiences par rotation dans les différents pays ou sous régions. À défaut, il est possible de facilement invoquer le droit international de l'environnement devant la Cour de justice de l'Organisation pour l'Harmonisation du Droit de l'Environnement en Afrique[5], une juridiction dont le présent travail appelle l'institution de ses vœux.

474. La mise en place d'une Organisation d'intégration juridique dans le domaine de l'environnement en Afrique permettrait de résoudre la plupart des difficultés qui empêchent actuellement le droit international de l'environnement d'exercer une influence décisive sur l'application du droit des États. En effet, elle créera, au nombre de ses institutions, une juridiction chargée de juger tous les litiges environnementaux sur le continent.

---

[1] Cette saisine ne peut être faite que par un cercle restreint d'initiés.

[2] L'art. 56 (5) de la Charte africaine des droits de l'homme et des peuples veut que les requêtes, pour être recevables, soient « *postérieures à l'épuisement des recours internes s'ils existent, à moins qu'il ne soit manifeste* (…) *que la procédure de ces recours se prolonge d'une façon anormale* » (v. sur ce point l'Affaire Guillaume Kigbafori SORO et autres contre la République de Côte d'Ivoire - CADHP, 22 avril 2020, req., n° 012/2020-).

[3] *Id.*

[4] Cette obligation de déclaration de compétence préalable des États a montré ses limites car, elle n'est pas faite par tous les États et beaucoup de ceux qui l'ont faite sont revenus sur leur décision.

[5] V. *infra*, Annexe 2.

Le contentieux relatif à l'application des textes communs serait réglé en première instance et en appel par les juridictions des États Membres et en dernier ressort par la Cour de Justice de l'OHDEA[1]. Avec le développement de la jurisprudence, il pourrait être institué une juridiction de premier degré de l'OHDEA. La Cour de l'OHDEA pourra être consultée par tout État Membre de l'Organisation ou par ses organes. La même faculté de solliciter l'avis consultatif de la Cour sera reconnue aux juridictions nationales. Saisie donc par la voie du recours en cassation, la Cour se prononcera sur les décisions rendues par les juridictions d'Appel des États Membres dans toutes les affaires soulevant des questions relatives à l'application des textes de l'OHDEA. Elle se prononcera dans les mêmes conditions sur les décisions non susceptibles d'appel rendues par toute juridiction des États Membres dans les mêmes contentieux[2].

475. Cette juridiction devra être directement ouverte aux différentes personnes physiques et morales des différents États sans que le consentement de ces derniers ne soit requis. Ce qui permettra de résoudre le problème d'invocabilité des textes internationaux sur le plan interne.
La condition de publication doit être complétée par d'autres qui ne sont pas moins essentielles en vue d'amplifier l'influence du droit international sur l'application du droit malien de l'environnement.

Section 2 - Des conditions ampliatives favorisant l'amplification de l'influence

476. La publication des engagements internationaux environnementaux du Mali n'est pas l'unique condition qui permet au DIE d'avoir des chances d'être appliqué et d'exercer une influence positive renforcée sur le droit malien de l'environnement. Elle demeure néanmoins une condition juridique fondamentale de l'application des textes sur le plan interne.

477. Il existe, en réalité, une multitude de conditions, juridiques ou non, que l'on pourrait qualifier d'ampliatives dont la satisfaction renforce l'influence du DIE sur l'application du droit malien de l'environnement. Deux de ces conditions sont examinées ici : le rehaussement du niveau de l'éducation environnementale et la promotion de l'accès à la justice en matière d'environnement. La première de ces deux conditions, même si elle n'est pas essentiellement juridique, est une exigence de nombreux textes, tant nationaux[3] qu'internatio-

---

[1] Nom de l'Organisation à mettre en place.

[2] Cf. Annexe 2.

[3] Le document de politique nationale de protection de l'environnement, adopté au conseil des ministres du mercredi 13 novembre 2019, insiste sur l'éducation environnementale comme élément clé du programme de consolidation des actions environnementales (v. p. 20 du document).

naux et permet de faciliter l'application des textes juridiques environnementaux. Son respect favorise une rapide assimilation des textes environnementaux et constitue un tremplin vers des actions judiciaires plus importantes à l'effet de faire appliquer ces textes.
Quant à la seconde condition, son effectivité constitue un indice important de la vitalité du droit de l'environnement au Mali. La vitalité de ce droit, faut-il le rappeler, est une des préoccupations de cet ouvrage.

Ces deux conditions, qui ne sont pas exclusives d'autres, sont complémentaires de la publication des textes.

478. Beaucoup d'écrits[1] et de discours sont consacrés à l'éducation environnementale, à la participation des citoyens aux décisions sur l'environnement, à l'amélioration des conditions d'accès à la justice en matière d'environnement. Il est important de s'interroger sur ce qui est fait pour rendre concrets et intangibles les vœux qui y sont formulés. Car, il paraît inconcevable de penser à une quelconque influence du droit international de l'environnement sur le droit national sans la concrétisation de ces vœux. Il n'est pas envisagé de reprendre ici ce que l'on sait déjà de ces questions, il doit seulement être question de proposer des voies et moyens permettant de rehausser le niveau de l'éducation environnementale au Mali et de promouvoir l'accès au juge en matière d'environnement, dans l'optique d'une amplification de l'influence du DIE sur l'application du droit malien de l'environnement.

479. Il est un devoir pour toute personne de prendre part à la préservation et à l'amélioration de l'environnement[2]. Cette participation passe par l'exercice des droits et devoirs tels que définis par les textes environnementaux[3]. L'éducation et la formation à l'environnement permettent de contribuer à l'exercice

---

Le recours au juge pour le contrôle des textes environnementaux fait partie de ces actions environnementales. Un parti politique a choisi de fonder son action sur l'éducation à l'environnement pour accéder au pouvoir. Il s'agit du *Rassemblement pour l'Éducation à l'Environnement et au Développement Durable,* dirigé par Madame DIALLO Aminata SIDIBÉ, ancienne candidate à l'élection du Président de la République au Mali.

[1] Aïssa HAMOUCHI, *Intégration de l'environnement et de l'éducation relative à l'environnement dans le système éducatif marocain : cas de l'enseignement des sciences de la vie et de la terre*, thèse soutenue en 2011 à l'Université Sidi Mohamed BEN ABDALLAH du Maroc ; Anne-Suze AMICY, *L'éducation relative à l'environnement dans le programme des deux premiers cycles du niveau fondamental en Haïti. Analyse comparative des programmes de sciences expérimentales de France, Haïti et Ontario (Canada)*, thèse soutenue en 2016 à l'Université Paris Est ; Alaya ALAYA, *L'Éducation à l'Environnement en Tunisie. Analyse des valeurs relatives à la nature et à l'environnement dans les conceptions d'enseignants et d'élèves et dans des manuels scolaires*, thèse soutenue en 2010 à l'Université de Lyon 1. La liste n'est pas exhaustive.

[2] Art. 15 de la constitution du Mali de 1992 et 2 de la Charte de l'environnement en France adossée à la constitution de 1958.

[3] Art. 8 de la Charte de l'environnement en France.

de ces droits et de ces devoirs[1]. Aussi, la nécessité de concilier l'éducation avec les objectifs de développement des pays doit se confirmer chaque jour. C'est la raison pour laquelle, l'éducation à l'environnement doit être, dans tous les pays, au Mali en particulier, une « *priorité nationale* »[2]. C'est elle qui permet, en effet, de façonner le citoyen de demain et donc de déterminer le devenir du pays. Les fruits de l'éducation exigeant une lente maturation, c'est aujourd'hui qu'il faut former les hommes de demain[3]. C'est la raison pour laquelle l'éducation environnementale doit, en particulier, y occuper une place prépondérante et commencer dès la famille[4] et se poursuivre dans les programmes scolaires et dans la vie de tous les jours. On donnera ainsi plus de chance aux textes environnementaux d'être mieux connus, mieux compris et plus suivis.

480. Le programme régional d'éducation environnementale[5], qui a démarré dès 1990 dans les États du CILSS, suivi de celui du Bureau Afrique de l'USAID dans trois pays africains dont le Mali en 2000, du plan d'accompagnement de la généralisation de l'éducation environnementale au Mali en 2001 et de l'élaboration en 2011 du guide d'activités pédagogiques en éducation environnementale en vue du développement durable destiné aux jeunes de tous les cycles d'enseignement au Mali[6] semblent ne pas produire les effets attendus[7]. Malgré leur pertinence, et sans doute des effets non négligeables, le

---

[1] *Ibid.*

[2] Au Mali, l'art. 2 de la loi n° 99-046 du 28 décembre 1999 *portant loi d'orientation sur l'éducation* le confirme : « *L'éducation est une priorité nationale* ». Selon l'art. L111-1 du Code français de l'éducation, elle est « *la première priorité nationale* ».

[3] Amadou-Mahtar M'BOW, ancien Directeur général de l'UNESCO, in discours de clôture à la Conférence internationale relative à l'éducation à l'environnement, Tbilissi, 26 octobre 1977.

[4] Car comme le précise le chapitre 36 de l'Agenda 21, « *l'éducation de base constitue le fondement de toute éducation en matière d'environnement* ».

[5] Ce programme qui est financé par l'Union européenne met l'élève du fondamental au centre des préoccupations d'environnement. V. www.cilss.int, consulté le 05 juin 2020. V. aussi rapport national 2005 sur l'état de l'environnement au Mali, p. 32.

[6] Ce guide qui a été réalisé grâce à la contribution financière de l'Agence canadienne de développement international contient des activités réalisées dans le cadre d'un séminaire de formation *Éduquer à l'environnement en vue du développement durable* qui s'est déroulé à Bamako, au Mali, du 10 au 14 janvier 2011.

[7] Les objectifs de cette éducation environnementale, étant de : « *1. Aider les populations à prendre conscience des problèmes environnementaux, sociaux et économiques auxquels elles sont confrontées ;*

2. amener les populations à acquérir les connaissances fondamentales pour mieux comprendre les causes, les conséquences et les solutions à mettre en œuvre pour espérer vivre dans un monde meilleur ;

3. développer chez les populations un sens des valeurs, un sens critique et une volonté d'agir activement en vue de l'amélioration et de la protection des milieux de vie et de l'environnement global ;

4. appuyer les populations afin qu'elles acquièrent les compétences nécessaires à l'identification et à la résolution des problèmes environnementaux, sociaux et économiques ;

constat d'un manque d'éducation environnementale reste intact. Il convient donc de poursuivre les efforts, de renforcer et de généraliser cette éducation à la protection de l'environnement à l'ensemble du système éducatif, normal et non formel, car l'homme, plutôt que seulement les moyens financiers, doit être principalement mis au centre du combat pour la protection de l'environnement. Le problème de la formation du juge poursuivant, et de l'ensemble des membres des différentes administrations, à la protection de l'environnement pourrait ainsi être, en partie, résolu en amont.

481. L'éducation est un moyen d'acquisition des connaissances permettant aux populations de maîtriser les textes afin de mieux les respecter et les faire respecter au besoin. En effet, beaucoup de textes reconnaissent le droit pour toute personne de participer à l'élaboration des décisions qui concernent directement son environnement et d'avoir accès à des moyens de recours dans l'éventualité où son environnement subirait des dommages ou des dégradations. Les textes et les moyens de recours doivent, dès lors, être connus et maîtrisés. L'importance de l'éducation à la protection de l'environnement n'est plus, de ce point de vue, à démontrer. Il reste à déterminer les moyens appropriés pour faire acquérir cette éducation environnementale.

Seront envisagées ici deux techniques de l'éducation à la protection de l'environnement : l'apprentissage et la sensibilisation.

482. On pourrait se poser la question de savoir en quoi l'éducation à la protection de l'environnement permet-elle au droit international de l'environnement d'exercer une influence quelconque sur l'application du droit malien de l'environnement. En effet, l'enseignement des textes environnementaux vise à faire acquérir des connaissances sur la réglementation environnementale. Celle-ci est constituée par l'ensemble des dispositions régissant les rapports entre l'homme et son milieu. Le respect de ces normes est essentiel pour le bien-être de l'homme et la survie des espèces. C'est le juge qui contrôle ce respect des normes au travers des actions qui sont portées devant lui. Il fera ainsi recours au droit international dont la référence dans la motivation des décisions est un gage de vivacité.

483. Si l'éducation est « (…) *l'action d'éduquer, de former, d'instruire quelqu'un* »[1], elle « *implique toujours une référence à des normes précises* »[2] de sorte que l'éducation à l'environnement renverra nécessairement à la connaissance des textes environnementaux. Puisqu'elle est vue comme « (…)

---

5. donner aux populations les moyens d'agir concrètement, sur tous les plans, à la résolution des problèmes environnementaux, sociaux et économiques ». V. p. 4 du guide.

[1] V. *Le petit Larousse illustré*, 2018, *op. cit.*, p. 416.

[2] *Dictionnaire des synonymes*, Larousse, éd. 1992, p. 246.

l'arme la plus puissante qu'on puisse utiliser pour changer le monde »[1], il convient de ne jamais se lasser de la promouvoir en matière d'environnement en vue de faire acquérir les réflexes nécessaires permettant d'aider à transmettre à la postérité un monde meilleur. En effet, l'éducation environnementale offre aux populations les connaissances nécessaires pour prendre soin de leurs milieux de vie et améliorer leurs conditions d'existence. C'est le but des règles environnementales. Elle demeure, à ce titre, un moyen favorisant l'action en justice qui a pour objet de faire respecter les textes environnementaux.

La connaissance et la maîtrise des textes environnementaux peuvent être acquises par la formation initiale et/ou par la formation continue.

484. Puisque « (...) *les lois de l'éducation sont les premières que nous recevons* »[2] et que l'éducation de la famille est la première de toutes[3], il convient d'asseoir les bases de l'éducation environnementale d'abord dans les familles. Ensuite, l'intégration « (...) *des thématiques liées à l'environnement* (...) *dans les curricula* »[4] de tous les ordres d'enseignement permettra de continuer à faire acquérir les connaissances nécessaires à l'adoption de comportements plus responsables vis-à-vis de l'environnement. L'introduction de cet enseignement dès le fondamental permet de grandir avec les réflexes favorables à l'amélioration et à la protection des ressources naturelles et du cadre de vie. L'acquisition de telles connaissances permet surtout, à long terme, de favoriser la saisine du juge afin qu'il sanctionne les comportements attentatoires à l'environnement.

485. La formation initiale est celle qui précède l'entrée sur le marché du travail. L'introduction dans les programmes d'enseignement du fondamental de certains textes majeurs comme les Déclarations de Stockholm et de Rio 1992 et d'autres à des niveaux supérieurs permet d'élargir le champ de prise de conscience de la dégradation de l'environnement, de ses causes et conséquences. En effet, la prise de conscience des problèmes environnementaux et la nécessité de contribuer à les résoudre, vu leur importance, ne doivent pas être seulement l'apanage d'une minorité[5]. De la même manière que la Constitution du pays, la Déclaration universelle des Droits de l'Homme et du citoyen

---

[1] Phrase attribuée à Nelson MANDELA.

[2] Montesquieu, *De L'esprit des lois*, *op. cit.*, p. 38.

[3] Pour Montesquieu, « *nous recevons trois éducations différentes ou contraires : celle de nos pères, celle de nos maîtres, celle du monde* », v. *op cit.*, p. 40.

[4] Le Conseil d'administration de l'Agence de l'Environnement et du Développement Durable en a déjà fait une des recommandations d'une de ses sessions (v. rapport national 2007 sur l'état de l'environnement au Mali, pp. 130 et 133). Il n'est pas en réalité difficile d'intégrer l'enseignement des textes fondateurs du droit de l'environnement moderne dans les différents programmes scolaires. Il s'agit simplement d'une question de volonté et d'engagement.

[5] Malheureusement, aujourd'hui encore, seule une minorité de personnes ont conscience des dangers provoqués par la dégradation de l'environnement.

de 1948 et les règlements intérieurs des écoles sont affichés dans tous les établissements, il doit être ajouté à ceux-ci les textes des Déclarations de Stockholm 1972[1], de Rio 1992[2] et d'importants textes nationaux comme la loi sur les pollutions et nuisances. Il est ainsi possible d'engager les enseignants à expliquer, sur l'année, leur contenu, disposition par disposition.

486. Selon le journal *L'indépendant*[3], de 2001 à 2010, le programme de formation et d'information sur l'environnement et le plan d'accompagnement de la généralisation de l'éduction environnementale au Mali (PFIE-PAGEEM) ont permis la formation de « (...) *1 050 membres de l'équipe pédagogique locale, 3 892 directeurs d'école dont 800 ont bénéficié de deux sessions de formations sur les trois prévues. À cela s'ajoute l'encadrement de 6 230 enseignants du fondamental et la mise à disposition de plusieurs modules de formation à l'intention des différents acteurs* »[4]. Ces efforts, bien qu'importants, sont bien en deçà de ce qui est attendu. C'est la raison pour laquelle ils doivent continuer, s'intensifier et s'améliorer.

487. La formation à la connaissance des textes environnementaux et de leur contenu, pour qu'elle soit une réussite, doit se poursuivre dans le temps, sans limite. Selon l'expression de la Déclaration de Tbilissi, elle doit « (...) *s'étendre sur toute la durée de l'existence humaine* »[5]. Elle se fera tant dans la langue officielle[6] que dans les langues nationales[7]. À cet égard, la Direction nationale de l'Éducation non-formelle et des Langues nationales[8] et le Centre national des Ressources de l'Éducation non formelle[9] y jouent un grand rôle. Car, leurs actions sont nettement orientées vers l'éducation des jeunes non scolarisés ou déscolarisés ainsi que des adultes.

---

[1] L'importance de ce texte a conduit l'Assemblée générale des Nations Unies à décider, dès le 15 décembre 1972, qu'aucune Résolution ne peut porter atteinte à ses principes 21 et 22 ; v. 2996 (XXVII).

[2] Ces textes doivent être affichés dans tous les services publics et privés du pays.

[3] Quotidien privé malien d'informations générales ; https://www.afribone.com/?Education-environnementale-au-Mali-27816, consulté le 07 juillet 2020.

[4] *Ibid.*

[5] V. Déclaration de la Conférence.

[6] La langue officielle qui est le français est, selon la loi d'orientation sur l'éducation citée ci-dessous, « *la langue de l'administration et des institutions de l'État* » (art. 3).

[7] « *L'enseignement est dispensé dans la langue officielle et dans les langues nationales* », art. 10 de la loi n° 99-046 du 28 décembre 1999 *portant loi d'orientation sur l'éducation*, publiée au JORM n° 4 du 10 février 2000, p. 123, modifiée par la loi n° 08-019 du 22 juillet 2008.

[8] V. l'Ordonnance n° 10-030 du 04 août 2010 *portant création de la Direction nationale de l'Éducation non formelle et des Langues nationales*, publiée au JORM n° 33 du 13 août 2010, p. 1299.

[9] V. Ordonnance n° 01-023 du 20 mars 2001 *portant création du Centre national des Ressources de l'Éducation non formelle*, publiée au JORM n° 09 du 31 mars 2001, p. 351, abrogée par l'Ordonnance n° 10-031 du 04 août 2010 *portant création du Centre national des Ressources de l'Éducation non formelle*, publiée au JORM n° 33 du 13 août 2010, p. 1299.

La formation continue dans le domaine de l'environnement tout au long de la vie doit aussi demeurer une priorité nationale.

488. Ce serait une erreur de penser que la formation à l'environnement et à la connaissance des textes qui le protègent devrait s'arrêter à l'entrée dans la vie professionnelle. D'ailleurs, le problème de la formation continue se pose pour l'ensemble des corps de métiers au Mali. C'est la raison pour laquelle, elle doit constituer « *une obligation nationale* ». Son exigence, en ce qui concerne le sujet qui nous occupe, se justifie davantage en raison de l'évolution sans cesse croissante et rapide du droit de l'environnement et des phénomènes qui y sont liés. L'obligation de transmettre un environnement protégé et mieux géré aux générations futures nécessite de continuer l'éducation à l'environnement tout au long de la vie. Cela passe aussi par l'introduction du droit de l'environnement parmi les matières à passer aux différents concours pour accéder à tous les corps de l'administration[1] y compris celui des juges[2]. Il convient, de même, d'étendre cette formation aux élus locaux, aux chefs d'entreprises et aux différents membres du Gouvernement. Ce n'est que par un tel engagement que l'on parviendra à faire acquérir doucement, mais sûrement, les réflexes nécessaires qui permettront une amélioration constante et efficace de notre environnement. Le but de cette formation continue et élargie doit être à terme de favoriser la saisine du juge afin que celui-ci contrôle le non-respect des textes environnementaux.

489. L'éducation non formelle concerne celle qui « (…) *se fait dans les centres d'alphabétisation des adultes, les centres d'apprentissage féminins et les centres d'éducation pour le développement* »[3]. Elle vise à former les jeunes non scolarisés ou déscolarisés et des adultes en vue d'assurer leur promotion sociale, culturelle et économique[4]. Ceux-ci constituent une frange importante de la société. Ils ne doivent pas être écartés des actions de développement et doivent connaître les textes qui protègent leur environnement au même titre que les citoyens scolarisés. Il s'agit donc d'un « *processus continu* »[5] qui doit s'adresser à tous les groupes d'âge et à tous les groupes socioprofessionnels de la population[6].

---

[1] Administration d'État et Administration territoriale.

[2] Dans le cadre des concours notamment.

[3] Art. 3 de la loi n° 99-046 du 28 décembre 1999 *portant loi d'orientation sur l'éducation*, publiée au JORM n° 4 du 10 février 2000, p. 123, modifiée par la loi n° 08-019 du 22 juillet 2008.

[4] *Id.* art. 42.

[5] Recommandation n° 1 de la Déclaration de Tbilissi.

[6] La Déclaration de Tbilissi précise les bénéficiaires de l'éducation à l'environnement : « *(a.) le grand public non spécialisé, composé de jeunes et d'adultes dont les comportements quotidiens ont une influence décisive sur la préservation et l'amélioration de l'environnement ; (b) certains groupes sociaux dont les activités professionnelles ont un retentissement sur la qualité de l'environnement ; (c) les scientifiques et les techniciens dont les recherches et les travaux*

En plus de l'éducation et de la formation à l'environnement, la sensibilisation du public à la connaissance des textes internationaux environnementaux doit être considérée comme un puissant moyen de renforcer l'influence du DIE.

490. Dans son document de politique nationale de protection de l'environnement adopté par le conseil des ministres du 13 novembre 2019, la République du Mali prévoit déjà, au nombre de ses actions environnementales à mener, « (…) *l'information et la sensibilisation des populations sur les textes relatifs à la protection de l'environnement* »[1]. Seulement, le problème du Mali est moins la mise en place de dispositifs juridiques de protection de l'environnement que leur mise en œuvre. C'est sur ce dernier aspect de la question que l'accent doit être davantage mis. À peine les textes sont adoptés que l'on prévoit leur relecture pour corriger leurs lacunes congénitales. La première partie de ce travail a pu démontrer que la difficulté des textes à s'appliquer ne se trouve pas dans leur relecture, mais, souvent, dans leur conception même[2] et dans la réelle volonté des décideurs à les faire suivre d'effet. Mais, une fois les textes environnementaux bien conçus, il y a lieu de s'interroger sur les meilleures manières d'assurer leur bonne diffusion en vue de faciliter leur application. Cette diffusion peut se faire aussi par la sensibilisation des populations.
La sensibilisation est l'action de « (…) *rendre sensible, réceptif à quelque chose* »[3]. Éduquer à l'environnement par la sensibilisation consiste à « faire prendre conscience », « attirer l'attention », « favoriser des réactions » vis-à-vis des nombreuses atteintes à l'environnement.

La sensibilisation des populations se fait soit par leur information, soit par l'exemple.

Outre la publication des textes internationaux sur l'environnement dont la nécessité juridique a été démontrée dans la section précédente, il convient de ne pas négliger le rôle qui incombe aux pouvoirs publics[4] et ONG environnementales d'informer les populations, par tout autre moyen utile, de tout ce qui touche à l'environnement, principalement des textes et de leurs contenus.

---

constitueront la base théorique de l'éducation et de la formation relative à l'environnement et de la gestion efficace de celui-ci ».

[1] V. p. 21 du document.

[2] V. première partie.

[3] *Le petit Larousse illustré*, 2019, *op. cit.*, p. 1061.

[4] Collectivités territoriales comprises.

491. La tenue annuelle, depuis 1999[1], d'un espace à la fois informatif et festif, *la quinzaine de l'environnement*, n'a pas permis, malgré les efforts de médiatisation et la production d'une revue trimestrielle, d'atteindre l'un de ses principaux objectifs : contribuer à faire changer de comportement au plus grand nombre de maliens vis-à-vis de l'environnement. Il n'est d'ailleurs pas exagéré de s'interroger sur la capacité d'un tel évènement à changer les comportements. Car, la protection de l'environnement n'est pas une affaire de « quinzaine annuelle », mais une préoccupation de chaque instant dont il convient de tenir compte dans les activités de tous les jours. Le côté festif sur lequel l'accent est mis[2] enlève à cet espace son importance de formation et de sensibilisation et devient un moment de gaspillage d'argent et d'exhibition devant les partenaires qui le financent. Il convient d'y mettre fin et de réserver son budget à la plantation et à l'entretien d'arbres dont l'utilité, sur divers plans, n'est plus à démontrer. Cette observation vaut également pour l'institution de la journée mondiale de l'environnement[3]. La création de plages quotidiennes de sensibilisation et d'explication d'extraits de textes environnementaux à la télévision, à la radio et dans la presse écrite est assurément meilleure. Ces moments d'explication doivent surtout mettre en évidence les méfaits de la dégradation de l'environnement sur notre santé, notre survie et les sanctions prévues par la réglementation en vigueur.

492. En réalité, la sensibilisation à la maîtrise des textes environnementaux vise à promouvoir auprès des jeunes générations et, à travers elles, auprès de toutes les populations, des attitudes, des valeurs, des capacités et des comportements de participation consciente et active à une gestion rationnelle des ressources fragiles du pays, en particulier, à la résolution des problèmes liés à la sécheresse et à la désertification. Ces attitudes et valeurs ne peuvent être acquises que par un travail soutenu et continu de l'ensemble des acteurs et non pas par des actions sporadiques de quelques personnes, elles-mêmes souvent non véritablement trempées dans la chose environnementale.

493. La nature et la complexité des actions à entreprendre en matière d'environnement nécessitent l'implication des acteurs autres que l'État, ses services et les collectivités territoriales. Il est particulièrement fait allusion ici aux

---

[1] Moyen politique important, mais insuffisant, pour susciter une plus grande prise de conscience de la nécessité de prêter attention aux atteintes à l'environnement, cet évènement se tient à des dates importantes de l'histoire de la protection de l'environnement : le 05 juin (journée mondiale de l'environnement, 2112ème séance plénière de l'AG du 15 décembre 2072), le 06 juin (journée africaine de l'environnement) et le 17 juin (journée mondiale de lutte contre la désertification). V. www.aedd.ouv.ml, consulté le 25 mai 2020.

[2] V. site de l'AEDD (www.aedd.gouv.ml) consulté le 25 mai 2020.

[3] Ce n'est pas l'institution de la journée en tant que telle qui est dénoncée ici, mais le fait qu'elle donne l'impression qu'il n'y a pas lieu de penser à l'environnement pendant les autres journées de l'année.

ONG environnementales nationales dont le rôle de sensibilisation des populations doit se traduire par la saisine des juridictions compétentes pour faire sanctionner les nombreuses atteintes à l'environnement. Mais, au lieu de cela, la plupart d'entre elles préfèrent profiter de ce qui se gagne au nom de l'environnement plutôt que de le défendre réellement.
Elles sont donc invitées à tracer le chemin en montrant l'exemple.

494. Si « (…) *la meilleure école demeure celle de l'action et de la participation* »[1], il revient à tous ceux qui parlent au nom de l'environnement, aux administrations environnementales en particulier, de prêcher par l'exemple. Il est, en effet, difficile aux services environnementaux de convaincre leurs usagers du bien fondé de leurs actions en faveur de l'environnement si leurs comportements jurent avec tout ce qu'ils prônent au quotidien au nom de celui-ci. Un tour dans ces différentes administrations permet de s'en convaincre. En effet, les fondamentaux du droit à l'environnement sain font défaut : absence de poubelles dans les différents bureaux, bureaux transformés en réfectoires, installation des bureaux dans des centres commerciaux, sanitaires non entretenus, problèmes d'assainissement, etc.. Une telle réalité jure, de toute évidence, avec les textes sur les pollutions et nuisances.

495. Pour protéger l'environnement, il n'est pas nécessaire que ceux qui s'en chargent maîtrisent absolument tous les textes environnementaux. Il s'agit d'ailleurs d'un exercice difficile, voire impossible. Les enseignants, par exemple, ne devront pas attendre d'avoir maîtrisé toutes les connaissances relatives à l'environnement pour se mettre à l'œuvre[2]. « *Ils devront agir selon leur bon sens en faisant confiance à leurs connaissances personnelles, même si celles-ci sont restreintes* »[3]. Qui ne connaît pas, par exemple, l'utilité d'un arbre ? Ce serait une excellente chose si tous les membres du Gouvernement, les chefs des différents services de l'État ou du secteur privé, les maires des communes, les chefs de village, etc., montrent l'exemple en plantant chacun chaque année un arbre[4]. Que dire s'ils sont suivis par l'ensemble des presque 20 millions de maliens ? En une décennie il est possible d'avoir un pays vert[5]. Ainsi, l'on aura résolu beaucoup de difficultés liées aux changements climatiques, à l'avancée du désert, à l'ensablement des fleuves, etc.. Il convient donc de s'appliquer à soi-même les textes dont on demande le respect par les autres.

---

[1] Jean ROBITAILLE et Marie-Claude LORTIE in *Éducation à l'environnement en vue d'un développement durable, op. cit.*, p. 5.
[2] *Ibid.*
[3] *Ibid.*
[4] En fournissant les efforts qu'il faut pour son entretien.
[5] On est ainsi sûr de transmettre à la postérité un pays où la vie est meilleure.

La connaissance des textes environnementaux et la prise de conscience de l'exigence de les respecter et de les faire respecter favorisent immanquablement la saisine du juge pour ce faire.

496. Il faut entendre par « accès à la justice en matière d'environnement », la possibilité pour toute personne, physique ou morale, malienne ou étrangère, de faire recours à un organe juridictionnel afin de lui faire appliquer un texte visant à protéger l'environnement ou son droit à l'environnement. Il a été de même souligné au titre précédent de la présente partie[1] que le juge malien a rarement eu l'occasion de se prononcer sur des différends environnementaux, non pas parce que ceux-ci n'existeraient pas, mais par ce qu'ils ne sont pas élevés devant lui. Les raisons, faut-il les rappeler, sont nombreuses : analphabétisme, forte survivance du droit coutumier, éloignement des juridictions des justiciables, manque de confiance aux acteurs qui animent la justice, frais élevés de justice, honoraires d'avocats et émoluments des autres auxiliaires de justice élevés, etc.. Or, pour que le DIE puisse exercer une quelconque influence sur l'application du droit national, il convient que le juge, acteur essentiel de l'application de ces deux droits, soit davantage sollicité. Même si cela semble relever d'une véritable gageure, il sied de faciliter, améliorer et favoriser l'accès au juge pour défendre l'environnement et non pas seulement pour chaque fois mettre en œuvre un droit personnel[2]. La question qu'il y a lieu de se poser est celle de savoir comment permettre à tous un « (...) *accès effectif à des actions judiciaires et administratives, notamment des réparations et des recours* »[3] dans un contexte où il n'est pas souvent compréhensible que les ressources naturelles par exemple, considérées comme des biens non appropriables à titre personnel, soient susceptibles d'occasionner des sanctions.

497. Il est de même regrettable de constater que beaucoup de textes environnementaux nationaux, comme celui qui porte sur le bien-être animal, soient ignorés par ceux qui sont chargés de leur donner effet sur le plan juridictionnel. La plupart des textes internationaux environnementaux, qui obligent la République du Mali, sont également encore ignorés. Cette ignorance peut s'expliquer par le fait que le juge, ne pouvant maîtriser tous les textes à la fois, ne va chercher celui qui s'applique au cas qui lui est soumis que lorsqu'il est effectivement saisi. Et puisqu'il est rarement saisi dans le domaine qui nous intéresse, beaucoup de textes restent « dormants » et finissent par tomber en désuétude. Pour « réveiller » ces textes, il convient que le juge soit sollicité.

---

[1] V. chapitre 1.
[2] Le droit à l'environnement est d'ailleurs non seulement un droit personnel, mais également un droit collectif dont la défense, selon la constitution, est un devoir pour chacun (art. 15).
[3] Principe 10 *in fine* de la Déclaration de Rio 92.

Pour permettre que le juge soit sollicité et qu'il le soit de plus en plus, la confiance en la justice doit être véritablement rétablie et renforcée. L'État, en tant que garant de la bonne application des mesures auxquelles il a souscrit sur la scène internationale, a un rôle fondamental à y jouer.

498. Saisir la justice pour défendre soit l'environnement soit le droit à l'environnement et permettre de ce fait l'application des textes qui les protègent est en même temps qu'un droit un devoir pour chacun. Pour l'exercice de ce « droit-devoir », il est important que la justice soit non seulement accessible, mais aussi qu'elle donne confiance aux justiciables. Cela passe par la crédibilisation des hommes et des femmes chargés de l'animer. Or, beaucoup de justiciables renoncent justement à saisir la justice en raison du manque criard de confiance en celle-ci. Pourtant, tant que la justice n'est pas saisie, la violation des textes environnementaux n'aura pas de chance d'être sanctionnée. Il convient donc de redorer le blason de la justice en vue de permettre au droit de l'environnement d'avoir des chances d'être effectif. Cela passe non seulement par le bannissement de l'impunité, mais aussi par l'accroissement du rôle des parquets en matière de poursuite des atteintes à l'environnement.

499. Les tolérances des atteintes à l'environnement sont des obstacles à l'effectivité tant du droit national que du droit international de l'environnement. Elles ne favorisent pas la saisine du juge et contraignent les victimes des atteintes soit à se rendre justice, soit à renoncer à leur droit d'action au grand dam de l'environnement qui continue de se dégrader. L'influence du droit international de l'environnement sur l'application du droit national devient, dans ces conditions, nulle. Il convient donc d'inverser la tendance. Il est de même temps de mettre fin aux différentes interventions du politique et du social dans les affaires judiciaires. Le respect du sacrosaint principe d'indépendance du juge permet de redonner confiance aux justiciables, d'avoir confiance en la justice et de favoriser sa saisine en toute matière, y compris donc en matière d'environnement.

500. Tous les rapports[1] concernant le Mali, faits au Mali ou sur le Mali, font état du principal mal qui annihile les efforts consentis en faveur du développement du pays : la corruption des agents publics. Elle touche l'ensemble des secteurs : politique, armée et sécurité, santé, éducation, justice, administration publique, etc.. La lutte pour son éradication, bien que figurant au cœur des priorités des régimes successifs, tarde à enregistrer les résultats escomptés du fait de l'impunité. Soit la justice n'est pas saisie soit elle classe les affaires

---

[1] V. les différents rapports successifs du Bureau du Vérificateur Général de 2005 à 2018 (14 éd.) consultables sur le site www.bvg-mali.org ; v. rapports successifs sur l'état de l'environnement au Mali de 2003 à 2017 (7 éditions disponibles au siège de l'AEDD) ; v. aussi le rapport national 2014 sur le développement humain au Mali, etc..

sans suite lorsqu'elle est saisie soit elle rend des décisions qui ne sont jamais exécutées. Or, comme le fait remarquer le Professeur Karamoko KANÉ, « (…) *la corruption diminue avec la probabilité d'être démasquée et sanctionnée : en d'autres termes, plus sont élevées la probabilité d'être arrêtée, jugée et condamnée, le degré de sévérité de la peine encourue ainsi que la probabilité d'effectuer réellement la peine, moins la corruption sera étendue, l'impunité étant ainsi l'un des facteurs permissifs de la corruption des agents publics* »[1]. Dans un tel contexte, le droit de l'environnement a de minces chances d'être appliqué et ceci tant que l'impunité demeure la règle. Car, les nombreux cas d'impunité ont comme conséquence ultime une profonde crise de confiance des citoyens aux différentes institutions de l'État, notamment la justice. Il convient donc, pour favoriser l'application du droit de l'environnement, de bannir l'impunité en sanctionnant, comme il convient, les différentes atteintes au droit en général, au droit de l'environnement en particulier.
Le rôle des parquets doit être, à ce titre, renforcé.

501. L'importance du rôle du juge dans l'application du DIE, donc dans l'influence de celui-ci sur le droit national, interdit d'exclure toute idée permettant de mieux le faire jouer ce rôle. Ainsi, si dans la plupart des affaires qui sont soumises au juge relativement aux troubles de voisinage[2], il n'est pas fait allusion au droit de l'environnement international comme national, alors que cela aurait pu être le cas, la raison pourrait être trouvée, entre autres, dans l'ignorance de ces droits et de ceux qu'ils reconnaissent aux plaideurs et à la collectivité. S'il est interdit au juge du siège de statuer *ultra petita*, celui du parquet ne doit pas manquer de telles occasions pour soulever l'aspect pénal ou environnemental des différentes affaires et requérir, au nom de la collectivité, la condamnation de l'auteur des atteintes par application d'un principe simple : le pollueur doit payer. Il est possible d'évoquer ici un cas parmi tant d'autres.

502. Dans une affaire relative aux troubles de voisinage jugée par le TPI[3] de la Commune VI en 2010, le demandeur expose clairement que « (…) *depuis dix (10) ans les eaux usées de la fosse septique de Monsieur T.* (…) *inondent la rue face à sa porte, que cette pollution volontaire créée un afflux de mouches et de moustiques sans oublier les odeurs insupportables qui s'y dégagent, que quelques fois c'est un troupeau de moutons qui y séjournent rendant l'odeur pestilentielle, que tout a été tenté à l'amiable auprès du défendeur en vain, que même l'intervention des agents de la mairie de la commune*

[1] Karamoko KANÉ, *Conférence pour les planificateurs, la corruption en Afrique*, notes de synthèses (v. rapport national 2014 sur le développement humain au Mali, p. 56).
[2] V. notamment CSM, Civ. 1ère, 06 avril 1998, arrêt n° 64 (Cessation de trouble de voisinage) et TPI. CVI, 06 avril 2010, Ord. n° 154 (Cessation de trouble de voisinage).
[3] Devenu TGI par la loi n° 2011-037 du 15 juillet 2011 *portant organisation judiciaire*, publiée au JORM n° 35 du 02 septembre 2011, pp. 1368 et s.

VI n'y a rien changé, qu'il y a lieu de mettre définitivement fin aux troubles énormes de son voisin »[1]. Il est clair qu'en l'espèce, si le demandeur, par ignorance certainement, n'a fait aucune allusion aux textes relatifs aux pollutions et nuisances[2], le parquet aurait pu le faire en vue de permettre la protection de tout le voisinage y compris les usagers de la rue et de faire condamner Monsieur T. au pénal[3]. Mais, l'affaire a été jugée seulement au civil pour cessation de troubles de voisinage, sans aucune référence à l'environnement.

503. Dans cette autre affaire[4] jugée par la JPCE[5] de Nioro du Sahel en 2009, le Président de la juridiction, demandeur exerçant l'action publique, oublie, assurément involontairement, les circonstances ayant donné lieu à la naissance de l'affaire. Les faits sont les suivants : un agent des Eaux et Forêts, en mission de contrôle dans la forêt de Mouroucoula[6], aperçoit un berger abattant des arbres dans le but de nourrir ses animaux. Sentant la présence de l'agent forestier, le berger se sauva. Pourchassé, il sera appréhendé. À la suite de la dispute qui s'en était suivie, le berger fut blessé. Le Parquet poursuivit l'agent forestier pour coups et blessures volontaires oubliant, non à dessein, les blessures occasionnées aux arbres.

Ces deux exemples, et bien d'autres, montrent bien le besoin qu'il y a d'accorder une importance particulière au rôle du parquet dans l'application des règles environnementales. Le rôle de l'État n'est pas non plus à négliger.

504. L'importance du rôle de la justice dans la résolution des problèmes d'environnement nécessite que l'État lève tous les obstacles à son accès. L'État doit être le garant du facile accès et de la bonne administration de la justice. Il doit faire en sorte que le droit soit dit et appliqué sans autre forme de considération des parties en présence. Or, au Mali, la justice est encore perçue comme un moyen de domination de ceux qui ont les moyens au détriment de l'écrasante majorité de la population qui croupit dans la pauvreté. Cela crée de la méfiance vis-à-vis du juge et ne donne pas au droit de l'environnement toutes les chances d'être appliqué. Il convient pourtant que les conditions de son indépendance soient réunies pour permettre le contrôle des textes environnementaux et le respect de ses décisions. Il s'agit là de conditions qui permettent

---

[1] TPI. CVI, 06 avril 2010, Ord. n° 154 (Cessation de trouble de voisinage).

[2] Notamment l'art. 16 de la loi de 2001 sur les pollutions et nuisances qui prévoit que « *toute personne qui produit des déchets domestiques* (...) *est tenue de veiller à ce qu'ils ne puissent pas porter atteinte à la santé humaine et à l'environnement* ».

[3] Par application de ses art. 42 et s.

[4] JPCE, Nioro du Sahel, jugement n° 86 du 20 octobre 2009 (Coups et blessures volontaires).

[5] Devenue Tribunal d'Instance depuis la loi n° 2011-037 du 15 juillet 2011 *portant organisation judiciaire*, publiée au JORM n° 35 du 02 septembre 2011, pp. 1368 et s.

[6] Village situé dans le cercle Nioro (Mali).

de donner de la confiance aux personnes physiques et morales qui vivent dans le pays pour saisir la justice, en cas d'atteinte à l'environnement.

505. Le juge, en permettant de redresser les torts, est l'un des acteurs les plus sensibles de la gouvernance d'un pays. Garantir son accès en matière d'environnement, c'est permettre un accès effectif et concret à lui pour l'application des textes environnementaux. Cela passe par l'anéantissement de tous les obstacles de divers ordres qui pourraient entraver l'exercice d'un tel droit. Ce droit d'accès au juge est garanti par de nombreux textes internationaux auxquels a souscrit la République du Mali[1] comme la Déclaration Universelle des Droits de l'Homme du 10 Décembre 1948[2] et la Charte Africaine des Droits de l'Homme et des Peuples du 27 juin 1981[3], pour ne citer que ces deux textes relatifs au droit à l'environnement. Il convient seulement de le rendre effectif.

506. En effet, l'accès au juge, en tant que garant du respect des droits de tous, doit être une réalité au Mali. C'est une des missions de l'État qui est responsable de la bonne administration de la justice dans tous les domaines[4]. Le juge doit être saisi pour sanctionner les violations des textes environnementaux. Et lorsqu'il l'est, il doit être en mesure de rendre sa décision en toute indépendance. Or, « (…) *à la volonté des pouvoirs publics de rendre la justice indépendante et au combat des acteurs de la justice pour rendre celle-ci effective s'opposent les influences des mêmes pouvoirs politiques et des autres pouvoirs économiques et sociaux* »[5] fait remarquer Mamadou FOMBA. Cette indépendance relève de ce fait d'une véritable gageure. Pourtant, « (…) *les magistrats, dans quelque circonstance et pour quelque grand intérêt de corps que ce puisse être, ne doivent jamais être que magistrats, sans parti et sans passion, comme les lois, qui absolvent et punissent sans aimer ni haïr* »[6]. Par cette idée, Jean d'Alembert définit ce que doit être le magistrat de tous les temps et de tous les lieux. Elle met l'accent sur la nécessité de l'impartialité du juge. En effet, le véritable juge est celui qui sait se comporter en ingrat, c'est-à-dire qui n'a rien à craindre et rien à espérer même de l'autorité qui l'a nommé. Mais, pour que cette impartialité soit effective, il doit être entouré des conditions permettant son indépendance. L'État doit en être le garant, car le juge est la seule autorité qui n'est pas élue mais qui parle au nom du Peuple.

---

[1] V. le Préambule de la constitution du 25 février 1992.
[2] V. art. 10.
[3] V. art. 7.
[4] V. art. 4 du décret n° 2019-0331/P-RM du 13 mai 2019 publié au JORM n° 15 du 20 mai 2019, p. 534).
[5] V. Mamadou FOMBA, *La profession de magistrat au Mali, la difficile quête d'indépendance du juge*, thèse soutenue à l'Université de Bordeaux en décembre 2013, p. 2.
[6] D'Alembert, dans éloge à Montesquieu, in *De l'esprit des lois*, *op. cit.*, p. XVIII.

507. On pourrait se demander en quoi l'impartialité du juge permet-elle de renforcer l'influence du DIE sur l'application du droit malien. Que l'on n'oublie pas. Le juge estimé partial est celui qui ne sera jamais saisi. Et la non-saisine du juge renforce le « sommeil » des textes environnementaux. En effet, la méfiance de certains vis-à-vis du juge s'explique en partie par les injonctions que celui-ci reçoit de l'autorité politique, de l'intervention de ses proches ou collègues pour rendre une décision dans tel ou tel sens. Or, la société malienne est faite de telle sorte que de telles interventions deviennent pratiquement inévitables pour deux raisons au moins.

D'abord, le juge est nommé et muté par une décision de l'autorité politique. Ce qui fait qu'il n'est pas exclu qu'il accorde une faveur quelconque, d'une façon ou d'une autre, à une telle autorité, étant entendu qu'il n'est pas exclu qu'il sollicite lui-même cette autorité pour différer ou annuler une mutation ou pour bénéficier d'un détachement. La nature même des relations qui découlent des contacts qu'il peut entretenir avec l'autorité politique ne permet pas de garantir son indépendance.

Ensuite, le juge évolue dans une société où les règles coutumières ont toujours pris le pas sur le droit dit moderne dans de nombreux domaines[1], de sorte qu'il lui est difficile de se départir des habitudes de la société sans être traité de renégat. La présence de représentants de la coutume dans la composition de certaines juridictions[2] en est une illustration. Pour empêcher de telles influences, il y a lieu de donner effet aux textes existants en sanctionnant, comme il convient, leurs manquements. Car, il s'agit de donner de la confiance aux personnes physiques et morales et les inciter à saisir la justice en cas de violations des règles environnementales.

Il peut aussi être envisagé la suppression ou la réduction des frais de justice en matière environnementale, mais il convient surtout d'exécuter les différentes décisions de justice.

508. Il ne suffit pas seulement qu'une décision de justice reconnaisse une atteinte à l'environnement ou au droit à l'environnement pour se satisfaire de l'application des textes environnementaux. Faudrait-il encore que cette décision, rendue de façon équitable, produise ses effets, qu'elle soit exécutée. Si,

---

[1] V. art. 44 de l'ordonnance n° 00-027 du 22 mars 2000 *portant Code domanial et foncier*, publiée au JORM n° 11 du 20 avril 2000, p. 402, ratifiée et modifiée plusieurs fois. La dernière modification est opérée par la loi n° 2016-025 du 14 juin 2016, publiée au JORM n° 28 du 08 juillet 2016, pp. 1083 et 1084.).

[2] La chambre civile du Tribunal de Grande Instance et du Tribunal d'Instance, « *lorsqu'elle siège en matière coutumière, est complétée par les assesseurs de la coutume des parties* » (v. art. 29 de la loi n° 2011-037 du 15 juillet 2011 *portant organisation judiciaire*, publiée au JORM n° 35 du 02 septembre 2011, pp. 1368). La Cour d'assises est composée, sauf si la loi en dispose autrement de quatre assesseurs (v. art 20 de la loi n° 2011-037 du 15 juillet 2011 *portant organisation judiciaire*, publiée au JORM n° 35 du 02 septembre 2011, pp. 1368).

au Mali, les décisions de justice dans le domaine de l'environnement sont toujours attendues, l'exécution de celles qui existent dans les autres domaines[1] peut donner espoir et susciter la saisine du juge afin qu'il donne effet au droit de l'environnement. *A contrario*, l'inexécution des décisions de justice conduit à la non-saisine du juge pour le futur et donc à l'inapplication du droit. L'exemple de la décision de la Cour africaine des Droits de l'Homme et des Peuples dans l'affaire opposant Guillaume Kigbafori SORO et autres à la République de Côte d'Ivoire est, parmi tant d'autres, à cet égard très édifiant[2]. Ayant été condamnée à « *surseoir à l'exécution du mandat d'arrêt émis contre Guillaume Kigbafori SORO* (…) », la Côte d'Ivoire décide de revenir sur sa déclaration de compétence de la Cour permettant à ses ressortissants de faire recours à celle-ci, en cas de violations supposées des Droits de l'Homme (donc du droit à l'environnement). Elle prive ainsi tous ses ressortissants et les autres acteurs non-étatiques[3] d'un droit important d'action dans le domaine des Droits de l'Homme et cela, à une époque où d'autres États reconnaissent des droits à des non humains.

509. Il est de la responsabilité de l'État d'aider à l'exécution des décisions de justice. Celles-ci sont rendues au nom du peuple[4] et c'est lui qui agit au nom du peuple par le biais de ses représentants. À ce titre, il « (…) *est tenu de prêter son concours à l'exécution des jugements et des autres titres exécutoires* »[5]. Ce qui signifie que son refus de prêter son concours à l'exécution des décisions de justice doit pouvoir ouvrir « *droit à réparation* »[6] car, l'autorité de la chose jugée[7] implique l'obligation de mettre en œuvre lesdites décisions. Le décret n° 99-254/P-RM du 15 septembre 1999, modifiée, *portant Code de procédure civile, commerciale et sociale* fixe les conditions de l'exécution des décisions de justice : « *Nul jugement, nul acte ne pourra être mis à exécution s'il n'est revêtu par un mandement aux officiers de justice ainsi conçu :*

---

[1] En matière pénale, le Procureur général ou de la République assure l'exécution des décisions de justice (art. 47 du Code de procédure pénale) ; les juges de paix assurent l'exécution de leurs jugements (art. 57).

[2] CADHP, 22 avril 2020, req., n° 012/2020.

[3] V. Kablan Jean-Michel ATTA, *L'accessibilité de la Cour africaine des droits de l'homme et des peuples aux acteurs non-étatiques, un gage de l'effectivité du droit de l'environnement en Afrique* ? in Revue africaine de droit de l'environnement, *op. cit.*, pp. 17-27.

[4] « *Le jugement est rendu au nom du peuple malien* (…) », art. 462 du décret n° 99-254/P-RM du 15 septembre 1999, modifiée, *portant Code de procédure civile, commerciale et sociale.*

[5] Art. 16 de la loi n° 91-650 du 09 juillet 1991 *portant réforme des procédures civiles d'exécution en France*, modifiée, publiée sur https://www.legifrance.gouv.fr consulté le 05 juin 2020.

[6] *Ibid.*

[7] L'autorité de la chose jugée est, selon le vocabulaire juridique, « *la qualité attribuée par la loi à tout jugement définitif, c'est-à-dire plus précisément à toute décision juridictionnelle relativement à la contestation que celle-ci tranche et qui empêche, sous réserve des voies de recours, que la même chose soit rejugée entre les mêmes parties dans un autre procès* » ; v. Gérard CORNU (dir.), *Vocabulaire juridique*, *op. cit.*, p. 145.

« République du Mali »
« Au nom du peuple malien... »
et terminé par la formule :
« En conséquence, la République du Mali mande et ordonne à tous huissiers de justice, sur ce requis, de mettre ledit arrêt (ou ledit jugement) à exécution, aux procureurs généraux et aux procureurs de la République près la Cour d'appel et les tribunaux de première instance d'y tenir la main, à tous commandants et officiers de la force publique de prêter main-forte lorsqu'ils en seront légalement requis »[1]. L'administration de la justice est au service des justiciables et doit donc veiller à l'exécution des décisions de justice. Or, le jury d'honneur de la 24ème édition de l'Espace d'interpellation démocratique[2] constate dans ses recommandations qu'en matière de justice, « (...) les interpellations des justiciables portent essentiellement sur les difficultés à obtenir d'abord une décision de justice, puis l'exécution de celle-ci »[3]. Il s'agit là de toute évidence des motifs de découragement qui n'incitent pas les victimes des atteintes à l'environnement à saisir la justice. Des efforts considérables doivent être faits dans ce sens pour un droit de l'environnement mieux appliqué.

510. Pour amplifier l'influence du droit international de l'environnement sur l'application du droit malien de l'environnement, il convient de faire en sorte que ces deux droits s'appliquent. Pour favoriser cette application, il est important d'impliquer les destinataires des normes environnementales en les informant de l'existence de celles-ci. Cette information se fait par le biais de la publication de tous les engagements internationaux environnementaux du Mali au Journal officiel de la République. Le principe général selon lequel les lois n'obligent pas si elles ne sont pas promulguées (*non obligat lex nisi promulgata*) est applicable aux traités environnementaux. Dès lors que ces traités permettent de mettre en cause les droits et devoirs des citoyens, leur publication devient nécessaire car, permet à ceux-ci et à toutes les autorités du pays d'être renseignés sur le « (...) *détail des obligations internationales souscrites au nom du pays* »[4]. Elle facilite le travail du juge et permet d'éviter le déni de justice car, lorsque les « (...) *magistrats ne peuvent pas lire, dans* (le) *Journal officiel, le texte de conventions dont, par ailleurs, ils peuvent connaître l'existence, ils doivent bien se résigner à en méconnaître la teneur dans leurs jugements* »[5].

---

[1] Art. 507.
[2] V. le décret n° 96-159/P-RM du 31 mai 1996 *portant institution de l'espace d'interpellation démocratique,* publié au JORM n° 11 du 15 juin 1996, p. 413.
[3] V. p. 13 des recommandations de la 24ème éd. de l'Espace d'interpellation démocratique, éd. du 10 décembre 2019.
[4] *Ibid.*
[5] *Ibid.*

511. Il peut être ainsi consacré un numéro spécial du Journal officiel pour chaque texte international environnemental accompagné du décret qui le ratifie. Cela se fait d'ailleurs fréquemment pour des lois portant codes ou des arrêts de la Cour constitutionnelle proclamant, par exemple, les résultats des élections législatives et présidentielles. La version numérisée pourrait suffire et est d'ailleurs plus accessible. Cette publication permet non seulement de porter ces textes à la connaissance de tous, mais également de les rendre opposables et invocables sur le plan interne. On s'accorde déjà pour dire que le droit de l'environnement est d'accès difficile en raison de sa technicité. Nous ne lui rendons pas service en ne facilitant pas l'accès de son contenu à ceux pour qui sa technicité est déjà un problème.

Chapitre 2 - Les moyens favorisant l'amplification de l'influence du droit international de l'environnement sur l'application du droit malien de l'environnement

512. Le défi actuel du droit de l'environnement, national ou international, n'est ignoré de personne : renforcer son application là où elle est timide et permettre celle-ci là où elle ne l'est pas encore. Son avenir en dépend, singulièrement dans un pays comme le Mali où ce droit cherche encore sa voie. Ce qui justifie que tous les efforts soient aujourd'hui mobilisés et orientés vers cet objectif[1]. Dans cette optique, il est important de ne pas ignorer que les conditions d'une meilleure application des règles environnementales tant maliennes qu'internationales ne sont pas que juridiques. D'ailleurs les lignes qui précédent ont le mérite de l'étayer. Les conditions que l'on peut qualifier de non juridiques doivent aussi être soumises à l'analyse juridique et intéressent à ce titre le juriste. Car, comme le rappelle Michel PRIEUR, le droit de l'environnement « (…) *nécessite des connaissances non- juridiques nombreuses* »[2]. C'est la raison pour laquelle, parlant des indicateurs juridiques en droit de l'environnement, cet éminent auteur reconnaît que ceux-ci « (…) *ne peuvent à eux seuls rendre compte de toute l'effectivité du droit. Ils doivent être complétés par des indicateurs sociaux rendant compte des comportements et des usages qui facilitent ou font obstacle à l'application d'une règle.* »[3] Le juriste doit donc intégrer cette réalité dans son analyse en se gardant de se détacher de la société dans laquelle il vit[4]. C'est ce qui justifie d'ailleurs que les lignes qui précèdent ont tenté de faire comprendre tout ce qui, dans la société malienne, permet de rendre son objet d'étude effectif et efficace. C'est l'objet du titre premier de la présente partie qui a permis de lever le voile sur tous les obstacles juridiques ou non qui entravent l'effectivité des règles internationales d'environnement au Mali. Il convient à présent de proposer des solutions permettant de remédier aux différentes lacunes constatées afin de positiver le résultat du contact entre le droit international de l'environnement et le droit malien de l'environnement. C'est l'objet des lignes qui suivent.

513. Jean-Marc LAVIEILLE n'a pas eu tort d'inviter à ne pas craindre la prospective juridique[5]. Il convient de s'y essayer ici en croisant les doigts que les propositions que ce travail formule soient suivies d'effet pour le bien du droit de l'environnement au Mali. Elles sont pourtant simples et partent de l'idée

---

[1] Le nombre important de livres, d'articles et de thèses consacrés à l'effectivité du droit de l'environnement ne cesse d'augmenter (v. bibliographie).
[2] RJE, 1980, 3, p. 268.
[3] Michel PRIEUR, *Les indicateurs juridiques, outils d'évaluation de l'effectivité du droit de l'environnement*, *op. cit.*, pp. 17-18.
[4] Michel PRIEUR, *Droit de l'environnement*, 7ème éd. Dalloz, 2016, p. 8.
[5] Jean-Marc LAVIEILLE, Hubert DELZANGLES, Catherine LE BRIS, *op. cit.*, p. 9.

que « (…) *la fin est dans les moyens comme l'arbre est dans la semence* »[1]. Il a été plusieurs fois rappelé, notamment au chapitre 2 du titre précédent, que le droit ne peut pas à lui seul protéger l'environnement[2]. Il n'a d'ailleurs jamais eu cette prétention. Cela justifie que l'accent soit désormais mis sur des moyens institutionnels novateurs (section 1) et des solutions juridiques nouvelles (section 2) permettant au droit international de l'environnement d'exercer une meilleure influence sur le droit malien de l'environnement.

Section 1 - Les moyens institutionnels novateurs

514. Les difficultés d'application du droit de l'environnement, tant national qu'international, au Mali, tiennent beaucoup aux importants problèmes politiques, économiques et sociaux que rencontre ce pays, même si l'on peut relever de nombreuses imperfections juridiques[3]. Ces difficultés, qui ne sont pas propres au Mali, trouvent leur origine dans l'histoire et sont non seulement accentuées par une gouvernance en errance qu'il convient de réinventer entièrement, mais aussi par leur entretien par un système qui ne dépend pas toujours du Mali. Leur résolution appelle donc un « partage des responsabilités ». Aussi, les spécificités du pays sont à prendre en compte si l'on veut réussir une meilleure protection de l'environnement par le droit. Il est fait allusion à la trop grande similitude entre les droits malien et français. Selon Montesquieu, une telle coïncidence doit relever « *d'un très grand hasard* »[4]. Il a été observé que la plupart des difficultés d'application de certaines lois résident dans leur inadaptabilité. Il convient donc d'inventer des solutions juridiques nouvelles pour remédier à une telle lacune.

515. La gouvernance environnementale d'un pays ne peut être détachée de la gouvernance générale de celui-ci. Cela est particulièrement vrai pour un pays comme le Mali où toutes les institutions et autres organes de l'État et des collectivités, tant au niveau national qu'au niveau déconcentré et décentralisé, ont des compétences environnementales[5]. La gouvernance est un maillon essentiel de la gestion de l'environnement et de l'application du droit qui a pour objet de le protéger. Par gouvernance environnementale il faut entendre « (…) *l'ensemble des règles, des pratiques et des institutions qui entourent la gestion de l'environnement dans ses différentes modalités (conservation, protection,*

---

[1] Suzanne LASSIER, *Gandhi et la non-violence*, Paris, Seuil, 1970.

[2] Aucune discipline, juridique ou non, ne peut à elle seule suffire pour assurer une meilleure protection de l'environnement. Une approche globale incluant toutes les disciplines est absolument nécessaire. Si le droit est un outil privilégié de protection de l'environnement, il a besoin d'être complété par des instruments fiscaux, économiques, etc. v. sur ce point Pierre LACOUMES, *Action publique et environnement*, *op. cit.*, p. 3.

[3] V. *supra*, Partie 2, titre1.

[4] Montesquieu, *De l'esprit des lois*, *op. cit.*, p. 24.

[5] V. *supra*, partie 1.

exploitation des ressources naturelles, etc.) »[1]. Elle fait référence aux mécanismes selon lesquels les personnes investies de pouvoirs de commander aux autres exercent leur autorité en permettant l'exercice des droits et des devoirs des citoyens et satisfont les besoins environnementaux de tous.

516. Lorsque dans un pays la corruption et la mauvaise gestion sont érigées en système de gouvernance et de mode de vie, les règles de droit n'ont guère de chance d'être appliquées. Il ne sert à rien, en effet, que des textes prévoient et punissent la corruption et la mauvaise gestion si ceux-ci ne sont pas effectivement suivis d'effet. S'il existe pourtant un problème au Mali auquel il convient de s'attaquer urgemment en donnant seulement effet aux textes qui le réglementent, c'est bien celui-là[2]. Le rapport national 2014 sur l'état de l'environnement au Mali, évoquant les contraintes juridiques liées à la gouvernance environnementale constate : « (…) *la non-application des textes due entre autres à l'insuffisance quantitative et qualitative de ressources humaines, la corruption généralisée qui gangrène tous les secteurs de développement économique et social, l'absence de normes en matière d'environnement (Code de l'environnement) et le déficit d'engagement des collectivités auxquelles les compétences ont été transférées ; l'insuffisance d'information (méconnaissance des textes), de formation et d'éducation environnementale qui renforce l'incivisme au sein d'une population devenue de plus en plus prompte à violer les textes, à la faveur de l'impunité* »[3]. C'est dire que les problèmes sont connus de tous, mais que rien n'est fait jusque-là ou que ce qui est fait est très insuffisant. En effet, le constat dressé par ce document officiel, préfacé par le ministre de tutelle est éloquent et toujours actuel. L'environnement, au Mali, souffre d'une crise de gouvernance générale à nulle autre pareille. Cette crise qui s'est exacerbée en 2012 avec l'effondrement de l'État, dans ses fondements mêmes, s'est étendue et continue de s'étendre à tous les secteurs de la vie nationale. Tant qu'elle n'est pas circonscrite, tous les efforts dans la mise en place des normes et des institutions environnementales s'avèreront vains et leur application une utopie. Elle n'est pas en passe de l'être. Il convient pourtant, pour y faire face, de mettre en cohérence le droit

---

[1] V. http//fr.coredem.info/wiki, consulté le 30 juillet 2020.

[2] Les quinze (15) rapports du Bureau du Vérificateur général rédigés de 2005 à 2018 en font foi (ils sont consultables sur www.bvg-mali.org). Il est à noter que cette autorité indépendante créée par la loi n° 03-030 du 25 août 2003, abrogée et remplacée par la loi n° 2012-009 du 08 février 2012, a entre autres pour missions « de contrôler la régularité et la sincérité des recettes et des dépenses effectuées par les institutions de la République, les administrations civiles et militaires de l'État, les collectivités territoriales, les établissements publics ». « Pour l'année 2017, les 12 vérifications effectuées ont toutes révélé des faiblesses dans la gestion des services publics audités ayant entraîné d'importantes déperditions financières qui se chiffrent à 23,28 milliards de FCFA dont 6,96 milliards de FCFA en fraude et 16,32 milliards de FCFA en mauvaise gestion » (v. p. 141 du rapport) ; en 2005 « les vérifications ont mis en évidence un manque à gagner pour l'État de 15 587 896 837 F CFA » (p. 49 du rapport) ; etc..

[3] V. p. 96 du rapport.

et les politiques et de renforcer les actions en faveur de l'application effective des textes.

517. Les politiques publiques nationales environnementales sont constituées par l'ensemble des interventions des autorités dotées de la puissance publique et de la légitimité gouvernementale dans le domaine précis de l'environnement et sur l'ensemble du territoire[1]. Au niveau international, il faut en entendre « (...) *l'ensemble des programmes d'action revendiqués par des autorités publiques ayant pour objet de produire des effets dépassant le cadre d'un territoire* »[2]. Le droit qui est un instrument de réalisation de ces politiques doit être en cohérence avec celles-ci et les objectifs poursuivis. Or, le changement fréquent d'équipes gouvernementales au Mali avec comme corollaire le changement de visions, de méthodes et souvent d'objectifs nuit considérablement à cette cohérence. La conséquence est l'inapplication du droit de l'environnement et la désuétude de ses règles. Au niveau africain, la plupart des Organisations sous-régionales, qui ont certes des compétences environnementales, n'ont pas l'environnement comme objet principal.
Ce qui fait que la protection juridique de l'environnement ne peut être conduite de façon efficiente. D'où la nécessité de mettre en cohérence le droit et les politiques tant au niveau national qu'au niveau international.

518. La démarche qui consiste à prévoir que la langue de travail de l'administration soit le français[3], c'est-à-dire la langue de publication des textes environnementaux, n'est pas cohérente avec l'absence d'exigence que cette langue soit maîtrisée par ceux qui sont chargés d'élaborer et d'appliquer ces textes environnementaux, principalement les élus, tant locaux que nationaux[4]. Il convient donc que ce hiatus soit corrigé en exigeant un niveau minimum de maîtrise du français comme une condition d'occupation de certains postes de responsabilité. La traduction des textes environnementaux dans les treize langues nationales, outre le fait qu'elle nécessite un coût financier énorme, ne permet pas de résoudre dans l'immédiat le problème car, il conviendra ensuite d'alphabétiser l'ensemble des populations dans ces différentes langues. Il est plus cohérent qu'une même langue qui puisse être parlée sur toute l'étendue du territoire soit retenue. Le français qui est la langue des textes environnementaux au Mali, en même temps une langue de coopération entre les États voisins

---

[1] Jean-Claude THOENIG, *Dictionnaire des politiques publiques*, 4ème éd., Presses de Sciences Politiques, 2014.

[2] Franck PETITEVILLE et Andy SMITH, *Analyser les politiques publiques internationales*, Revue française de science politique, 2006/3, vol. 56, p. 362.

[3] V. art. 25 *in fine* de la constitution de 1992 et 3 de la loi n° 99-046 du 28 décembre 1999 *portant loi d'orientation sur l'éducation*, publiée au JORM n° 4 du 10 février 2000, p. 123, modifiée par la loi n° 08-019 du 22 juillet 2008.

[4] Il est notamment fait allusion ici à certains conseillers communaux et à des députés à l'Assemblée nationale qui ne comprennent pas la langue des textes.

et du monde[1], a la faveur de cette cohérence. Le choix de la langue française qui est la solution actuellement retenue ne résout pas définitivement le problème car, les destinataires des normes doivent comprendre et parler cette langue. D'où la nécessité de l'exigence de sa généralisation, au-delà de l'école et des autorités publiques, dans la vie quotidienne des populations.

519. Dans le document de politique nationale de protection de l'environnement adopté en 1998, mis à jour en 2019, on peut lire : « *L'objectif du plan est de mettre en place un cadre juridique approprié, harmonisé et concerté, capable de régler dans l'intérêt général, les problèmes touchant divers domaines de l'activité de l'homme mettant en jeu la gestion de l'environnement en :*
- élaborant une législation environnementale adéquate ;
- assurant une meilleure diffusion et application des textes législatifs et réglementaires.
Les objectifs spécifiques sont :
- la relecture des textes existants afin de mieux définir, clarifier et préciser les rôles des différents acteurs dans le contexte nouveau de la décentralisation ;
- l'élaboration d'un Code de l'Environnement, regroupant en un document unique, l'ensemble des préoccupations juridiques ;
- l'harmonisation des textes avec ceux d'autres secteurs ;
- l'information et la sensibilisation des populations sur les textes relatifs à la protection de l'environnement »[2].
Il convient d'adhérer entièrement à ces objectifs qui restent encore, pour la plupart d'entre eux, à l'état de vœux. Ils ont été plusieurs fois relus et leur réalisation est fortement attendue.

520. S'agissant des moyens financiers, au lieu de créer plusieurs directions nationales avec leurs antennes régionales et souvent locales, il est possible de regrouper l'essentiel des administrations chargées de l'environnement en une seule pour réduire les coûts liés au crédit de fonctionnement de celles -ci. Chaque structure thématique sera représentée au niveau de cette grande administration par un point focal. Cela permet aussi de faciliter la concertation entre des acteurs d'un même domaine, d'éviter le gaspillage du peu de ressources et des efforts.
Mais, c'est surtout au niveau international (sous régional notamment) que cet effort de mise en cohérence des politiques et des textes est particulièrement attendu.

---

[1] Il est un facteur d'harmonisation des droits nationaux.
[2] P. 21.

521. L'Union Économique et Monétaire Ouest-Africaine et la Communauté Économique des États de l'Afrique de l'Ouest, pour ne citer que ces deux Organisations sous-régionales, ne peuvent pas obtenir des résultats satisfaisants en matière d'application des textes environnementaux. La raison est simple. Elles n'ont pas l'environnement comme objectif fondamental. Si donc des préoccupations environnementales venaient à contredire leurs objectifs économiques, ce sont ces derniers qui primeraient. Leur jurisprudence qui fait fi de l'existence de préoccupations environnementales est un témoignage éloquent. Ce constat et bien d'autres sont d'ailleurs à la base de l'idée de la mise en place d'une Organisation d'intégration juridique dédiée exclusivement à l'environnement en Afrique.

522. L'importante Convention africaine sur la conservation de la nature et des ressources naturelles a, entre autres, comme objectifs d'harmoniser les politiques des États dans le domaine de l'environnement[1] et renvoyer les États membres en cas d'éventuels différends devant la Cour de justice de l'Union africaine[2]. Il convient d'aller au-delà en promouvant une intégration juridique plus poussée donnant la possibilité aux personnes physiques et morales qui vivent dans les différents États de s'adresser directement à une juridiction chargée exclusivement de faire respecter les textes environnementaux. Ce choix a le mérite de ne pas rééditer la malheureuse expérience de la section de l'environnement de la Cour internationale de Justice[3], d'impliquer véritablement les populations africaines dans la protection de l'environnement et de réussir enfin le respect des textes environnementaux et partant la protection de l'environnement.

523. Si l'Union européenne et le Conseil de l'Europe ont fait d'importants progrès, à travers la Cour de justice de l'Union et la Cour européenne des Droits de l'Homme[4], en matière de protection de l'environnement, c'est pour diverses raisons : d'abord, en raison de leurs moyens techniques et financiers largement supérieurs à ceux des États africains, de l'importance accordée au respect du droit et à l'État de droit, ensuite et surtout en raison d'une gouvernance relativement meilleure dans leurs États et l'introduction de l'environnement dans les mœurs de leurs populations. En Afrique, l'accent doit être beaucoup mis sur plusieurs de ces aspects, particulièrement les deux derniers, car lorsque l'on ne dispose pas de moyens pour mener une politique ambitieuse en matière de protection de l'environnement, on fait la politique des

---

[1] V. art. II, § 3 de la Convention.

[2] V. art. XXX de la Convention.

[3] Celle-ci a été supprimée quelques années après sa création pour défaut de saisine.

[4] Ces deux juridictions disposent d'une « spécialisation informelle en droit de l'environnement », même si celle-ci n'est pas « institutionnalisée ». L'abondance de leur jurisprudence dans le domaine de l'environnement est un témoignage éloquent (v. https://europa.eu/european-union/about-eu/institutions-bodies/court-justice_fr et https://www.echr.coe.int/).

moyens disponibles. La gouvernance a, sans doute, une place importante à y jouer. La constance dans la continuité des actions en faveur de l'application des textes environnementaux, même en cas de changement d'équipes dirigeantes, passe par là.

524. L'instabilité politique est l'une des caractéristiques de beaucoup de pays en Afrique. À cette instabilité politique qui résulte souvent de coups d'État, de conflits post électoraux, de la nature même du pouvoir en place, de l'extension des rivalités entre grandes puissances, il faut ajouter une instabilité institutionnelle et administrative récurrente. S'agissant de cette dernière, l'exemple du Mali, ici envisagé, est très significatif. Ses conséquences sont multiples et touchent divers domaines de la vie socio-économique du pays. Dans le domaine précis de l'environnement, les difficultés résultant de cette instabilité institutionnelle et administrative viennent s'ajouter à d'autres qui ont été déjà identifiées plus haut : forte dépendance des populations des ressources naturelles, non maîtrise des textes législatifs et réglementaires, faiblesse de leur contrôle, etc..
La résolution de ces différentes difficultés qui ont des impacts certains sur l'application du droit de l'environnement nécessite que les pouvoirs publics veillent sur la stabilité des institutions et à la stabilité à l'intérieur de celles-ci.

525. Toutes les institutions du pays ont, directement ou indirectement, des compétences en matière d'environnement. L'instabilité qui touche chaque institution peut entraîner des conséquences directes ou indirectes sur la conception, la qualité ou l'application des textes environnementaux. Outre le fait que l'environnement intéresse tous les domaines de la vie, les différents intervenants dans la chaine, de la conception à la publication des textes environnementaux, sont aussi nombreux. La rédaction des textes peut commencer sous l'empire d'un régime ou d'un ministère pour être finalisée sous l'empire d'autres. Aussi, de nombreuses structures sont concernées par leur application. Le caractère sectoriel, les problèmes de capacités organisationnelles des structures et de leur stabilité, les défis liés au transfert de la gestion des ressources aux collectivités locales rendent difficile l'application correcte des textes. Il convient, pour toutes ces raisons, de privilégier la stabilité des institutions environnementales. C'est une exigence du principe de non-régression, cher à Michel PRIEUR.

526. Il n'est pas inutile de rappeler que le premier ministère de l'Environnement traitant véritablement des problèmes d'environnement dans leur globalité au Mali a été créé par le décret n° 88-152/P-RM du 06 juin 1988 *portant composition des membres du Gouvernement*[1]. Avant cette date, les différents

---

[1] Publié dans *Les Gouvernements de la République du Mali de l'indépendance à 1992 de* Boubacar Nantégué MALLÉ, pp. 72 et 73, Archives Nationales du Mali.

ministères chargés du secteur s'occupaient essentiellement des ressources naturelles et prenaient des appellations différentes[1]. Mais, de 1988 à nos jours, ce ministère a été plusieurs fois fusionné à d'autres avant de s'en détacher. De ministère de l'Environnement et de l'élevage en 1988, il est devenu ministère du Développement rural et de l'Environnement en 1991[2], en 1992[3], en 1994[4] et 2002[5] ; ministère de l'Agriculture, de l'Élevage et de l'Environnement en 1991[6] et en 1992[7] ; ministère de l'Environnement et de l'Assainissement de 2004[8] à 2012 avant d'être fusionné avec le département de l'Eau en 2014[9] et depuis 2015[10], il s'appelle ministère de l'Environnement, de l'Assainissement et du Développement durable.

527. L'instabilité politique et gouvernementale constante a pour conséquence le changement fréquent des rattachements des services environnementaux et le changement de dénomination et de missions du ministère en charge de l'environnement. Le rapport national 2017 sur l'état de l'environnement au Mali, validé par le Conseil National de l'Environnement et le conseil des ministres, s'en est fait l'écho[11]. En 2010, le Mali était classé 156ème sur 163 pays en matière de gouvernance environnementale[12]. Il est aisé de constater que les différentes évolutions sémantiques de l'appellation de ce ministère avec le lot de

---

[1] De Secrétariat d'État à l'Agriculture, à l'Élevage et aux Eaux et Forêts en 1960 à ministère de l'Environnement, de l'Assainissement et du Développement Durable aujourd'hui, le département en charge des questions d'environnement aura changé 12 fois d'appellations.

[2] V. décret n° 91-003/P-CTSP du 05 avril 1991 *portant nomination des membres du Gouvernement*, publié au JORM n° 8 du 30 avril 1991, p. 288 (ministre : Madame SY Maïmouna BA).

[3] V. décret n° 92-02/P-RM du 09 juin 1992 *portant nomination des membres du Gouvernement*, publié au JORM n° 11 du 15 juin 1992, p. 381 (ministre : Monsieur Seydou Idrissa TRAORÉ).

[4] V. décret n° 94-333/P-RM du 25 octobre 1994 *portant nomination des membres du Gouvernement*, publié au JORM n° 22 du 30 novembre 1994, p. 833 (ministre : Monsieur Modibo TRAORÉ).

[5] V. décret n° 02-343/P-RM du 14 juin 2002 *portant nomination des membres du Gouvernement*, publié au JORM n° 17 du 20 juin 2002, p. 679 (ministre : Seydou TRAORÉ).

[6] V. décret n° 91-208/P-CTSP du 26 août 1991 *portant nomination des membres du Gouvernement*, publié au JORM n° 17 du 15 septembre 1991, p. 621 (ministre : Madame SY Maïmouna BA).

[7] V. décret n° 92-150/P-RM du 14 mai 1992 *portant nomination d'un ministre de l'Agriculture, de l'Élevage et de l'Environnement*, publié au JORM n° 11 du 15 juin 1992, p. 378 (ministre : Madame CISSÉ KHAÏDAMA Mariam Youba SIDIBÉ).

[8] V. décret n° 04-141/P-RM du 02 mai 2004 *portant nomination des membres du Gouvernement*, publié au JORM n° 13 du 10 mai 2004, p. 503 (ministre : Monsieur Nancoma KEÏTA).

[9] V. décret n° 2014-0257/P-RM du 11 avril 2014 *portant nomination des membres du Gouvernement*, publié au JORM n° 18 du 02 mai 2014, p. 689 (ministre : Monsieur Abdoulaye Idrissa MAÏGA).

[10] V. décret n° 2015-0004/P-RM du 10 janvier 2015 *portant nomination des membres du Gouvernement*, publié au JORM n° 08 du 10 février 2015, p. 285 (ministre : Monsieur Mohamed Ag ERLAF).

[11] V. rapport national 2017 sur l'état de l'environnement au Mali, p. 121.

[12] Indice de Performance Environnementale 2010 (v. rapport sur les *impacts de la crise socio-économique et politique 2012 sur les Objectifs du millénaire pour le Développement au Mali*,

difficultés relatif aux services techniques rattachés, qui font aussi la navette entre différents départements ministériels, ne favorise pas la cohérence dans l'application des textes environnementaux. Alors que de la cohérence il faut pour permettre une application saine du droit de l'environnement.
S'il est important que les institutions se stabilisent pour permettre une meilleure application du droit de l'environnement, il faut aussi de la stabilité au sein de celles-ci pour les mêmes raisons.

528. Le rapport national 2017 sur l'état de l'environnement au Mali constate, au nombre des difficultés ne favorisant pas une bonne lisibilité et la continuité des initiatives du département en charge de l'environnement, l'instabilité récurrente au sein du département[1]. Ce rapport qui a été pourtant examiné et validé par le conseil des ministres du mercredi 23 janvier 2019[2] était une occasion pour attirer l'attention des auteurs de cette instabilité sur la nécessité de permettre la continuité des actions entreprises en faveur de l'environnement et de l'application des textes qui le protègent. Mais, il est regrettable de constater que comme à l'accoutumée, il a été approuvé sans être lu ou compris. Le rapport précédent[3] est plus explicite sur cette question de gouvernance environnementale[4]. Il se pose dès lors des interrogations sur leur utilité. Ainsi, entre 2012 et 2021 (en 10 ans), le ministère de l'Environnement a changé onze (11) fois de titulaires[5]. Pourtant les différents décrets *portant attributions spé-*

---

publié en mars 2013 par le Ministère malien de l'action humanitaire, de la solidarité et des personnes âgées avec l'appui de ONU Femmes et le PNUD, p. 22).
[1] P. 120 *in fine*.
[2] V. www.sgg-mali-ml, consulté le 09 juin 2020. Ce conseil des ministres reconnaît pourtant que « *Les mesures préconisées par le rapport constituent des créneaux pour bâtir de grands chantiers environnementaux notamment la transition énergétique, la réhabilitation des forêts et de la faune, l'amélioration des systèmes agricoles, pastoraux et halieutiques, la réduction des pollutions et nuisances, l'information et l'éducation environnementales et le financement conséquent et durable de l'environnement.* »
[3] Il s'agit du rapport national 2014 sur l'état de l'environnement au Mali.
[4] V. p. 88.
[5] Monsieur Tiémoko SANGARÉ (v. décret n° 2011-176/P-RM du 06 avril 2011 *portant nomination des membres du Gouvernement*, JORM n° 20 du 20 mai 2011, p. 768, durée à la tête du département: 11 mois et 16 jours) ; il était resté à la tête du département jusqu'au coup d'État du 22 mars 2012 ;
- Monsieur Alpha Bocar NAFO (v. décret n° 2012-194/P-RM du 24 avril 2012 *portant nomination des membres du Gouvernement*, JORM n° 17 du 27 avril 2012, p. 645, durée : 3 mois et 26 jours) ;
- Monsieur David SAGARA (v. décret n° 2012-479/P-RM du 20 août 2012 *portant nomination des membres du Gouvernement*, JORM n° 36 du 07 septembre 2012, p. 1411, durée : 3 mois et 27 jours) ;
- Monsieur Ousmane Ag RHISSA (v. décret n° 2012-710/P-RM du 15 décembre 2012 *portant nomination des membres du Gouvernement*, JORM n° 51 du 21 décembre 2012, p. 2008, durée : 1 an, 3 mois et 27 jours) ;

cifiques des membres du Gouvernement chargent le ministre de l'Environnement de préparer et de mettre en œuvre la politique nationale dans le domaine de l'environnement. Il convient, pour ce faire, de lui donner un temps raisonnable de préparation et de mise en œuvre de cette politique nationale. Or, avant même que le ministre et ses équipes ne commencent à maîtriser les dossiers, ils sont remplacés par d'autres. La règle en la matière est pourtant bien connue : chaque ministre vient avec son équipe et cela se répercute inévitablement sur les services techniques chargés de la conception, de la transposition et/ou de l'application des textes environnementaux.

529. Le Président François HOLLANDE, dans *Les leçons du pouvoir* publié chez Stock en 2018, invite pourtant les décideurs politiques à comprendre qu'ils « (...) *ont un devoir de cohérence et de continuité, sinon ils infligent à la nation une charge financière inutile à laquelle s'ajoute un coût politique qui mine la crédibilité de l'État* »[1]. Il en est de même des problèmes de rattachement de certaines structures du ministère qui font la navette entre différents départements ministériels. Pour donner plus de chance aux textes environnementaux d'être appliqués, les pouvoirs publics doivent se refuser « (...) *à pratiquer le système de dépouilles qui consiste à changer la composition de la haute administration à chaque alternance* »[2] ou à chaque remaniement d'équipe. Cela oblige, en effet, les agents de l'administration non seulement à des engagements politiques qui sont contraires à l'impartialité de l'État[3], mais

- Monsieur Abdoulaye Idrissa MAÏGA (v. décret n° 2014-0257/P-RM du 11 avril 2014 *portant nomination des membres du Gouvernement*, JORM n° 18 du 02 mai 2014, p. 689 ; durée : 9 mois) ;
- Monsieur Mohamed Ag ERLAF (v. décret n° 2015-0004/P-RM du 10 janvier 2014 *portant nomination des membres du Gouvernement*, JORM n° 08 du 20 février 2015, p. 265, durée : 8 mois et 4 jours) ;
- Monsieur Ousmane KONÉ (v. décret n° 2015-0603/P-RM du 24 septembre 2015 *portant nomination des membres du Gouvernement*, JORM n° 43 du 02 octobre 2015, p. 1683, durée : 10 mois et 01 jour) ;
- Madame KEÏTA Aïda M'BO (v. décret n° 2016-0510/P-RM du 07 juillet 2016 *portant nomination des membres du Gouvernement*, JORM n° 32 du 05 août 2016, p. 1258, durée : 2 ans, 9 mois et 2 jours) ;
- Monsieur Housseini Amion GUINDO (v. décret n° 2019-0328/P-RM du 05 mai 2019 *portant nomination des membres du Gouvernement*, JORM n° 14 du 10 mai 2019, p. 498, durée : 1 an 5 mois) ;
- Madame Bernadette KEÏTA (v. décret n° 2020-0074/P-RM du 05 octobre 2020 *portant nomination des membres du Gouvernement*, JORM n° 24 du 16 octobre 2020, p. 943, durée : 8 mois 6 jours) ;
- Monsieur Modibo KONÉ (v. décret n° 2020-0385/P-RM du 11 juin 2021 *portant nomination des membres du Gouvernement*, publié au JORM n° 07 du 11 juin 2021, p. 681, durée : depuis le 11 juin 2021).

[1] François HOLLANDE, *Les leçons du pouvoir*, Stock, Paris, 2018, p. 31.
[2] *Ibid.*
[3] *Ibid.*

enlève toute cohérence aux politiques qui sont conduites au nom de l'environnement.
Cette instabilité à l'intérieur des institutions ne favorise pas l'application du DIE par l'administration environnementale et par voie de conséquence limite l'influence de ce droit sur le droit national.
D'autres mécanismes juridictionnels et pédagogiques peuvent aussi permettre de réussir une meilleure amplification du droit international de l'environnement sur l'application du droit malien de l'environnement.

530. En dépit de beaucoup d'initiatives dans le sens du renforcement des capacités en vue d'obtenir une application efficiente des textes environnementaux[1], le constat fait par le Bâtonnier Seydou S. COULIBALY, s'agissant de la faible application du droit de l'environnement au Mali, est bien réel. Il concerne deux écueils majeurs : l'ignorance des textes par leurs destinataires et « (…) *l'incompétence des techniciens de droit chargés de l'application des textes* »[2]. « *L'éducation à l'environnement et l'adoption d'un Code de l'environnement devraient même être précédées de la formation des techniciens du droit, afin qu'ils soient d'abord des vecteurs de pédagogie avant d'être juges répressifs* »[3], ajoute-t-il avec pertinence. Malheureusement encore que l'école malienne ne forme plus aujourd'hui comme elle le faisait il y a quelques décennies. Il y a, décidemment, urgence à un sursaut national.

531. L'ampleur des difficultés d'application du droit de l'environnement laisse entrevoir l'échec des juridictions nationales à relever seules le défi. Déjà, la volonté de donner réellement vie au droit de l'environnement a poussé certains États à mettre en place des juridictions spécifiques chargées des questions d'environnement[4]. Mais, la question de la création de juridictions environnementales n'est pas la plus essentielle. Elle doit d'abord être précédée de la formation des acteurs qui seront chargés de les animer.

532. La grandeur du pessimisme quant à la possibilité de trouver des solutions nationales à court et moyen termes conduit à explorer la solution communautaire ou régionale. Michel PRIEUR indiquait d'ailleurs, dès 1976, qu' « *Il n'y*

---

[1] Rédaction de deux éditions du recueil des textes nationaux et internationaux environnementaux.
[2] Seydou S. COULIBALY, *Notes de plaidoirie de Monsieur le bâtonnier à l'audience de la rentrée solennelle des cours et tribunaux de l'année 2014-2015*, Bulletin d'information n° 17 de la Cour suprême du Mali, *op. cit.*, p. 28.
[3] *Ibid.*
[4] Selon une étude du PNUE intitulée *Cours et tribunaux de l'environnement*, il en existe « plus de 1 200 » à travers le monde.

a pas de place en droit de l'environnement pour des solutions purement nationales »[1]. Sans doute, l'institution d'une juridiction régionale environnementale peut être un tremplin à un début d'application du droit international de l'environnement au Mali. Cette juridiction doit voir le jour dans le cadre de l'Organisation pour l'harmonisation du droit de l'environnement en Afrique[2] qui aura comme organes, entre autres, une école régionale dont la mission sera d'assurer, dans le domaine de l'environnement, la formation et le perfectionnement des magistrats, des auxiliaires de justice, des différents techniciens des administrations environnementales, etc..

533. Alexandre Charles KISS avait fait le constat, dès 1989, que « (...) *l'un des obstacles majeurs à l'application des traités environnementaux résulte de l'incapacité des systèmes juridiques nationaux à appliquer correctement les règles formulées au niveau international qui ont un impact profond sur le droit national* »[3]. Cette « incapacité des systèmes juridiques nationaux » à appliquer le droit international de l'environnement ne justifie-t-elle pas le besoin de création d'une juridiction supranationale féconde chargée de donner effet à ce corps de règles ? À ceux qui seraient tentés de dire qu'il existe déjà une panoplie de juridictions en Afrique, compétentes en matière d'environnement[4], et que l'on n'a pas besoin de rééditer l'expérience de la chambre spéciale de la Cour internationale de justice chargée des questions d'environnement, il convient d'opposer quatre arguments essentiels.
Le premier argument est que les Organisations d'intégration en Afrique ont mis en place des normes et des institutions pour atteindre des objectifs[5] parmi lesquels l'environnement ne se situe qu'au second plan. Il s'agit là, comme le reconnaît Yacouba SAVADOGO, s'agissant de l'UEMOA, d'un « péché originel »[6] car, ajoute-t-il, les limites initiales du droit communautaire de l'environnement se trouvent dans l'acte de naissance de l'Organisation[7]. La même remarque vaut pour les autres Organisations communautaires. Les constituants communautaires ne sont pas parvenus à épouser l'approche conciliant développement économique et protection de l'environnement[8]. Le peuvent-ils d'ailleurs ?

---

[1] Michel PRIEUR, *Pourquoi une revue juridique de l'environnement ? op. cit.* p. 3.
[2] V. Annexe 2.
[3] Alexandre Charles Kiss, *Introduction au droit international de l'environnement, op. cit.*, p. 59.
[4] Sur la vingtaine de juridictions internationales qui existent dans le monde, plus de la moitié se trouve en Afrique (au moins une douzaine).
[5] V. Emile-Derlin KEMFOUET KENGNY, *Les juridictions des organisations d'intégration économique en Afrique*, Paris, LGDJ, 2018, p. 420.
[6] Yacouba SAVADOGO, *La protection communautaire de l'environnement dans le cadre de l'UEMOA : enjeux, portée et perspectives*, thèse, droit, Université de Limoges, 2019, p. 472.
[7] *Ibid.*
[8] *Ibid.*

Le deuxième argument est qu'en vérité, les États africains ont, jusque-là, donné plus d'importance à l'intégration économique et monétaire qu'à l'intégration juridique dans le domaine de l'environnement. Il convient donc d'ériger l'environnement au rang des priorités, non pas simplement en l'inscrivant dans les textes et discours, mais en harmonisant le droit qui a pour objet de le protéger.
Le troisième argument est que l'éparpillement des compétences, dans le domaine de l'environnement, entre les juridictions régionales ou sous-régionales existantes, crée le besoin de confier ces compétences à une juridiction unique, de combler certaines lacunes et de décharger les premières juridictions de leurs attributions en matière d'environnement.
Le quatrième et dernier argument est que la dynamique d'harmonisation du droit enclenchée sur le continent, depuis quelques décennies, ne doit pas s'arrêter aux portes du droit de l'environnement. Elle doit se poursuivre et atteindre le domaine qui nous occupe.

534. La Cour commune de justice et d'arbitrage de l'OHADA[1] a, dans le domaine du droit des affaires, permis un développement important de la jurisprudence commerciale et des affaires en Afrique[2]. Il convient de s'en inspirer. Ceci peut ne pas peut-être expliquer cela, mais l'on aura au moins essayé et aucune porte ne doit être fermée à la recherche d'une solution que l'on estime meilleure. Cette solution apparaît d'ailleurs comme la condition *sine qua non* de l'amplification de la jurisprudence environnementale en Afrique. Elle pourra, par effet d'entrainement, inciter les juridictions nationales, à la diligence de tous, principalement des associations de défense de l'environnement, à se prononcer de plus en plus sur les aspects environnementaux des différents litiges qui leur seront soumis. La pertinence de la création d'une telle institution se justifie donc par sa capacité à contribuer, par une interprétation uniforme du droit de l'environnement en Afrique, à l'application et au renforcement du droit international de l'environnement dans les différents États.

535. Existe-t-il aujourd'hui en Afrique une juridiction spécifique commune qui puisse veiller à l'interprétation et à l'application uniformes de tous les textes environnementaux internationaux ? Si non, quelle est la conséquence de cette lacune sur la cohérence des décisions des différents organes juridictionnels des États, concernant le domaine précis de l'environnement ? On peut interroger la cohérence des décisions de ces juridictions concernant, par exemple, la protection juridique du fleuve Niger qui traverse neuf pays du continent.

---

[1] Pour ne citer que ce seul exemple.
[2] V. www. ohada.org.

536. En Afrique, de façon générale, et à l'Ouest du continent, particulièrement, il existe une multitude d'organisations[1] qui ont toutes des compétences en matière d'environnement. Aucune de ces Organisations n'a l'environnement global pour objet principal[2]. Certains n'en traitent qu'un ou des aspects[3]. La nécessité d'avoir une organisation spécifique en charge des différentes questions environnementales a été évoquée dans la première partie de cette étude. Il n'est pas inutile de rappeler, ici, que l'institution de cette organisation permet non seulement d'harmoniser les textes environnementaux, de parer aux incohérences constatées çà et là dans certains droits nationaux par leur réception des normes du DIE, de combler certaines lacunes des législations ne disposant pas, par exemple, encore de Code de l'environnement, mais permet aussi d'éviter la dispersion des efforts et le gaspillage d'argent dans un contexte de besoins extrêmes de moyens financiers.

537. Toutes les organisations régionales ou sous-régionales dont il est question ont prévu au nombre de leurs institutions un organe juridictionnel pouvant trancher des litiges environnementaux[4]. Mais, toutes les Organisations qui ont créé ces juridictions ont des objectifs spécifiques. La protection de l'environnement est traitée par ces Organisations, souvent, de façon partielle et insuffisante. Aussi, pour avoir une jurisprudence environnementale africaine uniforme, il convient de décharger ces différentes juridictions de leurs compétences environnementales et les confier à un organe unique. Un petit survol des textes fondateurs de ces organisations permet de se rendre compte que le rang réservé à l'environnement se trouve dans la profondeur du classement des priorités.

538. La Cour africaine des Droits de l'Homme et des Peuples[5] qui doit fusionner avec la Cour africaine de justice pour former la Cour africaine de justice

---

[1] CEDEAO (art. 29 à 31 du traité révisé) ; UEMOA (art. 4 et 79 du traité de l'UEMOA et son protocole additionnel n° 2), CILSS en matière de lutte contre la désertification, OMVS et ABN dans le domaine de l'eau, etc..

[2] CEDEAO et UEMOA.

[3] Le CILSS dans le domaine de la lutte contre la sécheresse, l'OMVS et l'ABN dans le domaine de l'eau.

[4] Celles qui n'ont pas prévu la création d'un organe judiciaire donnent compétence à d'autres juridictions internationales pour appliquer et interpréter leurs textes en cas de besoin. Il en ainsi de la Convention révisée du CILSS et de la Charte de l'eau du bassin du Niger qui prévoient la saisine de la Cour internationale de justice de la Haye en cas de désaccords entre les États (v. art. 33 de la Convention pour le CILSS et art. 31 de la Charte pour l'ABN).

[5] Le Protocole portant statut de la Cour africaine de justice et des droits de l'homme prévoit sa fusion avec la Cour de justice de l'Union africaine. L'institution de cette Cour règle en partie le problème d'uniformisation de l'application des textes internationaux, car selon l'art. 31 du Protocole : « (…) *la Cour applique* (…) *les textes internationaux, généraux ou spéciaux, auxquels sont parties les États en litige* ». Cette fusion ne résout ni le problème de compétence des autres juridictions sous-régionales en matière d'environnement, ni de façon très tranchée celui de sa saisine par les citoyens et ONG des États. S'agissant de ce dernier aspect, l'art. 30 *in fine*

et des Droits de l'Homme, est « (...) *compétente pour connaître de toutes les affaires et de tous les différends dont elle est saisie concernant l'interprétation de la Charte, du* (...) *protocole, et de tout autre instrument pertinent relatif aux droits de l'homme et ratifié par les États concernés* »[1]. Même si elle peut être saisie pour atteinte au droit à un environnement sain, elle n'est pas compétente pour connaître de tous les problèmes environnementaux. Il en est ainsi des atteintes au bien-être animal ou à la flore ou faune sauvages. Aussi, très paradoxalement, elle ne peut être saisie par les individus que marginalement selon la volonté des États. Or, son objet, tout comme son intitulé, nécessitent que les particuliers puissent la saisir directement sans grandes difficultés. Ce n'est pas le cas. Sa jurisprudence environnementale est d'ailleurs toujours attendue.

539. La Cour de justice de la CEDEAO « (...) *assure le respect du droit et des principes d'équité dans l'interprétation et l'application des dispositions du traité* »[2]. Ce Traité créant la CEDEAO contient, certes, des dispositions relatives à la « *coopération en matière d'environnement et des ressources naturelles* »[3]. Mais, l'objectif premier de cette communauté d'États est la promotion de « (...) *la coopération et l'intégration dans la perspective d'une Union économique de l'Afrique de l'Ouest en vue d'élever le niveau de vie de ses peuples, de maintenir et d'accroître la stabilité économique, de renforcer les relations entre les États Membres et de contribuer au progrès et au développement du continent africain* »[4]. La protection de l'environnement n'est pas le but principal de cette organisation, même si sa juridiction a rendu en décembre 2012 un arrêt important en lien avec le droit à l'environnement[5]. Deux raisons permettent de soutenir une telle affirmation. La première est que seuls trois articles du traité sont consacrés à l'environnement[6], même si leur contenu semble englober l'essentiel du droit de l'environnement. La seconde raison est en lien même avec l'intitulé de l'Organisation : Communauté Économique des États de l'Afrique de l'Ouest. Que ferait-elle si des préoccupations économiques et environnementales venaient à s'opposer ? Sans doute que l'on regarderait du côté de son but principal : l'intégration économique. Il convient donc de la décharger des préoccupations environnementales pour les

---

du Protocole parle seulement des « *personnes physiques et les organisations non-gouvernementales accréditées auprès de l'Union ou de ses organes ou institutions, sous réserve des dispositions de l'art. 8 du protocole* ».

[1] Art. 3 du Protocole relatif à la Charte africaine des droits de l'homme et des peuples portant création d'une Cour africaine des droits de l'homme et des peuples.

[2] Art. 9 du Protocole A/P. 1/7/91 relatif à la Cour de justice de la Communauté (v. aussi l'art. 9 du Protocole relatif à la Cour de justice de la communauté et les art. s 29 à 31 du traité révisé de la CEDEAO).

[3] Art. 29 à 31.

[4] Art. 3 du traité consacré aux buts et objectifs.

[5] V. ECW/CCJ/JUD/18/12 du 14 décembre 2012, SERAP c. République du Nigeria.

[6] Art. 29, 30 et 31.

confier à une organisation dédiée exclusivement à l'environnement qui a un domaine, faut-il le rappeler, très vaste. Cela éviterait d'ailleurs des éventuelles contradictions entre ses décisions et celles que pourraient rendre les autres juridictions du continent dans le domaine de l'environnement, notamment la Cour de justice de la Communauté Économique et Monétaire des États de l'Afrique centrale (CEMAC) ou de l'UEMOA.

540. L'Union Économique et Monétaire Ouest-Africaine (UEMOA) cherche principalement à « (…) *renforcer la compétitivité des activités économiques et financières des États membres dans le cadre d'un marché ouvert et concurrentiel et d'un environnement juridique rationalisé et harmonisé* »[1]. Son intitulé est d'ailleurs très évocateur du but qu'elle poursuit. Certes, son organe juridictionnel, la Cour de justice de l'UEMOA, est compétent pour juger les manquements des États à leurs obligations environnementales communautaires[2], mais en cas de conflits entre intérêts économiques et intérêts environnementaux comme c'est très généralement le cas, ce sont les premiers qui l'emporteront. Les économistes s'occupent-ils mieux de l'environnement comme de l'économie ? L' absence de décisions de cette Cour « *touchant directement ou indirectement à la matière environnementale* » ne doit pas alors étonner[3].

541. Faute d'une juridiction régionale africaine en matière environnementale, le CILSS et l'ABN donnent directement compétence à la Cour internationale de justice en cas de non-règlement amiable d'un éventuel différend étatique. Le rôle de cette juridiction dans le domaine de l'environnement est très marginal. Elle n'y est intervenue, en effet, que de façon très sporadique[4]. Son éloignement des États africains soulève des problèmes de moyens. Elle n'est pas de même accessible aux particuliers. Or, pour permettre une application satisfaisante du droit de l'environnement en Afrique, il convient d'associer les personnes physiques et morales autres que les États à la saisine des différentes juridictions sans aucun lien avec la volonté des États.

542. Les lignes qui précèdent permettent de se rendre compte qu'il n'existe aucune Organisation ouest-africaine ou africaine dédiée spécifiquement à l'environnement global. Le CILSS et l'ABN ont des objectifs relatifs à des

---

[1] Art. 4 *in fine* du Traité révisé.
[2] V. art. 27 de l'Acte additionnel n° 10/96 portant statuts de la Cour de justice de l'Union économique et monétaire ouest-africains.
[3] Hamidou YAMEOGO, *Problématique de la protection de l'environnement par la Cour de justice de l'UEMOA*, Revue africaine de droit de l'environnement, n° 05, 2020, p. 77.
[4] V. Sandrine MALJEAN-DUBOIS (dir.), *Le droit de l'environnement comme exemple de la mondialisation des concepts juridiques : place et rôle des juridictions internationales et constitutionnelles*, Rapport final de recherche, 2008, p. 9. Téléchargeable sur http://www.gip-recherche-justice.fr/wp-content/uploads/2020/05/06.16-RF.pdf, consulté le 05 juin 2020.

aspects précis de l'environnement. Il ne peut être question pour le juriste de l'environnement de se contenter de quelques références à l'environnement dans les textes fondateurs des différentes Organisations existantes. Il ne s'agit pas de relancer le débat qui consiste à opposer l'économie à l'environnement, mais force est de constater que sur les plans politique, économique et monétaire, l'harmonisation des législations est plus poussée en Afrique que dans le domaine de l'environnement. Il convient de remédier à cette lacune. Aussi, les législations sur l'économie et l'environnement qui ont des objectifs opposés, paraissent difficilement conciliables, même si certains pensent le contraire[1].

543. Ce cafouillage d'institutions et de leurs compétences ne permet pas au droit international de l'environnement d'avoir une lisibilité claire lui permettant d'être appliqué de façon efficiente et surtout de manière uniforme, d'où le besoin du transfert des compétences de ces juridictions en matière environnementale à une juridiction unique[2]. Cette juridiction unique pourra comprendre plusieurs sections ou chambres s'occupant chacune de questions spécifiques. Elle peut, par exemple comprendre trois sections ou chambres spécialisées : une section ou chambre chargée des ressources naturelles (biodiversité notamment, air, etc.), celle chargée du cadre de vie et des déchets dangereux, et la section ou chambre chargée du domaine hydrique. La création de cet organe juridictionnel permet de combler un vide juridique car certaines institutions comme le CILSS et l'ABN n'en disposent pas. Elles prévoient la saisine de la Cour internationale de justice en cas de non-règlement amiable d'un éventuel différend entre États. Ce qui exclut toute possibilité de saisine pour les citoyens des États.

544. Puisque les juridictions nationales africaines, environnementales ou non, sont déjà compétentes pour trancher les litiges environnementaux, cet organe régional sera considéré comme le juge suprême des États en matière d'environnement et ne sera, en principe, saisi qu'en dernier ressort après la voie de l'appel, sauf exception. Son rôle sera surtout d'unifier l'application et l'interprétation des textes internationaux au niveau du continent. Toutefois, pour éviter qu'elle ne subisse le même sort que la chambre spéciale chargée des questions d'environnement de la Cour internationale de justice[3], il conviendra de favoriser davantage son attractivité. Cela passe par la possibilité offerte aux

---

[1] V. Yafradou ADAM TAIROU, *La prise en compte des préoccupations environnementales par le droit de l'entreprise dans l'espace OHADA*, droit, Université de Nice Sophia - Antipolis, 2010.

[2] Il est aussi possible d'envisager la création d'une section environnementale au niveau de la nouvelle Cour africaine de justice et des droits de l'homme en attendant la mise en place de l'ODHEA. Mais, compte tenu de l'importance en termes de volumes des questions environnementales, cette éventualité sera moins fructueuse que celle de la possibilité de mettre rapidement en place une juridique spécifique en matière d'environnement.

[3] V. *supra*, partie II, titre 1.

individus et autres personnes morales, les associations environnementales en tête, de la saisir directement sans qu'il ne soit prévu une quelconque déclaration de compétence à faire par les États[1] et surtout en cas de difficultés de saisine ou de lenteur des juridictions nationales[2]. Loin d'être un objet de décoration, cet organe juridictionnel régional devra, à l'instar de la Cour commune de justice et d'arbitrage de l'OHADA dans le domaine du droit des affaires[3], permettre au droit international de l'environnement d'exercer une influence renforcée sur l'application du droit de l'environnement des différents États. C'est l'apport attendu.
La question qu'il est légitime de se poser, ici, est relative à l'apport réel d'une juridiction spécifique régionale au renforcement de l'application du droit de l'environnement en Afrique et au droit applicable par cette juridiction.

545. S'agissant d'abord du droit applicable, cette juridiction appliquera bien sûr le droit issu de l'OHDEA ainsi que les dispositions de tous les autres textes internationaux, régionaux, sous régionaux et bilatéraux, spécifiques ou généraux, conclus par les États dans les domaines de sa compétence. Cela va permettre de dessaisir les autres juridictions des Organisations de coopération régionales des compétences environnementales[4], de moins encombrer la Cour internationale de justice des litiges environnementaux du continent[5], de rapprocher la justice internationale des citoyens africains et d'ouvrir sa saisine à ceux-ci ainsi qu'aux ONG et autres personnes morales. Elle permettra *in fine* de combler, à certains niveaux, un vide puisque beaucoup d'Organisations

---

[1] L'institution d'une telle condition dans le Protocole de Ouagadougou a montré ses limites. Car, de l'adoption de cet instrument en 1998 à nos jours, seuls dix États (Benin, Burkina Faso, Côte d'Ivoire, Gambie, Ghana, Malawi, Mali, Rwanda, Tanzanie et Tunisie) sur 55 ont fait cette déclaration. Quatre États (Benin, Côte d'Ivoire, Rwanda, Tanzanie) sur les dix sont revenus sur leurs déclarations. Ce qui signifie que, de nos jours, seuls les citoyens de six États africains (Burkina Faso, Gambie, Ghana, Malawi, Mali et Tunisie) peuvent saisir cette Cour en attendant qu'eux aussi retirent toute compétence à celle-ci de connaître des actions des particuliers.

[2] La tenue de ses sessions peut être tournante, mais non obligatoirement.

[3] La Cour de justice de l'Union européenne et la Cour européenne des droits de l'homme sont aussi des exemples de réussite car, par leur abondante jurisprudence, elles ont permis une influence positive de plus en plus renforcée des droits international et régional de l'environnement sur les droits de l'environnement des États de l'Union européenne et du Conseil de l'Europe. Un clic sur les sites de ces institutions permet de s'en rendre compte : https://curia.europa.eu et https://www.echr.coe.int.

[4] Leurs compétences seront centrées uniquement sur l'objet des institutions qui les ont créées. Ce qui leur permettra d'ailleurs d'être plus efficaces.

[5] Elle n'a d'ailleurs jamais été saisie de différends environnementaux entre États africains.

sous-régionales ne disposent pas d'organes juridictionnels propres pour trancher les éventuels litiges qui naîtraient de la violation de leurs textes[1]. La possibilité de sa saisine par les citoyens et autres personnes morales permet de rendre abondante la jurisprudence environnementale et de faire entrer, au fur et à mesure que des décisions sont rendues, l'environnement dans les mœurs des populations africaines, malgré le contexte de grande pauvreté. À défaut de rendre la procédure devant elle gratuite, celle-ci sera moins coûteuse. Ses audiences peuvent être tournantes afin qu'elle soit davantage proche des justiciables, d'amoindrir les coûts pour ceux-ci.

546. Concernant l'apport de la Cour de justice de l'OHDEA, l'ouverture de sa saisine à tous les citoyens des États membres de l'Organisation et la gratuité de la procédure devant elle, permettent, pour un départ, de stimuler et d'encourager sa saisine et par voie de conséquence l'application du droit de l'environnement en Afrique. S'il s'avère par la suite qu'elle se trouve engorgée par le volume des affaires, il pourrait être revu les modalités de sa saisine. Un des buts de sa création serait atteint, puisque la protection judiciaire de l'environnement serait, entre temps, entrée dans les habitudes des populations. Plus d'attention serait accordée au respect des normes environnementales. De ce point de vue, l'application du droit international de l'environnement, au moins régional, exercerait une influence décisive sur l'application du droit de l'environnement des États et l'environnement se trouverait mieux protégé.

547. L'idée de la délocalisation des procès environnementaux devant le juge national, prônée par Mathilde HAUTEREAU-BOUTONNET et Eve TRUILHE[2], ne paraît pas pertinente, dans le contexte particulier du Mali, en raison des nombreux écueils soulignés précédemment dont, entre autres, la corruption et le manque de confiance des justiciables en leur justice.
L'institution d'une école de formation régionale dans le domaine de l'environnement s'inscrit dans le même but. Son fonctionnement doit précéder celui de la Cour de justice.

548. Pour avoir une bonne équipe de football ou une armée nationale compétitive, il faut des joueurs de football et des militaires très bien formés. Que se passera -t-il si les entrainements et formations s'arrêtent après les recrutements ? On n'aura plus une équipe de football compétitive capable de remporter des coupes et une armée nationale apte à remporter des victoires. Il en est de même pour les autres corps de la société, particulièrement de celui des

---

[1] Il en est ainsi du CILSS (art. 33 de la Convention l'instituant) et de l'ABN (art. 31 de la Charte), entre autres, qui donnent compétence à la Cour internationale de justice pour trancher les différends nés de l'application ou de l'interprétation de leurs textes.
[2] Mathilde HAUTEREAU-BOUTONNET et Eve TRUILHE (dir.), *À la recherche du procès environnemental* in *Le procès environnemental : du procès sur l'environnement au procès pour l'environnement*, Paris, Dalloz, 2021, p. 21.

juges et des techniciens des administrations de l'environnement. Tout le monde s'accorde sur la nécessité de la formation des différents acteurs de la justice en droit de l'environnement en Afrique. Il paraît d'ailleurs paradoxal de demander à un juge de trancher des litiges environnementaux lorsque celui-ci n'a pas été formé à la maîtrise du droit de l'environnement, en raison de sa technicité, ni pendant son cursus universitaire ni au titre de la formation continue. Il convient donc qu'il acquiert l'expertise nécessaire pour rendre des décisions irréprochables s'appuyant sur des analyses techniques. Cette formation doit être continue et s'étendre à l'ensemble des acteurs de l'environnement (les auxiliaires de justice, les techniciens de l'administration environnementale, etc.). L'École Régionale Supérieure de la Magistrature (ERSUMA) de l'OHADA a déjà montré la voie dans le domaine du droit des affaires. Il convient de lui emboiter le pas dans le domaine de l'environnement.

549. L'organisation de cette formation et de ce perfectionnement au niveau régional permet d'harmoniser le contenu de l'enseignement du droit de l'environnement, de renforcer la coopération entre les États dans le domaine de l'environnement, d'amoindrir les coûts liés à la formation, de favoriser l'intégration dans le domaine du droit de l'environnement et de permettre une convergence de vues dans la résolution de problèmes environnementaux communs. Si elle est essentielle, cette formation, qui permet une meilleure appropriation de cet outil essentiel qu'est le droit de l'environnement, n'est pas suffisante et doit s'accompagner par d'autres moyens permettant aux acteurs concernés d'exécuter leur travail dans des conditions optimales.

550. La plupart des juges maliens, certainement de leurs homologues des autres pays du continent, n'ont pas eu l'occasion de s'étendre sur l'apprentissage du droit de l'environnement durant leur cursus universitaire ou même durant leur formation d'auditeurs de justice. Cette lacune et l'évolution sans cesse continue du droit l'environnement expliquent la nécessité qu'ils s'inscrivent à l'école de ce « *droit dont la complexité et la technicité constituent aussi sa richesse* ». Ne dit-on pas en droit que « pour juger il faut connaître ». La désignation d'un juge d'instruction en matière de procédure pénale répond à ce besoin d'information[1]. Pour appliquer le droit de l'environnement, il faut le connaître. Michel PRIEUR proposait déjà en 2008 que les différents parquets soient spécialisés en matière d'environnement car, ajoute-t-il, ceux-ci ne doivent pas attendre les plaintes individuelles, les atteintes à l'environnement étant des agressions contre la collectivité[2]. Cette spécialisation doit s'étendre à l'ensemble du corps des magistrats et de tous les auxiliaires de

---

[1] Article 55 du Code de procédure pénale malien.

[2] Michel PRIEUR. *L'influence des conventions internationales sur le droit interne de l'environnement*, *op. cit.*, p. 392.

justice. Heureusement qu'à leurs côtés se trouvent les agents de diverses administrations chargés de réprimer et de poursuivre, au même titre que le parquet, les atteintes à l'environnement. Mais, ceux-ci préfèrent la transaction au jugement.

551. À l'image donc de l'École Régionale Supérieure de la Magistrature (ERSUMA) dans le domaine du droit des affaires, il doit être créé, comme indiqué plus haut, une école régionale chargée de la formation et du perfectionnement des magistrats, des auxiliaires de justice et des membres de certaines administrations dans le domaine de l'environnement. La plupart des travaux sur le droit de l'environnement en Afrique préconisent la formation des acteurs. Il s'agit d'une nécessité. Mais, plutôt qu'elle soit initiée par chaque État, cette formation peut être organisée dans un cadre régional plus large. Cela a plusieurs avantages : la réduction des coûts de la formation, l'uniformisation du contenu des enseignements, une collaboration poussée entre les acteurs.

552. Puisqu'il existe déjà une école régionale (ERSUMA dont le siège se trouve à Porto Novo au Bénin) et pour amoindrir les coûts que nécessite la formation pour les différents États, il peut être aussi envisagé, pour un départ, la création d'une section chargée du droit de l'environnement au sein de l'ERSUMA. Cette école a déjà montré ses preuves dans le domaine du droit des affaires[1]. Son existence depuis 1993 est la preuve qu'une importante attention est accordée plus aux affaires qu'à l'environnement en Afrique. Il convient donc de rattraper le retard en comblant un vide. Il ne s'agit pas d'opposer le droit de l'environnement au droit des affaires en Afrique, mais de réussir à faire vivre le premier comme le second. Le juge est au cœur de cet enjeu. C'est ce qui justifie qu'il soit mieux outillé.

553. Un juge mieux outillé pour appliquer le droit de l'environnement n'est pas seulement celui qui est bien formé. En plus de la formation, c'est aussi celui qui est entouré de conditions favorables à la réussite de sa mission. Loin de faire ici l'avocat du juge, il s'agit plutôt de réfléchir sur les conditions à réunir pour réussir un DIE mieux appliqué pour un environnement mieux protégé. Puisque le juge est au centre de cette préoccupation, il convient de partir de la réalité malienne qui n'est pas loin de celle de la plupart des autres pays du continent pour envisager des solutions idoines. Cette étude nous a d'ailleurs permis de nous rendre compte du niveau très limité, en droit de l'environnement, de la plupart des juges rencontrés. On ne peut pas atteindre les objectifs d'un droit mieux appliqué dans de telles conditions.

---

[1] Elle organise différentes sessions de formation dans le domaine de la recherche dans les différents pays membres (v. ohada.org).

554. S'il est vrai que l'on ne peut pas élever une fondation sur du sable mouvant, il est tout aussi vrai que l'on ne peut pas demander au juge de réussir sa mission sans que ne soient mis à sa disposition les moyens de cette mission. Un tour dans les bureaux des juges au Mali fait comprendre la précarité de leurs conditions de travail. La plupart des bureaux équipés le sont par leurs occupants eux-mêmes, c'est-à-dire à l'aide des moyens propres des juges. On appelle ici « bureau équipé », un bureau muni d'un ordinateur et des différents textes de lois, version physique et/ou électronique. À défaut d'une bibliothèque physique équipée au niveau de chaque juridiction, il est possible de mettre en place une bibliothèque numérique accessible à tous les magistrats. Mais, il convient d'abord de disposer d'un ordinateur, portable ou de bureau, pour ensuite songer à avoir accès à internet. C'est l'évolution rapide et sans cesse croissante du droit international de l'environnement, de sa doctrine et de sa jurisprudence (sur d'autres continents) qui nécessite cette mutation. Le juge qui ne peut pas évoluer en vase clos doit être, d'où qu'il vienne, un acteur actif de l'évolution du droit international de l'environnement. Car, c'est lui qui produit la jurisprudence environnementale. Il doit donc s'ouvrir au monde et prendre dans son entièreté la place qui est la sienne. La mise en ligne de toutes les décisions de justice rendues dans le pays permet non seulement aux juges d'éviter de rendre des jugements contradictoires[1] concernant des problèmes identiques, mais favorisent la recherche et leur information. Une manière de dire que l'effectivité de la jurisprudence environnementale au Mali n'est pas pour demain. Faut-il pour autant demeurer pessimiste et ne rien tenter ?

Section 2 - Les moyens juridiques nouveaux

555. On appelle « moyens juridiques nouveaux », les nouveaux outils à mobiliser en vue de permettre une meilleure amplification de l'influence du droit international de l'environnement sur l'application du droit malien de l'environnement. Il a déjà été indiqué précédemment[2] que l'influence du droit international de l'environnement sur l'application du droit malien de l'environnement est conditionnée par la réalité de l'application de ce dernier. C'est ce qui justifie que tous les moyens soient aujourd'hui mobilisés en sa faveur pour permettre la réalisation de cet objectif.

556. Les lignes qui précèdent ont permis de reconnaître avec Michel PRIEUR que l'obstacle juridique le plus important pour la mise en œuvre nationale du droit international de l'environnement est la question de son « *effet direct* »[3].

---

[1] La Cour suprême, qui doit assurer l'unification de l'interprétation des textes, n'a pas toujours l'occasion de le faire car elle n'est pas toujours saisie.

[2] Partie 2, titre 1.

[3] Michel PRIEUR, *Droit de l'environnement, op. cit.*, p. 19.

Cet effet direct qui permet de « *conférer des droits individuels que les juridictions nationales doivent sauvegarder* »[1] exige une meilleure structuration du droit africain de l'environnement tout entier. D'où l'idée de son émergence. Aussi, la reconnaissance de la qualité de sujet de droit à l'environnement et la possibilité d'élargir le champ des personnes pouvant agir en son nom devant les juridictions, tant nationales qu'africaines, peut permettre de « réveiller » le droit malien de l'environnement. D'où l'idée de faire jouer à l'environnement, comme sujet et non pas seulement comme objet, un rôle actif dans la vie juridique avec comme principale conséquence le droit d'ester en justice. Il convient aussi de réussir une meilleure articulation du droit malien de l'environnement avec le droit international de l'environnement.

557. La règle de la primauté des normes internationales, issus d'Accords régulièrement ratifiés et publiés, sur les règles internes permet de résoudre, en principe, le problème de l'application des normes. Mais, cette résolution du problème n'est que théorique. Il a été, en effet, révélé précédemment que la plupart des textes internationaux environnementaux, tels que ratifiés[2], sont difficilement applicables au Mali en raison de nombreuses difficultés[3]. Ce constat exige qu'au moment de leur ratification, il soit au préalable tenu compte de leur applicabilité[4]. Or, dans la pratique, cette nécessité est reléguée au second plan, au profit d'autres considérations[5]. Il convient pourtant d'y prêter une attention particulière. Doit-on toujours ratifier des textes pour plaire ou suivre des injonctions de partenaires en sachant bien que ces textes vont « dormir » ? Il paraît donc impérieux de cesser de signer des accords ou de ratifier des textes que l'on n'a pas l'intention de mettre en œuvre[6] ou que l'on sait pertinemment inapplicables.

---

[1] CJCE 5 févr. 1963, Van Gend & Loos c/ Administration fiscale néerlandaise, aff. 26/62. Dans cette affaire, la Cour devait répondre, entre autres, à la question de savoir si les justiciables pouvaient faire valoir, sur la base de l'art. 12 du traité de CEE, des droits individuels que le juge interne doit sauvegarder.

[2] Le doit international de l'environnement n'a d'ailleurs pas vocation à s'appliquer partout de manière uniforme. La Déclaration de Rio 1992 le rappelle : « *les règles appliquées par certains pays peuvent ne pas convenir à d'autres* (…) » (V. principe 11).

[3] V. *supra*, Titre 1 de la présente partie.

[4] La nécessité s'impose de réaliser des études d'impact chaque fois que l'application du texte environnemental à ratifier est susceptible d'affecter, de manière significative, les droits des communautés.

[5] La plupart du temps, l'aide des partenaires est conditionnée par cette ratification ou par l'orientation d'un système quelconque. Ce qui fait que les pays pauvres ratifient souvent des textes sans le vouloir.

[6] Sandrine MALJEAN-DUBOIS, *La quête d'effectivité du droit international de l'environnement* in *A quoi sert le droit de l'environnement ? Réalité et spécificités de son apport au droit et à la société*, *op. cit.*, p. 256.

558. Pour réussir une meilleure influence des normes internationales d'environnement sur l'application du droit malien de l'environnement, il est nécessaire de prêter une attention particulière aux cultures et pratiques locales. D'où l'idée de la réalisation d'études d'impacts juridiques et sociaux avant toute transposition d'une norme d'origine externe. Il ne doit pas être oublié que « (...) *l'effectivité d'une règle juridique a nécessairement une dimension culturelle* »[1]. Or, la réalité des droits nationaux de l'environnement, particulièrement en Afrique, est qu'ils sont fortement marqués à la fois par le poids des normes universelles[2] et la vivacité des normes coutumières. C'est la raison pour laquelle la réflexion doit être menée autour de la réussite d'un rapprochement mieux encadré entre les normes du droit international de l'environnement et les normes coutumières locales. Il est de même nécessaire d'avoir une meilleure lecture du principe des responsabilités différenciées au Mali, en gardant à l'esprit que le meilleur financement d'une action est la motivation des personnes qui sont chargées de l'animer.

559. Le droit coutumier ou traditionnel est une partie intégrante et importante du droit positif malien. Il est avec la loi *stricto sensu* les deux sources officielles du droit qui s'imposent au juge malien[3]. Dès leur ratification et publication, les traités environnementaux l'emportent, du point de vue hiérarchique et théorique, sur ceux-ci. Mais, dans la pratique, cela a été précisé précédemment, ces traités l'emportent difficilement sur les règles coutumières. C'est la raison pour laquelle, il est important de mener la réflexion sur leur capacité de collaboration. Le rôle des destinataires des normes étant essentiel dans leur application, il convient de les y associer et privilégier l'application du droit local chaque fois que la règle de la réalisation d'études d'impacts juridiques

---

[1] Michel PRIEUR, *Les indicateurs juridiques, outils d'évaluation de l'effectivité du droit de l'environnement*, *op. cit.*, p. 10.

[2] *Ibid.*

[3] « *Attendu (...) qu'en matière de partage ou de réclamation de biens successoraux c'est la coutume des parties qui s'applique* » (v. CSM, Civ. 1ère, 06 avril 1998, arrêt n° 69, Réclamation d'héritage, coutume du défunt) ; « *Considérant que les parties se prévalent de la religion musulmane ; que la coutume applicable est celle du défunt qui, du reste, était musulman ; dit que l'exploitation et la gestion des champs demeurent entre les mains des héritières* » (v. aussi CSM, Civ., 1ère du 17 mai 1999, arrêt n° 132, Réclamation de biens successoraux); « *Les dispositions du présent livre s'appliquent à toute personne : dont la religion ou la coutume n'est pas établie par écrit, par témoignage, par le vécu ou la commune renommée (...)* » (L'art. 751 de la loi précitée portant Code des Personnes et de la Famille); « *Les chefs coutumiers qui règlent selon les coutumes l'utilisation de la terre par les familles ou les individus ne peuvent en aucun cas se prévaloir de leurs fonctions pour revendiquer d'autres droits sur le sol que ceux résultant de leur exploitation personnelle, en conformité avec la coutume* » (V. art. 43 à 46 du Code domanial et foncier, publié au JORM n° 11 du 20 avril 2000, p. 402) ; « *Les cas d'ouverture à pourvoi sont : 1. la violation de la loi ou de la coutume (...)* » (art. 88 de la loi n° 2016-046 du 23 septembre 2016 *portant loi organique fixant l'organisation, les règles de fonctionnement de la cour suprême et la procédure suivie devant elle*; etc..

et sociaux avant la transposition des normes environnementales d'origine externe n'a pas été respectée.

560. Il est impossible de réussir l'application du droit international de l'environnement au Mali en ignorant le droit coutumier de ce pays. Comme il n'est pas possible d'assurer une meilleure protection de l'environnement au Mali sans le droit international de l'environnement. Il est donc nécessaire qu'un dialogue sincère, fécond et permanent entre DIE et droit coutumier s'instaure. L'affaire qui a opposé l'Association pour le progrès et la défense des droits des femmes maliennes au Gouvernement du Mali devant la Cour africaine des Droits de l'Homme et des Peuples, de 2016 à 2018, met au jour cette nécessité. En l'espèce, c'est dans le but de moderniser sa législation en la rendant conforme à l'évolution du droit international des Droits de l'Homme que le Mali a élaboré la loi n° 2011-087 *portant Code des Personnes et de la Famille*. Les Organisations dites musulmanes du pays, au nom des valeurs traditionnelles islamiques, ont imprimé leur cachet sur la version finale de cette loi. Les Organisations de défense des droits des femmes maliennes ont réussi à faire condamner la République du Mali à revenir sur certaines dispositions de cette loi pour violation de plusieurs instruments internationaux qu'elle a ratifiés. Les moyens de défense des représentants du Gouvernement du Mali permettent de comprendre la complexité[1] à concilier le droit traditionnel et le droit international, non seulement dans le domaine du droit des personnes, mais par ricochet dans tous les domaines y compris celui de l'environnement. Ainsi, si un conflit venait à s'élever entre le droit coutumier et le droit international, la position des représentants de la République du Mali dans l'affaire sus citée est très claire : « (…) *les règles que l'on édicte ne doivent pas occulter les réalités sociales, culturelles et religieuses* ; (…) *; il ne sert à rien d'adopter une législation qui ne sera jamais appliquée ou tout au moins difficilement ; (…) la*

---

[1] Cette complexité s'explique par le fait que l'État se trouve souvent devant un dilemme. En légiférant, il est obligé à la fois de tenir compte des réalités du pays et de se conformer à ses engagements internationaux. Les arguments des représentants du Mali sont édifiants : « (…) *avant la promulgation du texte par le Président de la République, un vaste mouvement de protestations contre le Code de la famille a freiné le processus ; que l'État était face d'une grande menace de fracture sociale, de déchirure de la nation et de déclenchement de violences dont l'issue pouvait être fatale pour la paix, la cohabitation et la cohésion sociale; que la mobilisation des forces religieuses a atteint un niveau tel qu'aucune action de résistance ne pouvait la canaliser.* (…) *Le Gouvernement a été obligé de soumettre le texte à une deuxième lecture avec toujours l'implication des organisations islamiques dont les travaux ont abouti au Code de la famille des personnes et de la famille de 2011, adopté par l'Assemblée nationale le 02 décembre 2011 et promulgué par le Président de la République le 30 décembre 2011 ;* (…) *il est donc hasardeux de lui reprocher une violation des droits quand il n'a fait que réaménager le premier texte pour obtenir le consensus et éviter des drames inutiles.* » v. CADHP, 11 mai 2018, req. n° 046/2016, APDF et IHRDA c. République du Mali. La Cour africaine condamne la République du Mali à « modifier la loi contestée en l'harmonisant avec les instruments internationaux ». Seulement, elle ne peut le faire sans encourir, de l'autre côté, la colère des autres organisations islamiques.

loi doit être en harmonie avec les réalités socio culturelles »[1]. Ces arguments édifient quant au futur de la loi querellée et *in extenso* de toutes les autres lois nationales qui ne seraient pas conformes aux engagements internationaux du Mali. Mais, il est possible d'opposer ici au Gouvernement du Mali ses propres arguments : pourquoi donc ratifier des traités qui ne sont pas conformes aux « réalités sociales, culturelles et religieuses » du pays, sachant bien qu'ils ne seront « jamais appliqués ou tout au moins difficilement » ? Ce constat, valable pour le Code des Personnes et de la Famille, vaut également pour de nombreuses lois comme celle de février 2012 relative au bien-être animal. Il s'agit d'une loi qui est ignorée par l'écrasante majorité de la population, certains applicateurs du texte y compris. Certaines de ses dispositions sont d'application difficile au Mali, en raison de leur contrariété avec les pratiques coutumières. Il en est, par exemple, de l'article 7 qui dispose : « *Toute personne physique ou morale exploitant un commerce d'animaux, logeant des animaux moyennant une rémunération, les élevant à des fins commerciales, les louant, s'en servant à des fins de transport, les exposant ou les exhibant dans un but commercial, doit en demander l'autorisation à la direction des services chargés de la santé animale* (…) ». Elle date seulement de 2012 et dans la pratique, certaines populations ont toujours exploité le commerce de bétails ou s'en servent à des fins de transport ou d'agriculture sans s'en référer à une quelconque administration. Et la question qu'il est légitime de se poser ici est celle de savoir s'il est possible de concilier engagements internationaux et réalités sociales, culturelles et religieuses. Si oui, comment ? Si non, pourquoi ?

561. L'exemple de l'affaire ci-dessus évoquée vient rappeler qu'une des raisons essentielles du « sommeil » des textes internationaux en général et d'environnement, en particulier au Mali, est leur non-conformité avec les réalités nationales. Des réalités qui varient aussi en fonction des différentes régions du pays. Il ne sert à rien de reprendre telles quelles des dispositions des textes internationaux environnementaux dans le droit national si celles-ci ne devront jamais s'appliquer. Pourquoi, dans ce cas, ratifier un texte international difficilement applicable au niveau national ? La question est d'importance lorsque l'on sait que le droit international de l'environnement, lui-même, reconnaît que « (…) *les règles appliquées par certains pays peuvent ne pas convenir à d'autres* (…) »[2]. Heureusement donc que ce droit n'a nullement la prétention de vouloir s'appliquer partout de manière uniforme. C'est la raison pour laquelle la logique voudrait que l'on s'abstienne de ratifier des textes dans le seul but de plaire plutôt que de vouloir réellement donner effet auxdits textes.

[1] V. CADHP, 11 mai 2018, req. n° 046/2016, APDF et IHRDA c. République du Mali.
[2] V. Déclaration de Rio 92, principe 11.

562. Pour éviter tout conflit éventuel d'application des normes environnementales, il convient que des études d'impacts juridiques et sociaux avant la transposition des textes internationaux d'environnement soient réalisées.

L'application du droit de l'environnement n'est pas seulement une affaire de l'État. Le principe de démocratie participative veut également que soient impliqués tous les destinataires des normes environnementales dans leur application.

563. La décentralisation enclenchée au Mali dans les années 1990 était une chance pour le développement du pays[1]. Par ce mode d'administration, les populations devraient s'impliquer activement dans la gestion des affaires de leurs territoires qu'elles connaissent mieux que les représentants du pouvoir central qui viennent d'autres territoires et dont les décisions sont dictées par celui-ci. Beaucoup d'efforts ont été consentis dans la mise en place de textes[2] et d'institutions[3], de transferts de compétences et de ressources de l'État aux collectivités territoriales[4] et de création de partenariat avec d'autres entités nationales[5] ou étrangères[6]. Mais, s'il est permis de faire un point d'étape dans le domaine de la gestion environnementale de ces territoires et de l'application des textes environnementaux subséquents, la satisfaction du juriste est loin d'être encore au rendez-vous. Pourtant, l'Agenda 21 fait de la participation des collectivités territoriales *« un facteur déterminant »*[7] pour atteindre les objectifs de son programme. Car, ce sont elles « (…) *qui construisent, exploitent et entretiennent les infrastructures économiques, sociales et environnementales, qui surveillent les processus de planification, qui fixent les orientations et la réglementation locales en matière d'environnement et qui apportent leur*

[1] Car le véritable développement est celui qui commence par la base et en raison du fait que les collectivités territoriales, en tant qu'actrices clé de ce développement, sont incontournables dans l'application des normes du DIE au niveau de leurs territoires.

[2] V. loi n° 95-034 du 12 avril 1995 *portant Code des collectivités territoriales en République du Mali,* modifiée par la loi n° 98-010 du 19 juin 1998, puis par la loi n° 98-066 du 30 décembre 1998, abrogée par la loi n° 2012-007 du 07 février 2012 *portant Code des collectivités territoriales,* puis par la loi n° 2017-051 du 02 octobre 2017 *portant Code des collectivités territoriales,* publiée au JORM n° 40 du 06 octobre 2017, p. 1562 ; abrogée par la loi n° 2023-004 du 13 mars 2023, publiée au JORM n° 09 du 07 avril 2023 *portant Code des collectivités territoriales,* p. 330.

[3] *Ibid.*

[4] V. Instruction n° 08-003/PM-RM du 21 novembre 2008 *relative à la mise en œuvre des transferts de compétences et de ressources de l'État aux collectivités territoriales* ; v. le décret n° 2014-0572/P-RM du 22 juillet 2014 *fixant les détails des compétences transférées de l'état aux collectivités dans le domaine de l'assainissement et la lutte contre les pollutions et nuisances,* publié au JORM n° 36 du 05 septembre 2014, p. 1423.

[5] Pour les partenaires nationaux des différentes structures impliquées dans la gestion de l'environnement, vers le site de l'AEDD : www.aedd.gouv.ml, consulté le 1er janvier 2020.

[6] Ils sont aussi très nombreux ; v. *ibid.*

[7] Chapitre 28.

concours à l'application des politiques de l'environnement adoptées à l'échelon national ou infranational »[1]. Compte tenu de ce rôle, leur implication dans l'application des normes du droit de l'environnement paraît essentielle.

564. C'est ainsi que selon le décret de juillet 2014 *fixant les détails des compétences transférées de l'état aux collectivités dans le domaine de l'assainissement et la lutte contre les pollutions et nuisances*[2], la Commune, le Cercle, la Région assurent « (…) *la maîtrise d'ouvrage du service public d'assainissement et de lutte contre les pollutions et nuisances* »[3]. Dans ce domaine comme dans celui de la gestion forestière, l'observation et la pratique du terrain prouvent qu'il ne peut pas être question pour l'État de se décharger complétement de ses prérogatives et responsabilités au profit ou au détriment des collectivités territoriales. Celles-ci doivent être activement associées à l'application des textes pour la protection des ressources environnementales, car aucune entité ne pourra à elle seule faire face à la tâche : il convient que « les responsabilités soient partagées ». Il n'est pas inutile, de même, de faire remarquer que beaucoup d'autorités élues[4] à la tête des collectivités locales ne parlent ni n'écrivent le français qui est la langue de travail de l'administration et des textes environnementaux au Mali. Il convient dès lors soit de les former à la maîtrise de cette langue soit d'introduire parmi les conditions d'éligibilité à cette fonction un niveau d'étude déterminé[5]. En attendant, *la primauté du droit local sur la norme environnementale transposée, n'ayant pas fait l'objet d'étude d'impacts juridiques et sociaux, doit être la règle jusqu'à l'intervention de celle-ci.*

565. Il est regrettable de constater, encore aujourd'hui, que tous les documents produits dans le domaine de l'environnement au Mali, des rapports nationaux

[1] *Ibid.*

[2] Il s'agit du décret n° 2014-0572/P-RM du 22 juillet 2014, publié au JORM n° 36 du 05 septembre 2014, p. 1423.

[3] V. art. 2 à 4 du décret.

[4] Il faut entendre ici par autorités élues à la tête des collectivités, « les Conseillers Communaux, les Conseillers de Cercle, les Conseillers du District de Bamako et les membres des Assemblées Régionales » (v. art. 2 de la loi n° 06-043 du 18 août 2006 *portant statut des élus des collectivités territoriales*).

[5] La traduction de tous les textes environnementaux dans les langues nationales couterait du temps et de l'argent.

sur l'état de l'environnement[1] aux documents de politiques nationales[2] en passant par la compilation des textes nationaux et internationaux[3], le sont grâce à l'appui multiforme des partenaires du pays. Il est finalement légitime de s'interroger sur le type de document relatif à l'environnement qui pourrait être rédigé exclusivement par des nationaux sans le concours de personnes ressources externes. Cette interrogation met l'accent sur le fait que le pays ne peut pas continuer à compter indéfiniment sur l'aide extérieure en matière de fourniture de compétences humaines. Ces constats obligent à valoriser les ressources humaines nationales et à miser plus sur l'humain que sur les moyens financiers qui peuvent un jour tarir. Confucius ne nous apprend-il pas que « Quand un homme a faim, mieux vaut lui apprendre à pêcher que de lui donner du poisson » ? La coopération et le transfert de techniques et de moyens financiers sont nécessaires[4]. Non, ils ne doivent pas prendre le pas sur le rôle des ressources humaines qui, par le travail, peuvent faire bouger des montagnes.

566. Si « *les nerfs des batailles sont les pécunes* »[5], il convient de même d'avoir des hommes capables de mener efficacement ces batailles. À quoi-sert-il, en effet, de chercher à toujours mobiliser des moyens financiers auprès des partenaires s'ils sont toujours mal utilisés, voire détournés ? L'environnement, au Mali, ne voit que rarement, ou peu, ce qui est gagné en son nom[6]. Aussi, les moyens financiers peuvent tarir un jour, alors que la lutte pour la préservation et l'amélioration de notre environnement est un combat permanent. Pour gagner un tel combat qui est de longue haleine, il convient de miser sur la mobilisation et la détermination des ressources humaines. Il ne sert à rien d'avoir des textes impeccables s'ils ne sont pas appliqués et bien appliqués. La Cour de justice de la CEDEAO le rappelle dans sa décision ECW/CCJ/JUD/18/12 du 14 décembre 2012 : une « (…) *législation, aussi avancée soit-elle, la création d'organismes inspirés des modèles internationaux de renom, ou bien l'allocation de ressources financières versées de manière équitable ne permettent pas systématiquement de*

---

[1] Les rapports 2005 et 2007 ont bénéficié de l'appui technique et financier du projet d'appui à la mise en œuvre de la politique environnementale du Mali de la GTZ, une agence de coopération allemande ; le rapport 2009 de l'appui de la coopération allemande, canadienne, des pays bas, etc..

[2] Le document de politique nationale de protection de l'environnement adopté par le conseil des ministres du 13 novembre 2019 a été rédigé grâce à l'appui du Programme des Nations Unies pour le Développement et le Programme d'adaptation de l'Agriculture paysanne (Programme du FIDA).

[3] La compilation des textes nationaux et internationaux dans le domaine de l'environnement est devenue possible grâce au soutien financier du PNUE ; v. p. I des recueils.

[4] Étant entendu que ces aides peuvent un jour prendre fin.

[5] François RABELAIS, *Gargantua*, 1534, p. 76.

[6] V. les rapports annuels 2013, 2015, 2016, etc. du Vérificateur général qui épinglent plusieurs services environnementaux pour mauvaise gestion, détournement, corruption, etc..

satisfaire les critères des obligations internationales en matière de protection environnementale si ces mesures demeurent simplement écrites et ne s'accompagnent pas d'autres mesures supplémentaires concrètes visant à limiter les incidents occasionnant des dégâts ou à s'assurer que les auteurs soient tenus pour responsables, notamment des réparations effectives des dommages environnementaux subis »[1]. La qualité et la quantité des hommes chargés de donner effet à ces textes est un enjeu majeur de leur effectivité. L'humain doit donc être au centre des préoccupations de la bonne conception et de l'application des textes ayant pour objet la protection de l'environnement et le développement.

567. Les énormes efforts déployés au quotidien pour dégrader l'environnement au Mali doivent au contraire être mobilisés pour sa conservation et son amélioration. S'il est bien de protéger et d'améliorer l'environnement, il est encore mieux de ne pas le dégrader. S'il est bien d'appliquer les textes sur l'environnement, il est encore mieux de ne pas les violer. Si la qualité de la règle environnementale est une condition de son effectivité[2], la qualité des hommes et des institutions chargés de son application en est une autre. Ainsi, au Mali, si l'on rencontre des difficultés à donner vie au droit de l'environnement, il convient alors de se questionner sur la qualité du législateur *lato sensu,* chargé de la conception de ses règles et de celle du juge chargé de leur application : la solution ne se trouve pas ailleurs. Un législateur médiocre ne fera toujours que des lois médiocres ; un juge médiocre rendra forcément des décisions médiocres, quelle que soit la qualité des textes auxquels il doit donner effet. Jésus Christ le disait à ses disciples : « *Un bon arbre ne donne pas de fruit pourri ; jamais non plus un arbre qui pourrit ne donne de bon fruit. Chaque arbre, en effet, se reconnaît à son fruit...* »[3].

Imaginons que l'on ait au Mali des législateurs environnementaux de qualité, des juges de qualité qui sont régulièrement sollicités et qui appliquent les différents textes mis à leur disposition et des citoyens travailleurs. L'environnement le sentira.

568. Les efforts des services chargés des Eaux et Forêts consistant à organiser chaque année, tant au niveau national qu'au niveau des régions, une journée de plantation d'arbres[4] en réponse à la dégradation du couvert végétal sont largement en deçà de ce qui est attendu. La participation de tous les citoyens

---

[1] V. point 105 de la décision.
[2] V. Julien BETAILLE, *Les conditions juridiques de l'effectivité de la norme en droit public interne, op. cit.,* pp. 331 et s.
[3] Luc 6 : 43-49.
[4] V. les différents rapports annuels d'activités de la Direction nationale des Eaux et Forêts (2013 à 2019) et les rapports sur l'état de l'environnement au Mali (de 2003 à 2017).

à cet effort de verdissement du pays pourrait contribuer à améliorer la qualité de l'environnement.

La nécessité d'impliquer tous les citoyens dans l'application des textes environnementaux passe par la reconnaissance de statut de sujet à l'environnement.

569. Dominique BOURG fait le pari que si François OST devait réécrire *La nature hors la loi*[1], « *il n'écrirait pas le même livre* »[2]. Il va de l'idée selon laquelle la reconnaissance des droits à la nature ne doit plus être vue aujourd'hui comme « (…) *un simple exercice intellectuel* »[3], mais comme une mise en conformité du droit avec la réalité. En effet, OST pense que « *Plutôt,* (…) *que d'affubler la nature des oripeaux du sujet de droit et de lui confier un rôle d'emprunt sur la scène judiciaire* (…), *ne convient-il pas plutôt d'accorder enfin un réel droit d'action en justice aux associations qui la défendent ?* »[4]. Cette idée de droits de la nature, qui n'est pas nouvelle, l'américain Christopher STONE s'en était déjà fait l'écho depuis le début des années 1970. STONE a été suivi par un nombre important d'auteurs dont il sera fastidieux, ici, de dresser une liste exhaustive[5]. Certains États ont d'ailleurs réalisé le vœu de STONE en reconnaissant le statut de personne juridique à la nature[6] ou à certains de ses éléments[7]. Cette idée est reprise ici, car elle apparaît comme la solution à privilégier pour donner effet, dans le contexte particulier du Mali, au droit de l'environnement. Et, il peut être retorqué à François OST que les associations, qui elles-mêmes bénéficient de ce statut par la technique de la fiction juridique, ne sont pas plus légitimes, constitutionnellement

---

[1] François OST, *La nature hors la loi, L'écologie à l'épreuve du droit*, Paris, La Découverte, 1995.

[2] Dominique BOURG, *Plaidoyer pour des droits de la nature* in *A quoi sert le droit de l'environnement ? op. cit.*, p. 324.

[3] *Ibid.*

[4] François OST, *op. cit.*, p. 204.

[5] Outre Christopher STONE, il est possible de citer : Sarah VANUXEM, *Des choses de la nature et de leurs droits*, Versailles, éditions QUAE, 2020 ; Dominique BOURG, *Plaidoyer pour les droits de la nature* in *A quoi sert le droit de l'environnement ? op. cit.*, p. 324 ; Jean-Pierre MARGUENAUD, *La personnalité juridique des animaux*, Dalloz, 1998, p. 205 ; Serge GUTWIRTH, *Penser le statut juridique des animaux avec Jean-Pierre MARGUENAUD et René DEMOGUE, Plaidoyer pour la technique juridique de la personnalité*, RJE, 2015, n° 1, vol. 40, pp. 67-72 ; Julien BETAILLE, *Les conditions juridiques de l'effectivité de la norme en droit public interne*, *op. cit.*, p. 518 et s.; Victor DAVID, *La lente consécration de la nature, sujet de droit, le monde est-il enfin Stone ? op. cit.*, p. 484 ; Tristan LEFORT-MARTINE, *Des droits pour la nature*, Paris, L'Hartmattan, 2018 ; Jean-Marc LAVIEILLE, Hubert DELZANGLES, Catherine LE BRIS, *op. cit.*, p. 346 (Pour ces auteurs, pendant les conflits armés, l'environnement « *apparaît comme une sorte de tiers au conflit, un tiers vulnérable, manipulé, blessé, ou détruit* ». Reconnaître l'environnement comme tiers reviendrait à lui reconnaître des droits.

[6] Équateur, Bolivie.

[7] *Ibid.*

et raisonnablement, à agir au nom de la nature que n'importe quelle autre personne physique juridiquement capable. Ces associations ne sont d'ailleurs pas, précise Jean-Pierre MARGUENAUD, « (…) *directement victimes des atteintes à l'environnement qu'elles peuvent dénoncer* »[1]. Et s'agissant du Mali, bien que les associations environnementales soient justiciables devant les juridictions internes, elles tardent à franchir le pas par de véritables actions salvatrices de l'environnement. Il est d'ailleurs à déplorer que certains États, par mauvaise volonté certainement, et le droit international classique, dénient tout droit d'action à ces associations. C'est le cas de la République fédérale du Nigéria qui, dans l'affaire qui l'a opposée à l'ONG SERAP devant la Cour de justice de la CEDEAO en 2012[2], dénie, comme moyen de défense, à cette association le droit d'agir contre elle. Elle estime, en effet, que SERAP, en tant qu'association, n'a pas qualité à agir contre elle en raison du fait qu'elle n'a pu subir aucun dommage, aucune perte ou blessure personnelle découlant des faits allégués dans la plainte. Elle ne sera pas suivie, heureusement, par la Cour.

570. Les pages qui précèdent ont mis en évidence les lacunes de l'État du Mali à appliquer et faire appliquer les normes environnementales. Il a été pourtant indiqué au titre 1 de la présente partie que plusieurs rapports du Bureau du Vérificateur Général relèvent différents cas avérés de violation des normes environnementales par des services de l'administration comme par des sociétés minières, sans minimiser les atteintes quotidiennes au cadre de vie[3]. Or, la question de l'influence du droit international sur l'application du droit malien de l'environnement suppose que ce dernier s'applique. D'un point de vue juridique, l'absence de jurisprudence donc de contrôle juridictionnel est le témoignage le plus éloquent. L'État et les associations environnementales ne sont pas étrangers à cet état de fait. Toute chose qui se traduit par l'inefficacité de ces normes et la dégradation continue de l'environnement. Pourtant, le pays continue de bénéficier d'appuis financiers importants et de soutiens multiformes au nom de l'environnement. Certaines associations de défense de l'environnement, de droit malien, dont des membres viennent essentiellement des différentes administrations du pays[4] se sont, en raison de conflits d'intérêts multiples[5], disqualifiées pour agir au nom de l'environnement.

---

[1] Jean-Pierre MARGUENAUD, *Le verdissement de la recevabilité des requêtes devant la Cour européenne des droits de l'homme*, in Mathilde HAUTEREAU-BOUTONNET et Eve TRUILHE (dir.*), Le procès environnemental : du procès sur l'environnement au procès pour l'environnement*, Paris, Dalloz, 2021, p. 123.

[2] V. ECW/CCJ/JUD/18/12 du 14 décembre 2012, SERAP c. République du Nigeria.

[3] Voir le dernier rapport du BVG publié en novembre 2020 qui relèvent plusieurs irrégularités environnementales commises par des sociétés minières et par des services de l'État. Ce rapport est consultable sur le site de l'institution : www.bvg-mali.org.

[4] Nonobstant toute incompatibilité.

[5] L'absence d'actions en justice contre l'administration environnementale par les ONG environnementales peut être justifiée par ce fait.

571. En effet, ces agents de l'administration profitent de leur position pour faire bénéficier à leurs associations des financements par les partenaires de l'État, financement acquis au nom de l'environnement, mais que l'environnement ne voit jamais ou rarement ou peu. Il a été aussi relevé précédemment la mainmise de l'État sur ces associations. Une main mise qui se justifie par un contrôle régulier des activités de celles-ci. Dans tous les cas, ces associations, comme l'État, ne sont pas plus légitimes à parler au nom de l'environnement que n'importe quel autre citoyen[1]. L'article 15 de la Constitution le rappelle : « *La protection, la défense de l'environnement et la promotion de la qualité de la vie sont un devoir pour tous et pour l'État* ». Il convient dès lors de redéfinir les rôles des différents acteurs en reconnaissant à l'environnement malien le statut de sujet de droit. Une fois ce statut reconnu, il ne restera plus qu'à démontrer comment concrètement cet être nouveau pourra participer à l'application des normes environnementales et mieux se protéger.

572. Il est utile de préciser, au préalable, pourquoi le terme « environnement » a été, ici, préféré à celui de « nature ». Contrairement à Christopher STONE[2] qui parle d' « environnement naturel » et à d'autres auteurs dont Victor DAVID[3] qui préfèrent le terme « nature », celui d' « environnement » permet de prendre en compte l'environnement urbain dont la dégradation de la qualité est aussi nuisible à la santé des êtres humains qu'à la survie d'autres espèces. L'environnement est un ensemble dont ne peuvent pas être exclus les éléments culturels et sociaux. Même s'il s'agit de lutter contre certains agissements de l'homme, celui-ci ne peut être détaché de cet ensemble. Le droit des pollutions et nuisances ainsi que celui des installations classées permettent de le justifier.

573. À la question de Mathilde HAUTEREAU-BOUTONNET, *Faut-il accorder des droits à la nature ?*[4], il convient de répondre positivement en invitant le droit malien de l'environnement à être plus audacieux. En effet, face au double échec de l'État du Mali et des associations environnementales de droit malien à faire appliquer les normes environnementales, il est devenu important, voire urgent, de réfléchir à une meilleure manière de faire appliquer celles-ci au Mali en vue d'une protection véritable de l'environnement. La reconnaissance de la personnalité juridique à l'environnement, une solution

---

[1] V. *supra*, partie 2, titre 2, chapitre2.

[2] Christopher STONE, « *Should Trees Have Standing ? Toward legal rights for Natural Objects* », essai publié dans la Southern California Law Review en 1972 et réédité depuis.

[3] Victor DAVID, *La lente consécration de la nature, sujet de droit, le monde est-il enfin Stone ? op. cit.*, p. 471.

[4] Mathilde HAUTEREAU-BOUTONNET, *Faut-il accorder des droits à la nature ? D.* 2017, n° 18, p. 1040.

en vigueur à l'étranger[1], doit être envisagée dans le contexte particulier du Mali. L'intérêt de cette reconnaissance est de permettre à l'environnement d'agir en justice pour défendre et rétablir ses droits[2]. La personnalité juridique n'est rien d'autre que l' « (...) *aptitude à être titulaire de droits et d'obligations* »[3]. Or, il n'est pas contestable que l'environnement a des droits (notamment ceux d'être protégé, préservé, amélioré et régénéré[4]) et des obligations (celle notamment de fournir à l'humanité les moyens de sa subsistance). En effet, il urge de permettre à l'environnement lui-même, à l'image des personnes physiques et d'autres personnes morales comme les entreprises et les États, de jouer un rôle actif dans la vie juridique. Pour ce faire, il doit être doté de cette personnalité juridique qui lui permet d'avoir au nombre des attributs de celle-ci, le droit d'ester en justice[5]. Car, le patrimoine de l'environnement à défendre est constitué par l'ensemble de ses éléments, de ce qui se gagne en son nom et de son devoir connu de fournir à l'humanité les moyens de son existence. S'il est vrai que l'on n'est jamais mieux servi que par soi-même, qui, mieux que l'environnement lui-même, peut efficacement défendre ses intérêts devant un juge ? Il convient seulement d'organiser les modalités de défense de ces intérêts.

574. L'acquisition par l'environnement de la personnalité juridique n'empêche pas certains de ses éléments de l'acquérir. C'est même souhaitable pour une protection renforcée de cet élément[6]. Dans ce cas, les rapports entre l'environnement, personne juridique et l'élément dont il est question s'analysent comme ceux qui existent entre l'État et les collectivités territoriales ou entre une société commerciale et les associés, personnes morales, qui l'ont créée.

575. Comme pour la personne morale qui n'a pas une existence physique, la question du choix des personnes physiques et morales chargées de s'exprimer au nom et pour le compte de l'environnement, sujet de droit, est des plus capitales. L'État du Mali et les associations nationales de défense de l'environnement[7] ayant montré leurs limites, ils ne seront plus légitimés à agir seuls au nom de l'environnement. La Constitution ayant fait de la protection de l'envi-

---

[1] En Équateur (art. 71 à 74 de la constitution), en Bolivie (art. 127 à 129 de la constitution), en Colombie (art. Cour constitutionnelle, 10 nov. 2016), au Costa Rica (art. 29 de la loi sur la juridictionnelle constitutionnelle n° 7135 du 11 oct. 1989).

[2] Mathilde HAUTEREAU-BOUTONNET, *Faut-il accorder des droits à la nature ? op. cit.*, p. 1040.

[3] Rémy CABRILLAC (dir.), *Dictionnaire du vocabulaire juridique*, *op. cit.*, p. 398.

[4] Cf. https://www.rightsofmotherearth.com/declaration, consulté le 22 août 2020.

[5] C'est le plus important des attributs de sa personnalité. Grâce à cet attribut le droit de l'environnement sera appliqué en alimentant abondamment la jurisprudence.

[6] Il est particulièrement fait allusion au fleuve Niger dont les effets du changement du climat et l'ensablement menacent la survie.

[7] La plupart de celles-ci ne sont pas, en réalité, créées dans un but désintéressé.

ronnement un devoir pour l'État et les citoyens, il convient d'organiser de façon plus large, la participation de ceux-ci à la réalisation de l'objectif commun.

576. Le besoin de reconnaissance de la personnalité juridique à l'environnement se justifie par des raisons multiples, en ce qui concerne le cas spécifique du Mali :
- d'abord, dans le cadre de l'application du principe des responsabilités différenciées, certains États comme le Mali reçoivent des soutiens financiers et logistiques importants de la part des partenaires dits du Nord. Ces soutiens sont acquis pour faire face aux problèmes d'environnement, mais qui sont, la plupart du temps, déviés à d'autres fins. Il est donc, à ce titre, légitime que celui au nom duquel ces soutiens sont fournis (l'environnement) puisse invoquer[1] le détournement à son détriment et demander la sanction des auteurs de ce détournement. Les agents de l'État, auteurs présumés de ce détournement, se trouvent ainsi disqualifiés pour mener un tel combat. Il en est de même de certaines associations dont les membres ne sont que des agents de l'État ou leurs complices. En effet, ces différents agents de l'État profitent de leurs positions pour faire profiter aux associations, dont ils sont membres, les biens de l'environnement par le financement soit par l'État, soit par ses partenaires, des projets environnementaux sans lendemain.
- ensuite la personnalité juridique est reconnue à l'État qui est définie comme un ensemble de populations soumises à une autorité dirigeante sur un territoire donné. Cette définition ne fait aucune allusion aux autres êtres vivants constitués par la biodiversité. Ce territoire n'est donc pas constitué que de populations humaines. Les autres éléments qu'il contient (la biodiversité, notamment) sont les éléments de l'environnement qui méritent aussi notre attention, respect et protection. L'échec de l'État et des citoyens à assurer cette protection, pourtant une obligation constitutionnelle et internationale, justifie la mise en place d'un mécanisme juridique de protection plus efficace. Ce mécanisme trouve son expression dans la reconnaissance de la personnalité juridique à l'environnement.

[1] Par une action en justice.

- enfin, la doctrine juridique[1] et la législation de beaucoup de pays[2] y sont désormais favorables.
Toute personne juridique est, en même temps qu'elle est titulaire de droits, débitrice d'obligations.

577. L'obligation est un lien de droit entre deux personnes en vertu duquel l'une de ces personnes, la créancière, peut exiger de l'autre, la débitrice, une abstention ou l'exécution d'une prestation[3]. L'obligation de l'environnement, personne juridique, de nature *sui generis*, est de continuer à fournir à l'humanité les moyens de sa subsistance[4]. Il ne s'agit pas d'une obligation juridique puisque son inexécution ne nécessite pas une sanction. La particularité de cette obligation est qu'elle ne peut être fournie dans la durée qu'autant que les êtres humains s'acquittent des leurs : protéger, préserver et améliorer et régénérer l'environnement. Son inexécution qui est le corollaire de l'inexécution des obligations des humains envers lui trouve sa sanction dans la leur. C'est pour cette raison que nous restons toujours redevables envers la nature et notre postérité. Pour donc éviter l'inexécution de l'obligation de l'environnement, il convient que des personnes physiques et morales puissent, de façon désintéressée, à titre individuel mais au nom de la collectivité et de la postérité, obtenir la sanction de leurs semblables en cas de manquement à leur obligation de protection de l'environnement.

---

[1] Outre Christopher STONE, il est possible de citer : Sarah VANUXEM, *Des choses de la nature et de leurs droits*, Versailles, éditions QUAE, 2020 ; Dominique BOURG, *Plaidoyer pour les droits de la nature* in *A quoi sert le droit de l'environnement ? op. cit.*, p. 324 ; Jean-Pierre MARGUENAUD, *La personnalité juridique des animaux*, Dalloz, 1998, p. 205 ; Serge GUTWIRTH, *Penser le statut juridique des animaux avec Jean-Pierre MARGUENAUD et René DEMOGUE, Plaidoyer pour la technique juridique de la personnalité*, RJE, 2015, n° 1, vol. 40, pp. 67-72 ; Julien BETAILLE, *Les conditions juridiques de l'effectivité de la norme en droit public interne, op. cit.*, p. 518 et s.; Victor DAVID, *La lente consécration de la nature, sujet de droit, le monde est-il enfin Stone ? op. cit.*, p. 484 ; Tristan LEFORT-MARTINE, *Des droits pour la nature*, Paris, L'Hartmattan, 2018 ; Jean-Marc LAVIEILLE, Hubert DELZANGLES, Catherine LE BRIS, *op. cit.*, p. 346.

[2] La constitution de l'Équateur de 2008 (art. 71 à 74) reconnaît la nature (*Pacha Mama*) comme un véritable sujet de droit dont les droits fondamentaux sont garantis au même titre que ceux des êtres humains. L'art. 71 est ainsi libellé : « *La Nature ou Pacha Mama, où se reproduit et se réalise la vie, a le droit à ce que l'on respecte intégralement son existence et le maintien et régénération de ses cycles vitaux, sa structure, ses fonctions et ses processus évolutifs. Toute personne, communauté, peuple ou nationalité pourra exiger des autorités publiques de faire respecter les droits de la nature (...)* ». La Bolivie lui a emboité le pas en 2009 (v. art. 127 à 129 de la constitution). Le fleuve *Whanganui*, en Nouvelle-Zélande, a aujourd'hui les mêmes droits qu'une personne physique (ses droits et intérêts sont défendus devant la justice, v. www.lemonde.fr/planete/art. /2017/03/20/la-nouvelle-zelande-dote-un-fleuve-d-une-personnalite-juridique_5097268_3244.html, consulté le 21 août 2020).

[3] Rémy CABRILLAC (dir.), *Dictionnaire du vocabulaire juridique*, *op. cit.*, p. 369.

[4] Nous tirons tous les éléments de notre existence de ce qui nous entoure : eaux, air, flore, faune, etc. La nature a déjà tant offert et continue de tout offrir pour la survie de l'humanité. Et c'est pour justement qu'elle continue d'assumer ce devoir dans l'intérêt des générations présentes et à venir qu'elle mérite d'être protégée.

Ses droits sont constitués par nos obligations envers lui.

578. Reconnaître des droits à l'environnement naturel ou urbain consiste à trouver un équilibre entre ce qui est bon pour les êtres humains et ce qui est bon pour les autres espèces de la planète. « Le genre humain ne peut pas penser qu'il peut continuer à profiter indéfiniment de tous les bienfaits que la nature lui offre sans qu'il soit tenu à lui donner en retour les moyens de sa conservation ou de sa régénération ». Force est pourtant de reconnaître que de nos jours la prise de conscience de notre responsabilité en tant qu'humain dans la dégradation de l'environnement n'est pas totale, surtout vu du côté des pays dits en développement. Victor HUGO constatait que « la nature parle, mais que le genre humain ne l'écoute pas ». Cette expression de la nature se lit dans le réchauffement du climat, de la perte de la biodiversité, de l'avancée du désert, de la disparition des fleuves et lacs, dans la dégradation du cadre de vie, etc.. La nature n'est pas écoutée de nos jours en ce sens que les efforts fournis ne la satisfont pas. La reconnaissance de la personnalité juridique à l'environnement apportera plus d'écho à son expression. En reconnaissant des droits à l'environnement, le droit malien contribuera davantage à apporter sa pierre à l'édifice d'un monde où il fera bon vivre. Cela ne consiste pas à interdire la consommation de la viande d'animaux, du poisson, de la salade, à cueillir des fruits ou à boire de l'eau, mais à permettre que cela continue aussi longtemps que vivront les êtres humains.

579. Les droits de l'environnement sont les obligations des êtres humains envers lui : globalement le droit d'être protégé par tous, États, collectivités, associations, entreprises, particuliers. Le corollaire de ce droit est celui de pouvoir ester en justice pour faire sanctionner les manquements à ce devoir général qui est de ne pas lui porter atteinte. L'environnement ne sera jamais mieux protégé que par lui-même, d'où l'importance de lui reconnaître cette possibilité. Ainsi, celui qui ne sert pas en bon père de famille des différents éléments de l'environnement doit clairement répondre de ses actes. La seule chose à envisager avec un grand tact est celle du choix des personnes censées légitimement et efficacement parler en son nom. Les associations de défense de l'environnement ne sont pas plus légitimes à agir au nom de l'environnement que l'État ou n'importe quel citoyen[1]. Cela ressort clairement de la Constitution qui reconnaît que « *La protection, la défense de l'environnement et la promotion de la qualité de la vie sont un devoir pour tous et pour l'État* »[2]. Au Costa Rica, les citoyens, requérants, n'ont pas à démontrer qu'ils ont subi ou

---

[1] V. *supra*, partie 2, titre 2, chapitre 2.
[2] Article 15 de la constitution du 25 février 1992.

pourraient subir un dommage direct et individuel[1]. Donc l'accès au juge pour les questions environnementales ne doit admettre aucune restriction.
Une fois que la qualité de sujet de droit est reconnue à l'environnement, il conviendra d'envisager son organisation.

580. Il n'appartient pas à un texte de loi ni à personne d'autre de fixer une durée de vie à l'environnement, personne juridique car, il s'agit, par sa protection, de protéger aussi et de satisfaire de façon permanente les besoins des générations présentes et à venir. Sa durée de vie est donc liée à celle des écosystèmes et de tous les êtres. Toutefois, la disparition de l'État, principal organe protecteur de l'environnement, aurait certainement raison de son existence. La reconnaissance de la personnalité juridique à l'environnement sera officialisée par un texte spécifique inabrogeable (Constitution ou loi) qui déterminera les modalités de son fonctionnement et sa vie. Il pourra en être ainsi dans tous les pays africains dans le respect des limites territoriales des États et pour les besoins de cohérence du droit africain de l'environnement avec ceux des États du continent.

581. Le droit n'est rien d'autre que ce qu'en font les hommes. Selon Portalis, il est fait pour les hommes et non le contraire. C'est une convention entre les hommes qui a permis de reconnaître la personnalité à une entité appelée État. C'est encore une convention qui a permis aux hommes de se mettre d'accord sur les limites territoriales des différents États. Et par une fiction juridique, les hommes arrivent à s'entendre sur le fonctionnement des États et de toutes les personnes morales qu'ils ont créées. C'est par cette même fiction et par accord entre les hommes que la personnalité juridique doit être et sera reconnue à l'environnement dans l'intérêt des hommes d'abord, et de tous les autres êtres ensuite[2]. Il existera ainsi une personnalité juridique à l'environnement des États et les hommes se mettront d'accord pour la gestion des éléments de l'environnement ne relevant d'aucun État. Le problème de l'existence de l'environnement comme personne juridique ne doit plus, de nos jours, faire débat. Il a existé dans l'histoire, comme l'a rappelé STONE, des êtres humains qui n'étaient pas considérés comme des sujets de droit : les esclaves. Il existe aussi, de nos jours, des sujets de droit qui ne sont pas des êtres humains : les

---

[1] Marthe FATIN-ROUGE STEFANINI et Laurence GAY, *Les recours en protection des droits fondamentaux en droit comparé- Quelle justiciabilité du droit à l'environnement ?* in Mathilde HAUTEREAU-BOUTONNET et Eve TRUILHE (dir*.), Le procès environnemental : du procès sur l'environnement au procès pour l'environnement, op. cit*., p. 86.
[2] STONE estime qu'« il n'est pas inévitable, ni sage, que les objets naturels ne puissent pas avoir le droit de demander réparation en leur nom » en rejetant l'argument selon lequel les rivières et forêts ne peuvent pas avoir d'intérêt à agir parce qu'ils ne peuvent pas parler. « Ni plus ni moins que les États, les enfants, les universités ou les incapables majeurs, rétorque Stone. Les avocats sont là pour parler au nom de ces derniers ». V. Victor DAVID *op. cit.*

entreprises, par exemple. Aussi, jusqu'à une époque récente, le continent africain lui-même n'était pas un sujet de droit international. Ce qui doit occuper dorénavant les juristes africains, c'est comment amener tous les décideurs, à l'instar de ceux de l'Équateur, de la Bolivie et d'autres États, à franchir le pas. Ceux qui ne l'ont pas encore décidé doivent emboîter le pas à ceux qui ont déjà reconnu des droits à certains éléments de la nature pour le bien de tous.

582. Ainsi, dans le cas précis du Mali, ce serait un texte de loi, loi *stricto sensu* ou Constitution, qui reconnaîtra la qualité de sujet de droit à l'environnement. Depuis la proposition de STONE en 1972, l'idée a évolué et a fini par s'imposer tant au niveau de la doctrine, des ONG[1], que dans la législation de nombreux pays. On peut citer des pays comme l'Équateur et la Bolivie qui, en 2008 pour le premier et en 2009 pour le second, ont reconnu dans leurs lois fondamentales des droits à la nature[2] : « *La nature ou Pacha Mama a le droit d'exister, de persister, de maintenir et de régénérer ses cycles, structures, fonctions et processus vitaux* »[3]. Au Costa Rica, la chambre constitutionnelle de la Cour suprême a reconnu que toute personne a le droit de déposer un recours en vue de la défense du droit à la conservation des ressources naturelles du pays[4]. L'Inde a reconnu des droits à des rivières comme le *Gange*[5] et son affluent, la *Yamuna*[6]. En Nouvelle Zélande, le fleuve *Wanganui*[7] est considéré comme un sujet de droit, la liste n'est pas exhaustive.

583. Comme cela a été précisé plus haut, la fin de vie de l'environnement, personne juridique, est liée à l'existence de l'État dont le territoire est le véritable support. Cela est logique car, il faudrait un cadre d'expression et une organisation bien structurée pour donner vie à l'environnement. Le champ territorial de l'environnement malien est le territoire malien ainsi que toutes ses composantes. Seulement, la gestion de l'environnement ne peut être confiée à

---

[1] Selon le site ledevoir.com, une association a demandé à la justice du Colorado de reconnaître la personnalité juridique au fleuve du même nom (https://www.ledevoir.com/societe/521840/). Des ONG ont fait une proposition de Déclaration universelle des droits de la terre mère ; v. https://www.rightsofmotherearth.com/declaration, consulté le 22 août 2020.
[2] Art. 10 de la constitution de l'Équateur: « *La nature est sujet des droits que lui reconnaît la constitution* ».
[3] V. art. 71 à 74 de la constitution de 2008 de l'Équateur et 127 à 129 de la constitution de la Bolivie.
[4] Résolution n° 1700-93 du 16 avr. 1993.
[5] Victor DAVID, *La nouvelle vague des droits de la nature : La personnalité juridique reconnue aux fleuves Whanganui, Gange et Yamuna*, RJE, 2017, n° 3, vol. 42, pp. 409-424. V. aussi Éric NAIM-GESBERT, *Êtres et choses en droit de l'environnement : l'appel du sacré*, RJE, 2017, n° 3, vol. 42, pp. 405-408 ; v. aussi les différents textes sur les droits de la nature sur le site https:// droitsdelanature.com/droit-environnement-et-droits-nature, consulté le 19 mai 2021.
[6] *Ibid.*
[7] *Ibid.*

l'État seul. Deux arguments peuvent être avancés pour expliquer cette position. Le premier est que l'article 15 de la Constitution du 25 février 1992 ne donne pas plus de devoirs à l'État qu'aux citoyens quant à la protection de l'environnement : « (…) *la protection, la défense de l'environnement et la promotion de la qualité de la vie sont un devoir pour tous et pour l'État* », même si la garantie du droit à l'environnement sain incombe à l'État en raison de ses missions traditionnelles de poursuite de la satisfaction de l'intérêt général. L'importance du rôle de l'État dans la protection de l'environnement, par rapport à celui des citoyens, s'explique par ses missions d'intérêt général et des moyens mis à sa disposition dont ne disposent pas les particuliers. Le deuxième argument est d'ordre pratique : l'incapacité de l'État du Mali à gérer correctement l'environnement ne le légitime plus à parler « seul » au nom de l'environnement. Il doit au contraire rendre compte de sa gestion, surtout de celle de tout ce qui est gagné au nom de l'environnement, devant les instances judiciaires. Pour l'y contraindre, il convient de mettre en place un organe indépendant et fort qui agira seul au nom de l'environnement et dont les membres seront régulièrement appelés à rendre compte individuellement, collectivement et solidairement de leur gestion.
Après la reconnaissance de la personnalité juridique à l'environnement, il est important de dire comment *in concreto* cela doit-il fonctionner.

584. L'environnement, même devenu personne juridique, ne pourra exprimer sa volonté que par la voix de personnes physiques ou morales chargées d'agir en son nom. Puisqu'il est l'affaire de tous, les ONG environnementales et l'État ne sont pas plus légitimes à agir en son nom que n'importe quel autre citoyen[1]. C'est la raison pour laquelle les personnes chargées de le représenter doivent être à la fois l'État, les collectivités territoriales, les citoyens et les associations. Christopher STONE propose que ces représentants soient appelés des *Guardian*. Peu importe. Ce qu'il convient de réussir, c'est la reconnaissance d'un intérêt à agir ou l'obligation pour toute personne qui aurait connaissance, par exemple, de détournements ou de mauvaise utilisation des financements acquis au nom de l'environnement[2], ou même d'atteinte quelconque à l'environnement, de saisir le juge ou d'informer le procureur de la République qui sera tenu, dans ce cas, d'agir. « *Ouvrir l'accès à la justice peut contribuer à renforcer l'effectivité du droit de l'environnement* »[3].

---

[1] L'art. 15 de la Constitution du Mali de février 1992 permet de le prouver : « *La protection, la défense de l'environnement et la promotion de la qualité de la vie sont un devoir pour tous et pour l'État* ». Pour Michel PRIEUR, « *l'environnement étant la chose de tous, sa gestion et sa protection ne peuvent être confiées à des mandataires* », v. Michel PRIEUR, *Droit de l'environnement, op. cit.*, p. 157 *in limine*.
[2] À cet égard, il est bien possible de rechercher la responsabilité de certains élus communaux pour manquement à leurs obligations de gestion environnementale correcte de leurs communes.
[3] Mathilde HAUTEREAU-BOUTONNET, *Faut-il accorder des droits à la nature ?* , *op. cit.*, p. 1040.

585. En Équateur, toute personne, physique ou morale, peut exiger de l'autorité publique le respect des droits de la nature[1]. Il est, en effet, utile de jouer sur le côté dissuasif de l'action en justice et de stimuler la saisine du juge afin que cessent certains comportements anti-environnementaux. Il est important de rappeler que ce droit d'agir au nom de l'environnement ou le devoir d'informer le procureur de la République, en cas d'atteinte à l'environnement, peuvent être clairement déduits de l'article 15 de la Constitution du Mali de février 1992 qui dispose : « *La protection, la défense de l'environnement et la promotion de la qualité de la vie sont un devoir pour tous et pour l'État* ». Le reconnaître à tous ne serait qu'une juste application du principe de participation. C'est la preuve que le devoir de protéger l'environnement ne relève pas que de l'État. Aussi, il est possible d'inverser la charge de la preuve en demandant aux initiateurs de projets de justifier que leurs actions ne nuisent pas à l'environnement[2]. On voit bien qu'une fois « l'unanimité » acquise sur la reconnaissance des droits de l'environnement, il ne manquera pas de l'intelligence pour affiner les modalités de fonctionnement de cet être nouveau.

586. Toute personne physique, juridiquement capable, ou toute autre personne morale, doit avoir, dans les limites fixées par la loi et en vertu de l'article 15 de la Constitution du 25 février 1992, tout pouvoir pour engager des actions au nom de l'environnement sans avoir à justifier d'un mandat spécial. Nous sommes donc tous considérés comme des mandataires de l'environnement nantis de prérogatives dérogatoires au mandat en général. Mais, pour éviter le cafouillage que les actions individuelles pourraient entraîner, il est aussi possible de reconnaître à un organe comme le Conseil national de l'environnement le droit de représenter l'environnement. Cela ne doit pas, bien sûr, exclure les actions individuelles qui seront mieux encadrées ou des poursuites du procureur au nom de la collectivité mais, permet de renforcer les actions déjà prévues.

587. Cet organe doit être indépendant, fort et doté de la personnalité juridique[3]. Le choix du Conseil national de l'environnement, qui pourrait prendre une autre appellation en raison de son rôle[4], désormais nouveau, se justifie par

---

[1] Art. 71 de la Constitution.

[2] Victor DAVID, *La lente consécration de la nature, sujet de droit, le monde est-il enfin Stone ? op. cit.*, p. 484.

[3] Un texte spécifique précisera son fonctionnement.

[4] Ses missions actuelles ne sont pas moins pertinentes, mais doivent être renforcées : il est actuellement chargé de : « *faire toute proposition visant à améliorer l'efficacité de la mise en œuvre des programmes du secteur de l'environnement et de l'assainissement ; favoriser la participation des acteurs nationaux, notamment la société civile, dans la sauvegarde et la protection de l'environnement, la lutte contre la désertification, les changements climatiques et le développement durable ; donner son avis sur tous les projets de textes relatifs à l'environne-*

la pertinence de sa composition. Il est, en effet, composé de représentants du secteur public[1], du secteur privé[2], des collectivités territoriales[3] et des regroupements de la société civile[4]. Selon le décret qui l'institue, il est composé de « (...) *un représentant de l'Agence de l'Environnement et du Développement Durable ; un représentant de la Direction Nationale des Industries ; un représentant de la Direction Nationale des Eaux et Forêts ; un représentant de la Direction Nationale de l'Assainissement et du Contrôle des Pollutions et des Nuisances ; un représentant de l'Agence Nationale de Gestion des Stations d'Epuration du Mali ; un représentant de l'Agence du Bassin du Fleuve*

---

ment ainsi que tous programmes et projets de développement dans le domaine de l'environnement devant être mis en œuvre dans le pays ; donner son avis sur la ratification des Accords Multilatéraux sur l'Environnement par le pays ; donner son avis sur toute question relative à l'environnement dont il sera saisi par le ministre chargé de l'environnement » ; (v. art. 2 du décret n° 10-390/P-RM du 26 juillet 2010, publié au JORM n° 35 du 27 août 2010, p. 1376) . Il doit pouvoir désormais agir au nom de l'environnement qu'il représentera.

[1] On y retrouve les représentants de tous les services chargés des questions d'environnement et bien d'autres. L'importance de cette liste qu'elle soit reproduite ici *in extenso* (v. art. 3 du décret n° 10-390/P-RM du 26 juillet 2010, publié au JORM n° 35 du 27 août 2010, p. 1376) ».

[2] Les représentants de ce secteur sont (v. art. 3 du décret n° 10-390/P-RM du 26 juillet 2010, publié au JORM n° 35 du 27 août 2010, p. 1376) : « *un représentant du Conseil National du Patronat Malien ; un représentant de la Chambre de Commerce et d'Industrie du Mali ; un représentant du Conseil National des Transporteurs Routiers ; un représentant de l'Assemblée Permanente de la Chambre des Métiers ; un représentant de la Chambre des Mines* ».

[3] Les collectivités territoriales sont représentées par « *un représentant de l'Association des Conseils de Cercles et Régions du Mali ; un représentant de l'Association des Municipalités du Mali* » ; (v. art. 3 du décret n° 10-390/P-RM du 26 juillet 2010, publié au JORM n° 35 du 27 août 2010, p. 1376).

[4] Les différentes professions et la société civile sont représentées par : « *un représentant de l'Association des Guides de Chasse ; un représentant de l'Association des Exploitants Forestiers ; un représentant de l'Association des Promoteurs d'Écotourisme ; un représentant de l'Association des Exploitants et Commerçants de Bois ; un représentant de l'Assemblée Permanente des Chambres d'Agriculture du Mali ; un représentant du Syndicat National de la Production ; un représentant de l'Association des Éleveurs et Pêcheurs du Mali ; un représentant de la Fédération des Femmes Rurales ; un représentant de la Fédération Nationale des Artisans du Mali; un représentant du Conseil National des Organisations Paysannes ; un représentant de la Coordination des GIE Intervenant dans l'Assainissement ; un représentant de la Fédération Nationale des Chasseurs du Mali ; un représentant de l'Association Nationale des Chasseurs du Mali ; un représentant de l'Association « Kontron Ani Sanè » ; un représentant de l'Association Malienne pour la Conservation de la Faune et de l'Environnement ; un représentant de Agro-Industrie Développement ; un représentant de l'Association Nationale des Oiseliers du Mali ; un représentant de l'Association Nationale des Promoteurs de Scieries ; un représentant du Conseil National de la Société Civile un représentant du Conseil National des Jeunes du Mali ; un représentant de l'Association des Consommateurs du Mali ; un représentant de la Coalition pour l'Accès à l'Eau Potable, l'Hygiène et l'Assainissement ; un représentant de la Coordination des Association et Organisations Féminines ; un représentant du Conseil de Coordination et d'Appui aux Organisations Non Gouvernementales ; un représentant du Secrétariat de la Coordination des ONG ; un représentant du Réseau Carbone* » ; (v. art. 3 du décret n° 10-390/P-RM du 26 juillet 2010, publié au JORM n° 35 du 27 août 2010, p. 1376).

Niger ; un représentant de la Direction Nationale de l'Agriculture ; un représentant de la Direction Nationale de la Santé ; un représentant Direction Nationale de la Production et des Industries Animales ; un représentant de la Direction Nationale de la Pêche ; un représentant de la Direction Nationale de la Planification et du Développement ; un représentant de la Direction Nationale de l'Aménagement du Territoire ; un représentant de la Direction Nationale de l'Hydraulique ; un représentant de la Direction Nationale du Génie Rural ; un représentant de la Direction Nationale des Routes ; un représentant de la Direction Nationale des Domaines et du Cadastre ; un représentant de la Direction Nationale des Collectivités Territoriales ; un représentant de la Direction Nationale de la Météorologie ; un représentant de la Direction Nationale de la Géologie et des Mines ; un représentant de la Direction Nationale de l'Éducation de Base ; un représentant de la Direction Générale du Budget ; un représentant de la Direction Générale de l'Institut d'Économie Rurale ; un représentant de la Direction Nationale de la Promotion de la Femme ; un représentant du Commissariat au Développement Institutionnel ; un représentant de l'Office de Radiodiffusion Télévision du Mali ; un représentant de la Cellule Technique du Cadre Stratégique pour la Croissance et la Réduction de la Pauvreté ; un représentant de l'Office du Niger ; un représentant de l'Office de Protection des Végétaux ; un représentant de l'Office Malien du Tourisme et de l'Hôtellerie; un représentant de l'Office de la Haute vallée du Niger ; un représentant de l'Université de Bamako ; un représentant de l'Université de Ségou ; un représentant de l'Institut Polytechnique Rural de Formation et Recherche Appliquée ; les points focaux des Accords Multilatéraux sur l'Environnement ».

588. À la différence des autres personnes physiques et morales, l'environnement ne sera pas tenu responsable ni civilement ni pénalement des fautes commises par ceux qui agissent en son nom. Sa responsabilité est déjà limitée à son devoir de nous fournir les éléments de notre subsistance[1]. La responsabilité individuelle et solidaire des représentants environnementaux sera cependant recherchée, notamment en cas de détournement ou mauvais usage des biens de l'environnement. Ils seront personnellement responsables des infractions qu'ils commettront lorsqu'ils agissent au nom et pour le compte de l'environnement.

589. Il existe plusieurs moyens permettant d'amplifier l'influence du droit international de l'environnement sur l'application du droit malien de l'environnement. Il suffit seulement de mieux les utiliser.
La faiblesse des capacités nationales de vulgarisation du droit de l'environnement se pose avec acuité. Il y a lieu donc de renforcer ces capacités par la mise

[1] Il s'agit d'une personne juridique *sui generis*.

en place de mécanismes efficaces et divers de vulgarisation des normes environnementales. Cela peut se faire par des émissions régulières de sensibilisation et d'information sur tout ce qui touche à l'environnement, dans les langues nationales et à travers tous les médias public et privé. Les autorités décentralisées peuvent prévoir de façon périodique et institutionnalisée, au niveau des chefs de quartiers des communes rurales et urbaines, des réunions sur la gestion du cadre de vie. Il est ainsi possible que chaque malien ou étranger vivant sur le territoire national, homme ou femme, petit ou grand, plante chaque année un arbre et l'entretienne. À presque dix-neuf millions de maliens correspondront dix-neuf millions d'arbres plantés chaque année pendant au moins une décennie. Plus la population augmentera plus le nombre d'arbres plantés augmentera. Cela est plus que nécessaire dans le nord du pays essentiellement désertique. On pourra ainsi, à défaut de stopper l'avancée du désert la ralentir, régénérer le couvert végétal, limiter le réchauffement du climat car les arbres sont des puits d'absorption de l'effet de serre, améliorer notre cadre de vie. Il est aussi possible d'initier une journée de nettoyage collectif des rues et espaces publics[1]. Ce nettoyage qui peut avoir lieu dans tous les quartiers des villes et campagnes peut se faire par exemple chaque samedi. La main d'œuvre existe. Il suffit de la valoriser et faire comprendre que la protection de l'environnement n'est ni exclusivement une question de moyens financiers, ni uniquement le devoir de l'État.

590. À la reconnaissance de la qualité de sujet de droit à l'environnement, une partie importante de la doctrine, à laquelle il convient de joindre les présentes lignes, ne voit pas s'opposer d'obstacles juridiques. Il convient seulement de bien organiser les différentes interventions en sa faveur, car, rappelons-le, les associations environnementales ne sont pas plus légitimes à agir en son nom que n'importe quel autre citoyen. Si la possibilité est offerte à n'importe quel citoyen d'agir en son nom devant la Cour de justice de l'OHDEA dont cette étude appelle la création de ses vœux, il peut être parié que l'influence du droit international de l'environnement sur l'application du droit des États africains se trouvera positivement renforcée. Ce serait d'ailleurs une juste application du principe de participation. Les droits malien et africain doivent être plus audacieux.

591. Depuis plusieurs années, la doctrine et les praticiens du droit international de l'environnement sont à la recherche des meilleurs moyens qui permettent de rendre concrète l'application de ce droit. Force est de constater que malgré les nombreuses solutions préconisées comme le renforcement du contrôle et la sanction de non-respect des engagements des États, on est encore

---

[1] L'institutionnalisation d'une telle initiative permet de faire entrer peu à peu les préoccupations environnementales dans les habitudes de tous.

loin de voir le bout du tunnel car, la responsabilité de l'État est rarement invoquée, ou jamais, s'agissant notamment de la violation par le Mali de ses engagements internationaux environnementaux. La solution que cette étude préconise, à savoir l'arrêt de la production normative, un temps si minime soit-il, et la concentration de tous les efforts sur l'application effective de ce qui est déjà produit, doit focaliser désormais l'attention.
La reconnaissance des droits à l'environnement ne doit être que la conséquence de la reconnaissance de nombreuses obligations à la charge des êtres humains dans leurs rapports avec la nature. Et cette reconnaissance n'a pour objet que de renforcer la protection de l'environnement par l'application constante du droit dont cette protection est la raison d'être.

CONCLUSION

592. L'étude de l'influence du droit international de l'environnement sur le droit malien de l'environnement révèle deux enseignements et suscite au moins une interrogation.

Le premier enseignement concerne une exigence : il faut du tact et de la prudence dans la transposition des normes internationales relatives à l'environnement en vue d'une meilleure cohérence de l'ordre juridique interne. Cette étude révèle, en effet, une grande dispersion et une instabilité chronique des normes et des administrations environnementales au Mali. D'abord, presque chaque rencontre internationale sur l'environnement est une occasion de production de textes et chaque nouveau texte, signé par le Mali, est une occasion d'amendement de son corpus juridique interne aux fins d'adaptation ou de conformité. Les États Parties aux différents instruments s'engagent toujours à élaborer ou à mettre à jour leurs textes internes en lien avec l'objet des instruments. Ensuite, la persistante instabilité politique et institutionnelle que connaît le Mali, depuis plusieurs années, a pour corollaire la dépouille qui consiste à chaque fois changer la haute administration, chargée de concevoir les textes internes ou de transposer les normes d'origine externe. On se retrouve ainsi dans un cycle d'un éternel recommencement dans la recherche de conformité des normes et des structures environnementales aux engagements internationaux du pays. Cela ne se fait pas toujours, il convient de le regretter, conformément aux réalités nationales. Or, les lois doivent être propres au peuple pour lequel elles sont faites, c'est-à-dire qu' « (…) *elles doivent être adaptées au caractère, aux habitudes, à la situation* (…) »[1] de ce peuple. On comprend dès lors que cette instabilité des normes et des institutions environnementales ne soit pas sans conséquence sur leur cohérence et leur efficacité.

Le second enseignement que révèle cette étude est qu'elle met en évidence la complexité à faire coexister, de façon harmonieuse et cohérente, les normes internationales relatives à l'environnement, les normes d'origine étatique (dites modernes) et les coutumes locales de gestion de l'environnement, malgré leur unité d'objet. Il est vu qu'au niveau local, « la pratique devance le droit à pas de géant ». Il est, en effet, difficile de ne pas tenir compte des pratiques, souvent ancestrales, de gestion des milieux et des ressources. La légalisation de ces pratiques, le transfert de compétences de l'État aux collectivités et l'existence de conventions locales de gestion des ressources environnementales répondent à cet impératif. Il est aussi observé qu'au niveau national, l'initiative des textes environnementaux relève de plusieurs départements ministériels et d'institutions diverses. Cela crée un enchevêtrement qui ne facilite

[1] Jean-Etienne-Marie PORTALIS, dans son discours préliminaire sur le projet du Code civil des Français, 1804.

pas la délimitation nette du champ d'action des textes, d'où un besoin constant de coordination entre les acteurs. L'existence du Secrétariat général du gouvernement et la création, en 2010, de l'Agence de l'Environnement et du Développement Durable dont les missions sont, entre autres, d'assurer cette coordination sont encourageantes. Elles ne sont pas, cependant, suffisantes. Elles doivent être suivies de l'institution de délégations environnementales au niveau de tous les départements ministériels, des institutions de l'État, des Établissements publics et des entreprises privées. Il est aussi remarqué que la vacance de la place du juge dans la protection de l'environnement au Mali engendre un réel recul du droit de l'environnement car, « (...) *l'absence d'effectivité du droit applicable est déjà en elle-même une régression* ». L'influence du droit international de l'environnement sur le droit malien de l'environnement ne peut, dans ces conditions, qu'être mitigée.

593. Notre interrogation de départ portait sur l'identification du résultat induit par le contact entre le droit international de l'environnement et le droit malien de l'environnement. Il convient d'exposer ici les éléments de réponse qu'a suscités cette étude.

Le premier élément de réponse est que le droit international de l'environnement, en intégrant le droit malien, modifie son contenu, positivement et négativement. Si, théoriquement, le résultat est l'élargissement de la base du droit malien de l'environnement, pratiquement, ce dernier n'est pas toujours favorable aux transformations opérées en raison de nombreuses incohérences qu'elles créent. L'intégration, non contrôlée, d'instruments internationaux environnementaux, nombreux et hétérogènes, dans notre droit est, en réalité, une source de « déstabilisation et d'incertitude ». Cela n'est pas sans conséquences sur son effectivité actuelle et exige une mise en cohérence des normes importées avec celles qui les reçoivent. L'effectivité d'une règle juridique dépend du rôle joué par tous les acteurs chargés à un niveau ou à un autre de participer à cette effectivité. Ainsi, de la conception (ou de la transposition de la norme) à la sanction de la règle environnementale (nationale ou internationale), en passant par sa mise en œuvre et son contrôle, il existe une multitude d'acteurs appelés, chacun à son niveau, à jouer correctement son rôle afin que le résultat recherché puisse être atteint : la protection effective et efficace de l'environnement et son amélioration. Ainsi, la résolution des problèmes de la légitimité de la transposition des normes internationales et de sa qualité permet certainement d'empêcher les nombreuses résistances du droit malien de l'environnement à l'intégration de ces normes d'origine externe.

594. Malgré les imperfections constatées, il convient de reconnaître que si le droit malien n'avait pas réceptionné les normes internationales d'environnement, sa base ne serait pas aussi élargie et l'environnement mieux protégé au

Mali. Il n'est pas inutile de rappeler, qu'outre le droit international de l'environnement, le droit de l'environnement de l'ancien colonisateur continue aussi d'imprimer son cachet sur les différents compartiments du droit malien. En effet, l'évolution du droit malien de l'environnement ne tranche pas fondamentalement, toutes proportions gardées, avec celle des autres pays autrefois sous domination française, parce qu'elle a été tributaire du chemin qu'a parcouru le droit français de l'environnement. La période antérieure à la colonisation est celle de l'oralité. Les dépositaires des règles régissant les rapports entre l'homme et la nature ou ses ressources sont les couches socioprofessionnelles : les clans fondateurs des empires, les agriculteurs, les chasseurs, les griots, etc.. Ces règles traditionnelles seront confrontées à celles de l'administration coloniale qui, au nom de la mise en valeur des colonies, étendra à celles-ci la réglementation métropolitaine relative à la nature et à ses ressources. À l'indépendance, les nouvelles autorités du pays s'inspireront largement de cette réglementation coloniale qui ne changera, dans certains cas, que d'appellation. De nos jours, l'influence du droit français sur le droit malien est considérable.

Le deuxième élément de réponse concerne l'insuffisance de cette influence d'un point de vue pratique. La conséquence est la relative vitalité des normes environnementales au Mali. Outre le fait que beaucoup de difficultés d'application des normes internationales relatives à l'environnement se trouvent dans ces normes elles-mêmes, les conditions de vie des populations permettent difficilement une adhésion à celles-ci. L'État qui n'a rien à offrir à ces populations, en contrepartie de l'arrêt de l'exploitation abusive des ressources, ne peut que demeurer impuissant face à la violation de ses propres normes et de celles qu'il transpose[1]. Son droit n'est alors droit que dans les mots[2] car le droit est vain hors du réel[3] et comme le rappelait le cardinal de Richelieu, « faire une loi et ne pas la faire exécuter, c'est autoriser la chose que l'on veut défendre ». Le droit malien de l'environnement est, à ce titre, à repenser.

595. En dernier lieu, l'étude de l'influence du droit international de l'environnement sur le droit malien de l'environnement suscite une interrogation. Celle qui conduit à opérer une pause, un temps si minime soit-il, dans la production normative et donc de la transposition de normes d'origine externe au Mali en matière d'environnement en vue de concentrer l'essentiel des efforts à mettre de l'ordre dans l'existant et à chercher à le faire produire d'effet. Car, un constat s'impose : aujourd'hui, le Mali a moins besoin de lois environnementales

---

[1] Lorsque la protection de l'environnement et la pauvreté sont en conflit, la première cède. « *La pauvreté est elle-même une forme de dégradation de l'environnement* », a reconnu la Conférence de Tbilissi de 1977 sur l'éducation relative à l'environnement.

[2] Éric NAIM-GESBERT, *Voir les choses à leur vrai début : de l'histoire en droit de l'environnement*, *op. cit.*, p. 5.

[3] Éric NAIM-GESBERT, *S'adapter ou mourir*, *op. cit.*, p. 5.

nouvelles que de l'application de celles existantes. Le mutisme de sa jurisprudence est gênant. Il n'est pas inutile, à ce titre, de rappeler que les nombreuses irrégularités environnementales décelées par les missions d'inspection du Bureau du Vérificateur Général, imputables à différentes sociétés minières et à certaines administrations publiques, peuvent bien favoriser l'amorce à l'existence de cette jurisprudence. Le procès peut bien contribuer à renforcer la protection de l'environnement[1]. L'exemple brésilien où « (...) *le juge s'est vu reconnaître par la loi la possibilité de condamner l'auteur d'une infraction à l'environnement à suivre des cours sur l'écologie, la faune, la flore et le droit de l'environnement et à payer la publication de brochures éducatives sur l'environnement pour les distribuer au grand public, dans les écoles et dans les entreprises* »[2] peut bien être expérimenté au Mali, au moins en ce qui concerne les groupements, pour un départ.

596. S'il est une banalité de rappeler que le droit de l'environnement est un droit sans frontières, la logique voudrait que ne coexistent pas de législations nationales réglementant, de manières différentes, les mêmes matières comme les fleuves, les migrations animales, les pollutions de l'air[3]. C'est la raison pour laquelle, la dynamique d'harmonisation du droit, enclenchée depuis maintenant des décennies en Afrique, ne doit pas s'arrêter aux portes du droit de l'environnement. L'institution d'une organisation d'intégration juridique régionale dont la mission essentielle sera la formation des acteurs et l'application d'un droit de l'environnement harmonisé et codifié peut bien être un tremplin à la résolution de nombreuses difficultés liées aux incohérences constatées lors de la transposition des normes internationales dans les droits nationaux. Le caractère transfrontalier des problèmes d'environnement et l'incapacité des États à faire individuellement face à ceux-ci permettent de rappeler cette nécessité. Une telle idée mérite de germer, de grandir et de se concrétiser. Les populations doivent être pleinement associées à cet effort pour qu'il ait un sens. Si toutes les dispositions nationales relatives à l'environnement ne sont pas directement harmonisables, certaines comme celles relatives à l'eau, à la biodiversité ou au cadre de vie ne peuvent plus attendre. Il convient donc que l'on s'acquitte correctement de ce dont on est redevable aux générations futures et ne pas entrer dans l'avenir à reculons comme nous le déconseille Paul VALERY.

---

[1] Mathilde HAUTEREAU-BOUTONNET et Eve TRUILHE (dir.), *Le procès environnemental : du procès sur l'environnement au procès pour l'environnement*, *op. cit.*, p. 210.

[2] Michel PRIEUR, *Propos de conclusion*, Actes de la réunion constitutive du comité sur l'environnement de l'AHJUCAF, *op. cit.*, p. 428.

[3] Jochen SOHNLE, « *Les enjeux du droit international et européen pour la coopération en matière d'environnement* », in *Les évolutions récentes de la coopération au-delà des frontières en Europe*, Annales de la Faculté de Droit, Économie et Administration de l'Université Paul VERLAINE-Metz, 2005, n° 5, p. 106.

BIBLIOGRAPHIE

NB : *La bibliographie fournie ici est sélective et indicative. Pour plus de détails, v. Abdoulaye ABOUBACRINE, L'influence...,Thèse, droit, Université de Limoges.*

I - OUVRAGES

A - Ouvrages généraux

- ✓ ALLAND (Denis) et RIALS (Stéphane) (dir.), *Dictionnaire de la culture juridique*, Paris, PUF, 1ère éd., 2003.
- ✓ AUBRY (Hélène), *L'influence du droit communautaire sur le droit français des contrats*, Marseille, PUAM, 2002.
- ✓ BERTAUD DU CHAZAUD (Henri), *Dictionnaire de synonymes, mots de sens voisin et contraires*, Quarto Gallimard, 2003, p. 1004.
- ✓ CABRILLAC (Rémy) (dir.), *Dictionnaire du vocabulaire juridique*, Paris, LexisNexis, 11è éd.,
- ✓ CARBONNIER (Jean), « *Effectivité et ineffectivité de la règle de droit* », *L'année sociologique*, vol. 9, 1957-1958.
- ✓ CARREAU (Dominique) et MARELLA (Fabrizio), *Droit international*, Paris, Pedone, collection « Études internationales », 9è éd., 2007.
- ✓ COMBACAU (Jean) SUR (Serge), *Droit international public*, Paris, LGDJ, 12è éd., 2016.
- ✓ CORNU (Gérard), *Vocabulaire juridique*, Paris, PUF, 12è éd., 2018.
- ✓ DELMAS-MARTY (Mireille), *Le pluralisme ordonné, Les forces imaginantes du droit (II),* Paris, Seuil, 2006.
- ✓ DELMAS-MARTY (Mireille) (dir.), *Critique de l'intégration normative, L'apport du droit comparé à l'harmonisation des droits,* Paris, PUF, 2004.
- ✓ DREYFUS (Simone) et NICOLAS-VULLIERME (Laurence), *La thèse de doctorat et le mémoire : Étude méthodologique*, Paris, CUJAS, 3è éd., 2000.
- ✓ DUPUY (Pierre-Marie) et KERBRAT (Yann), *Le droit international public,* Paris, Dalloz, 13è éd., 2016.
- ✓ FAVOREU (Louis), GAÏA (Patrick), GHEVONTIAN (Richard), MESTRE (Jean-Louis), PFERSMANN (Otto), ROUX (André) et SCOFFONI (Guy), *Droit constitutionnel*, Dalloz, Paris, 21è éd., 2019.
- ✓ GONIDEC (Pierre-François) (dir.), *Encyclopédie juridique de l'Afrique*, tome 2, 1982.
- ✓ GRIMAUX (Elisabeth), *L'influence du droit anglo-américain sur les valeurs mobilières émises par les sociétés anonymes en droit français*, Paris, Litec, 2005.
- ✓ GUINCHARD (Serge) et DEBARD (Thierry), *Lexique des termes juridiques*, Paris, Dalloz, 26è éd., 2020.
- ✓ HOLLANDE (François), *les leçons du pouvoir*, Paris, Stock, 2018.
- ✓ LENOBLE-PINSON (Michèle) et MARTENS (Paul), *Dire et écrire le droit en français correct*, Bruxelles, Bruylant, 2ème édition, 2019.
- ✓ MARGUENAUD (Jean-Pierre) (dir.), CEDH et droit privé *: L'influence de la jurisprudence de la Cour européenne des droits de l'homme sur le droit privé français*, Mission de recherche droit et justice, La Documentation française, 2001.

- NADAUD (Séverine), *Codifier le droit civil européen*, Larcier, 2008.
- NIANE (Djibril Tamsir), *Soundiata ou l'épopée mandingue*, Paris, Présence africaine, 1960).
- PUGELIER (Catherine) (dir.) *Dictionnaire juridique*, Bruxelles, Bruylant, 3ème édition, 2020.
- REY (Alain) et VERDIER (Fabienne), *Le petit Robert de la langue française*, Paris, Le Robert, 2017.
- REY Alain (dir.), *Dictionnaire culturel en langue française*, Le Robert, 2005.
- RIPERT (Georges), *Le déclin du droit*, Paris, LGDJ, 1949.
- RODRIGUEZ (Jacobo Rios), *L'influence internationale du droit français*, Paris, Connaissances et Savoirs, 2008.
- SAUPHANOR (Nathalie), *L'influence du droit de la consommation sur le système juridique*, Paris, LGDJ, 2000.
- SAUPHANOR (Nathalie), *L'influence du droit de la consommation sur le système juridique*, Paris, LGDJ, 2000.
- SIMONIS (Francis), *L'Afrique soudanaise au Moyen âge, Le temps des grands empires (Ghana, Mali, Songhaï)*, CRDP de l'académie d'Aix-Marseille, 2010.
- SOREL (Jean-Marc), *Le destin des normes internationales en droit interne* : *Perspectives européennes*, http://www.oas.org/es/sla/ddi/docs/publicaciones_digital_XXIV_curso_derecho_internacional_1997_Jean-Marc_Sorel.pdf
- TOBICH (Faïza), *Les statuts personnels dans les pays arabes : de l'éclatement à l'harmonisation.* Nouvelle édition [en ligne]. Aix-en-Provence, Presses universitaires d'Aix-Marseille, 2008. Disponible sur <http://books.openedition.org/puam/1002>. DOI : 10.4000/books.puam.1002 (consulté le 29 novembre 2019)
- TRIEPEL (Heinrich), *Droit international et droit interne*, Paris, Pedone, 2010.
- VIRALLY (Michel), *Le droit international en devenir*, Paris, Graduate Institute Publications, 1990.

B - Ouvrages spéciaux

- BETTATI (Mario), *Le droit international de l'environnement,* Paris, Odile Jacob, 2012.
- BEURIER (Jean-Pierre), KISS (Alexandre Charles), *Droit international de l'environnement*, Paris, Pedone, 4è éd., 2010.
- BILLET (Philippe) et NAIM-GESBERT (Éric), (sous la direction de), *Les grands arrêts du droit de l'environnement*, Dalloz, Paris, 1ère éd., 2017.
- COHENDET (Marie-Anne) (dir.), *Droit constitutionnel de l'environnement*, éd. Mare et Martin, 2021.
- DJIRE (Moussa) et (DICKO) Abdel Kader, *Les conventions locales face aux enjeux de la décentralisation au Mali*, Paris, Karthala, 2007.
- HAUTEREAU-BOUTONNET(Mathilde) et TRUILHE (Eve) (dir.*), Le procès environnemental : du procès sur l'environnement au procès pour l'environnement*, Paris, Dalloz, 2021.
- IMPERIALI (Claude), *L'effectivité du droit international de l'environnement : contrôle de la mise en œuvre des conventions internationales*, Paris, Economica, 1998.
- KAMTO (Maurice), *Le droit de l'environnement en Afrique*, EDICEF/AUPELF, 1996.

- ✓ KISS (Alexandre Charles), *Droit international de l'Environnement*, Paris, Pedone, 2004.
- ✓ LAVIEILLE (Jean-Marc), DELZANGLES (Hubert), LE BRIS (Catherine), *Droit international de l'environnement*, Paris, Ellipses, 4ème éd., 2018.
- ✓ LAVIEILLE (Jean-Marc) (dir. scientifique), *Conventions de protection de l'environnement, Secrétariats, conférences des parties, comités d'experts*, Limoges, PULIM, 1999.
- ✓ MALJEAN-DUBOIS (Sandrine) (dir.), *L'effectivité du droit européen de l'environnement, contrôle de la mise en œuvre et sanction du non-respect,* Paris, La Documentation française, 2000.
- ✓ MALJEAN-DUBOIS (Sandrine), *Quel droit pour l'environnement ?* Paris, Hachette Supérieur, 2008.
- ✓ MISONNE Delphine (coord.), *À quoi sert le droit de l'environnement ? Réalité et spécificité de son apport au droit et à la société*, Bruxelles, Bruylant, 2018.
- ✓ MORAND-DEVILLER (Jacqueline), *Le droit de l'environnement*, Paris, PUF, 11è éd., Collection « Que sais-je ? », n° 2334, 2015.
- ✓ PRIEUR (Michel) avec la collaboration de BETAILLE (Julien) et COHENDET (Marie-Anne), DELZANGLES (Hubert), MAKOWIAK (Jessica), *Droit de l'environnement*, Paris, Dalloz, 8è éd., 2019.
- ✓ PRIEUR (Michel), *Droit de l'environnement, droit durable,* Bruxelles, Bruylant, 2014.
- ✓ PRIEUR (Michel) (dir), *La mise en œuvre nationale du droit international de l'environnement dans les pays francophones,* Limoges, PULIM, 2003.
- ✓ PRIEUR (Michel) et LAMBRECHTS (Claude) (textes réunis par), *Les hommes et l'environnement, quels droits pour le vingt-et-unième siècle? En hommage à Alexandre Charles KISS,* Paris, Frison-Roche, 1998.
- ✓ ROCHE (Catherine), *Droit de l'environnement*, Paris, Galiano, 2001.
- ✓ ROMI (Raphaël), *Droit de l'environnement*, Paris, Montchrestien, 7è éd., 2010.
- ✓ VANUXEM (Sarah), *Des choses de la nature et de leurs droits*, Versailles, éditions QUAE, 2020.
- ✓ URBINATI (Sabrina), *Les mécanismes de contrôle et de suivi des conventions internationales de protection de l'environnement*, Milan, Giuffrè Editore, 2009.

II - THÈSES ET MÉMOIRES

A - Thèses

- ✓ ABOUBACRINE (Abdoulaye), *L'influence du droit international de l'environnement sur le droit malien de l'environnement : une contribution à l'émergence d'un droit africain harmonisé de l'environnement*, droit, Université de Limoges, 2021.
- ✓ AGBA (Eyou), *Le Togo et le droit international de l'environnement*, droit, Université de Limoges, 2014.
- ✓ ALAYA (Alaya), *L'Éducation à l'Environnement en Tunisie. Analyse des valeurs relatives à la nature et à l'environnement dans les conceptions d'enseignants et d'élèves et dans des manuels scolaires*, sciences de l'éducation, Université de Lyon 1, 2010.

- ✓ AMICY (Anne-Suze), *L'éducation relative à l'environnement dans le programme des deux premiers cycles du niveau fondamental en Haïti. Analyse comparative des programmes de sciences expérimentales de France, Haïti et Ontario (Canada)*, sciences de l'éducation, l'Université Paris Est, 2016.
- ✓ ASSOUVI (Coffi Dieudonné), *L'influence du droit international des changements climatiques sur le droit de l'environnement de l'Union européenne*, droit, Université de Limoges, 2018.
- ✓ AYER (Ariane), *Droit international de l'environnement : Responsabilité de l'État pour inactivité législative et droits des particuliers*, droit, Université de Fribourg, 2000.
- ✓ BAUMANN (Paul), *Le droit à un environnement sain en droit de la Convention européenne des droits de l'homme*, droit, Université de Nantes, 2018.
- ✓ BETAILLE (Julien), *Les conditions juridiques de l'effectivité de la norme en droit public interne: illustrations en droit de l'urbanisme et en droit de l'environnement*, droit, Université de Limoges, 2012.
- ✓ BOKOLOMBE (Bokina), *L'influence du modèle français sur les codifications congolaises : cas du droit des personnes et de la famille*, droit, Université de Montpellier I, 2013.
- ✓ CAMARA (Yamadou), *L'effectivité des conventions internationales de protection de l'environnement au Mali, : cas de la lutte contre la désertification*, droit, Université des Sciences Juridiques et Politiques de Bamako, 2017.
- ✓ DEBET (Anne), *L'influence de la Convention européenne des droits de l'homme sur le droit civil*, Dalloz, coll. Nouvelle bibliothèque de thèses, 2002.
- ✓ DELILE (Jean-Felix), *L'invocabilité des accords internationaux devant la cour de justice et le Conseil d'État français*, thèse soutenue en 2014 à l'Université de Bordeaux, p. 53.
- ✓ DIARRA (Amadou Baba), *L'effectivité de la législation forestière au Mali*, droit, Université des Sciences Juridiques et Politiques de Bamako, 2018.
- ✓ FOMBA (Mamadou), *La profession de magistrat au Mali, la difficile quête d'indépendance du juge*, droit, Université de Bordeaux, 2013.
- ✓ HAMOUCHI (Aïssa), *Intégration de l'environnement et de l'éducation relative à l'environnement dans le système éducatif marocain : cas de l'enseignement des sciences de la vie et de la terre*, sciences de l'éducation, Université Sidi Mohamed BEN ABDALLAH du Maroc, 2011.
- ✓ HERNANDEZ-ZAKINE (Carole*), Influence du droit de l'environnement sur le droit rural. Conservation de la faune sauvage*, droit, Université de Paris 1, 1997.
- ✓ JOLIVET (Simon), *La conservation de la nature transfrontalière*, droit, Université de Limoges, 2014.
- ✓ KAZADI MPIANA (Joseph), *La position du droit international dans l'ordre juridique congolais et l'application de ses normes*, droit, Université de Rome, 2012.
- ✓ LY (Ibrahima*), Problématique du droit de l'environnement dans le processus de développement économique et social d'un pays africain: l'exemple du Sénégal*, droit, Université Cheick Anta Diop de Dakar, 1994.
- ✓ MEYNIER (Adeline), *Réflexions sur les concepts en droit de l'environnement*, droit, Université Jean Moulin Lyon 3, 2017.
- ✓ MOUNKORO (Mamadou), *Le droit pénal de l'environnement au Mali*, droit, Université Gaston Berger de Saint-Louis, 2006.

- ✓ RICHARD (Denis), *Les incidences du droit communautaire sur le statut juridique et fiscal des sociétés*, Droit, Université de Nice, 1996.
- ✓ ROUSSET (Guillaume), *L'influence du droit de la consommation sur le droit de la santé*, droit, Université Jean Moulin Lyon 3, 2000.
- ✓ SAVADOGO (Yacouba), *La protection communautaire de l'environnement dans le cadre de l'UEMOA : enjeux, portée et perspectives,* droit, Université de Limoges, 2019.
- ✓ SIDIBÉ (Diakalia Siaka), *La protection juridique de la biodiversité au Mali : cas de la faune et de la flore*, droit, Université Gaston Berger de Saint Louis, 2018.
- ✓ TOURÉ (Moussa Etienne), *Mise en œuvre des textes internationaux au Mali : cas de la Convention-cadre des Nations Unies sur les changements climatiques et du Protocole de Kyoto*, droit, Université Cheick Anta Diop, 2007.
- ✓ TREGUIER (Marie-Laure), *L'influence du Conseil d'État sur le Conseil constitutionnel : principes généraux du droit et principes de valeur constitutionnelle,* droit, Université de Nice, 1992.
- ✓ ZHANG (Zhouxi), *L'influence du droit français sur le droit chinois des sûretés mobilières*, droit, Université de Perpignan, 2016.

B - Mémoires

- ✓ ABOUBACRINE (Abdoulaye), *La protection des cours d'eau et de leur biodiversité par le droit international de l'environnement*, droit, Université de Limoges, 2011.
- ✓ NGUIMBI (Blaise Freddy), *Impact du droit international de l'environnement sur le droit national congolais*, droit, Université de Limoges, 2007.

III - ARTICLES, COMMUNICATIONS, COURS

- ✓ ANDELA (Jacques-Joël), *Les implications juridiques du mouvement constitutionnel du 18 janvier 1996 en matière d'environnement au Cameroun* in RJE, n° 04, 2009, pp. 421-433.
- ✓ ATTA (Kablan Jean-Michel), *L'accessibilité de la Cour africaine des droits de l'homme et des peuples aux acteurs non-étatiques, un gage de l'effectivité du droit de l'environnement en Afrique* ? in Revue africaine de droit de l'environnement, n° 05, 2020, pp. 17-27.
- ✓ BARRIERE (Olivier), *De l'émergence d'un droit africain de l'environnement face au pluralisme juridique in* Chirstoph EBERHARD et Géneviève VERNICOS, *La quête anthropologique du droit : autour de la démarche d'Etienne Le ROY*, Paris, Karthala, 2006, p. 148.
- ✓ BAUD (Jean-Pierre), *Le voisin protecteur de l'environnement*, RJE, 1978, volume 3, n° 01, pp. 16-33.
- ✓ BERTRAND (Thomas) et MARGUIN (Julien), *La notion de protection de l'environnement et de la procédure de débat public*, RJE, 2017, volume 42, n° 03, pp. 457-49.
- ✓ BETAILLE (Julien), *Accès à la justice de l'Union européenne, le comité d'examen du respect des dispositions de la Convention d'Aarhus s'immisce dans le dialogue des juges européens : à propos de la décision n° ACCC/C/2008/32 du 14 avril 2011*, RJE, 2011/4, vol. 36, pp. 547-562.

- ✓ BOULOC (Bernard), *L'influence du droit communautaire sur le droit pénal interne*, in Mélanges offerts à Georges Levasseur, Droit pénal, droit européen, Litec, 1992.
- ✓ BRIANT (Vincent de), *La coadministration dans le domaine de l'environnement, un levier inattendu pour la clarification des compétences*, RJE, 2013, spécial n° 5, pp. 27-40.
- ✓ DAVID (René), *Les méthodes de l'unification in Le droit comparé-Droits d'hier, droits de demain,* Economica, 1982, p. 304.
- ✓ DAVID (Victor), *La lente consécration de la nature, sujet de droit, le monde est-il enfin Stone ?* in RJE, n° 3, 2012, pp. 469-485.
- ✓ DAVID (Victor), *La nouvelle vague des droits de la nature : La personnalité juridique reconnue aux fleuves Whanganui, Gange et Yamuna*, RJE, n,°3, 2017, vol. 42, pp. 409-424.
- ✓ DURKHEIM (Émile), Faculté de Bordeaux, *Cours de Science sociale*, *Leçon d'ouverture* in Revue internationale de l'enseignement, tome 15, janvier-juin, 1888, p. 47.
- ✓ TRUILHE (dir.*), Le procès environnemental : du procès sur l'environnement au procès pour l'environnement*, Paris, Dalloz, 2021, p. 86.
- ✓ FORIERS (Paul), *L'incidence des conventions internationales sur le droit commercial*, Revue Belge de Droit international, 1966-1.
- ✓ GONIDEC (Pierre-François), *Note sur le droit des conventions internationales en Afrique,* dans Annuaire français de droit international, 1965, 11, pp. 866-885.
- ✓ HAUTEREAU-BOUTONNET (Mathilde) et TRUILHE (Eve) (dir.), *À la recherche du procès environnemental* in *Le procès environnemental : du procès sur l'environnement au procès pour l'environnement*, Paris, Dalloz, 2021, p. 9.
- ✓ HAUTEREAU-BOUTONNET (Mathilde), *Faut-il accorder des droits à la nature ? D.* 2017, n° 18, p. 1040.
- ✓ JOBIN (Pierre-Gabriel), *L'influence de la doctrine française sur le droit civil québécois : le rapprochement et l'éloignement de deux continents*, in Revue internationale de droit comparé, vol. 44, n° 2, avril-juin, 1992, pp. 381- 408.
- ✓ KAMDEM (Innocent Fetze), *Harmonisation, unification et uniformisation. Plaidoyer pour un discours affiné sur les moyens d'intégration juridique*, Revue de droit uniforme, 2008, p. 709.
- ✓ KAMTO (Maurice), *Les Conventions régionales sur la conservation de la nature et des ressources naturelles en Afrique et leur mise en œuvre*, RJE, volume 16, n° 4, 1991, pp. 417-442.
- ✓ KIENOU (Sanwé Médard), *L'incidence du droit régional africain sur le droit constitutionnel des États francophones d'Afrique de l'Ouest*, Revue française de droit constitutionnel, 2017/2 n° 110, pp. 413-36.
- ✓ LEPAGE (Corinne), *Les véritables lacunes du droit international de l'environnement*, Le Seuil, « Pouvoirs » 2008/4 n° 127, pages 123 à 133.
- ✓ MALJEAN-DUBOIS (Sandrine) et RICHARD (Vanessa), *Mécanismes internationaux de suivi et mise en œuvre des conventions internationales de protection de l'environnement*, Paris, IDDRI, 2004, n° 09, p. 55.
- ✓ MALJEAN-DUBOIS (Sandrine), *L'effectivité du droit international de l'environnement*, Paris, Les notes de l'IDDRI, octobre 2003, n° 4, p. 64.

- ✓ MALJEAN-DUBOIS (Sandrine), *Les organes de contrôle du respect des dispositions internationales dans le champ de l'environnement* in *Acteurs et outils du droit de l'environnement,* sous la direction de Benoît JADOT, CEDRE, p. 249.
- ✓ NAIM-GESBERT (Éric), *Êtres et choses en droit de l'environnement : l'appel du sacré*, RJE, 2017, n° 3, vol. 42, pp. 405-408.
- ✓ NAIM-GESBERT (Éric), *Voir les choses à leur vrai début : de l'histoire en droit de l'environnement*, RJE, 2019,
- ✓ POURZAND (Pejman), *Internationalisation et régionalisation du droit pénal iranien : aspects de droit iranien*, in Revue Archives politique criminelle, 2003/1, n° 25, p.179.
- ✓ PRIEUR (Michel), *L'environnement est entré dans la Constitution*, RJE, 2005, volume 30, n° 01, pp. 25-31.
- ✓ PRIEUR (Michel), *Pourquoi une revue juridique de l'environnement ?* in RJE, numéro 1, 1976, pp. 3-4.
- ✓ RIGAUX (François), *Les incidences des conventions internationales sur le droit civil*, Revue Belge de Droit International, 1966-1.
- ✓ ROUVILLOIS (Frédéric), *« L'efficacité des normes – Réflexions sur l'émergence d'un nouvel impératif juridique »*, Fondation pour l'innovation politique, novembre 2006.
- ✓ SOHNLE (Jochen), « *Les enjeux du droit international et européen pour la coopération en matière d'environnement* », in *Les évolutions récentes de la coopération au-delà des frontières en Europe*, Annales de la Faculté de Droit, Économie et Administration de l'Université Paul VERLAINE-Metz, 2005, n° 5, p. 106.
- ✓ STEICHEN (Pascale), *Évolution du droit à la qualité de vie, De la protection de la santé à la promotion du bien-être*, RJE, 2000, volume 25, n° 03, pp. 361-390.
- ✓ YAMEOGO (Hamidou), *Problématique de la protection de l'environnement par la Cour de justice de l'UEMOA*, Revue africaine de droit de l'environnement, n° 05, 2020, p. 77.

IV - RAPPORTS - ÉTUDES

- ✓ Ministère de l'Environnement, de l'Assainissement et du Développement durable, *Document de Politique Nationale de Protection de l'Environnement* adopté par le conseil des ministres du 13 novembre 2019.
- ✓ Ministère de l'Environnement, Secrétariat Technique Permanent du PNAE-CID, *Politique nationale de protection de l'environnement*, Volume II, PNAE/PAN-CID, juin 1998.
- ✓ Ministère de l'Équipement, de l'Aménagement du territoire, de l'Environnement, et de l'Urbanisme, PNUD, FEM, 2001, *Stratégie nationale en matière de diversité biologique*, Tome I, 122 p.
- ✓ Ministère de l'Équipement, de l'Aménagement du territoire, de l'Environnement et de l'Habitat, Secrétariat Technique Permanent du cadre institutionnel de gestion des questions environnementales, *L'analyse des politiques et stratégies de développement en rapport avec la politique nationale de protection de l'environnement : prise en charge des questions environnementales dans les politiques et stratégies de développement au mali, janvier 2002.*
- ✓ Ministère de l'Environnement et de l'Assainissement, Secrétariat Technique Permanent du Cadre Institutionnel de la Gestion des Questions Environnementales,

Plan de renforcement des capacités du Mali pour gérer l'environnement aux niveaux mondial et national, Rapport final, décembre 2007.

- ✓ Ministère de l'Environnement et de l'Assainissement, *Rapport national sur l'état de l'environnement au Mali* (2005), mars 2006.
- ✓ Ministère de l'Environnement et de l'Assainissement, *Rapport national sur l'état de l'environnement au Mali* 2007.
- ✓ Ministère de l'Environnement et de l'Assainissement, *Rapport national sur l'état de l'environnement au Mali* 2009.
- ✓ Ministère de l'Environnement et de l'Assainissement, Agence Nationale de l'Environnement et du Développement Durable, *Politique nationale de protection de l'environnement Rapport national sur l'état de l'environnement au Mali* 2011.
- ✓ Ministère de l'Environnement, de l'Assainissement et du Développement durable, Agence Nationale de l'Environnement et du Développement Durable, *Politique nationale de protection de l'environnement, Rapport national sur l'état de l'environnement au Mali* 2014.
- ✓ Direction nationale des Eaux et Forêts, *Rapport annuel 2017*, janvier 2018.
- ✓ Direction nationale de l'Assainissement et du Contrôle des pollutions et des nuisances, Rapport annuel 2018.
- ✓ Ministère malien de l'Action humanitaire, de la Solidarité et des Personnes âgées, Rapport sur les *impacts de la crise socio-économique et politique 2012 sur les Objectifs du millénaire pour le Développement au Mali*, publié en mars 2013 avec l'appui de ONU Femmes et le PNUD.
- ✓ Association des Hautes Juridictions de Cassation des Pays ayant en partage l'usage du français, *Rapport de la réunion constitutive du comité sur l'environnement*, juin 2008.
- ✓ Secrétariat technique permanent du cadre institutionnel de la gestion des questions environnementales, *Rapport* 2007.
- ✓ Moussa DJIRÉ, *Les conventions locales au Mali, Outils de gestion durable des ressources naturelles*, étude réalisée en octobre 2003 à Bamako.

V - JURISPRUDENCE

A - Malienne

1 - Arrêts de la Cour Suprême

a - Chambres civiles

- ✓ CSM, Civ. 2ème, 10 novembre 2014, arrêt n° 273 (Cessation de trouble).
- ✓ CSM, Civ. 2ème, 03 mai 2007, arrêt n° 180 (Litige foncier).
- ✓ CSM, Civ. 1ère, 06 avril 1998, arrêt n° 64 (Cessation de trouble de voisinage).
- ✓ CSM, Civ. 1ère 06 avril 1998, arrêt n° 69 (Réclamation d'héritage, coutume du défunt).

b - Section administrative

- ✓ CSM, adm., 15 août 2014, arrêt n° 230 (recours aux fins de sursis à exécution).
- ✓ CSM, adm., 07 août 2014, arrêt n° 221 (Recours en révision).
- ✓ CSM, adm., 08 août 2014, arrêt n° 225 (recours en révision).

- ✓ CSM, adm., 24 juillet 2014, arrêt n° 190 (recours pour excès de pouvoir).
- ✓ CSM, adm., 25 juillet 2014, arrêt n° 183 (recours pour excès de pouvoir).
- ✓ CSM, adm., 13 septembre 2013, arrêt n° 287 (recours en plein contentieux).
- ✓ CSM, adm., 22 août 2013, arrêt n° 250 (Recours en annulation pour excès de pouvoir).
- ✓ CSM, adm., 11 octobre 2012, arrêt n° 440 (Recours en annulation pour excès de pouvoir).

c - Chambre commerciale

- ✓ CSM, Com., 18 février 2014, arrêt n° 04 (Réparation de préjudice).
- ✓ CSM, Com., 20 mars 2012, arrêt n° 07 (Réparation de préjudice).
- ✓ Avis n° 12-2020/CS-AC. FR du 25 septembre 2020.
- ✓ Avis n° 13-2020/CS-AC. FP du 07 octobre 2020.

2 - Arrêts de la Cour d'appel

- ✓ CA, Bamako, 09 avril 2019, arrêt n° 136, Ministère public c. Mohamed Ould Aly BIHI, Association de malfaiteurs et actes de terrorisme.
- ✓ CA, Bamako, 09 avril 2019, arrêt n° 135, Ministère public c. Harouna AHMADOU, détention illégale d'armes de munition de guerre en relation avec une entreprise terroriste, association de malfaiteurs.
- ✓ CA, Bamako, 30 janvier 2018, arrêt n° 015/17, Ministère public c. Mohamed TOURÉ et Alhousseini AG AGUISSA, (Atteinte à la sécurité intérieure de l'État, détention d'armes en relation avec une entreprise terroriste et association de malfaiteurs).
- ✓ CA, Bamako, 18 décembre 2017, arrêt n° 98/17, Ministère public c. Aghafi Ag Baye et Adahi Ag Atta, (Appartenance à un groupe de combat et détention d'armes et de munition de guerre avec une entreprise terroriste et complicité).
- ✓ CA, Mopti, 25 avril 2016, arrêt n° 14, Ministère public c. Diadié DIA, assassinat, tentative d'assassinat, détention illégale d'armes à feu.

3 - Jugements

- ✓ TPI. CVI, 06 avril 2010, Ord. n° 154 (Cessation de trouble de voisinage).
- ✓ JPCE, Nioro du Sahel, jugement n° 86 du 20 octobre 2009 (Coups et blessures volontaires).

B - Française

- ✓ CE 07 août 2007, Association des habitants du littoral du Morbihan.
- ✓ CE, 13 novembre 1992, Compagnie GAN Incendies Accidents.
- ✓ CE, Ass., 20 octobre 1989, *Nicolo.*
- ✓ CAA Marseille, 19 mai 2016, Association de lutte contre l'affichage publicitaire illégal en Provence-Alpes-Côte d'Azur.
- ✓ CAA Nantes, 29 septembre 2009, *Commune de Sonzay.*
- ✓ CAA Lyon 06 mars 1999, Association du monde merveilleux des Alpes miniatures.

C - Internationale

1 - Universelle

- ✓ CPI, affaire relative aux activités armées sur le territoire du Congo, *République Démocratique du Congo c. Ouganda*, Mémoire de la République Démocratique du Congo, vol. 1, juillet 2000, pp. 149 et 190.
- ✓ CIJ, (Avis consultatif) sur la licéité de la menace ou de l'emploi d'armes nucléaires, 1996.
- ✓ CIJ, 09 avril 1949, Detroit de Corfou (Royaume – Uni c. Albanie).
- ✓ CIJ, 22 décembre 1987, Différend frontalier (Burkina Faso c. République du Mali).
- ✓ PTIY, 02 octobre 1995, *Le Procureur c. Dusko Tadic*, § 70.
- ✓ CIJ, 20 avril 2010, Usines de pâte à papier sur le fleuve Uruguay (Argentine c. Uruguay).
- ✓ CIJ, 31 mars 2014, Chasse à la baleine dans l'Antarctique (Australie c. Japon ; Nouvelle Zélande).
- ✓ CIJ, 16 décembre 2015, Construction d'une route au Costa Rica le long du fleuve San Juan
- ✓ (Nicaragua c. Costa Rica) et Costa Rica c. Nicaragua (Certaines activités menées par le Nicaragua dans la région frontalière).
- ✓ CPI, ICC-01/12-01/15 du 27 septembre 2016, Bureau du Procureur c. Ahmad Al Faqi Al Mahdi.
- ✓ T. arb., 11 mars 1941, Fonderie de Trail (États-Unis c. Canada).

2 - Régionale et Communautaire

- ✓ CADHP, 22 avril 2020, req., n° 012/2020, Guillaume Kigbafori SORO et autres c. République de Côte d'Ivoire.
- ✓ CADHP, 11 mai 2018, req. n° 046/2016, APDF et IHRDA c. République du Mali.
- ✓ ECW/CCJ/JUD/18/12 du 14 décembre 2012, SERAP c. République du Nigeria.

VI – RESSOURCES EN LIGNE

- ✓ Université de Limoges, www.unilim.fr,
- ✓ Secrétariat Général du Gouvernement du Mali, *Journal officiel*, www.sgg-mali.ml,
- ✓ Ministère de l'Environnement du Mali, www.environnement.gouv.ml,
- ✓ Ministère de la Réconciliation du Mali, www.reconciliation.gouv.ml,
- ✓ Agence de l'Environnement et du Développement Durable du Mali, www.aedd.gouv.ml,
- ✓ Ministère de la Justice du Mali, www.justice.gouv.ml,
- ✓ Assemblée nationale du Mali, www.assembee-nationale.ml,
- ✓ Quotidien national d'informations générales, Journal L'Essor, www.essor.ml
- ✓ Site d'information sur l'actualité au Mali, www.malijet.com
- ✓ Société américaine de commerce en ligne, www.amazon.com
- ✓ Union africaine, www.au.int
- ✓ Communauté économique des États de l'Afrique de l'Ouest, www.ecowas.int,
- ✓ Union économique et monétaire ouest africaine, www.uemoa.int,
- ✓ Ministère français de l'Environnement, www.environnement.gov.fr

- ✓ Organisation des Nations Unies, www.un.org
- ✓ Plateforme web de diffusion de textes juridiques au Burkina Faso, www.legiburkina.bf
- ✓ Programme des Nations Unies pour le Développement, www.undp.org
- ✓ Programme des Nations Unies pour l'Environnement, www.unep.org
- ✓ Mission multidimensionnelle Intégrée des Nations Unies au Mali, www.minusma.unmissions.org
- ✓ Journal officiel de la République française, www.journal-officiel.gouv.fr
- ✓ Journal officiel du gouvernement du Sénégal, www.jo.gouv.sn
- ✓ Union européenne, www.europa.eu
- ✓ Centre d'information sur les institutions européennes, www.strasbourg-europe.eu,
- ✓ Union internationale pour la conservation de la nature, www.iucn.org
- ✓ Ministère français de l'Écologie, www.developpement-durable.gouv.fr,
- ✓ Conseil constitutionnel français, www.conseil.constitutionnel.fr
- ✓ Cour de cassation française, www.courdecassation.fr,
- ✓ Conseil d'État français, www.conseil-État.fr,
- ✓ Société américaine de services de technologies, www.google.com,
- ✓ Gouvernement de la République française, www.legifrance.gouv.fr,
- ✓ Cour internationale de justice, www.icj-cij.org/fr,
- ✓ Cour africaine des droits de l'homme et des peuples, www.african-court.org,
- ✓ Association des cours suprêmes judiciaires francophones, www. juricaf.org,
- ✓ Bureau du vérificateur général du Mali, www.bvg-mali.org

VII - TEXTES

A - Textes internationaux signés et ou ratifiés par le Mali

1 - Déclarations

- ✓ Déclaration des Nations Unies sur l'environnement, Stockholm, 5 au 16 juin 1972.
- ✓ Déclaration des Nations Unies sur l'environnement et le développement, Rio de Janeiro, du 3 au 14 juin 1992.
- ✓ Déclaration des Nations Unies sur le développement durable, Johannesburg du 26 août au 04 septembre 2002.
- ✓ Déclaration des Nations Unies sur le Développement durable, Rio+20 du 20 au 22 juin 2012.

2 - Conventions, accords et traités

a - Air et climat

- ✓ *Accord de Paris sur les changements climatiques*, signé à Paris (France) le 12 décembre 2015, ratifié par le Mali par le décret n° 2016-0721/P-RM du 15 septembre 2016, voir JORM n° 41 du 07 octobre 2016, p. 1639.
- ✓ *Convention-cadre sur les changements climatiques*, signée le 12 juin 1992 à Rio de Janeiro (Mali), ratifiée par le Mali par le décret n° 1994-447/P-RM du 28 décembre 1994, voir JORM n° 02 du 31 janvier 1995, p. 48.

- ✓ *Convention de Vienne pour la protection de la couche d'Ozone*, adoptée à Vienne (Autriche) le 22 mars 1985, adhésion du Mali par le décret n° 93-473/P-RM du 29 décembre 1993, voir JORM n° 01 du 15 janvier 1994, p. 10.
- ✓ *Protocole de Kyoto à la convention-cadre des Nations Unies sur les changements climatiques*, adopté à Kyoto (Japon) le 11 décembre 1997, ratifié par le Mali par le décret n° 2002-058/P-RM du 11 février 2002, voir JORM n° 05 du 20 février 2002, p. 178.
- ✓ *Protocole de Montréal relatif à des Substances Appauvrissant la Couche d'Ozone*, signé le 16 septembre 1987, amendé à Londres le 29 juin 1990, adhésion du Mali par le décret n° 93-473/P-RM du 29 décembre 1993, voir JORM n° 01 du 15 janvier 1994, p. 10.

b - Diversité biologique

- ✓ *Convention sur la Diversité Biologique*, adoptée à Rio de Janeiro (Brésil) le 05 juin 1992, ratifiée par le Mali par le décret n° 94-222/P-RM du 24 juin 1994, voir JORM n° 14 du 31 juillet 1994, p. 484.
- ✓ *Convention relative à la Conservation des Espèces Migratrices appartenant à la Faune Sauvage*, adoptée à Bonn (Allemagne) le 23 juin 1979, approuvée par le Mali par le décret n° 85-46/P-RM du 21 février 1985, voir JORM n° 709 du 15 février 1985 (sic), p. 4.
- ✓ *Convention Sur le Commerce International des Espèces de Faune et de Flore Sauvages Menacées d'Extinction (CITES)*, adoptée à Washington (USA) le 03 mars 1973, ratifiée par le Mali par le décret n° 93-165/P-RM du 31 mai 1993, voir JORM n° 11 du 15 juin 1993, p. 400.
- ✓ *Convention Africaine sur le Criquet Migrateur*, adoptée à Kano (Nigeria) le 25 mai 1962, amendée le 25 juillet 1968, ratifiée (sic) par le Mali par la loi n° 63-004 du 11 janvier 1963, voir JORM n° 136 du 1er février 1963, p. 84, puis par l'Ordonnance n° 69-018 du 07 mars 1969, voir JORM n° 297 du 15 mars 1969, p. 178.
- ✓ *Convention internationale pour la protection des végétaux*, adoptée le 06 décembre 1951 à Rome (Italie), ratifiée par le Mali par le décret n° 86-085/PG-RM du 24 mars 1986, voir JORM n° 783 du 1er avril 1986, p. 35.

c - Désertification, Protection des écosystèmes et du patrimoine mondial

- ✓ *Convention portant création de l'Agence panafricaine de la Grande Muraille Verte,* adoptée à N'Djaména le 17 juin 2010, ratifiée par le Mali par le décret n° 2011-684/P-RM du 14 octobre 2011, publié au JORM n° 48 du 02 décembre 2011, p. 1898.
- ✓ Convention Africaine pour la Conservation de la Nature et des Ressources Naturelles, adoptée par la 2ème session ordinaire de la conférence de l'Union, à Maputo (Mozambique) le 11 juillet 2003, ratifiée par le Mali par le décret n° 2004-483/P-RM du 26 octobre 2004, voir JORM n° 05 du 20 février 2005, p. 180.
- ✓ Convention des Nations Unies sur la lutte contre la désertification dans les pays gravement touchés par la sécheresse et/ou la désertification, en particulier en Afrique, signée à Paris (France) le 14 octobre 1994, ratifiée par le Mali par le décret n° 1995-166/P-RM du 14 avril 1995, voir JORM n° 10 du 31 mai 1995, p. 378.

- ✓ *Convention pour la Protection du Patrimoine Mondial, Culturel et Naturel*, adoptée à Paris le 16 novembre 1972, approuvée (sic) par le Mali par l'Ordonnance n° 46 du 31 août 1973, voir JORM spécial n° 415 du 19 septembre 1973, p. 1.
- ✓ *Convention Africaine sur la Conservation de la Nature et des Ressources Naturelles*, adoptée à Alger (Algérie) le 15 septembre 1968, ratifiée (sic) par le Mali par l'Ordonnance n° 39/CMLN du 16 Septembre 1972, voir JORM n° 386 du 1er octobre 1972, p. 552.

d - Eaux et milieux aquatiques

- ✓ *Annexe 2 à la Charte de l'eau du bassin du Niger relative au Règlement d'eau pour la gestion coordonnée des barrages structurants, adoptée à Abuja le 26 novembre 2029.*
- ✓ *Charte de l'eau du bassin du Niger*, signée à Niamey (Niger) le 30 avril 2008, ratifiée par le Mali par le décret n° 2009-405/P-RM du 31 juillet 2009, publié au JORM n° 35 du 28 août 2009, p. 1369.
- ✓ *Charte des eaux du fleuve Sénégal*, signée le 28 mai 2002 (sic), ratifiée par le Mali par le décret n° 03-008/P-RM du 14 janvier 2003, publié au JORM n° 06 du 28 février 2003, pp. 2015-2016.
- ✓ *Charte africaine des transports maritimes*, adoptée à Addis-Abeba (Éthiopie) le 15 décembre 1993, ratifiée par le Mali par le décret n° 2000-138/P-RM du 23 mars 2000, publié au JORM n° 16 du 10 juin 2000, p. 661.
- ✓ *Charte des transports maritimes en Afrique de l'Ouest et du centre*, adoptée à Abidjan (Côte d'Ivoire) le 07 mai 1976, ratifiée par le Mali par le décret n° 76-263/PG-RM du 03 décembre 1976, publié au JORM n° 505 du 1er janvier 1977, p. 1922.
- ✓ *Convention relative aux zones humides d'importance internationale particulièrement comme habitats de la sauvagine*, adoptée à Ramsar (Iran) le 02 février 1971, approbation autorisée par la loi n° 85-19 du 11 février 1985, voir JORM n° 708 du 1er février 1985 (sic), p. 5, approuvée par le décret n° 85-70/P-RM du 14 mars 1985, publié au JORM n° 712 du 15 mars 1985, p. 4.

e - Pollutions, déchets, risques et nuisances

- ✓ *Convention de Stockholm sur les Polluants Organiques Persistants (POP)*, signée à Stockholm (Suède) le 22 mai 2001, ratifiée par le Mali par le décret n° 2003-201/P-RM du 21 mai 2003, voir JORM n° 16 du 10 juin 2003, p. 2412.
- ✓ Convention de Rotterdam sur la procédure de consentement préalable en connaissance de cause applicable à certains produits chimiques et pesticides dangereux qui font l'objet d'un commerce international, adoptée à Rotterdam (Pays-Bas), le 10 septembre 1998, ratifiée par le Mali par le décret n° 2003-035/P-RM du 29 janvier 2003, voir JORM n° 07 du 10 mars 2003, p. 2050.
- ✓ Convention sur l'interdiction de la mise au point, de la fabrication, du stockage et de l'emploi des armes chimiques et sur leur destruction, adoptée à Paris (France) le 13 janvier 1993, ratifiée par le Mali par le décret n° 97-028/P-RM du 27 janvier 1997, voir JORM n° 04 du 28 février 1997, p. 149.
- ✓ Convention de Bamako sur l'interdiction d'importer des déchets dangereux en Afrique et le contrôle de leurs mouvements transfrontières, signée le 30 janvier 1991 à Bamako (Mali), ratifiée par le Mali par le décret n° 91-015/P-CTSP du 25 avril 1991, voir JORM n° 09 du 15 mai 1991, p. 322.

- ✓ Convention de Bâle sur le contrôle des mouvements transfrontières de déchets *dangereux et de leur élimination*, adoptée à Bâle (Suisse) le 22 mars 1989, ratifiée par le Mali par le décret n° 2000-449/P-RM du 15 septembre 2000, voir JORM n° 30 du 31 octobre 2000, p. 1181.
- ✓ Convention sur l'interdiction de la mise au point, de la fabrication et du stockage des armes bactériologiques (biologiques) ou à toxines et sur leur destruction, ouverte à la signature à Londres, Moscou et Washington le 10 avril 1972, adhésion du Mali par le décret n° 1999-078/P-RM du 13 avril 1999, voir JORM n° 12 du 31 mai 1999, p. 453.
- ✓ *Protocole de Cartagena sur la prévention des risques biotechnologiques*, adopté à Montréal (Canada) le 29 janvier 2000, ratifié par le Mali par le décret n° 2002-317/P-RM du 04 juin 2002, voir JORM n° 21 du 31 juillet 2002, p. 809.
- ✓ Acte constitutif de l'Union Africaine, signé à Lomé le 11 juillet 2000.
- ✓ *Protocole sur les amendements à l'Acte constitutif de l'Union Africaine,* adopté par la 1ère session extraordinaire de la Conférence de l'Union à Addis -Abeba le 03 février 2003 et par la 2ème session ordinaire de la Conférence de l'Union à Maputo le 11 juillet 2003.
- ✓ *Traité révisé de la Communauté des États de l'Afrique de l'Ouest* du 24 juillet 1993.
- ✓ *Protocole de la CEDEAO relatif à la Cour de justice de la Communauté* du 06 juillet 1991.
- ✓ *Traité modifié de l'Union Économique et Monétaire Ouest-Africaine* du 29 janvier 2003.
- ✓ *Convention révisée du Comité Inter États de lutte contre la sécheresse* du 22 avril 1994.

3 - Textes bilatéraux

- ✓ *Protocole d'accord entre la République du Niger et la République du Mali relatif à la coopération dans l'utilisation des ressources en eau du fleuve Niger, signé à Bamako le 12 juillet 1988.*
- ✓ *Protocole d'accord dans le domaine des Eaux et Forêts, chasses et conservation de la nature signé à Bamako le 20 juin 1996 entre le Gouvernement du Mali et celui du Sénégal.*
- ✓ *Accord de coopération dans le domaine de l'environnement et de la forêt entre la République du Mali et celle de la Côte d'Ivoire, signé à Bamako le 23 juillet 1999.*
- ✓ *Protocole d'Accord réglementant la transhumance entre la République du Mali et la République de Côte d'ivoire, signé à Bamako le 23 juillet 1999.*
- ✓ *Protocole d'accord entre la République de Guinée et la République du Mali relatif à la coopération bilatérale pour la connaissance, la gestion, la mobilisation et l'utilisation des ressources en eau du bassin du Niger supérieur, signé à Bamako le 23 janvier 2003.*
- ✓ *Protocole d'Accord réglementant la transhumance entre la République du Mali et la République du Sénégal, signé à Bamako le 12 avril 2005.*
- ✓ *Accord de coopération dans le domaine de la gestion des forêts et des aires protégées entre le Gouvernement de la République du Mali et le Gouvernement de la République gabonaise, signé à Libreville le 18 mars 2008.*

- ✓ *Protocole d'accord entre le Gouvernement de la République du Mali et le Gouvernement de la République tunisienne dans le domaine de la protection de l'environnement signé à Bamako le 17 juillet 2010.*
- ✓ *Accord de Coopération technique entre le gouvernement de la République du Mali et le Gouvernement de la République de Guinée dans le domaine de l'environnement, signé à Bamako le 24 avril 2017.*
- ✓ *Accord de Coopération dans le domaine de l'environnement et de l'Assainissement entre le Gouvernement de la République du Mali et le Gouvernement de l'État du Qatar, signé à Doha le 16 décembre 2018.*

B - Textes nationaux

1 - Constitutions (textes fondamentaux)

- ✓ Constitution du 22 juillet 2023, adoptée au référendum des 11 et 18 juin 2023, promulguée par le décret n° 2023-0401/PT-RM du 22 juillet 2023, publiée au JORM spécial n° 13 du 22 juillet 2023.
- ✓ Constitution du 25 février 1992 adoptée au référendum du 12 janvier 1992, promulguée par le décret n° 92-073/P-CTSP du 25 février 1992, publiée au JORM n° 4 du 29 février 1992, pp. 117-126.
- ✓ Charte de la Transition, modifiée, adoptée le 12 septembre 2020 par les Forces vives de la Nation, publiée au JORM spécial n° 17 du 1er octobre 2020, promulguée par le décret n° 2020-0072/PT-RM du 1er octobre 2020.
- ✓ Constitution du 1er juillet 1974 (faussement appelée Constitution du 02 juin 1974) adoptée au référendum du 02 juin 1974, promulguée par le décret n° 74-03/PG-RM du 1er juillet 1974, publiée au JORM n° 440 du 25 juillet 1974, pp. I-VIII.
- ✓ Constitution de 1960, adoptée le 22 septembre 1960 par une assemblée constituante (nouvelle Assemblée nationale de la République du Mali) par la loi n° 60-1 *portant modification de la Constitution du 23 janvier 1959, modifiée par la loi 60-23 du 26 juillet 1960 de la République Soudanaise*, promulguée par le décret n° 60-62/P.G.P.-R.M. du 28 septembre 1960, publiée au JORM n° 65 du 29 septembre 1960, p. II.
- ✓ Acte fondamental n° 01 CTSP du 31 mars 1991, publié au JORM n° 8 du 30 avril 1991, p. 279. Cet acte fondamental tenait lieu de Constitution après la révolution de mars 1991 qui a renversé le gouvernement de la deuxième République.
- ✓ Ordonnance n° 01 CMLN du 28 novembre 1968 *portant organisation provisoire des pouvoirs publics en République du Mali*, publié au JORM spécial n° 288 du 28 novembre 1968, p. I (elle suspend la Constitution de la première République).
- ✓ Loi portant révision de la Constitution du 25 février 1992, publié au JORM spécial n° 11 du 07 juin 2017, pp. 03-20.
- ✓ Charte de *Kurukanfuga*, classée dans le patrimoine culturel immatériel du Mali par le décret n° 2011-238/P-RM du 12 mai 2011, publié au JORM n° 25 du 24 juin 2011, p. 970.

2 - Textes législatifs

a - Dispositions communes

- Lois :

- ✓ Loi n° 2023-004 du 13 mars 2023, publiée au JORM n° 09 du 07 avril 2023 *portant Code des collectivités territoriales*, p. 330.
- ✓ Loi n° 2023-003 du 13 mars 2023 portant modification de la loi n° 2017-052 du 02 octobre 2017 *déterminant les conditions de la libre administration des collectivités territoriales*, publiée au JORM n° 06 du 17 mars 2023, p. 206.
- ✓ Loi n° 2018-040 du 27 juin 2018 *portant création des collectivités territoriales de région, de cercles et de communes de la région de Taoudéni,* publiée au JORM n° 32 du 14 septembre 2018, p. 1262.
- ✓ Loi n° 2018-041 du 27 juin 2018 *portant création des collectivités territoriales de région, de cercles et de communes de la région de Ménaka*, publiée au JORM n° 32 du 14 septembre 2018, p. 1268.
- ✓ Loi n° 2017-051 du 02 octobre 2017 *portant Code des collectivités territoriales*, publiée au JORM n° 40 du 06 octobre 2017, p. 1562 ; abrogée par la loi n° 2023-004 du 13 mars 2023, publiée au JORM n° 09 du 07 avril 2023 *portant Code des collectivités territoriales,* p. 330.
- ✓ Loi n° 2017-052 du 02 octobre 2017 *déterminant les conditions de la libre administration des collectivités territoriales*, publiée au JORM n° 40 du 06 octobre 2017, p. 1586 ; modifiée par la loi n° 2023-003 du 13 mars 2023, publiée au JORM n° 06 du 17 mars 2023, p. 206.
- ✓ Loi n° 2016-046 du 23 septembre 2016 *portant loi organique fixant l'organisation, les règles de fonctionnement de la cour suprême et la procédure suivie devant elle*, publiée au JORM n° 42 du 14 octobre 2016, p. 1642.
- ✓ Loi n° 2014-049 du 19 septembre 2014 *portant principes fondamentaux de la création, de l'organisation et du contrôle des services publics*, publiée au JORM n° 44 du 31 octobre 2014, p. 1724.
- ✓ Loi n° 2014-024 du 03 juillet 2014 *portant interdiction de la production, de l'importation, de la détention et de la commercialisation des sachets plastiques non biodégradables en République du Mali*, publiée au JORM n° 32 du 08 août 2014, p. 1246, abrogeant la loi n° 2012-003 du 23 janvier 2012 *portant interdiction de la production, de l'importation, de la détention, de la commercialisation, et de l'utilisation de sachets plastiques non biodégradables et de granules non biodégradables destinés à la fabrication desdits sachets en République du Mali*, publiée au JORM n° 06 du 10 février 2012, pp. 202-203.
- ✓ Loi n° 2012-017 du 02 mars *portant création de circonscriptions administratives en République du Mali*, publiée au JORM n° 10 du 09 mars 2012, p. 364.
- ✓ Loi n° 2011-088 du 30 décembre 2011 *portant loi d'orientation du secteur privé*, publié au JORM n° 36 du 07 septembre 2012, p. 1412.
- ✓ Loi n° 2011-037 du 15 juillet 2015 *portant organisation judiciaire*, publiée au JORM n° 35 du 02 septembre 2011, p. 1368.
- ✓ Loi n° 2010-027 du 12 juillet 2010 *portant création de l'Agence de l'Environnement et du Développement Durable,* publiée au JORM n° 32 du 06 août 2010, pp. 1243-1244.
- ✓ Loi n° 06-045 du 05 septembre 2006 *portant loi d'orientation agricole*, publiée au JORM spécial n° 06 de (sic) septembre 2006, p. 24.

Loi n° 2005-040 du 22 juillet 2005 *relative aux fêtes légales en République du Mali*, publiée au JORM n° 25 du 10 septembre 2005, p. 965.

Loi n° 99-046 du 28 décembre 1999 *portant loi d'orientation sur l'éducation*, publiée au JORM n° 4 du 10 février 2000, p. 123, modifiée par la loi n° 08- 019 du 22 juillet 2008.

Loi n° 98-010 du 19 juin 1998 *portant modification de la loi n° 95-034 du 12 avril 1995 portant Code des collectivités territoriales en République du Mali*, publiée au JORM n° 08 du 30 avril 1998, pp. 294-295, modifiée par la loi n° 98-066 du 30 décembre 1998, publiée au JORM n° 05 du 15 mars 1999, pp. 163-164.

- ✓ Loi n° 98-012 du 19 janvier 1998 *régissant les relations entre l'administration et les usagers des services publics*, publié au JORM n° 08 du 30 avril 1998, p. 295.
- ✓ Loi n° 97-010 *portant loi organique déterminant les règles d'organisation et de Fonctionnement de la Cour Constitutionnelle ainsi que la Procédure suivie devant elle*, publiée au JORM n° 3 du 15 février 1997, p. 114.
- ✓ Loi n° 96-050 du 16 octobre 1996 *portant principes de constitution et de gestion du domaine des collectivités territoriales*, publiée au JORM n° 02 du 31 janvier 1997, pp. 43-47, modifiée par la loi n° 2017-052 du 02 octobre 2017 *déterminant les conditions de la libre administration des collectivités territoriales*, publiée au JORM n° 40 du 06 octobre 2017, p. 1586, modifiée par la loi n° 2023-003 du 13 mars 2023, publiée au JORM n° 06 du 17 mars 2023, p. 206.
- ✓ Loi n° 96-049 du 23 août 1996 *portant modalités de promotion des langues nationales*, publié au JORM n° 17 du 15 septembre 1996, pp. 607 et s.
- ✓ Loi n° 95-034 du 12 avril 1995 *portant Code des collectivités territoriales en République du Mali,* modifiée par la loi n° 98-010 du 19 juin 1998, puis par la loi n° 98-066 du 30 décembre 1998, abrogée par la loi n° 2012-007 du 07 février 2012 *portant Code des collectivités territoriales*, puis par la loi n° 2017-051 du 02 octobre 2017 *portant Code des collectivités territoriales,* publiée au JORM n° 40 du 06 octobre 2017, p. 1562 ; abrogée par la loi n° 2023-004 du 13 mars 2023, publiée au JORM n° 09 du 07 avril 2023 *portant Code des collectivités territoriales,* p. 330.
- ✓ Loi n° 91-048 du 26 février 1991 *portant Code des investissements*, publiée au JORM n° 5 du 15 mars 1991, pp. 168-170, modifiée par la loi n° 05-050 du 29 août 2005, publiée au JORM n° 30 du 31 octobre 2005, pp. 1174-1175.

- Ordonnances :

- ✓ Ordonnance n° 2023-0006 du 10 février 2023 *portant création de la Direction générale des Eaux et Forêts*, publiée au Journal officiel n° 03 du 10 février 2023, p. 84.
- ✓ Ordonnance n° 2019-022/P-RM du 27 septembre 2019 *portant Code minier en République du Mali*, publiée au JORM n° 36 du 30 octobre 2019, p. 1378.
- ✓ Ordonnance n° 2016-011/P-RM du 17 mars 2016 *portant création de l'Unité de gestion de la grande muraille verte*, publiée au JORM n° 14 du 01 avril 2016, p. 530.
- ✓ Ordonnance n° 2012-013/P-RM du 09 mars 2012 *portant création de l'inspection de l'environnement et de l'assainissement*, publiée au JORM n° 12 du 23 mars 2012, p. 445 ; ratifiée par la loi n° 2012-062 du 17 décembre 2012.
- ✓ Ordonnance n° 10-001/P-RM du 18 janvier 2010 *portant création de la Direction nationale de l'Hydraulique*, publiée au JORM n° 05 du 29 janvier 2010, p. 164, ratifiée par la loi n° 10-006 du 20 mai 2010 publiée au JORM n° 27 du 02 juillet 2010, p. 1045.

- ✓ Ordonnance n° 02-049/P-RM du 29 mars 2002 *portant création de l'Agence Bassin du Fleuve Niger*, publiée au JORM n° 132 du 30 avril 2002, pp. 443-444.
- ✓ Ordonnance n° 00-027/P-RM du 22 mars 2000 *portant Code domanial et foncier*, publiée au JORM n° 11 du 20 avril 2000, pp. 402-430 modifiée, ratifiée par la loi n° 02-008 du 12 février 2002, publiée au JORM n° 07 du 10 mars 2002, p. 423, puis par la loi n° 2016-025 du 14 juin 2016, publiée au JORM n° 28 du 08 juillet 2016, pp. 1083-1084.
- ✓ Ordonnance n° 98-027/P-RM du 25 août 1998 *portant création de la Direction nationale de l'Assainissement et du Contrôle des Pollutions et des Nuisances*, publiée au JORM n° 21 du 15 novembre 1998, pp. 897-898, ratifiée par la loi n° 98-058 du 17 décembre 1998 publiée au JORM n° 04 du 28 février 1999, p. 125.
- ✓ Ordonnance n° 98-025/P-RM du 25 août 1998 *portant création de la Direction nationale de la Conservation de la nature*, publiée au JORM n° 21 du 15 novembre 1998, pp. 897- 898, ratifiée par la loi n° 98-056 du 17 décembre 1998 publiée au JORM n° 04 du 28 février 1999, p. 125.
- ✓ Ordonnance n° 09-018 du 07 mars 1969 *portant ratification de la convention sur le criquet migrateur africain du 25 mai 1962, amendée le 25 juillet 1968,* publiée au JORM n° 297, du 15 mars 1969, p. 178.
- ✓ Ordonnance n° 75-060 CMLN du 21 octobre 1975 *portant création de la Direction Nationale de l'Alphabétisation fonctionnelle et de la Linguistique appliquée* (DNAFLA), publiée au JORM n° 476 du 15 novembre 1975, p. 1347 ; abrogée par la loi n° 86-056 du 24 juillet 1986 *portant création la Direction nationale de l'Alphabétisation fonctionnelle et de la Linguistique Appliquée* (DNAFLA), publiée au JORM n° 794 du 1er août 1986, p. 2 ; abrogée par l'Ordonnance n° 00-048 du 25 septembre 2000 *portant création de la Direction nationale de l'Éducation de base*, publiée au JORM n° 32 du 20 novembre 2000, p. 1254 ; elle-même abrogée par l'Ordonnance n 01-023 du 20 mars 2001 *portant création du Centre national des Ressources de l'Éducation non formelle*, publiée au JORM n° 09 du 31 mars 2001, p. 351 ; abrogée enfin par l'Ordonnance n° 10-031 du 04 août 2010 *portant création du Centre national des ressources de l'éducation non formelle*, publiée au JORM n° 33 du 13 août 2010, p. 1299.

b - Dispositions spécifiques

- **Assainissement, pollutions et nuisances**

- ✓ Loi n° 2021-032 du 24 mai 2021 *relative aux pollutions et aux nuisances*, publiée au JORM n° 16 du 28 mai 2021, p. 607 abrogeant la Loi n° 01-020 du 30 mai 2001 *relative aux pollutions et aux nuisances*, publiée au JORM n° 17 du 20 juin 2001, pp. 646-650.
- ✓ Loi n° 08-042 du 1er décembre 2008 *relative à la sécurité en biotechnologie en République du Mali*, publiée au JORM n° 01 du 02 janvier 2009, pp. 3-23.
- ✓ Loi n° 92-013 du 17 septembre 1992 *portant institution d'un système national de normalisation et de contrôle de qualité*, publiée au JORM n° 19 du 15 octobre 1992, pp. 692-694.
- ✓ Loi n° 91-047 du 23 février 1991 *relative à la protection de l'environnement et du cadre de vie*, publiée au JORM n° 6 du 30 mars 1991, pp. 214-216, abrogée par la loi n° 01-020 du 30 mai 2001 *relative aux pollutions et aux nuisances*, publiée au JORM n° 17 du 20 juin 2001, pp. 646-650.

Contrôle phytosanitaire

Loi n° 02-013 du 03 juin 2002 *instituant le contrôle phytosanitaire en République du Mali*, publiée au JORM n° 17 du 20 juin 2002, pp. 644-647.

Contrôle des pesticides

✓ Loi n° 02-014 du 03 juin 2002 *instituant l'homologation et le contrôle des pesticides en République du Mali,* publiée au JORM n° 17 du 20 juin 2002, pp. 647-650.

- **Installations classées pour la protection de l'environnement**

✓ Loi n° 08-033 du 11 août 2008 *relative aux installations classées pour la protection de l'environnement*, publiée au JORM n° 37 du 12 septembre 2008, pp. 1445-1448.

- **Gestion des ressources forestières et fauniques**

✓ Loi n° 2018-036 du 27 juin 2018 *fixant les principes de gestion de la faune et de son habitat*, publiée au JORM n° 31 du 24 août 2018, p. 1222.

✓ Loi n° 10-028 du 12 juillet 2010 *déterminant les principes fondamentaux relatifs à la gestion des ressources du domaine forestier national*, publiée au JORM n° 32 du 06 août 2010, p. 1244.

✓ Loi n° 04-005 du 14 janvier *2004 portant création du fonds d'aménagement et de protection des forêts et du fonds d'aménagement et de la protection de la faune dans les domaines de l'État*, publiée au JORM n° 05 du 20 février 2004, pp. 164-165.

✓ Loi n° 02-017 du 03 juin 2002 *régissant la détention, le commerce, l'exploitation, la préexploitation, l'importation, le transport et le transit de spécimens d'espèces de faune et de flore sauvages*, publiée au JORM n° 17 du 20 juin 2002, pp. 658-668.

✓ Loi n° 01-004 du 27 février 2001 *portant charte pastorale en République du Mali*, publiée au JORM n° 09 du 31 mars 2001, pp. 333-338.

✓ Loi n° 97-030 du 24 décembre 1997 *portant création du parc biologique de Bamako*, publiée au JORM n° 6 du 31 mars 1998, p. 206.

✓ Loi n° 95-031 du 20 mars 1995 *fixant les conditions de gestion de la nature sauvage et de son habitat*, publiée au JORM n° 21 du 15 novembre 1995, pp. 805-813.

✓ Loi n° 95-004 du 18 janvier 1995 *fixant les conditions de gestion des ressources forestières*, publiée au JORM n° 4 du 28 février 1995, pp. 125-131, abrogée par la loi n° 2010-028 du 12 juillet 2010 *déterminant les principes fondamentaux relatifs à la gestion des ressources du domaine forestier national,* publiée au JORM n° 32 du 06 août 2010, pp. 1244-1262.

✓ Loi n° 95-003 du 18 janvier 1995 *portant organisation de l'exploitation du transport et du commerce du bois*, publiée au JORM n° 03 du 15 février 1995, pp. 84-86, abrogée par la loi n° 2010-028 du 12 juillet 2010 *déterminant les principes fondamentaux relatifs à la gestion des ressources du domaine forestier national,* publiée au JORM n° 32 du 06 août 2010, pp. 1244-1262.

✓ Loi n° 94-028 du 1er juillet 1994 *portant création du Projet de Gestion des Ressources Naturelle,* publiée au JORM n° 14 du 31 juillet 1994, p. 482.

- **Ressources halieutiques et patrimoine hydrique**

✓ Loi n° 02-006 du 31 janvier 2002 *portant Code de l'eau*, publiée au JORM n° 4 du 10 février 2002, pp. 124-132.

- ✓ Loi n° 95-002 du 18 janvier 1995 portant création de la Direction nationale des Ressources forestières, fauniques et halieutiques, publiée au JORM n° 03 du 15 février 1995, p. 84.
- ✓ Loi n° 95-032 du 22 mars 1995 *fixant les conditions de gestion de la pêche et de la pisciculture*, publiée au JORM n° 09 du 15 mai 1995, pp. 324-327, abrogée par la loi n° 2014-062 du 29 décembre 2014 *déterminant les principes et les conditions de gestion de la pêche et de l'aquaculture*, publiée au JORM n° 01 du 02 janvier 2015, pp. 04-20.

3 - Textes réglementaires
a - Dispositions communes

- o **Décrets :**
- ✓ Décret n° 2021-0474/PT-RM du 26 juillet 2021 *fixant les attributions spécifiques des membres du gouvernement*, publié au JORM n° 21 du 30 juillet 2021, p. 828.
- ✓ Décret n° 2021-0475/PM-RM du 26 juillet 2021 *portant répartition des services publics entre la primature et les départements ministériels*, publié au JORM n° 21 du 30 juillet 2021, p. 837.
- ✓ Décret n° 2021-0156/PT-RM du 10 mars 2021 *portant nomination du haut représentant du Président de la transition pour la COVID-19*, publié au JORM n° 09 du 26 mars 2021, p. 331
- ✓ Décret n° 2021-0100/PT-RM du 18 février 2021 *portant reconnaissance du caractère extraordinaire de la pandémie de la COVID-19*, publié au JORM n° 07 du 26 février 2021, p. 247.
- ✓ Décret n° 2020-0200/PM-RM du 10 avril 2020 *portant création du comité technique de gestion de la crise covid-19*, publié au JORM n° 13 du 08 mai 2020, p. 510.
- ✓ Décret n° 2020-0096/PM-RM du 16 octobre 2020 *portant répartition des services publics entre la primature et les départements ministériels*, publié au JORM spécial n° 18 du 19 octobre 2020, p. 16.
- ✓ Décret n° 2020-0095/PT-RM du 16 octobre 2020 *fixant les attributions spécifiques des membres du gouvernement*, publié au JORM spécial n° 18 du 19 octobre 2020, p. 4.
- ✓ Décret n° 2019-0954/P-RM du 05 décembre 2019 *portant approbation de la politique nationale de la protection de l'environnement (PNPE)*, publié au JORM n° 43 du 13 décembre 2019, p. 1709.
- ✓ Décret n° 2019-0887/P-RM du 05 novembre 2019 *fixant la liste des espèces de faune intégralement protégées, des espèces de faune partiellement protégées et des espèces de gibiers non protégées sur toute l'étendue du territoire national*, publié au JORM n° 41 du 29 novembre 2019, pp. 1617 et suivants.
- ✓ Décret n° 2019-0729/P-RM du 20 septembre 2019 *portant modification du décret n° 2011-580/P-RM du 13 septembre 2011*, modifie, *fixant le ressort des juridictions et déterminant le parquet général d'attache des parquets des tribunaux de grande instance et des parquets des tribunaux d'instance*, publié au JORM n° 35 du 18 octobre 2019, p. 1346.
- ✓ Décret n° 2019-0353/P-RM du 29 mai 2019 *fixant l'organisation et les modalités de fonctionnement de l'Agence de l'environnement et du développement durable*, publié au JORM n° 16 du 07 juin 2019, pp. 588-590.

Décret n° 2019-0331/P-RM du 26 avril 2017 *fixant les attributions spécifiques des membres du gouvernement*, publié au JORM n° 15 du 20 mai 2019, pp. 534-544.

Décret n° 2017-0358/P-RM du 26 avril 2017 *fixant les attributions spécifiques des membres du gouvernement*, publié au JORM spécial n° 10 du 23 mai 2017, pp. 3-12.

Décret n° 2016-0528/P-RM du 26 juillet *2016 fixant l'organisation et les modalités de fonctionnement de l'Unité de gestion de la grande muraille verte*, publié au JORM n° 32 du 05 août 2016, p. 1272.

Décret n° 2013-235/P-RM du 07 mars *2013 fixant l'organisation et les modalités de fonctionnement du Secrétariat Général du Gouvernement*, publié au JORM n° 14 du 05 avril 2013, p. 530.

Décret n° 2012-118/P-RM du 24 février 2012 *portant classement de parcs publics et monuments de Bamako dans le patrimoine culturel national*, publié au JORM n° 10 du 09 mars 2012, p. 385.

Décret n° 2012-167/P-RM du 12 mars 2012 *fixant l'organisation et les modalités de fonctionnement de l'inspection de l'environnement et de l'assainissement*, publiée au JORM n° 12 du 23 mars 2012, p. 460.

Décret n° 2011-580/P-RM du 13 septembre 2011 *fixant le ressort des juridictions et déterminant le parquet général d'attache des parquets, des tribunaux de grande instance et des parquets des tribunaux d'instance*, modifie par le décret n° 2018-0231/P-RM du 06 mars 2018, publié au JORM n° 12 du 23 mars 2018, p. 484, puis par le décret n° 2019-0729/P-RM du 20 septembre 2020, publié au JORM n° 35 du 18 octobre 2019, p. 1346.

✓ Décret n° 2011-239/P-RM du 12 mai 2011 *portant classement du « Sanké mon, rite de pêche collective dans le Sanké » dans le patrimoine culturel national*, publié au JORM n° 25 du 24 juin 2011, p. 971.

✓ Décret n° 2011-238/P-RM du 12 mai 2011 *portant classement de la charte du « manden », « manden sigikan » dans le patrimoine culturel national*, publié au JORM n° 25 du 24 juin 2011, p. 970.

✓ Décret n° 2011-107/PM-RM du 11 mars 2011 *portant création du Comité national du changement climatique*, publié au JORM n° 15 du 15 avril 2011, pp. 573-575.

✓ Décret n° 2010-390/PM-RM du 26 juillet 2010 *portant création et modalités de fonctionnement du conseil national de l'environnement*, publié au JORM n° 35 du 27 août 2010, pp. 1376-1378.

✓ Décret n° 2010-389/P-RM du 26 juillet 2010 *fixant l'organisation et les modalités de fonctionnement de l'Agence de l'environnement et du développement durable*, publié au JORM n° 35 du 27 août 2010, pp 1374-1376, abrogé par le décret n° 2019-0353/P-RM du 29 mai 2019 *fixant l'organisation et les modalités de fonctionnement de l'Agence de l'environnement et du développement durable*, publié au JORM n° 16 du 07 juin 2019, pp. 588-590.

✓ Décret n° 09-314/P-RM du 19 juin 2009 *relatif à la qualité et à la labellisation des produits agricoles*, publié au JORM n° 26 du 17 juillet 2009, pp.1131-1134.

✓ Décret n° 08-095/P-RM du 21 février 2008 *portant création des comités régionaux, locaux et communaux d'orientation, de coordination et de suivi des actions de développement*, publié au JORM n° 12 du 21 mars 2008, pp. 446-447.

✓ Décret n° 04-562/PM-RM du 1er décembre 2004 *portant création du cadre institutionnel de pilotage du processus d'élaboration de la loi d'orientation agricole*, publié au JORM n° 09 du 31 mars 2005, p. 323.

- ✓ Décret n° 03-580/P-RM du 30 décembre 2003 *fixant les modalités d'application de la loi régissant les relations entre l'administration et les usagers des services publics*, publié au JORM n° 03 du 31 janvier 2004, p. 87.
- ✓ Décret n° 98-415/P-RM du 24 décembre 1998 *fixant le cadre institutionnel de la gestion des questions environnementales*, publié au JORM n° 05 du 15 mars 1999, pp. 182-184.
- ✓ Décret n° 96-159/P-RM du 31 mai 1996 *portant institution de l'espace d'interpellation démocratique,* publié au JORM n° 11 du 15 juin 1996, p. 413.
- ✓ Décret n° 92-235/P-RM du 1er décembre 1992 *portant organisation et modalités de fonctionnement d'un système national de normalisation et de contrôle de qualité*, publié au JORM n° 24 du 31 décembre 1992, pp. 885-886.
- ✓ Décret n° 91-092/P-CTSP du 28 mai 1991 *fixant les attributions du ministre du développement rural et de l'environnement*, publié au JORM n° 11 du 15 juin 1991, p. 399.
- ✓ Décret n° 79-168/PG-RM du 21 juin 1979 *portant création, fonctionnement et organisation de la Commission d'évaluation des activités des Organisations Non Gouvernementales*, publié au JORM n° 575 du 1er juillet 1979, p.870 ; abrogé et remplacé par le décret n° 88-092/P-RM du 21 mars 1988 puis par le décret n° 89-362/P-RM du 31 octobre 1989 *portant création, fonctionnement et organisation de la Commission d'évaluation des activités des Organisations Non Gouvernementales*, publié au JORM n° 22 du 30 novembre 1989, p.856.
- ✓ Décret n° 77-203/PG-RM du 08 novembre 1977 *déterminant les conditions de nomination et les attributions des chefs des circonscriptions et des chefs de villages et de fraction nomade*, modifié, publié au JORM n° 533 du 1er décembre 1977, p. 2451.

- o **Arrêtés :**
- ✓ Arrêté n° 08-0269/MATCL-SG du 4 février 2008 *fixant les modalités de nomination des chefs de village, de fraction et de quartier*, publié au JORM n° 22 du 29 mai 2009, p. 868
- ✓ Arrêté n° 99-0195/ME-SG du 23 février 1999 *fixant l'organisation et les modalités de fonctionnement du Secrétariat Technique Permanent du cadre institutionnel de la gestion des questions environnementales*, publié au JORM n° 25 du 10 octobre 1999, pp. 972-973.
- ✓ Circulaire n° 2016-001/PRIM-SGG du 04 janvier 2016 relative aux règles et procédures du travail gouvernemental.

b - Dispositions spécifiques

- o **Assainissement, pollutions et nuisances**

Décrets

- ✓ Décret n° 2014-0572/P-RM du 22 juillet 2014 *fixant les détails des compétences transférées de l'État aux collectivités territoriales dans le domaine de l'assainissement et de la lutte contre les pollutions et nuisances*, publié au JORM n° 36 du 05 septembre 2014, pp 1423-425.
- ✓ Décret n° 2012-356/P-RM du 29 juin 2012 *portant Code de déontologie des agents de l'assainissement et du contrôle des pollutions et des nuisances*, publié au JORM n° 29 du 20 juillet 2012, pp. 1123-1125.

Décret n° 07-135/P-RM du 20 avril 2007 *fixant la liste des déchets dangereux*, publié au JORM n° 14 du 20 mai 2007, pp. 541-542.

Décret n° 05-298/P-RM du 28 juin *2005 portant répartition des produits des amendes et transactions encaissés ou recouvrés par les agents de la Direction nationale de l'Assainissement et du Contrôle des Pollutions et Nuisances*, publié au JORM n° 27 du 30 septembre 2005, pp. 1047-1048.

✓ Décret n° 01-397/P-RM du 06 septembre 2001 *fixant les modalités de gestion des polluants de l'atmosphère*, publié au JORM n° 27 du 30 septembre 2001, pp. 1054-1056.

✓ Décret n° 01-396/P-RM du 06 septembre 2001 *fixant les modalités de gestion des pollutions sonores*, publié au JORM n° 27 du 30 septembre 2001, pp. 1052-1053.

✓ Décret n° 01-395/P-RM du 06 septembre 2001 *fixant les modalités de gestion des eaux usées et des gadoues*, publié au JORM n° 27 du 30 septembre 2001, pp. 1050-1052.

✓ Décret n° 01-394/P-RM du 06 septembre 2001 *fixant les modalités de gestion des déchets solides*, publié au JORM n° 27 du 30 septembre 2001, pp. 1046-1050.

✓ Décret n° 98-306/P-RM du 17 septembre 1998 *déterminant le cadre organique de la Direction nationale de l'Assainissement et du Contrôle des Pollutions et des Nuisances*, publié au JORM n° 01 du 15 janvier 1999, pp. 08-09.

✓ Décret n° 98-373/P-RM du 11 novembre 1998 *déterminant le cadre organique des Services régionaux et subrégionaux de l'Assainissement et du Contrôle des Pollutions et des Nuisances*, publié au JORM n° 03 du 15 février 1999, pp. 95-97.

Arrêtés

✓ Arrêté interministériel n° 07-0506/MEA-MEF-SG du 27 février *2007 fixant les modalités de répartition des remises accordées aux agents de la Direction nationale de l'Assainissement et du Contrôle des Pollutions et des Nuisances*, publié au JORM n° 47 du 21 novembre 2008, pp. 1861-1862.

✓ Arrêté interministériel n° 06-1218/MEA-MEF-MIC-MET-MMEE du 13 juin 2006 *portant interdiction de l'importation et de la consommation de l'essence à plomb au Mali*, 8 art.

o **Contrôle phytosanitaire**

✓ Décret n° 02-305/P-RM du 03 juin *2002 fixant les modalités d'application de la loi instituant le contrôle phytosanitaire en République du Mali*, publié au JORM n° 20 du 20 juillet 2002, pp. 762-763.

✓ Décret n° 60-182-SEAEEF du 06 juillet 1960 *portant institution d'un contrôle phytosanitaire des importations et des exportations des végétaux*, parties de végétaux et produits végétaux entrant au Soudan en sortant, publié au JORM n° 60 du 1er août 1960, pp. 621-622.

o **Contrôle des pesticides**

Décrets

Décret n° 09-313/P-RM du 19 juin 2009 *fixant les modalités d'application de la loi instituant l'homologation et le contrôle des pesticides en République du Mali*, publié au JORM n° 29 du 17 juillet 2009, pp. 1128-1131, abrogeant le décret n° 02-306/P-RM du 03 juin 2002, publié au JORM n° 20 du 20 juillet 2002, pp. 764-766.

Arrêtés

- ✓ Arrêté n° 06-0211/MEA-SG du 8 février 2006 *portant modification de l'arrêté n° 04-1516/MEA-SG du 2 août 2004 portant création d'un Comité National de Pilotage du Programme Africain relatif aux stocks de pesticides obsolètes au Mali*, publié au JORM n° 32 du 08 août 2008, pp. 1262-1263.
- ✓ Arrêté n° 04-1516/MEA-SG du 02 août 2004 *portant création d'un Comité National de Pilotage du Programme Africain relatif aux stocks de pesticides obsolètes au Mali*, publié au JORM n° 32 du 20 novembre 2006, pp. 1257-1259.
- ✓ Arrêté n° 02-02669/MAEP-SG du 31 décembre 2002 *déterminant les conditions de délivrance de l'Agrément de revente des pesticides*, publié au JORM n° 06 du 29 février 2004, pp. 224-225.

- o **Évaluation environnementale**

Décrets

- ✓ Décret n° 08-346/P-RM du 26 juin 2008 *relatif à l'étude d'impact environnemental et social*, publié au JORM n° 31 du 1er août 2008, pp. 1204-1209, modifié par le décret n° 09-318/P-RM du 26 juin 2009, publié au JORM n° 30 du 24 juillet 2009, pp. 1177-1178.
- ✓ Décret n° 06-258/P-RM du 22 juin 2006 *fixant les conditions d'exécution de l'audit de l'environnement,* publié au JORM n° 23 du 20 août 2006, pp. 885-888.
- ✓ Décret n° 99-189/P-RM du 05 juillet 1999 *portant Institution de la Procédure d'étude d'impact sur l'environnement*, publié au JORM n° 20 du 20 août 1999, pp. 770-773 abrogé par le décret n° 03-594/P-RM du 31 décembre 2003 *relatif à l'étude d'impact sur l'environnement*, publié au JORM n° 05 du 20 février 2004, pp. 185-190.

Arrêtés

- ✓ Arrêté Interministériel n° 10-1509/MEA-MIIC-SG du 31 mai 2010 *fixant le montant, les modalités de paiement et de gestion des frais afférents aux activités relatives à l'Étude d'Impact Environnement et Social*, publié au JORM n° 02 du 14 janvier 2011, pp. 66-67.
- ✓ Arrêté n° 08-1850/MF/SG du 30 juin 2008 *fixant le régime fiscal et douanier applicable aux marchés relatifs aux études d'impact environnemental et social du projet d'aménagement du Taoussa*, publié au JORM n° 36 du 04 septembre 2009, pp. 1428-1429.

- o **Installations classées pour la protection de l'environnement**

- ✓ Décret n° 2016-0754/P-RM du 29 septembre 2016 *portant déclassement partiel et fixant les nouvelles limites de la forêt classée de Bagouko*, publié au JORM n° 46 du 11 novembre 2016, pp. 1805-1109.
- ✓ Décret n° 2016-0267/P-RM du 29 avril 2016 *portant déclassement partiel des forêts classés de Tienfala et de la Faya dans la Région de Koulikoro et de la forêt classée de Zangasso dans la Région de Sikasso*, publié au JORM n° 20 du 13 mai 2016, pp. 798-799.

Décret n° 08-291/P-RM du 16 mai 2008 *portant déclassement de certains équipements collectifs du District de Bamako et leurs emprises du domaine public immobilier de l'État*, publié au JORM n° 27 du 04 juillet 2008, pp. 1049-1050.

Décret n° 00-022/P-RM du 19 janvier 2000 *fixant les modalités de classement des forêts, des périmètres de reboisement et des périmètres de protection dans le domaine forestier de l'État*, publié au JORM n° 10 du 10 avril 2000, pp. 366-368 abrogeant le décret n° 96-043/P-RM du 08 février 1996 *fixant l'organisation et les modalités de défrichement, de classement et de déclassement dans les domaines forestiers de l'État et des collectivités territoriales*, publié au JORM n° 04 du 29 février 1996, pp. 138-140.

Décret n° 99-321/P-RM du 04 octobre 1999 *fixant les modalités de classement et de déclassement des réserves de faune, des sanctuaires et les modalités de création de zones d'intérêt cynégétiques des ranches de gibier dans le domaine faunique de l'État*, publié au JORM n° 32 du 20 décembre 1999, pp. 1250-1252.

✓ Décret n° 71-173/P-RM du 22 décembre 1971 *portant déclassement et incorporation du domaine privé de l'État de la Rue Paul Holl, sise à Bamako*, publié au JORM n° 363 du 1er novembre 1917, p. 662.

o **Gestion des ressources forestières**

Décrets

✓ Décret n° 2018-0079/P-RM du 29 janvier 2018 *fixant le détail des compétences transférées de l'État aux collectivités territoriales en matière de gestion des ressources forestières et fauniques*, publié au JORM n° 07 du 16 février 2018, pp. 288 et s.

✓ Décret n° 10-388/P-RM du 26 juillet 2010 *fixant les taux des redevances perçues à l'occasion de l'exploitation des produits forestiers dans le domaine forestier de l'État*, publié au JORM n° 35 du 27 août 2010, pp. 1366-1374.

✓ Décret n° 01-404/P-RM du 17 septembre 2001 *déterminant les conditions et modalités d'exercice des droits conférés par les titres d'exploitation des ressources forestières*, publié au JORM n° 27 du 30 septembre 2001, pp. 1061-1065, abrogé par le décret n° 2011-637/P-RM du 20 septembre 2011 *déterminant les conditions et modalités d'exercice des droits conférés par les titres d'exploitation et de transport des produits forestiers*, publié au JORM n° 47 du 25 novembre 2011, pp. 1852-1856.

✓ Décret n° 99-320/P-RM du 04 octobre 1999 *fixant la procédure de défrichement dans le domaine forestier de l'État*, publié au JORM n° 32 du 20 décembre 1999, pp. 1249-1250.

✓ Décret n° 98-402/P-RM du 17 décembre 1998 *fixant les taux, les modalités de recouvrement et de répartition des taxes perçues à l'occasion de l'exploitation du bois dans le domaine forestier de l'État*, publié au JORM n° 05 du 15 mars 1999, pp. 174-177, modifié par le décret n° 04-137 (bis)/ P-RM *fixant la répartition des recettes perçues a l'occasion de l'exploitation des domaines forestier et faunique de l'État entre les fonds d'aménagement et de protection des forêts et de la faune et les budgets des Collectivités Territoriales*, publié au JORM n° 13 du 10 mai 2004, pp. 501-502, abrogé par le décret n° 10-388/P-RM *fixant les taux des redevances perçues à l'occasion de l'exploitation des produits forestiers dans le domaine forestier de l'État*, publié au JORM n° 35 du 27 août 2010, pp. 1366-1374.

✓ Décret n° 97-053/P-RM du 31 janvier 1997 *fixant les taux des redevances de défrichement dans le domaine forestier de l'État et définissant la limite Sud officielle de la zone sahélienne*, publié au JORM n° 06 du 31 mars 1997, pp. 244-245.

- ✓ Décret n° 72-113/PG-RM du 16 septembre 1972 *portant création de l'Opération Aménagement du Parc National de la Boucle du Baoulé et des Réserves Adjacentes, chargée de la gestion du Parc zoologique de Bamako*, publié au JORM n° 398 du 1er octobre 1972, p. 555.

Arrêtés

- ✓ Arrêté n° 96-1023/MDRE-SG du 26 juin 1996 *déterminant les types et modèles de coupons, les modalités d'attribution, de délivrance et de contrôle des coupons de transport de bois*, publié au JORM n° 12 du 30 juin 1996, pp. 475-476.
- ✓ Arrêté n° 96-0793/MDRE-SG du 17 mai 1996 *portant composition et fonctionnement des commissions régionales chargées d'arbitrer les conflits relatifs à la fixation des quotas annuels d'exploitation du bois*, publié au JORM n° 11 du 15 juin 1996, p. 435.
- ✓ Arrêté n° 96-0753/MDRE-SG du 13 mai 1996 *fixant les règles d'approvisionnement et de fonctionnement des marchés ruraux de bois*, publié au JORM n° 09 du 15 mai 1996, p. 357.
- ✓ Arrêté n° 95-2487/MDRE-SG du 14 novembre 1995 *déterminant les modalités de mise à feu dans le domaine forestier de l'État*, publié au JORM n° 23 du 15 décembre 1995, p. 918.

- o **Gestion des ressources fauniques**

Décrets

- ✓ Décret n° 08-771/P-RM du 29 décembre 2008 *déterminant la composition, les attributions et les modalités de fonctionnement des conseils de chasse*, publié au JORM n° 04 du 23 janvier 2009, pp. 133-138.
- ✓ Décret n° 00-021/P-RM du 19 janvier 2000 *fixant les attributions, la composition, l'organisation et les modalités de fonctionnement des conseils de chasse*, publié au JORM n° 10 du 10 avril 2010, pp. 364-366.
- ✓ Décret n° 07-155/P-RM du 10 mai 2007 *fixant la liste des espèces locales de faune et de flore sauvages et les modalités d'obtention d'autorisation de production, de fabrication, de détention et d'utilisation à des fins commerciales d'objets provenant de tout ou partie de ces espèces*, publié au JORM n° 19 du 10 juillet 2007, pp. 725-727.
- ✓ Décret n° 06-439/P-RM du 18 octobre 2006 *fixant les modalités d'application de la loi n° 01-004 du 27 février 2001 portant charte pastorale en république du Mali*, publié au JORM n° 36 du 31 décembre 2006, pp. 1404-1408.
- ✓ Décret n° 04-137/bis/P-RM du 27 avril 2004 *fixant la répartition des recettes perçues à l'occasion de l'exploitation des domaines forestier et faunique de l'État entre les fonds d'aménagement et de protection des forêts et du fonds d'aménagement et de la protection de la faune et les budgets des collectivités locales*, publié au JORM n° 13 du 10 mai 2004, pp. 501-502.
- ✓ Décret n° 04-091/P-RM du 24 mars 2004 *fixant l'organisation et les modalités de gestion du fonds d'aménagement et de protection des forêts et du fonds d'aménagement et de la protection de la faune dans les domaines de l'État*, publié au JORM n° 11 du 20 avril 2004, pp. 419-420.
- ✓ Décret n° 01-136/P-RM du 23 mars 2001 *fixant les taux des redevances et des taxes perçues à l'occasion de l'exploitation de la faune dans le domaine faunique de l'État*, publié au JORM n° 11 du 20 avril 2001, pp. 422-429.

Décret n° 97-052/P-RM du 31 janvier 1997 *déterminant les modalités et conditions d'exercice des droits conférés par les titres de chasse*, publié au JORM n° 06 du 31 mars 1997, pp. 239-244.
Décret n° 97-051/P-RM du 31 janvier 1997 *fixant les conditions et les modalités d'exercice de la profession de guide de chasse*, publié au JORM n° 06 du 31 mars 1997, pp. 236-238.

Arrêtés

Arrêté interministériel n° 98-0788/MATS-MDR/MF-SG du 29 mai 1998 *déterminant les quantités d'armes de chasse dont l'achat pourra être autorisé par détenteur de titre de chasse*, publié au JORM n° 22 du 30 novembre 1998, p. 984.
Arrêté interministériel n° 97-0972/MATS/MDR/MFC/MIAT-SG du 12 juin 1997 *portant réglementation temporaire de l'importation temporaire d'armes de chasse par les touristes*, publié au JORM n° 15 du 15 août 1997, p. 629.
Arrêté n° 95-2489/MDRE-SG du 14 novembre 1995 *déterminant les conditions d'exercice de la chasse rituelle et du droit d'usage en matière de chasse*, publié au JORM n° 23 du 15 décembre 1995, p. 629 abrogé par l'arrêté n° 2011-5018/MEA-SG du 09 décembre 2011 *déterminant les conditions d'exercice de la chasse rituelle et du droit d'usage en matière de chasse.*

- **Gestion des ressources halieutiques et du patrimoine hydrique**

Décrets

- ✓ Décret n° 02-289/P-RM du 30 mai 2002 *fixant l'organisation et les modalités de fonctionnement de l'Agence du Bassin du fleuve Niger*, publié au JORM n° 19 du 10 juillet 2002, pp. 732-734.
- ✓ Décret n° 00-183/P-RM du 14 avril 2000 *fixant les modalités d'application de l'Ordonnance* n° 00-020/P-RM du 15 mars 2000 *portant organisation du service public de l'eau potable,* publié au JORM n° 18 du 30 juin 2000, pp. 684-688.
- ✓ Décret n° 95-182/P-RM du 26 avril 1995 *fixant les taux de redevance perçus à l'occasion de la délivrance des permis de pêche*, publié au JORM n° 11 du 15 juin 1995, pp. 418-419.
- ✓ Décret n° 95-036/P-RM du 03 février 1995 *fixant l'organisation et les modalités de fonctionnement de la Direction nationale des Ressources forestières, fauniques et halieutiques*, publié au JORM n° 04 du 28 février 1995, pp. 138-140.

Arrêtés

- ✓ Arrêté n° 95-2665/MIAT-SG du 15 décembre *1995 portant autorisation d'implantation d'une unité de production et de conditionnement de produits agricoles et piscicoles à Sélingué*, publié au JORM n° 24 du 31 décembre 1995, p. 942.
- ✓ Arrêté n° 69-675/MP-CAB du 19 septembre 1969 *créant une commission consultative de commercialisation des produits agricoles et piscicoles*, publié au JORM n° 309 du 15 décembre 1969, p. 702.
- ✓ Arrêté n° 96-1684/MFC-SG du 28 octobre 1996 *portant institution de régies* de recettes dans les services des ressources forestières, fauniques et halieutiques, publié au JORM n° 20 du 31 octobre 1996, pp. 741-742.

C - Textes étrangers

- ✓ Loi du 11 décembre 1990 *portant Constitution de la République du Bénin*, publiée au Journal officiel de la République béninoise n° 1 du 1er janvier 1991, modifiée par la loi n° 2019-40 du 07 novembre 2019 *portant révision de la Constitution en République du Bénin.*
- ✓ Constitution du Burkina Faso du 11 juin 1991, publiée au Journal officiel du Burkina Faso du 13 juin 1991, p. 794, modifiée par la loi n° 072-2015 du 05 novembre 2015.
- ✓ Loi n° 2016-886 du 08 novembre 2016 *portant Constitution de la République de Côte d'Ivoire*, publiée au Journal officiel de la République de Côte d'Ivoire, spécial n° 16 du mercredi 9 novembre 2016, modifiée par la loi n° 2020-348 du 19 mars 2020, publiée au Journal officiel de la République de Côte d'Ivoire n° 23 du jeudi 19 mars 2020.
- ✓ Constitution de la Guinée adoptée au référendum du 22 mars 2020, promulguée par le décret n° 2020-073/PRG du 06 avril 2020.
- ✓ Constitution française du 04 octobre 1958, publiée par Légifrance.
- ✓ Constitution de la République de Guinée Bissau du 16 mai 1984, modifiée en 1996.
- ✓ Constitution de la VIIème République du Niger du 25 novembre 2010, publiée au Journal officiel de la République du Niger du 29 novembre 2010, pp. 246-261.
- ✓ Loi n° 2013-006 du 02 avril 2013 portant Code de l'environnement du Burkina Faso.
- ✓ Code de l'environnement français, Dalloz, 2020, 23ème éd.
- ✓ Loi n° 2001-01 du 15 janvier 2001 portant Code de l'environnement au Sénégal, publiée au Journal officiel n° 5972 du 10 mars 2001, page 115.

ANNEXES

Annexe 1. Présentation du Mali

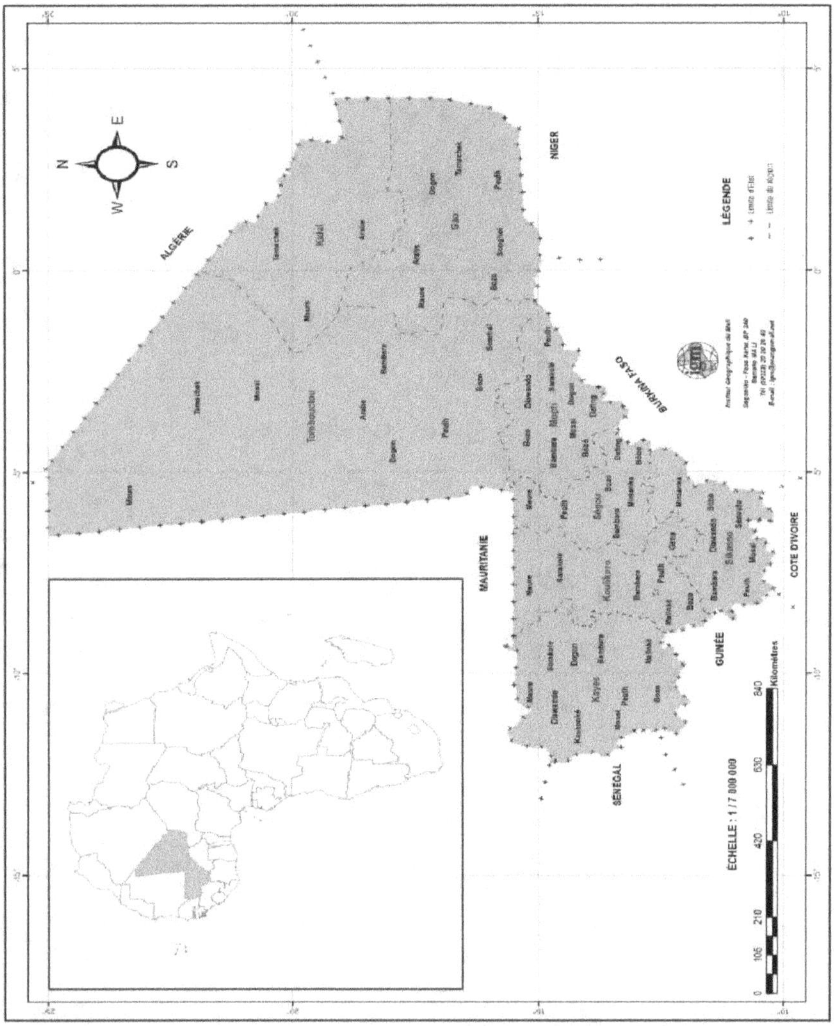

Source : Institut géographique du Mali
Sogoniko-Faso Kanu, BP 240
Bamako Mali
Tél (00223) 20202640
E-mail : Igm@orangemali.net

Carte administrative du Mali

Source : Cartographie du Mali, résultats provisoires des concertations sur le nouveau découpage, juillet 2021

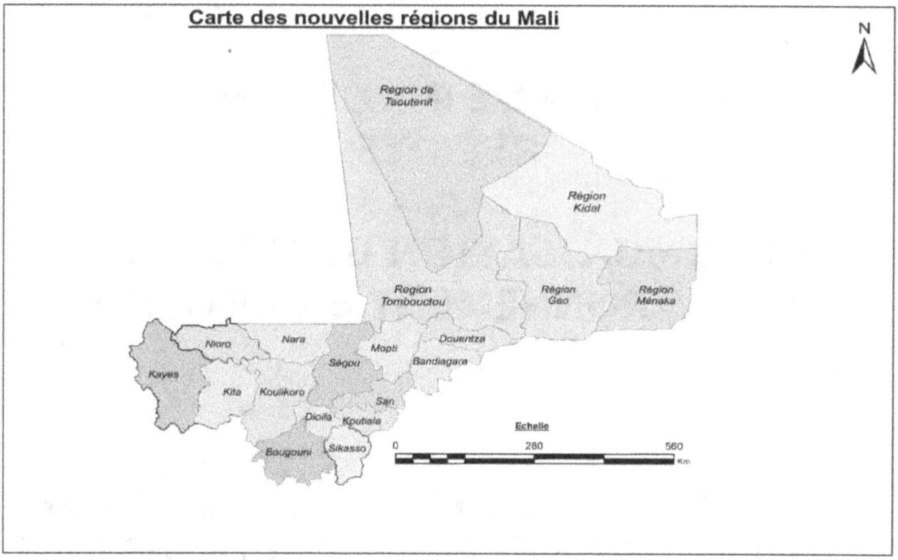

NB : « *Le territoire de la République du Mali comprend le District de Bamako et les dix-neuf régions suivantes :*

- *Région de Kayes*
- *Région de Koulikoro*
- *Région de Sikasso*
- *Région de Ségou*
- *Région de Mopti*
- *Région de Tombouctou*
- *Région de Nara*
- *Région de Bougouni*
- *Région de Koutiala*
- *Région de Gao - Région de Kidal*
- *Région de Taoudénit*
- *Région de Ménaka*
- *Région de Nioro*
- *Région de Kita*
- *Région de Doïla*
- *Région de San*
- *Région de Douentza*
- *Région de Bandiagara* ».

Article premier de la loi n° 2012-017 du 02 mars 2012 *portant création de circonscriptions administratives en République du Mali*, publiée au JORM n° 10 du 09 mars 2012, p. 364.

V. aussi :

✓ loi n° 2023-002 *portant modification de la loi n° 2012- 006 du 23 janvier 2012 portant principes fondamentaux de l'organisation administrative du territoire*, publiée au JORM n°06 du 17 mars 2023, p. 205 ;

✓ loi n° 2023-003 *portant modification de la loi n° 2017-052 du 02 octobre 2017 déterminant les conditions de la libre administration des Collectivités territoriales*, publiée au JORM n°06 du 17 mars 2023, p. 206 ;

✓ loi n° 2023-004 *portant Code des Collectivités territoriales*, publiée au JORM n° 09 du 07 avril 2023, p. 330 ;

✓ loi n° 2023-005 *portant statut particulier du District de Bamako*, publiée au JORM n° 10 du 14 avril 2023, p. 370.

PROPOSITION DE PROJET DE TRAITÉ RELATIF A L'HARMONISATION DU DROIT DE L'ENVIRONNEMENT EN AFRIQUE

ORGANISATION POUR L'HARMONISATION DU DROIT DE L'ENVIRONNEMENT EN AFRIQUE

Préambule

Le Président de la République de..................,
Le Président de la République de ....,
Le Président de la République de ....,
Le Président de la République de ....,
Le Président de la République de ....,
Le Président de la République de..................,
Le Président de la République de ....,
Le Président de la République de ....,
Le Président de la République de ....,
Le Président de la République de ....,
Le Président de la République de ....,
Le Président de la République de ....,
Le Président de la République de ....,
Le Président de la République de ....,

Hautes Parties Contractantes au Traité relatif à l'harmonisation du droit de l'environnement en Afrique,
Résolues à franchir une nouvelle étape dans le processus d'intégration juridique au niveau du continent ;
S'inspirant des résultats de leurs efforts dans d'autres domaines d'intégration sur le continent ;
Convaincues que la protection juridique et judiciaire est un moyen privilégié permettant de donner vie aux règles qu'ils se sont librement données dans le domaine de l'environnement et que l'harmonisation de ces règles doit être poursuivie dans un cadre africain plus large ;
Persuadées que la réalisation de cet objectif suppose la mise en place dans leurs États d'un Droit de l'environnement harmonisé, simple, clair et adapté, afin de faciliter sa compréhension et son acceptation par tous ;
Réaffirmant que les États ont, conformément à la Charte des Nations Unies et aux principes du droit international, le droit souverain d'exploiter leurs propres ressources selon leur propre politique et le devoir de faire en sorte que les activités exercées dans les limites de leur juridiction ou sous leur contrôle ne causent pas de dommages à l'environnement des autres États ou dans des zones ne relevant d'aucune juridiction nationale ;
Conscientes qu'il est essentiel que ce droit soit appliqué avec diligence, dans les conditions propres à garantir le bien-être des populations, la protection de la biodiversité et des écosystèmes afin de promouvoir le développement durable des pays membres ;
Désirant promouvoir le droit comme instrument de protection de l'environnement dans le respect de l'histoire, des cultures et traditions des populations africaines ;
Décidées à accomplir en commun de nouveaux efforts en vue d'améliorer la formation des acteurs dans le domaine du droit de l'environnement ;

Conviennent de ce qui suit :

CHAPITRE 1 - DISPOSITIONS GÉNÉRALES

Article 1

Par le présent traité, les Hautes Parties Contractantes instituent entre elles une Organisation d'intégration juridique dénommée Organisation pour l'Harmonisation du Droit de l'Environnement en Afrique en abrégé OHDEA.

Les membres de l'Organisation, ci-après dénommés « les États Membres », sont les États qui ratifient le présent traité.

Article 2

L'Organisation pour l'Harmonisation du Droit de l'Environnement en Afrique (OHDEA) se donne pour objectifs :

- d'adopter, dans le domaine de l'environnement, des règles communes, simples et claires adaptées à la situation des États Membres ;
- de résoudre les problèmes d'incohérence inhérents à l'intégration de normes internationales d'environnement dans les droits des États Membres ;
- d'assurer et de renforcer la protection juridique et judiciaire de l'environnement et de ses composantes sur le territoire des États Membres ainsi que le droit à l'environnement de leurs ressortissants;
- de promouvoir l'intégration juridique du continent dans le domaine de l'environnement dans la perspective de son développement durable.

Pour l'application du présent traité, entrent dans le domaine du droit de l'environnement, l'ensemble des règles relatives à la nature et à ses ressources, au cadre de vie et au patrimoine hydrique des différents États Membres et toute autre matière que les États Membres décideraient, à l'unanimité, d'y inclure, conformément à l'objet du présent traité.

Article 3

Les États Membres s'engagent à créer les conditions favorables à la réalisation des objectifs de l'Organisation, en particulier à prendre toutes mesures requises pour harmoniser leurs droits et à s'abstenir d'entreprendre toute action susceptible d'en compromettre la réalisation.

Chaque État Membre s'engage à prendre toutes mesures appropriées, conformément à ses procédures constitutionnelles, pour assurer la promulgation et la diffusion des textes législatifs et réglementaires nécessaires à l'application des dispositions du présent traité.

Chaque État Membre s'engage à honorer ses obligations aux termes du présent Traité et à respecter les décisions et les règlements de l'Organisation.

Les langues de travail de l'OHDEA sont le français, l'anglais…

CHAPITRE 2 – LES ORGANES DE L'OHDEA

Article 4

Pour la réalisation des objectifs prévus à l'article 2 ci-dessus, il est créé comme organes principaux de l'Organisation pour l'Harmonisation du Droit de l'Environnement en Afrique :

- La Conférence des Chefs d'État ou de Gouvernement ;
- Le Conseil des ministres ;
- Le Secrétariat général ;
- La Cour de justice ;

- L'École régionale.

D'autres organes qui se révèleraient nécessaires pourraient être créés conformément au présent Traité par la Conférence des Chefs d'État ou de Gouvernement.

Le siège de l'OHDEA est fixé à ………… Il peut être transféré en tout autre lieu sur décision de la Conférence des Chefs d'État et de Gouvernement.

Article 5

Les institutions de l'Organisation exercent leurs fonctions et agissent dans les limites des pouvoirs qui leur sont conférés par le présent traité et par les Protocoles y afférents.

Des règlements pour l'application du présent traité seront pris chaque fois que de besoin, par le Conseil des ministres, à la majorité absolue de ses membres.

CHAPITRE 3 - LES CODES OHDEA

Article 6

Les textes pris pour l'adoption des règles communes prévues à l'article premier du présent traité sont qualifiés de « Codes OHDEA ».

Article 7

Les Codes OHDEA sont préparés par le Secrétariat général en concertation avec les gouvernements des États Membres. Ils sont délibérés et adoptés par le Conseil des ministres après avis de la Cour de Justice.

Article 8

Les projets de Codes OHDEA sont communiqués par le Secrétariat général aux gouvernements des États Membres, qui disposent d'un délai de soixante jours à compter de la date de la réception de cette communication pour faire parvenir au Secrétariat général leurs observations écrites.

À l'expiration de ce délai, le projet de code, accompagné des observations des États Membres et d'un rapport du Secrétariat général, est immédiatement transmis pour avis par ce dernier à la Cour de Justice. La Cour donne son avis dans un délai de trente jours à compter de la date de la réception de la demande de consultation.

À l'expiration de ce nouveau délai, le Secrétariat général met au point le texte définitif du projet de Code, dont il propose l'inscription à l'ordre du jour du plus prochain Conseil des ministres.

Article 9

L'adoption des Codes OHDEA par le Conseil des ministres requiert l'unanimité des représentants des États Membres présents et votants. Les deux tiers au moins des États Membres doivent participer au vote.

Article 10

Les Codes OHDEA sont publiés au Journal officiel de l'Organisation par le Secrétariat général dans les quarante-cinq jours suivant leur adoption.

Ils sont applicables trente jours après cette publication, sauf modalités particulières d'entrée en vigueur prévues par chaque Code. Ils sont également publiés dans les États Membres, au Journal officiel ou par tout autre moyen approprié, dans les mêmes délais.

Article 11

Les Codes OHDEA sont directement applicables et obligatoires dans les États Membres, nonobstant toute disposition contraire de droit interne, antérieure ou postérieure.

CHAPITRE 4 - LA CONFÉRENCE DES CHEFS D'ÉTAT OU DE GOUVERNEMENT

Article 12

La Conférence des Chefs d'État ou de Gouvernement est l'institution suprême de l'Organisation. Elle est composée des Chefs d'État ou de Gouvernement des États Membres ainsi que du Secrétaire général.

Elle définit les lignes directrices de la politique environnementale de l'Organisation et prend toutes mesures nécessaires en vue du développement progressif de celle-ci et de la réalisation de ses objectifs. Elle apporte des solutions aux dossiers les plus sensibles.

Elle est présidée par le Chef de l'État ou de Gouvernement dont le pays assure la présidence du Conseil des Ministres.

Elle se réunit en session ordinaire une fois tous les six mois. Elle peut être convoquée en session extraordinaire par son Président, à son initiative ou à celle du tiers des États Membres.

Les décisions de la Conférence sont prises par consensus ou, à défaut, à la majorité absolue des États présents.

Elle statue sur toute question relative aux textes de l'Organisation.

Article 13

La Conférence des Chefs d'État et de gouvernement reçoit les rapports et recommandations des autres institutions et prend des décisions à leur sujet.

Elle examine les demandes d'adhésion à l'OHDEA et crée tout organe qu'elle juge nécessaire.

Elle nomme le Secrétaire général ainsi que les juges et met fin à leur fonction.

Elle adopte le budget de l'OHDEA.

Elle peut déléguer certaines de ses attributions à d'autres organes.

CHAPITRE 5 - LE CONSEIL DES MINISTRES

Article 14

Le Conseil des ministres est composé des ministres chargés de l'environnement des différents États Membres. Chaque ministre de l'Environnement peut être représenté ou secondé par un autre ministre en fonction des dossiers à l'ordre du jour. Sa présidence est exercée à tour de rôle par ordre alphabétique des différents États, pour une durée de six mois.

Si un État Membre ne peut exercer la présidence du Conseil des ministres pendant le semestre, l'État venant immédiatement après, dans l'ordre prévu ci-dessus, exercera cette présidence.

Sur proposition du secrétariat général, le Conseil des ministres adopte les différents textes de l'Organisation. Les actes sont pris à la majorité simple, à la majorité qualifiée ou à l'unanimité.

Sauf dispositions contraires du traité ou d'un protocole, le Conseil des ministres :

- formule des recommandations à l'intention de la Conférence sur toute action visant la réalisation des objectifs de l'OHDEA ;
- nomme tous les fonctionnaires statutaires autres que le Secrétaire général ;
- donne, sur délégation de pouvoir de la Conférence, des directives dans les domaines de l'harmonisation du droit de l'environnement ;
- établit et adopte son règlement intérieur ;

- adopte le Statut et le Règlement du personnel de toutes les institutions de l'Organisation ;

- approuve les programmes de travail et le budget des institutions ;

- demande, en cas de besoin, à la Cour de Justice des avis sur toute question juridique ;

- remplit toute autre fonction qui lui est confiée aux termes du présent traité et exerce tout pouvoir que lui délègue la Conférence.

CHAPITRE 6 - LE SECRÉTARIAT GENERAL

Article 15

Le Secrétariat général est l'organe exécutif de l'OHDEA. Il est dirigé par un Secrétaire général qui représente l'Organisation. Il veille au respect des textes et des décisions prises par les institutions de l'OHDEA.

Le Secrétaire général est nommé par la Conférence des Chefs d'État ou de Gouvernement pour un mandat de ...... renouvelable une fois. Il assiste le Conseil des Ministres.

La nomination et les attributions du Secrétaire général ainsi que l'organisation et le fonctionnement du Secrétariat général sont définis par un règlement du Conseil des Ministres.

CHAPITRE 7 - LA COUR DE JUSTICE

Article 16

Il est créé une Cour de justice de l'OHDEA dont la mission principale est de veiller au respect des textes de l'Organisation dans les différents États. Elle veille à l'interprétation uniforme des textes de l'Organisation par les juridictions des États membres.

Les pouvoirs, la composition, le fonctionnement et le statut de la Cour de justice sont définis par un Protocole y afférent.

Les arrêts de la Cour s'imposent aux États Membres, aux institutions de l'Organisation et aux personnes physiques et morales.

CHAPITRE 8 - L'ÉCOLE RÉGIONALE DE L'OHDEA

Article 17

Il est institué une École régionale qui concourt, dans le domaine de l'environnement, à la formation et au perfectionnement des magistrats, des auxiliaires de justice et autres membres des administrations publiques et privées des États Membres.

Le Directeur de l'École est nommé par le Conseil des ministres.

L'organisation, le fonctionnement, les ressources et les prestations de l'École sont définis par un règlement du Conseil des ministres.

Dans le cadre de la création de cette École, il peut être conclu tout accord de coopération avec d'autres Organisations existantes.

CHAPITRE 9 - DISPOSITIONS FINANCIÈRES

Article 18

Les ressources de l'OHDEA sont composées :

- des cotisations des États Membres ;
- des concours prévus par les conventions conclues par l'OHDEA avec des États ou des Organisations internationales ;
- de dons et legs.

Les cotisations des États Membres sont arrêtées par le Conseil des ministres.

CHAPITRE 10 - STATUT, IMMUNITÉS ET PRIVILÈGES

Article 19

L'OHDEA a la pleine personnalité juridique internationale.

Article 20

Les fonctionnaires et employés des organes de l'OHDEA jouissent, dans l'exercice de leurs fonctions, des privilèges et immunités diplomatiques. Les juges ne peuvent en outre être poursuivis pour des actes accomplis en dehors de l'exercice de leurs fonctions qu'avec l'autorisation de la Cour.

Article 21

L'OHDEA est exonérée de tout impôt et taxe.

CHAPITRE 11 – DISPOSITIONS FINALES

Article 22

Le présent traité peut être modifié conformément à une procédure qu'auront adoptée les États membres.

Il ne peut, en tout état de cause, être dénoncé.

Aucune réserve n'est admise au présent traité.

Article 23

Au nom des générations actuelles et à venir tous les États africains sont invités à devenir membres de cette Organisation et à respecter le contenu du présent traité.

Article 24

Le présent traité a une durée illimitée.

Il sera ratifié par les hautes parties contractantes.

Le présent traité ainsi que les protocoles qui en feront partie intégrante entreront respectivement en vigueur le .... lorsque tous les instruments de ratification auront été déposés auprès du gouvernement dépositaire.

Dès l'entrée en vigueur du traité, les institutions communes prévues à l'article 4 ci-dessus seront mises en place.

Article 25

Le gouvernement dépositaire avisera sans délai tous les États signataires ou adhérents :

- des dates de signature ;
- des dates d'enregistrement du traité ;
- des dates de dépôt des instruments de ratification et d'adhésion ;
- de la date d'entrée en vigueur du traité.

Article 26

Le présent traité, rédigé en un seul original, en langue française, anglaise, ... sera déposé dans les archives du gouvernement de la République du ...., enregistré auprès du Secrétariat de l'UA et auprès du Secrétariat des Nations-Unies conformément à l'article 102 de la Charte des Nations-Unies et auprès de toute autre Organisation déterminée par la Conférence.

Le Gouvernement dépositaire remettra une copie certifiée conforme à chacun des autres États Membres signataires.

Il pourra être traduit dans toute autre langue déterminée.

En foi de quoi, nous, Chefs d'État ou de Gouvernement de l'Organisation pour l'Harmonisation du Droit de l'Environnement en Afrique, avons signé le présent traité.

Fait, à .... le ....

PROTOCOLE RELATIF À LA COUR DE JUSTICE DE L'ORGANISATION POUR L'HARMONISATION DU DROIT DE L'ENVIRONNEMENT EN AFRIQUE

Note explicative

La création d'une juridiction régionale africaine chargée de trancher les litiges environnementaux sur le continent va de pair avec l'acceptation de l'institution d'une organisation juridique d'harmonisation du droit de l'environnement. Beaucoup d'organisations sous-régionales (CILSS et l'ABN) n'ont pas d'organe juridictionnel propre et renvoient le règlement de leurs éventuels différends devant la Cour internationale de Justice qui est loin du continent et qui ne peut pas être saisie par les particuliers. Aussi, la nécessité de susciter l'application régulière et abondante du droit de l'environnement sur le continent crée le besoin d'une interprétation uniforme des textes internationaux environnementaux et l'ouverture de sa saisine, sans conditions, aux particuliers et aux associations de défense de l'environnement. Veiller donc au respect, à l'interprétation uniforme du droit harmonisé par les différentes juridictions sur le continent, à l'application sur le continent des textes internationaux environnementaux ratifiés par les États : voilà la mission de la Cour de justice de l'OHDEA.

Les Hautes Parties Contractantes au traité relatif à l'harmonisation du droit de l'environnement en Afrique,

Vu les dispositions des articles 4 et 16 dudit traité relatives respectivement aux institutions de l'Organisation et à la création de la Cour de justice de l'Organisation ;
Conscientes de ce que la Cour de justice a pour rôle essentiel de veiller à ce que la législation de l'OHDEA soit interprétée et appliquée de manière uniforme dans tous les États de l'Organisation ; de garantir le respect de la législation de l'OHDEA par les pays membres et institutions communes ;
Désirant conclure un Protocole définissant les pouvoirs, la composition, le fonctionnement et le statut de la Cour de justice ;

Conviennent des dispositions ci-après qui sont annexées au traité sur l'Organisation pour l'Harmonisation du Droit de l'Environnement en Afrique et dont elles font partie intégrante :

Article premier

La Cour de justice de l'OHDEA est constituée et exerce ses fonctions conformément aux dispositions du traité instituant l'Organisation pour l'Harmonisation du Droit de l'Environnement en Afrique et du présent Protocole.

SECTION 1 : ORGANISATION DE LA COUR

Article 2

La Cour de justice est un corps de magistrats indépendants, élus, sans égards à leur nationalité, parmi les personnes réunissant les conditions requises pour exercer, dans les différents États Membres, les plus hautes fonctions judiciaires et/ou des juristes ayant une compétence avérée en droit de l'environnement.

Ils doivent être reconnus pour leur impartialité et leur intégrité.

Article 3

Les membres de la Cour, au nombre de……………….. sont élus pour …………ans au scrutin secret par le Conseil des ministres et nommés par la Conférence des chefs d'État ou de gouvernement. Ils sont choisis sur une liste de personnes présentées à cet effet par les États Membres. Ces Membres sont rééligibles une fois.

À la demande de la Cour, le nombre de ses membres pourra être augmenté par acte additionnel.

Article 4

Les membres de la Cour désignent parmi eux, pour trois ans, le président et le vice-président de la Cour. Leur mandat est renouvelable.

Le vice-président assiste le président et le remplace en cas d'empêchement ou de vacance de la présidence.

Article 5

La Cour ne peut comprendre plus d'un ressortissant du même État. Le quorum de….membres suffit pour constituer la Cour.

La Cour ne peut valablement délibérer qu'en nombre impair.

Article 6

Après leur élection et nomination, et avant d'entrer en fonction, les membres de la Cour doivent prêter serment d'exercer leurs fonctions en toute impartialité et de ne rien divulguer du secret des délibérations.

La prestation de serment a lieu à la première session de la Cour et en présence du Président en exercice de la Conférence des chefs d'État ou de gouvernement.

Article 7

Les membres de la Cour ne peuvent exercer aucune activité de nature à porter atteinte aux exigences d'indépendance ou d'incompatibilité de la fonction judiciaire.

Article 8

Les fonctions de membre de la Cour prennent fin par l'arrivée du terme du mandat, la démission, la révocation ou le décès.

En cas de démission ou de décès d'un membre de la Cour, le président de l'institution le notifie au président du Conseil des ministres. La vacance du siège commence à partir de cette notification. Il est alors procédé, dans les conditions prévues aux articles 2 et 3 ci-dessus, au remplacement du membre dont le siège est devenu vacant. Ce remplacement ne vaut que pour le reste du mandat à courir.

Tout membre de la Cour dont le mandat prend fin, soit par démission, soit par l'arrivée du terme, conserve celui-ci jusqu'à la date d'entrée en fonctions de son successeur.

Article 9

Les membres de la Cour peuvent être révoqués de leurs fonctions si, au jugement unanime des autres membres, ils ont cessé de réunir les conditions requises ou de satisfaire aux obligations de leur charge. Ce jugement de la Cour est porté à la connaissance du Secrétaire général et du président du Conseil des ministres de l'Organisation.

Cette notification emporte vacance de siège.

Article 10

Le siège de la Cour est fixé à ………

Elle peut cependant exercer ses fonctions en tout autre lieu lorsqu'elle le juge nécessaire.

Article 11

Si, pour une raison déterminée, l'un des membres de la Cour ne peut participer à un jugement, la Cour en est informée à la diligence de tout membre. La Cour statue.

Article 12

Si la Cour compte sur le siège un juge de la nationalité d'une des parties, celui-ci se récuse.

Article 13

La Cour peut constituer, à tout moment, une ou plusieurs chambres chargée (s) de questions spécifiques.

Article 14

Le Président de la Cour nomme le greffier de la Cour et organise sa suppléance en cas d'empêchement.

Le greffier de la Cour est choisi parmi les greffiers ayant exercé leurs fonctions pendant au moins dix ans sur une liste présentée par les États Membres.

Le greffier prête serment devant la Cour d'exercer ses fonctions en toute impartialité et de ne rien divulguer du secret des délibérations.

Il assure le secrétariat de la Cour.

Article 15

Les membres de la Cour de justice et le greffier sont tenus de résider au siège de la Cour.

Article 16

La Cour fixe la durée des vacances judiciaires.

Article 17

Les membres de la Cour bénéficient d'un traitement annuel, des allocations et indemnités dont les modalités sont fixées par un acte additionnel.

Les frais de la Cour sont supportés par les États membres.

Article 18

La Cour établit son règlement intérieur soumis à l'approbation du Conseil des ministres.

SECTION 2 : CONTENTIEUX ET CONSULTATION

Article 19

Le contentieux relatif à l'application des Codes OHDEA est réglé en première instance et en appel par les juridictions des États Membres.

Un pourvoi peut être formé devant la Cour de justice, dans un délai de .... à compter de la notification de la décision attaquée, contre les décisions des juridictions nationales.

Article 20

La Cour de Justice assure principalement l'interprétation et l'application communes du traité de l'OHDEA, des règlements pris pour son application et des Codes OHDEA dans les États membres. Elle applique tout accord auquel est partie un des États membres entrant dans le champ de sa compétence. Elle examine la légalité des actes des institutions de l'OHDEA.

Elle peut être consultée par tout État Membre, par les organes de l'OHDEA sur toute question entrant dans le champ de sa compétence.

Elle peut être saisie de questions préjudicielles par les juridictions nationales.

Article 21

La Cour se prononce dans les trente jours de sa saisine lorsque son incompétence est soulevée devant elle.

La procédure devant la Cour de Justice est fixée par un Règlement adopté par le Conseil des ministres.

Article 22

Les arrêts de la Cour de Justice de l'OHDEA ont force exécutoire.

Ils reçoivent sur le territoire de chacun des États Membres une exécution forcée dans les mêmes conditions que les décisions des juridictions nationales.

En foi de quoi, nous, Hautes Parties contractantes de l'Organisation pour l'Harmonisation du Droit de l'Environnement en Afrique, avons signé le présent Protocole.

Fait, à ……………… le ………

Index analytique

Les numéros renvoient aux pages.

D

E

F

H

I

J

L

M

N

O

P

R

S

TABLE DES MATIÈRES

Structures éditoriales du groupe L'Harmattan

L'Harmattan Italie
Via degli Artisti, 15
10124 Torino
harmattan.italia@gmail.com

L'Harmattan Hongrie
Kossuth l. u. 14-16.
1053 Budapest
harmattan@harmattan.hu

L'Harmattan Sénégal
10 VDN en face Mermoz
BP 45034 Dakar-Fann
senharmattan@gmail.com

L'Harmattan Cameroun
TSINGA/FECAFOOT
BP 11486 Yaoundé
inkoukam@gmail.com

L'Harmattan Burkina Faso
Achille Somé – tengnule@hotmail.fr

L'Harmattan Guinée
Almamya, rue KA 028 OKB Agency
BP 3470 Conakry
harmattanguinee@yahoo.fr

L'Harmattan RDC
185, avenue Nyangwe
Commune de Lingwala – Kinshasa
matangilamusadila@yahoo.fr

L'Harmattan Congo
67, boulevard Denis-Sassou-N'Guesso
BP 2874 Brazzaville
harmattan.congo@yahoo.fr

L'Harmattan Mali
Sirakoro-Meguetana V31
Bamako
syllaka@yahoo.fr

L'Harmattan Togo
Djidjole – Lomé
Maison Amela
face EPP BATOME
ddamela@aol.com

L'Harmattan Côte d'Ivoire
Résidence Karl – Cité des Arts
Abidjan-Cocody
03 BP 1588 Abidjan
espace_harmattan.ci@hotmail.fr

L'Harmattan Algérie
22, rue Moulay-Mohamed
31000 Oran
info2@harmattan-algerie.com

L'Harmattan Maroc
5, rue Ferrane-Kouicha, Talaâ-Elkbira
Chrableyine, Fès-Médine
30000 Fès
harmattan.maroc@gmail.com

Nos librairies en France

Librairie internationale
16, rue des Écoles – 75005 Paris
librairie.internationale@harmattan.fr
01 40 46 79 11
www.librairieharmattan.com

Lib. sciences humaines & histoire
21, rue des Écoles – 75005 Paris
librairie.sh@harmattan.fr
01 46 34 13 71
www.librairieharmattansh.com

Librairie l'Espace Harmattan
21 bis, rue des Écoles – 75005 Paris
librairie.espace@harmattan.fr
01 43 29 49 42

Lib. Méditerranée & Moyen-Orient
7, rue des Carmes – 75005 Paris
librairie.mediterranee@harmattan.fr
01 43 29 71 15

Librairie Le Lucernaire
53, rue Notre-Dame-des-Champs – 75006 Paris
librairie@lucernaire.fr
01 42 22 67 13

www.ingramcontent.com/pod-product-compliance
Lightning Source LLC
LaVergne TN
LVHW011135061026
849535LV00003B/496